KB037754

에코토피아
비긴스

ECOTOPIA EMERGING

Copyright © 1981 by Ernest Callenbach

All rights reserved.

Korean translation copyright © 2009 by Do Sol Publishing Co.

Korean translation rights arranged with ERNEST CALLENBACH through
EYA(Eric Yang Agency).

이 책의 한국어판 저작권은 EYA(Eric Yang Agency)를 통한 ERNEST CALLENBACH와의
독점계약으로 한국어 판권을 도솔출판사가 소유합니다.
저작권법에 의하여 한국 내에서 보호를 받는 저작물이므로 무단전재와 복제를 금합니다.

에코토피아 비긴스

어니스트 칼렌바크 지음 ★ 최재경 옮김

1.

루 스위프트는 겉보기엔 마르고 연약해 보였지만 사실 튼튼한 여자아이였다. 캘리포니아 북부 해안의 작은 마을인 볼리나스에 사는 사람들은 야외에서 많은 시간을 보냈다. 루의 매력적인 몸놀림에는 튀어 오르는 공과 같은 탄력이 묻어났다. 발끝에서부터 커다란 회색빛 눈동자에 이르기까지 온몸에 에너지가 넘쳐흘렀고, 자연스럽게 구불거리는 갈색 머리카락은 섬세한 얼굴을 더욱 돋보이게 했다. 작은 일에도 웃음을 터뜨리는 쾌활한 성격의 루는 17세 소녀치곤 목소리가 꽤 낮고 묵직한 편이었다. 루의 호탕한 웃음소리는 자주 남의 이목을 끌었고, 가끔씩 루는 사람들의 반응에 무안해하기도 했다. 그 때문에 루는 평상시 옷을 튀지 않게 입었고, 타고난 장난기를 감추려 애썼다. 사실 고등학교 친구들은 대부분 그녀를 과학 연구에 심취한, 이해할 수 없는 괴짜로 여겼다. 루가 태양에너지를 개발하는 일이 얼마나 중요한가에 대해 열변을 토하면, 친구들의 얼굴은 곧 싸늘하게 식어버리곤 했다.

그래서 볼리나스에 만들어둔 연구실에 대해서는 학교에서 별로 말하지 않았다. 루는 2학년에 올라가면서부터 연구실에서 태양전지에 대한 연구를 계속해왔다.

루는 평소에는 친아버지 로저, 그의 두 번째 아내 캐롤, 이복형제 마이크와 함께 볼리나스에서 살았다. 마이크는 이제 열세 살이었다. 스위프트 가족이 살고 있는 집은 루가 아기였을 때 로저와 루의 친엄마인 잰이 손으로 하나하나 함께 지은 집이었다. 뒤편에 있는 작은 집에는 별명이 '디미'인, 캐롤과 로저의 오랜 친구 드미트리어스가 네 살 난 아들 테오와 함께 살았다. 그들은 가족이나 다름없었고, 부엌과 거실을 함께 사용했을 뿐만 아니라 식사도 언제나 함께 했다.

루는 볼리나스에서의 고립된 생활을 즐겼다. 마을 사람들은 스스로 '볼리네시안'이라고 불렀는데, 루가 보기에 그들은 언제나 활기찬 개인주의자들이었다. 그들은 모두 개척자의 영혼을 지니고 있었다. 위험한 벼랑을 따라 차로 20분을 달려야 겨우 이웃 마을에 도착할 수 있으므로 볼리네시안들은 보통 사람들에 비해 독립적으로 살 수밖에 없었다. 한편 루는 원한다면 언제든지 친엄마 잰과 함께 살 수도 있었다. 화가인 잰은 현재 인근 마을인 밀밸리라는 곳에서 몇 명의 친구들과 함께, 큰 창고를 작업실과 주거공간으로 개조한 집에서 살고 있었다. 루가 다니는 고등학교 역시 밀밸리에 있어서, 루는 방과 후에 그 집으로 가서 잰과 잰의 친구들과 함께 빈둥거리며 어울리다가 밤을 새워 놀기도 했다. 그런 날이 아니면 루는 학교버스를 타고 볼리나스로 돌아가 연구에 몰두하면서, 가게에서 풀타임으로 일하는 캐롤이 퇴근할 때까지 기다렸다. 마이크가 다소 연구를 방해해도 밀밸리에서 노는 것보다는 볼리나스에서 연구하는 쪽을 선택하는 날이 더 많았다.

늦가을의 어느 금요일, 루는 조금이라도 빨리 볼리나스에 도착하고 싶었다. 자신의 연구실에서 새로운 실험을 진행하고 있었기 때문이다. 루는 아버지 로저에게 이 연구에 관해 아직 말하지 않았다. 로저는 샌프란시스코 고등학교의 과학교사였고, 루와 실험에 관해 자주 대화를 나누었다. 루는 몇 년 전, 과학 분야에서 자신의 아이디어가 언제나 아빠를 넘어선다는 사실을 깨달았다. 그 당시엔 그 사실이 대단한 충격으로 다가왔다. 그러나 이제는 그 사실을 즐길 수 있게 되었다. 루는 아빠에게 조언과 정보를 청하곤 하였는데, 아빠는 주로 정보만 제공하고 루가 아이디어를 스스로 발전시키도록 내버려두었다. 그들은 좋은 동료였다. 루는 자신이 로저에게 새로이 진전된 부분을 보여주는 장면을 상상하면서 자주 알 듯 말 듯한 미소를 지었다. 루는 아빠가 자기를 얼마나 자랑스러워하는지 알고 있었다. 루가 처음으로 주 전체 학생과학경시대회에서 상을 받았을 때(수학 문제의 답을 찾는 형식이었고, 심사위원단은 루의 작품을 '가장 독창적'이라고 평가했다), 로저는 그 상장을 액자에 넣어 벽에 걸어놓았다. 그리고 로저는 루의 태양광 발전 연구를 적극적으로 밀어주었다.

누구든지 싸고 효율적이고 믿을 만한 태양전지를 처음으로 개발한다면 미래를 위해 지극히 중요한 공헌을 하는 셈이다. 루는 막연하게나마 자신이 그 일을 해낼 수 있을 것 같은 예감이 들었다. 수백 명의 과학자들이 고액 연봉에 거대한 실험실을 제공받고도 이루지 못한 그 일을 말이다. 루는 그런 자신이 특별히 오만하다고는 생각지 않았다. 루의 어머니가 그린 그림 중에서 루가 가장 좋아한 작품은 〈고양이도 왕을 쳐다볼 수 있다〉로, 나무에 앉아 있는 거대하고 날카로운 눈을 가진 고양이 그림이었다. 여섯 살짜리 루가 그 제목의 의미를 물었을 때, 잰은 그것이 오래된 속담이라고 대답해주었다. 그 속담의 의미는 아무리 부유하거나 힘센 상대를 만나더라도 절대로 두려워하거나 기죽지 말라는 뜻이라고 했다.

루는 거대한 실험실과 그곳에서 일하는 과학자들의 명성에 결코 기죽지 않았다. 루는 그런 곳에서 일하는 과학자들이 과학 잡지에 발표하는 최신 개발 소식들을 일일이 탐독했고, 사소한 소식도 놓치지 않았다. 그들이 발표한 논문은 사려 깊고 정교하고 뛰어났지만, 그래봤자 아주 사소한 아이디어에 지나지 않았다. 정말로 필요한 것은 규모가 크고 획기적인 아이디어였다. 그러나 그런 분야를 처음으로 개척했던 회사들은 곧 거대한 기업에 팔렸고, 그거대 기업 대부분은 석유회사였는데, 그들은 그런 기술이 빨리 개발되기를 그다지 열망하는 것 같지 않았다. 어쩌면 로저의 생각이 맞을지도 모른다. 로저는 거대 기업들이 원하는 것이라곤 점차 줄어가는 석유와 우라늄 시장을 최대한 오래 지켜내는 것뿐이라고 했다. 그것이 그들의 진정한 속셈은 아니라 하더라도, 특허를 받을 만하거나 보호할 만한 태양전지 기술을 개발할 경우 석유 상품으로 얻은 만큼의 거대한 이윤을 가져다주기를 기대한다는 것이다. 그리고 그들은 태양전지의 가격을 그들과 경쟁관계에 있는 전력회사에서 생산하는 전기의 가격보다 아주 조금 낮게 책정하는 전략을 추진할 것이다. 그렇게 하면 최대의 이윤이 최장 기간 동안 두 가지 상품, 즉 석유와 태양전지로부터 창출될 것이기 때문이다. 루는 대기업의 사업 방식에 관한 로저의 생각에 동의할 수밖에 없었다.

루는 이것이 현재 경영대학에서 주로 가르치는 사고방식이라는 사실을 알고 있었다. 루는 경영대 근처에도 가지 않으려 했고, 오로지 돈이 인간 행동의 척도인 것처럼 여기며 돈에만 집착하는 발상이 비도덕적이고 무책임하게 느껴졌다. 루는 사람들이 어느 곳에 살든지, 볼썽사납게 하늘을 가리는 전선줄에 의존하지 않고 태양으로부터 직접 에너지를 얻을 수 있는 세상을 꿈꾸었다. 정말로 유용한 태양전지를 만들어낼 수 있다면 가정생활에는 최소량의 전력만 필요할 것이고, 그 정도 전력이라면 환경오염이나 거대한 중앙집중식 발전소나, 특히 핵발전소 같은 것 없이도 얻을 수 있을 것이다. 기존의 발전소만으로도 향후 몇 십 년간은 산업용 전기를 충분히 생산할 수 있을 테니까 말이다. 그리고 새로운 발전소를 건설하는 대신 풍력·지열·해양열·소수력^{mini-hydro}으로부터도 가격경쟁력이 있는 전기를 얻을 수 있을 것이다. 그때가 되면 핵에너지에 관한 고통스러운 논쟁도 끝날 터이다. 즉, 사람들은 핵에너지가 초래할 수 있는, 무시무시한 미래의 위협에 대한 걱정을 접을 수 있을 테고 전국적으로 재생가능자원으로 만든 에너지 시스템으로 전환할 수 있을 것이다.

루는 학교버스에서 뛰어내리자마자 급히 집으로 달려갔다. 두꺼운 구름이 낮게 깔린 하늘엔 갈매기들이 강한 남동풍을 타고 날고 있었다. 올해 들어 처음으로 거대한 태풍이 불어닥칠 모양이었다. "큰일 났네, 며칠 동안은 실험에 필요한 햇빛을 기대할 수 없겠는걸!" 루는 혀를 끌끌 찼다. 집에 책가방을 내려놓은 다음 급히 자신의 실험실로 향했다. 한때 그 실험실은 차 두 대가 들어가는 차고였다. 그러나 지금은 온갖 장비들, 금속 틀, 전동장치, 오래된 연료 전지 장치, 각종 기계 등으로 가득했다. 로저와 캐롤이 다른 이웃들과 공동으로 쓰던 작은 픽업트럭은 이제 차고 밖, 루의 가마 옆에 주차해야 했다. 잰은 그림을 시작하기 전에 한동안 도자기 공예를 했었는데, 그때 쓰던 가마를 루가 열용량을 높여서 사용하고 있었다. 태양열 전지판을 만들려면 실리콘을 녹여야 했기 때문이다. 그렇게 하면 종이처럼 얇아진 순수한 실리콘 판을 얻을 수 있었는데, 루는 그것을 얻기 위해 며칠 전 깨끗이 씻은 동판 두 장을 사각형 모양으로 얇게 펴서 가마 속에 넣었다.

오늘 그녀는 새로운 도핑(반도체에 불순물을 첨가하여 전기적 특성을 얻는 것—옮긴이) 조합을 만드는 일을 하고 있다. 이 새로운 도핑 조합은 극소량의 다양한 금속 화합물들을 만들어냄으로써 특정한 전자 이동 메커니즘을 강화시킬 것이다. 이 작업에는 도핑 건이라 불리는, 진공실에서 작동하는 기구가 사용된다. 그런 다음 사각형의 실리콘 판을 틀 속에 쌓고, 그 연결부를 납땜한 후 가는 철사로 된 망을 붙이고, 그 위에 외부 기온으로부터 보호해줄 유리 덮개를 씌웠다. 잠시 동안 루는 덮개 아래의 틈을 한 번 더 봉인할 것인지 고민했다. 그러나 결합부는 충분히 단단해 보였고, 이미 날이 어두워지기 시작했다. 루는 어떻게든 오늘 하루 일과를 마치기 전에 이 장치를 실험실 바깥뜰에 있는 선반 위에 올려놓고 싶었다.

그녀는 샌프란시스코를 바라보는 남쪽 해안가 절벽 끝에, 해변을 따라 가로세로 2×4인치 크기의 목재로 만든 틀을 설치하고 그 위에 실험 중인 전지들을 높이 쌓아두었다. 전지 선반이 있는 곳에서 아래쪽의 작은 오두막까지 수 미터에 달하는 전선줄을 연결해두었는데, 이 전선은 각각 실험용 태양전지와 연결되어 있어 오두막에서 실험 결과를 정확히 측정할 수 있었다. 작은 태양계량장치가 태양광의 강도를 기록하게 되어 있어 그것으로 전지마다 출력량을 계산할 수 있었다. 그 모든 장치들이 꽤 복잡하고 괴상해 보여서 로저는 그곳을 '루의 닭장'이라고 놀렸다. 그러나 그 속에서 모든 꿈이 자라나고 있었다. 루는 새로운 전지들을 설치한 다음 하나하나 전선줄에 연결시켰다.

서쪽으로 기울던 해가 잠시 구름 사이로 햇빛을 내비추었다. 루는 그 빛을 응시했다. 위대한 자홍색 불덩어리, 우리에게 생명을 주는 별, 지상의 모든 생태계를 움직이는 에너지의 근원. 언제나처럼 수평선 아래로 떨어져 내릴 때의 움직임은 놀라우리만치 빨랐다. 수평선 근처에서 태양은 가느다란 한 줄기 오렌지빛 광선으로 변했다가 곧 사라져버렸다. 해가 사라지자 갑자기 고독감이 밀려들어 루는 재킷을 단단하게 여몄다. 곧 비가 퍼붓기 시작할 것이다. 그녀는 집으로 들어가 캐롤과 로저가 돌아오기를 기다렸다.

2.

생존의 위협

40억 년간 지구는 태양의 둘레를 꾸준히 돌았다. 우리가 알고 있는 인류의 역사는 행성의 일생에 비하면 눈 깜짝할 새에 지나지 않는다. 그러나 이 행성에서 살아온 짧은 기간 동안 인간들은 손과 머리로 놀라운 능력을 계발해서 고유한 환경마저 바꾸는 종이 되었다. 침팬지들은 정글의 나무 위에 거친 둥지를 지어 며칠 동안만 그곳에 머물 수 있었지만, 사람들은 돌을 모양 좋게 잘라 차곡차곡 쌓아 요새와 같은 벽과 건물을 짓는 법을 알아냈다. 영양들은 싱싱한 풀을 찾아 수 마일을 이동했지만, 인간들은 도랑을 파서 물길을 들판으로 끌어들이는 법을 알아냈다.

그리하여 이 독특한 종들은 포식자들과 기아와 질병으로 인한 피해를 극복하는 방법을 조금씩 발견해냈다. 그리고 일단 마을과 도시에 모여 함께 사는 법을 발견하자 인간들의 집단적인 힘은 엄청나게 증가했다. 게다가 인구도 급속히 늘어났다. 아시아와 중동 지역에서는 운하와 수로를 파서 거대한 지역에 물을 공급하고, 제국의 우아한 정원을 만들었다. 로마인들은 길과 법제도, 군대를 만들어 수천 마일에 달하는 제국을 건설했다. 이처럼 거대한 문명의 중심지들이 수없이 번성했고, 그런 다음 멸망했다. 지구의 고유한 계절의 리듬만큼이나 웅장한 주기를 따라서.

산업화가 이루어지기 전, 비교적 발전이 느리던 시기에 인류는 새로운 땅을 경작함으로써 점차 더 많은 식량을 생산하게 되었고, 기아와 영양실조는 점차 줄어들었다. 그런 중에도 인간들은 계속 그들의 친구 종과 서툴게나마 균형을 이루며 살 수 있었다. 그런데 기술이 발전하면서 이 사회는 석탄과 석유에서 무자비하게 에너지를 뽑아냈고, 그 결과 인구는 더욱 증가했다. 그 후 거대한 공장을 지닌 도시가 온 세계에 건설되었고, 공학 기술과 사회 조직을 통해 인간 활동의 규모는 압도적으로 늘어났다. 유럽 민족이 그들의 달력에 20세기의 마지막을 표시할 무렵, 지구는 50억 명이 넘는 인간들의 집이 되었다. 인간들은 모든 자연적인 장애를 뛰어넘으면서 주변에 있는 모든 것들을 모조리 게걸스레 먹어치우는 메뚜기 떼 같았다. 지상에 나타났던 다른 생물과는 달리 인간들은 수만 가지 종들을 멸종시켰다. 총으로 직접 쏴 죽이기도 하고, 혹은 거주지인 숲과 강과 초원을 파괴시켜 간접적으로 그들의 죽음을 초래하기도 했다.

산업혁명 시대의 인구 폭발은 인류를 전례 없는 위험 속으로 이끌었다. 결정론적인 관점에서 보면, 인류는 지구가 생명을 지탱할 수 있는 용량을 감소시키는 역할을 했다고 볼 수 있다. 사막들이 늘어나는 이유는 땅에 대한 착취적인 소유욕에 불타는 사람들이 무질서하게 땅을 개발하고 황폐화시킨 결과였다. 암과 돌연변이로 인한 유전자 풀(어떤 생물 종의 모든 개체가 가지고 있는 유전자 전체—옮긴이)의 퇴화가 증가하고 있는데, 이는 영리한 인간들이 농업이나 산업 혹은 군사적인 이용을 위해 새로운 화학 합성물들을 양산한 결과였다. 엄청난 양의 석탄과 석유 자원을 연소시킴으로써 이산화탄소 배출량은 꾸준히 증가했다. 이것이 지속된다면 온실 효과는 북극의 빙하를 덮은 만년설을 녹일 정도로 기온을 상승시킬 것이며 많은 해안 도시들은 부분적으로 물에 잠길 테고 현재 비옥한 온대 지방의 농토는 사막으로 변할 것이다. 그 반대 현상이 일어날 가능성은 없으며, 이러한 현상은 지표면의 많은 부분을 화성과 같은 황무지로 바꿀지도 모른다.

이보다 더욱 무시무시한 위험이 한 가지 있다. 이처럼 산업화된 환경에서 살아가는 동안 인간들은 싸움을 좋아하는 거대한 가부장적 근대 국가에 종속되었다는 점이다. 이러한 나라의 통치자들은 너무나 위협적인 데다 수많은 핵무기로 무장하고 있는데, 그 무기들이 아주 작은 지역에서라도 사용된다면 인류의 현대문명은 모조리 끝장날 것이고, 적어도 북반구 정도의 지역이 사라질 것이다. 더욱 불길한 사실은 핵전쟁이 일어날 경우 그것이 예상치 못한 방법으로 외부 환경에까지 영향을 끼칠 것이라는 점이다. 즉, 지구를 보호하는 대기층이 태양의 열기로부터 지구를 보호하는 중대한 기능을 상실하여 지구가 치명적인 화염에 휩싸이게 될지도 모른다.

인류를 지상의 모든 곳에서 번성하게 만들었던 기술적인 재능이 결국 지상의 모든 식물과 동물의 생존을 위협하기 시작한 것이다. 물론 인류라는 종 자체를 포함해서 말이다.

3.

베라 올웬

베라 올웬은 6년간 캘리포니아 주의 상원의원으로 일했고, 그전에도 몇 번이나 주 하원의원을 역임했다. 그녀는 이제 52세였지만 여전히 젊은 사람보다 정력적이고 적극적인 인물이었다. 그녀는 할머니가 될 나이에 접어들었다. (그녀는 사실상 할머니였고, 예전의 결혼에서 얻은 딸이 최근에 두 아이를 낳았다. 베라는 현재 그녀보다 젊은 조용하고 내성적인 수학자와 재혼해서 살고 있다.) 그러나 주 정부에 있는 그녀의 정적들도 그녀의 나이에 속지는 않았다. 그들은 여전히 남성주도적인 정치제도 속에서 베라가 위협적인 존재라는 사실을 감지했다. 그녀는 정치적인 세력들을 결집시키는 방법을 알았고, 그녀가 반대하기로 마음먹은 안건은 주지사에게 도달하는 법이 거의 없었다. 그녀의 측근들은 다소 엉뚱해 보여도 하나같이 매우 총명한 사람들이었다. 새로운 아이디어를 모으는 그들의 능력은 베라의 흔들림 없는 판단력과 더불어 주 정치가들이 그녀의 사무실을 동경하게 만들었다. 그녀는 중요한 위원회에 소속되어 있었고, 80년대 초반 반여성주의의 충격에 대한 저항으로 선출된 수십 명의 젊고 역동적인 여성들에게는 실질적인 지도자였다. 베라의 지칠 줄 모르는 열정과 높은 도덕성이 묻어나는 고풍스러운 분위기에 끌린 사람들은 그녀와 함께 일하면 더 나은 인간이 되는 것처럼 느꼈다.

비 오는 밤, 베라의 남편은 그녀에게 검소한 아파트를 맡기고 외출했다.

베라는 스파게티 소스를 저으면서 월례 모임에 참석하기로 한 10여 명의 친구들을 기다리고 있었다. 그들은 와인을 마시며 각종 소식들을 나누고 베라의 멋진 스칸디나비아식 난로 앞에 둘러앉아 발을 녹이면서 세상을 개선하기 위한 계획을 세울 것이다. 베라는 쏟아지는 빗소리를 들으면서 바깥에 나가지 않고 집에서 오붓하게 요리할 수 있어서 좋았다. 다음번에는 다른 집에서 월례 모임을 가질 것이다.

소스를 낮은 불에 올려두고, 베라는 신문을 다시 훑어보려 자리에 앉았다. 경제면에 실린 기사 하나가 소름 끼쳐서 그것을 다시 점검하고 싶었다. 동부의 어느 식품 회사가 신선한 채소와 과일의 판매를 단계적으로 폐지하겠다는 계획을 발표했다는 기사였다. 땅딸막해 보이는 남자 임원이 말하기를, 대중들이 신선한 제품을 고가에 사는 것을 꺼리기 때문에 그 회사로서는 달리 선택할 방법이 없다는 것이다. 그는 회사의 영양학자들이 '걱정스러워하는 주부들'을 안심시키기 위해 대안을 내놓았다고 말했다. 즉, 그 회사에서 나온 영양제를 먹으면 가족들에게 균형 잡힌 식단을 계속 공급할 수 있다는 것이었다. 그리고 "미국식 식단은 새로운 우주 시대의 경제와 기술적인 우선권을 반영하도록 변화해야 한다"고 덧붙였다. 그 기사는 그 회사의 새로운 정책이 1/4분기 수익을 2퍼센트 증가시킬 것이라는 증권분석가의 견해로 끝을 맺었다. 다른 회사들도 그 회사의 전례를 따르게 될 것이다. 베라의 단단하고 각진 턱에 도전의 의지가 떠올랐다. '안 돼. 안 돼. 무조건 안 돼!'

그녀는 냉장고에서 샐러드에 넣을 야채를 꺼내 씻은 다음 적당한 크기로 잘랐다. 오이, 버섯, 잎이 무성한 붉은 상치, 토마토, 홍고추와 청고추. 그런 다음 수공예품인 암갈색 목재 샐러드 접시에 알팔파 싹과 해바라기 씨를 담았다. 그녀는 맨손으로 야채를 섞으며 살갗에 닿는 야채의 촉촉하고 아삭한 느낌을 즐겼다. 머릿속에서 희미하게 맴돌던 생각이 마침내 또렷해졌다. '여기선 안 돼. 우리는 그들이 이곳에서 그런 짓을 하도록 내버려두지 않을

거야. 우리의 손으로 우리의 생존을 지켜야 해.'

처음으로 도착한 손님은 페니 팍스와 게일 크레이머로 베라의 입법부 동료였다. 페니는 금발 머리에 운동선수이며 눈 위를 달리는 스키선수처럼 피부가 잘 그을려 있었다. 그녀는 강에서 래프팅 가이드로 일했는데 수질 보존을 위한 투쟁을 통해 처음으로 주 정치에 관여하게 되었다. 자그마한 몸집에 열정적인 성격의 게일은 도시의 민주당원 모임에서 알게 되었다. 베라는 와인을 따라주고는 그들의 코앞에 그 기사를 흔들어댔다. 그들 역시 그 기사를 보고 아연실색했다. 다음으로 메리앤 메이시가 나타났다. 주근깨가 숭은 얼굴과 부스스한 머리를 하고 등에는 반질반질하게 닳은 하이킹 가방을 메고 있었다. 공동 정원의 창시자로 유목민처럼 떠돌며 살아온 그녀는 베라의 샐러드를 전문가적인 안목으로 꼼꼼히 살펴봤다. 그녀를 따라 짐과 지니 퍼거슨 부부가 들어섰다. 지니는 건축가이고 짐은 토건업자이자 목수였다. 그들은 아름다운 건물을 짓는 일을 하지만, 원래 짐은 변호사이자 노조 전문가였고 한때 시의회 의원도 지냈다.

스파게티 소스가 끓으면서 아파트 안은 오레가노와 마늘과 토마토 향기로 가득 찼다. 사람들은 잔에 술을 채우고 멋진 음식 냄새를 칭찬하기 시작했다. 옆문이 열리면서 다섯 사람이 왁자하게 웃으며 걸어 들어왔다. 폴린 소바죠는 그 도시에 본사를 둔 급진적인 잡지의 편집자였고 수년간 정치부 기자로 일했다. 이렌느 쿡은 필라델피아에서 폴린과 함께 자랐는데 버클리 대학에서 생물학을 가르쳤으며 여성주의 잡지에 시를 썼다.

그들과 함께 베라와 비슷한 또래의 입법부 의원인 프랜 투트와일러와 환경 컨설턴트와 정치운동가가 된 두 명의 젊은 생물학자 빌 베커슨과 베키 토버가 들어왔다. 입법위원회가 열리기 전 속사포같이 빠르고도 사실적인 발언을 던진 덕분에 그들은 '벡크와 베키 쇼 형제'라는 별명을 얻었다. 베라가 입을 열었다.

"스파게티 먹을 때가 됐네. 헨리가 아직 안 오긴 했지만."

베라의 가장 오래된 친구이자 신뢰하는 친구인 헨리 엥겔스도르프는 지각이 잦았다. 그는 사람들과 만난 자리에서 단호하게 일어나질 못했다. 베라는 그가 오늘 다른 집에 초대받았다는 사실을 알고 있었다. 그녀는 언제나처럼 그를 용서하기로 하고 끓는 물에 물을 더 부었다. 그리고 근처 북부 해안에서 생산된 신선한 파스타를 한 줌 집어 물에 넣었다. 사람들은 돌아가며 국수를 저었고, 한쪽에서는 접시와 수저와 냅킨을 놓았다. 그들은 베라가 전해주는 놀라운 신문기사에 대해 의견을 나누었다. 마침내 모든 것이 준비되었고 한 차례씩 와인을 채워 잔을 깨끗이 비운 다음 식사를 시작했다. 늘 그렇듯이 그들의 대화는 활력이 넘쳤고 가끔은 소란스러웠다. 각자 지난 모임 이래로 정치적이거나 개인적인 삶에서 일어난 기묘한 일 중에서 서로 알고 있으면 좋을 만한 것들을 이야기했다. 그들은 자신의 정적을 비꼬았고 앞으로 수 주간 다양한 방법으로 서로를 돕기 위한 개인적인 계획을 세웠다. 여느 때처럼 유쾌한 분위기였지만 베라가 신문기사 이야기를 다시 꺼내자 분위기는 사뭇 달라졌다.

"여러분들도 알다시피 이번 일로 인해 나는 생존을 위협하는 이런 행위는 절대로 그냥 넘어갈 수 없다는 것을 깨달았어요. 정치적으로 맞서 싸울 수 있는 방법을 찾아야 해요. 하지만 어떻게 진행해야 할지 모르겠어요."

여섯 명이 동시에 말을 꺼냈지만 토론은 곧 한 가지 결론으로 모아졌다. 그 방에 있는 사람들 대부분이 새로운 정당을 세울 시기가 되었다고 느끼는 것이 분명했다. 베라의 3갤런들이 캘리포니아 와인을 비우는 동안 새 당의 성격에 관해 모두를 만족시킬 만한 기본적인 합의안에 도달하게 되었다. 이는 또한 다른 사람들도 만족시킬 것이다. 그것은 지구의 모든 생물 종의 생물학적 번영을 수호하는 일과 모든 정치적·경제적 조치가 장기적인 관점에서 지구의 안정적인 생존을 보장하는 일인지 아닌지를 평가하는 일에 헌신하는 것이다. 그리고 그런 일은 고도로 민주적이고 권력분산적인 행위로 모든 동네에 지부를 두는 식으로 진행될 것이며, 좌파냐 우파냐 하는 식의 전통적인 시각을 초월하여 새로운 감각을 지닌 공동체를 창조하고 생물학적이고 사회적인 운명을 함께하는 방안을 찾을 것이다. 오염과 암과 소음과 부정부패와 낭비에 대해 사람들이 갖는 나약하고 무기력한 감정을 결집하여 사람들이 자신의 운명을 스스로 책임지는 일을 돕고 최근 미국 정치가 보여주는 우울한 권태와 무기력증을 깨부술 것이다.

4. 석유 의존형 경제

1970년대부터 서방 경제는 석유에 의존하게 되었다. 특히 중동 지역의 석유에 대한 의존도가 높았다. 페르시아 만 주변 지역에 대한 미국의 지배력 덕분에 석유는 석탄이나 다른 에너지자원과 비교할 때 몇 십 년간 아주 저렴한 가격으로 이용할 수 있었다. OPEC 국가들이 효과적인 방안을 짜내어 석유가격을 높이려 시도했을 때 그 충격으로 서방 정부들과 회사는 모두 경악했다. 그들은 혼란과 비효율적인 계획으로 맞대응했다.

1980년대에 미국을 휩쓸었던 보수 정치의 물결은 연방 에너지 정치를 자멸적인 방향으로 몰아갔다. 합성 연료 생산을 촉진하는 일에 거대한 자금이 투자된 것이다. 이러한 연료들이 마침내 시장에 유통될 시점에는 재생 가능한 바이오매스(에너지자원으로 이용되는 식물체 및 동물 폐기물―옮긴이)보다 더 비싸고 공기와 수질 오염으로 인한 추가 비용을 부담시킬 것을 알면서도 말이다. 새로운 미사일과 군사 무기가 계속 생산되면서 경제는 약화되었지만 그 대신 미국이 언제든 페르시아 만의 유전지역에 접근할 태세가 되어 있다는 강한 인상을 주었다. 연방기금은 망해가던 자동차 회사들을 다시 살렸는데 이들은 연료 효율이 좋은 차를 생산하는 데는 일본 회사들과 경쟁이 되지 않는다는 사실을 증명했다. 버스나 기차나 다른 저에너지 교통수단을 생산하는 쪽으로 바꾸는 대신 말이다. 한때 담당 행정관료들도 핵에너지가 경제적으로 실행 불가능하다는 사실을 알고 있었을 때조차 연방정부는 태양에너지와 에너지 보존 수단을 위한 예산을 대폭 삭감하고 그 돈을 핵개발에 쏟아 부었다.

정부가 유일하게 내놓은 현실적인 조치라곤 석유가격에 대한 규제책을 철폐하는 것이었고, 이 덕분에 석유회사는 유가를 맘껏 올려 계산이 불가능할 정도로 큰 이윤을 남겨먹었다. 고유가는 낡은 차를 몰고 단열이 안 되는 집에 사는 가난한 사람들의 삶을 극단적으로 위협했지만 석유회사는 대중교통에 쓰이는 휘발유나 석유 소비에 대한 비용은 삭감했다. 그런데도 대부분의 미국 정치가들은 석유에 계속 의존해야 하고 미국과 현재 미국의 영향권에 있는 나라(멕시코 같은) 또는 지역에서 점차적으로 더 많이 석유를 퍼 올리면 그 결과 더 많은 양의 석유가 공급되어 결과적으로 석유의 가격이 떨어질 거라고 믿었다. 이러한 믿음을 뒷받침하는 경우는 다른 산업의 역사에서 찾아볼 수 있다. 그러나 수요의 증가가 생산의 증가를 낳는 산업에서 그러했을 뿐 석유산업은 그렇지 않았다.

혹자는 농업에 화학적인 수단을 사용하면 생산성을 높일 수 있으리라고 생각했고, 더 많은 석유를 수입했다. 그런 방식의 농업이 발달하면서 석유산업은 모든 사회활동의 기초가 되었다. 그러나 아무리 많은 양이 남아 있더라도 갈수록 생산 비용이 꾸준히 늘어날 수밖에 없는 자원에 의존하는 셈이었다. 더 깊이 파려면 더 복잡한 드릴 장비와 더 나은 기술 인력들이 필요하고, 깊이 파고 퍼 올리는 데는 더 많은 에너지가 소요되었다. 해외나 북극 지역의 유정은 그보다 복잡한 드릴 장비와 석유 추출 기술이 필요했다. 게다가 석유를 운반하려면 값비싼 파이프라인이 있어야 했고, 자주 심각한 생태적·정치적 문제를 일으켰다.

에너지 소비자들이 믿을 만한 경쟁적인 자원을 개발하지 않는 한 유가는 계속해서 오를 수밖에 없다. 이러한 생각은 너무나 불쾌하고 그 파장 또한 강렬해서 대부분의 정치가나 일반 시민은 감히 떠올리기조차 싫어했다. 그래서 국가적인 차원에서 현실도피를 하게 되었고, 그 과정에서 석유의 수많은 대안들이 고려되었다가 거부당했다. 결국 석유는 갈수록 비싸졌지만 그 방법밖에는 없다고 느끼게 되었다. 다른 대안들은 시도조차 하지 않았다. 게다가 대체 방안은 당장에는 석유보다 비쌌기 때문에 완고한 경제적인 근거에 의해 그 의견을 거절할 만한 구실이 만들어졌다. '공짜'인 데다 소진되지 않는 자원─바람이나 지열에너지나 대양의 온도차에너지─에 의존하게 되면 곧 더욱 싼값에 보급될 거라는 사실을 무시하면서 말이다. 사막식물로부터 생산된 가연성 기름이나 사탕수수, 곡물, 농업폐기물 등에서 추출된 알코올 등과 마찬가지로 교통수단에 쓰일 수 있는 석유 대체제 방안 역시 비슷한 이유로 폐기당했다. 그 대신 관료들은 '규제 철폐 환경을 만들어주면' 석유회사에서 옛날 수준으로 값싼 휘발유를 계속 재생산할 거라고 천진난만하게 믿었다.

육중한 몸의 공룡이 기후가 변한 사실을 받아들일 수 없었듯 왕년에 목축으로 호황을 누리던 때의 백일몽에 젖어 있는, 석유가 고픈 미국인들은 유례없는 경제적 대재앙을 향해 비틀거리며 나아가고 있었다.

5.

밤새 태풍이 점점 더 강해졌다. 억수같이 퍼붓는 빗속에서 갈매기와 철새 떼가 엎치락뒤치락하며 날개에 머리를 파묻은 채 볼리나스 모래톱의 바람이 들지 않는 호수를 향해 날아갔다. 볼리나스 모래톱 근처에 번개가 내리꽂혔다. 파도가 암초에 부딪칠 때마다 솟아오른 포말과 바람 속에서 계속해서 번갯불이 번쩍였다. 암초 때문에 수없이 많은 배가 침몰했다. 비는 볼리나스 암석 대지에 두껍게 자란 잡초 더미와 잡목 더미를 사정없이 때려댔고, 들쥐들은 굴속 깊숙이 몸을 숨겼다. 비바람이 스위프트 집의 커다란 창문을 두드렸다. 한밤중에 캐롤은 멀리서 들려오는 파도의 포효와 집을 감싸고 도는 돌풍 소리 속에서 간헐적으로 들려오는 소음에 잠이 깼다. 자리에서 일어나 방을 살펴보다가 천장에 구멍이 난 것을 발견했다. 그녀는 뚝뚝 떨어지는 빗방울 아래 냄비를 받쳐놓고는 로저가 덮고 있는 오리털 퀼트 이불 속으로 기어들어갔다. 로저는 아무 소리도 듣지 못하는 것 같았다. 아침이 되자 그녀는 지붕에 덧댈 재료를 가지고 지붕 위로 올라갔다.

캘리포니아에서 오리건까지 수천 마일에 달하는 해안을 태풍이 난타했다. 이 해안은 오랜 기간의 지질 형성기를 거쳐 인간이 인식할 수 없을 정도의 속도로 서서히 융기했다. 그러나 단기간에 태풍은 그것을 갈아엎어버릴 듯했고, 연약하기 짝이 없는 해안가 벼랑 가까이에 사는 사람들의 집은 어제 같은 밤이면 절반 이상 부서지고 말았다. 스위프트 가족의 집은 벼랑 끝에서 20야드가량 떨어져 있었다. 로저와 잰이 집을 지을 당시 집 앞에는 길이 하나 있었다. 그러나 지금 길은 거의 떨어져 나가고 좁은 오솔길 하나만 겨우 남아 있다. 로저는 그 집을 지을 때, 100년간은 끄떡없도록(미국식 집치고는 매우 드문 일이다) 교묘하게 계산을 해서 지었다. 그의 계산에 의하면 집과 집 아래의 벼랑은 동시에 무너질 것이다.

그날 밤 남쪽에서 불어오는 돌풍을 타고 태평양 먼 바다에서부터 거대한 산처럼 솟아올랐다가 부서지던 파도는 가끔씩 50피트 높이까지 물보라를 날렸다. 어떤 파도는 바위 하나만 연거푸 강타했다. 그런 다음 바람은 소금 기 가득한 물보라를 벼랑 위로 튕겼고 일부는 그 높이에 있는 암석 대지의 가장자리를 쓸어내렸다. 그곳에 서 있던 늙은 사이프러스 나무들은 이런 과 정에 오랜 기간 길들여진 결과 특이한 모양을 뽐내게 되었다. 남쪽에서 비추 는 태양빛을 최대한 받아들일 수 있도록 설치된 루의 태양전지 선반에 바람 에 실려온 바닷물 안개가 스며들었다. 바람이 태양전지 선반을 흔들었고 결 국 지지대를 헐겁게 만들었다. 그 덕분에 생긴 압력이 두 틀의 작은 틈을 뚫 고 들어갔다. 밤 동안 점차적으로 소금물이 틈으로 스며들었다. 단단하게 봉 인되어 있던 덮개의 틈이 서서히 벌어지면서 전지 중 하나가 서서히 물의 막 으로 가득 찼다. 루의 계량기에 연결된 도선은 전지 꼭대기에 붙어 있어서 누 전을 일으키지 않았다. 그것은 휘몰아치는 바람 속에 계속 덜렁거리며 아침 이 올 때까지 선반 위에 매달려 있었다.

6.

미국 전역에서 가장 오래된 핵발전소는 시애틀 경계 바깥으로 몇 마일 떨어 진 곳에 위치했다. 발전소는 북서부 내해의 해변인 퓨젯사운드에 위치하고 있어서 '퓨젯 1호'라는 이름이 붙었다. 7년간 가동되면서, 퓨젯 1호의 거대 한 격납용기 내부의 수많은 스테인리스스틸 파이프에는 눈에 보이지 않을 만큼 미세하게 금이 갔다.

30억 달러에 달하는 비용이 들어간 원자로는 '그레이트 노스웨스턴 전력 회사'에 의해 가동되었는데, 이 회사는 영국과 남아프리카, 서독과 미국의 다른 지역에 사업체를 두고 있는 다국적 기업이었다. 퓨젯 1호의 건설에 무 리하게 자금을 동원한 그레이트 노스웨스턴은 전기요금을 무리하게 인상하 겠다고 주장했다. 그러나 대중의 저항도 만만치 않았다. 환경 변호사 그룹이 만들어낸 새로운 회계 시스템 덕분에, 이전까지 그 회사의 충실한 동맹이었던 주 공익사업 설비위원회는 요구한 인상 금액의 절반만 허락했다. 대중들은 절충적인 요금 인상에 강력하게 대응했다. 즉, 집의 전기를 끊는다든가 태양열 난방시스템을 설치하는 식으로 대응했고 전등과 전기제품의 사용을 줄였다. 비용을 조절할 방법을 찾고 있던 산업계 역시 수많은 에너지 절약 수단을 내놓았다. 그러므로 1인당 전기 소비량은 공익사업위원회와 정부 전문가들이 예상했던 만큼 가파르게 상승하는 대신 서서히 곡선을 그리며 떨어지고 있었다.

이윤을 창출하도록 요금률을 유지하고 투자자들의 자본을 묶어두기 위해 그레이트 노스웨스턴이 선택할 수 있는 대안은 한 가지밖에 없었다. 종업원 수를 줄여 시설 운영과 유지 비용을 줄이는 것이었다. 퓨젯 1호기의 비상 냉각시스템을 마지막으로 총점검하면서 엑스레이 기술자들은 초기 균열이거나 다시 용접한 흔적일지 모를 희미한 금을 확인했다. 검사 감독관은 그 금이 용접의 흔적이라고 판단했다. 그는 부하직원들이 이 판단에 의문을 제기하자 이렇게 대답했다.

"자네들은 지금 뭘 말하고 있는지도 몰라. 이런 금은 수천 번도 넘게 봤어. 그것이 폭발로 이어진 적은 이제까지 한 번도 없었어."

그날 밤 수석 검사관은 집으로 돌아가는 길에 어느 엑스레이 용지가 생각나자 등골이 서늘해지는 것을 느꼈다. 그는 감독관들이 작년 검사지에 제목만 바꿔서 서류에 첨부했다는 다른 발전소의 이야기를 들은 적이 있었다. 결국 그의 상관도 일부 기록은 잘라내야 한다고 말했다. 그는 그저 시키는 대로 할 수밖에 없었다. 게다가 그는 원자로가 있는 곳과 무관한 지역으로 가족들을 무사히 옮기기 위해 시애틀로 이사하느라 이미 충분히 고생한 터였다.

7.

아침에 루가 일어났을 무렵에도 여전히 비가 내리고 있었다. 루는 난로에 장작을 좀 더 넣고는 바나나와 달걀로 밀크셰이크를 만들어 먹은 다음 로저와 캐롤을 위해 원두커피를 내렸다. 루는 캐롤이 설치해둔 물받이용 냄비의 물을 비우고 지붕 위에 있는 태양열 온수기에서 단열 셔터를 들어 올리는 장치의 코드를 뽑았다. 그리고 그날 학교에 제출할 숙제를 챙긴 다음 비옷을 걸치고 밖으로 나가면서 전날 나온 음식물쓰레기를 전지 선반 근처에 있는 퇴비용 쓰레기통에 던져 넣었다.

여전히 바람이 불고 있었다. 루는 선반 근처로 다가갔다가 잘 정돈되어 있었던 선반이 바람 때문에 느슨해진 것을 알게 되었다. 루는 느슨하게 아래로 처진 선반 위에 한 줄로 놓인 전지를 보았다. 손상은 없어 보였지만 그 선반을 수리하려면 망치질을 하기 전에 먼저 섬세한 전지들부터 모두 내려놓아야 했다. 이렇게 축축한 날 하기에는 정말 고약한 작업이 아닐 수 없었다. 차라리 비가 그치고 물건들이 마를 때까지 기다리는 편이 나을 것이다. 그녀는 기구가 있는 오두막의 작은 문을 열고 조금이라도 손상이 있는지 보려고 내부를 자세히 들여다보았다. 모든 것이 괜찮아 보였다. 특히 계량기는 젖지 않았다. 그때 루는 각각의 전지의 회로에 연결되어 있던 계량기들의 스위치 중 하나가 선반을 뒤흔든 바람에 의해 차단된 채 가볍게 흔들거리는 것을 발견했다. 보통 그녀는 이 스위치 장치를 매일 저녁 열어보고 전지에 연결된 배터리에서 전지를 분리하곤 했다. 그녀는 사태가 심각하다는 것을 깨달았다. 그녀는 모든 스위치들을 끄고 가지런히 늘어선 계량기들을 재빨리 훑어보았다. 그녀가 예상했던 대로 먹구름 낀 날씨 속에서 모두 제로를 가리키고 있었다.

그러나 마지막 계량기는 달랐다. 그 바늘은 제로를 가리키지 않았다. 그것은 그녀가 이전에 이룬 것과는 비교가 되지 않을 만큼 월등히 나은 결과를 가리키고 있었다.

루는 계량기를 뚫어질 듯이 쳐다보았다. 그녀가 어제 설치해두었던 새로운 전지 중 하나에 연결된 계량기였다. '이 계량기에 문제가 있었나?' 루는 계량기를 가볍게 두드린 다음 회로 스위치를 열었다. 바늘은 다시 제로를 가리켰지만 스위치를 다시 닫자 이전의 눈금으로 돌아갔다. 루는 꼿꼿이 서 있다가 그 새로운 전지를 보기 위해 선반이 있는 곳으로 급히 뛰어갔다. 그녀는 머릿속으로 번개같이 계량기의 임의적인 표시를 발전기의 발전량 수치로 바꾸고 있었다. 특별한 일이 일어나지 않는다면 이 새로운 전지의 발전량은 지금까지 다른 사람들이 해낸 것의 열 배가 넘는 수준이었다!

그 전지는 젖어 있는 것처럼 보였지만 손상은 없었다. 루는 전지를 좀 더 세밀히 살펴보다가 아주 가느다란 금 하나가 제일 바깥층 유리를 가로질러 난 것을 보았다. 전지의 안쪽은 물로 가득 차 있었다. 그렇다면 왜 그 물이 줄어들지 않았을까? 그런데도 양극 쪽의 도선은 말라 있었다. 양극 쪽 도선이 어떤 식으로든 망가지지만 않았다면 물로 덮인 전자관에 연결되어 있는 음극 쪽 도선은 아무 변화 없이 젖어 있을 수 있었다.

도대체 무슨 일이 일어난 것일까? 루의 가슴은 흥분으로 두근거리고 있었다. 루는 노트를 꺼냈지만 빗속에서는 무용지물이라는 것을 깨달았다. 모두 나중에 적어야 할 것이다. 그녀는 중대한 관찰에 대한 목록을 머릿속에서 정리했다. 우선 전지를 조사해본 바로는 그것은 광전 효과였다. 전지가 빛을 받지 못했을 때 전류를 전혀 만들지 못했다. 그 다음 시스템적으로 다른 요소들을 제거함으로써 전지 속으로 흘러 들어왔던 물속의 어떤 요소가 전지의 발전량을 증가시켰을 가능성에 집중하게 되었다. 그녀는 다른 전지도 조사해보았다. 다른 몇 개도 젖어 있었지만 계량기는 여전히 바닥에 머물러 있었다. 어떻게 물이 그런 효과를 산출할 수 있었단 말인가? 비는 기본적으로 증류수이고, 대기를 통과하여 떨어져 내릴 때 약간의 오염물질을 포함하게 되더라도 일반적으로는 비활성인 상태로 머무른다. 루는 전지 안의 유동체를 화학적으로 분석해보기로 했다. 지금까지는 새로운 전도체 합성체의 흔적이라고 해봐야 흘러들어온 물과 마구 뒤섞인 상태일 것이고, 그 나머지 성분은 오로지 신만이 아실 테지만 말이다. 그중 몇 방울은 전지의 틀 밖으로 새어나온 것처럼 보였다. 루는 그 아래 새어나온 액체에 손가락을 대어보았다. 그러고는 과학자라면 하지 말아야 한다는 걸 알면서도 손가락을 입으로 가져가 맛을 보았다.

그것은 짭짤했다. 루는 여전히 거칠게 파도치는 바다를 한참 내려다보다 중얼거렸다.

"그렇다면 틀림없이 바닷물의 작용이라는 뜻인데."

더 이상 전지 밖으로 물질이 새어나오지 않도록 조심하면서 전지를 선반에서 내려 실험실로 들고 갔다. 그런 다음 그 속의 액체를 깨끗한 용기에 부었다. 로저가 일어나자마자 무슨 일이 일어났는지 보고할 것이다. 토요일이긴 하지만 로저는 틀림없이 루와 함께 샘플을 들고 동네에 있는 분석실험실로 달려갈 것이다.

8. 화학제품의 끝없는 발명

미국을 지상에서 전무후무하게 위대한 산업 국가로 변신시킨 동력이 된 1940~1945년의 군수산업이 시작된 이래 화학자들은 괄목할 만한 속도로 새로운 물질들을 개발해왔다. 일단 원자를 붙였다 뗐다 하는 기초적인 기술을 터득하게 되자 그들의 상상력은 무한하게 뻗어나갔다. 그들은 원자를 상징하는 반짝이는 공을 만들어 아름답고 복잡한 새로운 분자를 만들며 놀았다. 그리하여 처음에는 실험실에서, 나중에는 정유소를 닮은 거대한 발전소에서 실질적인 합성물을 생산하게 되었다.

이 새로운 물질 중 많은 것들이 매우 재미있는 속성을 지니고 있었다. 그것들 중 일부는 벌레를 죽일 수 있었다. 그러자 DDT나 2-4D 같은 이름으로 수백만 톤이나 제조되었다. 일부는 약으로 사용할 만했다. 예상치도 못한 부작용인 욕지기, 두통, 땀, 배탈, 혈액순환 장애 등을 일으켰지만 말이다. 어떤 것은 풀같이 끈적거리고 굳으면 강철처럼 단단해졌지만 다양한 모양으로 주조되었다. 어떤 것은 무게가 없는 투명한 막이라고 할 만큼 얇게 펴졌다. 어떤 것들은 방부제나 조미료, 연화제로 음식에 사용되었고 혹은 음식을 걸쭉하게 하거나 크림처럼 만들기도 했다. 어떤 것은 음식이나 의복이나 플라스틱에 염료로 광범위하게 사용되었다. 어떤 것은 거품을 일으킨 후 스폰지나 단단한 형태로 굳어졌다.

이런 물질은 페인트나 광택제에 들어가 병이나 프라이팬 코팅제나 축음기로 만들어졌다. 먹기도, 마시기도 하고 분사하거나 가루로 뿌려지고 모든 풍경과 그 속에 거주하는 모든 생명체에 수천 가지 방법으로 적용되었다. 1970년대 후반 산아제한에서부터 불치병의 관리에 이르기까지, 40년 전에는 존재하지 않았던 이런 물질과 연관되지 않은 인간의 활동은 아무것도 없었다. 이것은 인류가 자연을 개선한 증거물처럼 받아들여졌다. 사람들은 새롭고 놀라운 제품을 원했고 그것들 없이 사는 것은 더 이상 상상조차 할 수 없었다.

특히 제품이 제조되는 동안, 또는 몇 주나 몇 달 후에 새로운 합성물 중 일부는 분자 중 일부를 주위의 대기로 방출했는데, 그 가스에서 이상하게 고약한 냄새가 스며 나왔다. 아이들과 동물들은 이런 냄새를 피해 달아났지만 수천만 명의 어른들은 그것에 정기적으로 노출되었다. 산업발전소나 농장 등의 직장에서나 집에서, 도로에서, 아니면 길거리에서 말이다. 허파를 통해, 또는 음식과 물을 통해 새로운 분자들이 인간의 몸속으로 들어왔다. 잦은 두통이나 메스꺼움은 차치하고 그것이 몸속에서 무슨 작용을 하는지에 대해 당시에는 아무도 중요하게 생각하지 않았다.

화학제품 생산이 거대한 붐을 이룬 지 30여 년이 지난 후에 미국 공중위생 관리들과 의사들은 이 나라의 암 발생률이 놀랍도록 증가하고 있다는 사실을 발견했다. 어떤 사람은 현대 공중위생과 의학기술 덕분에 인간의 수명이 늘어나 더 오래 살게 되면서 자연적으로 암과 같은 병에 걸리게 된다고 설명하려 들었다. 또 어떤 이는 특정한 암의 발병이 흡연과 테스트를 제대로 거치지 않은 약물이나 음식 섭취로 인한 것이라는 점을 알아차렸다. 그러나 암의 종류가 워낙 다양하다는 점과 많은 암이 진행되는 데 20여 년가량이 걸린다는 사실이 연구에 방해가 되었다. 그래서 더 자세하게 연구하지 않고 넘어갔다. 그러나 점차적으로 모든 연령층의 사람들이 이 병으로 고생하게 되었다. 미국인 네 명 중 한 명 이상이 그 질환에 희생되고 있다.

화학자의 끝없는 발명으로 인해 매년 1,000종가량의 새로운 화학제품들이 환경에 도입되었다. 총합은 8만 가지가 넘고 그중 3만 5,000가지는 공식적으로나 잠정적으로 인체에 위협이 될 수 있는 물질로 분류되었다. 많은 시민들이 항의하자 연방정부는 그 물질의 위험도가 얼마나 심각한지를 규정하기 위해 이들을 실험하는 프로그램을 시작했다. 그러나 여기에 할당된 예산이 너무나 적다 보니 100년이 걸려도 답을 내지 못할 것이라는 계산이 나왔다.

그동안 살충제는 가구류와 실내장식품, 카펫, 건축 재료 등에 주입되고 있었다. 그들은 해충과 쥐 구제약이라는 명목으로 건물 위에 분무되거나 페인트처럼 칠해졌다. 살충제와 제초제가 공원과 공공건물과 버스와 정원과 골프장에 살포되었다. PCB라 불리는 독극물질이 수백만 개의 전신주 변압기와 축전기, 텔레비전 세트, 형광등 시설,

산업장비에 단열재로 첨가되었다. 이러한 물질이 새어나오거나 폭발하거나 쓰레기더미 속에 던져지면 분해되지 않는 미끈거리는 액체가 새어나와 근처 땅과 자동차나 사람에게 확산된다. 농업용 살충제와 제초제는 비행기나 헬리콥터로 뿌려지는데, 흔히 비료와 함께 섞어 쓰고 파종하기 전에 씨를 담그는 용액으로도 쓰인다. 매년 서부 주에서만 수억 파운드의 발암물질과 돌연변이를 일으키는 합성물이 뿌려진다. 가축과 달걀을 파괴하기에 충분할 만큼 어마어마한 양의 독극물질은 결국 17개 주에 공급되는 음식물에 스며든다. 그 결과 위험한 화학물질 농축으로 인해 동부와 중서부의 수많은 호수와 시내에서 낚시가 금지되었다.

암의 바이러스성 원인을 찾아내려 하던 연구원들은 달갑지 않지만 다음과 같은 결론에 도달했다. 바이러스 과정이 관련되긴 했지만 암을 촉진하는 원인의 80퍼센트가 환경적인 요인과 관련이 있다는 것이었다. 사람들이 그런 일을 자초했다. 그러나 당시 대부분의 미국인들이 그 이야기에 귀 기울일 준비가 되었다는 의미는 아니었다. 그 사실은 대부분의 지역에서 보도되지 않고 토론되지 않았으며 암의 발생률만 계속해서 높아졌다. 화학과 졸업생들은 졸업도 하기 전에 고액 연봉을 자랑하는 직장에서 취업을 제안받았다. 사람들은 계속해서 건강에 위해한 공기를 마시고, 오염된 물을 마시고, 살충제와 첨가제가 들어간 음식을 먹고, 살아남기 위해 돈을 버는 일에만 전력을 기울였다.

9.

신체가 지닌 즐거운 잠재력

키플링의 우화에 나오는 코끼리 소년처럼 루는 언제나 호기심이 많았다. 그리고 코끼리 소년처럼 그만큼 곤란에 빠지곤 했다. 대개 그 문제가 장기적인 관점에서는 이익이 되는 것 같긴 했지만 말이다. 어느 쪽이든 간에 그것이 루가 택한 삶의 방식이었다. 루가 어렸을 때, 잰과 로저는 탐구 활동을 장려했다. 그들은 처음으로 기는 법을 배운 루가 침대 가장자리로 기어가도 자신들이 베개로 받쳐놓은 15인치 아래 바닥으로 굴러 떨어지도록 내버려두어 떨어지는 것이 어떤 것인지를 배우게 했다. 그리고 루가 진짜 불을 가지고 놀도록 내버려두었으며 그녀를 지켜보면서도 성냥에 손가락을 갖다 대도 막지 않았다. 또한 그녀가 신체가 지닌 즐거운 잠재력을 발견할 때에도 방법에 따로 제한을 두지 않았다. 물론 나중에 그들은 많은 사람들이 이런 종류의 즐거움들을 오로지 비밀스러운 장소에서만 즐겨야 되는 것처럼 느낀다고 가르쳤다. 루는 사람들의 방식이라는 게 다소 바보스럽다고 생각했다. 그러나 그것이 게임의 룰이라면 얼마든지 따를 수 있었다.

가끔씩 루는 부주의했다. 열여섯 살이 되던 해 겨울 어느 금요일 오후, 유난히 억수같이 비가 내리기 시작했다. 루는 그 주말을 시내에 있는 엄마의 집에서 지내기로 결심했다. 잰의 작업실에 도착했을 때 그곳에는 아무도 없었다. 루는 잰이 다른 룸메이트에게 적어놓은 쪽지를 발견했는데 저녁 무렵에 돌아올 거라고만 적혀 있었다. 루는 난로에 불을 붙이고 음악을 틀었다. 넓은 공용 거실은 요리와 식사, 사교에 사용되었는데 적당히 어질러진 데다 매우 푸근한 느낌을 주었다. 낡은 가구와 완성작에서 포기작까지 다양한 단계의 작품들로 가득했다. 낡은 창고의 지붕은 단열 공사가 되어 있긴 했지만 바깥은 여전히 금속으로 덮여 있어서 지붕에 비가 듣는 소리가 잔잔히 들려왔다. 몇 시간 동안 여기엔 아무도 없을 것이다. 그녀는 손에 닿는 대로 책을 펼쳐 읽으며 난로 옆에 놓인 커다랗고 푹신한 낡은 소파에 몸을 굽혀 누웠다. 잠시 후에 청바지가 조여오자 그녀는 지퍼를 열었다. 한결 나았다. 한 손을 바지 속으로 슬며시 넣으니 기분이 한결 좋아졌다. 그러고는 책 읽기와 손가락으로 몸을 애무하는 것 중 어느 하나에도 정신을 집중하지 못한 채 어느 것이 더 즐거운지 그 느낌을 탐구했다. 점점 독서보다는 애무에 집중하게 되었다.

그러다 루는 누군가가 현관문으로 들어와서 그녀를 쳐다보고 있는 것을 알아차렸다. 잰의 화가 친구 중 한 명인 제프리였다. 그는 루를 안심시키려 미소를 지었다. 루는 손을 빼야 할지 말아야 할지 고민했지만 손을 빼면 더 이상하리라 판단했다.

"안녕, 루. 당황할 거 없어."

제프리가 말했다.

"누구나 다 하는 일인 거 알잖아! 놀라게 해서 미안해. 잰이 나한테 열쇠를 주면서 집에 들러 칠면조를 오븐에 넣어달라고 해서. 오늘 밤에 엄청 크게 회식할 계획이거든. 너도 여기 있을 거니?"

루는 고개를 끄덕였다.

"그래, 볼리나스로 가기에는 비가 너무 많이 와."

제프리가 다가오더니 소파 손잡이에 걸터앉았다. 마른 편이었고 보통 남자에 비해 머리칼을 길게 기른 편이었다. 게다가 얼굴이 아름답고 중성적으로 보여서 루는 제프리가 동성애자인지 아닌지를 알아낼 수가 없었다. 그가 가끔씩 최근에 이 창고를 함께 쓰게 된 유일한 남자인 게리의 애인인지 궁금해했다. 또 어떤 경우에 제프리는 잰의 이전 하우스메이트이자 가끔씩 그의 그림을 사는 마샤에게 애정을 보이는 것도 같았다.

제프리가 루의 팔에 손을 올렸다. 그의 손길은 따스하고 부드럽게 느껴졌다. 그는 그녀를 조심스럽고 다정한 눈으로 바라보았다. 그들이 지금 아름다운 비밀을 공유하고 있는 듯 위안을 주는 경쾌한 미소까지 머금고 있었다. 루가 답례로 미소를 짓자 제프리가 자신의 손을 루의 팔 아래로 움직였다. 아주 천천히. 그러다 움직임을 멈추고는 그녀의 팬티 고무줄 아래에서 손가락을 장난스럽게 흔들었다. 그의 손가락이 와 닿는 느낌이 좋았다. 그녀는 몸을 펴서 손가락들이 더 쉽게 움직이도록 공간을 만들어주었다. 그녀를 따라 소파로 미끄러져 들어온 제프리는 다른 팔로 그녀를 안고는 키스했다.

'틀림없이 동성연애자는 아니야!' 루는 팔을 빼내 그를 껴안았다. 그의 몸은 유연하고 경이로웠다. 제프리가 움직이는 대로 루의 몸이 이리저리 꿈틀거렸다. 그의 움직임은 매우 세련되었다. 여자의 가슴을 서투르게 더듬거나 넘어야 할 장애물 코스라도 되듯 몸 위로 기어오르는 데만 급급한 고등학생 남자아이들과는 달랐다. 제프리의 움직임은 춤과 같았다. 그 춤이 좁은 소파가 허락하는 공간에만 한정된 것이긴 해도.

루는 잠깐 동안 키스를 멈추고 물었다.

"먼저 이것에 대해 이야기부터 해야 하는 거 아닌가요?"

제프리가 루의 셔츠 아래를 손가락으로 밀어 올렸다.

"아무도 뭔가를 일부러 해야 할 필요는 없어. 이곳은 자유로운 영역이니까. 넌 뭘 하고 싶은 건데?"

그의 손끝이 그녀의 가슴을 너무나 섬세하게 건드려서 루는 쾌락으로 전율했다.

"오, 좀 더, 좀 더!"

그녀가 즐거워하며 제프리를 껴안았다.

"좋아, 하지만 우선 저 빌어먹을 칠면조부터 해결해두는 게 좋을 것 같아."

그들은 서로 떨어져 급히 칠면조를 다듬어 오븐에 쑤셔 넣었다.

"칠면조 속을 채워 넣어야 하지 않아요?"

루가 물었다.

"그건 잠시 후에 하지, 뭐."

제프리는 그렇게 말하면서 난로 앞의 양탄자 위에 커다란 양털 담요를 폈다.

"이리 와, 공주님."

그가 우아하게 무릎을 꿇으며 말했다.

"이리 와서 나랑 같이 놀자."

그들은 양탄자 위에서 강아지처럼 웃으며 이리저리 뒹굴었다. 그들은 서로의 몸 위로 기어오르거나 한데 엉겨 꿈틀거리며 킬킬거렸다. 그들은 키스하고 서로를 애무했다. 루는 제프리가 그 행위를 있는 그대로 즐기고 있다는 사실을 알 수 있었다. 제프리는 그녀가 파티 때 만나 차에서 섹스를 나누던 남자들처럼 서두르지 않았다. 그들은 하나씩하나씩 서로의 옷을 벗었고, 루는 그가 여자를 다루는 방법을 안다는 게 기뻤다. 그녀가 명랑하게 외쳤다.

"제프, 왜 아무도 섹스가 자위행위보다 좋을 수 있다는 걸 말해주지 않은 걸까요?"

"섹스에는 그 이상의 것이 있지. 언제나 둘이서 하는 섹스가 더 좋은 거야, 귀여운 루!"

그는 그럭저럭 콘돔을 끼운 후 그녀의 몸속으로 들어왔다. 루는 생각했다. '난 얼마나 운이 좋은가. 섹스가 축구시합과 비슷하다고 생각하며 곧바로 결승점을 향해 달려드는 남자가 아니라 이렇게 믿을 만한 제프리와 함께 섹스를 하다니.'

"가르쳐주세요, 제프."

그녀가 속삭였다.

"모든 걸 다 가르쳐주세요."

그리하여 그들은 그 창고에서 수없이 밀회를 즐겼다. 루를 안심시킨 것은 잰이 그 연애를 받아들였다는 점이다. 잰은 '누군가 나이 많은 연인이 나에게 섹스에 대해 가르쳐주었더라면' 하고 바랐던 적이 있었다. 그래서 잰은 루의 행운에 기뻐했다. 그녀는 제프를 좋아했고 신뢰했다. 그가 이전에 아이를 낳아 기른 적이 있었고 나중에 정관절제수술을 받았다는 것을 알고 있었으므로 루가 임신할까 봐 걱정할 필요가 없었다.

그들의 관계는 거의 1년간 지속되었다. 잰은 그 관계를 루가 너무 심각하게 받아들일까 봐 걱정했지만 제프도 정말로 루에게 집착한다는 것을 알 수 있었다. 한 번은 그가 그 사실을 시인하며 잰에게 말했다.

"글쎄, 루가 여덟 살이나 열 살 정도만 많았어도 정말 심각한 문제에 봉착할 뻔했어요."

그러나 그는 어느 정도 거리를 두었다. 아마도 의도적으로 노력했을 것이다. 그는 샌프란시스코에서 살았고 그곳에는 다른 연인들이 있었다. 그럴 즈음에 신기하게도 루가 먼저 그 관계를 끝내야겠다고 생각했다. 한 가지 이유는 루가 볼리나스에 있는 실험실에서 더 많은 시간을 보내고 싶어 했기 때문이다. 또 다른 이유는 제프에게서 더 이상 배울 게 없다는 사실을 깨달았기 때문인 것 같았고 제프도 그 점을 기뻐했다. 루는 자신이 자주 다른 남자들에 대한 갈망으로 고통스러워한다는 사실을 발견했고 그런 호기심이 다음 번엔 자신을 도대체 어디로 이끌지 궁금했다.

결과적으로 그 호기심 때문에 그녀는 젊은 음악가 데이빗 벤더미어와 관계를 갖게 되었다. 그는 2년 전에 학교를 졸업하고 대부분의 시간을 자신이 결성한 밴드와 보내고 있었다. 루가 과학에 빠져 있듯 데이빗은 자신의 음악 세계에 빠져 있었고, 이것은 두 사람 모두에게 적합한 조건으로 보였다. 루는 제프에게서 배운 것들을 그에게 조금씩 가르쳐주었다. 그들은 함께 멋진 시간을 보냈지만 또한 각자 자기 일을 할 시간도 충분히 가졌다.

10.

월요일날 루는 수표책을 학교에 가져갔다. 그녀에게는 할아버지 토머스가 물려준 1만 달러가량이 통장에 남아 있었다. 한창 때 조금 알려진 발명가였던 할아버지는 동부에 살았다. 그래서 루는 할아버지를 자주 볼 수는 없었다. 그러나 루가 방문할 때면 언제나 과학에 대한 흥미를 격려해주었다. 그가 그녀에게 남긴 돈은 '연구 개발을 위해 자금이 필요할 때' 쓰라는 것이었다. 루는 그것을 조심스럽게 운용했고 대학에 가서도 그 돈을 오래오래 쓰고 싶었다. 이 특별한 실험이야 몇 백 달러면 되겠지만 색층 분석(크로마토그래피chromatography라고도 한다. 적절한 정지상과 이동상을 사용하여 시료들이 섞여 있는 혼합액을 이동속도 차이를 이용하여 분리하는 방법이다—옮긴이)까지 하게 될 경우 혼자만의 자금으로는 해결할 수 없을 것이다.

수업이 끝난 후 루는 동네를 가로질러 과학연구소를 향해 활기차게 걸었다. 그녀는 프랑스어 불규칙 동사와 미국 남북전쟁의 원인에 정신을 집중하기가 쉽지 않았다. 그녀는 연구소 문을 향해 돌진했고 그 순간 그녀의 등 뒤에서 문이 휙 소리를 내며 닫혔다. 루는 연구소 측에서 건넨 보고서를 재빨리 읽어 내렸다. 그녀는 학교 도서관에서 바닷물의 화학적 구성요소 목록을 모두 찾아냈다. 그런데 그 구성요소가 너무나 방대해서 놀라고 말았다. 보고서와 비교하기 위해 도서관 목록을 출력해 온 그녀가 찾고 있는 것은 뭔가 다른 요소였다. 전도체 합성물이나 해수에서 흔히 발견되는 합성물이 아니라 새로운 전지에 마술 같은 일이 일어났다는 것을 증명할 단서 말이다!

출력된 내용을 보니 새로운 것이 전혀 없었다. 그녀의 신기한 액체는 비, 염화물과 브롬화물로 이루어진 보통의 바닷물뿐이었다.

그렇다면 도대체 뭐가 잘못되었단 말인가? 사실 어떤 측면에서는 그보다 더 좋을 수도 없는 일 아닌가? 결국 그녀는 모든 사람들이 시중에서 쉽게 구할 수 있는 평범한 물질로 만들 수 있는 태양전지를 발명하려 했던 게 아닌가? 가마에서 나온 실리콘은 모래로 만들어진 것이었다. 이제 루는 해수 중의 어떤 성분이 전지에 특이한 변화를 일으켰는지를 발견하기 위해 일련의 성분 제거 실험을 해야 할 것이다. 루는 갑작스레 가슴이 철렁 내려앉는 느낌이 들었다. 당연히 광전자효과(금속 표면에 빛을 비추면 그 빛에너지에 의해 전자들이 풀려나면서 전기가 발생하는 효과—옮긴이)를 모방한 화학적 반응이 일어난 건 아니라는 사실을 확인하기 위해 더 많이 검증해야 할 것이다. 광전자효과라 하더라도 충분히 가치가 있긴 하지만. 여전히 풀어야 할 수수께끼가 산적해 있었고 그 문제들을 풀 때까지 더욱 실험에 박차를 가해야 할 것이다.

11.

약 1만 5,000년 전 마지막 빙하기가 끝난 이후 태평양 해안을 따라 좁고 긴 녹지가 하나 생겨났다. 가파른 시에라 산맥과 케스케이드 산맥에 인접한 건조하고 황량한 내륙에서 떨어져 나온 이 축복받은 지역은 충분한 강수량 덕분에 식물과 동물이 풍부했다. 지리학적으로 고립된 덕분에 다른 어느 곳에서도 찾아볼 수 없을 만큼 많은 생물종을 자랑하게 되었다. 상상할 수 없을 정도로 거대한 아메리카삼나무 숲이 있었는데, 이 나무들은 지상에서 가장 키가 큰 나무였다. 삼나무 숲은 북쪽으로 산타크루즈에서부터 오리건까지 해안을 따라 촉촉한 산을 뒤덮었다. 오리건에 도달해서야 아메리카삼나무 숲이 끝나고 울창한 히말라야삼나무들이 위세를 떨쳤다. 시에라에서는 자이언트 세쿼이아들이 자랐는데, 이 나무들은 아메리카삼나무만큼 키가 크지는 않았으나 이제껏 알려진 나무 중 가장 우람했다. 전나무, 삼나무, 소나무들이 마구 뒤섞여 가장 시원한 지역을 담요처럼 덮었고, 더 건조한 지역은 두껍게 자란 검붉은 관목수풀 지대나 참나무들이 막 자라나기 시작한 탁 트인 초원지대로 이루어졌다. 봄이면 다양한 종류의 야생화들이 지천으로 피어나 산 위의 바위와 초원에서부터 아래로 거대한 계곡과 습지로 이어진 산기슭의 작은 언덕까지 온통 뒤덮었다. 수백 마리 연어가 강에서 헤엄쳤고 해안을 따라 조개와 갑각류가 넘쳐났다. 육지에는 거대한 영양과 엘크 무리가 살았다. 회색

곰 그리즐리는 그 언덕에서 작은 짐승을 찾아 헤맸다.

이 온난하고 비옥한 땅에 처음 거주한 것으로 알려진 인류는 베링 해를 타고 대륙으로 이동해 내려왔다고 한다. 그들은 활과 화살을 지니고 있었고 그 무기 덕분에 큰 포유류들도 사냥할 수 있었다. 그들의 후손들은 평화로운 생활을 유지해갔고, 그 지역에 사는 온갖 생물과 장소를 이해하고 존중할 줄 알았다. 그들은 모두가 함께 살아가는 방법을 알았다. 참나무 종류인 블랙오크, 블루오크, 탠바크오크는 동물과 인디언에게 도토리를 공급했는데 단백질과 지방, 전분이 풍부했다. 튼튼한 침엽수들은 지방이 풍부한 견과류를 제공했다. 그곳의 언덕에는 섬세한 야생 붓꽃과 먹을 수 있는 구근이 넘쳐났다. 키 큰 골풀이 호수와 시내를 메우면서 덩이줄기에서 밀가루를, 줄기에서는 카누를 만들 재료를 얻을 수 있었다. 약효가 있는 열매가 열리는 식물이 풍부해서 그 즙으로 물고기를 기절시키기도 했고, 줄기로 화살대를 만들 수 있는 식물도 많았다. 비누풀은 몸을 씻는 데 섬세한 거품을 제공했다. 화살촉풀의 줄기에는 감자와 비슷한 덩이가 달렸는데, 이것을 모닥불이나 화덕에서 천천히 구우면 밥 대신 먹을 수 있었다. 풀과 포플러 뿌리를 엮어 바구니나 그물, 덫이나 노끈을 만들 수도 있었다. 철쭉만 해도 열 종류가 넘었는데, 가지는 단단하고 신비로울 정도로 붉은 껍질을 지니고 있었다. 그리고 심신을 달래는 차를 만드는 선명한 색깔의 열매를 제공했다.

집중적으로 한 지역에 모여 살던 인디언 토착민은 평화롭게 작은 부족 단위로 살았고 각각의 부족은 물길을 따라 거주 지역이 나눠지는 고유의 분수령이 있었다. 그들은 도시 사람은 이해할 수 없을 정도로 상세하게 환경을 이해했지만 이 지식은 그들이 살고 있는 지역에 한정되었다. 그러던 중 1805년 제퍼슨의 명령에 의해 루이스와 클라크가 새로이 얻은 미주리의 분수령 북단을 탐험하러 갔다. 그들은 태평양 연안에서 가장 거대한 컬럼비아 강 유역으로 건너갔다. 그 강어귀에서 겨울을 난 후 돌아가는 길에 그들은 온갖 식물과 동물의 생태를 상세히 관찰한 기록을 가져갔다. 그 기록은 최초로 해안 지역 생물에 대한 체계적인 이해의 토대를 제공했다.

많은 시간이 흐른 후 1877년에 토머스 포터라는 이름의 교수가 미국 최초의 생물학 지도를 출간했다. 그 지도에서 그는 '태평양 지역 Pacific Region' 이라 명명한 것이 어느 지역인지를 밝혔다. 남쪽 끝단은 테하차피 산맥으로 포인트 컨셉션 Point Conception 의 바다까지 이어진다. 산호아퀸 계곡과 새크라멘토 계곡을 에워싸면서 북쪽으로 비옥한 윌라멧 계곡과 퓨젯사운드 주변의 저지대까지 포함하고 있었다. 과학자로서의 조심성에서건 정치적 감각에서건, 포터는 캐나다와의 국경선에서 지도를 마쳤다. '태평양 지역' 이 북부 해안을 따라 수백 마일 더 먼 곳까지 이어져 있다는 사실을 식물 분포가 명백히 보여주는데도 말이다. 최근에서야 과학적 정련 작업으로 그 경계를 새로 지정한 후 그 지역을 새로이 '오리건 생태 지역 oregonian bioregion' 이라고 부르게 되었다.

그 지역의 잠재적인 생물학적 통합은 지속될 것이다. 백인들이 '문명' 이라고 지칭하는 것이 많은 것을 바꿔놓기는 했지만 말이다. 그 문명은 다른 지역, 다른 나라에서 외래종 풀과 나무, 동물을 수입했다. 백인들은 그 땅을 부주의하게 내키는 대로 정복했고, 본래의 생물을 멸종시키거나 실제로 그들이 살 수 없는 환경에 자연보호구역을 만들었다. 그들은 그 땅을 생물학적이거나 심지어 사회적 실질성과는 전혀 관련 없는 경계선(위도와 경도선을 따라 마구잡이로 그은 선)에 따라 나누었다. 따라서 컬럼비아 강 북쪽 둑에 살던 워싱턴 시민들은 점차 오리건으로 건너갔다. 포틀랜드 같은 도시에서만 제공할 수 있는 생필품과 쾌락을 위해 말이다. 캘리포니아 북쪽 경계선 근방의 작은 산악 공동체는 주도인 새크라멘토보다 오리건에 있는 인근 마을을 더 친근하게 느꼈다. 새크라멘토는 200마일이나 떨어져 있는데다 농장의 경제 문제에만 집중했다. 게다가 로스엔젤레스는 다른 행성이나 마찬가지였다. 간혹 겨울에 폭설이 내리고 나면 길이 끊기기도 하는 트러키나 험준한 시에라 고갯길의 동쪽 편에 위치한 작은 마을에 살던 사람들은 캘리포니아보다는 네바다와 더 가깝다고 느꼈다. 그리고 농업과 소매 무역의 패턴은 주의 경계선을 참고하지 않고 전개된 정치적인 동맹에 의해 결정되기보다는 인구 수준이나 화물 운송료에 의해 결정되었다.

공식적으로 학교에서 가르치는 지리와는 상관없이 사회의 경제적 · 사회적 기구는 자체적으로 명백한 형태로 발전했다. 철도(그리고 동부에서는 운하)는 순환 체계를 제공했다. 위장이나 두뇌처럼 주요한 도시들은 날재료를 소화시키고 그것이 가야 할 방향을 안내해 주고, 확장기나 힘든 시기를 대비하여 주요 비축분을 저장했다.

그러나 그 광대함으로 인해 그 나라는 결코 하나의 조직이 될 수 없었다. 표면적으로는 매끄럽게 통합된 것처럼 보이고 국경일이면 무수한 애국적 수사들을 들을 수 있지만, 그 이면에는 다양한 지역적 관습과 태도, 충성심이 지속적으로 잠재해 있었다. 자치국가를 거부한 남쪽은 산업이 발달한 북쪽이 진보된 민주주의 국가로 발전하는 것을 막기 위해 수백 년간 정치적으로 보수 블록의 거부권을 사용할 수 있는 정치 정당 기구를 세웠다. 뉴잉글랜드는 그들만의 지적이고 산업적인 성취에 기초를 두었는데, 나머지 나라들을 다소 미개하다고 보았다. 농업이 발달한 중서부는 스스로 금융 파워의 중심에서 단절되어 있음을 알고 해안 문화의 복잡함과 국제 정치의 혼란을 경멸하는 고립주의를 발전시켰다.

이러한 차이에도 불구하고 이러한 지역은 대부분 빽빽한 교통망과 통신망으로 긴밀히 연결되었다. 오직 태평양 연안 지역만 엄청나게 떨어져 있는 데다 울퉁불퉁한 지형으로 인해 고립되었고 단절적인 사회경제체제를 구성했다. 이곳은 가능할 때마다 케이프혼 부근에서 배로 물품을 수입하거나 원래 가진 자원으로 대충 살았다. 대륙을 횡단하는 철도가 놓인 후에도 서부의 미숙한 초기 경제는 대부분 분리된 채로 남아 있었다. 대륙의 나머지 지역이 흥망성쇠를 거듭하는 동안 태평양 연안의 좁고 기다란 녹지는 동떨어진 그들만의 제국으로 성장했다.

12.

미국철강

68세인 앨런 먼튼은 노쇠하여 몸이 다소 굽은 편이었다. 그는 뱀처럼 똬리를 틀고 있다가 중대한 이유가 있을 때에만 몸을 움직였다. 그러나 그는 아직도 미끼를 덮칠 힘을 간직하고 있었고 '미국철강^{U.S.Metals}'의 최고 운영 책임자였다. 오늘 그는 최고경영자에게서 온, 인디애나에 있는 철강제조공장을 또 하나 폐쇄하는 일을 추천하는 정책에 관한 통신문을 검토하고 있었다. 미국철강은 오래전부터 단순한 철강회사가 아니었다. 그 회사의 핵심 이윤은 건설과 부동산, 화학제품, 희귀금속 제조, 정부를 위한 조선사업 등에서 얻었다. 그러나 철강은 여전히 먼튼의 가슴속에서 가장 중요한 영역을 차지했다. 이 공장을 폐쇄하여 남는 자본은 더 선진적인 기술을 갖춘 인도네시아 기업과 공동으로 추진할 벤처회사의 투자금으로 전환될 것이다. 미국철강의 로고가 찍힌 철판이 여전히 둘둘 말린 채로 남아 있는데도 이윤을 위해서는 어쩔 수 없었다. 그 오래된 장소를 폐쇄한다는 것은 슬픈 일이기도 했다. 그의 아버지가 지은 곳이기도 하고 한때 막대한 달러를 벌어준 곳이기도 했다.

사실 미국철강의 기술자들은 일찍이 인디애나의 제조공장을 새로운 세대의 기계로 재정비할 계획을 세웠었다. 여전히 남아 있는 정부 규제에 부응할 뿐만 아니라 그 공장을 좀 더 효율적으로 만들어 비용 또한 절감하기 위해 오염 조절 장치도 함께 지을 계획이었다. 그러나 그 순간 시장이 악화되었고, 먼튼의 신중한 부하 직원들도 지적했듯 공장을 닫는 편이 차라리 추가적인 이윤이 남았다. 그것은 연방정부에도 교훈을 줄 것이었다. 회계사들은 공장 폐쇄로 세금절감 효과를 얻을 것이고, 무엇보다 좋은 건 정부의 오염규제가 기업을 무력화한 결과 회사가 문을 닫게 된 것처럼 언론에 비쳐질 수 있다는 점이었다.

먼튼은 완고한 사람이었고 감정이나 소망을 드러내는 일이 거의 없었다. 그러나 그가 그 서류 위에 작고 정확한 글씨로 'OK'라는 글씨를 썼을 때는 만면에 엷은 미소를 띠고 있었다. '이러한 규제를 모면하는 일쯤이야 식은 죽 먹기지.'

13.
일단 마시고 죽는 건 나중에 생각하자

베라 올웬은 주 정부의 문제 해결에 관한 협의회에 참석차 뉴올리언스에 머물고 있었다. 일찍 도착한 그녀는 시내를 이리저리 걸어 다녔고 뉴올리언스도 샌프란시스코처럼 인간적인 정을 나누며 살 수 있는 규모의 도시라는 사실을 깨달았다. 그곳은 개방적인 분위기의 전통도 다분히 남아 있어서 옛 동네의 거리에는 활기가 넘치고 재미있어 보였다. 호텔에 돌아왔을 때 베라는 자신이 물을 마시기를 두려워한다는 사실을 깨닫고 적잖이 놀랐다. 그녀는 수도꼭지를 돌려서 유리잔 가득히 물을 받았다. 햇빛에 유리잔을 비추었더니 깨끗해 보였다. 베라가 살고 있는 샌프란시스코보다 염소 냄새가 더 많이 나는 것도 아니었다. 다시 한 번 냄새를 맡았다. 염소 냄새로 가릴 수 없는 다른 냄새가 나진 않는가? 그녀는 그 물이 실제로 무엇을 함유하고 있는지 완벽히 알고 있었다. 트리클로로에틸렌, 톨루엔, 카본 테트라클로라이드, 비닐 클로라이드, PCB……. 그중 다수가 발암성 물질로 알려진 것이었다. 그녀의 코는 이러한 지식을 감각으로 옮기고 있는 건지도 모른다. 그렇다면 인간의 코 말고 도대체 무엇을 믿을 수 있단 말인가? 일산화탄소처럼 냄새는 없어도 위험한 물질도 있었다. 그러나 베라의 생각으로는 이상한 냄새가 난다면 멀리해야 하는 게 맞았다.

지금까지 베라는 분명히 목이 말랐다. 그녀는 상황에 구애받는 느낌을 싫어했다. 그녀는 복도의 자동판매기에서 살 수 있는 청량음료를 혐오했다. 그래봤자 그 지역의 물로 만들어진 것이었다. 그렇다고 와인이나 맥주를 마시기에는 너무 이른 시간이었다. 이건 정말 말도 안 되는 짓이다! 오염된 물이 시카고와 디트로이트, 클리블랜드, 신시내티, 세인트루이스와 다른 중부 도시에 사는 수천만 명의 사람을 위협하고 있다는 사실을 베라는 알고 있었다. 그 물은 모두 농약과 화학 비료, 제초제와 산업폐기물 등으로 심하게 오염되어 있었다. 이러한 도시의 물이 사람들의 식수로 적당하지 않다는 사실은 이미 10년 전부터 알려졌다. 왜 시민들은 정당하게 분노하고 일어나 활성탄소로 여과할 것을 강하게 주장하지 않았는가? 왜 연방정부는 그것을 요구하지 않았던 걸까?

그 이유를 베라는 너무도 잘 알고 있었다. 단순히 냉담한 우둔함 때문만은 아니었다. 그것도 상당히 많은 부분을 차지하긴 했지만 말이다. 심지어 암으로 인한 불필요한 죽음이 나라 전체를 인간적으로뿐만 아니라 경제적으로도 손상시킨다는 사실을 고의적으로 외면한 까닭만도 아니었다. 진짜 이유는 식수를 정화하는 것이 그 정도로 수고할 만큼 가치가 없었기 때문이다. 즉, 정치가들은 그 일로 충분히 이익을 챙길 수 없었던 것이다. 대부분의 투표자들은 그 일이 자신에게만 닥치지 않기를 바라며 차라리 그 문제를 생각하지 않으려 했다. 관료들은 우선순위에 관해 합의할 수 없었다. 업계에서는 그것으로 어떻게 이윤을 남길 수 있을 것인지 답을 얻을 수 없었다. 노동계에서도 그 일을 중요하게 여기지 않았다. 언론은 그것을 어떻게 다뤄야 신문을 팔 수 있는지 알 수 없었다. '일단 마시고 죽는 건 나중에 생각하자.' 베라는 씁쓸하게 되씹었다.

그러나 아직도 그 문제를 진정으로 걱정하는 소수의 사람들이 있었다. 그들은 돈과 때로는 평판까지도 희생시키면서 시간을 바쳐 연구 조사 작업을 진행하고, 정치 조직 내부에서 소수의 친구들을 찾아내고, 캠페인을 벌이고, 광고하고, 기구를 조직하고, 끊임없이 편지를 쓰거나 전화하고, 자금줄을 캐내고, 관료들에게 확신을 주고, 가장 보수적이기로 소문난 엔지니어들에게도 자극을 주었다. 그러다 보면 물은 다시 마실 만한 상태로 회복될 것이었다. 대담한 운동가들은 다른 문제들을 계속해서 다루리라. 고대 퀘이커 교도의 경구에도 나오듯이 "권력자들에게 진실을 말하라"는 것이 그들의 입장인 것이다.

베라는 수도꼭지를 쳐다보면서 그 위에다 작은 안내 표지를 붙이는 것을 생각해보았다. "이 물을 마시되 위험 부담은 스스로 지시오." 그녀는 호텔의 주류점으로 내려가 물 두 상자를 샀다. 보통 그녀는 병에 담긴 물을 속물들이나 마시는 사치품이라고 생각했지만 지금은 긴급 상황이 아닌가! 그녀는 씁쓸한 기분을 지울 수 없었다.

그러나 이러한 문제가 북서부 지역에서는 그다지 심각하지 않다는 것은 단순히 눈먼 행운에 불과했다. 그곳의 거대한 도시에서는 식수를 산에서 끌어왔다. 자연의 물은 거대한 증류 시스템처럼 작용하면서 상대적으로 순수한 산 위에 비나 눈으로 내리고 저수지들은 높은 곳에서 흘러내리는 시냇물을 받아들였다. 이 물은 아직 농장 지역의 농업용수에 의해 오염되기 전이었다.

집으로 돌아와 전국의 식수오염 현황을 조사해보았을 때 베라는 자신이 생각했던 것보다 상황이 훨씬 나쁘다는 사실을 발견했다. 주요 대도시들은 그래도 괜찮은 편이었다. 그러나 지역의 샘이나 저수지에서 물을 끌어오는 소도시와 읍에 사는 사람의 40퍼센트가 질산 비료와 농약, 제초제 오염에 의해 생명을 위협받고 있었다. 물을 보호하기 위해 이러한 사람들은 정치적으로 조직화되어야 하고 새로운 정당이 활동을 도와야 했다. 베라는 사람들이 토양과 물의 오염도를 측정할 수 있는 저렴한 DIY 세트에 대해 들은 적이 있었다. 이런 것들이 방대한 규모로 사용된다면 어떤 일이 벌어질까?

14.

샤프&내추럴

루가 데이빗 벤더미어에게 흥미를 갖게 된 이유 중 하나는 음악가들이 함께 연주할 때의 비언어적인 방식이 부러워서였다. 루는 그것을 구체적으로 그려보거나 비슷한 이미지를 떠올리지 않고는 어떤 것도 실제로 이해할 수 없다고 생각했다. 그러나 데이빗과 그의 밴드는 그녀가 보기에 말로 표현되지 않는 파장으로 교감을 나누는 것 같았다. 그러면서도 믿을 수 없을 만큼 재빨리 서로의 기분을 알아차렸다. 가끔씩 루는 그들이 더 좋은 귀를 가지고 있는 게 틀림없다고 생각하기도 했다. 여하튼 그들의 연주를 곁에서 보고 듣는 건 정말 환상적인 일이었고, 루는 학교를 파한 후 10대들의 클럽인 '종루 The Belfry' 에 들르곤 했다. 종루는 데이빗과 그의 친구들이 연주하는 곳이었고 평소에 그곳에서 연습했다. 그와 친구들은 천천히 자신만의 스타일을 발전시켰다. 모든 것에서 조금씩 형식을 빌려 오긴 했지만 그것은 정확히 록이라고는 할 수 없었고 블루스도 재즈도 컨트리 음악도 아니었다. 그러나 그들은 자신만의 스타일이 나타나는 곡을 만들기 시작했고, 점차적으로 더 자신감을 얻고 가끔은 최고의 곡을 만들기도 했다. 데이빗이 몇 곡을 직접 썼고 기타리스트이자 보컬인 엘런이 더 많은 곡을 만들었다. 엘런은 다소 냉소적인데가 있긴 해도 꽤 정이 많았고, 그녀와 루는 좋은 친구가 되었다.

오늘 루가 종루에 도착했을 때 문은 잠겨 있었지만 내부에서 마이크를 통해 증폭된 음악소리가 들려왔다. 그녀는 그 소리가 멈출 때까지 몇 분 기다렸다가 쾅 소리가 나게 문을 힘껏 걷어찼다. 잠시 후에 문이 살짝 열렸다. 말똥말똥 빛나는 두 개의 눈이 문밖을 살폈다.

"안녕, 제러미. 나야."

그녀가 말했다.

"아, 너구나. 들어와. 지금 연습 중이야."

"그래. 그냥 앉아서 듣고 있을게."

루가 건물로 들어가면서 말했다.

종루의 내부는 온통 검은색으로 칠해져 있었고 오랫동안 땀과 담배와 마리화나 연기에 찌들어 퀴퀴한 냄새를 풍겼다. 무대 위에 몇 개의 알전구를 켜두었지만 그마저 없었다면 실내는 매우 어두웠을 것이다. 관객들이 없을 때 무대의 모습은 텅 비고 조잡해 보였다. 밴드는 기지개를 켜고는 몇 분간 루와 이야기를 나누기 위해 해산했다. 엘런이 물었다.

"요즘 어떻게 지내?"

"주로 태양전지에 관한 작업을 하고 있지. 이번엔 뭔가 우연히 정말로 성과가 나타난 것 같아. 하지만 그 이유를 찾아낼 수가 없네."

"그것 덕분에 잠깐이라도 다른 고민을 잊을 수 있겠구나. 넌 항상 원인을 알아내야만 속이 풀리잖아!"

엘런은 애정 어린 눈으로 루를 바라보았다.

"오, 제발 그만 해. 루가 화가 나서 가버리면 좋겠니?"

데이빗이 다가와 루를 껴안았다.

"신곡 들어보지 않을래?"

"물론이지. 뭔데? 사랑 노래야, 아니면 발라드?"

"아니, 이건 다소 정치적인 노래야."

데이빗은 자신이 없는 듯 고개를 숙였다.

"폴과 내가 같이 생각해낸 건데 환경오염에 관한 거야. 뭐랄까, 씁쓸한 내용이지. 아무튼 그 곡을 연습 중이야."

루가 데이빗을 유심히 살펴보며 말했다.

"그런데 별로 맘에 안 드는 거야?"

"글쎄, 잘 모르겠어. 나도 노래 중에 어떤 부분이 가장 특징적인지 잘 모르겠어. 어쨌든 어딘가 부족한 것 같아."

"지독히 노골적이지."

폴이 엉터리 영국 록 가수의 억양으로 말했다. 데이빗이 그의 머리칼을 휙하니 잡아당기곤 말했다.

"좋아, 한번 연주해보자고. 지금까지 우리가 정말 맘에 들어 하는 부분은 후렴구야."

데이빗이 기타를 들고 첫 소절을 연주했다. 드러머인 제러미가 리듬을 이어받아 연주했고 엘런이 베이스 기타로 합류했다. 그러다 그들은 함께 흐름을 타기 시작했고 데이빗이 갑자기 맹렬하게 화난 표정으로 마이크에 얼굴을 갖다 댔다. 그들의 코드는 불협화음이었고 긴장돼 있었으며 리듬은 불규칙했다. 데이빗은 즉흥적으로 시를 읊듯이 '타-타 타 덤, 타 덤 타-타' 하고 노래를 부르더니 모두 함께 코러스를 불렀다.

그러니까 당신이 만든 화학 구정물을 밟지 않도록 조심해,
암이 당신을 덮치지 않는다면 심장병이 닥칠 테니까! (오, 예!)

그들은 돌연히 노래를 멈추더니, 루의 반응을 살폈다.

"저런, 너희들 꽤 거칠어졌는데. 안 그래?"

루가 말했다. 그러자 데이빗이 물었다.

"마음에 들어?"

"음악은 잘 모르지만 좋은데. 발이 절로 움직이더라고. 그게 음악이지. 내가 말로 하는 것보다는 몸의 반응이 더 중요한 것 같아. 지난번에 너희들이 만들던 그 기괴한 곡처럼 말이야."

"괜찮아, 어쩌면 네가 맞을지도 몰라. 그 노래는 잠시 덮어두기로 했지만."

루는 눈을 반짝이며 그들을 바라보았다.

"왠지 말이야, 사람들이 새 노래를 좋아할 것 같은 재미있는 예감이 들어. 이 노래는 어딘지 모르게 중세를 떠올리게 해. 그들은 채찍으로 자기 몸을 때렸지. 너희도 알지? 너희들은 음악으로 스스로를 때리는 것 같아. 정말 강한 곡이야."

"와우, 멋진데! 화학 채찍 블루스!"

폴이 외쳤다.

"농담은 관둬, 폴. 이 곡 제목은 〈충분해 Enough〉로 하는 게 어떨까?"

데이빗이 킥킥거리며 말했다.

"그 노래가 정말 충분하다고 생각해?"

제러미가 약간 놀란 얼굴로 물었다.

"아냐, 바보야. 제목은 〈충분해〉가 될 거야. '이미 충분하니까 이제 그만 하자'는 뜻이지. 그럼 A플랫에 C장조로 하자. 중요한 건 최대한 더 불쾌하게 가는 거야. A플랫 단조는 어때?"

루는 주방으로 차를 만들러 갔다. 그곳은 낡은 장소였지만 집처럼 편안한 구석이 있었다. 그 공간은 최근에 그곳에서 일어난 역사의 흔적을 간직하고 있었다. 그녀가 느끼기에 데이빗과 그의 그룹은 서서히, 그러나 틀림없이 훌륭하고 견고한 밴드로 성장하고 있었다. 그들은 음악적이면서도 코믹하게 들릴 만한 멋진 이름도 생각해두었다. 샤프&내추럴 Sharp & Natural. 사람들은 그들의 음악에 맞춰 춤추기를 좋아했고, 특히 가사에 귀를 기울였다. 이미 그

밴드에는 일찍부터 희미한 성공의 후광이 맴돌고 있었다. 도시에서 온 한 남자가 어느 날 저녁 우연히 그들의 음악을 듣고는 매니저가 되겠다고 자원했다. 밴드는 나중에 다시 생각해보자고 말했다. 자기들만의 음악을 만드느라 너무 바빴기 때문이었다. 또 매니저가 생기면 이전처럼 공원에서 자유롭게 콘서트를 열거나 다른 식으로 음악을 주변에 퍼뜨리는 것을 못 하게 하리라고 생각했다.

15.

환경보호국

1970년대에 국회가 주요 환경보호조치법을 제정하도록 이끌었던 깨끗한 공기와 물에 대한 대중의 열망에 편승하여 환경보호국Environmental Potection Agency 은 일찍이 실질적인 승리를 일궈냈다. 대중뿐만 아니라 건설업자에게서도 환영받았던 하수처리시설 개선에 관한 방대한 프로그램은 시내와 강의 오염을 완화시키는 데 큰 도움을 주었다. (그러나 그것이 하수 찌꺼기에서 산업쓰레기들, 즉 독성 금속이나 위험한 화학물질 같은 것을 제거하는 일의 궁극적인 필요성까지 담고 있지 않았으므로 그 물질이 땅으로 재활용될 여지가 있었고 결과적으로 영구적으로 농업용수로 쓰일 수 있었다.) 공기 질의 기준을 정하는 것이 특정한 오염물질의 배출을 줄이는 데 도움이 되긴 했지만 주요 도시마다 자동차 배기가스가 만드는 스모그 현상은 여전히 심각했고, 자동차 산업은 배기가스로 인한 오염 감소를 지연시키면서 오염에 대한 책임을 면제받았다.

다른 산업 또한 환경보호국의 조치에 완강하게 저항했다. 야간에 독성 화학합성물질을 불법으로 투기하는 일이 흔히 일어났다. 그래서 위험물질의 제조 단계부터 마지막 폐기 과정까지 추적하도록 고안된 EPA 규제는 빠져나갈 구멍이 많다는 것이 밝혀졌다. 철강과 종이, 화학제품을 만드는 수많은 대기업들이 환경법규를 위반하고 그 대가로 얼마 안 되는 벌금을 무는 편이 공장을 깨끗이 청소하는 것보다는 훨씬 싸게 먹힌다는 것을 깨달았다. 1980년대에 들어서는 환경보호법안에 관한 국회의 지지까지 약해졌다. 실질적으로는 다수의 미국인들이 상당량의 비용을 감수하고라도 그 보호 법안을 강력히 지원하는 입장을 고수하고 있었는데도 말이다. EPA는 점차 청정한 환경을 위한 투사이자 공공 건강과 복지의 촉진자로서의 역할을 그만두게 되었다. 그 대신 워싱턴의 압력에 힘없이 흔들리는 바람개비가 되었다. 좋은 사람들은 여전히 그 프로그램에서 일을 계속했지만 그들의 노력은 높은 지위의 행정관에 의해 자주 철회되었다. 고위 관료들은 국민에게 퍼부어질 죽음과 파괴보다는 예산 삭감이나 권력 있는 정치적 공로자에게 보상하는 일을 더 중시했기 때문이다.

몇몇 경우들은 EPA가 얼마나 우스울 정도로 무기력해졌는지를 말해주었다. EPA가 마침내 위험쓰레기 규제법을 실시할 준비가 되었을 때(국회 최종 기한을 2년 반 남겨두고) 뉴저지에 있는 악명 높은 화학쓰레기 폐기장에서 공식적인 행사를 열 계획을 세웠다. 그러나 그 쓰레기장은 행사가 열리기도 전에 폭발해버렸다. 그 불길 속에 55갤런짜리 석유 드럼통이 떨어지면서 일어난 불길이 인접한 카운티에 유독가스 구름을 피워 올렸다. 화학업계에 소송당할 것이 두려웠던 예산 담당 관료들은 그 사건 보도를 며칠 동안이나 막았다. 마치 인간에게 조롱당하는 일은 영원히 허락지 않겠다는 자연의 의지를 보여주려는 듯이 그로부터 몇 주에 걸쳐 두 번이나 더 같은 종류의 폭발 사건이 일어났다.

평상시에 워싱턴이 보이던 방식대로 당국은 뭔가를 하지 않으면 안 되도록 강요당하는 경우에만 실질적인 조치를 취했다. 보통은 환경단체가 소송을 제기했을 때 마지못해 조치를 취했다. 이 단체는 당국이 의무를 태만히 한다는 사실을 밝혀냈다. 그 외에는 오로지 대규모 시민 궐기가 일어난 후에만 당국은 조치를 취했다. 마침 제초제 2, 4, 5-T가 뿌려진 북서부의 삼림지역의 작은 동네에 살던 여성들이 만성 신장질환과 다른 질병의 증가와 함께 유산, 태아 기형과 선천적 결손증을 경험한 사례가 충격적으로 증가한 것이 밝혀졌다. 그 여성들과 의사들은 끔찍한 사진을 가지고 방송국과 신문사로 찾아갔다. 그 결과 농약 살포 반대 단체들은 전국의 목재 생산 지역으로 확산되었다. 마침내 EPA는 제초제 2, 4, 5-T 살포를 일시적으로 중지시키는 데 동의했다.

그러나 목재회사와 화학제품회사들은 맹렬하게 맞서 싸웠다. 어느 화학회사는 숲의 독성 다이옥신을 추적해본 결과 산불이 나지 않는 한 제초제 2, 4, 5-T와는 아무 관련이 없었다고 주장했다. 여하튼 다른 제초제는 여전히 살포할 수 있었다. (그들은 좀 더 안전할 수도 있지만 좀 더 위험할 수도 있었다.) 농약 살포용 헬리콥터들이 다시 작업을 개시했고 연방정부의 태만에 대한 사람들의 의심은 자포자기나 반항심으로 굳어졌다.

16.

태양은 우리의 미래

어느 날 아침 루는 유난히 일찍 일어났다. 아직 해가 뜨기 한참 전이었다. 이불을 바짝 당겨 덮고는 다시 잠을 청했지만 머릿속으로는 이미 태양전지에 관한 가설을 세우기 시작했다. 잠시 후 그녀는 잠을 포기하고 일어나 옷을 입은 후 전지 선반이 놓여 있는 곳으로 갔다. 특별히 해야 할 일은 없었다. 다만 실험을 점검하고 싶었을 뿐이다. 다른 가족은 모두 잠들어 있었고 평소 동틀 녘이면 일어나는 테오마저도 곤한 잠에 빠져 있었다.

기다란 구름의 띠가 북쪽에서 남쪽으로 움직였고 동쪽의 부드럽고 둥글둥글한 산맥 근처에서 구름 띠는 희미한 장밋빛으로 물들고 있었다. 루는 집 안으로 들어가 두꺼운 파카를 꺼내 입고 네모난 선글라스를 쓰고는 잔디밭 위의 의자에 앉았다. 일출의 장관을 지켜보기 위해서였다. '저 태양이 오늘 나에게 새로운 아이디어를 주길……' 루는 마음으로 빌었다.

천천히 분홍빛 하늘색이 레몬 빛으로 바뀌었다. 북쪽 하늘에는 이미 태양빛을 충분히 받을 수 있을 정도로 높이 뜬 둥글둥글한 구름 몇 점이 보였고 창백한 하늘빛을 배경으로 하얗게 빛나고 있었다. 실루엣만 보이던 언덕이 서서히 모습을 드러냈다. 루는 숲이 우거진 지역의 가장자리와 남쪽으로 점점이 자리잡은 집을 분간할 수 있었다. 그러나 태양의 서쪽 편으로는 구름의 띠가 촘촘히 자리하고 있어서 하늘은 검은색에 가까운 어두운 파랑빛을 띠었다.

루는 부엌 문이 열리는 소리를 듣고 주위를 돌아보았다. 졸음이 덜 깬 마이크가 하품을 하면서 물었다.

"이렇게 일찍 바깥에서 뭐 해?"

"아무것도 아니야. 어쩌다 잠이 깼는데 다시 잠이 안 오더라고. 그래서 밖에 나와 전지들을 점검했지."

"그런데?"

"아무 일도 없었어. 모두 다 무사했지."

마이크는 눈을 비볐다.

"그러면 왜 다시 자러 가지 않았어? 태양이 정말 떠오르는지 확인하기 위해 누나가 꼭 지켜보고 있어야 하는 거야?"

루가 마이크에게 몸을 돌리며 말했다.

"이리 와, 동생. 여기 앉아봐. 너에게 꼭 말해주고 싶은 게 있어!"

마이크는 다른 의자를 끌고 와서 앉았다. 루는 하던 말을 계속했다.

"넌 내가 이 태양전지 연구 때문에 정신이 나갔다고 생각하지, 그렇지?"

마이크는 "그게 아니라……"라고 얼버무리며 뒤로 물러섰지만 루는 계속 몰아붙였다.

"그게 말이지, 너도 한 번쯤은 태양에 대해 조금 깊이 생각해봐야 할 거야. 저기를 봐봐. 어디가 가장 밝아 보여? 1~2분 후에 어느 지점에서 태양의 가장자리가 나타날까? 좋아, 지켜보면서 그냥 듣고만 있어. 첫째로, 태양이 없다면 넌 여기 있지도 않았을 거야! 사실 지구는 여기에 있지 않을 테니까. 태양의 중력이 지구를 일정한 거리에 붙잡아두지 않았더라면 지구는 우주의 어딘가로 날아가버렸을 거야! 여기 네 몸도 마찬가지로……."

루는 손가락으로 마이크의 배를 찔렀다.

"결코 존재하지 않았을 거야. 단세포 생물에서 비롯된 우리 조상은 햇빛 없이는 존재할 수 없었을 테니까. 그리고 네가 마시는 물, 네가 먹는 곡물에 물을 대는 강물도 여전히 바닷물이고 너무 짰을 거야. 태양이 그 물을 공기 중으로 증발시켜서 바람이 불고 폭풍이 해안으로 몰려와 비로 떨어지게 하지 않았더라면."

그녀는 주위를 돌아보았다.

"우리 눈에 보이는 것 중에서 태양에 빚지지 않은 것은 아무것도 없어. 정원에 있는 브로콜리랑 양배추도 그래. 그리고 저 구름을 봐. 무엇이 물을 공기 중으로 증발시켜 구름을 형성했겠니? 그리고 무엇이 저 구름이 솜 같은 모양을 갖게 했을까? 따뜻한 기류가 솟아올라 그렇게 된 거지. 무엇이 공기를 따뜻하게 데우는지 알아? 왜 저 나무들은 우둘투둘한 혹이나 다른 기관을 갖는 대신 잎이나 바늘잎을 달고 있는 걸까? 잎과 가지가 있는 구조가 나무에 태양에너지로 광합성할 수 있는 1에이커가량의 영역을 주기 때문이지. 그게 바로 이유야!"

루는 마이크가 다소 지루해하고 있다는 것을 알 수 있었다. 너무 많은 것을 이야기한 것이다. 밝은 햇살 한 줌이 언덕 위를 비추었다. 빛줄기는 매우 가늘었지만 눈이 멀 정도로 밝았다.

"저 빛을 직접 보진 마."

그녀는 마이크에게 주의를 주며 선글라스를 씌워주었다.

"저 빛은 93마일 떨어진 곳에서 오지만 여전히 네 눈을 멀게 할 수 있어."

그들은 몇 분 동안 말없이 해돋이를 바라보았다. 원반같이 둥근 태양이 서서히 바다 위로 솟아올랐다. 수평선에서 벗어나려 애쓰는 것처럼 말이다. 잠시 동안 지구물리학적인 현실이 자신과 너무나 가까운 곳에 존재한다는 생각에 루는 머리가 어지러워졌다. 지구의 거대한 표면에 비하면 그녀는 눈에 보이지도 않을 정도로 작고 미미한 존재였다. 지구가 회전할 때 지표면은 장엄하게 동쪽으로 빙그르르 돌고 있었다. 중심에 뜨겁게 타면서 상상할 수 없이 무거운 물질이 들어찬 지구가 태양 주위를 돌면서 루와 서쪽에 있는 모든 생명체를 햇빛 쪽으로 움직여주었고 그 빛은 그들에게 하루의 온기라는 축복을 허락했다.

마이크는 열심히 수평선 너머를 바라보고 있었다. 태양이 어두운 하늘을 밝히기 시작할 때 바다 저편의 야생동물 보호 구역인 페럴런 섬을 잠시라도 볼 수 있기를 희망하면서. 루는 자기가 느끼는 것을 마이크가 정말 다 이해했는지 알 수 없었지만 어쨌든 조금 더 말해주고 싶었다.

"마이키, 결국은 태양이야말로 지상에 있는 우리에게 유일한 진짜 소득을 제공하는 존재라는 거지. 우리는 그것을 광합성으로 이용하고 물의 순환을 이용한 댐으로 활용하고 발효에도 활용하고 내가 성공한다면 태양전지에도 활용할 수 있는 거야! 사실 우리가 쓰고 있는 모든 것이 다 태양이 준 거야. 석유와 가스는 태양이 몇 억 년 전에 만들어둔 것이고 이제 곧 바닥날 거야. 그러니까 태양은 우리의 미래야. 우리가 새로운 에너지원을 가질 수만 있다면. 그리고 난 태양에 정말 감사해. 그것이 내가 태양전지 작업에 그토록 몰두하는 이유지. 은혜로운 태양에 대한 보답으로 뭔가를 하고 싶다고나 할까. 이해할 수 있겠니?"

마이크가 루를 향해 미소를 지으며 파카 소매를 가볍게 당겼다.

"제발, 아침이나 만들러 가자."

마이크가 애원하듯 말했다.

"그러면 여기 나와 햇빛을 등지고 먹을 수 있잖아!"

17.

비 내리던 밤 베라 올웬의 집에서 모임이 있은 지 몇 주 후, 그곳에 왔던 사람들은 스스로를 일관성 있는 정치단체라고 여기기 시작했다. 베라는 그들과 함께 다니면서 때로는 모두, 때로는 사소한 목적을 위해 작은 그룹으로 모였다. 그녀는 전염성 강한 열망을 내보이며 새로운 사업에 몸을 던졌다. "이왕 할 거라면, 당장 하라!"라고 그녀는 말했다. 공식적·비공식적인 모임에서 그들은 진지하게 프로그램에 관한 계획을 세우기 시작했다.

어떤 사람은 현존하는 단체의 힘을 합해 더 크게 통합할 방법을 찾으라고 조언했다. 그렇게 되면 그것은 정당, 일종의 동맹이 될 수 있을 것이다. 그러나 베라는 뭔가 새로운 것을 만들자고 주장했다.

"이제 새롭게 시작할 시기입니다. 이 방에 있는 사람 중에서 누구라도 옛날 패거리들과 또다시 하나의 그룹으로 묶기기를 바라는 사람이 정말 계십니까?"

베라는 주위를 둘러보았다.

"전 그렇게 생각하지 않습니다! 좋아요, 그렇다면 이건 새로운 게임입니다. 우리가 편안하게 느낄 만한 방안을 생각해봅시다. 정말로 실행할 가치가 있어 보이는 걸 준비합시다! 우리는 꿈과 비전과 뭔가 새로운 것을 담아내야 합니다. 그리고 그것은 우리에게도 신선한 것이어야 합니다. 그렇지 않으면 다른 사람들도 우리에게 귀 기울이려 하지 않을 테니까요."

그래서 그 그룹은 국민에게 전달하고 싶은 비전을 공유할 방법을 모색했다. 책임감 있는 농부가 생산력 있는 논밭을 돌보듯이 자연자원을 장기적인 관점으로 보살필 수 있는 사회, 인류 구성원뿐만 아니라 다른 모든 생명도 함께 보호해줄 사회, 사람들이 서로에게 맞서며 경쟁적으로 일하기보다는 서로를 존경하고 함께 일하도록 격려하는 제도나 조직을 만드는 사회, 그것이 핵이든 화학제품이든 간에 통제되지 않는 위험요소들이 생명에 얼마나 심각한 공포를 주는지 충분히 알아주는 사회에 관한 비전을 국민들과 공유하고 싶었다. 요약하자면 안전하고 자유로운 사회, 뿌리 뽑히고 착취당한 사람들이 자기 집처럼 편안함을 느낄 수 있는 사회를 만들자는 것이다.

베라가 처음에 바란 것은 이처럼 새롭고 지속 가능하고 살 만한 세상에 대한 생생한 그림을 그리는 것이었다.

"우리는 도덕적인 우위를 차지해야 합니다."

그녀가 힘주어 말했다.

"이 주도권이 우익 단체에 넘어가도록 두어서는 안 됩니다. 새로운 정당이 이 나라에서 살아가는 데 공평하고 도덕적인 방법에 대해서 일관성 있고 강력한 비전을 제시할 수 있다면 혼란스러워하고 냉소로 일관하던 사람들이 우리에게 호응할 것입니다."

그러자 사람들이 그 비전이 기존의 정당이 내세운 정책과 다르다는 것을 어떻게 믿게 할 것인지에 대해 베라에게 물었다.

"오직 그 결과만이 말해주겠죠. 정말 차이가 있다면 말이에요. 우리가 민주당이나 공화당이 제안해온 것과 똑같은 것을 내놓는다면 당연히 사람들은 당장 거부하겠죠. 이미 겪어봤으니까요. 그들은 민주당이 한 번도 진정한 답안을 내놓지 않은 것을 보았고 민주당에 등을 돌렸죠. 하지만 공화당 역시 똑같은 답으로만 일관하는 것도 보아왔죠. 보기에는 훨씬 개선된 형태로 보였지만 심지어 더 나쁜 결과를 낳았죠. 오래된 두 정당을 한 덩어리로 묶어 '금권정당'이라고 부를 수 있겠네요. 그것이야말로 그들의 진짜 정체니까요. 그리고 우리는 제2당이 되는 거죠. 그러나 우리가 제안하는 것이 정말로 괜찮은 대안이 될 수 있는 경우에만 그렇습니다! 우리는 절대로 그들과 타협하거나 항로를 함부로 바꾸어서는 안 돼요. 그렇게 되면 역사적인 임무를 다하지 못하게 될 거예요. 그런 수법으로 이긴다 하더라도 진 거나 마찬가지예요. 그런 성공은 사실 실패나 마찬가지죠. 시도할 가치도 없어요. 농담이 아닙니다!"

그 말을 하는 동안 베라의 눈에서는 광채가 번득였고 그녀의 말은 모든 사람의 가슴을 파고드는 것 같았다. 베라는 솔선수범과 헌신을 통해 단순하지만 강력한 리더십을 주위에 발산했다. 대부분의 정치가들은 영리하거나 강하거나 교활하다. 베라는 그들과는 대조적으로 평범하고 조용하고 순수하고 견고한 상식을 갖췄을 뿐이다. 사람들은 그녀를 믿었다. 그래서 새 정당이 강한 도덕성을 지녀야 한다는 베라의 신념이 사람들의 공포심을 이용하자는 냉소적인 제안을 제압했다. 어떻게 해야 그들의 입장을 표현하고 대중정치의 장으로 침투할 수 있는 형식으로 담아낼 수 있을까?

어떤 사람은 영국의 '권리장전'을 모델로 삼자고 제안했다. 시민사회를 위한 열 가지 기본 규칙을 제공하는 식으로 생태학적이고 정치적인 건강을 위한 열 가지 선한 기본 조항들도 고안할 수 있다는 것이다. 그때 누군가가 권리장전과 십계명 둘 다 부정적이라는 점을 지적했다. 금지된 일만 하지 않는다면 다른 건 뭐든 해도 상관없다는 말인가? 하지만 어쩌면 형식적일 수도 있고 가부장적일 수도 있는 그 조항들이 꽤 효과적일 것 같았다. 그렇다면 어떻게 열 가지 '하지 말라'는 조항이 우리 시대에 적용될 수 있을까? 그것도 모세 시대에 십계명이 그랬고 새로 독립한 식민지 국가에 권리장전이 그랬던 것과 똑같은 방식으로 말이다. 그러한 옛날의 법전처럼 새로운 조항도 자주 위반될 수 있는 내용을 담게 될지 모른다. 그런 조항들이 있다면 사람들의 삶에 하나의 기준을 제공할 수 있을 것이다.

단순하고 고도로 효과적인 조항을 정식화하는 일이 어려울 것이라 예상했지만 그 때문에 더욱 해볼 만한 가치가 있어 보였다. 몇 번의 회의를 거친 후 조항을 만들어야 한다는 강력한 합의가 이루어졌다. 구체적인 제안과 검토 과정이 시작되었다. 조항을 기초하기 위한 분과위원회가 아이디어를 밀도 있고 기억하기 쉬운 문구로 압축하고 다듬는 작업을 했다. 야심찬 대중매체 캠페인도 기획되었다.

"더 이상 하지 말라^{No More}!"라는 이름이 붙은 계명의 첫 항목은 직접적인 생존 지향에 관한 내용이어서 상대적으로 만들기가 쉬웠다. 그리고 각각의 항목마다 부록으로 한 단락씩 설명을 달아 정당이 이 목표를 어떻게 점진적으로 실행할 것인지를 보여주었다.

다른 종을 멸종시키지 말라.
핵무기나 원자력발전소 만들지 말라.
발암성 물질이나 돌연변이 유발 물질 제조하지 말라.
음식에 불순물 넣지 말라.

그리고 그들의 정당이 기본적으로 인간 평등에 헌신하리라는 점을 명확히 하기 위해 다음 항목을 넣었다.

성별·나이·종교나 인종적 태생의 이유로 차별하지 말라.

다음엔 괴로운 문제들을 내세울 차례였다. 교통수단으로 자가용을 이용하는 시스템이야말로 에너지와 비용 측면에서 지구가 생긴 이래 가장 소비적인 것이었다. 그것은 미국 경제에 잠재적으로 치명적인 달러 적자를 초래하고 있었고 기술적인 조정으로도 멈출 수는 없었다. 자동차에 대한 의존에서 벗어나는 것만이 장기적인 해결책이었다. 그러나 여전히 온 국민이 자동차에 중독되어 있었고 일하러 가거나 슈퍼마켓에 갈 때 이용할 만한 수단이 없기 때문에 자동차는 절대적인 필수품이었다. 유럽 도시의 일부 지역이나 미국의 소수 도시에 만들어진 걸어다닐 수 있는 상가에서 차 없는 환경을 경험하고 눈이 번쩍 뜨이는 경험을 해본 미국인은 극소수에 불과했다. 미국에서는 오로지 대학 캠퍼스에서만 차들이 경관을 망치지 못하도록 통제되었고, 캠퍼스 타운이 미국 전역의 도시에 차 없는 거리를 만들기 위한 좋은 모델이 될 거라는 사실을 알고 있는 사람들도 거의 없었다.

과연 타협이 가능할까? 어떤 표현을 써야 자가용을 없애고 버스, 택시, 시내 전차, 지하철, 자전거, 모터 자전거, 차량 합승을 선택해야만 하는 필요성을 보여줄 수 있을까? 게다가 작고 경제적인 형태로 도시를 재건해서 자동차에 대한 필요성을 현저히 감소시키기까지 수십 년이 걸릴 거라는 사실도 명확히 하면서 말이다. 결국 분명한 것이 좋다는 결론을 내렸다. 우회적으로 표현하려다가 뜻을 모호하고 약하게 만드는 것보다는 멋은 없지만 솔직하게 목표를 내세우는 편이 나을 것이므로 이 항목은 다음과 같이 정해졌다.

자가용 타지 말라.

초안 분과위원회는 미국 사회의 또 다른 주요한 기술적 성과인 텔레비전이라는 주제로 옮겨 갔다. 강경파들은 TV가 심리적으로 해롭고 사회적·정치적으로 중앙집권적이고 권위주의적이며 미학적으로 추하고 위험하게 최면을 거는 대체 현실이라는 점에서 전면적인 폐지를 외쳤다. 다른 이들은 극초단파로 방송을 보내는 상업적인 TV가 문제이며, 광고업자들의 손에서 놓여날 수만 있다면 쌍방향 소통을 할 수 있는 케이블 시스템은 민주적·문화적 용도로 전환될 수 있다고 주장했다. 이 항목에 대해 서로 다른 주장을 펼쳤지만 마지막에 다음과 같은 공식 표현에 합의했다.

텔레비전은 광고업자에 구애받거나 일방적인 방송을 하지 말라.

경제기구의 문제로 넘어가자 초안 분과위원회원들은 경제기구들이 어떤 생태적인 원칙을 채택하더라도 미래 사회의 인간관계를 지배하게 될 것이므로 종업원이 소유하고 관리하는 종업원지주회사에 대한 지지를 구현할 방법을 모색했다. 그들은 경제기구의 또 다른 측면에 대해 합의해야 할 점이 남아 있다는 사실을 깨달았다. 즉, 법인 회사의 임원에 의한 개인적인 무책임에 재갈을 물리는 것도 필요했던 것이다. 그들은 회사를 법적인 방패처럼 이용하며 고의로 유독성 제품이나 불량품을 제조한 경우에도 그 악행에 대한 유죄판결을 교묘히 회피할 수 있었다. 몇몇은 그것이 힘없는 작은 규모의 회사들로 퇴행하는 것이라고 주장했지만 대부분은 강한 지지 의사를 표명했다.

유한책임회사 설립하지 말라.

그리고 일단 이 부분이 결정되자 거기에 동반하여 조직 내부에서 개인들이 취해야 할 바람직한 책임의 형태에 대한 합의도 이루어졌다.

부재지주가 회사를 소유하거나 통제하지 말고 직원 1인당 한 표씩 투표하라.

이러한 금지 방안을 통해 적어도 이론적으로는 정치적 생활을 좌우했던 민주주의적인 원칙이 경제적인 생활에까지 확장될 것이다. 이제 '하지 말라'는 모두 아홉 개 항목이 되었다. 공기 오염에 관해서는 상당한 분노의 감정이 존재했지만 모든 연소과정(실질적으로 '깨끗한' 수소의 연소를 제외하고)이 어느 정도의 오염을 초래하므로 그것을 담아낼 압축적인 표현에 도달할 수가 없었다. 또 하나의 의견은 정부가 비밀입안을 하지 못하도록 금지하는 법안을 제정하자는 것이었다. 결국 또 하나의 잠재적이고 근본적인 문제에 맞서는 것이 가장 중요해 보였는데, 그 때문에 그토록 많은 다른 문제가 발생하는 게 분명했다. 그래서 마지막 열번째 항목은 이것이 되었다.

인구 증가 하지 말라.

새로운 정당을 출범시키기로 결정한 후부터 당의 이름을 무엇으로 할 것인가를 두고 단체 토론을 통해 다양한 의견들이 떠돌았지만 최종 결정을 내리기가 쉽지 않았다. 단순히 '새로운 정당New Party'이나 '인간의 정당People Party'을 생각하기도 했다. 그러나 새 당의 강령에 내재하는 근본적인 관심은 생물학적 생존에 관한 것이었다. 가장 중요한 것은 인류가 지구상에서 생태계의 나머지 종과 조화를 이루며 생존하는 법을 배우는 것이었다. 그런 측면에서 당의 이름을 '생존자당'으로 하자는 제안이 있었다.

"잠깐만 기다려요."

누군가가 반대하고 나섰다.

"몇 년 전에 스스로를 생존자들이라고 부르며 총기 사고를 일으켰던 정신병자들을 생각해봐요. 금화를 사 모으고 산속 오두막에 음식을 저장해두고는 스포츠 경기 개막이라도 기다리듯 여섯 개들이 음료수 팩을 들고 아마겟돈(세계의 종말에 있을 선과 악의 결전장−옮긴이)을 기다리던 사람들 말이에요."

베라가 거들었다.

"글쎄요. 그들은 이단 종교의 광신자들이라고 볼 수 있어요. 그들은 찬송가를 바꿔 불렀고, 엄청난 화력을 소유하면 사회적인 붕괴로부터 스스로를 방어할 수 있다는 폭력적인 환상에 시달리고 있었어요. 물론 올바른 생각이 아니었죠. 제2차 세계대전 당시 나치 통치하에서 사회의 질서가 정말로 붕괴되었을 때 살아남은 사람들은 무기가 아니라 친구들을 가진 사람이었죠. 그들을 지지해줄 사회적인 그물망 말이에요. 힘이란 건 사회적인 단결에서 나오는 것이지, 막대한 양의 총기로 만들어지는 게 아니죠. 누군가의 강점은 오로지 위기에 처했을 때 그를 도우러 올 사람들이 얼마나 많은가에 달려 있어요."

헨리 엥겔스도르프가 말했다.

"동감입니다. 처음에는 약간 혼동할지도 모르지만 얼마 지나지 않아 사실을 깨닫게 되지요. 계속해서 생물학적인 내용에 관심을 집중하는 것이 중요한 만큼 그걸 표현하는 데 '생존'보다 적당한 말은 없습니다. 우리를 총기 사고의 미치광이들과 결부시켜 생각할 사람은 아무도 없을거예요. 몇몇 정신병자들이 잠시 동안 더럽혔다는 이유로 좋은 이름을 포기하지 맙시다!"

정당을 위한 기초적인 프로그램을 공식화한 핵심 그룹은 이제 발기인 조직이 되었다. 베라는 오로지 헨리 때문에 이 모임에 합류하게 되었지만 이제는 활동 참모단을 설립할 정도로 핵심 인물이 되었다. 참모단을 설립한 후 처음에는 수많은 회의적인 시각에 부닥쳤다.

선견지명이 있는 단원들은 70년대의 환경운동이 성공할 수 있었던 이유가 옆에서 받쳐주는 분과를 두었기 때문이고 여러 방면에서 광범위한 지지를 얻었기 때문이었다고 주장했다. 이 주장에 대해 현존하는 양대 정당들이 제3의 정당이 생기지 못하도록 선거구를 지정하는 과정에서 수많은 장애물을 만들어두었다는 지적이 즉각적으로 이어졌다. 이런 것에 대해 베라는 간단한 대응 방안을 내놓았다. 이러한 장애물이야말로 제3의 정당에 대한 양대 정당들의 나약한 시도에 맞설 수 있는 효과적인 수단이라는 것이다. 그녀는 생존자당의 아이디어가 정말로 대중의 지지를 얻을 수 있다면 그런 장애는 쉽게 극복할 것이라고 했다. 그들은 전술상의 문제일 뿐 절망적인 장애는 아니라는 것이다. 베라는 사람들의 신념을 움직이는 방법을 알고 있었다. 그녀는 그들이 내보이는 냉소주의를 자주 흔들어놓았고 그 결과 그 사람들 중 일부는 선거운동에 참여하게 되었다.

일찍이 결정적인 변화를 보인 사람은 매기 글레넌이었다. 그녀는 베라가 만든 참모단의 의장이 되었고, 동맹을 조직하는 일과 반핵 운동에 관련된 활동을 맡게 되었다. 매기는 다혈질에다 몹시 열정적인 사람이었다. 그녀의 몸은 언제나 엄청난 긴장감으로 가득했다. 이제 40대인 매기는 사업을 했더라면 성공했겠지만 재계가 아닌 정계를 활동 무대로 선택했다. 그녀는 선결사항을 결정하고 중대한 시기에 결정적인 지점에 정치적인 에너지를 집중하는 능력이 뛰어났다. 밤에 네 시간만 자고도 끄떡없었고, 간단하지만 강도 높은 일에 사람들을 몰아넣었다. 매기는 가끔씩 위안을 얻기 위해 여성에게 의지하곤 했다. 이전에 한 번 결혼한 적이 있었지만 일과 결혼생활은 조화를 이루지 못했다. 지금 그녀는 오래된 친구인 두 명의 여성과 남성 한 명과 한 집에서 살고 있었다. 큰 키에 날씬한 몸매, 곱슬대는 붉은 머리칼에 파란 눈을 가진 아름다운 매기는 모임 때마다 압도적인 설득력을 발휘했다. 베라와 비교할 때 매기는 순수한 조직화나 구조화 능력이 뛰어났고, 인간적이고 도덕적인 측면에 대해서는 관심이 덜한 편이었다.

헨리는 매기의 맹렬함에 제동을 걸어 균형을 이루는 인물이었다. 베라는 헨리를 궁중의 어릿광대처럼 생각할 때가 있었다. 그는 체구가 작고 재치가 있으며 땅딸막했지만 입과 눈은 커다랗고 표정이 풍부했으며 숱이 적어 휑하니 들여다보이는 대머리를 가리기 위해 얼마 남지 않은 머리칼을 한쪽 귀에서 반대편 귀까지 빗어 넘겼다. 정당의 회의가 있을 때면 농담으로 사람들을 심각한 분위기에서 건져내는 것도 그의 역할이었다. 새 정당이 활동을 시작한 후 처음 몇 주간은 대부분의 사람들이 이 점을 깨닫지 못했지만 헨리에게는 사람들이 필요로 하는 것을 직관적으로 느낄 수 있는 비범한 능력이 있었다. 처음 베라가 그를 좋게 평가하게 된 것은 사상의 생태학적 건전성이었지만 조직 내부에서는 직관력이 더 많은 기여를 했다. 매기는 이론적으로는 훌륭하지만 실행하기엔 위험한 전략을 제안하기도 했는데, 이때 그 문제의 인간적인 측면을 제고하게 만드는 사람도 베라와 헨리였다. 그러나 헨리와 매기는 멋진 친구였고, 헨리는 그녀에게 홀딱 반한 척하기도 했다. 베라와 극소수 사람들만 알고 있는 사실이지만 헨리는 동성애자이며, 오랫동안 사귀어온 연인과 살고 있다.

초기에 조직의 힘을 배양하는 데 원천이 되어준 또 다른 인물은 닉 밸러드였다. 그는 매기의 동료가 되었다. 흑인인 닉은 인권 운동에 몸 담고 있었으며, 구샌프란시스코 권력 기구와 노동운동에도 관련을 맺고 있었다. 사람들이 매일 노출되는, 목수나 건설업자가 사용하는 건물 재료의 대다수가 발암성 화학물질을 포함하고 있다는 사실을 발견하고 크게 충격을 받고는 새로운 연합의 필요성을 깨달은 첫 번째 인물이었다. 여기서 연합이란 작업장과 주거 지역 모두 오염된 곳에서 고통받는 사람들로 이루어진 노동자 계층과 적은 수로도 많은 일을 성취해낸 뛰어난 정치적 역량을 가진 중산층 환경주의자들의 연합을 의미한다. 땅딸막하지만 단단한 체구를 지닌 그는 매기보다 현실적이었고 필요하다면 타협도 할 줄 아는 인물이었다. 그는 일찍이 새크라멘토에 있는 베라의 사무실에서 일한 적이 있었고, 선거운동에 참여한 적도 있었다. 매기는 현실 점검이라는 측면에서 그에게 의지했다. 닉은 여러 번 결혼한 이력이 있었지만, 지금은 다른 네 명의 사람들과 함께 커다란 아파트 하나를 빌려서 살고 있었다. 모든 기존의 생존자당원들이 그렇듯, 그도 불규칙하게 긴 시간 동안 일하는 버릇이 있었다. 그들 중 누구도 일과 개인적인 생활에 크게 차이를 두지 않았다. 생존자당에 무슨 일이 일어나든지 간에 그것이 바로 그들의 인생이었다.

초기의 그룹이 32세의 생물학자인 레이 듀트라를 과학부장으로 쉽게 받아들인 것도 그들이 모두 일과 생활의 일체감을 이해한 덕분이었을 것이다. 레이는 건축가와 결혼했지만 아이는 없었다. 그녀는 실험실에서 여러 날을 보내는 버릇이 있었다. 레이가 처음으로 생존자당에 합류했을 때 사람들은 어떻게 그녀가 그토록 많은 시간 동안 멍하니 앉아 있는 일로 보낼 수 있는지를 궁금해했다. 그러나 레이가 구석 자리에 꼼짝 않고 앉아 있을 때 실제로는 열심히 생각하고 있다는 것을 알게 되었다. 레이는 남들이 해결하지 못하는 모든 장애물을 이러저러한 방식으로 뛰어넘는 방법을 찾아내는 창의력과 돌파력을 갖춘 인물이었다. 그 과정에서 다른 누구도 생각해내지 못하는 재미있는 결합을 찾아내곤 했다. 그리고 그들 중 누구보다도 책을 많이 읽었다.

인격적이고 정치적인 결합이라는 복잡하게 얽힌 그물망을 통해 원래의 생존자당은 점차 그들의 운동에 동참할 사람들을 규합했다. 공개적인 지지자들과 조용한 공감자뿐만 아니라 지켜보다가 나중에 도움을 줄 가능성이 있는 사람들도 받아들였다. 그들은 또 사람들에게 닥친 환경적 위협의 심각성을 깨닫기 시작한 환경단체의 지도자나 그 문제를 잘 알고 있는 회사의 기획자들을 찾아갔다. 셀 수 없이 많은 회의에 참석했고 전화로 이야기하느라 긴 시간을 보냈으며 영향력 있는 핵심 인물들과 친해지려 애썼다. 심각한 생태적인 문제에 관한 정보를 퍼뜨렸고 이를 다룰 만한 독창적이고 대담한 방법을 제안했다. 그들의 노력은 점차 그 지역에 살고 있는 수많은 사람에게 영향을 주었고, 그 사회를 운영하는 새롭고 나은 방법을 찾아내는 일이 가능할지도 모른다는 느낌을 심어주었다. 새로운 만남과 소통에 관한 소식이 수백 명의 사람들, 나중에는 수천 명의 사람들에게 퍼져갔다. 보이지 않을 정도로 투명하지만 영양분을 흡수하고 스스로의 힘으로 전진하며 놀라울 정도로 멀리 촉수를 뻗는 해파리처럼 새 정당은 그 지역의 과열된 정치적 물결 속에서 성장했다. 레이가 방안을 내놓을 때면 새로이 채워야 할 틈새가 발견되었고 그들은 그것을 채우면 되었다.

18.   공기오염 ★

캘리포니아 남부에 있는 심하게 오염되고 산업화된 자동차와 공장, 제련소에서 배출한 오염물질은 정체된 대기 속에 집중되어 스모그를 일으켰다. 그것은 감귤나무들과 소나무의 성장을 억제했고 고무 타이어를 썩히고 건물의 페인트를 손상시켰으며 인간의 신체에서 눈과 폐를 비롯하여 민감한 부분에 염증을 일으켰다. 특히 스모그가 심한 날이면 학교에 다니는 어린이들은 실내에만 있도록 하여 오염물질을 코로 흡입하는 것을 최소화하도록 했다. 그런 날이면 시계는 1마일 이내까지 줄어들었고 병원에는 환자들의 수가 늘어났으며(정신병 환자를 포함하여) 자살이 심각한 수준으로 일어난다는 사실이 보도되었다. 대부분의 사람들은 단순히 욕설을 퍼붓거나 불평하는 데 그쳤고 두통이나 이상한 신체 증상을 겪어도 그것이 스모그와 관련 있다는 생각은 하지 않았다.

시카고 동부의 거대 산업단지에서 시작된 유해한 공기의 움직임은 오염물질을 그 지역에 쌓아두지는 않았지만 공기는 바람을 타고 더 광대한 지역으로 확산되었다. 오하이오 주에는 세계 최대의 석탄 화력발전소 시설이 있었고 더 많은 발전소가 건설될 계획이었다. 사실상 오하이오 주는 뉴욕이나 뉴저지, 뉴잉글랜드 지역의 아황산가스 배출량보다 두 배나 많은 아황산가스를 배출했다. 오하이오 주의 배출량은 오하이오 주에만 머무르지 않았다. 그 대신 방사된 아황산가스와 톱날 같은 단면을 가진 작은 입자들은 너무나 가벼워서 공기의 흐름을 타고 떠다닐 수 있었고 동부와 동북부의 주들로 옮겨갔을 뿐만 아니라 수백 마일이나 떨어져 있는 캐나다까지 날아갔다. 어떨 때는 대서양 건너편까지 날아가기도 했다. 일반적으로는 그 지역에 자주 비가 내렸으므로 오염원들은 비와 함께 땅속으로 스며들었다.

이 비는 식초보다 더 강한 산성이기도 했다. 그것은 땅의 산성화를 촉진했다. 땅은 이미 인공 비료로 인해 위험할 정도로 높은 산성을 띠고 있었지만 말이다. 그 때문에 식물은 대사 장애를 일으켰고 곡식 생산량이 떨어졌다. 귀리, 시금치, 콩, 잣나무들이 산성비를 맞은 후 상당히 손상되었다. 그 당시 공식 기준으로 볼 때 비교적 공기오염도가 낮은 지역이었는데도 그랬다. 산성비는 호수와 시냇물에 곧바로 떨어졌고 그들을 둘러싼 강 유역에 축적되었다. 주요 산업 지역에서 수백 마일이나 떨어져 있는 천연의 아디론댁 산맥에서는 2,000피트 위에 자리한 호수 중 90퍼센트가 극도로 산성화되어 그곳에 살던 물고기들이 죽었다.

공기의 질에 관한 규정은 다음과 같은 방식으로 작성되었다. 오염물질을 내놓는 회사는 (그 규정에 따르는 것이 아주 귀찮은 일이더라도) 굴뚝을 더 높이 세우고 유황 함량이 네 배나 높은 화학물질을 내다버리지 않겠다는 기권 증서를 발급받을 수 있다는 내용이었다. 공장이 액체 오염원을 강물에 토해내면서 강 하류에 미치는 결과를 무시하는 경향만큼이나 이러한 정책은 문제를 근본적으로 해결하는 대신 다른 방식으로 변형시키는 결과를 낳았다. 오염물질 배출은 널리 횡행하고 있었던 데다 그 규모도 방대해서 산업화된 동부의 대부분 지역의 시계는 더욱 줄어들었다. 가끔은 로스엔젤레스의 스모그가 만들어낸 어둑어둑한 대기에 견줄 만했다.

1970년대에는 석탄을 태우는 화력발전소의 오염물질 방출을 억제하려는 시도가 있었지만 석유위기oil crisis 때문에 연방정부가 석탄 원료를 더 많이 사용하도록 장려했다. 1980년대에 오염규제는 완화되거나 사라졌고 유황과 미립자 배출은 근본적으로 증가했다. 석회석이나 대리석으로 만들어진 것들은 어느 것이나 꾸준히 조금씩 녹아내렸는데, 산성비가 내리고 산성 미진이 공기 중에 분포하는 곳이면 어디든지 일어나는 현상이었다. 심지어 거대한 석조 빌딩의 돌벽조차 눈에 띄게 풍화가 진행되었다. 이는 사람들이 삶을 유지하기 위해 의존하고 있는 대기 속에 보이지 않는 적이 숨어들어 있다는 것을 보여 주는 가시적인 징조였다.

19.

화이티 화이트헤드는 원래 펜실베이니아 중부 지역 출신의 시골 소년이었다. 그는 10대의 우울증에서 탈출하기 위해 어린 나이에 군대에 지원했고 베트남에서 헬리콥터 조종사가 되어 전쟁을 목격했다. 그곳에서 그는 폭격 임무와 게릴라를 수색하여 섬멸하는 임무, 군사를 이송하는 임무를 수행했으며, 그에게 주어진 일은 무엇이든 닥치는 대로 해야만 했다. 베트남 전쟁이 끝난 후 그는 샌프란시스코로 돌아왔다. 처음에는 도시 지역의 헬리콥터 서비스 회사에서 조종사 일자리를 얻을 수 있을 거라고 생각했다. 그런 일자리는 수가 한정되어 있는 데다 고참에게만 돌아갔다. 게다가 얼마 후 회사가 파산했다. 화이티는 놀라지도 않았고 실망하지도 않았다. 어차피 비행장에서 교외까지 사람들을 실어 나르는 일은 그다지 흥미롭지 않았기 때문이다. 그는 더 북쪽으로 갔고, 헬리콥터를 선호하여 구식 복엽 비행기들을 없앤 회사에서 농업용 살충제를 살포할 헬리콥터 조종사를 구한다는 구인광고를 보았다. 그런 일쯤이야 식은 죽 먹기였다. 베트남 전쟁과 달리 총에 맞을 일도 없는데도 전쟁의 공상을 계속할 수 있었으니까. 작은 과수원 길이 베트콩의 은신처는 아닐까? 과수원 위로 비행기를 급상승시킨 후 자신이 아직 베트콩을 발견하지 못한 거라고 가정하고 갑자기 급선회하여 구2, 4, 5-T를 갈겨서 그들을 섬멸하는 것이다! 그것도 고엽제이긴 마찬가지니까. 그들 중 일부는 얼마간 군인 창고에서 전쟁용으로 쓰고 남은 것을 그대로 가져온 것이었다.

화이티는 마침내 오리건 남서부 지역에 정착했다. 언제나 삼림 서비스나 민영 목재회사들을 위한 일이 널려 있었기 때문이다. 그는 머틀그로브 바깥에 있는 이동주택을 샀다. 그 동네에서 그리 좋은 지역은 아니었다. 대부분이 이동주택이고, 가끔씩 다 쓰러져가는 낡은 집이 섞여 있는 동네였으니까. 그곳에 사는 사람들은 대부분 벌목업자나 수리공, 건설 노동자였다. 좋은 사람들이었지만 돈 버는 일에는 재주가 없었다. 화이티는 그곳에 있을 때 편안함을 느꼈다. 그곳은 재수 없는 히피라든가 미치광이 예술가가 없는 곳이었다. 사람들은 직접 장작을 팼고 차를 손수 고쳤으며 그들만의 삶의 방식을 이어갔다.

화이티가 일했던 퍼에이드^{Fir-Aid Company}는 어린 활엽수를 죽이기 위해 제초제를 살포하는 일을 했고, 그래서 이윤을 내는 더글라스 전나무가 방해받지 않고 잘 자라도록 했다. 그 나무는 원래 숲을 베어낸 자리에 목재회사들이 목재용으로 새로 심은 것이었다. 일부 사람들이 벌채가 나쁜 일이라고 생각한다는 것을 화이티는 알고 있었다. 그들은 나무를 모조리 베어낸 개벌지의 사진을 보고 비탄에 잠겼으며, 침식 작용과 관련하여 그것이 숲의 땅에 손상을 입힐 가능성과 그곳에 한 가지 작물만 있을 때 생길 위험을 걱정했다. 그 결과 한 종류의 벌레나 해충만 살아남았는데 우연히 더글라스 전나무를 좋아해서 먹이로 삼게 된다면 어떻게 되겠느냐는 것이다. 화이티와 그의 친구에게는 이런 사람들이야말로 정말 밥맛없는 작자들이었다. 그들이 한 번이라도 숲에 들어가 나무를 베어본다면 왜 눈에 보이는 모든 것들을 모조리 다 베어버려야 하는지 곧 깨닫게 될 것이다. 물론 낭비이긴 했다. 당연히 언젠가는 숲을 이루는 토양의 비옥함을 망가뜨릴지도 모른다. 그렇다고 해서 그들이 할 수 있는 일이 도대체 뭐가 있단 말인가? 당신의 경쟁자들이 기계를 동원하여 손에 닿는 목재용 삼림지를 깨끗이 베어내고 있는데도 집으로 가서 황소나 오래된 도구들을 가지고 올 생각이 나겠는가? 오로지 오래된 나무들만 골라 베기 위해서? 아니면 어느 정신 나간 놈이 제안한 방법대로 고물 비행기를 몰고 가 통나무를 줄에 매달아 끌어당기기라도 할 건가?

개벌을 하기로 했다면 활엽수를 베기 위해 도끼를 들고 그곳에 갈 것인가? 소수의 사람들은 그렇게 결심하기도 했지만 어설프고 정신나간 일이었다. 그들은 상식적인 인간이라고 할 수 없었다. 텐트 안에서 살고 번 돈을 공유하고 공동의 의지로 무엇을 할 것인지를 결정한다. 문란한 성생활이 비일비재했는데, 남녀들이 모두 캠프 안에서 섞여 살고 결혼도 하지 않고 아무 하는 일도 없이 오로지 얼어 죽을 자유연애나 즐기는 것이다! 그들이 아무리 다른 사람들보다 더 열심히, 더 빨리 일하더라도 변태요, 마약중독자들일 뿐이었다. 여자들 중 일부는 레슬링 선수처럼 튼튼한 팔을 가졌다. 그중에서도 최악은 그들 중 다수가 대학을 졸업했고 중산층 가정에서 자랐으며 그들이 원한다면 정상적인 삶을 살 수도 있었을 거라는 점이었다.

화이티가 비행기 안에서 농약을 살포하는 동안 이런 생각이 들 때면 농약을 두 배로 강하게 살포했다. 미치광이들의 야영지를 폭격하는 것이라고 상상하면서 말이다. 그런 다음에는 이동주택으로 돌아가 자신이 아름다운 히피 여자를 강간하고 있다고 상상하면서 미친 듯이 자위했다.

20.

기업가 정신

1980년대부터 기업가 정신이 세상을 장악했다. 한 엘리트 전문 경영인이 거의 모든 종류의 규제와 싸웠다. 이윤을 극대화하기 위해 한국이나 타이완에서 공장을 운영하며 저임금이라는 이점을 이용하는 회사와 경쟁이 되지 않는 생필품 생산 공장은 거의 문을 닫았다. 그들의 노동자는 (대부분 여성 노동자와 함께) 저임금에 약한 노조, 낮은 생산성을 가진 서비스 산업 분야로 밀려났다. 미국인의 실질적인 평균 임금은 서서히 감소했지만 대부분은 이 놀라운 사실을 단순히 인플레이션 탓으로 돌렸다. 그들의 분노는 계획적인 결근과 낭비와 의도적인 사보타주(쟁의 중인 노동자에 의한 공장 설비·기계 등의 파괴, 생산

방해—옮긴이)를 낳았다. 그러는 동안 회사의 이윤은 비생산적이고 자본 손실이 큰 투자 대상으로 흘러가거나 해외 산업에 투자되었다. 다른 나라와 끈이 있는 다국적 기업이 정부를 희롱했으며 사적인 군대를 요구했고 미국 외교관과 지식층 관료의 동정심을 맘껏 즐겼다.

기업주의 원칙은 박애주의와는 거리가 멀었고, 엘리트 매체에서는 경제적인 자축 분위기를 강조하여 광범위하게 퍼져 있는 잠재적인 폭발 가능성이 있는 사회적 불안을 감추었다. 사회 복지 비용은 무자비하게 삭감되었고 4분의 1이 넘는 인구가 간신히 공식적인 빈곤선을 유지하거나 그보다 낮은 수준의 삶을 살게 되었고 그중 수백만 명은 절대적인 가난 상태에 빠졌다. 생활 여건은 꾸준히 나빠졌고 특히 대다수 노동자들은 더욱 그랬다. 소음, 먼지, 화학 성분 노출도에 대한 작업장의 안전기준은 아예 사라졌고 산업재해에 대한 보상금도 받아내기가 더욱 어려워졌다. 산업재해율은 급격히 증가했고 어마어마한 수의 노동자들은 위험한 일을 부여받는 것에 대항하여 그들을 보호해줄 노조가 전혀 없었다. 자동차와 트럭의 배기가스 규제는 폐기처분되었고, 대도시의 공기 질은 급격히 악화되었다. 사고로 인한 참사와 위험 요인을 제거하는 수단이 되었던 자동차 안전기준과 속도제한 규정도 사라졌다. 식수를 보호하기 위해 화학적 오염을 반대하던 규정도 무시되었다. 이전에는 가끔씩이나마 화학약품을 태우거나 자연을 훼손하거나 암을 유발하는 생산품에 대항하여 소비자들을 보호하려 미약한 노력이라도 보이던 연방기관은 첫 주가 지나자 해체당했다. 얼마간 합법적인 대표성을 보장하며 가난한 사람들을 돕자고 제안하던 기구는 해산되었고, 가난한 사람들은 기업주의 기만과 착취에 대해 얼마나 무기력한가를 깨달았다. 그 결과 그들의 분노는 더욱 걷잡을 수 없이 증폭되었다. 국가 세입을 이기적으로 이용하

는 일이나 부정부패, 뇌물 수수, 절도 등이 그토록 많은 부유층에 의
해 일상적으로 저질러진다면 가난한 사람들도 자기들만의 방식으로
도둑질할 자격이 있다고 느꼈다. 따라서 화물짐을 강탈하거나 공급
품을 유용하거나 회사의 물자를 사적으로 도용하거나 물자를 가로채
는 일이 사회 전체에 만연했다. 화재나 홍수나 정전이 일어날 때면
대규모의 약탈이 잇따랐지만 군법으로도 그들을 막을 수 없었다. 절
망한 군중뿐만 아니라 냉소적인 무리들은 강도짓과 폭력을 자주 저
질렀으며 그 방법도 매우 잔인했다. 대다수 주요 도시의 길거리에서
사람들은 공공연하게 무기를 휘두르기 시작했다.

사회적 시스템이 오랫동안 지속되기를 바란다면 막대한 시민들의
자발적인 충성심을 얻어야 하고, 시민들은 그 사회가 내놓는 방안이
합법적이라고 확신해야 한다. 1980년대의 경제적 위기로 인해 그나
마 남아 있던 미국 중산층의 사회적 결속력마저 점차 이울었다. 세금
포탈은 국가적인 스포츠가 되었고, 잘 조직된 납세자 반란 사건이 빈
발했다. 새 상품을 중고품 시장에 내다 파는 방법뿐 아니라 판매 세
금을 포탈하기 위해 물물교환을 하는 방법이 부유한 계층에까지 널
리 퍼졌다. 용병제도를 부활시키려는 시도는 중산층의 확고한 저항
에 부딪쳤다. 값비싼 무기가 충분히 공급된다는 점에서(때로 지나치게
내구력이 강한 전투 수단까지) 공군은 예외로 하더라도 군대는 대개 용
병에 의해 움직였다. 육군 부대는 주로 소수 인종 출신의 가난한 사
람들로 구성되었으므로 통치 계급에 대한 정치적인 충성도는 점점
더 의심스러워졌다.

따라서 기성 매체에 그려진 미국 사회는 엘리트와 그들의 조직, 즉
경찰, 국회, 관료, 무장한 군대 등이 지닌 막강한 권력 아래 놓여 있는
것 같은 인상을 주었다. 그러나 직접적인 경험을 통해 좀 더 실질적

인 정보를 얻을 수 있는 사람들과 더 낮은 계층과 접촉하는 소수의 저널리스트들은 사회적 부패가 위험한 단계에 도달했으며, 조용하고 선전포고 없는 내전이 코앞에 닥쳤다는 사실을 알았다. 막대한 수의 국민들이 더 이상 잃을 것이 없는 지경에 처했고 그보다 많은 사람들이 가진 것을 모조리 잃었다는 상실감에 시달렸다. 권력층에 있는 사람들이 깨닫지 못하는 사이에 서서히 무언가 한참 잘못됐다는 느낌이 사회 전반에 확산되었다.

그 결과 전국적으로 혼란과 절망만이 확산되었다. 오로지 서부 해안 지역에서만 일관성 있는 정치적인 대안이 등장하여 정치적인 진공 상태를 메울 만한 새로운 아이디어로 가시화되기 시작했다.

21.

정보 대중 공개

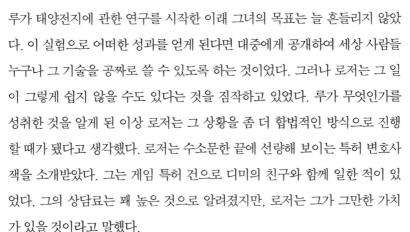

루가 태양전지에 관한 연구를 시작한 이래 그녀의 목표는 늘 흔들리지 않았다. 이 실험으로 어떠한 성과를 얻게 된다면 대중에게 공개하여 세상 사람들 누구나 그 기술을 공짜로 쓸 수 있도록 하는 것이었다. 그러나 로저는 그 일이 그렇게 쉽지 않을 수도 있다는 것을 짐작하고 있었다. 루가 무엇인가를 성취한 것을 알게 된 이상 로저는 그 상황을 좀 더 합법적인 방식으로 진행할 때가 됐다고 생각했다. 로저는 수소문한 끝에 선량해 보이는 특허 변호사 잭을 소개받았다. 그는 게임 특허 건으로 디미의 친구와 함께 일한 적이 있었다. 그의 상담료는 꽤 높은 것으로 알려졌지만, 로저는 그가 그만한 가치가 있을 것이라고 말했다.

아직도 루는 버티고 있었다.

"하지만 아빠, 첫 번째 전지가 만들어진 이후로 그것과 똑같은 전지를 만들 수가 없었어요. 정말로 그 실험을 똑같이 재현할 수 있을지 자신할 수 없단 말이에요! 그러니까 다른 사람에게 말한다는 건 아직 시기상조라고요."

재현의 문제가 해결되더라도 진짜 문제에 봉착하게 될 것이었다. 루는 바닷물에서 나온 이온이 실리콘 구조물 속에 유입되면서 어떤 작용을 한 건지 의심스러웠다. 그것도 꽤나 깊숙이 스며들어 도핑 물질 중 일부처럼 작용했을 가능성이 있긴 했다. 그러나 그 실리콘 판 깊숙한 곳에서 그것이 도대체 무슨 일을 한단 말인가? 일을 더 복잡하게 만드는 건 표면물리학이 아직도 미개척 분야라는 점이었다. 중요한 현상은 실리콘 격자 표면에서만 일어난 것일 수도 있으니까, 그런 경우라면 표면물리학의 도움을 받아야 했다. 게다가 바다 소금의 일부가 실리콘과 함께 합성물을 형성할 경우 무슨 일이 일어날지 루는 전혀 알지 못했다. 제일 먼저 전지에 스며든 빗물이 약간 산성이었을 수도 있었고(공해와 무관한 볼리나스에서조차!) 그 비가 전지 내부에서 화학적 반응을 초래했을 수도 있다. 이때 부산물들이 높은 전류를 방출시킨 원인이 되었을 수도 있다. 이 모든 가능성들이 좀 더 연구되어야 하고 실험을 통해 최종적인 확답을 얻을 때까지 수많은 가능성을 차례로 지워나가야 할 것이다.

루가 보기에 로저가 모든 일에 대해 지나치게 예민하게 반응하는 것 같았다. 그는 루가 상담을 받을 필요가 있다고 생각했다. 발명을 보호하는 방법을 전혀 모른다는 것이 많은 걱정과 불안을 일으켰기 때문이다. 마침내 루가 잭을 만나러 가는 일에 동의했다. 여전히 내키지 않았지만 말이다. 그녀의 일에 관해 알고 있는 사람이 적을수록 더 유리하니까! 알고 보니 잭의 법률사무소는 샌프란시스코 시내의 옴니오일 회사 건물과 인접해 있었다. 이 일이 막대한 양의 돈이 걸린 문제로 발전할 경우 과연 이 변호사의 판단을 어디까지 믿어야 할지는 루도 로저도 알지 못했다. 그러나 잭은 매우 믿음직해 보였다. 그의 넥타이는 느슨하게 묶여 있었고 그의 책상에는 수많은 책이 쌓여 있었다. 그는 그들과 말할 때 책상 위에 발을 올려놓고 있었다.

루는 일반인이 이해하기 좋은 쉬운 용어로 자신의 발명을 찬찬히 묘사하기 시작했다. 그리고 자기가 발명한 전지가 세상을 위해 가능한 한 최소 비용의 재생 가능 자원으로 전력을 공급하는 데 도움이 되어야 한다는 개인적인 소망도 역설했다. 잭은 그에 대한 대답으로 특허를 얻는 과정에 관해 설명했다. 그것이 얼마나 복잡한지, 얼마나 불확실한지, 그리고 얼마나 많은 비용이 들지에 관해서도. 일단 특허 신청서가 제출되고 나면 특허 교섭이 진행되는 동안 얼마나 오랜 시간이 걸릴 것이며, 누군가가 그것을 제작하기 위해 허가를 받고 그 발명품을 판매하기 전까지 수만 달러가 들지도 모른다는 점도 설명했다. 어쩌면 이런 비용을 감당할 자금을 조성하고 다양한 합법적이고 재정적인 책략들을 세우는 데만 회사 하나를 설립해야 할지도 모른다고 했다.

잭은 그 모든 조건이 해결되었을 때 루가 마음에 드는 누군가를 선택하여 어떤 조건을 내세워서든 전지를 사용할 수 있도록 허가해줄 수 있을 것이라고 판단했다. 1년에 100만 달러를 요구하든 1달러를 요구하든 그것은 루 마음이라는 것이다.

루는 혼란과 절망을 동시에 느꼈다. 변호사라면 사태를 단순하지만 확실하게 말해줄 것이라고 기대했다. 루는 발끈해서 물었다.

"무상으로 1년 동안 사용하도록 허가할 수도 있나요?"

잭이 인상을 찌푸리며 대답했다.

"현명하지 못한 일이죠. 정당하게 교환할 수 있다면 그게 최선이겠죠."

"하지만 저는 그렇게 해야만 엄청난 만족감을 얻을 것 같은데요!"

잭은 못 믿겠다는 얼굴로 루를 찬찬히 쳐다보았다.

"난 당신의 변호사로서 상당한 수입을 내팽개치라는 조언은 결코 할 수 없어요."

"글쎄요, 틀림없이 다른 방법도 있겠지요."

잠시 침묵이 이어졌다. 로저가 천천히 입을 열었다.

"다른 누군가가 그 과정을 특허 내지 못하도록 막기 위한 유일한 방법이 이렇게 오래 걸리는 특허 절차를 밟는 것인가요, 아니면 다른 대안들이 있는 건가요? 워렌은 당신이 수완이 뛰어난 사람이라고 말했는데요. 이 발명을 보호할 수 있으면서도 그것을 최대한 빨리 대중이 사용할 수 있도록 할 수 있는 다른 가능성은 없나요?"

잠시 말이 없던 잭이 입을 열었다.

"듣자하니 당신은 정보 대중 공개를 생각하고 있는 것 같은데요."

그는 그 단어를 말할 때 혐오하는 듯한 기색을 비치더니 덧붙였다.

"하지만 난 절대로 그것만은 권할 수 없습니다."

"뭐라고요? 그게 도대체 뭡니까?"

로저가 물었다.

"몇 가지 가능성이 있지요. 최선의 가능성은 그것을 출판하는 겁니다. 말하자면 《파퓰러 메커닉스》 같은 잡지에 논문을 싣는 것이지요. 아니면 그 발명품을 판매할 수도 있어요. 아니면 어떤 방식으로든 대중이 이용할 수 있도록 할 수도 있어요. 아니면 방금 말한 것들 중 몇 가지를 한꺼번에 진행할 수도 있지요. 이런 방법을 취한다면 어떤 경우든 당장 써먹을 수 있는 실용적인 기술을 공개하게 되겠지요."

루는 바짝 긴장하여 앉아 있었다.

"그 말은 그 과정의 실질적인 물리 현상을 공개한다는 뜻인가요?"

"아닙니다. 그 현상이 어떻게 일어나는가를 당신이 정확히 묘사하는 걸 말해요. 당신은 레시피만 주는 거죠. 파이를 굽는 방법을 묘사할 때처럼 말이죠. 그 반죽에서 일어나는 화학 현상에 대해서는 설명하지 않아요. 그들이 무엇을 해야 하는지, 그렇게 했을 때 얻는 결과가 무엇인지만 정확히 설명하는 거죠. 즉, 이러이러한 조건을 제공했을 때 많은 전류가 흐르게 된다는 식으로."

로저 역시 열심히 집중해서 듣고 있었다.

"그 방법을 사용하면 다른 누군가가 그것을 따라 하거나 그것의 일부를 특허 내는 것을 방지할 수 있나요? 말하자면 그 레시피를 모방할 수는 있다고 하더라도 그게 어떻게 반죽을 바싹 구워주는지 그 원리에 대해서는 정확히 알지 못하기 때문에요."

"원칙적으로는 그 말이 맞아요. 하지만 엄청난 돈이 걸려 있다면 그 레시피를 약간 다르게 변형시켜서 특허를 받으려는 노력이 있을 수 있겠지요. 다른 누군가가 그 레시피를 상당히 뛰어난 수준으로 개선해서는 원래 기술을 모방한 점은 드러내지 않고 특허를 얻어서 엄청난 이득을 가로채는 거지요."

잭은 그런 생각을 떠올리는 것만으로도 고통스러운 모양이었다.

"그것이 내가 대중 공개 방식을 추천하지 않는 이유 중 하나지요. 당신은 궁극적으로 법적인 문제에 직면하게 될지도 몰라요. 그리고 변호사로서 가장 바람직하고 그럴 법한 영역에서 문제를 대하고 싶어요."

로저는 루를 바라보면서 말했다.

"나는 그의 말이 일리가 있다고 생각해. 하지만 우리가 지금 걱정해야 할 최우선적 요인들은 속도와 비용에 관한 부분이야."

그가 어깨를 으쓱해 보였다.

"너도 알다시피 난 수입이 많지 않은 학교 선생이잖아."

"글쎄요. 특허 변호사들은 일반적으로 돈을 받는 만큼 일을 합니다. 그게 싸지는 않다는 건 인정해요. 어쩌면 경우에 따라서는 보상이 늦어지는 경우에도 일을 할 수는 있지만 말입니다. 당신들이 정상적인 특허 절차를 따르려고만 한다면 말입니다."

잭이 애매모호하게 말했다.

"정보 대중 공개 절차를 따른다면 어떻게 되나요?"

루가 묻자 변호사는 책상 위에 손을 깍지 꼈다.

"그렇다면 그런 식의 대중화가 적당한 형식인지 확인하기 위해 두 시간 동안 상담한 것에 대한 비용을 지불하기만 하면 되지요. 그리고 잠재적인 수입과는 작별해야겠지요."

그는 로저를 돌아보면서 말했다.

"한번 생각해보세요, 스위프트 씨. 난 당신들의 이상주의를 충분히 높이 평가합니다만 이 전지가 루가 말한 대로 작동한다면 상상할 수도 없는 수입을 안겨줄 겁니다. 그러면 그 돈을 좋은 일에 사용할 수 있겠지요."

"변호사의 수임료처럼요."

루가 짓궂게 웃으며 끼어들었다.

로저는 충격을 받아서 아무 말도 하지 못했다. 그가 긴장하여 심호흡을 하고 있는 것을 루는 알 수 있었다. 루는 최대한 목소리를 가라앉혀 말했다.

"알다시피 그 발명은 나의 소유랍니다."

잭이 다시 평정을 되찾으려 애쓰면서 말했다.

"방해해서 미안합니다만 이 사무실에 찾아오는 사람들은 대부분 어떻게 하면 돈을 벌 것인가에만 혈안이 되어 있어요. 돈을 포기하기 위해서가 아니라요. 그래서 나는 당신들이 원하는 것이 무엇인지 이해하기가 정말로 어렵군요."

"맞아요, 그러고 보니 그럴 것 같네요."

루는 아버지를 쳐다보며 말했다.

"역사를 바꾸려는 행동은 오만방자한 짓이라고 들었어요. 하지만 난 단지 사람들이 이걸 자유롭게 사용하길 바랄 뿐이에요. 다른 기업이 그걸로 이윤을 빨아먹는 일 없이 말이죠. 제가 너무 많은 것을 원하는 건가요? 태양은 우리 모두의 것이잖아요, 안 그런가요?"

잭이 한숨을 쉬며 말을 꺼냈다.

"좋아요, 당신은 뭘 원하는지는 확실히 알고 있는 것 같군요. 지금 당장 취할 수 있는 몇 가지 보호 조치가 있어요. 당신이 특허 절차를 선택할 건지 대중 공개를 선택할 것인지를 결정하는 건 그 다음 문제죠. 일단 스스로를 수신인으로 해서 발명의 상세한 원리를 설명하는 편지를 쓴 다음 그것을 등기우편으로 발송하세요. 그런 다음 그것을 뜯지 않은 채로 안전하게 보관할 수 있는 곳에 넣어두세요. 또 그 편지를 부치기 전에 그것을 절대적으로 신뢰하는 두 사람에게 설명하세요. 하지만 친척이나 어떤 방식으로든 재정적인 관련이 있는 사람은 안 됩니다. 그들이 모두 정말 그 과정을 이해하는지 확인하세요. 그들을 공증인 사무실에 데려가 공증인이 보는 앞에서 편지에 서명하게 하세요. 그렇게 해야만 필요한 경우 그들이 법정에서 맹세할 수 있어요. 당신이 이러이러한 날짜에 그들에게 그 발명에 관해 털어놓았다는 사실을요."

"위기가 닥쳤을 경우 정말 중요한 역할을 하겠군요."

로저가 말했다.

"당신은 우리가 그것에 관해 얼마나 걱정하고 있는지 알 거예요. 그러니까 이런 게 발명되었다는 사실에 대해 당신도 비밀을 지킬 거라고 믿어도 되겠지요?"

잭은 이전에도 이런 질문을 수없이 많이 받은 터였고 전적으로 자신할 수 없더라도 충분히 준비된 답안을 말하게끔 훈련이 되어 있었다.

"특허 변호사라는 직업윤리는 강한 상호감시를 기본으로 해요. 그러니 저를 믿으세요. 우리 중 어느 한 사람이 돈이 되는 아이디어를 빼돌린다면 모두 그 즉시 이 세계에서 쫓겨나게 됩니다. 그런 위험을 감수하면서까지 부정을 저지를 필요는 없지요. 당신도 알겠지만 우리가 이 일을 하는 이유는 오랫동안 안정적으로 돈을 벌기 위해서죠. 크든 작든 늘 개별적인 사건은 일어나게 마련이니까 일이 끊길 염려는 하지 않습니다. 그러니 비밀 보장에 대해서는 걱정하지 않으셔도 됩니다."

루와 로저는 둘 다 걱정만 가득 안고 집으로 돌아왔다. 정당한 방법으로도 이미 충분한 돈을 버는 특허 변호사들이 무엇 때문에 직업윤리를 배반하는 일을 저지르게 될까? 그들이 의심하듯 정말 루의 전지가 엄청난 돈벌이를 안겨줄 만한 가치가 있는 것이라면 에너지 관련 기업 역시 그 기술을 얻기 위해 막대한 자금을 쏟을 여력이 있을 것이다. 조심하지 않으면 큰일 날 게 뻔했다.

잭을 만난 후 며칠 동안 로저는 우울한 데다 정신이 하나도 없었다. 어느 날 오후, 그는 마침내 결심을 하고 루에게 선언하듯 말했다.

"루, 아무래도 너에게 몇 가지를 설명해야만 할 것 같구나. 미친 소리로 들릴지도 모르겠어. 하지만 네가 지금 하고 있는 일이 어떤 일인지 네가 정말 잘 알고 있는지 확인해보고 싶어."

"그 말은 좀 이상하게 들리는데요. 지금 도대체 무슨 말씀을 하시고 싶은 거죠?"

"글쎄다, 이리 와서 좀 앉아봐. 이야기가 좀 길어."

로저는 키가 컸지만 그의 움직임에는 힘이 있었다. 그래서 루는 언제나 그의 동작이 매우 우아하다고 생각했다. 그는 와인 한 잔을 붓더니 커다란 유리창 옆에 놓인 낡은 흔들의자에 앉았다. 흔들의자는 손으로 나무를 깎고 조각하여 만든 것이었다. 루가 알기로는 이런 행동은 뭔가 심각한 이야기를 할 필요가 있을 때만 하는 것이었다. 루는 거기 앉아서 서쪽 창 너머로 넓게 펼쳐진 언덕을 내다보았다. 햇볕이 한창 내리쬐는 오후여서 그곳은 따뜻하고 밝았다.

루는 바닥에 놓여 있는 커다란 쿠션 위에 앉았다. 로저가 생각을 가다듬는 동안 그녀는 몇 가지 스트레칭 동작을 했다. 그는 항상 그녀의 유연성을 부러워했다. 그러나 오늘은 달랐다.

"좋아, 요상하게 휘어진 몸을 좀 제대로 세워보렴. 그리고 잘 들어야 한다."

루는 요가를 멈추고 등을 꼿꼿이 세우고 앉았다. 로저는 농담하듯 가볍게 말하려 애썼지만 루는 심각한 내용이라는 것을 알 수 있었다.

"우선 네가 발명한 이 전지가 전력회사에 미칠 영향이 무엇인지에 대해 정말로 심각하게 이야기해본 적이 없었던 것 같아. 이런 기업은 아주 큰 난관에 봉착해 있어, 루. 그들은 원자력발전소를 짓고 유지하느라 막대한 재정 적자에 빠져들었고, 어떻게든 공공설비위원회를 움직여 이 문제를 해결해보려 갖은 수단을 부리고 있지. 그 시설이 더 이상 사용되지 않는데도 단지 그들을 구해주기 위해 공공설비위원회는 세금을 천정부지로 높여 국민에게 청구해."

"그러니까 우리가 내는 세금 중에 정작 전기요금으로 필요한 건 15퍼센트인데 35퍼센트를 거둬들인다는 거죠."

"맞아, 잘 알고 있구나. 그들은 위기를 타개하기 위해 세상을 1960년대로 되돌릴 계획을 세우고 있어. 그 시기에는 전력 수요가 영원히 오를 것처럼 보였으니까. 물론 그런 일은 일어나지 않았지. 바보라도 그 정도는 짐작할 수 있잖아."

"정말로 전기요금을 계속 일정하게 유지할 수 있을 거라고 생각했어요?"

"다른 모든 물가도 똑같이 빠른 속도로 상승하기만을 바랐던 거겠지. 그리고 아무도 태양 에너지 같은 데는 관심을 두지 않기를 바랐지. 여하튼 그들은 거대한 원자력발전소 때문에 커다란 딜레마에 빠져 있어."

"발전소는 이전에 가동하던 시간의 절반도 가동하지 않는 것으로 알고 있는데요."

"그러게 말이다. 발전소 측에서는 가동 시간을 더 줄일 경우 남는 비용으로 다른 곳에 새로운 발전소를 건설할 수 있다는 식으로 자신들의 행동을 정당화하고 있지."

"아빠, 아빠는 점점 이상한 소리만 하고 있어요. 왜 발전소 문을 다 닫아 버리고 포기하지 않는 거죠? 현실이 정말 그렇다면 말이에요."

"우리 딸, 넌 너무 순진해. 전력회사는 기본적으로 전력을 팔아서 돈을 버는 게 아니란다. 그들은 부채를 만들어 돈을 버는 거야."

"오, 말도 안 돼요!"

"아니야, 거기에는 그 나름의 이유가 있어. 공공설비위원회가 공공설비 관련 회사에 투자 대비 고정된 비율의 이윤을 얻도록 보장한다고 쳐봐."

"네."

"그들이 10억 달러의 돈을 더 투자한다면 그로부터 또 추가적인 이익을 얻게 되겠지? 공공설비위원회는 회사들이 그런 식으로 요금율을 정해서 고정된 이윤을 얻을 수 있도록 허락하는 거지."

"그러니까 회사에 매년 보장된 수익을 안겨주게 되어 있다는 거죠!"

"정확히 말하자면 그래. 하지만 그들은 필수적인 존재로 보이고 싶지, 우스운 집단으로 보이고 싶진 않겠지. 그들은 우리가 자기들을 절대적인 위험으로부터 구해주는 마지막 생명선이라고 생각하길 바라지. 그들이 없으면 세상이 무너지고 피가 곧 응고되어 죽을 것같이……."

"네, 아빠. 잘 알겠어요. 하지만 이런 이야기들이 태양전지랑 무슨 상관이 있죠?"

"첫째로 네가 그 회사를 훨씬 망신 줄 거라는 거지. 둘째는 태양전지로 뒤덮인 지붕이 전축뿐만 아니라 전등과 냉장고까지 가동할 정도의 전력을 만들어낸다면 결과적으로 대다수의 사람들이 전력회사의 전선을 끊어버릴 거라는 거야. 그들이 요금을 징수할 기본 가구 수가 줄어든다는 말이야, 루. 그게 무슨 뜻인지 알겠니?"

"당연하죠, 정말 멋진 일이잖아요! 수많은 사람들이 전기요금 청구서로 괴로워할 필요가 없어지는 거잖아요."

"그래, 그럴 경우 여전히 전선으로 전력을 공급받는 나머지 사람들은 정부에 보장된 수익을 제공하기 위해 엄청난 전기요금을 부담해야 할 거야. 요금은 두 배도 넘게 될걸. 그것이 낳는 정치적인 효과는 파괴적일 것이고 회사도 그걸 알 거야. 이제 내가 무엇 때문에 걱정하는지 알겠지? GM 사는 랠프 네이저를 몰래 미행시켰어. 자동차 코베어^{Corvair}가 코너를 돌 때 약간 기우는 경향이 있다는 걸 발견했다는 이유로 말이야!"

루는 그 사건을 찬찬히 떠올려보았다. 그녀는 희미하게나마 네이더 (1934~ . 미국의 정치인, 변호사, 소비자 보호운동과 반공해운동의 지도자. GM의 결함 차를 고발한 『어떤 속도로도 위험』이란 책을 저술하여 유명해졌다. 시민의 대변자로서 젊은 변호사들의 그룹인 '네이더 돌격대'를 이끌고 대기업과 정부의 부정을 잇달아 적발하여 많은 성과를 올렸다—옮긴이)에 관한 이야기를 들은 기억이 났다. 그것은 다윗과 골리앗의 싸움과 같았다. 네이더는 소송을 청구했고 GM의 음모를 폭로했으며 소비자 운동을 펼쳐 전국적인 지지자들을 얻었다. 그 무렵 루는 그가 누군지 알게 되었다. 네이더는 멀리 워싱턴에 살고 있었고 나태한 관료와 부패한 기업이 연루된 관습적인 권력극 속에서 분투하고 있었다. 그렇다면 태양전지는 코베어 생산 중단이 GM에 끼치는 손해보다 훨씬 더 큰 손해를 전력회사에 끼치게 될지도 모른다.

루는 등골이 서늘해지는 것을 느꼈다. 이전에도 이렇게 소름이 돋은 적이 딱 한 번 있었다. 열 살 무렵이었을 것이다. 캠핑을 하러 간 그녀는 밤에 잠을 자다가 야생동물이 침낭 근처로 기어오르는 소리를 들었다. 그 동물의 정체는 알 수 없지만 그녀는 도와달라고 비명을 질러야 할지, 아니면 그것이 멀리 가버리기를 기다리고만 있어야 할지 알 수 없었다. 루는 덤불 속에서 무언가가 희미하게 스쳐가는 소리를 들으면서 그것이 자신의 숨소리를 듣고 있다고 생각했다. 어둠 속에서 야성의 눈동자가 번득이는 것을 알아볼 수 있었다. 그런 다음 천천히 그 정체 모를 동물은 어디론가 떠나버렸고 잠시 후 먼동이 트기 시작했다. 그녀는 그때 사냥당하는 것의 공포가 무엇인지 알게 되었다. 지금 이 순간에도 루의 아름다운 발명품의 분배를 방해하기 위해 사악한 계획을 세우고 있는 사냥꾼들이 있다는 말인가? 그들이 무시무시한 개인적인 위협까지 가할 것이라는 말인가? 루가 그 생각을 떨쳐버리며 말했다.

"아빠, 아빠 때문에 무서워졌어요. 난 정말로 그런 생각까지는 못했는데."

"나도 무섭긴 마찬가지란다. 우리는 아주 많이 조심해야 해, 루. 이건 재미있는 오락 게임이 아니야."

"그렇다면 제가 뭘 해야 한다고 생각하세요? 아빠로서 조언을 좀 주세요! 뭔가 해결책을 생각해내신 것 같은데요."

"좋아. 내 생각엔 이 아이디어가 법적인 보호를 받을 수 있게 하는 것이 중요한 것 같다. 특허 절차를 밟아서 돈을 긁어모을 수도 있어. 일단 특허를 받게 되면 그 회사는 오로지 너에게 돈을 주고 그 기술을 포기하게 만들 수 있는가에만 매달릴 거야. 꽤 높은 가격을 부른다 하더라도 그만큼의 가치가 있다면 충분히 받아들일 수 있지. 그리고 당연히……."

로저의 목소리가 점점 작아졌고 얼굴에 이상야릇한, 슬퍼 보이기까지 하는 표정을 지었다.

"왜 그래요, 아빠?"

"그게 있잖아, 루. 그들이 나 같은 사람과 협상한다면 내가 제안하는 가격에 맞춰주겠지. 하지만 다행히 너는 내가 아니잖아."

"아빠! 아빠는 제가 지금까지 이 기술을 공개해서 누구든 원하는 사람들이 사용하도록 계획을 세워온 거 잘 알잖아요! 어떤 기업에 그 기술을 팔아서 그 기술이 영원히 사라지는 꼴을 본다면 정말 죽고 싶을 거예요!"

"그래, 나도 그걸 알아. 그리고 그 점에 있어서 널 정말 존경해. 네 말이 백번 옳다. 난 그냥 걱정이 되어서 그래. 그게 다야."

"글쎄요, 그게 그렇게 무서운 일이라면 도대체 무슨 일이 일어날 수 있는 거죠? 제 아이디어가 세상에 유포되는 걸 원하지 않는 회사들이 있다고 가정해봐요. 그들이 그 기술을 매수할 수 없을 거라는 걸 안다고 쳐요. 그러면 진짜로 무슨 짓을 저지를까요? 날 죽이기라도 할까요?"

루가 경악하자 로저는 의심스럽게 여기저기를 둘러보다가 목소리를 낮추어 말했다.

"루, 그게 내가 걱정하는 거야. 넌 이런 사람들이 단순한 사업가고 싸게 사서 비싸게 파는 식으로 돈을 끌어 모으는 일에만 바쁜 족속이라고만 생각하지. 하지만 루, 사실 그들은 범죄자야. 네가 그런 회사의 머리 꼭대기에 올라가려면 킬러의 본능을 가져야만 해. 네가 그들을 이긴다 하더라도 계속 그 자리를 유지하기 위해 분투해야만 해."

로저가 땅이 꺼질 듯 한숨을 쉬었다. 그러고는 슬픔에 잠겨 말했다.

"사랑스러운 내 딸아, 우리는 위험한 사회에 살고 있어. 네가 강력한 회사를 위협한다면 그들은 그만큼 너에게 복수할 거야. 이제 알겠니? 너의 발명품은 네가 거대한 게임에 뛰어들었다는 걸 뜻해!"

루는 얼마 동안 그 말을 곰곰이 되새기는 듯했다. 그러더니 벌떡 일어나 방을 천천히 걷기 시작했다. 그녀가 결심한 듯이 말했다.

"좋아요. 만약 이게 거대한 경기라면 어떤 실수도 저질러서는 안 돼요, 그렇죠? 문제는 우리가 특허 절차를 밟을 경우 그것의 실질적인 물리 현상을 알아낼 필요가 있겠지만 결국 대중에게 알리는 것과는 아주 거리가 멀어지겠죠, 그렇죠!"

그녀의 목소리가 가늘게 떨렸다.

"제가 믿을 만한 재현 실험을 해낼 수 있을 때까지는 대중 공개 절차를 밟을 수도 없어요."

"글쎄다. 결정하는 일은 좀 미루고 그 다음 시간이 얼마나 걸리게 될지 한

번 지켜보자꾸나. 더 많은 태양전지를 만들 수 있다면, 그리고 다른 사람에게 그걸 만드는 방법을 가르칠 수 있다면 그때에는 두 가지를 다 성취할 수 있겠지. 그렇게 되면 그 아이디어를 도둑맞을 리도 없고 그것을 지하실에 치워둘 리도 없겠지. 현실적인 사람들은 그것을 어떻게 다룰지 알 테고 대중 공개의 절차를 위한 기초를 형성할 수도 있겠지."

로저는 다시 염려스러운 듯 한숨을 내쉬었다.

"한동안은 그 일에 관해 마음을 놓을 수가 없을 것 같구나. 또 다른 변호사도 추천받았어. 네 삼촌 앤디의 친구인데 꽤 급진적인 인물이라는 것 같아. 그가 새로운 아이디어를 가지고 있을지도 모르지."

22.

작은 무리

베라 올웬은 꽤 오래전부터 인류학의 매력에 이끌렸다. 그 학문은 사람들이 새롭고 생태적으로 합리적인 삶의 방식에 어떻게 적응하게 될지 그녀에게 끝없는 통찰을 안겨주었기 때문이다. 베라는 군론group theory이라 불리는 사회학 이론을 연구한 적이 있었다. 이 분야에 대해 논문을 쓴 대부분의 사람들은 절망적일 정도로 지나치게 이론에만 치중했지만 논문의 행간을 읽으면 가끔씩 흥미롭고 실용적인 아이디어를 가려낼 수 있었다. 예를 들어 베라는 인간들 사이에 자연스럽게 이루어지는 효과적인 무리의 규모가 스무 명 안팎이라는 이론을 신뢰하게 되었다. 그러므로 생존자당의 집행부를 조직할 때 중대한 일을 해야 할 경우 관련된 사람의 수가 스무 명이 넘지 않도록 하려고 애썼다. 베라는 이렇게 말하길 즐겼다.

"그 수를 넘을 경우 대중 집회에 참석하는 거나 마찬가지입니다. 아무도 다른 사람에게 정말로 말하는 게 아니고 군중에게 말하는 거라고 할 수 있어요. 그리고 아무도 귀 기울여 듣지 않게 되지요."

그러나 베라가 그런 원칙을 세운 데는 또 다른 중대한 이유가 있었다. 사람들이 쉽게 편안한 느낌을 가질 수 있는 것도 작은 그룹에서만 가능했기 때문이다. 사람들을 큰 사무실이나 공장에다 억지로 밀어 넣는다면 간혹 아니면 항상 좀 더 편안한 규모의 비공식적인 무리로 나뉘어 모이는 경향이 있었다. 그래서 그 속에서 개별적인 성격과 필요성과 가능성이 다루어질 수 있었다. 이처럼 무의식적으로 이루어지는 무리 짓기 행위가 사회적 에너지의 진정한 근원이었으므로, 생존자당의 조직자들은 그런 무리를 만나고 형성되도록 돕고 그들이 그런 무리를 만드는 것을 반대하지 않았다. 생존자당원들은 다양한 종류의 더 큰 그룹 속에 살아가며 점차 축소되는 핵가족을 대체할 방법을 찾기 위해 많은 실험을 시도했다. 예를 들자면 이웃을 작은 규모의 정치 그룹으로 조직하고 있었고 작은 규모의 종업원지주회사를 만드는 일도 도왔다. 사무실을 조직하는 것뿐만 아니라 이러한 모든 활동을 통해 베라는 자신의 동료들이 '작은 무리'라는 아이디어에 익숙해지도록 만들었고 그 그룹끼리 서로 협력하고 연대할 방법을 찾았다.

베라는 마음 편한 소규모 의식들도 좋아했다. 그녀에게는 음식을 나눠 먹는 일이야말로 단단한 '부족적' 무리 짓기의 핵심적인 특징처럼 보였다. 그리고 생존자당의 모임이 종종 각자 음식을 만들어 와 함께 저녁식사를 나누는 것도 그녀의 영향이었다. 그 모임은 함께 먹고 교제하고 점잖게 유흥을 나누며 긴장을 푼 다음, 본격적으로 그들이 지금까지 해온 일을 평가하고 앞으로 해야 할 일이 어떤 것인지에 대해서도 의견을 나누었다.

23. 정책기획위원회, 경제 성장 촉진을 위해 규제 철폐 필요성 주장

1월 21일 워싱턴[WPI]. 1980년대 초기에 시행된 수많은 환경 규제의 완화에도 불구하고 공기, 물, 식품 오염에 잔존하는 규제가 여전히 경제 발전에 불합리한 부담을 주고 미국의 국제적인 경제 지위를 훼손하고 있다.

이는 오늘 '새로운 발전안'을 두고 정책기획위원회가 발표한 새로운 보고서의 주요한 결론이다. 블루리본 그룹은 거의 1년간 산업 발전과 오염 사이의 상관관계를 연구해왔다. 이 단체의 멤버들은 주로 산업 지도자와 경제학자, 다수의 연구 전문 과학자로 이루어져 있다. 먼튼위원회로도 불리는 이 그룹은 미국철강의 대표이사인 앨런 먼튼이 이끌고 있다.

이 위원회의 연구 결과는 국가적인 생산성 감퇴를 해소하고 국제무역 균형 회복을 달성하는 것은 오로지 새로운 희생을 통해서만 가능하다고 주장하고 있다. 대기 중 유황 성분 방출, 강과 하천의 오염물질 투척, 독성 화학물 폐기, 자동차 배기가스 기준에 관한 현존 규제를 조직적으로 완화하는 것만이 연 경제 성장률을 2퍼센트 가까이 끌어올릴 수 있는 방법이라고 먼튼위원회의 경제전문가들은 예상하고 있다. 이것은 어쩌면 미국이 일본과 독일과의 산업 경쟁에서 우위를 되찾을 수 있는 방법일지도 모른다.

이 보고는 이러한 완화 조치로 인해 발생할 공중위생 희생자들을 불가피한 국가적 대가로 받아들여야 한다고 역설하고 있다. 그것은 '허용할 만한 죽음'이라는 새로운 개념으로 규제 완화 조치를 평가할 때 사용될 것이다. 그 보고서의 결론은 다음과 같다.

"사람들은 어떤 사고로든지 죽는다. 미국인들은 틀림없이 미래에 더 깨끗한 환경을 누릴 만한 가치가 있으므로 지금 그들은 건강한 경제부터 달성해야만 한다. 그리고 전자는 후자 없이는 성취될 수 없으므로 합리적인 선결 과제들이 보장되어 산업의 건강이 먼저 달성되어야 한다."

그 논문의 부록에는 정교하게 작성된 목록이 포함되어 있는데, 거기에는 새로운 정책하에서 발생할 수 있는 암이나 건강 문제로 발생할 사상자의 증가에 대한 견적이 담겨 있었다. 그 보고서의 결론이 강조하는 것은 어차피 암은 진행되는 데 수년이 걸리므로 이러한 부가적인 죽음이 실제로 몇 십 년 안에는 발생하지 않으리라는 점이었다. 위원회의 한 간부는 이 사실을 두고 볼 때 이러한 죽음은 정치적인 관점에서 수용되어야 한다고 했다. 그는 또한 다음과 같이 선언했다.

"우리는 몇 가지 불가능한 아이디어를 생각해내려 애써왔다. 즉, 우리나라가 일류 국가로서의 지위를 되찾으려 한다면 반드시 제고되어야 할 아이디어들 말이다. 그것이 대통령이 우리에게 요구한 일이기도 했다."

그 위원회의 주요한 논점 중 하나는 산업에 대한 규제를 통해 환경을 개선하려는 시도가 미국의 회사를 단순히 제3세계 국가들, 즉 저임금이 만연하고 정부가 환경오염 따위에는 전혀 신경 쓰지 않는 나라들로 옮겨가도록 만들 뿐이라는 것이다. 먼튼은 오늘 열린 기자회견에서 다음과 같이 말했다.

"다른 나라로 옮길 경우 더 많은 이윤을 창출할 수 있는 걸 알면서도 여전히 더 낮은 재정적 보상을 수용하며 국내에 남아 있을 기업은 하나도 없다. 이런 상황에서 국내에 남는다는 것은 기초적인 사업 원칙에 위배되는 것이고 자본 투자에 대한 막심한 손해를 자초하는 행위이다. 국가는 자유로운 생산과 뜻은 좋지만 비현실적이기 짝이 없는 관료들의 엉터리 방해공작 사이에서 양자택일해야만 한다."

먼튼의 보고서에는 록펠러 대학의 생물학 교수인 시몬 사로프가 제기한 소수파의 진술도 담겨 있다. 사로프는 늘어나는 의료비와 질병으로 인한 생산력과 농작물 감소와 가족과 사회 조직의 간접적인 손해와 같은 장기적인 비용을 고려하지 않는 것에 대해 보고서 내용을 비난하고 있다. 그는 "그 보고서는 사실상 궁극적으로 생물학적, 사회적 재앙을 초래할 처방전이다"라고 주장했다. 사로프는 또한 그 보고서가 북동부 지역의 혼잡하고 심하게 오염이 진행된 산업 지대에 최악의 영향을 미칠 것이라고 썼다.

"선벨트(미국 남동부의 노스캐롤라이나 주와 버지니아 주에서 멕시코 만의 여러 주와 중부의 오클라호마 주, 뉴멕시코 주를 거쳐 서부 태평양 연안의 네바다 주, 애리조나 주, 캘리포니아 주 등에 이르는 광대한 지역이 이에 속한다. '태양이 비치는 지대Sun Belt'라는 뜻으로 일반적으로 미국 남부를 가리킨다—옮긴이)와 서부의 새롭게 개발된 부유한 지역이라면 어느 정도 남아 있는 보호 규제를 지속할 여력이 있고, 이미 캘리포니아 주처럼 연방정부의 노력이 사라진 후에도 노동자를 보호하기 위해 스스로 규제를 도입한 주를 알고 있다. 그러나 동부에서는 누가 노동자들을 그렇게 보호한단 말인가? 그들은 이윤 추구에 대한 기업의 탐욕을 위해 생산적인 희생물로 바쳐지지 않겠는가?"

먼튼 보고서를 발행하면서 메이너드 대통령은 그것을 '고통스럽고 방대한 주제에 대한 연구 조사'라고 불렀다. "이는 행정부가 새로운 정책 입안을 준비할 때 유용하게 사용될 것이며 국회의원들이 조심스럽게 연구하기를 기대한다"라고 그는 덧붙였다. 그러나 오염규제를 회피하려는 업계의 시도를 지속적으로 비난했던 오리건 주의 공화당원 버뱅크 포브스 상원의원은 이번에도 그 보고서를 비난하는 성명을 발표했다.

"이 행정부가 전혀 거리낌 없이 기업에는 더 안전하고 국민들에게는 더 위험한 정책을 추구하고 있다는 사실이 점점 분명해지고 있다. 우선 그나마 남아 있던 연방정부의 형식적인 의료 복지 프로그램조차 사라졌다. 그 다음에는 석유에 대한 불로소득세가 폐기되었다. 원래 그 세금은 더 청정하고 건강에 좋은 에너지자원을 개발하는 데 투자될 예정이었다. 그 다음으로 에너지 생산 설비에 관한 오염과 그에 따른 대기오염과 산성비의 급격한 증가에 대한 규제가 철폐되었다. 그것도 모자라 이제는 기업을 구원하기 위해 고통을 참아야 할 뿐만 아니라 그들을 위해 죽을 준비까지 해야 한다는 것인가!"

먼튼 보고서에 대한 정계의 초기 반응은 대체로 매우 조심스러웠다. 이에 관해 질문을 받은 상원의원과 국회의원은 그 보고서가 제안하는 세부안을 좀 더 연구할 시간이 필요하다고만 대답했다.

24.

제이미와 메리 맥브라이드 부부

제이미와 메리 맥브라이드 부부는 오리건의 머틀그로브 근처 숲속에 살고 있었다. 그들은 샌프란시스코에서 4년간 열심히 일하고 검소하게 생활하여 저축한 돈으로 그곳으로 이사했다. 근육질에 기골이 장대한 제이미는 전기 용접공으로 일했고 언제나 초과근무 수당을 많이 주는 일을 구했다. 작고 마른 편인 메리는 사무원이나 식당 종업원으로 일했다. 그들이 사들인 20에이커 땅의 절반가량에는 목재용 나무가 자라고 있었고 그 땅은 정확히 국유림의 경계에 맞닿아 있었다. 어쨌든 그쪽 방향으로는 개인적인 생활을 보장받을 수 있었으므로 그들은 무척 만족했다. 그들은 첫 6개월 동안 친구들과 함께 베어 다듬은 목재를 끌어 와 둘만의 집을 지었고 그들이 원하는 자리에 창문과 문을 달았다. 제이미는 도시에 살 때부터 매일 저녁 필요한 직업 과정을 이수해서 지금은 반나절씩 트럭을 수리하는 일을 했다. 메리는 협동조합이 운영하는 식료품 가게에서 일했고, 가끔씩 대리교사로 하루씩 아이들을 가르치는 일을 했다. 또 1에이커가 넘는 드넓은 정원이 있어서 거기에서 수확한 채소 중 남은 것은 깡통에 보관하거나 냉동시켰다. 국유림에서 흘러나온 작고 맑은 개천이 그들의 땅을 지나갔으므로 물이 풍부했다. 점차 작은 집은 자리를 잡고 편안한 경관을 이루었다. 그들은 더 이상 하루에 열두 시간씩 일하지 않아도 되었고 첫아이를 가져볼 계획을 세우게 되었다.

제이미의 가족은 총기를 소유한 적이 없었지만 제이미는 시골에 사는 사람들은 거의 모두가 사슴 사냥용 라이플총을 가지고 있다는 것을 알게 되었다. 그래서 그도 하나 마련했다. 제이미는 군대에 가본 적이 없었으므로 그 총기를 어떻게 사용하는지 몰랐다. 그러나 그에게는 사격을 가르쳐줄 수 있는 친구가 하나 있었다. 그는 친구가 명사수라는 것을 알고 깜짝 놀랐다. 그러나 총알이 발사될 때의 맹렬한 소음은 너무나 귀에 거슬렸고 그가 연습하느라 쏜 총알에 맞은 과녁이 너무 끔찍하게 손상돼서, 그는 사격에 강한 반감을 갖게 되었다. 그의 친구들 몇몇은 자기들이 직접 쏘아 죽인 동물의 고기는 공정한 투쟁을 통해 얻은 것이므로 먹어도 괜찮다는 믿음을 가지고 있었다. 오래된 작은 동네에서 가족들과 함께 자란 사람들은 '자기 땅의 사슴을 먹는 일'을 연례행사의 일부처럼 느꼈다. 그러나 제이미는 그들의 사냥 파티에 참가하는 것이 결코 편안하게 느껴지지 않았다. 그는 한동안 라이플 총을 없애자고 말했다. 특히 오래된 이웃에게는 큰 재미를 가져다주는 총을 말이다. 그들에게 집에서 소유하는 총은 고대 인디언의 손도끼만큼이나 필수품이었다. 마침내 제이미는 그 총을 사용하지 않기로 결심하고, 전통적인 시골집처럼 현관문 위에 한 쌍의 대못을 박아 총을 걸어놓았고 탄약은 바로 옆에 있는 벽장 속에 넣어두었다. 메리는 총이 그 자리에 있는 것을 탐탁지 않게 생각했지만 폭주족이나 침입자가 나타날 경우가 걱정되긴 했다. 제이미는 그녀에게 사격술을 가르쳐주겠다고 제안했다. 그러나 총을 손에 쥐었을 때 메리는 금속성의 위험한 느낌이 싫었다. "난 차라리 운을 믿을래." 그녀가 총을 내려놓으며 말했다.

25.

베라 올웬은 타고난 달변가였다. 그녀는 소비자 단체, 사업가 단체, 정치가 단체와 학생 단체 앞에서 최대한 분명하고 간단한 용어로 생존자당의 정치적 목표를 설명했다.

"사람들은 저에게 묻지요. '왜 생존자당원들은 에너지에 관해 그렇게 소란을 떨어대지요? 그것보다 훨씬 중요한 것도 많지 않나요? 우리 모두 다 에너지 절약에 찬성하고 있어요'라고. 그러고는 이렇게 말해요. '그러면 됐지 또 뭐가 필요하죠?'

저는 요즘 국민들 대부분이 에너지 절약에 찬성한다는 사실이 정말 기뻐요. 몇 년 전만 해도 우리에게 에너지 문제가 있다는 사실조차 부정하는 사람들이 많았으니까요. 그때에 비하면 의식이 많이 발전했죠. 하지만 아직도 어디로 가야 할지 가닥을 잡지 못했어요. 우리가 앞으로 다가올 몇 십 년 동안 삶을 뒷받침해줄 만큼 안정적이고 인플레이션을 유발하지 않으며 믿을 만한 에너지 시스템을 보장받으려면 어떻게 해야 하는지는 알지 못한다는 말이죠. 바로 그것이 생존자당이 이루려는 일이기도 하고요. 우리는 우리가 만들어낼 수 있는 에너지로 생활하는 법을 알고 싶어 해요. 에너지 자급자족을 통해서만 변덕스럽고 비싼 외국 에너지에 의존하는 일에서 벗어날 수 있어요. 그리고 에너지가 초래할 전쟁의 공포도 막을 수 있지요. 에너지 자급자족은 우리에게 평화를 가져다줄 거예요. 그리고 소름 끼치는 군대로부터 해방될 수 있지요.

오랫동안 사람들은 석탄이나 가스, 석유 같은 화석연료들이 써도 써도 바닥나지 않는 무한한 에너지자원이라고 믿고 살았지요. 제2차 세계대전이 지속되는 동안 사실상 석유값이 너무나 쌌던 나머지 엔지니어와 소비자는 실질적으로 그 값이 얼마인지, 우리가 그것을 얼마나 많이 사용하고 있는지는 무시했어요. 지금 이러한 에너지자원들의 값이 매일 치솟아 오르는 상대적인 에너지 부족의 시기에 접어들었어요. 아직도 지하에는 지구의 역사 중 5억 년 동안 축적된 화석연료들이 상당량 묻혀 있지만 가장 쉽게 도달할 수 있는 부분에 매립되어 있던 에너지는 거의 다 써버렸지요. 그래서 더 깊은 곳에 묻혀 있는 에너지자원을 캐내기 위해 비용이 그렇게 치솟고 있는 거예요. 석유인 경우에는 특히 더 비싸지요. 자가용 승용차를 타고 여기저기 달리고 싶은 욕망 때문에 매일 어마어마한 양을 소모하고 있는 자원이니까요.

기존의 정당이 가진 전통적인 시각은 화석연료 자원을 개발하는 데 총력을 기울여야 한다는 것이죠. 그것을 위해 얼마나 많은 돈을 쓰게 될지, 그것이 유발하게 될 환경오염과 부족한 식수원의 고갈이나 산업 시스템의 기형적 왜곡 현상 같은 건 상관하지도 않고 말이죠. 석탄 추출물로 어떤 합성 연료를 만들어내든, 석탄을 새로운 방법으로 이용하든, 아니면 석유나 가스에서 새로운 에너지를 발견하든지 간에 이러한 형태의 에너지는 시간이 갈수록 상대적으로 점점 더 가격이 비싸질 게 틀림없어요. (제가 곧 설명하겠지만 재생 가능 에너지는 이런 문제가 없어요.) 화석연료에만 계속 의존한다면 개인적으로든 국가적으로든 수입 중 상대적으로 더 많은 돈을 어쩔 수 없이 에너지 사용료로 소비하게 될 거예요. 음식이나 주택이나 건강이나 교육, 필수품에 지출할 돈은 점점 더 줄어들겠지요. 잠시 동안은 이런 방식으로 에너지가 풍부한 상태를 유지할 수 있을지 모르지만 다른 방면에서는 점점 더 가난해질 거예요. 그리고 그 손실을 모두 계산해보는 날, 그러니까 마침내 우리가 태양에너지로 살아가는 방식으로 전환하게 될 때가 바로 그런 날이겠지만, 그런 날은 늦춰지고 있을 뿐이죠. 그리고 그런 시점에 도달할 즈음이면 이미 너무나 많은 것을 잃은 다음이겠지요.

생존자당은 이를 교체할 만한 비전을 개발해왔어요. 우리는 경제적인 쇠퇴와 절망으로 가는 힘든 길을 원하지 않아요. 에너지정책에서 기초적이고 영구적인 변화를 창출할 시간은 지금이지, 환경에 떠밀려 어쩔 수 없이 선택해야 할 미래의 어느 시점이 아니라고 믿습니다. 우리는 핵분열이라든가 핵융합 같은 기술에 대한 거짓 희망을 더 이상 유지할 수 없어요. 게다가 그들이 요구하는 어마어마한 비용과 흡혈귀 같은 국고 낭비와 우리의 건강을 위협하는 데다 터졌다 하면 엄청난 손실을 입히는 '사고', 그들의 불안정성과 총비용에 비해 너무나 낮은 에너지 산출량은 정말 지긋지긋해요. 우리는 영구적인 소프트패스soft path 에너지자원이 무엇인지를 알고 그 에너지로 사는 방법을 배워야 해요. 소프트패스 에너지란 태양력, 풍력 같은 자연에너지를 활용하는 것을 말해요.

지상에서 재생 가능한 모든 에너지는 태양에서 비롯됩니다. 태양은 직접적으로는 빛과 열의 형태로, 간접적으로는 광합성을 통해 장작이 될 나무와 몸의 연료가 되는 음식을 제공하거나 풍차를 돌릴 바람을 제공하지요. 태양에너지는 양이 불변하고 아무리 이용해도 닳아 없어지는 법이 없지요. 그래서 인류가 더 넓은 지역으로 뻗어가도록 도움을 줍니다. 인류가 소중한 농토를 빠른 시일 내에 사막으로 만들고 있더라도 불변하는 태양에너지를 이용할 수 있고, 최대한 변하지 않는 양의 농산물을 생산할 수 있어요. 지구를 위해 이론적으로 최대한 가능한 농업 산출량이 얼마인지 계산해보지 못했지만 현재 우리의 농업 산출량이 실질적인 한계량에서 그리 멀지 않은 것은 확실합니다. 이미 자동차 연료를 대체하기 위해 곡물을 에탄올로 전환시키는 산업이 인류를 위한 식량 생산량을 감소시키고 있다는 것을 알고 있으니까요. 세계는 10년 후가 아니라 바로 오늘, 사람을 먹일 것인가 자동차를 먹일 것인가 양자택일할 것을 강요당하고 있어요.

불변하는 태양에너지는 현재 전체 인구의 절반 이상이 공통적으로 유지하고 있는 최저생활 수준으로 계산하더라도 지금보다 조금 더 많은 사람을 먹일 수 있다는 것을 의미합니다. 어쩌면 지금까지 편안한 장기 여행을 하기에 너무 많은 사람을 '우주선 지구'(인류를 태운 자원이 유한한 지구. 지구를 우주선에 비유한 말―옮긴이)에 태운 건지도 모릅니다. 자발적으로 인구수를 줄이지 않는다면 기근이 우리 대신 인구수를 줄일 겁니다. 이런 현상은 전 세계의 많은 지역에서 이미 벌어지고 있어요.

일정한 태양에너지의 투입은 에너지 소비량을 측정하기 위한 경제적 잣대를 제공해요. 근시안적인 경제학자들은 화석연료 이용이 태양에너지를 이용하는 것보다 저렴했던 때에는 화석연료부터 써야 한다고 말했지요. 하지만 열정적이고 확고한 방식으로 태양에너지를 개발하기를 주저한 결과 석유가격이 훨씬 더 높이 상승할 여지를 허락하고 만 거죠. 경쟁적인 에너지의 가격이야말로 석유가격에 제동을 걸 수 있는 유일한 수단이라고 할 수 있어요. 그러므로 영구적인 태양에너지 기술을 더 빨리 개발할수록 더 이상의 유가 상승을 막을 수 있는 대비책에 도달할 수 있죠. 해외의 자원 공급이 중단되고 인류가 절박하게 태양에너지를 필요로 하기 전에 서둘러 태양에너지를 개발해야 합니다.

사람들이 얼마나 많은 햇빛을 받고 사는지 알고 있어요. 대략 지속 가능한 선에서 지구의 증기에서 얻을 수 있는 지열에너지가 얼마나 되는지도 알아요. 괴로운 에너지 문제에 더 이상 시달리고 싶지 않다면 햇빛을 이용하여 건물을 데우고 전기를 만들어내고 곡식을 기를 균형 잡힌 방안을 개발해야 합니다. 이러한 일을 해낸다면 화석연료를 플라스틱 제조와 같은 산업적인 목적에만 사용하게 될 테고 자연스럽게 유가 상승도 멈출 겁니다. 따라서 안정적인 에너지 가격 체제를 달성할 수 있고, 그렇게 되면 더 이상 비싼 석유를 수입하느라 가랑이가 찢어질 일도 없을 겁니다. 나라를 송두리째 OPEC에 내주는 것 말고는 갚을 길이 없는 빚을 지는 일은 그만두어야 합니다.

생존자당의 비전은 결국 우리가 이 일을 할 수 있다는 것이고 만약 그럴 의지만 있다면 훨씬 더 쉽게 할 수 있다는 것입니다. 예를 들어 바람은 지구의 다양한 지역에 내리쬐는 태양열의 차이 때문에 만들어지는데 이 바람을 이용할 수 있는 기술이 분명 존재한다는 거죠. 그렇게 되면 풍력 발전 시설은 결코 연료가 떨어지지 않을 테고 아무도 바람의 가격을 높일 수 없죠. 그것을 유지하고 보수하는 일만 잘한다면 풍력 발전 시설은 영원히 전력을 생산하겠지요. 바다 깊숙한 곳의 차가운 해수와 바닷물 표면의 따뜻한 해수 사이의 온도차로 에너지를 추출하는 기술도 있어요. 이런 경우 바닷물이 모자라는 일은 없겠죠. 이처럼 태양에서 전력을 추출하는 과정은 지구 전체의 열균형에 아무런 악영향도 끼치지 않아요. 화석연료를 거대한 규모로 소비하는 일이나 핵을 응용한 기술처럼 지구의 대기를 파괴적으로 가열시키는 결과도 초래하지 않지요. 우리가 무한히 사용할 수 있는 에너지 기술이고 깨끗한 양심으로 우리 아이들의 아이들에게까지 물려줄 수 있는 기술입니다.

집의 지붕에 깔아놓는 것만으로 가정용 전력을 생산하는 장치인 광전지 분야가 새롭게 개발될 경우, 얼마 지나지 않아 발전소를 통해 전력을 얻는 회사의 전력에 대한 전국적인 수요가 획기적으로 줄어드는 일도 가능해 보입니다. 그러므로 15년이나 20년 이내에 전적으로 재생 가능 에너지에서 현재 이용하고 있는 전력을 대부분 생산할 수 있겠지요. 현명한 절약 수단을 도입할 수만 있다면 현재 이용하는 전력이라는 게 정말로 필요로 하는 것보다 훨씬 더 많다는 걸 알 수 있겠지만요. 게다가 재생 가능 에너지들은 안전하고 안정적이고 화석연료 자원보다 저렴해요.

이것이 생존자당의 주요 비전입니다. 그리고 이러한 전력 자원이 교통수단에 사용되는 액체 연료들도 일부 대체할 수 있다고 봅니다. 전기 자동차가 이미 많은 지역에서 사용되고 있으니까요. 생존자당이 계획하는 경제적이고 에너지 효율적인 미래 도시에서 자동차의 추진력은 일부는 전력으로, 일부는 에탄올로 이루어질 것입니다.

생존자당의 비전은 낭비에도 반대합니다. 환경에 미치는 폐단을 최소화하기 위해 물건의 재순환과 재활용을 지지합니다. 또한 경제적인 낭비에도 반대합니다. 미국의 대규모 군사력 정비 프로그램이 위험한 이유는 시민들을 갈수록 위험에 빠뜨리는 무기 경쟁을 자극하기 때문만은 아닙니다. 유용한 자본과 최고의 두뇌를 가진 인재와 가장 효율적이고 생산력 높은 자원을 쓸모없는 것을 제조하는 데 쏟아 붓도록 만들기 때문입니다. 모조리 우주로 쏘아버리거나 폭파시켜버리거나 쓸모없는 것으로 폐기처분시킬 것이 뻔한 것들에 말입니다. 우리의 군사 무기 제조업체들은 번성해왔지요. 그만큼 문화 산업들은 쇠퇴해왔고요. 독일이나 일본 같은 나라는 우리와는 비교할 수도 없을 만큼 낮은 비율의 예산을 무기 제조에 투자하고 남은 자원을 훨씬 더 효과적인 것에 활용하고 있어요. 생존자당원들은 미국의 자원을 미국인들이 정말로 원하는 유용하고 생산적이고 안전한 것에 투자할 계획을 세우고 있습니다. 더 나은 주거 환경이나 에너지 효율이 뛰어난 새 교통체제를 만든다든가 쉽게 접근할 수 있는 위치마다 적당한 규모의 의료 시설을 짓는

다든가 환경오염의 짐을 지우지 않는 물품을 생산하고 노동자들이 깨어 있는 시간의 절반을 보내는 작업장의 환경을 바람직하게 설계하는 현대화된 공장을 짓는다든가 하는 일에 말입니다. 고성능 탄도 미사일은 넘쳐나게 만들 수 있으면서도 남부럽잖은 도시 교통체제를 운용하는 것은 불가능하다고 말하는 사회를 용납할 수 없습니다.

군사 시설에 돈을 들여 창출하는 일자리는 10억 달러(1조 원)당 겨우 4만 5,000개밖에 되지 않습니다. 생존자당원들은 그 돈을 건강에 투자할 것입니다. 그렇게 하면 적어도 8만 5,000개의 일자리가 창출될 뿐만 아니라 국가적 생산성도 증대될 테니까요. 아니면 같은 돈을 대중교통 시설 건설에 투자할 경우 7만여 개의 일자리가 창출되고 에너지 소비도 줄어드는 효과가 있습니다. 장기적인 생존이라는 기본적인 원칙에 비춰 도달한 이러한 결정에 의해 다른 나라와 합리적으로 경쟁할 필요가 있는 설비도 만들 수 있을 겁니다.

우리의 목적은 그 자체로는 경쟁을 포함하지 않습니다. 우리의 목적은 남에게 의존하지 않는 자립, 즉 에너지 공급과 농업적 기반과 교통체제와 인구 수준을 경영하는 과정에서 얻은 지식을 통해 우리의 생존 조건이 인간이 내다볼 수 있는 최대한의 미래까지 안정적인 기초 위에서 지속될 수 있게 하는 것입니다.

최근 몇 년간 미국이 제조업 분야에서 1위 국가로서 지배적인 역할을 되찾아야 한다고 외치는 바보스럽고 황당한 주장을 들었습니다. 그 목표에 도달하기 위해 지나친 희생을 강요당하고 있지요. 이제 이 문제에 관해서도 새로운 시각을 견지해야 할 시점이 왔어요. 포괄적인 관점에서 말입니다. 19세기에 산업과 제국주의로 산업계를 지배한 것이 대영제국이었고, 그들 다음으로 우리가 그 지위를 넘겨받았지요. 지배라는 개념은 천연자원이 무한하다는 그릇된 생각에서 비롯된 19세기적인 관념입니다. 21세기에는 진정한 일류국가란 지구가 가진 지속 가능한 자원의 범위 안에서 안정적인 상태의 기초 자원에 의존하여 사는 방법을 처음으로 알아내는 국가일 것입니다. 국민의 장래가 확실하게 보장된 그런 국가 말입니다. 20세기 말인 지금, 과거가 아닌 미래를 내다볼 필요가 있습니다. 20세기는 언젠가 옛날 방식과 새로운 방식 사이의 전환기로 여겨질 것입니다. 우리 함께 일류국가를 만들기 위해 노력합시다. 지나간 것을 되돌리는 방식이 아니라 새로운 도전에 응전하면서 말입니다. 우리는 팽창주의자들이 만들어낸 위기와 어리석은 짓을 수없이 겪었습니다. 그러니 새로운 목표를 찾아야만 합니다. 검소하게 살고 서로 협동하면서 아름다운 지구가 지닌 자원이 허락하는 범위 내에서 자유를 누리며 사는 것, 그리고 저 사랑스러운 별 태양이 허락하는 에너지의 한도 내에서 사는 것. 이것은 고상한 목표이자 인류가 자랑스럽게 달성할 수 있는 목표입니다. 우리 생존자당이 그 목표를 향해 갈 때 여러분의 동참이 절실히 필요합니다. 우리 함께 그 길을 걸어갑시다."

26.

캘리포니아 버클리 시는 1970년대에 특정 주거 지역 근처로 교통의 흐름을 우회시키는 계획을 실험한 적이 있었다. 그러나 버스 서비스나 공공 교통 시설의 개선이 그 계획을 뒷받침해주지 못해서 이 운 좋은 지역을 둘러싼 주요 도로에 혼잡과 오염만 증가시켰다. 그 결과 그 문제에 대한 시민들의 의견은 극도로 분열되었다. 그러나 교통 차단 시설은 주민 투표 결과 다수표를 얻어 간신히 살아남았다. 이에 화가 난 운전자들은 나무로 된 장벽을 고의로 파괴했고 가끔씩은 차로 박아버리기도 했다.

그러나 해가 갈수록 장벽이 쳐진 지역의 내부가 더 조용하고 어린이에게도 안전하며 신선한 공기가 유지된다는 사실이 알려졌다. 운행 빈도가 잦은 버스 서비스와 저렴한 택시 서비스가 점차 늘어났고, 인근 쇼핑센터의 성장으로 시내를 횡단하는 버스 통행량이 줄어들었다. 시속 15마일 정도까지 느리게 달리게 하는 방지턱이 있는 '저속 차로' 도로망이 들어섰고, 자전거족과 느린 차량을 이용하는 사람(휠체어와 소형 전동차)은 도시 전체를 안전하게 다닐 수 있었다. 그런데도 버클리의 두 군데 인근 지역 거주자들은 거리를 좁고 막다른 길로 바꿔달라고 시의회에 탄원했다. 차가 인도와 차도 사이의 연석에 전면으로 주차하고 걷는 사람의 속도에 맞추어 천천히 달려서 보행자나 어린이들과 길을 나눠 쓸 수 있는 골목길 말이다.

그 계획은 네덜란드의 성공 사례를 모방한 것이었지만 시의회는 거부했다. 의회는 이전에 도시의 장벽을 둘러싸고 벌어졌던 논쟁이 반복될까 우려했던 것이다. 그 후 몇 주간 인근 지역 중 한 군데의 주민들이 시의회의 결정에 노발대발하여 자기들끼리 토론하고 계획을 짜서 스스로 그 계획을 실행할 준비를 했다. 그리고 어느 아름다운 밤, 그들은 하나로 똘똘 뭉쳐 엄청나게 폭발적인 에너지를 발휘하여 밤새도록 일했다. 그래서 거리 한쪽 끝에 석조 벽을 세우고 그 벽을 따라 나무와 덤불을 심었으며 사람이 타지 않은 모든 차를 치워버리고 아스팔트 위에 칠해놓은 하얀 선 안쪽에 차를 세워두었다. 아침이 밝았을 때, 그들은 커피나 차를 들고 현관 앞 층계참에 앉아 기다렸다. 어떤 사람은 출근을 했다. 몇 명의 방문객들이 도착하여 비어 있는 공간에 차를 댔다. 10시경에 마침내 경찰차 한 대가 벽이 세워진 거리의 한쪽 끝을 지나가다 멈춰 섰다가는 다시 차를 몰기를 반복했다. 그 차에 타고 있던 경관은 교통부가 아직 들어보지 못한 실험을 밤새 한 것이라고 짐작했을지도 모른다.

사흘도 지나지 않아 도시 교통국의 트럭을 몰던 직원이 우연히 이곳을 지나가면서 이 불법 행동이 발각되었다. 경찰이 그 지역을 방문했고, 노인부터 아기까지 모두가 그 벽이 원래부터 그곳에 있었고 누가 지었는지 전혀 모른다고 증언했다. 기다란 콧수염을 기르고 치렁치렁하게 머리를 기른 버클리의 경찰은 증언을 재미있어했지만 보고서는 정식으로 작성했다. 법원 명령이 내려지자 교통국은 그 벽을 강제로 철거할 계획을 세웠다. 카운티의 지방 검사들은 전혀 웃을 기분이 아니어서 이 사건을 정식으로 기소할 계획을 세우고 있다는 소문이 들려왔다.

그 시점에서 보호벽을 열렬히 사랑하게 된 그 지역 사람들은 죽기 아니면 살기로 정치적인 투쟁을 벌여야 한다는 사실을 깨달았다. 그들은 기자와 방송국 직원과 도시의 많은 지역에서 온 시민단체와 함께 방문단을 조직해 거리로 보냈다. 모든 시의원들이 그곳에 와서 벽을 볼 수 있도록 애썼다. 온건한 수준으로 쓴 안전한 전략과 보도문을 제공했고, 모든 주민들의 서명이 담긴 탄원서를 보여주었다. 그들은 시의회의 인색한 예산 배분에 대한 대응책으로 '직접적인 도시 자원봉사 건설안'을 옹호하는 주장을 내세웠다. 공들여 만든 이 계획안은 진실하지만 법적으로는 실현될 가능성이 거의 없어 보였다.

그 사건에 대한 언론 보도는 놀라우리만치 호의적이었다. 편집자들은 자기 동네의 복지를 자신들의 힘으로 이루어내겠다는 시민들에게 앞으로 닥칠 수 있는 위험에 대해 걱정을 드러내긴 했지만 말이다. 특히 캄캄한 밤에 위험이 닥칠 수도 있었다. '자경단원을 증대시켜야 하나?'는 두 가지 생각을 동시에 담은 어느 사설의 제목이었다. 결국 시의회는 이런 사건에 몹시 당황스러워하면서 이 특별한 거리 폐쇄를 공식적으로 지지하는 규정을 통과시켰고, 다른 거리에 사는 거주자들도 그들만의 거리 양식을 주장하고 고안하고 건설할 수 있는 절차를 규정했다. 지방 검사 측은 어쩔 수 없이 기소 계획을 취소했다. 이 선언을 축하하기 위해 지역 주민들은—이번에는 엄격히 법적인 양식대로—시청의 합당한 허가를 얻어 일요일 오후에 거리를 폐쇄하고 축하 파티를 열었다. 어린아이들은 새로운 담장의 꼭대기를 따라 놓인 화단에 꽃을 심었다. 더 큰 아이들은 나무를 심을 수 있는 구멍을 팠고,

어른들은 서로 싱글벙글 웃으며 힘껏 포옹하면서 농담 삼아 그 벽을 '월스트리트' 라고 불렀다.

27.

생물학자들, 속임수를 부렸다며 먼튼 위원회 비난

1월 22일 뉴욕^{WPI}. 록펠러 대학의 사이먼 사로프 박사는 최근 발표된 먼튼 보고서를 '사람을 현혹시키는 근시안적이고 자멸적인' 보고서라고 공격했다. 오늘 먼튼의 서류에 포함되었던 소수파 논문에서 밝힌 것보다 훨씬 더 강도 높게 비난한 한 성명에서 사로프는 다음과 같이 밝혔다. 먼튼의 제안을 따를 경우 지난 몇 십 년간 완화 현상을 보였고 몇몇 지역에서는 훨씬 개선되기도 했던 환경이 다시 심각한 파괴 국면에 빠져들 것이라고 말이다.

"우리는 심지어 그 피해가 진짜로 어느 정도까지 심해질지도 알지 못합니다. 생물권 안에 있는 화학 성분들이 암과 불임증과 돌연변이와 태아의 유전적 변형을 초래한다는 사실을 알고 있을 뿐입니다. 일반적으로 나타나는 다양한 심각한 병증도 이것이 원인인 경우가 많습니다. 유황 성분의 방출이 산성비를 만들고 산성비가 자동차 스모그와 결합하여 끼치는 즉각적이거나 간접적인 농업 피해액은 매년 수억 달러에 달합니다. 스모그 역시 자동차 바퀴나 나무, 인간의 몸에 막대한 손상을 입힌다는 것을 알고 있습니다. 문제는 먼튼 일당이 손쉽게 산업적인 이윤율을 계산하는 반면, 환경오염 손해액을 계산하려 애쓰는 사람들은 근사치에 의존해야 한다는 점입니다. 정확히 계산할 경우 실제 손해액은 근사치보다 훨씬 더 높아질 가능성이 큽니다. 그러나 합리적인 테스트 결과를 보더라도 오염통제책은 이윤을 감소시키는 것 이상으로 더 많은 금액에 해당하는 손실액을 줄여준다는 것을 알 수 있습니다. 달리 말해 오염통제책의 비용 대비 이익률은 매우 긍정적이라는 겁니다. 오염통제책은 계속 유지되어야 하고 사실상 강화되어야 합니다."

기자가 사로프의 발언에 관해 어떻게 생각하느냐고 질문하자, 미국철강의 대표 이사인 앨런 먼튼은 "사로프 박사가 위원회 내부에서 파괴적이며 비협조적인 회원이었다"고 대답했다. 그리고 사로프가 말한 어떤 것도 건설적인 가치가 있다고는 생각하지 않는다고 말했다. "우리의 보고서는 매우 분명하게 실질적인 대안을 제시하고 있습니다. 비싸고 성가신 오염 통제책을 제거해야 하고 미국 산업이 이전처럼 막힘 없이 전진할 수 있도록 해야 합니다. 한마디로 계속 물건을 생산해야 한다는 것이죠. 당연히 그것은 대가를 요구합니다. 하지만 달걀을 깨뜨리지 않고서는 오믈렛을 만들 수 없는 법이지요."

28.

로저가 두 번째 변호사인 데이나를 만나고 돌아왔을 때 훨씬 더 많은 걱정을 지고 있는 것 같았다. 그는 보안 대책을 세우는 방안에 대해 의논하자며 당장 가족회의를 소집했다. 루와 함께 캐롤과 마이크, 디미까지 커다란 원형 식탁에 둘러앉았다. 그들은 로저의 표정이 심상찮은 것을 보고 다소 충격을 받았다. 테오도 무언가 심각한 사건이 일어났다는 것을 느꼈는지 식탁으로 기어오더니 디미의 무릎으로 올라와 귀를 기울였다. 로저가 심각한 어조로 입을 열었다.

"그러니까 데이나는 기본적으로 그 전지가 어떻게 작동하는지 네가 정말로 알 때까지는 대중 공개는 그다지 소용이 없을 거라고 말했어. 큰 기업이 그 전지에 관한 일반적인 아이디어를 주워듣게 되면 실험실을 한꺼번에 가동해서라도 연구할 것이고 소금 알갱이들 속에 있는 결정적인 성분을 알아내서는 특허를 낼 거라는 거야. 대중 공개가 그보다 먼저 서류화된다 하더라도 개념이 너무 넓어서 별 구속력이 없을 거라는 게 데이나의 의견이야."

루는 눈살을 찌푸렸다.

"그렇게 되면 회사는 사람들에게 그 기술을 사용하는 데 높은 비용을 요구할 수 있다는 건가요?"

"바로 그거야. 그들이 좌지우지할 수 있는 것이 되지. 너의 연구랑은 아무런 상관이 없는 것처럼 만들 수도 있어. 그러니까 네가 뭔가 대단한 것을 발명했다는 사실을 그들이 듣게 될 때, 아마 그들은 틀림없이 알게 될 거야, 지난번 그 특허 변호사를 통해서나 다른 방식으로 그들이 우리 집 근처를 기웃거리면서 네가 하고 있는 일이 뭔지 알아내려고 노력할 거라는 점은 분명해."

잠시 침묵이 이어졌다. 작은 무리는 외로움과 고립감에 젖어들었다. 마침내 루가 입을 열었다.

"그래서 아무도 이 근처에 오거나 중요한 걸 알아내지 못하도록 보안을 유지해야 한다는 거죠."

"절대 아무것도 알아내지 못하게 해야지. 가능한 한."

로저가 단호하게 말했다.

"그러니까 언제라도 집에 아무도 없는 채 두어서는 안 돼. 그러기 위해서는 이웃을 몇 명씩 데려와야 할지도 몰라."

디미가 말했다.

"난 일주일에 이틀씩 낮에 집을 지킬 수 있어요. 박물관에 가지 않는 날에는 말이죠."

"난 신디에게 말할래요. 신디는 틀림없이 다른 날 아침 조를 맡을 수 있을 거예요. 그리고 에드가 새 보트를 설계하는 중이니까, 그도 작업 도구들을 여기 가져와서 오후에 집을 지켜줄 수 있을 거예요. 어떻게든 두어 주는 해 줄 수 있을 것 같아요."

캐롤이 말했다. 그러자 로가 더욱 목소리를 낮춰 말했다.

"또 한 가지 알아두어야 할 점은 전화가 도청당할 수 있고 집에서 나는 소리는 모두 도청당할 가능성도 충분하다는 점이야."

"하지만 아빠, 어떻게 누군가 집에 들어와서 그런 일을 할 수 있죠?"

마이크가 물었다.

"도청 장치를 달기 위해 집 안으로 침입해야 할 필요가 없어. 그들은 레이저 장치를 대형 창문 바깥에다 부착할 수 있는데, 그렇게 하면 집 안의 공기가 울리는 것을 기록할 수 있어. 네가 말할 때도 저 창문은 진동하거든. 그 진동을 통해 소리를 분석해내지. 수마일 떨어진 곳에 있어도 그렇게 할 수 있어."

루가 기가 차다는 듯 웃었다.

"그러면 어떻게 해야 하는 거죠? 손으로 적은 메모를 전달해야 하나요?"

로저는 더욱 목소리를 낮추어 속삭이듯이 말했다.

"나쁜 생각은 아니지. 너의 작업이랑 관련된 내용이라면 뭐든지 말이다. 일단 규칙을 만들자. 집 안에서는 절대로 과학에 관한 대화는 하지 않는 거다! 해변으로 나가서 말하면 돼. 거기선 다른 사람이 주변에 있는지 확인할 수 있으니까."

"그러면 노트에다 무엇을 적어야 할까요? 그 내용을 암호로 적어야 하나요, 레오나르도 다 빈치처럼? 사실상 그것도 나쁜 아이디어는 아니겠지요!"

"아니다. 그건 절대 피해야 할 일이야. 이런 사람들은 암호 작성 장치가 있어서 우리가 만드는 어떤 암호라도 읽어낼 수가 있으니."

그는 속이 쓰린 듯 인상을 쓰더니 다시 속삭이기 시작했다.

"내 생각엔 그 내용들을 주로 네 머릿속에만 저장해야 할 것 같다. 그러면 내가 매일 그 생각을 듣고 적어서 은행에 있는 귀중품 보관함에 넣어두는 거야. 경우에 따라서는 암호를 쓰는 게 좋긴 할 거야!"

캐롤은 우울한 표정을 지으며 말했다.

"정말 노이로제에 걸릴 것만 같아요. 로저, 정말로 스파이들이 우리 집 근처에 잠복할 거라고 생각해요? 그럴 경우 너무 눈에 띌 거예요. 게다가 볼리나스 사람들은 절대 이방인들을 무시하는 사람들이 아니잖아요!"

로저 역시 우울해 보였지만 약간 얼굴을 붉혔고 목소리는 흥분했다. 공포와 약간의 반항심, 결심과 조금의 간계가 깃든 목소리랄까. 그러더니 그는 매우 천천히 힘을 주어 말했다.

"나는 그들이 아무것도 하지 않기를 바라고 있어. 그렇지만 루가 연구하고 있는 것이 그 스파이들에게 수조 원의 몇 배에 달하는 손해를 입힐 수 있다는 사실을 모두 명심해야 해. 그들이 여기서 무슨 일이 일어나고 있는지 알게 되는 날에는……. 모르긴 해도 그걸 손에 넣기 위해서라면 볼리나스 전체를 파괴시키고도 남을 작자들이라고 생각해!"

루는 진저리를 쳤다.

"제발 아빠, 드라마를 너무 많이 본 것 같아요."

"나도 그랬으면 좋겠다. 하지만 루, 정말 위험한 시기에 접어들었다. 넌 그 전지의 비밀을 알아내는 데 시간이 얼마나 걸릴 거라고 짐작하니? 나도 알아. 이게 바보 같은 질문이라는 걸. 하지만 물어볼 수밖에 없구나."

"나도 정말 몰라요. 지금까지 제가 알고 있는 모든 것이 모호해져버렸어요. 뭔가 명백한 무엇인가가 일어나고 있는 게 틀림없지만 그게 뭔지는 나도 몰라요. 미안해요."

루는 금방이라도 울음을 터뜨릴 듯이 말했다.

"이렇게 많은 문제를 일으킬 줄은 몰랐는데!"

로저와 캐롤이 루에게 다가가 어깨를 감싸 안았다.

"괜찮아. 우리가 함께 있다는 걸 잊었니?"

캐롤이 위로의 말을 건네며 루의 어깨를 톡톡 두드렸다.

"너 혼자서 이 작은 어깨로 그 짐을 다 질 필요는 없단다!"

루의 눈에서 닭똥 같은 눈물이 떨어졌다. 그녀는 식탁에 기대 울기 시작했다.

"정말 고마워요."

그녀는 엉엉 울면서 말했다.

"하지만 그거 알아요? 몇 달이 걸릴지도 모른다는 거? 어쩌면 몇 년이 걸릴지도 모른단 말이에요. 그러고도 그걸 해낼 수 있을지 전혀 모르겠어요."

루의 맞은편에 앉아 있던 마이크가 말했다.

"누나는 반드시 해낼 거야. 우리 모두 누나가 그걸 해낼 거라는 걸 알아. 데이빗도 알고 있고."

"데이빗이라고?"

루가 훌쩍거리며 되물었다.

"당연하지. 언젠가 여기서 나랑 농담 따먹기를 할 때였는데 데이빗이 그러더라고. '너네 누나한테 가장 재미있는 점이 뭔지 알아?' 나는 그가 뭘 말할 건지 대충 짐작이 가서 그냥 웃었거든. 내 말이 무슨 뜻인지 알지? 그런데 그가 정색하고 말하더라고. '아니야, 정말로 그건 아니야. 그건 루가 자기가 얼마나 뛰어난지를 전혀 모른다는 점이야' 하고 말야."

29.

존 포브스

생존자당에 관한 뉴스는 예상치 못한 비공식적인 경로로 사회 전체로 조금씩 퍼져나갔고 다양한 배경을 지닌 수많은 사람들의 관심을 끌었다. 어느 날 존 포브스라는 건축업자가 베라 올웬을 만나러 왔다. 그는 이 당이 자동차 문제에 관한 몇 가지 새로운 아이디어를 제안하고 있다는 소식을 들었다면서 자기의 이야기를 들려주고 싶어 했다. 베라는 그에게 커피를 대접하고 귀를 기울였다.

몇 년 전, 포브스는 샌프란시스코 만 동쪽의 디아블로 산 근처에 있는 땅을 힘들게 사들였다. 평평한 지형을 가진 땅 한 구역에 42채의 집을 지을 계획이었다. 그는 땅값 때문에 원래 계획했던 사치스러운 구상을 부분적으로 콘도미니엄 양식에 맞게 조정해야만 했다. 그 과정에서 그는 카운티 건물과 도시 계획 부서를 다루는 데 상당히 어려움을 겪어야 했다. 그들은 일가족을 위한 저택이 그 지역에서 이윤을 남기고 팔리기를 여전히 바랐기 때문이다. (그들은 심지어 그가 그렇게 할 경우 하수 처리를 위한 용적을 보태고 가로등을 설치할 비용까지 감당할 수 있을 거라고 주장했다.) 그러나 나중에 알게 된 바에 의하면 교외의 집값은 떨어지고 있었다. 교외에 사는 것을 절대적으로 좋아하지 않는 사람들은 도시에 있는 직장 근처에 살 방법을 궁리하기 시작했다. 포브스와 개발업자 친구들은 버스 노선에 뿌리는 작은 광고 책자에 광고를 싣는 등 현실을 타개하기 위해 노력했다. 그러나 교외에 사는 것이 더 불편하고 상대적으로 비용도 더 비싸다는 사실을 부인하는 사람은 아무도 없었다. 교외의 저택에 살면서 시내로 통근할 경우 과도한 가솔린 지출과 고도의 열 손실 때문에 시내의 아파트에 사는 것에 비해 무려 여섯 배가량 높은 비용을 치러야 했다. 사람들이 퇴락한 도시에서 복잡한 대중교통수단에 몸을 맡기거나 도시를 재건하는 대신 한적한 교외로 도망칠 수 있었던 것은 저렴한 석유가격 덕분이었다. 값싼 석유 때문에 농부들도 더 먼 교외 지역으로 농토를 확장하여 농사를 지은 다음, 생산된 농산물을 도시의 시장까지 트럭으로 운반할 수 있었다. 그러나 값싼 석유는 과거지사가 되고 말았다.

　포브스는 남쪽으로 100마일 떨어진 농업 지대인 살리나스 벨리에서 한 무리의 청년들이 그를 찾아와 땅을 사겠다고 할 때까지 무슨 일이 일어나고 있는지 알지 못했다고 했다. 그는 여전히 카운티 측과 주택 42채를 건설하는 일로 옥신각신하고 있었으므로 땅을 팔 생각이 없었다. 청년들의 주장인즉 그들의 사업에서 운송비가 매우 중요한 요소가 되었으므로 식물 재배 농장을 그들이 물건을 공급하는 주민 센터 가까운 곳에 설립하고 싶다는 것이었다. 그러면서 포브스가 샀던 가격보다 10퍼센트 정도 높은 가격으로 그 땅을 사려 했다. 그것은 그가 주택을 건설했을 경우에 최종적으로 얻을 수 있는 기대 이윤과 맞먹었다. 그래서 어느 날 차를 몰고 나가 주택개발계획서를 돌돌 말아 겨드랑이에 낀 채 그 지역을 살펴보았다. 그는 자기가 계획한 콘도미니엄이 그곳에 지어졌을 때 새로운 교외 지역의 낙원 같은 집에서 행복하게 사는 사람들의 모습을 그려볼 수 있었다. 그러나 그런 일은 일어나지 않을 것이다. 모든 상황을 고려했을 때 토마토 농부들이 자기보다 효율적으로 그 땅을 이용할 게 분명했다. 그들은 그곳에 온실을 짓고 포장 창고를 지을 것이다. 토마토를 기르는 것이야말로 그 땅을 '최대한 효과적'으로 운용하는 방법이 될 것이다.

힘없이 트럭으로 터벅터벅 걸어가는 동안 포브스는 불현듯 새로운 기회를 붙잡게 된 것을 깨달았다. 그가 생각하기에 교외로 마구잡이로 뻗어가던 거대한 물결은 쇠퇴기에 들어선 것 같았다. 많은 것들이 교외 지역에 건설되긴 하겠지만 빌딩을 빽빽하게 한 무더기로 짓거나 농업 생산을 위해 토양이 비옥한 지역을 농지로 이용한다거나 대중교통수단을 쉽게 이용할 수 있는 위치에 건물을 지어야 수익이 남을 것이다. 결국 운송 에너지 문제에 대한 유일한 해결책은 모든 것을 잘 정비해서 되도록 운송이 필요하지 않게 만드는 것이었다.

이러한 생각은 포브스의 개발업자 친구와 경쟁자에게는 낯설게만 보였다. 그들은 그 '에너지 위기'라는 것이 곧 지나갈 문제로만 생각되었다. 합성 연료를 개발한다든가 다른 기술적인 해결책을 찾을 수 있을 거라고 믿었던 것이다. 포브스가 쇼핑몰과 활동 센터 주변에 있는 기존의 건물을 재건축하거나 개보수하거나 추가로 공사하는 일에 전념하기 시작했을 때 그들은 그가 사업 의욕을 잃어버린 거라고 생각했다. 그는 자신이 그 일로 벌어들이고 있는 수익이 갈수록 늘어나고 있다는 사실과 그 금액을 친구들에게 알려주지 않았다. 그는 새로운 일이 진행되고 있다는 걸 완벽하게 이해했지만 그 사실을 이해할 수 없는 사람들에게는 아무 말도 하지 않았다.

생존자당이 밀도 높은 에너지 절약형의 소도시를 만들자는 비전을 제시했다는 소식을 들었을 때 그는 생존자당에 대해 더 알아보고 싶어졌다. 어쩌면 자기가 도움이 될 수도 있을 것 같았기 때문이다. 뉴스에 실린 이야기 중 한 문장이 그의 뇌리에 깊이 박혔다. 그는 베라가 했던 말을 인용했다. "기름진 농지를 포장해서 주택 단지로 바꿔놓고는 식료품 가격이 치솟는다고 놀라선 안 되죠. 그리고 여기에 그 해결책이 있어요. 언덕 지역에서보다 평평한 농장 지대에 과중한 개발 세금을 책정하는 거죠."

그래서 존 포브스와 베라 올웬은 오랫동안 대화를 나누었다. 포브스의 생각으로는 광대하게 퍼진 교외 지역에서 버스정류장이라든가 쇼핑센터 같은 곳이 도시의 중심이 될 것이었다. 자동차를 굴리는 비용이 더 비싸지면 콘도미니엄이나 사무실, 그 다음으로 아파트 건물이 근처에 들어서게 될 것이라고 예측했다. 이러한 중심지 사이에 자리 잡은 주거 지역은 이전에는 바람직한 위치로 보였지만 앞으로는 매우 부유한 사람들만 저택을 짓고 살 수 있는 지역이 될 것이고, 그 땅은 대부분 농업용지로 되돌아갈 것이라고 했다. 포브스가 관찰한 새로운 패턴은 베라도 환영할 만한 것이었다. 그의 생각은 베라가 발전시켜온 생각과 잘 맞아떨어졌기 때문이다. 이웃 간의 결속이 강하고 밀도 있고 잘 구획되어 있으며 자급자족적인, 각 도시마다 그 주민에게 주거공간이나 일터나 가게 같은 기초적인 필수 시설을 제공할 수 있게 지은 도시가 산재하는 방식이 베라가 생각하는 도시 형태였다. 이처럼 각 지역마다 1,000명가량의 사람들이 살 수 있는 규모의 주거단지라면 거주자들이 도보나 자전거를 이용해서 일상적인 일을 함께 나눌 수 있을 정도의 작은 동네가 형성될 것이다. 그런 단지의 거리는 자동차를 위한 도로만 제공하는 대신 사람들이 활동할 수 있는 공간성을 되찾을 것이다. 그곳에는 수많은 작은 광장과 공원이 생겨나 사람들이 함께 만나 이야기하고 공동체의 문제를 의논할 수 있을 것이다. 베라가 알기로는 이러한 소도시는 기존의 도시와 비교할 수 없을 정도로 에너지 효율성이 높을 것이다. 좀 더 민주적일 것이고 살기에 훨씬 쾌적할 것이다. 고속 열차나 시내 전차의 노선이 각 도시의 중심지를 지나가도록 연결하면 별자리처럼 밀접한 관계를 형성하여 도시 생활의 전통적인 혜택을 제공할 수 있게 될 것이다. 과거에 작은 도시가 선사했던 예술, 과학, 음악, 문학의 향유 같은 것 말이다. (그녀는 자주 '현재 교외에서 볼 수 있는 유일한 예술이라고는 네온사인뿐' 이라고 말했다.)

자동차가 감소하면 사실상 미국 사회는 전면적으로 재건될 것이다. 포브스가 냉혹한 경제적 필요성으로만 이해했던 것이 베라의 눈에는 소도시가 지닌 잠재가치로 보였다. 그래서 존 포브스는 당장 생존자당에 가입했고 당의 토지 이용과 개발 정책을 도울 것을 약속했다.

포브스는 집으로 돌아가는 길에 또 다른 사실을 발견했다. 제2차 세계대전 직후 편리하게 이용할 시장을 만드느라 싸구려로 건설한 지역을 지나치다가 이미 허름해진 그곳의 집이 조만간 헐릴 것이라는 사실을 예견했다. 그 땅에는 콘도미니엄이 건설되지 않았다. 그 대신 50년 전에 그랬듯이 과일나무와 견과류 나무들이 심어졌다. 한동안 그 땅은 자동차들이 지배했지만 결코 오래가지 못한 것이다.

30.

새로운 설문조사

1970년대 막바지에 접어들 무렵 어느 여론 조사 단체가 샘플로 뽑힌 미국인에게 새로운 설문조사를 실시했다. 질문의 내용은 "종업원지주회사와 종업원경영회사에서 일하고 싶은가?"였다.

이 설문이 행해진 무렵은 다소 보수적인 시기였고 노동 쟁의나 정치 갈등도 빈번하지 않았다. 상식적으로 생각할 때 시민들의 극소수만 긍정적으로 답할 것이 분명해 보였다. 1968년 프랑스에서 혁명적인 사건이 일어나 산업계에서 '자기경영' 이라는 고무적인 모델을 창안한 적이 있었던 유럽에서조차 종업원이 경영한다는 개념은 아직 생소했다. 미국에서는 극소수의 중소기업만이 종업원지주회사였고 대다수는 그것보다 훨씬 더 작은 회사였으며 북서부 지역에서만 볼 수 있었다. 방송 매체는 그 설문조사 결과를 공식적인 국정 협의 사항과는 아무 관련도 없는 것처럼 다루었다.

그러나 3분의 2가량의 미국인들이 설문에서 '그렇다'라고 대답했다. 설문조사단은 너무나 놀라서 데이터를 다시 점검하기까지 했다. 모집단을 설정하는 과정에도 문제가 없었고 인터뷰나 질문의 편향성이나 의견 조사에서 일어날 수 있는 일상적인 위험도 전혀 없었다는 사실을 확인했다. 한마디로 기념비적인 수수께끼라 할 만했다. 아무도 그 현상을 설명할 수 없었고 설명할 엄두조차 내지 못했다.

그런데도 동트기 직전의 어둠과 같은 시간 속에서 이 결과는 소수의 신중한 기업 간부들을 잠 못 들게 했다. 그들은 뭔가 곧 닥쳐올 것만 같은 희미한 징조를 느꼈던 것이다. 기본적인 사회의 변화에 관심이 있었던 소수의 사람들도 그것을 진지하게 받아들였다. 그들은 이 위대한 미지의 발굴되지 않은 사회적인 힘이 미국 사회를 대담하고 새로운 방향으로 몰아가는 자극제가 될 수 있을지 고민했다. 그동안 그 여론 조사에 의해 드러난 감정은 1억이 넘는 미국인의 머릿속에 언제라도 불이 붙을 수 있는 폭탄처럼 자리 잡았다. 그러나 구체적으로 어떤 사건이 도화선에 불을 붙일 수 있을지는 아직 알 수 없었다.

 # 31.

기막히게 좋은 아이디어

베라 올웬과 친구들이 생존자당의 결성을 구상할 무렵, 그들은 그 당을 국가적인 규모의 단체로 만들려 했다. 그러나 당을 조직하는 일에 더 깊이 빠져들수록 다른 지역에 사는 사람들까지 불러들여 대규모 모임을 갖는 것이 결코 쉽지 않다는 사실을 깨닫게 되었다. 전국 어디에나 개인적인 지지자가 있었고 뉴잉글랜드 같은 곳에도 꽤 큰 지지자 무리가 있었다. 그러나 이전 선거를 통해 미국인들 대부분이 보수적이고 반환경적인 입장을 취하게 되었다. 먼튼 보고서가 대량학살에 해당하는 불법 행위로 간주된 곳도 고작 워싱턴 주와 오리건 주, 캘리포니아 주 북부 지역뿐이었고, 그 지역에서는 강한 환경적인 기준이 계속해서 투표자의 지지를 얻었다. 다른 지역에서는 번번이 거부당하던 반핵 관련 의안들이 워싱턴 주와 오리건 주에서는 당당하게 통과되었다. 북서부 지역에서는 일반적으로 국민들의 의견에 근거한 입장을 지닌 하원의원들이 꾸준히 선출되었다. 반면 대부분의 다른 지역에서는 기업의 지지를 받는 후보들이 당선되었다. 생존자당의 아이디어가 다수 국민의 따뜻한 환영을 받았던 곳도 오로지 북서부 지역뿐이었다.

이렇게 지역별로 의견이 나뉘는 경향이 생존자당의 관심을 끌었다. 그러나 생존자당을 조직한 초기 멤버 중 누구도 당이 지역 기반의 당으로 전환하는 것을 반기지 않았다. 매기 글레넌은 그 아이디어에 반대하며 이렇게 주장했다.

"그렇게 할 경우 우리의 아이디어는 고립되고 결국엔 무시당하여 폐기처분될 겁니다. 전적으로 이 세 군데 주, 적어도 두 군데 반을 통제할 수 있었지만 여전히 국회에는 발을 딛지 못했어요."

그러자 헨리 엥겔스도르프가 말했다.

"그건 전부 아니면 아무것도 아니라는 발상입니다. 정치판에서는 할 수 있는 건 뭐든지 다 깨물어보고 씹어봐야 해요. 그 다음 판단에 따라 더 큰 덩어리를 물 수도 있게 되지요. 파이 하나를 통째로 가질 수 있을지 확실치 않다는 이유로 뒤로 물러나 아무것도 시도하지 않는다면 그건 잘못된 일입니다."

"헨리, 우린 파이에 대해 말하는 게 아니라 투표에 관해 이야기하고 있어요. 국회에서 40표라는 건 농담이나 마찬가지예요. 당신은 빵부스러기를 얻으려는 거예요."

베라가 온화한 목소리로 끼어들었다.

"글쎄요, 지방자치제가 현저하게 발전하고 있잖아요. 이제 5년째지요. 교통 패턴이 다양화될수록 정치 의식도 다양화되게 마련이지요. 다른 지역에 사는 사람들은 정말로 그들만의 지역적인 정책을 원할지도 모르고 그러면 우리 아이디어가 거기 맞지 않을까요?"

매기는 화가 난 것 같았다.

"잘 들어요. 그 문제는 어디에나 똑같이 적용돼요. 어디나 생태적·경제적·정치적인 문제가 있으니까. 당신들도 모두 알고 있잖아요! 그리고 우리는 지금까지 유용한 대응책을 내놓았고요. 절대로 서부 지역에만 합당한 방안이 아니에요. 당신들도 서쪽 지역에서만 그 방안을 실행할 수 있는 건 아니잖아요. 서쪽 지역만을 위한 당이 된다면 나머지 지역에 의해 궁지에 빠지고 매장당하게 될걸요."

베라가 말했다.

"그런 일은 절대 일어나지 않을 거라고 확신해요. 경제적·문화적 지방자치제가 성장하고 있는 한 아주 많은 일을 할 수 있을 거예요. 좀 더 구체적으로 생각해봅시다. 첫 번째 단계로 핵이 없는 북서부 지역을 만들기 위해 노력할 수 있어요. 다른 지역은 나중에 우리의 선례를 따라오도록 합시다."

"그건 당연해요. 하지만 저는 단순히 하나의 문젯거리가 아니라 입법상의 능력을 말하고 있어요. 반핵은 그 자체로는 아무런 가치가 없어요. 난 그것을 지지하고 분명 엄청난 가치가 있지만 다른 곳에서는 그것만으로 충분하지 않아요. 우리는 국가적 차원에서 그것을 입법화하는 것을 지향해야 해요. 그렇지 않으면 우리는 죽어요. 그것이야말로 진정한 게임이지요."

매기의 열띤 주장을 헨리가 막아섰다.

"하지만 매기, 그런 게임을 할 기회가 주어지지 않을 거예요. 적어도 현실적인 시간의 틀에서는 말이죠. 우리는 명백히 우리만의 새로운 게임을 개발해야 하는 상황에 직면해 있어요. 그 문제가 어디에나 공통으로 적용된다는 말은 맞아요. 사람들이 바로 이곳에서만 그 문제를 발견한다면 이곳이 우리가 바로 활동을 시작해야 할 곳이죠."

매기의 빨간 머리가 한층 곤두섰다.

"난 이곳 서해안 지역에다 생태주의를 옹호하는 자그마한 집단 거주지나 만들려고 여기 있는 게 아니에요! 그게 우리 당의 목적이라면 차라리 다른 일들을 찾아보는 게 좋을 것 같군요."

매기는 씩씩거리며 나가버렸다. 베라와 헨리는 서로를 보며 어깨를 으쓱 거렸다.

"헨리, 그래서 정말로 우리가 단독으로 그걸 추진해야 한다고 생각해요?"

"그럼요. 매기 역시 그걸 알고 있어요. 그녀는 곧 돌아올 거예요."

"하지만 그녀의 주장에 대해서는 어떻게 생각해요? 우리가 어떻게 배척 당하거나 곤경에 빠지지 않고 그 일을 해낼 수 있을까요?"

베라는 한숨을 쉬었다.

"국가는 얼마든지 국민의 죽음을 초래하고도 남을 만한 정책을 펼 수 있 어요! 대단한 위기가 닥치지 않는다면 그런 일을 두 배나 더 열심히 추진할 걸요. 누군가가 정말로 생소한 정책을 제안한다면 비웃을 게 틀림없어요."

헨리는 지그시 먼 곳을 응시하고 있었다. 잠시 후 그가 말했다.

"어쩌면 우리는 지역적인 활동을 할 수 있겠지만 주의 경계를 뛰어넘는 구조라는 점에서 TVA(테네시강 유역 개발 계획이라는 뜻으로 사용되기도 하였 다. 미국 남부의 종합적 개발을 위하여 설립된 공사로 1933년 뉴딜 정책의 일환으로 연방정부에 의해 창설되었다. 테네시 강 본류와 지류에 26개의 대형 댐을 건설하여 홍수 방지·전력 개발·공업 유치·수운·관개·위락 시설 등에 도움이 되도록 하였다. 일곱 개 주에 걸쳐 벌어진 이 계획은 국토 개발 계획의 원형으로 세계 최초의 대사업 이었기 때문에 다른 여러 나라에 큰 영향을 끼쳤다. 이 사업으로 고질적이던 테네시

강 범람은 그치고 강의 이용도도 향상되어 이 지역이 급격히 발전하였다—옮긴이) 랑 비슷하겠죠. 국회는 자기들의 짐을 덜어줄 환경운동의 일환으로 볼 수 있을지도 모르죠. 실험적인 생태 프로그램, 도시의 지방 분산화 실험, 지역 교통 활성화 같은……."

베라는 눈을 크게 뜨고 헨리를 쳐다보았다.

"세상에, 헨리, 기막히게 좋은 아이디어예요! 교활한 구석이 없지 않지만! 연방정부가 지방분권에 찬성하게 만들다니."

"정부가 우리에게 독점권을 승인한다면 조직화와 정책 실험을 그 지역에만 한정하겠다고(단, 우리의 아이디어를 환영하는 지역이어야 하죠.) 절대적인 조건을 내거는 거죠. 특별한 혜택 같은 것은 전혀 필요 없고. 단지 그 지역 공사에 일정한 비율로 정부 보조금을 나눠주기만 하면 된다고 하는 겁니다. 그 기간은 4년으로 정하고 우리가 십자가를 지는 거죠. 우리는 4년 안에 목숨 걸고 뭔가를 보여줘야 해요."

헨리는 만족한 얼굴로 팔짱을 꼈다. 베라는 예의 느긋한 미소로 그를 바라보았다.

"명칭은 태평양환경공사The Pacific Ecological Authority. 그린피Green-PEA로 하는 게 어때요?"

매기가 돌아와 베라 앞에 종이 한 장을 내려놓았다. 그녀의 사직서였다. 베라는 그 편지에 눈길 한 번 주지 않고 말했다.

"매기, 바보 같은 짓 하지 말아요. 헨리가 방금 아주 기발한 아이디어를 내놓았어요. 어서 앉아서 얘기 좀 들어봐요."

32.

약간의 희생쯤 감수해야

2월의 어느 늦은 저녁, 오토 헌트는 레딩 시의회 모임을 끝내고 집으로 가는 길이었다. 그는 고뇌에 휩싸여 있었다. 그동안 공들여 만든, 600만 달러를 들여 도시 쓰레기 소각로를 건설하려던 기획안이 방금 무용지물이 되었기 때문이다.

오토는 숙련된 훌륭한 엔지니어인 만큼 모든 경우의 수를 다 생각해보았다. 그는 화재 경보기, 열기송관들, 원료 보급 장치, 나머지 재를 처리하기 위한 독창적인 장치까지. 그는 쓰레기의 유입량과 산소 용적률도 계산해두었다. 그는 심지어 새로운 쓰레기차 전용도로까지 구상해두었다. 그런 도로가 있으면 도시의 쓰레기 트럭이 머뭇거리지 않고 쓰레기를 내려놓을 수 있을 것이다.

이 훌륭한 기획안이 백지가 되고 만 것이다. 그것도 그 지역 대학 출신의 변심한 경제학자와 두 명의 잘난 체하는 주부, 그리고 샌프란시스코 외곽에서 운영되는 생존자당이라는 시내에 막 지부당을 설립한 열혈 환경보호론자의 연합, 그렇게 세 무리의 몽상가들이 똘똘 뭉쳐 사악한 합동 작전을 펴는 바람에 말이다. 그중 누구 하나 쓰레기 소각에 대해 알고 있는 사람이 있단 말인가? 한 명도 없었다! 오토 헌트는 쓰레기 소각에 관해서라면 모르는 것이 없는 사람이었다. 쓰레기를 소각할 때 일어나는 물리적 현상이라든가 그 비용을 포함해서 그와 관련된 마지막 1밀리리터까지 알고 있었다. 그들은 속임수를 쓰고 게임의 법칙을 바꿔 그를 패배시켰다. 게다가 시의회의 멤버들도 그들과 뜻을 같이하게 된 것 같았다. 그들은 에너지 흐름의 전체적인 분석과 미래 에너지비용에 대한 견적, 쓰레기 유출물을 혼합비료로 전환할 가능성이나 그중 절반을 재활용하는 방안 혹은 쓰레기를 압착하여 연료용 기름을 짜내는 방법 등을 이야기하고 있었다. 정말 기가 찰 노릇이었다.

그들은 그가 계산한 오염물질 산출량에 우스꽝스러운 제약을 둘 것을 제안했고 쓰레기더미용 집진기가 할 수 있는 일과 할 수 없는 일이 무엇인지, 그것에 얼마나 많은 경비가 소요될 것인지, 그것이 생산한 독성 찌꺼기를 어떻게 할 것인가에 대해 비탄하고 불평하며 시끄럽게 떠들어댔다. 사소하기 짝이 없는 것에 대해 말이다! 그러더니 시의회의 대다수 사람들에게 자기들이 만병통치약이라고 주장하는 '쓰레기 원인 물질 감소 정책'이 가능한 대안이라며 세뇌시켰다. 그들은 자유로운 미국인이라면 음식물쓰레기는 퇴비 더미에 버리고 종이와 포장용 마분지는 난로에 넣도록 설득하면 그대로 할 것이라는 말도 안 되는 믿음을 가지고 있었다. 게다가 가여울 정도로 제한적으로 주워들은 재활용에 관한 정보에 기초해서 도시의 돈을 도시에 남아도는 신문과 금속 캔과 유리병을 수거하는 데 쓰면 수지가 맞을 거라고 주장했다.

오토는 잘 알고 있었다. 미국인들은 느려터진 굼벵이였다. 미국인의 대다수는 비가 올 때 집 안으로 들어가야겠다고 생각할 머리도 없었다. 거리를 걷다가 길바닥에 쓰레기를 버리거나 운전 중에 창문 밖으로 쓰레기를 버리는 것을 막는 일조차 쉽지가 않았다. 그런데 어떻게 그런 사람에게 쓰레기를 세 부류로 분리해서 처리할 것을 기대할 수 있단 말인가? 가난한 얼간이들은 음식을 먹을 때 포크를 사용하는 것조차 귀찮아하는 판이었다. 잘은 모르지만 시 당국은 이 고상한 실험을 시도해볼 수는 있을 것이다. 그 결과는 끔찍할 것이 당연하지만 말이다. 2년만 지나면 그들은 다시 꼬리를 내리고는 오토가 발명한 쓰레기 소각로 건설을 부르짖을 것이다. 그 쓰레기를 처리할 수 있는 소각로라면 어떤 것이라도 마다하지 않을 것이다! 그러나 그때까지 오토 헌트는 잊혀진 인물이 될 것이다. 뉴저지에 그를 원하는 도시가 있었다. 그곳에서는 이런 정신 나간 바보들을 우대하지는 않았고, 그들을 시의원으로 선출할 리도 없었다. 그들은 진보하려면 약간의 희생쯤 감수해야 한다는 것을 알고 있었다. 그들은 그의 소각로를 사랑할 것이다.

33.
독수리, 곰, 늑대의 지혜

"베라, 당신이 꺼리지 않기를 바라는데, 제가 오늘 밤 우리 간부 회의에 인디안 두 명을 오라고 했어요. 제 생각엔 그들이 하는 말을 들어야 할 것 같아요. 일전에 인디언 관련 협의회에서 그들을 만났는데 정말 대단했어요. 한 명은 모호크 족 출신인 존 핸리, 다른 사람은 유능한 젊은 변호사인 라모나 듀케인. 제 생각엔 라모나는 나바호 족과 치카소 족이 섞인 것 같아요. 아무튼 그녀는 인디언 보호지역에서 우라늄 채굴을 막는 일을 해왔어요."

"그들이 말하고 싶어 하는 게 뭔데요?"

"사실상 그들은 아무것도 말하고 싶어 하지 않았어요. 내 생각엔 인디언들은 백인 주변에 어슬렁거리면서 그들이 무엇을 해야 한다고 말하는 걸 좋아하지 않아요. 하지만 그들은 우리의 입장에 대해 매우 관심이 많아요. 그들과 우리 사이에는 재미있는 유사점이 있는 것 같아요."

생존자당원들의 모임은 언제나 의자를 둥글게 배치해놓고 이루어졌는데 그들이 막 의자 배열을 마쳤을 때 두 명의 인디언이 도착했다. 존은 체크무늬 셔츠를 입었는데 조용하고 믿음직해 보였다. 그는 천천히 움직였고 내면에 엄청난 파워를 지닌 사람이라는 인상을 풍겼다. 라모나는 예민해 보이고 눈매도 날카로웠다. 길게 땋은 머리에 넓은 광대뼈는 유일하게 그녀가 인디언이라는 것을 드러내는 요소였다.

그들은 둥글게 놓인 의자에 앉아서 편안하게 다음 일을 기다리고 있었다. 핸리는 그들에게 환영 인사를 건네고는 이 모임이 사람들이 함께 모여서 계획을 세우고 성과를 보고하는 일뿐만 아니라 아이디어와 느낌을 나누기 위해 마련된 자리라고 설명했다. 왜 이 모임 사람들이 존과 라모나에게 이야기를 듣는 것이 좋을 거라고 생각했는지도 설명했다. 존은 반겨주어서 고맙다는 말만 하고는 잠시 아무 말도 하지 않았다. 그는 그 방에 있는 사람들이 마음에 충분한 여유를 찾을 때까지 기다리는 것처럼 보였다. 베라는 그가 그런 분위기가 조성될 때까지 몇 시간이라도 기다릴 사람이라는 느낌을 받았다. 조만간 이야기를 꺼낸 사람은 라모나였다.

"며칠 전 핸리는 당신들의 아이디어에 대해 이야기해주었어요. 저는 그

생각이 어떤 측면에서 인디언의 아이디어처럼 들린다고 말했지요. 특히 멸
종하지 않고 살아남길 원한다면 지구를 존경해야 한다는 생각이 그랬어요.
사실을 말하자면 저는 백인 정치인들이 그렇게 정신적인 방식으로 생각할
수 있다는 점에 놀랐어요. 인디언들은 이런 관념을 갖고 있다는 것이 비현실
적이고 퇴행적이라고 이야기되는 일에 익숙하거든요."

베라가 대답했다.

"하지만 우리가 얼마나 정신적으로 깊이가 있을지는 잘 모르겠어요. 그
생각은 매우 실용적인 고찰에서 비롯된 것이거든요. 끔찍한 일이 우리의 땅
과 물과 공기에 일어나고 있으니까요. 간접적이더라도 그 일은 우리에게 해
를 끼치지요."

그러자 존이 천천히 신중하게 입을 열었다.

"우리 인디언들은 모든 창조물이 다 생명을 지니고 있다고 봅니다. 우라
늄을 얻겠다고 땅을 파헤치고 연어 떼의 씨를 말리거나 숲을 파괴하는 일은
직접적인 생명 파괴 행동이라고 할 수 있습니다. 모든 생물이 그에 의존해서
살아가니까요. 그것을 표현하는 과학적 용어도 있지요. 생태계 파괴라고요.
인디언들은 언제나 이것이 잘못된 것이라고 생각해왔어요. 수천 년 동안이
나 말이죠. 우리는 뼛속 깊이 알고 있어요. 그것을 설명할 과학적인 이론을
갖고 있진 않지만요."

라모나가 끼어들었다.

"사실 정말 흥미를 끈 것은 조금 다른 부분이었어요. 헨리가 말하길, 민주
적이고 합의에 기초한 소규모 정치 단체가 어떻게 운영되어야 하는지에 대
해 새로운 개념을 제안하고 있다고 했어요. 저는 당신들에게 인디언의 정치
사상들이 한때 이 나라의 역사에서 중요한 자리를 차지했다는 것을 상기시
켜드리고 싶었어요. 어쩌면 이제 그게 다시 중요해질지도 모르겠지만."

"프랭클린을 말하는 건가요?"

헨리가 물었다.

"그래요. 다른 분들도 모두 그걸 알고 있나요?"

"아니오. 당신이 말하는 게 벤저민 프랭클린인가요?"

"프랭클린이 이로쿼이 인디언 동맹 출신의 수많은 인디언 족장과 친하게 지낸 사실을 역사가들이 입증했지요. 이로쿼이 족은 마그나 카르타가 생기기 전부터 민주적인 연맹을 가지고 있었지만 그런 개념은 유럽 문화에서는 결코 발생한 적이 없었지요. 그래서 프랭클린과 식민지 시대 사상가들이 혁명과 새로운 나라를 창조하는 일에 관해 논의하기 시작했을 때 영국 군주정치의 중앙집권적인 방식을 받아들이고 싶지 않았어요. 그렇다고 아테네식 소규모 민주주의 국가 형태로 되돌아갈 생각도 없었지요."

"그러니까 연방주의는 인디언들의 아이디어였다는 건가요?"

베라가 놀란 목소리로 끼어들었다. 라모나가 대답했다.

"그리고 인디언의 관습이기도 했지요. 인디언들은 부족 내부에서 민주주의를 실천했어요. 인디언의 의사결정은 언제나 합의에 의해 이루어졌어요. 부족장 선출을 포함해서요. 그들의 권력이라는 게 매우 제한적이었다는 거죠. 그러한 방식이 프랭클린에게 아이디어를 주었을지도 모르지요. 당신들이 직선적이기만 한 다수결 결정을 피하는 방식으로 일하고 있다는 이야기가 왜 우리의 관심을 끌었는지를 알 수 있을 거예요."

"우리는 군론에서 출발하여 그 방식에 도달했어요. 합의에 이르는 속도는 느리지만 그 결과는 견고하지요. 결국 더 많은 사회적인 에너지를 창출하니까요. 그리고 기분도 훨씬 좋을걸요."

베라의 말에 존은 고개를 끄덕이며 한마디 덧붙였다.

"인디언은 모두 가족의 일원처럼 여깁니다. 서로의 말을 진실하게 듣는 것은 필수적이지요. 사람마다 하고 싶은 말을 하고 이해 받을 권리가 있으며 결정이 내려질 때 모든 사람들이 가슴속 깊이 동의해요."

잠시 아무도 말을 하지 않았다. 생존자당원들 사이에 다정한 시선이 오고 갔다. 이것이야말로 그들이 이루려 애쓰던 조직 운영방식이었다. 늘 성공할 수는 없더라도 말이다. 그러자 존이 이야기를 계속했다.

"이제 여러분에게 다른 것을 이야기하고 싶군요. 사람들이 어리석게도 서로에게 맞서기 위해 무리를 나누는데 그건 별로 좋지 않아요. 당신들이 신성한 전통을 가지고 있다면 매일 모든 것에 대해 싸워야 할 필요는 없겠지요. 그 경우, 사람들은 서로 어떤 필요가 충족되어야 하는지 알 테니까요. 우리는 우리를 위해 싸워줄 라모나 같은 변호사가 있어야 해요. 하지만 인디언들은 끝없는 법률 소송과 첨예한 싸움을 좋아하지 않아요. 옛날에 우리는 '재산'을 지키기 위해 모든 에너지를 쏟을 필요가 없었어요. 춤추고 연주하고 말하고 시 쓰고 노래 부르는 일로 많은 시간을 보냈지요. 아침에 일어날 때 꿈에 대해 관심을 기울일 시간이 있었어요. 공장에서 자명종 시계를 만드는 것보다 꿈을 해석하는 일이 더 중요하다는 걸 알았으니까요.

그래서 인디언들이 몰살당하고 이상한 지역으로 추방당하고 대륙의 변두리로 밀려나긴 했어도 우리의 문화를 그대로 유지하고 있고 지구와 조화를 이루며 산다는 것이 어떤 것인지 잘 알고 있지요. 이 은혜로운 지구를 네 발 달린 짐승이나 새, 수많은 초목과 함께 나누어야지요. 그들은 모두 우리와 함께 동일한 바람에 고개를 숙이는 생명체니까요."

그는 라모나를 쳐다보면서 덧붙여 말했다.

"우리는 다른 생각을 가진다는 것, 자멸을 향해가는 것이 예견된 사회에서 산다는 것이 무엇인지 알고 있어요. 우리는 자기방어를 배워야만 했고, 그래서 백인들의 법정에도 들어갈 수 있고 깨어진 조약을 시정할 방안을 모색할 수도 있어요. 하나의 나라로서 우리의 독립적인 지위도 되찾을 수 있고, 탐욕스러운 백인에 의해 파괴되지 않을 우리만의 인디언 사회를 건설할 수 있어요. 하지만 예언을 믿어야 한다는 것도 기억하고 있어요."

여기서 존은 지그시 눈을 감았고 얼굴은 평온해졌다. 그러자 갑자기 훨씬 더 나이 들어 보였다. 베라는 라모나가 팔짱을 끼고서 기대에 가득 찬 눈으로 존을 바라보고 있는 것을 알아챘다.

"나는 백인 형제들과 자매들이 공통의 어머니인 지구를 어떻게 대우할 것인지에 관해 고민하고 있는 것을 보니 기쁩니다. 당신들이 힘든 교훈을 배우고 있는 것이 보여요. 심각한 불평등에 맞서 어떻게 살아남을 것이며 어떻게 참아낼 것인지 말이죠. 당신들의 아이디어가 훌륭하기 때문에 당신들은 탄압을 당하겠죠. 난 당신들이 독수리, 곰, 늑대의 지혜에 귀 기울이고 있는 것이 보여요. 그리고 바위와 나무와 구름에 무엇이 적혀 있는지 다시 읽는 법을 배우는 것도요. 그때에 다시 지구에서 편안함을 느낄 겁니다. 지구는 더 이상 착취해야만 할 대상으로 보이지 않을 겁니다. 그것은 바로 당신들의 일부가 될 것이고 당신들은 지구를 존경으로 대하게 될 것입니다.

하지만 나는 당신들이 지구에 헌신하기 위해 시련을 겪는 것도 보여요. 많은 사람들이 당신들을 경멸하고 비웃고 조롱하는 게 보여요. 그들이 당신들을 추방하려고 애쓰는 것, 당신들의 아이디어를 제거하려고 애쓰는 게 보여요. 당신들의 아이디어가 그들을 불편하게 만들고 죄의식을 일깨우니까요. 당신들은 많은 눈물 속에서 오랫동안 행진하게 될 겁니다. 하지만 당신들은 진실을 알기 때문에 용감하게 싸울 것입니다.

예언컨대 조만간 이 투쟁이 위대한 비밀을 드러낼 것입니다. 당신들이 새로운 언어와 이해 방식을 가진 새로운 민족이 되었다는 것을 말이죠. 여전히 영어로 말하고 있어도요. 그때 당신들 역시 일종의 보호지구에 살고 있다는 걸 발견하겠지요. 왜 인디언들이 독립된 민족으로서 인정받기를 고집하는지, 그래서 지구의 작은 일부분이라도 위대한 정신이 의도했던 방식대로 돌볼 수 있는지 알게 될 것입니다. 인디언의 삶은 언젠가 인류가 잊고 지내던 것을 다시 배워야 한다는 사실을 다른 사람에게 알려주는 표지가 될 것입니다."

존은 감았던 눈을 뜨고서는 양 옆에 앉은 사람들에게 손을 내밀었다. 같은 방식으로 모든 사람들이 손에 손을 맞잡자 하나의 원으로 연결되었다. 한참 동안 아무도 입을 열지 않았다. 그들은 단지 조용히 앉아서 각자의 방식으로 미래에 어떤 일들이 일어날 것인지를 그려보았다.

34.

디미와 테오

스위프트 가족의 뒤뜰에 있는 디미의 작은 집은 세 평짜리 네모 난 공간이었다. 그러나 그는 집의 내부를 산뜻하고 효율성 있게 꾸며서 그와 테오에게 필요한 모든 것이 다 들어갈 수 있는 공간이 되었다. 싱크대와 음식 조리대 위에 작은 침대를 설치했으므로, 그렇지 않았더라면 쓸모없었을 공간을 유용하게 활용하고 있었다. 디미는 일본식 요를 깔고 잤기 때문에 낮 동안에는 말아서 벽장에 넣어놓을 수 있었다. 그는 사용하지 않을 때는 접어서 벽에 세워둘 수 있는 작업대가 있었다. 독창적으로 만든 벽장에는 접시와 유리잔, 식탁용 은그릇 등을 넣어두었다.

테오는 네 살이었고 디미는 매일 아침 그를 깨워서 함께 아침식사를 했다. 그런 다음 박물관으로 출근하는 길에 테오를 탁아소에 맡겼다. 다행히 디미의 직장은 시간 활용이 자유로워서 테오가 아프면 하루나 이틀 정도 회사에 가지 않고 집에서 일할 수도 있었다. 그는 또한 아이들이 있는 이웃과 비상시에 협동하여 서로 아이들을 돌봐주기도 했다. 물론 스위프트 가족도 그를 도왔다. 짙은 하늘빛 눈동자를 가진 테오는 디미와 비교할 때 아주 자그마하고 섬세한 귀여운 아이였다. 루는 테오를 좋아했다. 그는 붙임성이 있었고, 테오가 곁에 있으면 지금 자라나는 세대를 만난다는 특별한 느낌을 받을 수 있었다. 이 아이가 어른이 될 때쯤 결국 그녀와 마이크도 기성세대가 되어 있을 것이다. 테오는 누구도 알 수 없는 새로운 세대에 속한 인물이었고, 그의 운명은 아직까지 전적으로 미지 그 자체였다.

루는 또한 디미가 테오에게 보여주는 헌신적인 사랑에 감동 받았다. 테오가 태어난 지 2년도 되기 전에 엄마가 죽었다. 디미는 그에 관해 많이 말하지 않았지만, 루는 로저와 캐롤로부터 테오의 엄마가 분위기 있고 열정적인 여인이었으나 뇌종양에 걸리는 바람에 테오에게 좋은 엄마 노릇을 하지 못했을 거라는 말을 들었다. 그녀가 죽은 후 디미의 부모는 테오를 떼어놓으려 애썼다. 테오는 자기들이 돌볼 테니 자신의 인생을 돌보라면서 말이다. 그러나 디미는 맹목적으로 힘든 몇 달 동안 아기 보는 일에 헌신했다. 그는 다른 싱글 부모들 몇 명이 모여 사는 공동 주택으로 이사했고, 그곳에 1년 이상 살면서 육아와 직장 생활을 겸했다. 스위프트 가족이 오두막이 빌 거라고 말했을 때 그는 그 집이 너무나 작다는 사실에도 아랑곳하지 않고 그 제안을 받아들였다. 그는 볼리나스를 사랑했으므로 테오가 해변 근처의 집에서 자랄 수 있다는 생각만으로 행복해했다. 특히 바다를 향해 시원스레 트인 넓은 모래 언덕을 마음껏 돌아다닐 수 있다는 점이 그의 마음을 사로잡았다.

스위프트 가족의 집 둘레에는 테오가 좋아할 만한 것들이 널려 있었다. 마이크는 뭐든 만들기를 좋아하는 발명가였고 그와 친구들은 언제나 뭔가를 제작하고 있었다. 그들은 그들이 고안한 소형 마차를 만들 때나 나무 위의 오두막을 만들 때, 비밀 피난처를 만들 때 테오를 어린 조수로 여기고 그가 주위에 있어도 전혀 싫어하지 않았다. 디미와 테오는 아침식사 때 말고는 항상 같이 식사했고 음식을 준비하거나 치우는 일을 함께 도왔다. (네 살짜리 꼬마도 역할이 주어지면 얼마나 집안일을 잘 도울 수 있는지를 보고 루는 항상 놀라워했다.) 그들은 채소밭 한 켠에 터를 가지고 있었고, 디미는 한쪽 구석에 모래상자를 만들었다. 루가 차고 실험실에서 일하고 있을 때 테오와 몇몇 어린 아이들이 그 뜰에서 놀고 있는 것을 볼 수 있었다. 전지들이 놓인 선반이나 계량기가 설치된 오두막은 절대로 건드려서는 안 된다고 엄명을 내리긴 했지만, 혹시라도 일어날 불상사에 대비해서 그녀는 오두막 문에 열쇠를 달았다. 그녀는 호기심의 힘을 절대 과소평가하지 않았기 때문이다.

35.

발암성 방귀

미국의 어느 도시 위에서 비행기를 타고 내려다보더라도 눈에 보이는 인간의 활동이라고는 차들의 이동뿐이라는 것을 알 수 있었다. (최근 여러 해 동안 많은 지역에서 차들이 사람보다 더 많아졌다.) 맹목적으로 목적지를 향해 움직이는 개미처럼 차들은 미리 정해진 길을 따라 이리저리 기어 다니다가 쿵쿵거리며 냄새를 맡으려는 듯이 천천히 멈추어 섰다가 다시 계속 움직였다. 그들은 직선을 따라 빠르게 흘러나가거나 멈추다가 길의 합류점에서 커다란 무리를 이룬다. 때로는 여러 개의 길이 모여드는 곳에서 너무나 빽빽하게 몰려든 나머지 땅을 뒤덮은 딱정벌레 무리처럼 혼란을 일으킨다. 길이 꽉 막혀 전혀 움직일 수 없는 것처럼 보인다.

더 가까이서 보면 차들의 움직임과 소음은 도시의 풍경 전체를 장악한다. 모터가 으르렁거리는 소리, 기어를 넣는 소리, 차바퀴가 구르는 소리, 차가 달리면서 만들어내는 바람, 신경질적으로 빵빵대는 경적 소리를 피할 수 있는 곳은 아무 데도 없었다. 인간의 정신 속에 그들을 연결시켜주는 길과 차는 그 자체로 길이 존재하는 진정한 이유인 목적지보다 더 매력적으로 보일 때가 있었다. 자동차들이 인간과 경제를 로봇 군단처럼 점령했다. 매순간 상당수의 인구가 차를 제조하거나 수리하거나 차에 서비스를 제공하는 일에 종사하느라 바빴다. 고속도로와 도로 보수 작업, 주유소, 경찰과 법원, 면허를 주고 세금을 부과하는 기관, 보험회사, 병원, 시체공시소와 무덤 등지에서 말이다. 전반적인 사항을 고려할 때 자동차는 미국 경제의 전체 생산

용량의 80퍼센트 이상을 소비했고, 많은 개인은 한 해 수입의 4분의 1을 차에 쏟아 부었다.

평균적인 미국인은 깨어 있는 시간의 10퍼센트가량을 차 안에서 보냈고 어떤 사람은 그 퍼센티지가 훨씬 높았다. 이러한 사람은 배기가스로 오염된 공기를 너무 많이 호흡해서 심각한 건강상의 위험에 노출되어 있었고 몸은 운동 부족으로 축 늘어져 있었다. 일하고 텔레비전을 보는 것은 별도로 하더라도, 차를 타는 일이야말로 이 나라에 사는 사람들이 깨어 있는 시간에 하는 가장 규칙적이고 익숙한 활동이었다. 수백만 대의 자동차가 고속도로와 유료도로를 따라 달려가고, 시내 대로에서는 속도를 늦추었다가 주택단지를 통과해 여러 번 신호등 앞에서 멈췄다가 출발하기를 반복하며 끝없이 이어진 교외 지역의 도로를 달려간다. 어느 순간에든 운전자 50명 중 한 명은 음주운전이거나 짐을 기준 이상으로 실었거나 마약을 한 상태였다. 자동차가 발명된 이래로 자동차 사고로 비롯된 사망자 수는 지금까지 250만 명에 달하지만 주간 사망자율이 겨우 1,000명(이외에도 교통사고로 불구가 된 사람은 2,000명이 넘는다)밖에 되지 않는다는 사실이 미국 운전자의 경쟁력인 것처럼 받아들여졌다. 미국의 1마일당 사고율이 대부분의 산업화된 국가들의 사고율에 훨씬 못 미친다는 이유로 말이다.

운전자들은 차를 이 장소에서 저 장소로 실어 가줄 편리한(갈수록 더 비싸지고 있는데도) 기계로만 생각했다. 그러나 자동차는 불가피하게 생태계의 일부분으로서 기능했다. 각 자동차 내부에 강력한 엔진이 탐욕스럽게 돌아가면서 매 시간 수갤런의 가스를 삼키고 그것을 엄청난 양의 공기와 뒤섞어 더러워진 공기를 토해냈다. 그것은 끝없이 이어지는 발암성 방귀 같았다. 게걸스럽게 가스를 먹어치우는 자동차들의 호흡량이 현저하게 인간의 호흡을 초과하는 바람에 대도시에는 적어도 차의 실린더를 통과하지 않은 공기라고는 단 한 줌도 남아 있지 않았다. 당연히 그 공기는 유독한 가스와 미립자를 품고 있었다.

36.

스위프트 효과

겨우 3월 초순이었다. 여러 달째 루는 우연히 발명하게 된 첫 번째 태양전지를 복제하기 위해 탈진할 정도로 수없이 실험을 반복했다. 첫 번째 전지에 우연히 일어난 현상이 새로운 전지에도 일어나도록 반복적으로 환경을 조성하는 것이었다. 그녀는 비슷하게 만든 전지에 조심스럽게 구멍을 내어 내용물이 조금씩 누출되게 만들었고 물뿌리개로 그 전지에 바닷물을 조금씩 뿌렸다. 그것을 하룻밤 두었다가 아침에 작은 기계실이 있는 오두막으로 가서 계량기를 살펴보았다. 계량기의 바늘은 언제나 눈금의 가장 낮은 부분에 고집스럽게 멈추어 있었다. 별스러운 일이라곤 전혀 일어나지 않은 것이다.

　루는 참을성 있게 단계를 세분화하여 실험을 복기해보았다. 도핑도 다시 해보았고 가마 안에 행운의 오염물질이 존재할 가능성도 타진해보았다. 도핑 합성물에서 불순물이 없는지도 검사해보았고 똑같은 재료로 다시 구리 회로기판을 만들어냈다. 그러나 새로 만든 전지 역시 기현상이라고는 아무것도 일으키지 않았다. 반면 그들 옆에 놓인 원래의 전지는 아직까지도 믿을 수 없는 현상을 끝없이 일으키고 있었다.

　그들은 외관상 똑같아 보였고 똑같은 방법으로 만들어졌다. 그녀가 한 일 중에서 뭔가 잊은 차이점이 있었던가? 루는 백번도 넘게 모든 과정을 되짚어보았다. 넌더리가 난 나머지 그녀는 전지 선반의 다리 하나를 발로 걷어차버렸다. 선반이 흔들리는 순간, 루는 성질을 부린 것이 부끄러웠다. 결국 전지의 잘못이 아니지 않은가! 그녀는 발로 차는 바람에 전선줄에 이어진 뭔가 떨어지지는 않았는지 확인하기 위해 오두막 실험실의 문을 열어보았다.

오두막의 계량기 스위치 중 하나가 내려져 전류가 차단되어 있었다. 갑자기 루는 돌풍이 불던 날 아침 처음 특별한 결과물을 발견했을 때도 스위치 하나가 밤 동안 내려져 있었던 것이 기억났다. 그러나 그날 밤 높은 전류량을 만들어냈던 것이 바로 저 스위치였다는 말인가?

그녀의 머릿속은 다시 초고속으로 돌아가기 시작했다. 그 배터리가 완전히 충전되어 있었다면(실제로 그건 그랬다) 그 전지가 내부에 소금기 있는 바닷물을 머금고 있는 상태에서 스위치가 갑자기 내려지면서 전류 차단으로 전해질 반응이 일어난 건지도 모른다. 그 과정에서 염소가 만들어지고 그것이 수산화나트륨을 만들어냈을 수도 있지만, 또한 수많은 다른 합성물도 만들 수 있었다. 그중 일부는 쉽게 실리콘 속으로 퍼져나갔을 것이다! 그런 후 그날 아침 다시 햇빛이 비치기 시작했을 때 이 신비로운 합성물 중 하나가 그 전지의 전력을 몇 배로 증폭시켰을 것이다.

루는 흥분으로 몸을 떨었다. 그러니까 그건 부분적으로 화학현상이었던 것이다! 그것이야말로 그녀 외에는 아무도 시도하지 않은, 그녀의 실험만이 가진 특별한 원인일 것이다. 루는 1차적인 단계에서 작업하고 있었지만 자연은 그것을 2차적인 단계까지 나아가게 했다! 그녀는 머리가 재빨리 돌아가는 소리가 들리는 것만 같았고 머릿속의 기계가 갑자기 새로운 가설을 세우기 시작하는 것을 알 수 있었다. '좋아, 그 모든 실험을 다시 반복해보는 거야.' 그녀는 새롭게 각오를 다졌다. '이번에는 전지에 덮개를 씌워서 햇빛을 차단하는 몇 시간 동안 스위치를 내려놓아 보는 거야. 모든 장치는 이전과 똑같이 진행하면 되고. 그러기 전에 먼저 아빠에게 이 이야기를 들려주어야지!'

이번에는 전해질 반응이 대여섯 시간가량 지속되도록 놔두었는데 원래 전지와 거의 비슷한, 특이한 결과를 얻었다. 전력은 열 배까지 높아지지는 않았지만 여덟 배 정도는 되었다. 조금 실망했지만 새로운 전지를 만들어 이번엔 전해질 반응이 일어나는 시간에 변화를 주었다.

루는 로저를 전지 선반 쪽으로 데려가 작은 목소리로 새로운 이론을 설명해주었다. 처음에 그는 믿을 수 없어 했다.

"너무 복잡한데."

로저가 얼굴을 찌푸리며 말했다. 하지만 루가 새로운 전지를 보여주었을 때, 처음 우연히 발명한 전지와 거의 똑같은 출력량이 측정되는 것을 보고서 그도 확신을 얻었다.

"이럴 수가, 이건 틀림없이 대단한 발명이야!"

그는 놀라움에 할 말을 잊었다. 그는 평소와 달리 새롭고 이상한 눈으로 루를 쳐다보았다.

"우리 딸, 드디어 해냈구나!"

그는 미친 사람처럼 전지 선반 주위를 풀쩍풀쩍 뛰어다니기 시작했다. 그러면서 웃다가 뛰다가 다시 돌아와 루를 껴안았다가 다시 전지에 다가가 전지를 토닥거려서, 루는 로저가 완전히 정신이 나갔다고 생각하기 시작했다. 그러나 얼마 가지 않아 그는 평정을 되찾았다.

"좋아, 이제 발표해도 될 만큼 충분한 근거를 얻게 되었어. 정확한 메커니즘을 아는 건 아니지만 이건 분명하고 명백하고 단순해. 그리고 무엇보다 혼자 힘으로 만들어낸 거지!"

"혼자선 못해낼 줄 아셨어요?"

루는 깔깔거리며 물었다.

"그래. 난 그것이 오직 고도의 기술적인 조건에서만 복제할 수 있는 매우 이질적인 현상일 거라고 생각했어."

루는 새 전지 쪽으로 다가가 자세히 살펴보면서 말했다.

"난 이 속에서 무슨 일이 일어나고 있는지 알고 싶어요. 정말 어떻게 해서 그런 현상을 일으키는지를 모르는 채로 세상에 공개한다면 수치감이 들 것 같다는 걸 깨달았어요."

로저는 당황한 것 같았다.

"그렇더라도 그걸 발견한 사람은 너밖에 없을 텐데. 그건 '스위프트 효과'로 알려질 거야. 아무리 다른 누군가가 메커니즘의 단계를 밝혀내더라도 말이야."

루가 부루퉁한 표정으로 전지를 쳐다보았다.

"나도 그쯤은 알아요. 하지만 그것도 내가 알아내고 싶단 말이에요."

"루, 날 좀 봐라. 이제 우리는 그 전지를 다량으로 만들어내서 사람들에게 제공할 수 있고 다른 사람들에게 그걸 만드는 방법을 가르쳐줄 수 있게 되었다. 그러면 대중 공개권을 갖게 되고 그렇게 되면 그 기술은 안전할 거야. 이렇게 위험하고 불확실한 상태를 더 계속하는 건 아무도 원하지 않는 일이잖아!"

루는 다시 풀이 죽었다.

"나도 그건 바라지 않아요. 이 상태에서도 발표할 수 있는 방법은 있겠지요. 합법적인 요구사항은 만족시키면서도 정말로 기업의 관심을 끌지는 않는 정도로 말이죠? 난 여전히 그들이 그 기술을 훔칠 방법을 알아낼 길이 있을까 봐 걱정돼요."

"나도 그건 의심스러워. 우리는 다른 대안도 알고 있잖아. 대중 공개의 방식을 따르거나 아니면 1만 달러를 들여서 특허를 내거나. 어느 쪽이든 오랜 시간이 걸리고 변호사를 믿어야만 해. 내 생각엔 하루 빨리 조치를 취해야 할 것 같아."

로저가 두려워하는 것을 볼 때마다 루도 신경이 곤두섰다. 그녀가 그 상황을 제대로 판단할 방법은 없더라도 그런 기분은 꽤 전염성이 강한 것이었다. 로저는 편집증 환자가 되어가는 걸까? 그 아이디어를 안전하게 지킬 방안을 생각해본 다음에 개인적인 안전성도 지켜야 했다. 몇 주 아니면 두어 달 동안 발표하는 것을 미루는 게 좋겠다는 생각이 들었다. 그러고도 운이 좋다면 자신이 그려왔던 진정으로 아름다운 대성공을 이룰 수 있을 것이다. 한 방에 업계를 전무후무하게 평정시켜버릴 깨끗하고 압도적인 연구 논문을 세상에 내놓는 것이다! 그 꿈을 이루기 위해 정말로 기꺼이 감수해야 하는 위험은 무엇일까? 루는 그것이 궁금했다.

37.

미국의 수도 워싱턴에서 일부러 로마제국과 비슷하게 지은 웅장한 건축물 속에 수많은 대통령들이 입성했다가 사라졌다. 1960년대에 일어난 저격 사건과 나중에 있었던 몇 번의 암살 시도 후에 대통령은 국민들 앞에 직접적으로 모습을 드러내는 경우가 거의 없었다. 그 대신 간단한 대통령 담화와 텔레비전을 통한 공식적 출현을 통해 가끔씩 나라 전체에 모습을 드러내곤 했다. 유명한 뉴스의 비평을 통해 미디어는 대통령이 발언했거나 한 것으로 보이는 내용과 그것의 의미를 분석했다. 위엄 있는 회색 머리의 상원의원과 백악관의 야심찬 젊은 하원의원은 똑같이 이 프로그램을 열심히 보았다. 어떤 법안이 국회의 현안이 되고 있고 제정되거나 기각되었는지를 통해—혹은 어떤 안이 승인되었는데도 실행은 저지되는지, 혹은 기각 처리되었는데도 실제로 실행되는지를 보고—막후에서 벌어지고 있는 책략을 읽어내기 위해서였다. 신문사는 방송사보다는 훨씬 한가롭고 독립적이었고 가끔은 스캔들을 캐내려고 시도했지만, 일반적으로 그들의 활동이나 현안을 예의 바르게 분석하기만 했다. 사건들이 자아내는 혼란에 적합한 최신 유행어를 발굴하려 애쓰면서.

이러한 미디어가 전달하는 정치 보도는 우아한 매력을 지니고 있었다. 원칙적으로 행정부의 막대한 권력은 세입으로 형성된 국고를 관리하는 입법부의 견제를 받게 되어 있었다. 행정부의 권력은 경제 혜택 대신 핵기술 개발을 선택하여 문명을 파괴하거나 나라 경제를 파산시킬 정도로 막대한 비용이 드는 선전포고 없는 전쟁을 초래하거나 모든 산업을 멸망으로 몰고 가는 방향으로 무역 정책에 간섭할 수 있었기 때문이다. 원칙은 그랬지만 사실상 정부의 두 부서와 산업계 권력의 중심을 소유하고 지배하는 수천만 명의 사람 사이에 상호관련이 너무나 긴밀해서 전체가 하나의 유기체처럼 작동했다. 한 그룹은 만족시킬지 몰라도 권력 있는 소유자가 해오던 방식을 뒤엎을 만한 정책에 대해서는 끊임없이 갈등이 일어나는 것도 사실이었다. 이러한 갈등은 이에 연루된 사람은 흥분시켰지만 방대한 수의 대중에게는 별로 중요한 것이 아니었다. 포틀랜드나 위치타, 애틀랜타 등지에서 텔레비전 앞에 앉아 있는 사람에게 온건한 오락 프로그램 정도로 여겨지던 정치 관련 프로그램은 미식축구 경기만큼이나 흥미롭지도 않고 선거날 모두 투표장에 가도록 자극할 정도로 강력하지도 않았다. TV로 볼 때 대부분의 지도자는 작고 볼품없어 보였다. 그들은 짙게 화장하고 나와서는 원칙과 표어를 놓고 논쟁을 벌였다. 눈은 신경질적으로 잽싸게 움직였다. 그런 사람을 주변에서 직접 만나게 된다면 그다지 신뢰하고 싶은 마음이 들지 않았을 것이다. 그래도 누군가는 국가의 위기를 책임져야 하지 않을까?

당연히 투표율은 계속 떨어져서 중요한 관료(대통령을 포함해서)들이 성인 인구의 4분의 1의 지지율을 얻고도 선출되는 기현상이 벌어졌다. 공화당의 사업은 이런 작은 그룹의 산만하고 불확실한 동의를 기반으로 집행되었고, 그것은 전체 세대의 운명을 결정할 사안에 영향을 미쳤다.

당연히 이러한 상황은 일부 시민을 낙담케 했다. 그들은 국가가 좌충우돌하면서 국제 권력에 시달리고 국내의 정치적인 방해 세력에 의해 마비되는 것을 보았다. 다른 측면에서도 그들은 쇠퇴하기 시작했다. 일찍이 도시를 떠나 교외로 이사를 나간 부유한 계층은 도시를 괴롭히는 문제는 외면했다. 그들은 세금 감면을 위해 투표하여 공공서비스를 줄이고 지방 정부의 재정적 능력을 빼앗았다. 그들은 총기를 사들였고 경제 붕괴에 맞서기 위해 식품을 사재기하고 금화를 모으기 시작했다. 그중 다수는 중동 지역의 석유 지대를 차지하기 위해 전쟁을 벌인다는 발상에 찬성했다.

대부분 북서부 지역에 있는 또 다른 시민 그룹은 전혀 다른 결론을 이끌어 냈다. 국가의 비현실적인 상태를 보고 자신들의 삶을 지탱해줄 새로운 종류의 도덕적 근거를 찾으려 했다. 그래서 진짜 살 만한 나라를 찾아 교외 지역보다 훨씬 더 먼 곳으로 이사 갔다. 그들은 그곳에서 기본적인 현실감을 되찾고 싶어 했다. '내가 어디에 살고 있는지'를 배우기 위해 자신들이 살고 있는 지역의 지리학과 지질학, 식물학, 역사를 연구했다. 이 과정에서 그들은 그 지역이 어떻게 해야 삶을 최대한으로 떠받쳐줄 수 있는지 그 방법을 찾길 원했다. 그들이 지역을 진정으로 잘 이해하게 된다면 환경파괴를 자초하는 국가적인 광기에 맞서 그 땅을 지킬 수 있을 것이다.

그들은 자그마하지만 사랑스럽고 혁신적인 집을 손수 짓고 생존을 위해 농사를 짓거나 현금 작물로 마리화나를 기르는 방법을 배우거나 근처 마을에서 직장을 구할 때까지 도시의 보조금으로 먹고살았다. 20세기 후반의 미국인 대부분에게는 생소하게 느껴지는 방식으로, 그들은 스스로 그 지역의 정착민이자 영원한 거주자로 여기기 시작했다. 즉, 그 지역에 대해 책임 지면서 그 땅을 손상되지 않은 채로 자녀에게 넘겨주고, 그 땅이 일곱 세대 후손의 삶까지 지탱해줄 수 있도록 하는 것이었다. 그들의 밝고 쾌활한 아이들이 주에서 제공하는 틀에 박힌 교과 과정을 배우는 것을 보고 있을 수 없었던 그들은 직접 운영하는 대안학교를 만들었다. 그들은 솜씨 좋은 정원사가 되었고, 토양과 습기와 햇빛의 다양성을 민감하게 알아차렸다. 그들은 황폐화된 과수원을 되살리고 과일나무를 심었으며 과일을 값비싼 가스 건조기에 말리는 대신 햇빛에 자연건조시키는 방법을 배웠다. 협동조합 방식으로 운영하는 식료품 가게와 수공예품 직판점을 만들었다. 나무를 심고 잡초를 제거했다. 이전에는 산불이 해주던 일이었지만 이제는 인간이 했다. 그들은 정치적으로 단결했고 토지개발 사업자와 고속도로 건설자, 광부와 맞서 싸웠다. 그들은 초기 인디언 거주 지역이던 장소를 찾아냈고, 인디언들이 옛날에 거대한 바위 위에 만들어둔 도토리 빻던 구멍을 발견했다. 그들은 사람들이 자연의 질서와 균형을 이루면서 이런 장소에 살았다는 사실을 발견할 때 편안함을 느꼈다. 해가 갈수록 아이들이 자라나면서 식물과 벌레와 물고기와 태양의 각도를 알아가고, 시냇물과 강물의 자연적인 단계를 알고, 그 땅에서 편안함을 느끼고, 그 땅을 이윤을 위해서가 아니라 지속과 생존을 위해 차지하게 되었다.

38.

버트 럭맨

4월의 어느 날, 루는 버트 럭맨이라는 젊은 남자에게서 연락을 받았다. 그는 같은 고등학교의 몇 년 선배였다. 그는 엘런과 데이빗으로부터 전지 실험이 성공했다는 소식을 들었다. 그는 전지에 관해 의논하고 싶은 몇 가지 아이디어가 있으니 시간을 내서 그녀를 찾아와도 될지 물어보았다.

루는 어느 날 방과 후에 잰의 집에서 그를 만나기로 약속했다. 그녀는 몇 가지 기억을 떠올렸다. 그는 마르고 키가 크며 산만한 유형이었고, 언젠가 학교 현관에서 마주친 적이 있었다. 체스 클럽의 모임이 있던 날이었을 것이다. 그리고 그는 학교 신문에 문학적인 글을 몇 편 실은 적이 있었다.

"어서 오세요. 여기는 우리 어머니가 사는 곳이에요. 저는 여기 가끔씩 와요. 연구실은 볼리나스에 있어요."

루가 반갑게 인사하자, 버트는 느릿느릿 집 안으로 걸어 들어와서는 주위를 둘러보았다.

"좋군."

그러더니 주방을 들여다보면서 말했다.

"혹시 먹을 것 좀 있어?"

루는 웃음을 터뜨렸다.

"당연하죠. 치즈와 크래커? 과일은 어때요?"

"좋아!"

버트가 탄성을 질렀다. 우적우적 과일을 씹어 먹으면서 그가 말을 꺼냈다. 그는 학교를 졸업한 후 지역 신문과 잡지에 글을 기고해왔다고 했다. 그러나 최근에는 생존자당의 활동에 더 많이 관여하고 있다고 했다.

"생존자당에 대해 들어봤니?"

그가 물었다. 루는 그게 뭔지는 알고 있었다. 로저와 캐롤과 디미가 두어 번 그들의 모임에 갔다가 흥분하여 돌아온 적이 있었기 때문이다. 그들은 곧 그 당에 합류하기로 계획을 세웠다. 루는 베라 올웬의 이름도 들어본 적이 있었다. 그 당은 좋은 단체인 것 같았지만 아직까지는 추상적이고 멀게만 느껴졌다.

"당신이 내가 처음으로 만나본 생존자당원이에요."

그녀가 털어놓았다. 그러자 버트는 가볍게 고개를 저으며 말했다.

"우리는 누구나 생존자당이 될 수 있어. 우리가 하는 일은 환경을 오염시키는 자를 위협하는 거니까. 사람들은 우리가 우주 바깥에서 온 것처럼 생각해. 하지만 절대 아니지. 그것에 대해서는 다음번에 자세히 설명해줄게."

버트는 손가락을 쪽쪽 빨더니 사과 하나를 깨물었다.

"내가 지금 알고 싶은 건, 네가 만들었다는 전지야. 그러니까 말하자면, 그것이 생존자당 시대의 첫 번째 위대한 기술적 돌파구가 될 수도 있을 것 같단 말이지."

그는 루에게 그 전지에 관해 몇 가지 기초적인 질문을 하고는 그녀가 대답할 때마다 점점 더 힘차게 고개를 끄덕였다. 그가 길고 멋들어진 찬사를 퍼붓는 바람에, 루는 그가 미친 사람이거나 천재일 거라고 확신하게 되었다. 그는 말할 때 이상적인 청자를 찾고 있는 듯 이리저리 눈알을 굴려댔다. 그는 루의 전지가 기술적·사회적 혁신을 위한 새로운 패러다임이라고 보았다. 또한 사람들에게 자신만의 힘으로도 살 수 있다는 자신감을 되돌려줄 거라고 보았다. 그는 붉은 타일이 한때 지중해 연안 도시를 뒤덮었던 것처럼 루의 발명품이 나라의 지붕 구조를 통일시킬 거라고 예언했다. 그것이 작고 지방 분산적인 공급자 산업을 양산할 것이라고 보았다. 젊은 사람들이 무리를 지어 전 세계의 나라를 돌며 전지를 만드는 방법을 가르칠 것이라고 했다. 그는 그 전지가 비디오폰과 같은 전자통신망에 전원을 공급하는 역할도 맡게 될 것이고, 사람들이 일이나 사업적인 목적을 위해 이곳에서 저곳으로 장소를 옮겨 다녀야 할 필요성을 줄여줄 것이며, 경제에 끼치는 자동차의 압박을 느슨하게 만들고 전적으로 새로운 방식의 사회적·심리학적 에너지를 창출할 것이라고 보았다. 피라미드가 이집트인이나 아즈텍인에게 기여했듯이, 혹은 철도나 전함이 대영제국에 기여했듯이, 혹은 에어컨디셔너가 갖춰진 초고층빌딩이 미국의 도시화에 기여했듯이, 루의 전지도 새로운 사회를 향해 나아가기 위한 주요한 동력이 될 것이다. 새로운 에너지는 그 사회의 핵심이자 수정처럼 맑고 투명한 의식이 될 것이다. 자동차 부품을 움직이지 않아도 되는, 전적으로 고요한 에너지의 절대적인 극치로서!

"왜냐고? 그건 광합성 그 자체만큼이나 아름다우니까!"

그가 숨을 헐떡거리며 말했다. 루는 기분이 좋아서 씩 웃었다.

"저런, 난 내가 만든 게 작은 전지일 뿐이라고 생각했어요. 하지만 뭘 말하는지 대충 이해할 것 같아요. 어느 정도는."

그녀는 버트를 바라보았다. 그는 여전히 넘쳐나는 생각을 감당하지 못하는 것 같았다. 흥분은 진정될 기미가 보이지 않았다.

"그 전지로 무엇을 해야 할지에 대해 구체적인 아이디어가 있다고 말했죠?"

정말로 그랬다. 버트는 생존자당과 관련된 아이디어를 개략적으로 설명했다. 생존자당은 강사와 실천가로 이루어진 네트워크를 만들 것이고 강사는 이웃에서 강의하여 동네 사람들이 전지의 틀을 만들고 설치하는 일을 돕는 법을 가르칠 것이다. 그런 다음 그들이 다른 이웃 동네로 퍼져나가 같은 일을 하면서 상호협조와 자가 교육, 실제 체험을 나누는 네트워크를 만들어간다면 어떤 중앙집권식 프로그램보다도 더 많은 사람에게 좀 더 빠르게, 싸게, 안전하게 전지를 확산시킬 수 있을 것이다.

"좋아요. 생각해보니 꼭 그런 시도를 해야 할 것 같아요. 어쨌거나 그 아이디어를 합법적으로 보호하기 위해 최대한 빨리 다수의 사람들이 그 전지를 사용하게 만들 필요가 있고 그런 다음 어딘가에서 그 과정을 진행하면 될 테니까요. 그러니까 당신이 하고 싶어 하는 일은 제가 하고 싶어 하는 일에 아주 잘 들어맞을 것 같아요."

루는 결의에 차 있었다.

"그렇다면 내가 당장 오늘 밤부터 그 일에 착수할게. 나는……."

흥분한 버트를 루가 가로막고 나섰다.

"한 가지 문제는 내가 그 조직화 작업에 참여할 시간이 그리 많지 않다는 거예요. 아직도 그 메커니즘을 밝혀내는 연구를 진행하고 있거든요."

버트는 실망하여 고개를 숙였다.

"그 전지가 작동한다면 왜 나중까지 기다려야 하는 거지?"

"왜 그래야 하는지는 사실 나도 잘 몰라요. 그냥 여기서 멈출 수가 없어서 그래요. 과학자로서의 준엄성 때문이라고 할까."

"그럴까? 아무튼 우린 멋진 팀이 될 거야. 넌 물리학을 하고, 난 조직화를 하는 거지. 10여 개의 태양전지를 건설하자. 그걸 사람들에게 돌려서 그걸 어떻게 만들 수 있는지 다른 사람들에게 가르칠 수 있도록 교육하는 거지. 글로 적힌 설명서도 만들고 잡지에도 발표하도록 하자고. 그런 다음 온 힘을 다해 계획을 추진하는 거지. 그 물질의 현상을 잘 평가해봐. 생존자당이 너무 늦기 전에 공식적인 프로그램으로 만들 수 있도록."

"알았어요, 아주 좋은 생각이네요. 그렇게 할 수 있도록 우리 모두 최선을 다해야죠."

버트의 눈이 반짝였다.

"좋아. 대단해. 사실은 굉장해!"

그는 루를 껴안아준 다음 곧장 집 밖으로 달려 나가고 말았다.

루는 방금 일어난 일들을 생각하면서 버트가 정말로 미친 건 아닌가 생각했다. 잠시 후 잰이 그녀의 방에서 루를 불렀다. "헤이, 루. 왜 여기 바람이 들어오지?"

버트가 떠날 때 너무 흥분하여 현관문 닫는 것을 잊었던 것이다.

39.   고용자를 위한 주거공간

생존자당의 첫 번째 주요 업적은 봄에, 그것도 중요한 주택단지에서 이루어졌다. 최근 몇 십 년간 그 도시의 부동산 가격은 중상층 계급 외에는 손도 대지 못할 정도로 높이 치솟았다. 새로운 도시 건설은 주로 사무실 건물과 부티크 상가를 짓는 일에만 할당되었다. 전통적인 부동산 시장의 메커니즘으로는 합리적인 가격으로 주거용 빌딩을 지을 수 없었다. 당연히 샌프란시스코의 도심에도 수십 개의 당당하고 새로운 고층빌딩이 들어섰는데, 문제는 그 빌딩에서 일하는 사람들이 시내에 살 경제력이 없었다는 점이다. 그들은 도시 외곽의 집에 마지못해 살면서 아침저녁으로 복잡한 통근버스에 몸을 우겨넣어야 했다.

생존자당은 이러한 방식을 뒤엎기 위해 대담한 시도를 했다. 그들은 첫 번째로 사무실 건물을 짓는 건설업자가 자발적으로 그들이 지은 사무실에서 일하는 고용자를 위한 주거공간을 근처에 건설하도록 촉구하는 캠페인을 시작했다. 사무실에 있는 새로운 책상이 인재들로 채워지려면 회사까지 걸어올 수 있는 위치에 새로운 아파트 공간이 있어야 할 것이고, 그 책상에서 일할 사람이 감당할 수 있는 가격이어야 할 것이다. 생존자당이 주장한 바로는 이 계획을 실행할 경우 샌프란시스코의 인구 감소도 막을 수 있을 것이다. 이렇게 하면 도심 개발로 이윤을 얻은 사람들이 주거자의 필요까지 충족시켜줄 책임감을 느끼게 될 것이다. 또 그 도시에서 일하는 보통 사람들에게 그 도시의 미래와 동네에 대한 이해관계를 제공하게 될 것이다. 고층빌딩 사무실을 지을 계획이 있는 기업은 고층아파트도 지어야 할 것이므로 건축하는 과정에서 더 많은 일자리를 창출할 것이다. 그렇게 되면 고층빌딩에서 일하는 사람들이 자가용 없이도 살 수 있을 것이므로 에너지 소비도 혁신적으로 줄어들 것이다.

당연히 이러한 제안은 빌딩 건설업자들의 맹렬한 반대에 부딪혔다. 그들은 사무실 공간을 건축하는 일 자체를 중단하겠다고 위협했다. 그러나 그것은 생존자당이 환경운동가와 수많은 관련 단체와 강한 결속을 다질 수 있는 이슈가 되었다. 도시가 백해무익한 상류층만의 거주지로 바뀌지 않도록 도시의 생명성을 회복하기로 결심한 소수의 투표자와 도시가 아이들이 있는 가족이 살 만한 곳이 되기를 바라는 사람도 생존자당에 찬성했다. 이는 또한 도시로 이사 올 방법을 찾고 있던 수많은 도심의 근로자에게도 지지를 얻었다. 그 방안이 엄청난 호소력을 가지고 있다는 것이 증명되자 생존자당에서 그 이슈를 빼앗고 싶어진 시의회는 선거가 다가오기 전에 그것을 법으로 제정해버렸다.

갑자기 생존자당원은 더 이상 변두리 조직이 아니라 샌프란시스코 정치의 실세가 되어버린 것을 깨달았다. 새로운 동맹을 일구는 과정에서 베라와 동료들은 막대한 수의 새로운 일자리를 창출할 태양 열난방 시설 도입 프로그램을 실시하기 위해 새롭고 과감한 계획을 개발하기 시작했다.

40.

5월의 어느 날이었다. 제이미 맥브라이드가 읍내에서 일하고 있는 동안 메리 맥브라이드는 닭이 뛰어놀 닭장을 증축하고 있었다. 열 마리가 넘는 암탉을 기르고 있었지만 몇 마리 더 보태기로 결심했다. 그것은 더 이상 수고로운 일이 아니었고, 그런다고 비용이 더 드는 것도 아니었다. 닭은 주로 음식물쓰레기와 정원의 잡초를 먹고 자랐기 때문이다. 그들은 남는 달걀을 이웃집에 남아도는 염소 우유나 식품과 물물교환할 수 있었다. 작은 교역은 언제나 우리의 삶을 풍부하게 한다. 우리는 더 다양한 음식을 먹을 수 있고 가게에서 찾을 수 있는 음식보다 훨씬 신선한 음식을 먹을 수 있다. 뿐만 아니라 세금이라는 끊임없는 자금 유출로 이루어지는 현금경제의 흐름에서 벗어날 수 있고 동시에 친구도 도울 수 있다. 물건을 배송하고 실어가는 일은 이웃을 방문할 기회가 되었고 이는 전원생활의 소중한 일부였다.

그날따라 두두두두 하며 멀리서 들려오는 헬리콥터 소리가 유난히 기분 나쁘게 들렸다. 보통 주위 환경은 상쾌할 정도로 적당히 고요했다. 침실에 누워서도 시냇물이 졸졸 흐르는 소리를 들을 수 있을 정도였다. 메리는 헬리콥터 소리에 깜짝 놀랐다. 사냥꾼의 라이플총에서 안전장치가 딸각거리는 소리를 들은 사슴처럼. 그녀는 고개를 돌려 그 소리가 나는 지점을 보았다. 동남쪽 첫 번째 산맥 너머로부터 들려오는 그 소리는 점차 가까이 다가오고 있었다. '살충제를 뿌리나 보지.' 그녀는 기분이 상해서 다시 닭장 만드는 일에 집중했다.

그날 아침 바람은 동쪽에서 잔잔하게 불어오고 있었다. 따스하고 맑은 날이었다. 헬리콥터 소음이 점점 더 커지자 메리는 하늘을 쳐다보았다. 갑자기 그녀는 헬리콥터가 햇빛을 받아 반짝이면서 점점 더 가까이 다가오는 것을 보았다. 날개에 달린 통에서 분사되는 제초제의 물결을 길고 우아한 구름처럼 달고 있었다. 이전에 근처에 왔던 어떤 헬리콥터보다도 국유림의 경계부로 더 가까이 다가오고 있었다.

"세상에, 저게 우리 땅으로 다가오고 있잖아!"

메리는 벌떡 일어나 손을 흔들기 시작했다. 저리 가라는 손짓을 하며 조종사가 방향을 돌리기를 갈망했다. 그러나 헬리콥터는 무자비하게 급강하하더니 그녀 옆을 바로 스쳐지나가려는 듯 고의로 방향을 바꾸는 것 같았다. 악의에 찬 짐승이 독을 토하는 것 같았다. 희뿌연 제초제 구름은 천천히 숲쪽으로 내려앉았지만 바람 때문에 가라앉으면서 이리저리 주변에 흩날렸다. 메리는 주먹을 꽉 쥐고 헬리콥터를 위협하면서 작은 물방울 같은 것들이 얼굴 위로 떨어져 내리는 것을 깨달았다. 그러자 눈이 따갑고 코가 아리기 시작했다. 그녀는 그것을 들이마시지 말아야 한다는 사실을 깨달았다. 숨을 참고 집을 지나 서쪽으로 달려 내려갔다. 더 이상 숨을 참을 수 없을 때까지 말이다. 그런 다음 거칠게 숨을 들이마셨다가 내뱉었고 흐느껴 울기 시작했다. 뱃속이 마구 뒤집히며 어질어질한 느낌이 들었다. 그녀는 쭈그리고 앉아 뱃속의 것을 다 토하기 시작했다.

그 후 몇 주간 메리는 정체불명의 두통과 수시로 찾아오는 욕지기를 견뎌야 했다. 제이미는 처음에는 그런 증상이 없었고 그 증상에 대해 이야기할 때면 제초제 살포에 대해 감정적으로 화가 나서 생긴 증상이라며 메리를 나무랐다. 그러나 정작 제이미마저 그런 증상이 생기자 그들은 다른 원인을 생각해보았다. 그들은 그들이 마시는 물의 표본을 떠서 성분을 분석해보았다. 그 물은 국유림에서 흘러나오는 시냇물이었는데, 그 속에서 2, 4, 5-T 성분이 발견되었다. 집 주변의 먼지도 분석해보았는데 같은 결과가 나왔다. 그 후 다른 샘에서 물을 떠 왔고 그 물로 작은 집의 내부를 철저히 씻어냈다. 그러나 부부는 환경이 개선된 것을 느낄 수 없었다. 이전 같으면 농담했을지도 모르는 상황에서 서로 욕설을 퍼붓기 일쑤였다.

41.

베라 올웬은 연설자로 이름을 날리게 되었고 지역 케이블 TV마다 그녀의 연설을 방송하기 시작했다. 베라 올웬은 언제나 편안하고 나직하게 말했고 카메라 앞에 서면 마음이 편해졌다. 당연히 그녀는 더 많은 수의 사람 앞에서 생존자당의 비전을 알리는 기회를 환영했다. 오늘도 베라는 어느 방송국 채널에서 연설을 시작했다.

오늘 밤, 저는 정부 방침과 실제 생활 경험 사이의 관계에 대해 여러분께 말씀 드리고 싶습니다. 많은 사람들이 공식적으로 떠들어대는 경제학자 때문에 겁을 먹는 경향이 있어요. 그들은 여러분들에게 말하길 국민총생산GNP이 계속해서 증가하지 않으면 끔찍한 문제에 봉착하게 될 거라고 합니다. 경제학자들은 우리 경제에 실제로 일어나고 있는 문제에 관해 자기들끼리 서로 옳다고 격렬하게 싸워대지만, 대부분은 꾸준히 움직이면서도 대략 똑같은 수준을 유지하고 모든 사람을 위해 충분한 물품을 공급하는 사회가 번영하는 것을 보고 섬뜩함을 느낍니다. 그런 아이디어는 어쩌면 합리적인 것으로 들릴지는 모르지만(나에게는 분명히 합리적으로 들립니다) 과거에 팽창주의자에게 훈련받은 경제학자에게는 '2류'가 된다는 공포를 불러일으킵니다. 2류라든가 평범하다는 개념은 전적으로 무가치한 것으로 여겨지니까요. 그들은 영원히 가속화되는 성장 속도를 멈춘다면 그 순간 다른 누군가가 틀림없이 당신보다 더 나은 위치를 차지하게 될 것이라고 느끼는 것 같습니다.

이런 파괴적인 생각을 하는 사람들은 과연 지속적인 성장이 누구에게나 이득을 줄 것인지, 그게 해를 끼치지는 않을지에 관해서는 결코 물어볼 수고를 하지 않습니다. 그것은 일종의 거짓말이고, 인간이라는 존재가 오로지 GNP에 기여하기 위해 창조된 것처럼 생각하는 사고방식입니다. 마치 GNP가 하느님이기라도 한 양 말이죠.

생존자당 사람들은 경제가 사람을 섬기기 위해 만들어진 것이지, 그 반대는 절대 아니라고 생각합니다. 삶의 질은 단순히 이용할 수 있는 물질의 양에 달려 있지 않습니다. 그것은 우리가 이용하는 물질이 돈을 주고 살 만한 '가치가 있는 것'인가에 달려 있습니다. 예를 들어 우리의 음식에 위험한 첨가물과 성장호르몬이 들어 있다면 그것은 가치가 없습니다. 삶의 질이란 우리를 연결시켜주는 사회적 관계망에 달려 있습니다. 그러한 관계가 적대적인지 경쟁적인지, 아니면 조화롭고 서로 보살피는 것인지에 따라 말이죠. 그것은 우리가 안전하게 거리를 활보할 수 있는가, 숨 쉬는 공기와 마시는 물이 안전한가에 달려 있습니다. 이 모든 것은 돈으로 살 수 없는 '가치 있는 것'입니다.

GNP만이 진실로 유용한 것을 판단하는 척도는 아닙니다. 예를 들어 차 한 대를 파괴하고 또 한 대의 생산을 요구하는 자동차 충돌 사고는 GNP를 증가시킵니다. 화학제품 사용으로 암에 걸린 사람들이 의료비를 지출하면 그것도 GNP를 증가시킵니다.

그러므로 높은 수준의 소비가 반드시 좋은 것이라는 낡은 사고방식을 주의 깊게 살펴보아야 합니다. 사람들은 이렇게 말하겠지요. 우리 생존자당 사람들이 GNP라는 기준에서 바라볼 때 삶의 수준을 떨어뜨리려 한다고 말입니다. 글쎄요, 그 말은 전적으로 사실입니다. 저는 기분 좋게 말할 수 있어요. 삶의 질을 향상시킬 방법을 찾으면서 동시에 GNP를 감소시킨다면 그건 괜찮다고 봅니다. 사실상 멋진 미래를 향한 우리의 계획은 대부분 그런 목표를 달성하려고 의도된 것입니다. 자연스럽게 일어나게 될 생산성의 경미한 하락쯤은 걱정하지 않습니다. 그런 하락은 대부분 특정 이익집단이 우리 경제에 도입한 보상금과 각종 변칙 자금 때문에 일어나는 것일 뿐, 우리가 제안할 정책 변경은 우리 경제를 효율적이고 생산적으로 만들 것입니다. 공명정대하게 만드는 건 말할 것도 없고요.

이러한 분야에 대한 생존자당의 관점은 단순히 경제적인 문제에만 국한되지 않습니다. 전 세계적인 구도 속에서 미국인들은 지구상에 존재하는 물질과 에너지

자원에 대해 합리적으로 할당된 우리의 몫보다 훨씬 더 많은 양을 소비해왔습니다. 지구 에너지자원의 무려 40퍼센트에 해당하는 양을 사용했으니까요. 인구는 세계 인구의 6퍼센트밖에 되지 않는데도 말입니다. 우리는 이러한 소비에 엄청나게 낭비가 심했고, 그것의 부산물을 통해 중대한 쓰레기 문제와 오염, 질병의 문제를 양산했습니다.

생존자당은 우리의 고유한 보금자리를 더럽히는 것을 막고 싶습니다. 우리는 멋진 지구에서 훌륭한 농부처럼 살기 원합니다. 주어진 땅을 비옥하게 유지하면서, 토양의 침식이 일어나지 않도록 지키면서, 다가올 세대를 위해 여전히 생산적인 땅으로 남는다는 것을 확신하는 농부처럼 말입니다. 비와 태양의 도움을 받아 그 땅을 잘 보살핀다면 땅은 우리를 위해 풍성한 먹을거리를 생산할 것입니다. 하지만 단기적인 경제적 계산으로는 결코 달성할 수 없는 일입니다.

그것은 미래에 대한 장기적인 안목을 필요로 합니다. 생물학적 복지와 생존이야말로 가장 기본이고 핵심적인 목표라는 것을 알고 그것을 유지하기로 결심할 때에만 얻을 수 있습니다. 이것이야말로 우리의 계획에서 가장 으뜸가는 것이고 절대 경제학자들의 협박에 주눅 들어서는 안 됩니다.

그들은 경고하며 외쳐댈 겁니다. 다른 나라들이 경제적으로 성장하고 정치적으로 강해지면서 자원에 대한 우리의 지배력이 쇠퇴하게 될 거라고요. 이는 동네에서 골목대장 노릇을 하는 아이나 다를 바 없습니다. 성장이 제일 빨라서 골목대장이 되었지만 나중에 보니 다른 아이들이 점점 자기만큼 자라나고 있는 겁니다. 그들은 비용이 얼마가 들든지 지배적인 지위를 되찾기 위해 투쟁해야만 한다고 말합니다. 생존자당은 이 목표가 잘못된 것이며 자멸이라고 생각합니다. 그것은 모든 것을 퇴보시킵니다.

가장 좋은 접근 방식은 우리가 어떻게 살 것인가 결정하고 그에 맞춰 경제적인 것을 정하는 것이라고 봅니다. 예를 들어 유용한 재원을 공정하게 분배하기로 한다면 우리 사회는 좀 더 행복해지고 건강해지고 범죄율도 낮아질 겁니다. 오염되고 사회적으로 부패한 환경이 우리에게 부과한 '손상'을 줄이기로 결정한다면 더 잘살 수 있을 겁니다. 그것이 전체적·통계적인 물품 소비량을 떨어뜨리는 것을 의미하더라도 말입니다.

삶의 질을 개선시키고 GNP를 감소시킬 수 있는 방안의 예를 들어볼까요? 경찰을 유지하는 비용도 GNP에 포함됩니다. 우리는 절망적으로 가난한 사람으로 가득 찬 사회에 살고 있고 경쟁과 소외 속에 무관심하게 내버려진 삶을 살다가 범죄자가 되어버린 사람들이 수두룩합니다. 그러므로 다른 나라에 비해 인구수당 훨씬 더 많은 경찰 병력을 고용하고, 훨씬 더 많은 돈을 감옥을 유지하는 데 쓰고 있습니다. 사회적인 구조를 재편성해서 서로를 깎아내리는 대신 서로를 지지해준다면, 모두 안전하고 필요한 존재라고 느낄 수 있는 새로운 가족 형태를 만든다면, 삶의 보상이 모든 사람에게 정당하게 배분된다는 확신을 가질 수 있다면 더 낮은 범죄율과 더 적은 수의 경찰과 더 나은 삶을 보장받게 되겠지요. 그 경우 경찰 유지에 소요되는 비용이 줄어들 테니 GNP 역시 줄어들 것입니다. 그런다고 누가 불평하겠습니까?

식품에 대해 말해봅시다. 비싸고 기름기 많은 고기와 고지방 치즈와 설탕이 잔뜩 든 음료수에 쓰는 돈 역시 GNP에 포함됩니다. 그것도 아주 많은 부분을 차지하고 있지요. 물론 이러한 음식 때문에 쓰는 의료 비용도 마찬가지로 GNP에 기여합니다. 영양이 풍부하면서도 값싼 곡물과 야채, 콩으로 만든 두부, 맛을 낼 만큼만 고기를 쓰고 생선에 기초한 식단을 차린다면 음식에 소요되는 경비도 엄청나게 줄어들 것이고 건강을 향상시키는 동시에 의료비 지출도 줄어들겠지요. 하지만 이 또한 GNP를 감소시키겠지요.

다시 말해 적은 GNP가 개인적으로나 심리학적·사회적으로 더 나은 삶을 의미할 수도 있다는 거지요. 그러므로 성장률이 둔화된다고 해서 두려워할 필요가 없습니다. 안정된 상태의 사회는 오랫동안 방치되었던 기회를 돌려줍니다.

소비를 줄이는 과정을 통해 더 행복하고 건강해질 수 있도록 경제적 소비 패턴을 바로잡을 기회를 말이죠. 절대로 경제적 수치에 겁을 먹어서는 안 됩니다. 오로지 직접 보고 느끼고 냄새 맡고 알 수 있는 것에 대해서만 두려움을 느껴야 합니다. 우리야말로 진정한 삶의 질을 판단할 수 있는 사람들입니다. 정부의 사무실 어딘가에 앉아서 탁상공론이나 펼치는 경제학자들이 아니라요.

그러니까 생존자당은 실제 세상에서 주변을 돌아보고 어떤 것이 진정으로 복지에 기여하고 있는지 판단하려고 애쓰고 있습니다. 그러한 것은 정부가 정책을 통해 육성해야 하는 것입니다. 그 후에 단순히 통계적인 중요성만 가진 것을 살펴볼 것입니다. 부디 무엇이 옳고 그른지 판단하는 과정에 함께 참여해주십시오!

이상 생존자당의 베라 올웬이었습니다. 좋은 밤 되십시오.

42.

"누나, 누나한테 특별히 할 말이 있어. 시간 있어?"

마이크가 말했다.

루는 잰의 집에서 돌아오자마자 그동안 미뤄왔던 연구를 시작할 생각에만 몰두해 있었다. 마이크는 당황한 것 같기도 하고 다소 놀란 것 같기도 했다. 며칠 전에 손목을 삐어서 가족들은 약초 전문가 친구가 가르쳐준 대로 컴프리를 찧어서 만든 습포제를 붙여주었다.

"또 손을 다친 거니?"

루가 물었다. 그가 왜 주먹을 휘둘러야 했던가에 관한 청춘의 고뇌를 또다시 듣고 싶지는 않았다. 여전히 그는 그녀의 '꼬마' 동생일 뿐이었다.

"아니. 사실 오늘 오후에 수상한 남자가 나타났어. 커다란 새 차를 타고 저 모퉁이를 돌아서 지나갔는데, 아주 천천히 지나가면서 뭔가 살피는 기색이 역력했어. 그 차를 특별히 본 이유는 몇 분 후에 정말 천천히 다시 한 번 지나갔기 때문이야. 그런 거 있잖아, 집이나 뭔가를 찾는 사람들과는 달리 단지 살피기만 하는 거."

"그게 뭐 그리 이상해? 내가 듣기엔 좀 멍청한 관광객인 것 같은데. 벌거벗은 히피나 뭐 그런 걸 보고 싶어 하는."

"나도 처음엔 그렇게 생각했지. 그래서 별로 신경 쓰지 않았어. 그때, 아마 15분쯤 후였을까, 우연히 목욕탕에서 창밖을 내다봤어. 그가 길 아래쪽 모퉁이에 차를 대고 내리는데 목에 쌍안경을 걸고 있었어. 그래서 그가 들새 관찰자일 거라고 생각했지. 그는 저쪽 석호를 바라보더니 그다음엔 모래톱 쪽으로 향하는 거야."

"그랬다면 너의 수수께끼가 풀린 것 같은데."

"그게 아니라니까. 내가 볼일을 보면서 창밖을 내다보며 서 있는데 그가 무슨 짓을 했는지 알아? 잠시 바다를 보는 듯 한동안 이리저리 살피면서 여전히 쌍안경은 눈에 대고 있더라고. 그러다 마침내 그가 그곳을 관찰하기 시작했어. 정말 덜컥 겁이 나더라고. 그가 쌍안경으로 어디를 봤는지 알아? 누나의 전지가 설치된 선반이었어!"

루는 입 안이 바짝 말라버렸다.

"바깥에 나가 뭘 원하는지 물어보지 그랬어? 아니면 디미한테 부탁해도 됐고. 그렇게 안 했어?"

"그러니까 그 남자는 더블 정장을 입고 있었는데, 이유는 모르겠지만 내가 그를 보고 있다는 걸 그에게 알리지 않는 게 좋겠다는 생각이 들었어."

"넌 그 사람을 스파이라고 보는 거니?"

마이크는 태도를 바꾸어 불안감을 드러냈다.

"글쎄, 하지만 누가 알겠어? 그의 행동은 분명 이상했다고."

루는 가슴이 철렁 내려앉는 느낌이었다. 로저가 이전에 얘기해준 적 있는 음모는 생각도 하기 싫었다. 왜 세상은 그녀가 맘 편하게 연구하고 연구를 끝내고 난 후 그것으로 뭘 할지 결정하도록 내버려두지 않는 걸까? 아무튼 이 가짜 새 관찰자는 누구일까? 그녀는 이 수상한 관찰자로부터 전지를 감쳐야 하는 걸까? 아니면 밖에 가짜 셀을 설치한 다음 안에서 진짜 연구를 진행해야 할까? 끝없이 우울한 질문이 떠올랐다.

"마이크, 망 잘 봐줘서 고마워. 지금 당장은 어떻게 해석해야 할지 모르겠어. 아빠가 집에 오시면 말씀드리고 생각을 들어봐야겠어."

"그래야지. 여하튼 그가 다시 오는지 내일도 잘 살펴볼게. 이 손으로는 정말 아무것도 필기할 수가 없어. 그래서 난 집에 있을 거야. 꾀병으로 학교를 빼먹고 말이지."

"마이크, 너 미쳤니? 새엄마랑 아빠한테 말씀드리는 게 어때? 부모님도 가끔은 네가 집에 있는 거 허락해주시잖아."

"말 안 하는 게 더 재미있잖아."

"모르겠다. 누군가가 뭔가 음모를 꾸미고 있는 것 같아. 정신 바짝 차리고 감시해."

"당연하지, 누나. 그런데 있잖아, 오늘 밤 수학 숙제 좀 도와주면 안 될까?"

"오늘 밤은 안 돼. 오늘 영어 수업 시간에 졸면서 꿈꾸다가 전지의 메커니즘에 대한 새로운 아이디어가 떠올랐단 말이야."

43.

PCB의 위험성

로센 화학회사는 심하게 산업화된 캘리포니아 도시의 뒤편 언덕에 위험한 매립식 쓰레기처리장을 운영하고 있었다. 매립지는 인구 700명의 오크크릭이라는 동네의 경계 안에 있었는데, 동네의 거주민들은 그 존재를 수년간 삶의 일부로 당연하게 받아들였다. 그리고 로센 회사가 내는 세금이 동네의 이익에 공헌한다고 생각하며 그들을 환영했다.

최근에 오크크릭의 일부 주민들은 유독한 오염물질인 폴리염화비페닐^{PCB}을 실은 트럭이 그 매립장을 이용하고 있다는 사실을 발견했다. 얼마 전 PCB가 목축장으로 흘러나와 미시간 주에 공급될 소고기를 모두 오염시켰던 사건이 있은 후 PCB의 위험성은 널리 알려져 있었다. 오크크릭 사람들은 당장 경계 태세로 들어갔다. 그들은 쓰레기 매립장에서 흘러나온 누출액이 시냇물과 강으로 흘러들 것을 두려워했다. 더운 여름날이면 아이들이 그 시냇물에서 뛰어놀았다. 누출액은 동네 사람들이 마시는 식수용 샘으로 흘러들 수도 있었다. 또한 그들의 주요 도로를 통과해서 달리는 거대한 트럭에서 흘러나오는 액체도 두려워했다. 싣고 가는 탱크가 하나라도 터지는 날에는 마을은 살 수 없는 곳이 되리라는 것을 알기 때문이다.

어느 날 오후 오크크릭으로 가던 트럭 운전사는 그 길을 막고 있는 주민의 무리를 보고 깜짝 놀랐다. 어떤 사람은 총까지 들고 있었다. 어느 노파는 서투르게 프린트된 간판을 들고 있었는데, 거기에는 '오크크릭에 PCB 독극물 결사반대'라고 적혀 있었다. 트럭 운전사는 주위를 빙빙 돌다가 떠나버렸다. 그다음 날 동네를 찾아온 경찰은 오크크릭의 주민들이 주 공중위생국을 불러오기로 결정한 것을 알게 되었다. 공중위생국의 분석 소견을 볼 때 매립 시설은 잘 설계되어 주민에게 아무 위험도 끼치지 않을 것처럼 보였다. 보안관 사무실은 마을 공무원에게 주민들이 트럭 통행을 방해하지 못하게 하라고 주의를 주었다.

며칠 후 PCB 트럭 한 대가 다시 매립장을 향해 가고 있었다. 트럭은 무사히 오크 크릭의 가로수가 늘어선 길을 조용히 통과했다. 그러나 매립지에 접근할 때쯤 운전사는 도로에서 한 무리의 사람들이 길을 가로질러 배수용 파이프를 묻기 위해 땅을 파고 있는 것을 보았다. 그는 창밖으로 얼굴을 내밀고 외쳤다.

"이봐요, 언제쯤 차가 통과할 수 있소?"

배수구 속에 있던 사람들은 삽에 몸을 기댄 채 대답했다.

"우리도 정말 몰라요."

그중 한 명이 대답했다.

"당신도 알듯이 이건 주 관할 도로가 아니거든요. 오크크릭 주민들은 그냥 일만 할 뿐이랍니다. 아마 한참 걸릴걸요."

"그게 무슨 말이요. 한참이라니. 내일이 되어야 끝나요?"

커다란 배수구 속에 있던 사람이 씩 웃었다.

"그럴 리가요. 그 정도로 끝날 일은 아니죠. 한 2주쯤, 어쩌면 두어 달. 그 물건을 쏟아 부을 다른 장소를 물색하는 편이 나을 거요."

여러 주, 여러 달 동안 그런 일이 지속되었고, 로센 회사는 동네를 상대로 소송을 걸었다. 그러자 마을은 로센과 카운티를 상대로 맞소송을 냈다. 법적인 소송 사건 적요서와 반대 적요서가 오고갔다. 마을 측 변호사는 시간을 최대한 늦출 수 있는 전략을 선택했다. 오크크릭 주민들은 집 밖으로 나가서 배수구에서 자갈이 섞인 흙을 퍼내곤 했다.

PCB에 불리한 증거가 갈수록 늘어났다. 국회는 1976년의 독성물질 제한 조치에서 환경보호국에 PCB를 금지하라고 명했다. 그러나 환경보호국이 활동한 것은 1979년 중반까지였고 그때도 그 규정은 대부분의 위험 물질 사용을 눈감아주었다. 그때까지 약 44억 파운드의 PCB가 전국에 살포되었다.

어쨌든 그날부터 더 이상 트럭은 오크크릭의 매립지를 통과하지 못했다.

44.

아트 메츠거

루는 태양전지 작업에 너무 많은 기력을 쏟아 부은 나머지 친구들을 만날 시간도 없었다. 남자친구인 데이빗도 안 본 지 오래됐다. 그들은 주말에 만나 시골길을 함께 산책하거나 인적이 드문 언덕에 올라 사랑을 나누기도 했다. 언제나 멋진 경험이었으므로 그녀는 다음번 만남을 미루지 않겠다고 결심하곤 했다. 그러나 그 결심도 잠시, 그녀는 곧 다시 바빠지고 말았다. 루가 예상했듯이 샤프&내추럴은 최종적으로 〈화학 블루스〉라 이름붙인 곡으로 성공을 거두었고 나머지 곡들 역시 인기를 얻은 것 같았다. 새크라멘토와 산타크 루즈같이 먼 곳에서도 클럽에 와서 연주해달라는 주문이 있었고, 가끔은 루 도 음악을 들으러 갔다. 어느 날 저녁 그들은 버클리의 스푸니라는 곳에서 연 주하고 있었다. 친근한 분위기의 클럽으로 예전에 제리 가르시아나 위대한 음악가들이 연주했던 곳이어서 그들의 흔적이 곳곳에 남아 있었다. 샤프& 내추럴은 몇 달 전 그곳에 나타났고, 긴장하지 않고 멋들어지게 연주했다. 관 중들은 열광적인 반응을 보였다. 루와 친구들은 앞쪽 테이블에 앉아 있었다. 관중석에는 조심스럽게 평상복을 차려입은 온화한 인상의 남자가 앉아 그 공연을 평가하고 있었다. 그는 유명한 코스모스 레코드 사에서 일하는 아트 메츠거였다. 그는 샤프&내추럴이 촉망받는 그룹이라는 소문을 들었다. 그러 나 이 그룹이 말과 음악이 섞인 이상한 방식으로 노래할 줄은 미처 몰랐다. 노래를 부르는 사이 그들은 재담을 늘어놓는 스탠드업 코메디언과 비슷한 연기를 보여주었다. 가끔씩 신문에서 읽은 내용으로 그 재담을 구성했다. 신 문에는 우스꽝스러운 이야기들이 풍부했기 때문이다. 루는 날카로운 독설가 인 엘런이 이러한 내용을 가사로 이용하는 일에 뛰어나다고 생각했다.

엘런은 노래 중간에 신문을 흔들며 이렇게 말을 꺼냈다.

"이것 좀 봐요. 대기오염에서 우리를 구해줄 새로운 방안이 있다네요. 정 말 좋을 것 같지 않아요? (미리 알아채고 낄낄거리면서) 그래요, 그거 정말 멋 지게 들리는데요. 하늘이 부여한 자동차의 권리를 정부가 방해하지 않아도 되는 해결책이라고 할 수 있지요. 그게 뭘까요? 좋아요, 답은 바로, 숨 쉬지 않기! (폭소를 터뜨린다.) 맞는 말이네요, 멋져요. 누군가 이런 방법도 발명했 네요. 우리가 폐암에 걸릴 위험을 완벽하게 제거할 방법 말이에요. 오직 우 리가 (숨가빠하며) 심호흡만 하지 않도록 노력한다면 말이죠."

이런 재담으로 폭소를 자아낼 뿐만 아니라 관객이 한 목소리로 대답하도 록 유도했다. 정치 집회에서 슬로건을 외치듯이 말이다.

"치어리더들이 따로 없군."

아트가 동료들에게 말했다. 그는 음악과 정치를 섞는 일을 본능적으로 혐오했다. 그렇긴 해도 이 밴드가 정말 잘하고 있다는 것만은 인정해야 했다.

샤프&내추럴은 마지막 곡을 연주한 후에도 곧바로 무대 뒤쪽으로 퇴장하지 않았다. 대신 악기를 내려놓고는 객석으로 내려와 관객과 어울리기 시작했다. 각자 테이블로 가서 그곳에 있는 사람과 잡담을 나누고 잠시 앉아 있기도 했다. 아트는 이러한 방식을 뭐라고 평가해야 할지 알 수 없었지만, 밴드의 멤버들은 조명이 켜진 무대에서 신비한 모습을 유지하는 것과 관객 속에서 땀 냄새 풍기는 평범한 인간의 모습을 보여주는 것 사이를 오가는 일에 매우 능숙해 보였다. 그는 그들이 피드백을 구하고 있고 틀림없이 원하는 바를 얻고 있다는 것을 알 수 있었다. 그들은 관객과 수없이 껴안고 미소를 나누었지만 그들의 반응과 제안도 진지하게 받아들였다. 어떤 사람은 종이에 뭔가를 적어서 그들에게 건네주었고, 밴드 멤버들은 서로 그 종이를 돌려보았다. 보통의 밴드라면 열광적인 팬이나 새로운 마약상의 전화번호가 적힌 쪽지일 것이다. 그러나 이 밴드는 달랐다. 아트는 그것이 새로운 노랫말을 위한 소재일 거라고 눈치챘다. 이 밴드는 한편으로 뭐랄까, 아주 진지한 구석이 있었다. 그것이 아트를 불편하게 했다.

그런데도 기회가 주어지자 그는 어슬렁거리며 다가가 말을 붙였다.

"안녕, 난 코스모스 레코드 사의 아트 메츠거라고 해요. 당신 그룹에 대해 좋은 평판을 많이 들었어요. 우리와 함께 레코드 작업을 하는 것에 대해 만나서 얘기하면 좋을 것 같아요. 쉬는 시간이 있나요?"

"다음 무대 끝나고 만나면 어떨까요? 무대 뒤로 오세요."

데이빗이 말했다. 그러고는 잠시 망설이다가 이런 말을 덧붙였다.

"어쩌면 이미 알고 있겠지만, 우리의 음악은 녹음하기 힘든 구석이 있어요."

"좋아요. 만나서 이야기를 들어보고 싶군요. 장담은 못 하지만 이야기나 해보지요."

"당연하죠. 이따 봐요."

마지막 연주에서 밴드는 〈미드나잇 Midnight〉이라는 곡을 들려주었다. 가사는 산만하고 암시적이었다. 빛이 꺼져버린 후 길고 긴 세상의 어둠이 찾아오고 귀신과 최악의 공포가 다가오고 있는데도 새벽이 올 가망이 전혀 없을 때의 절망감에 관해 노래하고 있었다. 멜로디는 복잡하게 순환하면서 재미있게 변주되었다. 때로는 멜로디를 과장했고 가끔은 즉흥연주를 하다가 다시 원래의 멜로디로 돌아왔다. 그 음악과 관중의 기대감을 희롱하면서 본인들도 한껏 즐기고 있는 것이 분명했다. 그 곡이 충돌하는 듯하면서도 다소 감상적인 결말부에 도달하자 관객들의 박수갈채가 터져 나왔다. 보통의 록음악들이 강한 클라이맥스에 도달했을 때 관객들이 흔히 보이는 히스테리성 박수가 아니라 느리고 진심에서 우러난 것이었다.

아트는 감명받은 채 무대 뒤로 갔다.

"놀리려는 게 아니라 정말로 굉장한 연주였어요. 녹음할 준비가 되어 있어요. 의심할 바 없이!"

"고마워요."

엘런이 땀을 닦으며 말했다. 그룹 멤버는 서로를 바라보며 미소지었다. 그들도 정말로 멋지게 연주한 것을 알고 만족감을 드러냈다. 그들은 등을 기대고 앉아 아트의 말을 기다리고 있었다. 루는 벽을 따라 놓인 낡은 의자에 앉아 그들을 지켜보고 있었다.

아트는 망설였다. 평소 새로운 그룹을 만날 때 하던 방식대로 했다간 망신당할 거라는 생각이 들었다. 이 아이들은 일류 음악가가 어떻게 사는지 이야기 듣는 것에는 그다지 흥미가 없어 보였다. 심지어 마약을 했는지도 알 수 없었다. 그 나이에 대마초를 피워보지 않은 사람은 없을 테지만 말이다. 그래서 아트는 지금까지 얼마나 많은 곡을 만들었는지부터 물어보았다. 직접 만든 곡 중에 정말로 만족하는 곡이 스무 곡 정도이고, 지금 만들고 있는 것도 몇 곡 더 있다고 했다.

"고를 곡이 정말 많겠네요. 아니면 다른 곡에서 다소 응용한 것도 있겠죠."

아트가 말했다.

"우린 다른 사람들 음악은 연주하지 않아요. 그들은 그들의 곡을 연주하라죠. 우린 우리 곡을 연주할 테니."

엘런이 쌀쌀맞게 받아쳤다.

"나도 그런 감정 잘 알아요. 아닌 게 아니라 그런 감정을 높이 평가해요."

아트는 이번 일이 어려울 거라 예상했다. 음악은 의심할 바 없이 좋았지만 아직까지 샤프&내추럴을 알아주는 사람들이 도대체 어디 있단 말인가? 그는 구매자들이 알아볼 수 있는 무엇인가가 필요했다.

"아무튼 그 점에 관해서는 나중에 이야기할 수 있을 겁니다, 만약 그렇게 해야 한다면." 아트의 말에 데이빗이 조심스럽게 말을 꺼냈다.

"그런데 제가 보기엔 당신은 정말로 우리 편에서 생각하고 있는 것 같지 않아요. 우린 녹음하는 것에 조금은 반대해요."

데이빗은 수줍게 바닥을 내려다보았다.

"그게 무슨 말인가요? 녹음을 반대한다니? 아직도 준비가 덜 되었다고 생각하는 건가요?"

"그게 아니라 우리는 라이브 연주를 하고 싶어요. 진짜 사람들을 위해서요. 그러면 그들에게 말을 걸 수도 있고 그들을 만날 수도 있으니까요."

"그렇군요. 저런, 음반을 통해 진짜 사람들을 만날 수 있어요. 그리고 음반이 잘나가면 라디오에서도 연주할 수 있어요. 하지만 음반을 통해 백 배도 넘는 사람들에게 곡을 들려줄 수 있어요. 그리고 백 배나 많은 돈도 벌 수 있고요!"

"그래요, 그건 우리도 알고 있어요. 하지만 그건 우리가 정말 하려는 게 아니거든요."

데이빗이 고집스럽게 말했다.

"계속 말해봐요."

밴드 멤버들은 서로를 바라보다가 루를 쳐다보았다. 그런 다음 엘런이 대표로 입을 열었다.

"우리는 음악을 나머지 것으로부터 분리하고 싶지 않아요. 뭐랄까, 록스타가 되는 데 그치고 싶지 않고 당신도 알겠지만 성공해서 음악을 듣는 사람에게서 분리되기는 싫어요. 우리는 사람들이 우리를 친구처럼 생각해주길 바라요. 우리의 친구니까요. 그들에게 말을 걸 수 있어야 해요."

"그래서 당신은 라이브 공연에 올 수 없는 이 세상의 다른 사람에게서 음악을 들을 권리를 빼앗으려는 건가요? 그건 60년대식 고집처럼 들려요. 공짜 콘서트나 뭐 그런 생각처럼요."

"글쎄요, 그게 1960년대에 있었던 일이라면 그들은 뭔가 좋은 아이디어가 있었겠죠. 사실 순회공연 계획을 많이 세우고 있어요. 포틀랜드, 유진, 어쩌면 시애틀까지도."

엘런이 냉소적으로 말했다.

"그렇겠네요. 그건 인기를 더욱 높여줄 거예요. 그건 좋아요. 우리는 당신들을 억누르지 않게 계약서를 쓸 수 있어요. 당신들이 돌아올 때쯤 녹음을 좀 하면 될 거예요."

갑자기 데이빗이 끼어들었다.

"아뇨, 그런 뜻이 아니라니까요. 그건 정말로 우리의 원칙이에요. 단지 녹음은 좋아하지 않아요."

아트는 어린 음악가들을 다룰 때 화를 참는 법을 이미 터득하고 있었지만 가끔씩은 약간의 냉소주의도 괜찮다고 생각했다.

"그러면 당신들이 바깥에서 작동시킨 8트랙짜리 녹음 기계는 다 무엇이죠?"

엘런이 대답했다.

"그건 연주 후에 우리가 어떻게 연주했는지 연구하기 위해서죠. 균형을 제대로 맞추었는지, 다른 그룹처럼 가사를 까먹지는 않았는지 확인하고 싶어서요."

데이빗이 덧붙였다.

"그리고 그건 음악을 저장하는 방식이기도 해요. 우리가 헤어지더라도 음악이 사라지는 건 원치 않아요."

"그러니까 언젠가 그걸 음반으로 만들어둘 방법을 생각해야죠!"

"그걸 절대적으로 규정화하진 않아요. 하지만 그 테이프들은 스크랩북에 더 비슷하다고 할 수 있어요. 우리가 한 일에 대한 기억을 더듬어보는 데 도움이 되니까요."

아트는 한숨을 내쉬었다.

"좋아요. 이제 당신들을 이해할 것 같아요. 당분간 나는 연락만 할게요. 어쩌면 당신들이 생각하는 대로 대략적인 계약서를 만들어 보낼지도 몰라요. 준비가 되었을 때 언제든 나에게 오면 돼요."

그는 쓴웃음을 지으며 테이블로 돌아갔다.

밴드 멤버들은 서로 눈빛을 교환했다. 그들은 레코드 사에서 자신들을 알아보기 시작했다는 소문을 들었고 첫 번째 교섭이 언제 들어올지 궁금했다. 그들은 입장을 고수하기로 했다. 아트의 눈에는 더 나은 계약서를 작성하기 위해 수를 부리는 것처럼 보일 수도 있다는 사실을 알고 있었지만 말이다. 그런 관심을 받는 것은 무척 기분 좋은 일이었다. 그것은 점점 나아지고 있다는 느낌을 확고히 해주었다.

"그가 뭘 해야 할지 정말 알고 있는 것 같진 않은데."

루가 말하면서 웃음을 터뜨렸다. 그들도 모두 잠시 낄낄거렸다. 데이빗이 정색하며 말했다.

"좋아, 바깥에 우리를 기다리는 사람들이 있어. 연주하러 가자고!"

45.

지역 경제 공사에 대한 헨리의 아이디어는 매기가 탈당하는 걸 막았지만 워싱턴 주변에서 생존자당의 주장에 동정하는 입법부 의원과 로비스트가 그 아이디어를 제안했을 때 무관심이나 노골적인 적대감에 부딪쳤다. 고질적인 문제에 빠진 국가 경제를 두고 누가 환경 재건을 위한 아름다운 계획 따위에 귀를 기울이려 하겠는가? 대여섯 개 기업이 파산할 위기에 처해 있었다. 중앙아메리카와 남아메리카에서 반군 세력이 증가했다. 예산상의 제약 때문에 동부와 중서부 도시에서는 빠른 교통기관 서비스를 강제로 줄이거나 정지시키기까지 했다. 그 때문에 사람들은 자가용에 더욱 의존할 수밖에 없었다. 추운 지역에 사는 사람들은 난방용 석유가격이 증가하여 고통 받았고 아파트에서 얼어 죽는 것이 더 이상 뉴스거리가 되지 않는 정도까지 도달했다. 에너지비용이 낮은 거대한 재정 고갈로 선벨트 지역의 개발을 지속하려면 더 오래된 지역에 세금을 부과해야 했다. 워싱턴의 정치가는 북서부 지역과 그곳의 광적인 환경주의자보다 더 급하게 해결해야 할 걱정거리들이 얼마든지 있었다.

헨리의 아이디어에 포함된 지방자치적 요소는 연방정부가 거절했는데도 살아남았다. 연방정부에 호소하는 대신 생존자당원들은 워싱턴과 오리건, 캘리포니아 주의 주 정부와 지방자치정부에 관심을 집중시켰다. 그들은 교통, 에너지, 수자원, 오염, 재활용, 인구 문제를 분석했고 이런 문제를 해결하는 데 지방자치적인 접근 방법이 실용적인 가치가 있다는 것이 밝혀졌다. 그들은 지방자치 협의회를 열어서 지방자치 관련 잡지를 발행했다. 조금씩 생존자당 내부에서뿐만 아니라 주의 경계선을 가로질러 정치인과 관료 사이에 새로운 연대와 동맹이 자라났다.

캘리포니아 주 데이비스에서 자전거 교통수단을 강화시키고 일조권 조례를 지정한 실험은 오리건 주의 유진과 워싱턴 주의 시애틀에도 적용되기 시작했다. 포틀랜드와 시애틀은 미국 최초로 광범위하게 확산된 시민들의 참가(그리고 진짜 비용을 들여서)에 기초하여 에너지 절약안을 개발한 도시였는데, 이들은 남쪽에 있는 샌프란시스코와 산호세의 에너지 문제 해결에 좋은 모델이 되었다. 그 절약안을 시행하여 포틀랜드가 에너지 소비량을 40퍼센트까지 줄인 사실에 크게 감명받았기 때문이다. 광범위한 지역에 걸쳐 호수 주변 지역 보호와 재건을 위한 프로그램이 시작되었고, 유진과 포틀랜드 사이를 굽이쳐 흐르는 윌라멧 강의 둑을 강변 공원으로 전환하면서 얻은 교훈이 나파 강의 환경을 복원하는 데 이용되었다. 나파 강은 이전에 오염이 너무 심각해서 손이 닿는 것조차 위험했다.

그러나 그린피의 활동이 가져온 성과 중 가장 충격적이고 논란을 불러일으킨 점은 차에 대한 것이었다. '차 없는 지역'이 처음으로 만들어진 것은 몇 년 전 포틀랜드였다. 그곳은 도심 한가운데에 지어진 쇼핑몰 지역으로 공짜로 운행되는 버스 서비스를 제공했는데, 비가 올 때 승객들이 비 맞지 않고 기다릴 수 있게끔 유리로 덮인 우아한 정류장 건물도 함께 지었다. 이 간이 건물에는 공중전화 부스도 갖추어져 있었다. 얼마 후 상인은 도심 상가의 매출 규모가 의미심장하게 증가한 것을 발견했다. 자전거 타는 사람 역시 늘어났고 많은 가게에서 자전거를 세워둘 공간을 제공하기 시작했다.

이와 같은 성공 사례는 그린피를 통해 다른 도시로 계속 퍼져갔고, 정체가 심하던 도심 지역 여러 곳에 '차 없는 지역'이 건설되었다. 보행자들은 새로운 시스템에 너무나 만족한 나머지 어쩌다 실수로 그 지대에 들어온 차에 야유를 퍼부었다. 점차 인도와 차도 사이의 연석이 제거되어 건물 사이의 공간이 하나의 평평한 지역으로 포장되었고 군데군데 나무와 꽃과 낮은 풀숲도 만들어졌다. 분수, 벤치, 뉴스 가판대와 편의시설이 여기저기 널려 있었다. 택시 몇 대와 배달 트럭이 조심스럽게 보행자와 자전거 사이를 지나갈 뿐이었다.

46.

메리사 다마토가 중학교에 다닐 때 시에라 산맥으로 일주일짜리 캠핑 여행을 떠나게 되었다. 높고 탁 트인 마을의 체험은 정말 큰 즐거움을 주어서 그녀는 가족들도 경험해보도록 이끌었다. 그녀의 아버지 안젤로와 어머니 로라는 매우 사교적인 사람들이어서 큰 단체가 관련된 경우에만 캠핑 가는 걸 좋아했다. 그래서 매년 여름 가족은(친구 네다섯 명이나 친척까지 매달고) 그 뜨거운 중앙 계곡을 건너 시원한 산을 향해 가곤 했다. 그들은 외딴 숲길이 시작되는 곳까지 수마일을 흙길을 달려 운전했다. 그곳에서 그들이 열흘 동안 사용할 물자가 든 무거운 배낭을 나눠 메고 작은 호수까지 이어진 숲길로 걸어갔다. 그 호수는 눈 녹은 물과 작은 산에서 흘러내려오는 시냇물이 모여서 형성된 것이었다. 낮에 햇빛을 피할 그늘을 제공하는 숲을 발견하면 베이스캠프를 지었다.

여러 날 동안 잠을 자고 낚시하고 요리하고 게으르게 한담을 나누면서 보냈는데, 그 속에서 도시생활이 주는 긴장감과 압박 따위는 까마득히 멀고 무의미한 것처럼 보였다. 메리사는 이러한 단순하고 소박한 삶을 사랑했다. 불필요한 것을 모두 내려놓고 최소한의 것만으로 살아가는 생활 말이다. 그녀는 매일 똑같은 하이킹 바지와 때 묻은 셔츠 차림이었다. 그녀는 고산지대의 차가운 호수에서 수영하고 물에서 나와 빙산이 매끈하게 다듬어놓은 바위 위에서 몸을 말리는 일에 익숙해졌다. 그녀는 산의 미풍이 주는 관능적인 느낌을 즐겼다. 바람은 따뜻하지도 시원하지도 않아 딱 적당한 온도였고 피부를 부드럽게 어루만졌다. 그녀를 둘러싼 미묘한 향기와 소리와 풍경을 오감으로 느낄 수 있었고 도시에 있을 때보다 밤낮으로 하늘을 더 많이 바라볼 수 있었다. 이런 삶은 '정상적인' 살림살이라고 판단할 만한 기준을 제공하는 것 같았다. 그녀는 이곳에서 아버지 안젤로가 식사 준비를 대부분 담당한다는 사실을 즐겼다. 반면, 로라는 지형도에 매혹되어 지도를 맞춰보며 여기저기 걸어다니기를 좋아했고 매일 어디를 하이킹할 것인지 결정하는 역할을 맡았다. 야생에서 산다는 것에는 멋진 구석이 있었다. 그곳에서는 발목을 삐는 것도 진짜 위급한 상황이 될 수 있었다. 그런 사실이 메리사를 긴장시켰고 자기보호본능을 강화시켰다. 방울뱀과 코요테가 곰과 함께 그 영역을 나눠 썼고, 사자가 있다면 사자와도 함께 살 만했다. 그리고 도시에서라면 어디서든 여러 날 동안이나 그녀 외에 다른 동물이 지상에 함께 살고 있다는 사실을 잊고 지낼 수 있겠지만 산속에서는 그녀를 둘러싼 사슴과 박새, 딱따구리, 땅다람쥐, 나비, 파리와 모기, 딱정벌레를 가까이서 볼 수 있었다. 야영지를 둘러싼 좁은 지역에 1,000여 가지의 생물종이 모두 함께 살고 있는 것이다.

그녀는 소위 생활필수품에 대한 관념조차 시에라에서는 달라진다는 것을 깨달았다. 이런 곳에 와서 살기 위해 짐을 꾸린다면 정말로 필수적인 것만 남을 때까지 계속 짐을 줄이게 마련이다. 음식, 천둥번개를 막아줄 텐트, 침구, 최소한의 옷, 조리 도구, 구급약, 특별한 책 한두 권 정도면 충분했고 또 그래야만 했다. 이 강요된 금욕 생활 속에는 만족이 있었다. 그 나머지는 가까이 있는 것으로 임시변통하거나 없는 채로 지내면 되었다. 자기가 가진 지혜와 상식으로 살아남아야 하는 것이다. 바로 곁에 편리한 슈퍼마켓이 없어도 말이다.

메리사는 진지하게 자연에 관해 공부하기 시작했다. 그녀는 동식물 도감을 사서 생물종의 이름을 배우기 시작했다. 공부할수록 다른 종이 생태적 지위를 찾고 자신의 영역을 구축하는 방식에 매혹되었다. 하루는 그녀와 오빠 벤이 동쪽으로 하이킹을 떠났다. 가족이 그해 캠프를 간 곳은 시에라 산맥에서도 해발 7,000피트가 넘는 곳이었고 나무들이 더 이상 살 수 없는 수목한계선에서 그리 멀지 않았다. 더 높이 오를수록 나무들이 불편한 화강암 벽을 오르기 위해 얼마나 사투를 벌이는지 볼 수 있었다. 메리사는 그들이 어떤 식으로 살아남았는지 그 과정도 이해할 수 있었다.

우선 눈 녹은 물을 머금어 축축하게 젖은 자갈이 쌓인 바위틈에 다람쥐가 떨어뜨린 소나무 씨앗에서 소나무 묘목이 자랐을 것이다. 잔뿌리는 뿌리 끝에서 산을 분비하여 바위 속으로 파고들었고 뿌리를 바위에 고정시킬 수 있었다. 매서운 바람에 흔들리고 여름의 태양에 바짝 마르고 두터운 한겨울 눈에 덮이면서 작은 나무는 바위 틈새에 매달려 몸을 키웠을 것이다.

몇 년 안에 그것은 줄기 하단에 바늘잎을 쌓을 정도로 커졌을 테고 그 잎이 잘게 분해되면서 나무와 근처에 정착하려 애쓰는 다른 식물에 더 많은 토양을 제공했을 것이다. 키 3~4피트짜리 소나무는 그 둘레에 10여 그루의 키 작은 상록 관목을 거느리게 되었을 것이다. 해가 지날수록 흙으로 덮인 지역은 더 확장되었고 근처에서 자라난 다른 나무가 바람과 태풍을 막아주는 새로운 피난처를 제공했다. 고산 지대의 폐허 속에서 오롯이 생성된 식물 공동체는 서로를 지탱하고 받쳐주며 함께 살아가기 시작했다. 그렇게 30년이 지나자 한때 바위만 있었던 황량한 곳에 작은 나무가 경계를 이룬 초원이 자리 잡게 된 것이리라. 덕분에 벌레, 쥐, 새와 흙에 사는 미생물이 지금까지 작고 새로운 세상을 점령하게 되었을 것이다.

키는 몇 피트밖에 되지 않지만 무거운 눈에 뒤틀리고 휘어진 소나무의 모습은 메리사에게 특별히 더 큰 감명을 주었다. 그들 옆을 지나갈 때마다 그녀는 바늘잎을 다정하게 어루만지면서 행운을 빌어주곤 했다. 그들에게는 그런 격려가 필요했다. 벤은 메리사의 지나친 몰입을 그리 잘 참지 못했다. 그녀가 식물을 관찰하며 시간을 보내면 그는 길 위쪽에서 못마땅한 얼굴로 그녀를 돌아보았다. 벤이 원하는 것은 어서 정상에 이르는 것이었다. 그들은 두 개의 정상 사이에 있는 산등성이까지 재빨리 올라갔다. 바람이 강해지면서 날씨가 서늘해지고 있었다. 이제 해발 8,000피트를 넘어섰다. 마지막 반 마일에서는 험한 바위를 오르느라 사투를 벌여야 했고 마침내 꼭대기에 도달했다.

그날은 안개가 없어서 풍경이 뚜렷하게 눈에 들어왔다. 그들은 서쪽 멀리 산이 둥그스름한 언덕으로 낮아지는 곳까지 분간할 수 있었다. 남북으로 거대한 장벽을 이루며 뻗어 있는 시에라 산맥의 길이는 수백 마일이 넘었고 봉오리 너머로 봉오리가 끝도 없이 이어졌으며 고개가 너무나 높고 울퉁불퉁하여 감히 그곳을 뚫고 길을 놓기도 어려웠다. 여기저기에 막대한 공을 들여 뚫은 터널을 통해서만 고속도로와 철도가 겨우 통과할 수 있을 뿐이었다. 그들이 발 딛고 있는 곳은 가파르게 깎아지른 산맥의 동쪽 절벽이었고 겨우 2~3마일 앞에서 수천 피트 아래를 내려다볼 수 있었다.

바람을 막아주는 암벽을 발견한 그들은 잠시 앉아서 간식과 음료수를 먹었다. 벤이 북쪽을 가리키며 말했다.

"저기 낭떠러지 보여? 저기에다 총을 설치한다면 아무도 이 산을 올라올 수 없을 거야. 저기 남쪽 편을 바라봐. 거기도 마찬가지지."

메리사는 깜짝 놀랐다.

"누가 저기서 망을 보고 싶어 할까? 저쪽 너머는 그냥 네바다일 뿐인데."

벤이 툭 내뱉듯이 말했다.

"모두가 원하지. 여기는 경계 지역이고 최정상 지점 근처야. 우리 뒤쪽은 우리의 나라지. 그곳은 좋은 곳이지. 합리적인 사람들이 사는 곳이고. 하지만 저쪽은 적의 땅이야. 사막에 사는 미치광이, 파괴자의 땅이지. 도박꾼과 땅장사의 땅. 원자폭탄을 시험하는 장소이고 MX 미사일이 날아다니는 영역이지. 그들은 저곳에만 머물러야 해. 우린 가만히 내버려둬야 한다고!"

"글쎄, 저곳도 어쩔 수 없이 미국의 일부인걸. 오빠도 그 사실을 무시할 수는 없을걸."

메리사의 말에 벤은 매섭게 그녀를 노려보며 대답했다.

"꼭 그렇다고 생각하진 않아."

47.

필립 글리슨 교수

6월의 어느 아침 루는 꽤 긴장한 채 일어났다. 그녀는 며칠 전 누군가로부터 전화를 받았다. 그는 자기가 캘리포니아 대학 물리학부의 필립 글리슨 교수라고 했다. 그는 그녀가 전도유망한 학생이라는 소문을 들었고 토요일 마린에 갈 계획이므로 잠깐 들러 버클리 대학 물리학부에 들어오게 될 가능성에 대해 이야기를 나누고 싶다고 했다. 루는 그 전화를 받고 기분이 좋아서 어리둥절해졌다. 그녀는 당연히 만나고 싶다고 대답했다. 그녀는 산타크루즈 대학에 입학 허가를 받아두었는데 그곳은 자연과학 분야의 프로그램이 강했다. 그 사실을 이 사람에게 말한다고 해서 문제가 되지는 않을 것이다. 그녀는 글리슨 교수에 대해 어렴풋이 들어 알고 있었다. 그는 그 분야에서 젊고 촉망받는 인재였고 몇 가지 독창적인 연구 성과를 발표했다. 그녀는 그것이 군사 관련 연구였는지 잘 기억이 나지 않았다. 그녀는 물리학 분야가 좋은 학생을 찾아나서고 있다는 것도 알았다. 요즘 똑똑한 학생들은 물리학보다는 생물학을 선호하는 경향이 있기 때문이다. 그녀는 스타 운동선수나 연예인이라도 된 기분이었다. 무엇을 제안하려는 걸까? 차를 빌려줄 테니 캠퍼스 잔디를 깎으라는 소리나 하려는 건 아니겠지? 그녀는 궁금해 죽을 지경이었다. 정부의 관점에 대해서는 무엇이라고 할까? 물리학은 기밀한 연구를 다루는 경향이 있고 연방정부의 돈에 의존도가 높았으며 그 연구 중 많은 것은 무기 개발과 관련이 있었다. 얼마 전 그녀가 기억하기로는 버클리 대학의 물리학자들이 CIA와 관련이 있다는 사실이 폭로되었다. 확실치는 않았지만 글리슨은 그 당시 목록에 없었던 것 같았다. 그를 만나는 일은 꽤 흥미진진한 인터뷰가 될지도 모른다!

아침식사 후 로저와 캐롤은 친구들을 만나러 나갔다.

"무턱대고 아무 데나 서명해서는 안 된다."

로저가 당부했다. 루는 아침을 먹으면서 긴장을 가라앉히기 위해 심호흡을 했다. 그런 다음 차고로 가서 몇 가지 사항을 점검했다. 그러다 바깥에 차가 멈춰서는 소리를 듣자 갑자기 당황스러웠다.

은색 포르쉐에서 글리슨이 내렸는데 금발에 푸른 눈을 한 잘생긴 청년이었다. 온몸에서 자신감을 풍기는 인물이었다. 그녀가 손을 내밀자 그가 다정하게 악수했다.

"만나서 정말 반가워요. 비밀스러운 경로를 통해 당신에 대한 찬사를 들었지요."

"설마 우리 아버지 친구한테 들으신 건 아니겠죠. 그렇다면 당연히 저에 대해 좋은 말씀만 하실 테니까요."

루가 겸손하게 말했다.

"아뇨, 전혀 그렇지 않아요. 저는 여러 사람에게서 당신 소식을 들었어요."

글리슨이 재빨리 대답했다.

"들어오세요. 커피 한잔 드시겠어요?"

"정말 감사합니다. 정말 멋진 곳에 살고 계시군요!"

그들은 집 안으로 들어갔고 글리슨은 모든 것을 호기심에 가득 찬 눈으로 관찰했다. 책상 위에 놓여 있는 종잇조각까지도 놓치지 않았다. 그는 우아하게 움직였지만 매우 관찰력이 뛰어난 사람 같았다. 그녀가 지금까지 만났던 물리학자에게서는 볼 수 없었던 점이었다. 그는 섹시하기까지 했다. 나이는 스물일곱에서 여덟 사이일 것이다. 루는 집에서 만든 빵과 잼을 탁자 위에 놓고 빵을 접시에 덜었다. 글리슨은 커피를 마시면서 고등학교 공부와 미래 계획에 대해 물어보기 시작했다.

"사실은 산타크루즈로 갈 생각을 하고 있어요. 그곳에서 입학을 허가하기도 했고요."

루가 대답했다. 글리슨이 점잖게 말을 꺼냈다.

"그렇군요. 다른 학교를 깎아내릴 생각은 없지만 제 생각엔 시간 낭비가되지 않을까 싶어요. 그곳은 과학기술 분야는 그리 뛰어나지 않거든요. 그곳에도 물론 훌륭한 학자들이 있긴 해요. 하지만 버클리나 캘리포니아 공대에비교할 때 이 분야에서 작은 학교에 불과하다는 거죠. 그리고 버클리 대학이집에서도 가까워서 부모님들도 좋아하실걸요. 당신의 학점이라면 지금 버클리 대학에 지원해도 충분히 합격할 겁니다."

루는 기분이 한결 나아졌다. 그 남자는 합리적인 사람인 것 같았다. 그는그녀의 입장에서 문제를 해결해주려 애쓰고 있었다. 그가 눈빛을 반짝이며말했다.

"태양전지에 관해 정말로 흥미로운 연구를 하고 있다는 소식을 들었어요.그것에 대해 좀 말해주겠어요?"

"저는 광전지를 만드는 작업을 해왔어요. 그런데 그건 어떻게 아셨어요?"

글리슨이 대답하기 전에 잠시 머뭇거리는 듯했다.

"선생님 중 한 분이 언급하더군요. 당신이 여기서 실험 장비가 갖춰진 연구실을 가지고 있고 뭔가 중요한 일에 몰두하고 있을 거라고."

"하트스틴 선생님께 들으셨나요?"

"그랬던 것 같아요. 내 생각엔 바깥에 있는 선반이 실험하는 곳인 것 같은데요."

"네, 주로 거기서 실험하죠. 혼자서 위대한 도핑 합성물 만들기 게임을 하고 있어요. 그러다 뭔가 새로운 것을 우연히 발견하게 된 거겠죠. 아직까지는 발견했다고는 말할 수 없어요. 아직도 테스트 중이니까요."

"실험장치를 보여줄 수 있겠어요?"

루는 이런 요구가 과학자의 에티켓에 맞는 일인지 확신할 수 없었다. 그녀는 공개와 신뢰라는 원칙을 믿었다. 한편으로는 다른 사람의 아이디어를 이용하여 그 사람보다 빨리 연구를 완성해버리는 사람들이 있다는 소름 끼치는 소리도 들었다. 편집증적인 은폐와 바보스러울 정도로 타인을 신뢰하는 것 사이의 경계선은 무엇이란 말인가? 그녀는 임기응변으로 대응해야 할 테지만 너무 많은 것은 말하지 않기로 결심했다.

"좋아요. 커피 좀 더 드시겠어요?"

"조금만 주세요."

루는 커피를 부으면서 그가 그녀의 드러난 팔을 바라보는 것을 알 수 있었다. 그 순간 마이크가 탁자로 다가왔다. 마이크는 그들이 대화를 나누는 동안 여러 번 방을 들락날락거렸었다.

"있잖아, 누나. 나 지금 나가야 돼. 그런데 그전에 잠깐 말하고 싶은 게 있어."

"좋아, 뭔데?"

"그게 개인적인 거라. 내 방에 잠깐만 들어가자."

그들은 마이크의 침실로 들어갔고 마이크가 문을 닫았다.

"칫, 뭐 대단한 비밀인데?"

루가 물었다.

"아무튼 저 남자 누구야?"

"버클리 대학의 물리학 교수야. 거기 들어가서 연구하면 어떻겠냐고 제안하러 왔어."

"정말? 확인해봤어?"

"그게 무슨 말이니? 그 사람에 대해 여러 번 들은 적 있어. 그 대학 물리학 교수 맞아."

"과연 그럴까, 난 잘 모르겠어. 내 눈에는 스파이 같아. 진짜 같은 사기꾼이 얼마나 많은데."

"오, 마이크. 나도 그런 사람들이 있다는 건 알아. 학위나 신분증까지 버젓이 위조해서 다닌다지. 그래도 저 사람은 아니야."

"그래도 누나, 조심해. 그게 하고 싶은 말이야."

"좋아, 고마워. 네가 겁주려고 그러는 건 아니라는 거 알아."

"절대 아니지. 누나가 당부한 대로 눈을 크게 뜨고 누나를 지켜주고 있는 거라고. 혹은 코로 열심히 냄새를 추적하지."

마이크는 뭔가 수상한 냄새라도 맡는 듯 코를 벌름거리며 문을 열고 나갔다.

"나중에 봐."

루는 글리슨이 질문하자 마이크가 방해한 일을 언짢아하는 것을 알 수 있었다.

"10대의 위기인가요?"

"아뇨. 그래봤자 진짜 문제를 일으키진 않아요. 우린 가끔 이상한 가족으로 보일 때가 있어요."

"어머니는 안 계세요?"

"엄마는 시내에 사세요. 엄마랑 아빠는…… 아빠는 친아빠세요. 여전히 좋은 친구긴 하지만 같이 사는 건 원치 않으셨어요."

"오 세상에, 너무 안됐군요!"

글리슨이 손을 뻗어 루의 손을 잡자 약간 놀랐다.

"왜 그렇게 생각하죠? 전혀 위로받을 일이 아닌데."

그러나 그녀는 손을 잡힌 채 이 잘생긴 교수가 무슨 의도로 그런 행동을 했는지 의심스러워졌다. 그는 그녀의 손등을 다독거리더니 곧 손을 치웠다.

"그러니까 제 말은 정상적인 가정으로 남는 건 틀림없이 힘들 거라는 뜻이에요."

루는 자신의 삶이 완벽할 정도로 만족스러운 이유에 대해 설명하려면 시간이 한참 걸릴 거라는 걸 알고 더 이상 설명하지 않기로 했다.

"태양전지나 보러 가죠."

그녀는 빠르게 머리를 굴리며 그를 바깥으로 데리고 나갔다. 그녀는 그가 전지 선반만 봐서는 무슨 연구를 하고 있는지 간파할 수 없을 거라는 사실을 알았다. 그러니 그녀가 상황을 마음대로 이끌 수 있을 것이다. 그녀는 도핑 작업에 관해 일반적인 원칙만 간단하게 설명하고 해수라든가 2단계 과정에 관해서는 아무것도 말하지 않기로 결심했다. 그래서 선반 주위를 거닐면서 그 전지들이 어떤 식으로 설치되어 있는지, 계량기와 어떻게 연결되어 있는지만 보여주었다. 그녀는 텔레비전에 출연해서 누군가에게 시청되고 있는 기분이었다.

"계량기도 볼 수 있을까요?"

글리슨이 물었다.

"앗 저런, 제가 열쇠를 어디다 두고 왔는지 모르겠네요."

루는 거짓말을 했다.

"그냥 마이크로 암페어계를 한 줄로 놓아둔 것뿐이에요. 여기랑 비슷하게 생긴 선반에다 올려두었죠."

글리슨의 얼굴에 낙담한 빛이 비쳤다. 그래서 루는 다른 거짓말을 보탰다.

"하지만 현재까지는 변화를 보여주는 건 하나도 없어요."

그런 다음 그녀는 그를 차고로 끌고 가 작업대를 보여주었다. 그는 병을 자세히 관찰했다. 선반 위에는 갖가지 도핑 물질이 담긴 유리병이 여러 줄로 정리되어 있었다. 그녀는 갑자기 공상과학 영화를 떠올렸고, 그가 로봇 인간이어서 눈으로 이 병에 적힌 글씨를 사진처럼 찍고 있는 거라고 상상했다. 물론 그 병 어디에도 '해수'라고 적힌 건 없어서 그가 맘껏 관찰하도록 내버려두었다. 그런 다음 전지를 만들 때 이용하는 화로를 보여주었다.

"제 목표는 일상의 재료로 만들 수 있으면서 별로 복잡한 기계 없이도 만들 수 있는 태양전지 제조법을 발견하는 거예요."

"좋아요, 하지만 그런 방법으로는 한꺼번에 많은 양을 만들어내지 못할 걸요."

글리슨이 말했다.

"아마 많이는 못 만들겠죠. 하지만 충분한 양은 만들 수 있어요."

루가 조심스럽게 대답했다.

"충분히 싸고 양도 충분하다면 사람들도 얼마든지 만들어 쓸 수 있을 테니까요."

"사람들이라고요?"

글리슨이 어이없어하며 물었다.

"당연하죠. 저는 누구든지 만들 수 있는 제조법을 원해요. DIY식 전기랄까."

"아, 이제 무슨 말인지 알겠어요. 당신은 정말 놀라운 사람이군요."

루는 정색하고 그를 쳐다보았다.

"왜요?"

"내가 아는 태양전지 연구자들은 하나같이 어려운 방법을 찾으려 애쓰고 있어요. 그래야 특허를 내서 돈을 많이 벌 수 있으니까요. 나도 젊은이다운 이상주의가 좋아요. 사실 난 당신이 맘에 들어요."

그들은 서로를 마주 보았고 글리슨이 손을 내밀어 루의 어깨에 얹었다.

"당신을 내 제자로 받아들이려는 게 아니라면 난 당신을 껴안았을지도 몰라요."

루는 미소를 지었다. 그는 정말로 귀여운 구석이 있었다. 그가 어깨에 손을 올려놓았을 때 기분이 괜찮았다. 어쩌면 진짜 글리슨 교수가 아닐 수도 있다는 생각이 들었지만 그래도 그녀의 몸속에 미묘한 흥분이 이는 건 막을 수 없었다.

"아직은 당신의 제자가 아니죠. 아무튼 저는 물리학이 아니라 생물학을 전공할 거예요."

그녀는 스스로 매우 발칙하고 어른스럽다고 느끼면서 다시 미소를 지으며 물었다.

"해변으로 나가서 좀 걷지 않을래요? 오늘 날씨가 정말 좋아요. 지금 바로 어디 가야 할 데가 있나요?"

"그렇진 않아요. 몇 시간 정도는 여유가 있어요."

"좋아요, 저를 따라오세요."

그들은 모래톱이 있는 곳까지 해변을 따라 걸었다. 아직 썰물 때라 모래톱이 밖으로 드러나 있었다. 루는 청바지 자락을 걷어 올리고는 암벽 위로 뛰어올랐다. 파도가 만들어놓은 웅덩이에 사는 작은 생물을 살피면서 그녀는 나긋하고 유연한 운동선수처럼 움직였다. 그녀가 사랑하는 태양이 몸에 에너지를 불어넣어주는 것처럼 보였다. 글리슨은 그녀를 따라잡으려 최선을 다했지만 고급 구두를 신고 있어서 루가 스니커즈를 적시며 지나간 웅덩이를 딛을 수 없었다.

"그 신발을 벗어버리지 그래요? 맨발로 느끼는 바닷물 감촉이 얼마나 좋은데요!"

참다 못한 루가 말했다.

"나도 그건 알아요."

그가 말하며 우스꽝스럽게 신발을 벗었다.

"신발을 저기 통나무 뒤에 놓아두세요. 돌아가는 길에 다시 찾으면 돼요."

"괜찮아요. 그냥 손에 들고 가는 게 좋겠어요. 이건 제가 제일 아끼는 구두거든요."

"그게 제일 좋아하는 신발이라고요? 세상에, 사는 곳이 어디세요?"

"버클리요."

"여기는 볼리나스라고요. 이곳 주민들은 신발을 거의 신지 않아요!"

그녀는 원시인의 춤을 흉내 내어 풀쩍풀쩍 뛰었다. 바다에서 불어온 미풍이 글리슨의 머리칼을 조금 헝클어놓았고, 옷이 몸에 찰싹 달라붙어 모래 위를 걸어가는 그의 몸매가 그대로 드러났다. 그는 한층 더 매력적으로 보이기 시작했다. 루는 그에게 다가갔다.

"그런데 몇 살이시죠? 존경하는 글리슨 교수님, 감히 연세를 여쭈어도 될까요?"

"스물여섯입니다."

"그리 나쁘진 않네요. 아직 한창 젊으실 때네요, 과학적으로 말하자면. 아무튼 난 언제나 연상의 남자를 좋아했어요."

그녀는 해변으로 달려 내려갔다. 해변을 가로막은 암벽 지대를 통과하자 저 멀리 물에 떠내려온 통나무로 지어진 오두막이 낭떠러지를 마주 보며 서 있는 것이 보였다. 그 집을 짓느라 많은 사람들이 고생한 것이 기억났다. 기초 공사로 모래 속 깊이 말뚝을 박아두었기 때문에 아주 높은 밀물이나 태풍이 휘몰아치는 날씨만 아니면 오두막 바닥은 말라 있었다. 비가 스며드는 것을 막기 위해 경사진 지붕에는 오래된 타르 종이를 발라두었다.

"작은 은신처에 오신 것을 환영합니다."

루가 소리 지르며 안으로 뛰어 들어갔다.

글리슨은 문 안으로 고개를 들이밀며 말했다.

"정말 아늑한 곳이네요. 그런데 여기서 뭘 하는 거죠?"

"이 집을 짓느라 우리 모두 일했어요. 당연히 사랑을 나누기 위해서죠! 물리학과에서 그런 건 안 가르쳐주던가요? 들어오세요!"

글리슨은 작은 현관문을 통과하여 계단을 올라갔고, 그러느라 그의 어깨가 루의 어깨에 쿵쿵 부딪혔다. 해변을 달린 것이 그녀에게 성적인 충동을 느끼게 해서 그녀는 무모해졌다. 그녀는 몸속에서 상쾌한 흥분이 이는 것을 느꼈다. 잠깐 동안 그녀는 잘생긴 교수가 정말로 원하는 것이 무엇인지 알아내는 유일한 방법이 그와 사랑에 빠지는 일일지도 모르겠다고 생각했다. 그녀는 그 장면을 쉽게 공상해볼 수 있었다. 그의 바지 속에는 기분 좋게 불룩한 것이 들어 있었다. 그녀는 그와 함께 오두막집 바닥을 이리저리 굴러다니는 상상을 할 수 있었다.

"있잖아요, 주머니에 마리화나가 조금 있다는 게 막 생각났어요. 이걸 피우고 나서 진정한 대화를 나누는 게 어때요?"

글리슨은 몸을 꼿꼿이 펴며 정색하고서는 특이한 표정을 띠며 문밖을 내다보았다.

"그런데 루, 지금 몇 살이죠?"

"열여덟 살이요. 그리고 키스 한 번 한 적 없이 순결하죠. 나중 말은 사실이 아니지만 아무튼 마리화나를 피우는 건 합법이에요. 그 점에 대해서는 걱정하지 마세요!"

세상에, 그는 그녀가 수작을 건다고 생각했던 걸까?

"왜 걱정해야 하는지 잘 모르겠어요. 누구든지 해변에 왔다가 마리화나를 피우는 걸 본다 하더라도……."

"나도 마리화나를 피우는 게 아무것도 아니라는 것쯤은 알아요. 하지만 그걸 바깥에서 피운다는 건 내 생각엔……."

그는 고개를 저었다.

루는 말문이 막혔다. 잘생긴 매력남이 그 행동만큼이나 괴상할 수 있단 말인가? 루는 그녀의 아버지를 통해 유명인사들을 많이 만나봤고 모두 마약을 했다. 어떻게 이 남자는 그것에 관해 이토록 단호한 입장을 취하는 걸까? 뭔가 괴상한 이유로 그걸 두려워하는 걸까? 아니면 그녀가 두려운 걸까? 말도 안 되는 일이었다. 자신이 메뚜기에게도 위협적일 거라는 생각은 한 적이 없었다. 나이 든 남자들은(대략 21세 이상의 남자) 세대차를 걱정하는 걸 수도

171

있다! 아니면 어쩌면 그가 CIA와 관련된 교수라면 마약에 대해 뭐라고 생각할까? 그녀의 머릿속에 작은 분노가 끓어올랐다. 그녀는 참지 못하고 불쑥 내뱉었다.

"물리학자들은 재미있는 일이라곤 전혀 할 줄 모르는 건가요?"

글리슨의 얼굴이 단호하게 굳어졌다. 조금 전까지 자제하던 얼굴은 잔인하게 화난 얼굴로 돌변했다.

"잘 들어, 꼬마야. 몇 가지 잘 모르고 있는 게 있어. 나는 네가 이 빌어먹을 물질을 어떻게 발명해냈는지 몰라. 이 나라에서 연구라는 건 중대한 사업이야. 네가 지금 무슨 일을 하고 있는 건지 전혀 모르고 있는 게 분명해. 내가 여기 온 건 너한테 괜찮은 거래를 제안하기 위해서였어. 네가 정말 원하는 건 생물학이라며 나한테 거짓말이나 했지. 나를 가지고 놀더니 이제 나를 당황시켰어. 이것 봐, 잘 기억해둬. 난 여전히 글리슨 교수야. 네가 버클리에 들어오고 싶거나 다른 멋진 학교에 갈 생각이라면 그 태도부터 진지하게 고쳐야 할 거야."

루는 이런 일이 일어날 수 있다는 사실을 전혀 믿을 수 없었다. 그녀는 오두막에 붙은 창문을 쳐다보았다. 아직도 창밖 해변에는 파도가 치고 있었고 바람이 불고 태양이 빛나고 있는데, 이 미친 남자인지 스파이인지가 그녀의 태도에 대해 일장연설을 늘어놓고 있는 것이다! 그녀는 아무 말도 하지 않았지만 창문으로 다가섰다. 그가 완전히 돌아버리기라도 한다면 그 창문을 통해 밖으로 뛰어내릴 수 있을 것이다.

"전지 실험으로 정말 어느 단계까지 도달했는지 그냥 말하는 게 좋을 거야. 저 병 속에 있는 것은 이전에 흔히 시도된 재료고 저걸로는 전혀 효과가 없지. 도대체 무슨 짓을 해서 태양전지 실험에 성공한 거지?"

루는 도전적으로 그를 쏘아보며 말했다.

"정말 이해할 수 없네요. 왜 내가 중요한 이야기를 털어놓아야 한다고 생각하는 건지."

세상에나, 그런 줄도 모르고 조금 전까지 멋지게 근육이 잡힌 육체가 던지는 유혹에 사로잡혀 있었다니!

"그 점에 대해 좀 더 신중하게 생각해보는 게 좋을 거야. 이 세상의 어떤 사람은 그들보다 먼저 다른 사람이 더 나은 태양전지를 발명한 걸 확인하게 되면 굉장히 분노할 거라는 걸. 중대한 경쟁자로 보인다면 그 사람이 누구든지 간에 가장 중요한 적의 명단에 실릴 수 있어."

"꽤 대단한 협박이로군요."

"난 너를 협박하는 게 아니야. 너와 한 팀을 맺자고 제안하는 거라고! 하지만 이 세상에는 너에 대해 아는 사람들이 있고, 그들은 나처럼 부드럽고 상냥하지만은 않을 거야."

"나에게 탐정을 붙일까요? 제 아이디어를 훔치려고?"

"아하, 그러니까 네가 뭔가 발견하긴 한 거구나!"

"당연하죠. 당신한테 말했잖아요."

"그런데도 그걸 혼자서 진행하겠다고 생각하는 건가? 돌지 않고서야 어떻게 그런 생각을 할 수 있지?"

루는 그를 찬찬히 훑어보았다. 자신이 잘생기고 냉정한 이 남자를 정말로 혐오한다는 것을 알았다. 그는 그녀의 아름다운 해변에 약탈자로 가득한 탐욕스러운 외부 세계를 끌어들였으니까. 그녀는 그의 비싼 차를 부식성 강한 태평양 물속에 처넣어버리고 싶었다! 섬세한 이탈리아제 구두에 개똥이라도 집어넣을 것이다! 그가 조심스럽게 준비하고 있을 다음 연구 논문에 침이라도 뱉을 것이다!

"아니죠."

그녀는 비장의 무기를 쓰기로 마음먹었다.

"혼자는 아니에요. 그 전지는 전국에서 실제로 가동되고 있어요. 수많은 사람들이 그걸 사용하고 있다고요. '대중 공개'라고 못 들어보셨어요?"

글리슨이 잔뜩 실망한 목소리로 물었다.

"얼마나 많은 사람들이 그걸 사용하고 있지?"

"한번 계산해보죠. 우리는 그걸 전화망처럼 설치했어요. 각자가 다른 사람 세 명씩에게 가르치고, 그들이 설치를 돕는 식으로요. 지금까지 3의 5승까지 설치했으니까, 243명인가요?"

루는 글리슨의 얼굴이 창백해지는 것을 보았다.

"뭐 이런 일이 다 있어!"

그가 소리쳤다. 루는 그가 공격할 것에 대비해 방어할 준비를 했다. 그녀는 상대편의 중요 부위를 공격해서 움직이지 못하게 하거나 상대의 눈을 찌르는 전략도 알고 있었다. 이러한 호신술은 요즘 고등학교에서 여학생들에게 가르치는 것이었다. 그러나 글리슨은 오두막 밖으로 빠져나가더니 해변으로 터벅터벅 걸어 내려갔다.

루도 천천히 오두막을 빠져나가 강해진 바람 속에서 몇 번 스트레칭을 했다.

"고명하신 교수님답게 차원 높은 걸 가르쳐주고 가셨군."

그녀는 혼자서 중얼거렸다. 그녀는 협곡 쪽으로 난 길을 택했다. 그곳이 집으로 가는 지름길이었기 때문이다. 그 길로 가면 글리슨보다 빨리 집에 도착할 수 있고 그가 전지를 망쳐놓지 않았는지 확인할 수 있었다. 게임이 한층 심각해지고 있다는 걸 깨닫는 순간 다시 섬뜩한 느낌이 목 뒤를 타고 흘렀다.

48.

양지 태양열 리모델링

켄, 케이시, 커트와 카렌은 모두 20대였고, 오리건 주 유진 시에 있는 평범한 가정에서 살고 있었다. 얼마간 켄과 카렌은 서로 사귀었는데 그리 심각한 사이는 아니었다. 그들은 큰 집 하나를 세내서 케이시와 커트를 하우스메이트로 맞아들였다. 그들은 모두 잘 지냈고 읍내에서 아르바이트해서 번 돈으로 그럭저럭 살아갔다. 그들은 정말 좋은 친구 사이가 되었으므로 함께 돈을 벌며 살아갈 방법을 궁리하기 시작했다. 그들은 건강식품 레스토랑을 시작할까 생각했지만 유진에는 이미 그런 레스토랑이 넘쳐났다. 케이시와 커트는 둘 다 집을 개조하는 일을 해본 경험이 있었지만 부엌이나 침실을 개조하는 일에는 별로 관심이 없었다.

어느 날 커피 가게에서 켄과 케이시는 칼이라는 이름의 남자와 우연히 마주쳤고, K로 시작하는 이름을 가졌다는 것이 그 집 사람들 사이의 재미난 공통점이었으므로 그에게 자기 집으로 와서 함께 사는 게 어떻겠냐고 우스갯소리를 하기 시작했다. 칼은 55세로 그들보다 훨씬 나이가 많았지만 턱수염과 반짝이는 눈 때문에 케이시의 눈에는 아주 잘생긴 청년처럼 보였다. 알고 보니 그는 목수로 일했고 그 일을 여러 해 동안 해왔다고 했다. 최근에는 단열재를 설치하는 일을 몇 건 맡아서 하는 중이라고 했다. 그는 자신이 필요할 때 재료를 실어 운반해주는 사람 대신 정식 파트너를 구할 궁리를 하고 있었다.

이 대목에 이르자 켄과 케이시는 더욱 주의 깊게 그의 말을 경청했다. 그들은 그날 밤 가능성을 모색하기 위해 저녁식사를 하자며 집으로 초대했다. 유진 시민들처럼 네 명의 K들 역시 친환경주의자였고, 그날 저녁 시간이 흐르면서 에너지 절약형 리모델링을 특화할 계획을 세우기 시작했다. 칼은 소규모 도급업에 대해 알고 있었고 나머지 사람들을 훈련시킬 수 있었다. 케이시와 카렌은 건설업에 종사하는 일이 여성주의적인 성취인 것처럼 생각되었다. 켄은 광고업에 종사한 적이 있었으므로 그 경험을 살려 적합한 문안을 만들어낼 수 있었다.

얼마 동안 K가 세 번이나 들어가는 '오케이 컨스트럭션 컴퍼니^{OK Konstruction}

Kompany' 라고 불렀으나 최종적으로 '양지 태양열 리모델링' 이라는 이름을 간판으로 내걸었다. 그들은 대부분의 집에 적용할 만한 표준 설치 방식을 개발했다. 남쪽 벽을 따라 온실이나 이중 유리로 된 유리창을 설치하고 장식벽과 일반벽과 바닥에 두꺼운 단열재를 깔고 열 사이펀 온수기 같은 것을 다는 것이다. 온수 파이프와 고온 도관에도 단열재 처리를 한다. 밤에 창문을 덮기 위해 경첩 달린 셔터나 단열 차양도 제공할 것이다. 향을 피워 집 전체에 공기가 새는 곳이 없는지 조사한 다음 틈이 난 부분을 막고 굴뚝의 통풍 조절기를 수리하고 문과 창문 둘레에 틈 마개를 설치한다. 그 이상을 요청한다면 냉난방장치인 열 펌프와 장작난로, 복잡하게 작동하는 태양열 시스템도 설치할 것이다.

이 무렵 유진 시의 많은 사람들이 생태적인 삶을 받아들이고 다양한 에너지 절약 방법으로 치솟는 가스비와 전기료에 대응했다. 어떤 사람은 불을 끌 때 좀 더 조심스럽게 껐고 겨울 몇 달 동안 자동온도조절장치를 낮은 온도로 유지했으며 벽에 단열재를 설치하고 여름에는 난방 장치나 난로 점화용 불씨 등을 꺼두었다. 그러나 보통 이러한 조치는 하나씩 받아들여졌다. 켄은 광고를 낼 때 각 세대가 에너지 문제를 모두 한꺼번에 처리할 수 있다는 점을 강조했다. 그것은 자금 조달을 더 단순화할 수 있다. 그렇게 하면 사람들은 즉시 실행에 옮길 수 있는 만족스럽고 일관성 있는 계획을 세울 수 있었고 비용까지 절감할 수 있었다. 기초적인 장비만 설치해도 일반적으로 3분의 1까지 에너지 소비를 줄여주었다. 8개월이나 10개월이면 그 비용을 다 뽑아내고, 대부분의 사람들이 예상하듯이 에너지 가격이 오른다면 그 효과는 더 빨리 나타날 것이다.

몇 달 안에 사업은 크게 확대되어 양지 태양열 리모델링의 멤버들은 매일 열 시간씩 일해야 했다. 그들은 일을 더 쉽게 할 방안을 찾기 시작했다. 그들이 원했다면 '일반적인' 사업구조를 채용하여 확대할 수도 있었다. 매니저와 영업자와 직원을 고용하는 식으로 말이다. 그러나 이런 방식은 다섯 명의 K에게는 그다지 먹혀들지 않았다. 그런 조직을 경영하다 보면 일하는 재미를 잃게 될 것이 분명했다. 그들은 합리적으로 보이는 대안을 찾아냈다. 일에 따라 견습생을 고용하기로 했다. 두어 채 집을 함께 지은 후에 견습생들은 회사를 떠나 그들만의 회사를 차릴 수 있을 것이다. 아이디어는 더욱 확산되었다. 사업을 조정하기 위한 조직이 없는데도 말이다.

49.

출범할 때부터 생존자당은 출판 매체와 방송 매체에서 확고한 뉴스 보도를 통해 전무후무한 독창적인 아이디어를 전개했다. 몇 달 후 생존자당은 정치적인 그룹도 믿고 볼 만한 보통의 보도자료와 소책자와 무료 신문 등을 발행하기 시작했다. 당은 또한 '뉴스'를 구성할 극적인 사건을 창안하기 위한 기술을 개발했고 그들의 대의에 관해 사람들을 교육시킬 수도 있었다. 자전거 분리도로에 대한 필요성을 강조하기 위해 당은 1,000여 명의 사람들이 네 명씩 나란히 자전거를 타고 주요 도시의 도심을 통과하게 했다. 이웃 간의 결속감을 더하기 위해 거리 축제를 위한 자금을 지원했다. 찻길과 인접하고 주민들이 많이 지나다니는 구역에 공동으로 마실 맥주와 음식을 마련하여 맘껏 먹게 하고 거리에서 이웃들과 함께 발리볼을 즐기고 평화롭게 한담도 나누게 했다. 제방이 무너지거나 교통체제가 붕괴되거나 환경오염의 소문이 폭로될 때 생존자당은 그러한 재앙이 다시 반복되지 않도록 쐐기를 박기 위해 재빠르게 자세한 계획을 세워 그곳을 찾아다녔다.

그런 문제를 해결하는 데 예산이 너무 많이 든다는 주장이 나올 때마다 생존자당은 극적인 반대 제안을 작성했다. 직접적으로 개인적인 책임이라는 그들의 원칙을 강조하면서 환경과 동료 인간에게 특별히 막대한 위반 행위를 범하는 개인에게 '자연파괴범죄' 상을 수여했다. 그 상의 수상자로 거명

된 정치인과 기업 간부는 매우 불명예스럽게 주목받았다. 생존자당이 새로 만든 잡지 중에 인기를 얻은 《더 나은 시대》는 급속히 판매 부수가 증가하고 있었다. 당은 여전히 직접적으로 거대한 무리의 사람을 만날 방법이 필요했고 케이블에 의해 전송되는 텔레비전 채널의 가능성을 탐색하기 시작했다. 이들이야말로 궁극적으로 쌍방 소통 체제를 갖추게 해줄 것이다. 종교단체는 수년간 이러한 채널을 확보하고 있었지만 정치단체가 시도한 적은 없었다.

그 아이디어는 우연히도 베라 올웬이 텔레비전 방송에 적합하게 강인한 성격의 소유자라는 사실과 맞아떨어지는 바람에 그 이유만으로도 충분히 시도해볼 만한 가치가 있어 보였다. 모든 연설은 이제 TV 카메라를 통해 보도되었고 토크쇼에도 출연했다. TV 뉴스 채널에서 보도되는 생존자당의 행사에서도 자주 눈에 띄다 보니, 그녀는 그 지역에서 점점 유명인사가 되고 있었다. 베라가 방송에 적합한 인물이라는 사실을 처음으로 깨달은 사람은 매기 글레넌이었다. 그녀가 방송 출연을 위해 베라와 함께 방송국에 갔을 때였다. 베라가 말하는 동안 뒤쪽에 불이 켜진 기계실을 둘러보다가 수십 명의 사람들이 방송국에 전화를 걸어 "저 사람 누군가요?"라고 물어대고 있는 것을 알았다. 가장 강력하게 독립 채널을 확보하는 일을 주장한 사람은 헨리였다. 특히 방대한 비용을 들여 운영하는 한 민간 방송국에서 실험적으로 방송했을 때 베라가 꽤 많은 시청자를 동원할 수 있다는 사실이 입증된 후부터 더욱 그랬다. 헨리는 프랭클린 D. 루스벨트가 뉴딜 정책을 개선하자는 주장을 관철하는 데 라디오 시리즈 '난롯가 한담'이 기여한 역할에 대해 말했다. 그러면서 '베라와 함께'라는 정규 방송 시리즈를 구상했다. 그렇게 될 경우 베라는 가정적이고 소박한 이야기를 전달하여 스스로를 새로운 종류의 대중적인 인물로 부각시킬 기회를 얻을 것이다. 직접적으로 정치 후보라든가 정책과 관련시키지 않고도 말이다. 구체적인 것은 나중에 다룰 수 있다. 생존자당이 원하는 것이 베라를 통해 국민에게 정신적으로 힘이 되려는 것이지 새로운 정치 그룹화가 목적이 아니라는 사실을 명확히 하는 것이 중요했다. 그것은 사람들에게 인간적이고 구체적인 호소력을 지녀야 했다. 그래야만 정치적인 과정에 관해 사람들이 지닌 일반적인 냉소주의를 극복할 수 있다.

베라는 특유의 다정하고 따스하고 할머니 같은 옷차림을 하고 카메라 앞에 섰다. 그녀는 시청자에게 확신을 주었다. 가끔씩 짓궂은 농담을 하긴 했지만 천박하게 들리지는 않았다. 그녀와 헨리가 프로그램을 위해 계획을 짤 때 미국의 시민권이 지닌 의미를 다시 한 번 상기시키고 싶어 했다. 왜 사회 조직과 구성원의 관계가 죽고 사는 것을 좌우하는 중대한 문제인지를 사람들에게 보여주기 위해 말이다. 게다가 그녀는 어디에서든 자신이 전달하고 싶은 요지를 바탕으로 함축적인 우화를 지어내는 재능이 있었다.

"안녕하세요. 저는 베라 올웬입니다. 여러분에게 들려드리고 싶은 이야기가 있어요. 저도 들은 이야기인데, 옛날 옛적에 게으른 사람들만 사는 나라가 있었대요. 처음에는 그냥 좀 게을렀답니다. 기회만 있으면 서 있는 것보다는 앉아 있는 편을 선택했지요. 다른 사람에게 음식 시중을 들게 할 수 있다면 직접 음식을 만들어먹는 것보다는 그 편을 선호했겠지요. 하지만 독창적인 사람들이었기 때문에 곧 음식을 제공해줄 기계를 만들 수 있다는 사실을 깨달았지요. 이미 노예제도는 오래전에 사라졌거든요. 그들은 접시를 씻어주고 머리를 말려주고 반죽을 저어주고 나무를 톱질해주고 구멍을 대신 파줄 기계를 발명했어요. 세월이 갈수록 그들은 더욱 게을러졌어요. 어떤 사람이 자동차라 불리는 기계를 발명한 후부터 엄청나게 게을러졌지요. 그들은 너무 게을러진 나머지 한 블록을 걸어서 담배 한 팩을 사러 간다는 생각만 해도 피곤해져서 차를 몰고 가려 했지요. 또한 즐기기 위해 텔레비전이라는 기계도 발명했지요. 반쯤 앉거나 무너지듯 누운 자세로 텔레비전을 보았고 이런 자세를 최대한 편안하게 받쳐줄 수 있는 소파를 디자인했어요. 곧 그 게으른 사람들은 'TV 디너'라고 불리는 이미 조리되어 나온 음식을 산다면 소파에 누워 TV를 보면서도 음식을 먹을 수 있고 저녁 내내 수고스럽게 움직일 필요가 없다는 사실을 알았어요. 그들의 입도 게을러졌지요. 텔레비전을 보느라 바빠서 말도 별로 하지 않았으니까요. 대부분은 저녁시간이 다 가도록 텔레비전만 봤어요. 눈도 너무나 게을러졌어요. 텔레비전을 보는 동안 화면에만 눈동자를 고정하고는 다른 것을 찾기 위해 눈동자를 굴리지조차 않았기 때문이죠. 실제 생활을 하려면 눈동자를 자주 굴려야 하지만요.

게으른 사람들은 곧 뚱뚱해졌지요. 활동적인 운동을 하지 않았으니까요. 심장 발작으로 죽는 사람 수가 어마어마하게 늘어났고 게으른 습관이 초래한 수많은 질병에 시달렸어요. 그러나 그들은 상관하지 않았어요. 그들은 이것이 자연스러운 것이라고 생각했고 그 때문에 더욱 게으르게 가만히 있기를 원했지요. 누군가가 끔찍한 건강 통계에 대해 언급하면 썩 꺼지라고, 나쁜 뉴스 따위는 다른 곳에 가서 퍼뜨리라고 말했지요.

얼마 안 가 매우 영리하고 게으른 발명가가 게으른 사람을 위해 최후의 기계를 고안했지요. 그것은 바퀴가 달린 커다란 달걀 모양의 차량으로 딱 한 사람을 실을 정도의 크기였고 깨끗한 플라스틱으로 만들어졌어요. 그 속에는 텔레비전을 볼 때 기대기 좋은 모양의 의자가 설치되어 있었는데, 차의 이름은 '의차CHAR'였어요. 반은 의자chair이고 반은 차car였으니까요. 처음에는 모터 달린 휠체어에 장착하던 종류의 전동 모터를 달고 있었어요. 게으른 사람들은 다리를 사용할 필요가 전혀 없게 되었고 그러고도 얼마든지 잘 돌아다닐 수 있었으며 나쁜 날씨에도 천하무적이었지요. 원래 장애자를 위해 고안된 경사로와 커브 브레이크(휠체어들이 충격 없이 지나가도록 보도의 일부를 보도와 같은 높이로 낮추어둔 부분을 말한다—옮긴이)와 엘리베이터를 사용했지요. 의차에는 개인용 텔레비전 세트와 TV디너를 데울 수 있는 전자레인지 오븐이 장착되어 있었어요. 그들은 의자 밑에 화학적인 변기도 설치해서 화장실에 갈 필요도 없었지요. 라디오이자 내부 통화 장치도 있어서 곁에 있는 다른 사람과 이야기를 나눌 수가 있었어요. 물론 다른 사람도 각자 의차에 앉아 있었지요. 스테레오 시스템은 모차르트의 음악이든 록 음악이든 원하는 대로 들려주었어요. 컴퓨터 시설이 중앙 방송망에 연결시켜주었거든요.

의차는 여러 가지 화려한 색깔을 가지고 있었고 냉난방조절장치와 크롬 도금이 된 많은 장식품을 덧댈 수 있었어요. 의차는 곧 엄청나게 유명해졌어요. 얼마 후 거리나 가게나 사무실에서 자기 발로 걷고 있는 사람을 보는 일이 드물어졌어요. 작은 도구가 의차에 설치되어서 사람들은 안에서 조작할 수 있었고 필수적인 업무를 계속 수행할 수 있었어요. 게으른 사람들은 마침내 우주도 감사할 만한 생활방식을 이뤄냈다고 생각하고 뿌듯해했지요. 그들은 매우 행복했어요.

얼마 동안은 그랬죠. 그 체제에 결점이 있는 게 밝혀졌거든요. 운동을 안하다 보니 다리는 약해졌고, 시간이 지나자 게으른 사람들은 그 의차에서 빠져나올 수도 없다는 것을 깨달았죠. 따라서 서로의 손을 잡을 수도 없었고 어떠한 육체적인 결합도 할 수 없었고 사랑에 빠질 수도 없었고 어떤 종류의 성욕도 표현할 수 없게 되었어요. 당연히 아이를 낳을 수도 없었지요. 병들어도 다른 사람들이 자기 의차에서 빠져나와 도와줄 생각을 하지 않았어요. 그들은 모두 게으르고 이기적인 인간이 되었어요. 서로를 돕는 일은 거의 없어졌지만 싸움은 더 심해졌지요. 가끔씩 서로에게 너무 화가 나서 의차를 탄 채로 서로 충돌하여 둘 중 한 대가 전복되거나 달걀처럼 부서지거나 운전하던 사람이 의차에서 떨어져 길바닥에 누울 때까지 계속 싸웠거든요. 떨어진 사람은 오그라든 다리로 어린 아기처럼 다리를 바둥거렸지요.

이제 누군가가 의차에서 사는 삶을 비판한다면 게으른 사람들은 분개해서 이 점을 지적했지요. 세상에서 전무후무한 최고 수준의 문명을 달성했으며 그것을 포기할 생각이 전혀 없다고. 그러나 게으름은 그들을 너무나 나약하게 해서 대량으로 죽어나가기 시작하자 이웃들은 경계하기 시작했어요. 게으른 사람들이 사는 나라 북쪽에 주로 호두와 나무 열매와 사냥한 야생동물만 먹고사는 야만인들이 살았어요. 과학이라고는 기껏해야 말과 털 코트와 통나무집 정도였지만 그들은 대부분의 시간을 바깥에서 보낸 덕분에 매우 건강하고 튼튼했어요. 그들은 많은 시간을 노래하고 춤추고 사랑을 나누고 아이들과 놀이를 하면서 보냈어요. 가끔씩 싸움을 해서 서로를 찌르기도 했지만 그다음엔 화해했고 영원한 우정을 맹세했지요. 그들은 식물과 동물에 대해 잘 알았지만 TV 디너 같은 건 들어본 적도 없었지요.

어느 날 이 야만인들의 무리가 말을 타고 게으른 사람들이 사는 나라에 쳐들어왔어요. (이 나라에 견과류와 딸기가 꽤나 많다는 것을 알고 말이죠.) 그러고는 게으른 사람들이 얼마나 이상한 모양을 하고 있는지 보았지요. 볼품없지만 다정한 방식으로 야만인들은 게으른 사람을 의차에서 끄집어내려고 했어요. 그들은 맨발로 서자마자 속절없이 쓰러져버렸고 큰 소리로 항의하면서 안전한 의차로 돌아가려고 기어갔어요. 야만인들은 이 우스꽝스러운 장면을 보고 웃었고 야만인들답게 의차들을 끌어다 낭떠러지나 강에 밀어버리기 시작했지요. 그게 재미있다는 이유만으로요. 곧 그들의 야만인 친구가 몰려와 합세했고 며칠 후 게으른 사람은 완전히 씨가 말랐답니다.

이 이야기는 아주 오래전에, 옛날 옛적에 있었던 이야기랍니다. 지금은 새로운 게으른 사람과 새로운 야만인이 있어요. 우리가 해야 할 일은 이 이야기에서 교훈을 얻어 그런 일을 반복하지 않는 것입니다.

이 이야기를 각자의 방식으로 각색해서 친구나 가족에게 들려주는 것도 재미있겠지요.

저는 베라 올웬이었습니다. 다음 주에 다시 만날 때까지 안녕히 계세요."

50.

래리는 다른 사람 밑에서 일하는 것을 좋아한 적이 없었다. 그는 손재주가 뛰어나 가끔씩 수선가게에서 일한 적도 있었지만, 얼마 지나지 않아 사장과 싸우고 말았다. 그러고 나면 다른 가게로 일자리를 옮겼지만 똑같은 일이 일어났다. 그것이 그를 지치게 했다. 그래서 그는 작은 부업을 시작했다. 차의 배터리를 분해해서 그 속의 납을 녹여 파는 것이었다.

그것은 힘든 일이었지만 꽤 돈이 되었고, 래리는 그런 작업쯤은 충분히 견뎌낼 정도로 강했다. 처음에 그는 오클랜드 공장 지대에 버려진 낡은 헛간을 빌려 그곳에 있는 오븐에서 납을 녹였다. 그러자 납을 녹일 때 발생하는 가스 때문에 병을 얻었고 의사는 건강이 정말 위험한 상태라고 경고했다. 그는 1년 동안 그 일을 쉬었다. 1년 후 그는 혈액검사를 통해 혈중 납 농도가 다시 낮아진 것을 알게 되었다. 그는 몇 가지 자료를 찾아 읽은 다음 실험에 적합한 작업실을 직접 지었다. 납을 녹이는 장비 위에 올이 굵은 삼베 필터로 된 기구를 설치했고 커다란 환풍기를 달아 가스를 바깥으로 배출하게 했다. 그는 환기장치를 남들이 보지 않는 시간에만 조용히 작동시켰는데, 공기오염 조사관이 그를 잡아 가둘까 봐 두려워서였다. 그는 자신이 만든 납을 비밀스러운 경로로 싱크대 제작회사 같은 작은 규모의 회사에만 팔았다. 그들은 하나같이 아무 질문도 하지 않았다.

어느 날 벤이라는 사람이 래리의 집에 찾아와서는 래리가 납을 판다는 소문을 들었다고 말했다.

"그래요, 저에게 납이 있어요. 얼마나 필요합니까?"

"저는 벽돌 모양으로 된 납덩이들이 필요해요. 그런 걸 만들 수 있겠어요?"

"그렇긴 하지만 그걸 하려면 틀을 만들어야 할 테고 그 비용은 당신이 부담해야겠네요."

"제가 당신에게 틀을 가져다줄 수 있소."

"좋아요. 그래서 얼마나 만들길 원해요?"

"벽돌 2,000개 분량이요."

"맙소사! 그러려면 엄청나게 많은 배터리가 필요한데!"

"알아요. 두 달 안에 해줄 수 있겠소?"

"아마도요. 그렇게 많은 양의 납을 얻으려면 엄청 무리해야 합니다. 당신도 알듯이 고물 자동차에서 배터리를 주워 담는 것보다 훨씬 더 많은 비용이 필요해요. 이 근처에서만은 그만한 양의 배터리를 구할 수 없을 테고 바깥으로 나가야 해요. 어쩌면 LA까지라도 말이죠."

"아무튼 당신은 해낼 수 있다고 확신합니까?"

"그래요, 비용에 대해 먼저 이야기합시다. 평소 제시하는 가격보다 20퍼센트 높은 가격을 받아야겠어요. 그나저나 당신은 이 많은 납 벽돌로 뭘 할 겁니까?"

"나는 산업 연구실을 가지고 있고 방사능 화학물질로 새로운 연구를 진행할 겁니다. 그것에 대해 더 이상 알려고 하지 마세요!"

벤은 명함 한 장을 꺼내 래리에게 내밀었다. 명함에는 '시에라 테스팅 서비스—화학, 방사능, 생물학적 검사'라고 적혀 있었다.

"좋아요. 당신을 위해 납 벽돌을 만들도록 하지요."

래리가 대답했다.

"저는 좀 확실하게 해두는 걸 좋아해요."

벤이 다소 위협적으로 래리를 쳐다보면서 말했다.

"우리가 진행하고 있는 새로운 사업은 매우 경쟁적인 일입니다. 그러니까 다른 연구실이나 회사가 우리가 그 일을 한다는 사실을 알기 원하지 않습니다. 당신이 우리에게 납을 팔았다는 사실을 주책없이 지껄여대는 걸 원치 않아요. 무슨 말인지 알겠소? 누가 묻더라도 절대 비밀로 하세요."

"당연하죠."

래리는 그렇게 대답하면서 무슨 실수를 저지른 건지 알 수 없었다.

"나 같은 사람한테 관심 가질 사람은 아무도 없어요. 소량의 납을 비밀리에 팔 뿐이라고요."

그는 방어적으로 어깨를 으쓱거리고는 미소를 지었다. 그러나 벤은 웃지 않았다.

"벽돌이 완성되면 매주 조금씩 실어 갈 테고 그때마다 돈을 줄 거요. 일요일 저녁 8시는 어때요?"

그들은 거래가 성사된 것을 기념하여 악수를 나누었다.

51.

에버릿

한여름이 다가왔을 때 메리사 다마토는 도시에 염증을 느끼기 시작했고, 도시의 거리에 나무가 너무도 부족한 것에 화가 났다. 그녀는 주말에 북부 지역을 방문했고 친구와 가족과 함께 머물렀다. 그들은 이미 그 땅으로 이사를 간 후였다. 그녀는 그곳에서 그들을 도와 강의 지류를 정화하고 연어들이 다시 헤엄치도록 되살리는 노력에 동참했다. 그 강줄기는 오염과 지나친 낚시질과 부주의한 벌목으로 파괴된 상태였다. 힘들고 많은 체력이 필요한 일이었지만 매우 즐거운 일이기도 했다. 메리사는 자신이 그 일을 좋아한다는 사실을 깨달았다. 그녀는 그다음 주말에도 학교 수업을 빼먹으면서까지 그곳에 갔다. 그녀가 만난 사람들은 벌목과 제초제 분사와 정치적 개편에 맞서 싸우는 사람들이기도 했다. 그중 일부는 목수 일을 하거나 양을 키우며 살았다. 채식주의 식당을 경영하는 한 전직 교수가 카운티 관리 위원회의 의장으로 선출되었다. 한 그룹은 정부 하원의원이 선거보다는 제비뽑기로 선출되어야 한다는 아이디어로 대담한 실험을 준비하고 있었다. 그런 방식이야말로 현재의 시스템보다 사람들의 필요와 관점을 더 진실하게 대변한다고 주장했다. 현재의 시스템은 부자와 남자와 번지르르하고 잘 조직된 사람만을 선호하기 때문이다.

메리사는 이런 역동적인 시골 생활이 매혹적으로 느껴졌다. 한여름에 그녀는 북쪽으로 가서 숲에서 도급업을 하는 젊은 사람들 무리에 합류했다. 그들은 저녁이면 숲에서 야영을 했고 음식을 나누어 먹으며 모닥불 주위에서 즐겁게 지냈다. 그들은 잡목림을 정리하고 하상에 모인 통나무를 치우고 톱질할 통나무를 구했으며 어린 나무를 솎아내고 침식 조절 작업을 했다. 허리가 휠 만큼 고된 노동은 메리사의 몸을 더욱 날씬한 근육질로 만들었다. 그녀는 건강한 편이었지만 이제는 더욱 단단해졌고, 강한 체력은 그녀에게 진정한 즐거움을 주었다. 그녀는 전동 사슬톱과 트랙터, 트럭, 뒤엉킨 숲에서 통나무를 끌어오기 위해 사용하는 위험한 장비를 다루는 법을 배웠다.

그녀는 또한 나무가 사는 방식을 연구했다. 기후·토양·배수 등 그들이 무엇을 좋아하고 싫어하는지, 어떻게 숲지대가 제공하는 수천 가지 다양한 조건을 극복하는지에 관해서 말이다. 운명적으로 심어진 자리에 붙박인 채로 참고 견디면서 고요하고 느린 속도로 그들의 삶을 살고 있었다. 그녀가 숲속을 걷고 있을 때 나무 꼭대기에 불어오는 바람의 중얼거림은 부드럽고 노래하는 듯한 말소리처럼 들렸고, 그녀는 인간의 목소리로 말없이 노래하여 그 대화에 동참했다. 이전에 한 친구가 말했듯이 그녀는 나무들이 감각을 지닌 것처럼 조심스레 더듬었다. "그들이 느끼지 못할 거라고 누가 장담할 수 있지?" 메리사는 그 친구에게 총알같이 쏘아붙였다.

조금씩 그녀는 자신이 나무와 특별한 공감대가 있다고 느끼기 시작했다. 그들이 없이는 세상이 황량해져버리는 소중한 친구 같은 존재라고나 할까. 정확히 말해 중세 암흑기의 드루이드교 사제처럼 나무를 숭배하는 것은 아니었다. 그러나 점점 더 나무가 그녀도 공유하고 있는 지구의 신비로운 정신의 일부인 것처럼 느꼈다. 이러한 생각은 대부분의 사람들에게는 괴상해 보였고, 그녀는 보통 그 생각을 혼자서만 간직했다. 그녀는 자신이 특별히 좋아하는 나무 근처에 작고 특별한 장소를 만드는 것을 좋아했고 그곳은 성지나 마찬가지였다. 이러한 은신처 중 하나는 거대한 레드우드 나무의 불타버린 몸통 내부에 있었다. 그것은 굴을 만들었다. 그곳에 앉아 담배를 피우기도 하고, 그녀와 나무가 지구 깊은 곳으로부터 솟아오른 동일한 생명에너지를 공유하는 존재며 신비롭게 서로 연결되어 있다는 느낌을 즐겼다. 나무는 그녀가 필요로 하는 산소를 뱉어내고 호흡을 통해 뱉어내는 이산화탄소를 들이마셨다. 이렇게 공감할 때마다 메리사는 극도의 만족감에 빠져들었다. 그녀가 캠프로 돌아갔을 때 다른 사람들은 그녀에게서 발산되는 차분한 광휘를 감지하였다.

"우리의 나무 요정님이 오셨구만!"

그들은 이렇게 말하며 그녀를 향해 미소지었다.

어느 날 저녁 메리사가 숲속의 명상을 마치고 돌아왔을 때 무리는 불가에 둘러앉아 산림청의 죄상에 대해 토론하고 있었다. '다목적 수확량 유지 조례 Multiple-Use Sustained Yield' 라 불리는 연방정부법은 산림청에 압력을 가하여 목재회사들이 국유림 내에서 새로운 나무가 자랄 수 있는 속도에 맞춰서만 나무를 벨 수 있도록 허가하게 했다. 그러나 산림청은 목재회사로부터 과도한 압력을 받고 있었으므로 관료들은 일찍이 이 법을 피해 갈 방법을 궁리했다. 최근 몇 십 년 동안 벌목의 속도가 나무의 성장을 20퍼센트가량 앞섰다. 나라의 일부 지역에서 산림청은 말 그대로 멀고 가파른 땅에 있는 나무를 뽑아내는 일에 장려금을 주었고 나무를 다시 자라게 하는 비용보다 훨씬 적은 비용으로 목재를 팔아버렸다.

이곳 북서부 지역에서도 처녀림이 거의 소멸되었고 앞으로도 똑같은 상황이 벌어질 것이다. 국유림은 이론적으로 사람들의 즐거움을 위해 영원히 보존되어야 하는데도 그들을 보호할 책임이 있는 관리당국의 묵과 아래 역시 소홀히 관리되고 있었다.

평소처럼 그룹의 토론은 활기찼고 산림청의 비행에 관한 신랄한 비판과 배가 아플 정도로 웃기는 일화로 가득했다. 잠시 분위기가 진정되었을 때 에버릿이라는 날씬하고 수줍은 남자가 입을 열었다. 평소 그는 말이 없었다.

"그동안 생각을 좀 해봤는데요, 우리는 비난과 부정적인 이야기를 너무 많이 즐기는 것 같아요."

희미한 장작불빛으로도 그가 얼굴을 붉히는 것을 볼 수 있었다. 그는 다리를 폈다가 자세를 고치더니 말을 계속했다.

"산림청을 조롱하고 비난하는 건 쉬워요. 하지만 우리가 그 입장에 서면 그들보다 더 잘할 수 있으리라고 누가 자신할 수 있죠?"

무리는 화가 났다. 그들이라면 훨씬 잘할 수 있을 테니까! 그들은 모든 것을 버리고 이곳 산간 지대로 와서 숲을 돌보고 있다. 산림청의 직원이라는 작자들은 사무실에 편안히 앉아 계산기만 두드리면서 나무 장사로 생긴 적자를 해결할 궁리만 하는데!

"맞아요, 우리가 하면 훨씬 낫긴 하겠죠. 그곳 직원들도 멍청하거나 사악한 사람들이 아니에요. 그래도 수확량 유지(Sustained-yield, 수확시에 줄어든 삼림, 물고기 등 생물자원을 다음 수확 전까지 불어나도록 관리하는 것—옮긴이)라는 조건에서도 이 일을 잘 조직화할 수 있을지 정말 어떻게 알 수 있을까요?"

그러자 누군가가 발끈하며 물었다.

"도대체 무슨 말을 하는 거죠? 바이어하우저 Weyerhauser 같은 회사를 대신해서 숲을 경영한다면 어떻게 되겠냐는 건가요? 조지아 주에 있는 펄프재 농장 중 하나같이?"

"아니죠. 실제로 소유했다고 상상해보세요. 그걸 우리 스스로 운영해야만 한다면요. 우리는 실제로 어떻게 할까요?"

그러자 즉시 이런저런 의견을 제안하느라 왁자지껄했다. 허용 가능하고 재생 가능하고 지속 가능한 벌목을 어떻게 평가할 수 있는지, 나무를 어떻게 선택적으로 베어내야 더 늙고 큰 나무들이 벌목되고 어린 나무들은 계속 자라게 할 수 있을지, 길과 미끄러운 숲길의 침식을 어떻게 최소화할 것인지, 뒤섞인 수종을 어떻게 잘 다루어서 다양한 종류의 나무가 공존하게 하여 벌레의 침입과 병충해를 감소시킬 것인지, 다시 심을 수 있는 묘목을 어떻게 생산할 것인지, 이 모든 일을 하는 동안 그들이 숙소로 삼을 캠프를 어떻게 조직화할 것인지, 어떻게 해야 그 목재가 일본으로 수출되지 않도록 할 것인지, 그 일을 어떻게 돌아가며 하고 그 수익을 어떻게 공평하게 나눌 것인지(혹시 거기서 어떤 수익이라도 발생할 경우)에 대해 말이다.

이 격렬한 토론은 여러 시간이나 계속되었고 메리사 역시 깊이 빠져들었다. 마침내 토론이 끝날 기미가 보였다. 그룹은 보통 새벽에 일찍 일어나 아침식사를 거하게 먹은 후 일찍부터 일을 시작했다. 이제 자러 갈 시간이었다. 메리사는 힘들게 함께 일해온 사람들의 얼굴을 하나씩 둘러보면서 말했다.

"난 에버릿에게 감사해요. 그의 질문이 새롭고 중요한 것을 생각하게 만들었어요."

에버릿은 모닥불에서 한 걸음 뒤로 물러나면서 다시 얼굴을 붉혔다. 메리사는 하던 말을 계속했다.

"나는 이 점을 말하고 싶어요. 우리가 우리만의 숲을 열렬히 원한다면 조만간 가질 수 있어요! 우리는 이 계획을 계속 진행해서 우리에게 기회가 올 때를 대비해 준비가 되어 있어야 해요. 말만으로 그쳐선 안 된다고요."

무리는 갈라져서 텐트로 향했다. 메리사는 에버릿에게 다가가 그의 몸에 팔을 두르며 말했다.

"나랑 같이 자요."

52.

베라는 텔레비전 방송에 너무 많이 의존하는 것이 아닌지 심각한 회의에 빠져들었다. 그녀가 이러한 느낌을 헨리에게 털어놓았을 때 그는 그녀에게 방송 중에 그 감정을 솔직히 표현해보라고 졸랐다. 일종의 고백을 하라는 것이었다. 그는 그것이 유용한 효과를 거둘지도 모른다고 생각했다. 다음 방송에서 베라는 그의 조언에 따라 자신의 솔직한 느낌을 말해보기로 했다.

오늘 밤 저는 텔레비전에 대해 말해보고 싶어요. 사실 '여러분과 대화한다' 고 말하기가 매우 죄송스러워요. 지금 TV를 통해 말하고 있는 건 저 혼자뿐이고 여러분은 오로지 듣기만 하니까요. 우리가 현재 가지고 있는 TV 시스템은 일방통행이고 그것도 아주 좁은 도로입니다. TV 방송국을 조종하는 사람들은 시청자들이 무엇을 볼 수 있을지 결정합니다. 여러분들은 오로지 그것을 보고 있을 것인가 꺼 버릴 것인가만 결정할 수 있을 뿐이죠.

생존자당에서는 어떻게 해야 세상이 편안하고 다정하고 민주적인 장소가 될 수 있을지에 관해 고민하고 있습니다. 우리는 지금 같은 TV 운영방식을 좋아하지는 않습니다. 중앙집중적인 통제 방식에다 부유하고 권력을 쥔 소수의 사람들에 좌우되는 것이 방송국의 현실이니까요. 우리는 텔레비전을 이용해서 여러분들이 대답도 할 수 있도록 하는 것이 가능한지 자문하기 시작했습니다. 우리의 기술자들이 그에 관해 보고한 내용은 정말 흥미롭습니다.

여러분도 알다시피 더 많은 미국인 가정에서 케이블 장비를 갖추고 있습니다. 여러분들은 이렇게 생각할지도 모릅니다. 케이블이 할 수 있는 유일한 기능은 여러분에게 더 많은 채널들과 더 나은 오락거리를 제공하는 것뿐이라고. 그러나 케이블은 다른 잠재력도 지니고 있습니다. 가장 좋은 점은 쌍방향으로 작동할 수 있다는 것이죠. 그러니까 여러분이 집에 있는 TV 수신기 위에 소형 TV 카메라를 설치할 수 있고 제가 자극시키는 말을 하거나 여러분의 의견을 구한다면, 여러분들

190

은 그 카메라를 작동시켜 중앙의 TV 방송국에 전화를 걸 수 있습니다. 예를 들어 라디오 방송에서 전화 접속과 같은 것이죠. 그러면 저와 그 채널을 보는 모든 사람들은 여러분의 목소리를 들을 뿐만 아니라 얼굴도 보는 거죠. 다른 말로 하면 비디오로 대중토론을 진행할 수 있게 됩니다.

공명정대함을 보장할 특별 규정은 있어야겠지요. 생존자당은 이미 행동 규정들이 실제로 성공적으로 적용될 수 있는지 알아보기 위해 몇 가지 실험을 시도하고 있습니다. 지금 말을 멈추고 여러분에게 공공의 이슈에 대해 질문한다고 칩시다. 예를 들어 석유 보존을 촉진하기 위해 가솔린에 더 과중한 세금을 지우는 것이 어떻겠냐고 묻는다면 100여 명의 시청자들이 동시에 전화를 걸게 될 것입니다.

그럴 경우 그중에 누가 말할 기회를 얻게 될까요? 우리는 누군가가 이곳에 앉아 전화 내용을 검열하거나 어떤 사람이 더 좋은 대답을 할지 고르는 것을 원하지 않습니다. 무작위로 전화 건 사람을 골라내는 작은 컴퓨터를 설치한다면 쉽게 해결될 것입니다. 그건 곧 여러분들이 다른 사람들과 똑같이 말할 기회를 얻게 되리라는 뜻입니다. 그런 일은 우리 신문이나 잡지는 절대 할 수 없는 일일 뿐만 아니라 TV에서는 더더욱 있을 수 없는 일이지요! 그런 방법을 택할 경우 공정성도 기할 수 있고 사람들이 실제로 무엇을 생각하는지에 관해 믿을 만한 샘플도 얻을 수 있을 겁니다.

그렇다면 여러분이 얼마나 오랫동안 이야기할 수 있을 것인가가 문제입니다. 프로그램은 영원히 지속될 수는 없는 법이니까 말할 수 있는 최대 시간을 정해놓아야 하겠지요. 3분 정도로요. 당신의 시간이 끝나면 전화는 그냥 끊기는 겁니다.

이런 식으로 케이블을 사용하는 것은 원래 작은 군락을 이루고 살던 시절의 마을 회의나 고대 그리스의 민주주의에 해당하는 현대적인 형태를 제공할 것입니다. 특히 너무 크지 않은 공동체에 유용할 것입니다. 인구가 5만 명이 채 되지 않는 공동체랄까요? 그 정도 규모라면 서로를 알고 지낼 수 있는 기회를 제공할 수 있지요. 케이블을 사용하면 전자 장치를 통하여 대중 논쟁을 진행하는 방법을 배울 것입니다. 마을의 광장이나 카페를 대신해서요.

　분명히 사람들 사이에 어떤 종류든 기계 장치를 둔다는 것이 이상적인 상황은 아니라고 봅니다. 전화로 이야기를 나누는 것보다는 실제로 만나 시간을 보내는 것이 훨씬 더 풍부한 경험을 주지요. 그리고 비디오로 나타나는 이미지라는 건 약간은 흐릿하고 인공적이어서 같은 방에 앉아 있는 다른 사람의 존재가 주는 것만큼 충분한 자극을 줄 수는 없지요. 그래서 우리는 미래의 비디오 시스템으로 서로 대화하는 것이 실제 접촉하여 대화를 나누는 것을 대체할 수 있다는 생각에는 절대적으로 반대 입장을 고수해야 합니다. 우리는 사회적인 동물이고 인간입니다. 우리는 서로 만지는 것을 좋아하고 직접 눈을 마주치면서 놀고 껴안거나 밀치거나 몸짓이나 손짓으로 표현하는 것을 좋아합니다. 가장 중요한 경험을 얻기 위해서는 다른 사람과 함께 있을 필요가 있습니다. 전자 이미지만 바라보는 것이 아니라요.

　그러나 가정과 이웃과 직장에서 더 가깝고 직접적으로 접촉하면서 더 풍부한 인간관계를 나누는 삶을 발전시킨다고 가정해보세요. 그러면 소중한 시간을 잡아먹는 상업적인 TV에 의존하는 생활습관을 끊을 수 있을 겁니다. 그리고 새로운 소통수단으로 대화형 TV를 사용하기 시작할 것입니다. 수동적으로 화면을 바라보기만 하지 않고 말입니다. 그런 방식으로 TV를 사용하게 되면 TV는 인간성을 훼손하지 않고, 오히려 더욱 확장시켜줄 것입니다.

　얼마간 이 저녁 프로그램을 진행해왔습니다만 이 프로그램을 정규적으로 시청하는 분들은 제가 방송을 즐기고 있다는 것을 알고 우리도 여러분이 즐기고 있다는 것을 압니다. 함께 소통한다는 것은 좋은 일입니다. 이러한 일방적인 방식으로라도요. 그래도 충분하지가 않죠.

　생존자당은 텔레비전 사업에 뛰어들 준비를 하고 있습니다. 우리만의 고유한 채널을 만들 것이고 1~2주 안에 제 프로그램은 이 채널이 아닌 33번 채널을 통해 방송될 것입니다. 거기에는 분명 차이가 있을 겁니다. 우리는 실험을 하게 될 테니까요. 우리는 케이블이 닿는 지역에 있는 200개 세대에 TV 카메라를 제공하고 제가 이야기한 방안을 실제로 시도할 수 있도록 할 것입니다. 카메라로 우리 방송에 접속하여 저와 대화를 나누는 거죠. 환경을 오염시키는 사람에게서 스스로를 어떻게 지켜낼 것인지, 혹은 교통 문제나 에너지 문제를 어떻게 다룰 수 있을 것인지, 혹은 건강을 어떻게 향상시킬 수 있을 것인지에 관해 대화를 나눌 것입니다.

이 실험에 동참하고 싶다면 집 근처에 있는 생존자당 사무실에 전화를 걸어 자세히 물어보세요. 그건 재미있을 것이고 이전에 한 번도 시도된 적 없는 일이기도 합니다. 여러분이 첫 번째로 방송을 주도하는 사람이 될 기회입니다. 사실은 세계 최초로요! 다음 주에 더 자세한 사항을 말씀드리겠습니다.

53.

토머스 바버

글리슨의 방문을 받고 며칠 뒤 오후 루는 토머스 바버라는 사람에게 전화를 받았다. 그는 무뚝뚝하고 느릿느릿하게 말했는데, 각각의 단어를 발음하기 전에 다른 대안을 주의 깊게 검열하는 듯했다. 전화를 받은 사람이 진짜 광전지를 연구하고 있는 루 스위프트가 맞는지 확인한 후에 바버는 자신이 옴니오일회사의 법률부서에서 일하며 그 회사가 현재 막강한 광전지 연구 프로그램을 운영하고 있다고 설명했다.

"그래요."

루는 할 말이 없었다.

"당신이 흥미로운 연구를 진행하고 있다는 거 알아요. 우리는 언제나 새로이 개발된 기술이 없는지 관심 있게 살펴보고 있거든요. 그래서 말인데 그 가능성을 논의하기 위해 만나야 한다고 생각해요."

"무슨 가능성을 말씀하시는 거죠?"

"그거야 두고 봐야 알겠지만 옴니 측에서 당신의 발견에 필요한 도구를 제공할 수 있을지도 모르지요. 정말로 경제적으로 실행 가능한 무언가를 가지고 있다면, 그것도 아주 큰 규모로요. 당신은 당연히 그 일에 참여할 수 있고요."

"그러니까 옴니 사가 저를 고용할 수도 있다는 말인가요?"

"그게 올바른 방식이라면야 얼마든지요. 주로 수익 분배를 염두에 두고 있습니다. 로열티 말입니다."

루는 얼굴을 찡그렸지만 좀 더 이야기해보기로 결심했다.

"옴니 측이 그 발명을 인수해서 시장화한다는 건가요?"

"사실 그렇죠. 당신은 아무것도 할 필요가 없어요. 일단 그 전지의 효능이 검증만 된다면 말이죠. 당신은 어린 나이에 엄청난 갑부 숙녀가 될 겁니다."

루는 충동적으로 자신이 어린 숙녀가 아니라 젊은 여자라는 사실을 일깨워주고 싶었지만 사업 이야기에 전념하기로 했다.

"옴니가 특허권을 통제하게 되면 사용료를 지불하지 않고서는 그 과정을 사용할 수 없게 되는 건가요?"

"그건 필수적이죠. 다른 기업에 그것을 허가할지도 모르고 안 할지도 모르죠."

"모든 건 수익이 날지 안 날지 가능성에 달려 있다는 건가요?"

"세상에! 당신은 정말로 젊고 영리한 사람이로군요!"

바버가 감탄했다.

"언제 시간 내서 저를 만나러 오시겠습니까? 만나서 할 얘기가 아주 많을 것 같아요."

"죄송하지만 뭔가 잘못 아신 것 같아요, 바버 씨. 솔직히 저는 제 발명품을 다른 사람에게 팔 생각이 없어요. 제가 정말로 그런 기술을 소유한다면 석유회사가 그 기술을 사용하도록 하지 않을 거예요."

전화기 너머에서 한동안 아무 말도 들리지 않았다. 충격을 받은 것이 분명했다. 바버가 마침내 물었다.

"그러니까 당신 말은, 이미 다른 회사에서 제안을 받았다는 말인가요? 저는 옴니가 어떤 제안보다도 좋은 조건으로 계약할 수 있다고 보장합니다만. 되든 안 되든 일단 만나서 이야기나 해봅시다."

"이렇게 가정해보세요. 이 지구상에 질 좋고 값싸고 혼자서 만들어낼 수 있는 광전지에 관심이 있는 사람들이 40억 명은 있다고 치자고요."

"방금 '혼자서 만들어낼 수 있는' 이라고 말했나요?"

바버가 갑자기 루의 말을 자르며 끼어들었다.

"분명히 그렇게 말했어요. 그 말 속에 모든 것이 담겨 있어요!"

스스로 놀랄 정도로 루는 목소리가 떨리고 있는 것을 깨달았다.

"이봐요, 바버 씨. 저는 돈 때문에 이 일을 하는 게 아니에요. 저는 인류를 위해 유익한 일을 하려는 거예요. 이해하시겠어요?"

바버는 수화기를 손으로 막고 "망할!"과 비슷한 소리를 중얼거리는 것 같았다. 그러더니 다시 차분한 목소리로 돌아와 이야기를 계속했다.

"그게 뭔지 아주 잘 이해할 수 있어요. 정말로 우리가 꼭 만나야 한다고 생각해요. 옴니는 당신이 원하는 것을 실현하도록 도와줄 수 있으니까요."

"아뇨."

"만나지도 않겠다는 건가요?"

"그래요, 난 당신들과는 아무것도 하고 싶지 않아요. 그냥 모두 잊어버리세요."

"그건 정말 쉽지가 않을걸요. 당신이 정말 대단한 걸 발명해낸다면요."

"글쎄요, 그건 당신 문제겠죠. 그럼 안녕히 계세요."

전화를 끊는 루의 손이 몹시 떨리고 있었다.

54.

생존자당이 "더 이상 하지 말라!" 선언서를 발표했을 때 예상한 대로 처음에는 국내 뉴스 매체에 깡그리 무시당했다. 어쨌든 여기저기서 기자들이 기자회견문을 읽었고 그중에 보도할 만한 것이 있는지 곰곰이 생각해보았다. 그들 중 소수는 이도 저도 아닌 이야기를 기사로 썼다. 새로운 당은 반핵운동과 환경운동, 노동조합운동, 반전운동의 요소를 모두 합치려는 시도를 하고 있는 게 분명하다고 말하는 식으로 말이다. 어느 정치부 기자는 이렇게 썼다.

"최근 몇 년간 미국 정치가 갈수록 분열된 양상을 띠게 만든 고도의 압력 하에서 이렇게 적극적으로 새로운 정치적 의견 일치를 구축하려는 고상한 시도가 성공할 가능성이 있을지는 의심스러워 보인다."

다른 사람들은 베라 올웬과 동료들이 오로지 서부 해안 지역에만 영향력을 끼친다고 지적하면서 그녀의 아이디어가 다른 곳에서는 전혀 주목받지 못할 것이라고 예견했다.

그로부터 채 1년이 지나기도 전에 생존자당의 모임은 해안 지역을 남북으로 오르내리면서 많은 회원을 끌어들이고 있었다. 그 선언에 대한 토론이 오로지 절충안으로만 가득한 당의 강령에 익숙했던 많은 사람의 흥미를 끌었다. 베라나 주요 협력자들이 대규모 모임에 나타날 때마다 엄청난 관중들이 모였다. 노동운동과 연맹을 구축하려던 닉 밸러드의 노력은 성과를 거두었다. 그 덕분에 생존자당은 '엘리트주의자'라는 비난을 면하게 되었고 그들의 프로그램은 언제나 유익한 '일자리 창출' 효과를 낳았다.

1970년대 후반에 시작된 보수주의적 경향은 광범위하게 불신되었다. 계속되는 인플레이션으로 일반인은 국가정치가 마비되었다고 느꼈고, 지속적으로 들려오는 화학제품과 방사능 물질로 인한 건강 위협 소식에 나라가 에너지 문제에 잘 대처하지 못하고 있다는 느낌이 갈수록 늘어갔다. 모든 것이 많은 사람을 불안감으로 잠 못 들게 만들었다. 지금까지 무슨 일이 시도되었든 그들이 느끼기에 성공적인 것이라곤 없었다. 집회에 참석한 사람들은 생존자당원은 그래도 귀 기울여 들을 만한 가치가 있는 제안을 할 거라고 기대했다.

이러한 대중적 흥미의 격동에 직면하여 생존자당은 다음번에 무슨 일을 할 것인지를 논의했다. 분명히 이끌고 나가야 할 필요가 있는 세력이 형성되었다. 이들을 어떤 방향으로 이끌고 갈 것인가? 그들은 임시변통으로 끌고 나갔지만 연설을 들으러 오는 사람을 수용할 만한 더 거대한 홀이 필요하다는 사실을 깨달았다. 연사들이 구체적으로 제안할 때 관중의 반응은 특별히 따뜻해 보였다. 자가용을 줄이자는 제안에 대해서도 그랬다. 관중 대부분이 자가용을 몰고 그 행사에 참여했는데도 말이다. 베라와 동료들은 자동차에 대한 미국의 집착에 큰 변화가 일어나고 있다고 결론지었다. 어떤 집회에서 그들은 지지자들보다 뒤지고 있다는 분명하고 불편한 느낌을 받았다. 사람들은 생존자당이 제안하는 것보다 더 멀리 나아가길 원하고 있는 것 같았다. 생존자당이 예측하지 못한 방향으로 말이다. 이것은 열광을 낳았지만 또한 생존자당을 긴장하게 만들었다. 그들은 거대한 집회에서 풍부한 토론을 마련하려 두 배로 노력해야 했다. 전체 큰 그룹을 작은 그룹으로 쪼개어 개인들이 얼굴을 맞대고 각자의 관점을 이야기할 수 있도록 순서를 짠 다음, 나중에 그 생각을 평가하도록 했다.

이러한 집회는 대부분 뉴스로 보도되지 못했다. 덕분에 최근 빈민가에서 일어난 폭동이나 원자력발전소 반대 시위처럼 폭력이나 무질서의 위협이 없었다. '뉴스'의 효과도 보지 못했다. 그들은 FBI나 정보원으로 보이는 호기심 많은 사람에게 주목 받기 시작했다. 그들의 집회는 일부 기존 정당에 속한 사람에 의해 조사되었다. 그들의 대중적 토대가 얼마나 공허한지 알고, 대중의 감정을 움직이는 곳이면 경쟁자로 인식하고 어디든 찾아가 방해하고 싶어 했다. (새크라멘토에서 베라의 정적이었던) 소수의 주류 정치가들은 생존자당의 서류를 익명으로 비난하면서 '단순하다'거나 '비현실적'이라고 했다. 이러한 공격은 방송 매체에 의해 보도되었고 많은 사람에게 경각심을 일깨웠다. 그렇지 않았더라면 들어보지 못했을 사람들은 그들의 선언서가 논쟁의 대상이 되고 있다는 사실을 알게 되었다.

샌프란시스코 출신의 정치부 기자인 멜 실리는 마침내 전국적인 잡지사의 편집자에게 생존자당에 관해 기사를 싣는 게 어떻겠냐고 제안했다. 그는 베라와 동료들과 인터뷰했다. 그는 생존자당의 지역단체에서 주최한 집회에 참석하거나 거리에서 만난 사람들과도 이야기를 나누었다. 그는 뭔가 중대한 일이 벌어지고 있다는 것을 감지했고, 그것이 머리칼을 곤두서게 만들었다. 이 이야기를 어떤 각도에서 보도해야 한단 말인가? 올웬과 지원자들은 정신병자가 아니었다. 그들 대부분은 경험이 풍부하고 수완 좋은 정치적인 인물이었고 차분하게 말했지만 매우 설득력이 있었다. 1~2년 전에 들었다면 실소를 터뜨리게 만들었을 법한 아이디어도 경청하도록 만드는 능력이 있었다. 그 아이디어는 실리에게는 여전히 우스운 것이었다.

그는 생존자당을 무책임한 공상가로 그리기로 맘먹었다. 그들은 미국인들의 견실한 삶에 작별을 고하고 생태적인 건강이라는 새로운 세계에 관해 환상을 심어주었다. 그들은 정치인으로서 큰 죄를 지었다. 환상을 너무 진지하게 받아들인 것이다. 이러한 아이디어는 어디로 향해 가겠는가? 분명히 미국인들이 받아들일 수 없는 삶을 향해서이다. 자가용이 없는 삶이라니, 상상도 할 수 없는 일이다! 원자력발전소나 핵미사일이 없는 삶이라니, 괴상하기 짝이 없다! 식품 방부제와 첨가제가 없는 삶이라니, 불가능하다! 예술적 기교와 냉소주의로, 실리는 생존자당의 성명서에 함축된 궁극적인 시나리오를 그려냈다. 그 기사의 말미에 자기가 원래 자료를 엉망으로 망쳐놓은 것에 만족하여 싱긋이 웃었다. 그리고 이렇게 덧붙였다.

"우리는 올웬&컴퍼니가 태평양 연안을 오르내리며 퍼뜨리고 다니는 그림의 떡 같은 새로운 세상을 한마디로 뭐라고 불러야 좋을지 모르겠다. 그것을 '에코토피아' 라고 불러야 할지도 모르겠지만 나머지 사람들은 현실로 돌아가 잘살아가도록 내버려두기 바란다."

실리의 기사는 동부에서 널리 환영받았다. 또 하나의 설명하기 어려운 캘리포니아식 기행으로 밝혀질 것이 분명한 현상을 적당히 처리했다는 이유로 말이다. 그러나 베라와 친구들은 그 기사를 전혀 다르게 해석했다. 중대한 공격 대상이 될 정도로 충분히 중요한 존재로 받아들여지기 시작했다는 징조였다. 그들은 '에코토피아' 라는 딱지가 아주 마음에 들었다. 사실상 베라는 그 말을 그녀의 연설에서 써먹기까지 했다. 그녀는 에코토피아인의 미래에서 평범한 일상생활이란 어떠할 것인지 이야기하여 그 잡지에 대응했다. 며칠 후 그녀는 "에코토피아 당장Ecotopia Now!"이라고 적힌 스티커를 차 뒤에 붙인 사람들을 보고 놀랐다. 그리고 오래지 않아 「에코토피아」라는 제목의 단편소설이 출간되었다. 베라가 미래의 생태적으로 깨어 있는 삶의 방식이 어떠할 것인지 피상적으로만 제안한 것을 고무적이게도 구체적인 세부사항까지 제공했다. 기술적이고 정치적이고 문화적인 부분에 관해서까지 말이다. 겉보기에는 어느 동부 지역의 저널리스트가 쓴 보고서처럼 꾸며진 단편소설에는 새로운 세기의 초반에 미국 연방으로부터 탈퇴한 북서부 지역이 냉소적인 동부 해안 지역 기자의 방문을 받는 것으로 가정하고 있었다. 사실 그 인물은 실리와 흡사했다.

그 기자는 흠집을 발견하려고 애쓰면서 새로운 나라의 이곳저곳을 찔러보고 다닌다. 그러는 동안 그는 에코토피아의 삶을 전적으로 이해하게 된다. 농사에도, 하수처리 시설에도 농약이 없고 안정적인 에코토피아식 시스템을 묘사하며 모든 영양분이 다시 땅으로 돌아가 재활용되는 것을 보여준다. 그는 나무와 자연산 면과 양모 섬유에 대한 에코토피아인의 사랑을 알게 된다. 고속으로 달리는 자기부상열차를 타고 다니는 에너지 효율적인 토지 이용과 교통 체계를 묘사한다. 그는 에코토피아의 케이블 텔레비전도 연구하는데, 투표 시스템으로도 활용되었고 사업을 위해 화상전화로도 일상적으로 이용되었다. 놀랍게도 에코토피아에서는 종업원지주 형태의 기업이 보편적인 사업 형태이며 에코토피아 사람들이 본능적인 삶의 질서에 따라 확장가족제도를 되살렸다는 것을 발견한다. 그들의 정교한 천연 플라스틱 산업이 이전에 나무나 금속으로 만들어졌던 많은 것을 대체하여 미생물에 의해 분해가 되는 플라스틱 제품을 생산하는 것을 알게 된다. 물론 조립식 주택도 플라스틱으로 짓는다. 그들의 에너지 시스템도 배우는데, 바람과 식물, 동물체 폐기물, 지열, 해양열 자원에 의존한다. 그는 에코토피아의 관습을 비판한다. 의식적인 경쟁 게임 같은 경우, 야만인으로 돌아간 것 같은 인상을 준다. 그리고 에코토피아 여자들의 직접적이고 독립적인 태도에 분개한다. 그들은 생존자당의 정부를 장악하고 있다. 결국 그의 냉소주의는 무너지고 만다. 그가 에코토피아 여자와 사랑에 빠져 그 나라에 계속 머물러 살기로 결정하기 때문이다.

그 소설은 놀라운 충격을 안겨주었다. 심지어 정치나 환경 의식이 전혀 없는 독자도 경쟁적으로 소설을 읽었다. 에코토피아인의 일상에 관한 구체적인 묘사 중 어떤 것은 독자에게 건강하고 스트레스는 적고 생물학적으로 편안한 삶이 정말로 실현될 수 있다는 희망을 주었다. 생존에 기반한 기술, 안정적인 상태에 인간적인 규모의 사회는 이미 존재했다. 문제는 그것을 실현할 정치적인 의지를 어떻게 결집해낼 것인가 하는 것이었다.

당연히 이것은 현실의 삶 속에서 생존자당이 도달한 지점이었다. 소설을 읽은 많은 사람들이 전통적인 정당의 지도자를 과소평가하고 무시하게 되었다. 그들은 생존자당의 집회에 무리지어 참여했다. 베라 올웬은 자신을 그 나라의 국모로 묘사한 부분을 읽고 즐거워했지만 그 당이 그 소설과 동일시되는 것은 바라지 않았다. 그래서 그녀는 레이 듀트라와 다른 직원에게 『에코토피아를 향한 생존자당의 길』이라는 공식적인 소책자를 준비하도록 지시했다. 소설과 같이 이 소책자도 날개 돋친 듯이 팔려나갔다. 한 연설에서 베라가 나라의 나머지 사람들이 지금까지 그래왔듯 생태적으로 어리석은 짓을 계속 고집한다면 "서부인들은 우리 힘으로 에코토피아를 건설하지 않을 수 없을 것입니다"라고 말했을 때 관중들은 천둥 같은 환호로 응답했다.

55.

조금만 더 시간을!

바버의 전화를 받은 후 루는 다시 초긴장 상태에 휩싸였다. 그녀는 로저에게 함께 지붕 위에 올라가 전지를 거기에다 옮겨놓기 위해 어떤 작업을 할 수 있을지 살펴보자고 부탁했다. 그곳이라면 엉터리 새 관찰자나 불쾌한 관찰자의 시선으로부터 전지를 안전하게 지킬 수 있지 않을까 해서였다. 그곳에 통행로와 선반과 울타리를 설치해야 할 것이다.

"그런데 지붕이 그걸 충분히 버틸 정도로 튼튼할까요?"

"당연하지. 우리가 태양열 온수기를 설치하던 때 기억나니? 그때 지붕이 버틸 수 있는 무게를 측정해봤잖아."

맞다. 루는 이제 기억이 났다. 그녀가 열 살가량 되었을 때였다. 그때 그 일은 대단한 사건이었다. 로저는 하기 힘든 일일수록 파티처럼 하면 좋다고 생각했고, 온수기 설치는 특별히 더 좋은 파티가 되었다. 그는 공사장 근처를 돌며 커다란 이중 유리와 섬유 유리로 만들어진 단열솜, 낡은 온수 탱크, 버려진 목재 등을 주워 모았다. 그런 다음 두어 명의 이웃 사람과 친구 몇 명을 초대했고 모두 함께 일했다. 디미 역시 그곳에 있었고 커다란 냄비 가득 칠리 요리를 담아왔다. 로저는 단순한 '빵 상자' 형 예열기가 가장 효율적인 방식이라고 판단했다. 그러나 그 외에도 판단해야 할 것이 많았다. 루는 목재마다 자를 것인지 구멍을 뚫을 것인지 표시하는 일을 도왔다. 모든 작업을 하는 데 최선의 방법이 무엇인가를 놓고 여러 가지 논쟁과 시행착오를 거듭 했지만 아무튼 올바른 방향을 찾아갔다. 사실 혼자서 일하는 것보다는 훨씬 나은 결과를 낳았다.

그때부터 온수기는 충실히 임무를 수행해왔고, 스위프트 가족의 가스비 지출을 절반 이상 줄여주었다. 루는 전지에도 그런 행운을 깃들기를 바랐다.

"저쪽 코너에 지지대를 설치할 수 있어요. 언제든 올라갈 수 있는 작은 사다리를 고정적으로 설치해두고 전지 선반 둘레에 낮은 울타리를 두르는 거예요."

"좋아. 가서 마이크와 캐롤도 불러오자."

로저가 말했다. 스위프트 가족은 힘을 합쳐 일하는 것에는 경험이 풍부했으므로, 가로 세로 10피트 길이의 지지대를 재빨리 만들어 세웠다. 한가운데에다 루의 닭장을 설치했다. 그런 다음 최근 전자제품 마니아가 되어가던 마이크가 전략적인 위치에 강도 탐지용 적외선 등을 탑재하고 그것을 이전에 차고 문에 탐지용으로 설치해둔 경보기에 연결했다.

로저는 그들이 손수 만든 작품을 만족스러운 눈으로 바라보았다.

"어디 보자, 저거라면 그들을 좀 힘들게 만들 수 있겠구나. 저 사다리가 걱정돼. 저걸 붙였다 뗐다 할 수 있는 걸로 만들어야 하지 않았을까? 네가 저기 올라갈 필요가 있을 때만 사용하고 안 그럴 때는 차고 안에 보관하는 걸로 한다면?"

"하지만 아빠, 매일 사다리를 끌어낸다는 건 너무 힘든 일이에요. 저한테 한 가지 좋은 생각이 떠올랐어요. 누군가가 저 사다리를 오르려 하면 뒤로 넘어지게 만드는 건 어때요?"

"글쎄다. 두고 봐야겠지."

루는 싱긋 웃어보였지만 로저는 웃을 기분이 아니었다.

"잘 들어, 루. 난 이 압박감을 더 이상 못 견딜 것 같아. 제발 발표하자꾸나!

충분히 할 수 있잖아. 버트가 소문을 퍼뜨리는 바람에 사람들이 악용하고 있어. 매일 그 사람들에게 우리 집에 침입할 기회를 더 많이 주고 있다고."

"저도 알아요! 그 문제에 관해서는 더 이상 절 귀찮게 굴지 마세요! 이제 연구 범위가 많이 좁혀졌다고요. 제발 아빠, 난 완벽하게 규명하고 싶어요. 저에게 조금만 더 시간을 주세요!"

56. 원죄

생존자당의 조직자는 당의 지지자가 된 사람 앞에서만 연설하는 것이 편협하다는 걸 잘 알고 있었다. 그 대신 그들은 지지자들 역시 새로운 연설자로 바꾸는 방법을 열심히 모색했다. 교육에 관한 생존자당의 발상은 모험적이고 진취적인 교사에게 새로운 가능성을 주었다. 생존자당의 종업원지주제도라는 발상은 공장과 가게, 대규모 도매점, 사무실 등에서 일하는 사람들에게 놀라우리만치 광범위하고 깊이 있는 호응을 얻어냈다. 또한 종교단체에도 손을 뻗어 인간의 조건에 대한 걱정을 부추기고 100여 년간의 부주의하고 무책임한 산업 착취 후 사회가 직면한 곤경과 가능성을 종교적으로 극화할 방법을 모색했다. 가끔 정통적인 교리를 빌려 종교적인 책무에 호소하기도 했지만 어떤 때는 새로운 감각의 시를 써서 호소하기도 했다. 그중에는 복음전도자의 열정을 인용하는 생존자당원도 있었다. 그들의 집회는 점차 이름을 얻었다. '비전 창출, 비전이 없는 곳의 사람은 멸망한다는 선조의 지혜로부터' 라고 말이다.

사랑하는 형제자매여, 원죄에 대해 이야기해봅시다.

오늘날 우리는 많은 죄를 짓고 살고, 우리는 그것이 어떤 것인지 알고 있습니다. 조금 더 옛날, 우리의 선조가 살던 시대보다 훨씬 이전, 아담과 이브가 살던 시절을 생각해봅시다. 그 이야기를 문자 그대로만 받아들이지 맙시다. 남자와 여자 모두에게 남자가 먼저 창조되었고 그다음에 여자가 예정 없이 부가적으로 창조되었다고 생각하는 것은 모욕으로 여겨지듯 말입니다.

에덴의 동산이라는 근본적인 낙원의 문제로 돌아가봅시다. 처음에 그 장소에는 인간이 전혀 살지 않았지만 그 대신 우리와 비슷한 점이 많은 생명체가 있었는데, 이들은 무한히 느린 속도로 더 큰 두뇌와 더 유용한 손가락을 발전시키다가 마침내 말하고 노래하는 법을 배워 지금의 인간 형태를 이루게 되었다면요! (청중들은 모두 "할렐루야" 하며 응답했다.)

그 동산에서 살게 된 새로운 인간은 옷이라는 게 전혀 필요 없었죠. 열대의 공기는 향기롭고 따뜻했으니까요. 사방의 나무에서 달콤한 과일이 익어 저절로 떨어졌고 따스한 강과 바다에는 물고기와 조개가 널려 있었지요. 그곳에서 모든 생물은 아름답게 조화를 이루며 살았고 먹이사슬 속에서 서로 먹고 먹히는 일도 그 조화의 일부로 생명의 영광에 기여했지요! (아멘, 형제자매들!)

먹는 것은 원죄가 아니었기 때문이죠. 모든 생명체는 포식자들로 창조되었으니까요. 에덴동산에서 먹이사슬의 가장 낮은 단계를 차지하는 벌레와 풀조차 고유한 먹이가 있었으니까요. 각자가 먹기에 적당하도록 준비된 유기체와 물질이 있었지요.

매일 낮마다 밤마다 벌레는 꽃을 먹고살았고 새는 그 벌레를 먹고살았으며 동물은 새의 알을 먹고살았고 죽은 새와 동물의 썩은 시체는 흙으로 돌아가 새로운 풀과 꽃이 잘 자라도록 양분이 되었지요. 이 모든 것이 위대한 생의 순환이었지요. 나의 사랑하는 친구 여러분, 가끔은 무시무시하기도 하고 이상하게도 느껴지지만 그것이 에덴의 법칙이었지요.

인간 역시 신성한 먹이사슬의 일부를 이루면서 살았지요. 그들은 날마다 과실을 모으러 돌아다녔지만 밤이 오면 동굴 속에 숨었어요. 때로는 대낮에 바깥에서 놀던 자식들이 호랑이에게 잡아먹히기도 했지요. 물이 고인 단지 속에 병균이 번성하거나 기생충이 뱃속에서 자라나 죽음으로 몰고 가기도 했어요. 그들의 평균 수명은 겨우 25세밖에 되지 않았어요. 작은 무리의 인구는 땅을 드문드문 차지했고 에덴이 준비해둔 먹을거리만 먹고도 충분히 살 수 있었지요. 그들은 에덴의 위대한 자연 질서를 표범이나 달팽이나 마찬가지로 잘 따르며 살았지요.

우리가 상상할 수 없는 아주 오랜 옛날에는 인간의 삶이 그런 식으로 유지되던 것입니다. 그들은 부모들이 물려준 방식으로 과일을 모으고 물고기를 잡았고, 위대한 지구는 끊임없이 따스한 태양 주위를 순환하였습니다. 그 태양은 그들에게 빛을 주었고 식물들이 땅에서 자라나게 했고 물이 증발하여 다시 축복처럼 비로 내리도록 했지요. (할렐루야!)

인간이 처음 나타난 후 200만 년 동안 에덴은 그렇게 존재했습니다. 그렇게 수천 세대가 나타났다 사라져도 모든 것은 똑같이 보존되었지요. 형제자매 여러분, 그것이 바로 인류가 타락하기 전의 세대가 살던 방식이었습니다. 모든 피조물과 생명이 지구 위에서 평등하게 어울려 살았지요. 어떤 이는 튼튼했지만 다른 이는 약했습니다.

각자에게는 힘이 세다든가 교활하다든가 몸이 빠르다든가 하는 식의 적합한 재능이 있었고 그 능력으로 다른 생명을 먹고살았으며 때가 오면 그들 역시 포식자에게 잡아먹혔지요. 먹이사슬은 끝없이 순환했습니다. 우리가 그곳에 있다면 모든 만물은 끊임없이 영원히 지속되는 거라고 생각했을 겁니다. 그것도 아무런 '죄' 없이. (아멘!)

그때, 형제자매 여러분, 엄청나게 끔찍한 일이 일어나고 말았습니다. 그게 정확히 언제 일어났는지, 누가 그랬는지 우리는 모릅니다. 에덴에서 그들이 찾을 수 있는 음식을 찾으면서 돌아다니는 대신 고구마 같은 걸 조금 심어서 먹고 다른 데로 이동하다가 그랬겠지만 인간은 매년 들에 식물을 심고 경작할 수 있다는 사실을 발견했습니다. 이건 충분히 무고하게 들립니다, 그렇죠? 누가 그들을 욕할 수 있겠습니까? 누가 조용하고 부지런하고 조심성 있고 생산적인 변화를 '원죄'라고 부를 수 있을까요? 하지만 이것이야말로 참으로 악의 근원이었다고 여러분에게 말할 수 있습니다. 그것이야말로 진정 악마의 일이었거든요. 그다음에 무슨 일이 일어났는지를 생각해보면요. 사람들은 최고의 씨앗을 가려내기 위해 식물의 씨앗을 연구하기 시작했고, 다음해의 곡식은 더 커지고 강해졌지요. 그들은 토양을 개선해서 더 많은 곡식을 생산하도록 했고, 땅을 사유재산으로 여겨 소중히 하고 다른 사람의 침입에 대비하여 땅을 지키기 시작했어요. 생산적인 땅은 그들이 이용할 수 있는 것보다 더 많은 잉여의 곡식을 생산했고 그것을 다른 사람에게 팔게 되었죠. 소금이나 조개껍질이나 모피를 받고서요.

어떤 사람은 한곳에 정착하여 움집을 만들고 아기를 돌본 것이 여자였으므로 농업을 만든 것도 여자일 거라고 믿어요. 곡식류를 이해하는 일을 선악과를 먹은 것으로 관념화하여 성경 이야기의 이브가 아담에게 사과를 권했을 때 그녀는 아담을 농경사회와 에덴을 착취하는 삶의 함정 속으로 빠뜨렸다고 믿는 거죠. 여하튼 인간들이 수렵과 채취 생활을 중단하고 한곳에 정착하여 농사를 짓기 시작했을 때 그들은 곧 죄악을 범하고 발전시키기 시작한 거죠!

그들은 패거리를 만들고 그들의 밭과 밭 사이에 생겨난 시장이 있는 도시를 지키기 위해 군대를 만들게 되었어요. 그들은 정부라는 것을 알게 되었어요. 밭에 세금을 매기고 거기서 걷은 돈으로 더 큰 군대와 경찰과 길과 사원과 성직자를 지원하는 데 정부가 필요했으니까요. 그들은 요새를 짓고 금속 무기와 독을 제조하는 법을 알게 되었어요. 그들은 또한 음식과 대중의 건강을 위한 예방책을 알게 되었어요. 그들의 수는 막대하게 불어난 거죠. 그들은 생산하고 수익을 두 배로 부풀리고 한때 평화롭게 살았던 모든 생명체를 정복하라고 명령하는 신까지 발명했지요. 무력으로 동물을 길들이고 자연의 힘을 이용하기 위해 풍차 같은 기계를 개발했어요. 그 결과 에덴의 동산을 '공장' 지대로 바꾸었어요. 인구는 에덴의 동산에 거주하던 작은 부족의 수보다 몇 십 배 이상 늘어났고 그들이 생산한 도시와 오물은 강과 주변 지대를 뒤덮었지요.

우리 시대에 이르기까지 아무리 외진 곳이라 하더라도 단 한 뼘의 땅도 플루토

늪이나 화학물질로 오염되지 않은 곳이 없습니다. 자연의 먹이사슬에 대한 간섭은 한도 끝도 없고요. 늑대를 죽여 양을 숨기지 않고 키울 수 있게 되었고, 왜 코요테가 그 자리를 대체하게 되었는지 궁금해하게 되었죠. 숲을 갈아엎어놓고는 홍수와 침식을 불평하지요. 벌레를 이겨낼 수 있도록 화학적인 독성물질을 개발해놓고는 왜 이 물질이 인간에게까지 해를 끼치는지 그 이유를 알지 못했습니다. 왜 빨리 증식하는 벌레가 곧 그 물질에 대한 저항력을 개발했는지도요. 우리는 그렇게 하지 못하는데 말입니다.

오 사랑하는 형제자매 여러분, 이제 이런 의문을 품을지도 모릅니다. '우리가 이러한 맹목적인 죄의 반복으로부터 벗어날 수 있을까요? 우리는 타락하기 이전의 에덴동산의 시대로 돌아갈 수 있을까요? 다시 한 번 모든 생명과 조화롭고 평화롭게 살 수 있을까요?' 라고. 절대로 불가능하지요. 이런 말을 해야 하는 저도 너무 슬프지만 그렇게 할 수 없습니다.

우리는 잊어버릴 수 없는 것을 너무 많이 알아버렸어요. 천진난만함의 치명적인 경계선을 너무 많이 건너왔어요. 또한 사람들이 에덴에 살던 때 알았던 것을 깡그리 잊어버렸어요. 고통을 덜어주고 병을 고쳐주던 약초라든가 끔찍하지만 성스러운 포식과 피식의 만남 속에서 나누던 대화의 방식 같은 것을. 우리는 맹인과 같아요. 존재의 순환을 바라보는 법과 받아들이는 방법을 다시 배우기 위해 수많은 세월과 훨씬 치열한 노력이 필요할 겁니다. 에덴동산을 너무나 많이 파괴했기 때문에 에덴을 원래의 모습 그대로 재건하도록 돕는 법을 배워야 합니다. 토양을 파괴하지 않고 농장을 가꾸는 법을 배워야 합니다. 정교하게 생태계를 재건하는 법도 배워야 합니다. 생태계가 자연의 도움을 받아 다시 진화하여 전성기의 숲이나 사바나 지역의 대초원이 갖추고 있었던 섬세한 조화에 도달할 수 있도록.

전성기의 숲이나 초원은 대륙이 일찍이 알았던 그대로의 자연적인 공동체로 그 당시 인간의 삶을 부양했지요. 그들에게 올바른 기회를 돌려준다면 그들은 지금의 우리도 충분히 먹여 살려줄 것입니다. (할렐루야!)

우선 우리는 애도해야 합니다. 원죄를 받아들이고, 그 죄가 어떤 것이었고 지금은 어떤 것인지 회개하고, 더 이상 같은 죄를 짓지 않도록 결심해야 합니다. 그리고 사랑하는 형제자매 여러분, 우리 모두 에덴동산의 꿈과 인류가 타락하기 전에 그곳의 삶이 어떠했는지를 가슴 깊이 새깁시다. 그리하여 우리가 지금 서 있는 이 신성한 땅에서 우리가 어떻게 행동해야 할지 판단할 척도를 가질 수 있도록 말입니다. 아멘.

57.

사라와 앤디

긴긴 여름 낮 동안 루는 쉬지 않고 일에만 전념했다. 전지를 전혀 다른 광주파 분포 light frequency로 이끈 물리적 메커니즘에 대해 알아내기를 바라면서 전지 하나를 나트륨등의 노란빛에 노출시킨 다음 눈에 보이지 않는 자외선에 노출시켰다가 마지막으로 적외선에 노출시키는 장치를 만들었다. 루는 '개선된' 전지와 표준적인 전지 모두 강도를 달리했을 때마다 달라지는 결과물의 특성을 측정했고, 그 실험을 통해 전지 내부에서 무슨 현상이 일어나고 있는지 설명해줄 재미있는 기현상을 발견하고 싶어 했다. 그녀는 전지를 이루는 물질의 단면을 준비해서 전자현미경으로 관찰했다. 어떤 종류의 층이 실리콘 내부에서 변화를 일으키는지 알아보기 위해서 말이다.

그러나 가끔은 너무 벅차게 느껴져서 누군가가 삼촌 앤디의 집으로 여행 가자고 제안했다면 기꺼이 따라갈 것 같았다. 별명이 앤디인 앤드류 스위프트는 변호사로 오린다에 살고 있었다. 오린다는 기후가 볼리나스보다 따스한 교외 지역으로, 중상층 사람들이 모여 사는 곳이었다. 루의 가족은 더 이상 앤디의 집에 자주 가지 않았지만 루는 잰과 함께 여름마다 그곳까지 운전해 가서 그 집의 수영장 근처에서 게으르게 빈둥대던 날을 즐겁게 회상하곤 했다. 사라와 앤디는 아이가 둘이고, 둘 다 루보다 어렸다. 여름마다 그들은 물속에서 살다시피 했다. 가끔씩 로저도 따라갔지만 그는 수영장에 염소가 너무 많다고 투덜대며 책을 읽거나 산책하면서 시간을 보냈다. 최고의 시간은 느리게 찾아오던 따스한 저녁 무렵이었다. 앤디가 샌프란시스코 도심에 있는 사무실에서 집으로 돌아오면 어른들은 와인 잔을 들고 앉아 대화를 나누었고, 아이들은 근처의 바비큐 솥에 불을 피웠다. 오린다에서는 저녁 늦게까지 바깥에 앉아 있을 수 있었다. 한기를 느낄 수 없을 정도로 기온이 따스했기 때문이다. 루는 불가에서 아빠의 무릎에 바짝 붙어 앉아 길게 깎은 꼬챙이를 들고 아빠가 좋아하는 밝은 갈색이 될 때까지 마시멜로를 구웠던 일이 기억났다. 루는 마시멜로를 태워먹기 일쑤였다. 로저는 불이 가진 복사에너지의 패턴을 설명해주었고 꼬챙이를 어떻게 돌려야 마시멜로가 타지 않으면서 뜨겁게 달궈질 수 있는지, 어떤 모양으로 휘어야 속까지 말랑말랑해진 건지도 가르쳐주었다. 루가 마시멜로 하나를 정확히 제대로 구웠을 때 내부는 모두 따뜻한 크림 상태가 되고 바깥은 황금빛으로 굽힌 것을 보자 로저는 칭찬을 아끼지 않았다. 그는 루의 사촌들이 꽤 괜찮게 마시멜로를 구워냈을 때도 칭찬해주었다. 그러나 루는 알 수 있었다. 그에게 정말 중요한 건 바로 루의 마시멜로뿐이라는 걸!

  몇 해 동안 앤디는 여러 가지 좋은 소송을 맡아 일했다. 그는 시민적 자유에 관한 기본적 인권에 관련된 소송을 맡았고 노동법을 다루었으며 공공복지 기관을 위해 일했다. 그와 사라는 대학에 다닐 때 둘 다 농장 근로자 연맹을 돕는 단체의 일원으로 활동하면서 처음 만났다. 얼마 동안 그들은 버클리에서 살았다. 사라는 대안학교 교사로 근무하며 아이들에게 춤과 미술을 가르쳤다.

  그러나 아이가 태어나자 사라는 전통적인 여성의 역할을 선택했다. 그녀는 일을 그만두었고, 앤디가 꽤 많은 돈을 벌게 되자 교외 지역으로 이사했다. 그 집은 디아블로 산의 빼어난 경치를 조망할 수 있는 곳에 있긴 했지만 다른 집에서 조금은 고립된 곳이었다. 그녀가 오래된 친구들을 초대했을 때 하루를 완전히 비워 그녀를 찾아온 친구들이 즐거운 시간을 보내지 않은 것은 아니었지만, 항상 특별한 노력을 필요로 했다. 누구도 잠깐 커피 한잔 마시려고 들르는 일은 없어졌다. 그래서 사라는 언제나 잰이 찾아오는 것을 환영했다. 그들은 예술을 논하거나 친구들의 소식을 주고받았고 책과 영화에 대해 논쟁을 벌였으며 남편과 관계가 나빠졌을 때 서로 도움을 주었다.

루가 대여섯 살이 되었을 무렵, 그녀는 사라 숙모와 엄마 잰 사이에 중요한 차이가 있다는 사실을 깨달았다. 사라는 삼촌 앤디와 상의할 때까지는 중요한 일을 결정하는 법이 없었지만, 잰은 언제나 그녀가 무엇을 원하는지 명확했다. 사라는 여전히 춤추기를 좋아했지만 잰이 자기 일에 대한 것처럼 춤을 진지하게 생각하지 않았다. 잰은 주위에 사람들을 끌어들이는 일이 매우 쉬웠다. 그들은 어디에 살든 아무 때나 잰을 찾아왔고 이상한 친구들도 같이 왔다. 반면, 사라는 한 번에 한 명의 친구만 만나는 경향이 있었다.

루는 이러한 차이를 느꼈고, 두 살 더 어리긴 해도 앤디 삼촌이 아빠보다 더 많이 돈을 번다는 것도 알았다. 그러나 주로 깨달은 점은 삼촌 가족은 자주 함께 시간을 보낸다는 점이었다. 오린다의 집은 따스했고 유년 시절의 가장 밝은 추억이 깃든 곳이었다. 그중에 최고의 순간은 어느 길고 게으른 저녁에 미친 듯이 신나게 노래를 불러대고 마지막으로 한 번 더 풀장에 들어갔다 나온 후 커다란 수건을 몸에 감고서 마지막으로 남은 두어 개의 마시멜로를 구울 때였다. 루는 평상 위에 누워 별을 올려다보며 친근한 목소리들이 중얼거리는 소리를 들으며 잠에 빠져들었다.

58.

레이 듀트라의 아이디어였던 '에코토피아 학회'가 8월에 설립되었다. 생존자당이 꾸준히 추종자와 영향력을 얻으면서, 레이는 전체적으로 정치적 문제에 대해 체계적으로 관심을 기울일 필요가 있다는 것을 깨달았다. 그들만을 위해 일해줄 두뇌 집단이 필요했고, 그런 집단이 있다면 신뢰할 만한 정책방침서를 만들어낼 수 있을 것이다. 이런 일이 충분히 이뤄진다면 중요한 현안에 대해 대중의 논의를 이끌어낼 수 있고, 전통적인 정당의 관점이 지닌 약점을 대대적으로 폭로할 수 있을 터였다. 레이는 그 시리즈 이름도 만들었는데, 미국이라는 국가를 어떤 형태로 만들어갈 것인지에 관한 논쟁을 불러일으켰던 연방주의자 페이퍼(Federalist Paper, 미국 헌법의 비준을 주장한 85개의 논설 시리즈. 1787년에서 1788년까지 《디 인디펜던트 저널》과 《더 뉴욕 패킷》에 발표되었다. 연방주의자 페이퍼는 헌법의 해석을 위한 공신력 있는 자료로 활용되는데, 그들이 제안한 정부의 형태에 대한 철학과 동기를 잘 보여주기 때문이다. 이 논설문들의 작가들은 알렉산더 해밀턴, 제임스 메디슨, 존 제이였다. 메디슨은 헌법의 아버지로 일컬어지며 미국의 4대 대통령이 되었다. 해밀턴은 미국의 첫 재무부 장관이 되었다. 존 제이는 미합중국의 대법원장이 되었다—옮긴이)의 이름을 패러디했다.

"그 논문을 생존자 페이퍼라고 부릅시다."

그녀가 제안했다.

베라는 그 발상을 열광적으로 지지했다. 그녀는 생존자당의 일반적인 정책방침의 신뢰성이 머지않아 혹독한 심판대에 오를 것이라는 사실을 알고 있었다. 그래서 실행 가능한 행동 계획안을 원했고 급진적인 계획이 발표될 때마다 틀림없이 부딪히게 될 비판적인 공격에 대비할 수 있는 정보와 생각을 필요로 했다.

"어디 봅시다. 좋아요, 당신이 새로 할 일이 생긴 거네요. 당신이 원하는 학회를 설립하도록 하세요."

베라가 그 자리에서 승낙하자 레이는 오히려 놀라고 말았다.

"하지만 그런 건 한 번도 운영해본 적이 없는걸요!"

베라가 손을 들면서 미소지었다.

"나도 생존자당 같은 걸 운영해본 적 없긴 마찬가지거든요."

"하지만 베라, 나는 너무나……. 글쎄요, 당신도 알다시피 저는 사회성이 많이 부족해요, 그렇잖아요? 저는 다만 아이디어에만 집중할 뿐 사람들에 대해서는 놓치는 게……."

"레이, 당신에게 할 수 없는 일을 하라는 게 아니에요. 당신을 필요로 하는 이유는 그 아이디어를 끝까지 파고들 수 있는 사람이기 때문이에요. 다른 사람들이 당신의 생각에 맞춰갈 거예요. 그러니 그 점에 관해서는 걱정할 필요 없어요. 그 아이디어를 올바르게 전개시키기만 한다면 나머지 사람들이 그 생각에 따를 거예요. 거대한 실험실이라고 생각해보세요. 실험실의 최고 교수들이 인간관계에 있어서도 능수능란하던가요?"

레이는 웃으면서 고개를 저었다.

"하지만 실험은 성공적으로 이루어졌죠, 그렇지 않아요? 최고의 연구실 답게? 그래요, 우리가 필요로 하는 것은 실험해볼 만한 아이디어예요. 그러니까 스스로를 악마적인 아이디어 실험가라고 가정하세요. 아인슈타인을 생각해봐요. 그는 양치질하는 것조차 잊어먹었죠. 우리 당에도 무엇인가를 해결하는 데 너무 골몰한 나머지 소변보러 가는 것도 잊어버리는 사람들이 꽤 있잖아요. 그래놓고선 이 나라를 운영하기 위해 꼭 알아야 할 것이 무엇인지를 가르쳐주잖아요! 당신과 닉의 책임이 막중해요. 나는 수요일 밤까지 학회를 구성할 스무 명의 후보자 명단이 필요해요."

이렇게 하여 학회가 탄생하게 되었다. 레이는 가는 곳마다 고정된 이념에 치우쳐 기존의 방법론에만 집착하지 않는 사람을 끌어들였다. 그녀는 그들에게 물과 하수 처리와 에너지 문제와 주택 공급과 인구 문제, 의료 시스템, 교통체제 등의 연구 과제를 할당해주었다. 그녀가 선택한 사람들은 젊었고 '영리하지만 극단적'이라는 평판을 가진 그 지역 대학 조교수와 공공기관의 젊은 간부가 많았고, 여자들이 많았다. 레이는 과거에 여자들이 필수적이고 결정적인 역할을 소화하기도 했다는 사실을 알고 있었다. 제인 제이콥은 그녀가 정통한 건축과 도시계획 분야에서 매우 출중한 존재였으나 여자라는 이유로 실질적인 권력의 중심으로부터 밀려났고, 그로 인해 독립적인 관점을 가질 수밖에 없었다. 그녀의 저서 『위대한 미국 도시의 죽음과 삶』은 그 업계의 방향을 전적으로 바꾸어놓았다. 레이첼 카슨의 『침묵의 봄』은 화학 비료에 관한 사람들의 생각을 완전히 변화시켰다.

레이가 기본적으로 추구한 것은 저변에 산재한 문제에 집중하고 분명한 대안을 내놓는 자료였다. 그러한 선택은 결코 쉽지 않았지만, 그들은 실행 가능하고 효과적이고 실용적이어야 했다. 한번은 베라가 그녀에게 말했다.

"이봐요, 레이, 우리는 난파선의 생존자들이에요. 정치판에 있는 다른 사람들은 원을 그리며 빙빙 주위를 떠돌아다니고 있는 사람들이죠. 어떻게 하면 계속해서 물 밖에 콧구멍을 내놓고 살아남을 수 있을까를 고민하면서 말이에요. 당신은 우리에게 어느 방향으로 헤엄쳐 가야 할지, 육지까지는 얼마나 먼지 말해줘야 해요. 합리적인 길을 제안한다면 사람들은 믿고 따라올 거예요."

레이는 늘 회의적인 과학자인 만큼 확답을 해줄 수가 없었다.

"당신은 무엇 때문에 그렇게 확신을 갖고 있죠?"

"나도 내 맘대로 할 수 있는 건 아니에요."

베라가 어깨를 으쓱거리며 대답했다.

"다만 난 사람들을 믿을 뿐이에요. 그들은 궁극적으로 합리적인 사고를 할 것이고 진실에 의해 얼마든지 설득당할 수 있어요. 그 점을 믿지 못한다면 정치계를 떠나야 해요. 가서 사람들의 어리석음을 활용하여 돈을 버세요! 정치를 하는 이상 우리는 그 신념을 유지해야 해요. 그것만이 우리가 하는 일에 가치를 부여하는 유일한 방법이니까요."

베라의 명료함과 결단력 앞에서 레이는 언제나처럼 자신이 의심한 것에 부끄러움을 느꼈고 마음이 한결 진정되었다. 레이가 알기로는, 베라는 아무 것도 무서운 게 없는 천하무적 여걸이었다. 베라에게 있어 진실은 반드시 쾌적한 것으로 판명되거나 적어도 중립적인 것이었다. 레이에게 있어 진실은 언제나 잠재적으로 믿을 수 없고 회유되어야 하는 것이고 잘못하면 화를 입을지 모르므로 조심스러운 방법론과 경계심을 가지고 접근해야 하는 것이었다. 그래서 베라의 평온한 확신이 레이의 마음을 더욱 깊이 감동시켰다. 레이는 자신을 감정적인 인간으로 생각하지 않았다. 그러나 베라와 이런 대화를 나눈 후 그녀는 눈시울이 촉촉이 젖어드는 것처럼 느꼈고, 왜 자신이 여기에서 이렇게 어렵고 큰 노력을 요하는, 위험하기까지 한 일을 하고 있는지 알 것 같았다. 어딘가 다른 연구실에서 안전하고 쉽고 간단한 논문을 기계적으로 찍어내는 대신 말이다. 결국 베라는 무엇이 가장 중요한지를 아는 사람이었다. 그녀는 주위 사람들을 섬겼고 솔선수범했으므로 다른 사람들까지 할 수 있는 이상으로 지나치게 열심히 일하도록 만들었다.

59.

그 세기가 거의 끝나갈 무렵 워싱턴 주, 오리건 주, 캘리포니아 주는 지속적인 인구유입을 경험했다. 북동부와 중서부 전역에서 사람들이 태평양 연안으로 흘러왔다. 어떤 이들은 온화한 기후에 이끌려서, 어떤 이들은 사회적 개혁의 분위기에 이끌려서, 어떤 이들은 정부가 장려하는 항공우주산업이나 전자산업 분야의 일자리에 현혹되어서였다. 인구유입으로 인한 인구 증가가 워낙 높아서 인구성장 자체가 주요 산업을 촉진했다. 주택 공급과 쇼핑시설, 교통 시설을 늘리기 위해서 수많은 일자리가 창출되었다. 오랫동안 붐은 영원히 지속될 것처럼 보였다. 아니면 적어도 쇠퇴하는 동부의 도시에서 언제든 떠날 마음을 먹을 수 있는 사람들이 한 명이라도 남아 있는 한은 말이다.

시간이 지나자 국가적 규모의 인구 이동도 완화되기 시작했다. 한정된 서비스 경제에만 의존한 까닭에 나라 전체에 좋은 일자리가 줄어들었고 이동을 생각한 사람은 더 이상 쉽게 일자리를 찾을 수 없었다. 토지 이용 요금과 교통 요금은 너무나 가파르게 상승해서 통근자를 위한 대단지 택지 조성을 위한 새로운 지역 개발 붐도 중단되었고 도시 지역에 살려면 더 오래 기다려야 할 뿐 아니라 더 많이 고생하고도 더 비싼 값에 겨우 집을 얻을 수 있었다. 좋은 직업을 제안받은 전문직 종사자조차 서부 지역의 도시로 이사해서는 클리블랜드나 세인트루이스에서 누렸던 삶의 수준을 유지할 수 없다는 것을 깨달았다. 사람들의 이동 패턴은 곧 반대로 뒤집힐 것처럼 보였다. 서부 지역에 살던 사람들이 더 낮은 생활비용이라는 편의 때문에 동부로 이동하기 시작한 것이다.

생존자당원은 이러한 혼돈스러운 현상에 대해 명확한 관점을 지니고 있었다. 그들은 서부 지역에 이미 너무 많은 사람들이 살고 있다고 선언했다. 지나치게 많은 인구는 모든 사회적 문제를 악화시켰고 환경오염과 환경파괴를 초래하는 중대한 원인을 제공했다. 생물종을 멸종시키고 지하수를 무분별하게 파내고 오염시키거나 숲을 민둥산으로 만들거나 지역 서비스에 지나친 부담을 지우는 문제 등도 마찬가지였다. 더 이상의 인구성장은 북서부가 처하게 된 것과 똑같이 그 지역도 절망적인 곤경에 빠지게 만들 것이다. 오로지 인구유입을 막아야만 무분별한 인구성장이 억제될 수 있을 것이고, 도시의 자원이 살기 좋은 도시의 재창조에 투자될 수 있을 것이다. 살 만한 도시란 풍성하고 생산적인 전원 지역으로 둘러싸인 도시를 말한다.

이러한 아이디어는 많은 사람들의 지지를 받았다. 실제로 1930년대에 대공황에 빠져 있던 캘리포니아가 오클라호마 출신의 방랑 농부의 유입을 차단했을 때 헌법에 위배되는 것으로 간주되었다. 법원이 말한 대로 미국 시민은 원하는 곳이면 어디든지 움직일 수 있어야 했다. 일부 서부인은 체념하고 끝없이 밀려들어오는 피난민의 물결을 받아들이려 노력했다. 그러나 생존자당 내부에 어떤 사람들은(특히 궁극적으로 독립적인 에코토피아의 비전을 공유하기 시작한 사람들) 전혀 다른 결론을 이끌어내기 시작했다. 주의 경계는 무한한 인구유입에 대한 장벽이 될 수 없지만 국경이라면 반드시 장벽이 되어야 한다는 것이다.

연방 탈퇴라는 아이디어는 또한 에코토피아 지역이 다른 곳에 비해 사람들이 살기에 적당한 규모를 지닌 것으로 보이게 만드는 장점이 있었다. 미국은 광대한 지역으로 뻗어나가는 2억 3,000여만 명의 제각기 다른 사람들로 이루어진 나라였다. 최근 몇 십 년간 미국은 끝없이 이어지는 위기에 비틀거리면서 통제 불능인 나라처럼 보였다. 강력한 기업의 이윤이 개입되지는 않았더라도 중앙정부와 사람 사이의 관계는 이미 필수불가결하게 빈약해졌고, 비인간적이고 관료적이고 왜곡되어 있었다. 사람들이 느끼기에는 워싱턴에 호소하는 것은 3,000마일이나 되는 기다란 좁은 관에 대고 소리치는 것 같았다. 그러나 에코토피아가 독립된 나라라면 정부는 훨씬 더 효율적으로 일할 수 있을 것이다. 캘리포니아 주 남부의 인구를 제외하면 전체 인구는 1,500만 명가량 될 것이다. 그 정도 되면 관료로 선출된 사람에 대해서도 누구나 충분한 배경지식을 갖고 있을 것이고 서로 알고 지내는 사이일 수도 있다. 그러므로 필요하면 사람들은 그들에게 찾아가 외칠 수 있을 것이다. 우리의 운명을 우리가 알 수 있는 사람들의 손에 맡기는 편이 더 기분 좋을 것이다.

이러한 아이디어가 전국 언론에 보도되면서 두 가지 묘한 효과를 창출했다. 서부로 이동할 것을 고민해왔던 동부 사람 중 일부는 계획에 박차를 가했다. 아직 시간이 남아 있는 동안 이사를 강행하는 것이 좋겠다고 판단했다. 대체로 이런 사람들은 생존자당의 아이디어에 공감하는 모험심 강한 사람이었다. 또한 워싱턴에서 만드는 제한적인 환경보호 규제 프로그램을 혐오하는 보수주의자인 많은 분야의 전문가들은 전문성을 인정받을 수 있는 유일한 지역은 북서부 지역뿐이라고 판단했다. 그리하여 농업 연구, 임학, 소비자와 환경 문제, 독점금지법과 다른 많은 분야에서 경험이 풍부한 인재가 꾸준히 유출되기 시작했다.

한편, 다른 동부 사람은 이사 계획을 포기했다. 그들은 생존자당의 분리주의가 가져올 결과를 두려워했기 때문이다. 에코토피아의 영역에서도 자급자족의 경향을 위험한 고립주의의 전조로 보고 불신하는 일부 사람은 동부로 이동하는 것을 고려했다.

따라서 에코토피아 영역의 오래된 주민과 새로운 주민은 생각하는 방식에서 분리주의자에 가까워지고, 생존자당의 아이디어에 공감하지 않게 된 사람들은 그곳을 떠나는 현상이 일어나면서 전체 주민이 한 차례 교체되고 걸러지는 과정이 일어났다. 천천히, 거의 알지 못하는 사이에 말이다. 이 과정 덕분에 생존자당의 입장에 대한 정치적인 감정도 변화했다.

60.

잔디깎기 염소

캘리포니아 북부의 어느 작은 마을에서 정원사로 일하면서 돈을 벌던 어느 진취적인 젊은이가 어느 날 기막힌 아이디어를 생각해냈다. 염소 한 쌍이 있으면 자기보다 더 빨리 정원의 웃자란 풀을 제거할 것이고, 제초제보다는 환경적으로 훨씬 덜 불쾌할 것이다. 그는 두 마리 사랑스러운 흑염소를 사들여서 반에이커의 땅에서 일하게 했다. 2주 만에 그들은 웃자란 풀을 깨끗이 뜯어먹었고 수많은 콩알 크기의 냄새 없는 똥을 흩뿌려서 토양을 더욱 윤택하게 했다.

염소는 관심의 대상이 되었고 곧 시 공무원의 귀에 그 소식이 흘러들어갔다. 그는 마지못해하며, 옛날 법령에 의하면 도시 내부에서는 소나 돼지, 말, 양, 염소 등을 키우는 것이 금지되어 있다는 점을 지적했다. 그러나 젊은 정원사는 포기하지 않았다. 그는 염소들이 넓은 잡초밭에서 용감하게 풀을 먹

217

어치우는 사진을 들고 시의회를 찾아갔다. 염소가 깨끗하고 빠르며 화학성이 없고 사랑스럽다며 칭찬하고, 그들이 풀을 먹어치운 이래 잔디 깎는 기계를 사용할 필요가 없어서 가솔린 소비가 줄었다는 사실도 강조했다.

흥분한 대중의 토론이 이어졌다. 어떤 시민은 염소가 과거 시골 생활로의 당혹스러운 퇴행인 것처럼 느꼈다. 다른 사람은 염소가 생태적인 미래의 고무적인 선구자라고 주장했다. 마침내 시의회는 염소가 일을 잘한 데다 아무에게도 피해를 끼치지 않았다고 판단하고 낡은 법령을 수정했다. 젊은 정원사는 곧 마을 전체의 정원을 돌며 10여 마리의 염소를 풀어 웃자란 풀을 먹어치우게 만들었다.

그는 공공기관에서도 전화를 받았다. 그곳에도 풀을 제거해야 하는 넓은 초원 지대가 있었다. 주문이 넘쳐나서 대기자 명단을 만들어야 할 정도였다. 그는 생존자당에서 상장이 든 편지를 받았고 염소가 사는 헛간 벽에 고정시켜두었다. 염소가 그것마저 뜯어먹지 못하도록 아주 높은 곳에 말이다. 생존자당원들은 작은 규모로 실제 사례를 들어 가르치는 학습의 가치를 인정했으므로 정원사가 공개 강의를 통해 다른 장소에 사는 사람에게도 염소를 이용하는 방법을 보여주기를 원했다.

61.
레이 듀트라가 베라에게 보내는 메모

우리는 네트에너지 분석(net-energy analysis, 에너지 시스템을 평가하는 한 가지 기술. 한 가지 기술이 사회에 전달하는 에너지의 양과 그것을 발굴·추출·처리·배송하거나 그 에너지를 사회적으로 유용한 형태로 업그레이드 시키는 데 필요한 전체 비용을 비교하는 기술—옮긴이)에서 도출한 바이오경제학적 방법론을 기초적인 사회적 과정에 적용하자는 아이디어를 철저히 구명해왔습니다. 이것은 '주요 생산성'이라는 문제에 집중할 수 있도록 해주었습니다. 여기서 주요 생산성이란 실질적으로 창출된 생산품의 양(음식, 목재, 섬유, 에너지,

금속 등)과 그들을 생산하기 위해 실제로 소요된 전체 비용을 말합니다. 즉, 기업의 대차대조표에 나타난 수치뿐만 아니라, 정부나 대중 등이 정말 돈을 주고 산 것까지 포함한 비용이지요. 또한 어떻게 이런 비용이 사회의 다양한 구역에서 발생했는지에 관해서도 명확히 밝히고자 합니다. 이러한 접근은 보통의 정당이 내놓는 흔한 문제를 넘어서며 실용적으로 고안된 질문, 즉 합리적으로 정보가 제공될 경우 유권자들이 쉽게 판단할 수도 있을 질문을 지향한다는 점에서 큰 장점을 지닌 것으로 보입니다. 우리는 전통적인 정당 정치 기구를 거래가 이루어질 수 있는 전장으로 취급합니다. 그 속에서 사회적인 비용과 이윤이 사회 체제의 한 구역에서 다른 구역으로 이동할 수 있어야 한다는 것입니다. 일종의 수압조절장치라고도 할 수 있겠지요. 최근 들어 이것은 제로섬게임(둘을 합하면 제로[0]가 되는 게임. 게임의 이론 등에서 한쪽의 득점[이익]이 다른 쪽에 실점[손실]이 되어 합하면 제로가 되는 것을 말한다─옮긴이)으로 작동해왔습니다. 한 가지 극단적인 주요 사례를 들어보면 무기 생산 프로그램은 두 가지 주요한 양상으로 기능해왔습니다. 대개 도시의 인구로부터 빨아들인 자원을 서부의 대도시 지역에 위치한 특정한 첨단기술 회사에 공급하거나 제조업 분야에서 그 수가 줄어가는 우세한 기업에만 공공장려금을 집중적으로 지급하는 식으로 진행되었습니다. 이 거대한 산업의 생산물은 전적으로 재생이 불가능한 것이므로─말하자면 그 생산품은 더 나은 생산에 기여하지 않습니다─그것이 경제 시스템에 끼치는 피해는 결국 장기적인 경제 불황의 주요 원인이 되었습니다. 무기 생산 중단은 미합중국 정부가 생각해볼 수 있는 단 하나의 가장 긍정적이고 현실적인 조치가 될 것입니다. 지적할 필요도 없듯 대부분 관료들의 생각은 정반대 방향으로 움직여왔고 그 결과는 충분히 예측이 가능했습니다. 즉, 악화된 인플레이션의 압박과 그와 관련하여 더 심각하게는 산업이 붕괴되었습니다. 몇몇 실험을 해본 결과 이 지역에서 정책 전환이 낳을 수익 창출 효과를 실용적이면서 극적으로 묘사하는 것이 가능하다는 것을 믿게 되었습니다.

더 절실하게 전체 시스템을 분석했던 예로 수자원 정책 연구를 들 수 있습니다. 몇몇 경제학자가 개별적인 댐 프로젝트를 일관성 있게 분석했지만 지금까지 평가 시스템 운영을 위한 체계적인 방법론이 존재한 적은 없었습니다. (물론 전통적인 '육군 공병'이 계산한 비용 대비 이익률은 전체 시스템적인 관점에서 볼 때 말도 안 되는 헛소리이며 수력 전기에 대한 검증되지 않은 열망과 홍수 조절의 경제학에 관한 근거 없는 낙관과 압도적으로 많은 사람들이 모터보트를 타고 싶어 할 거라는 장밋빛 전망에 기반하고 있습니다.) 우리의 일반적인 발견들은 이러합니다. 대다수의 댐 건설이라는 것이 근본적으로 정치적 이권 다툼에 의해 이루어졌기 때문에(특정 선거구만 이롭게 하는 정부 사업의 건축 계약과 값싼 식수 공급이라는) 그것이 전국적인 농업시장에서 운영되었는데도 그 시스템을 총괄적이자 이성적으로 평가하는 작업이라고는 시도된 적이 없다는 말입니다. 그들이 말하는 바이오경제적인 방법은 실상 댐이 너무나 높은 비용으로 건설된 결과 거기서 나온 관개수는 진짜 가격에 팔리는 것이 '불가능'했습니다. 따라서 댐 건설업체는 보통 계산상 가격의(투자한 비용을 반영할 때) 3분의 1이나 10분의 1 비용으로 관개수를 팔면서 나머지 손실분을 채우기 위해 국가 보조금에 많이 의존해야 했습니다. 일반적으로는 관개시설이 되어 있지 않은 지역의 땅을 사서 그것을 국립공원으로 전환하는 편이 관개수를 당겨 오기 위해 댐을 짓는 것보다 훨씬 싸게 먹혔을 것입니다. 아무리 수력발전으로 들어오는 수입에 대한 세금을 공제해주더라도 말입니다. 댐의 총체적인 효과라면 관개공사가 이루어지는 지역에 있는 농부에게 1에이커당 수천 달러씩 값비싼 장려금을 제공한 덕분에 그 지역 농부들이 비가 많이 내리는 지역에 있는 농부보다 훨씬 더 경쟁력 있는 농부들이 되었다는 점 정도입니다. 그 결과 매사추세츠 주에서 소비되는 모든 브로콜리는 캘리포니아에서 재배되었고 그걸 다시 동부로 운송하기 위해 비싼 기름값을 들이는 형태로 나타났습니다. 실제로는 매사추세츠 주에서 브로콜리를 재배하는 편이 훨씬 더 저렴한데도 말입니다. 댐 정책은 근본적으로 국가의 식량 생산 시스템의 총체적인 효율성을 감소시키고 식량에 대한 총비용은 증가시키는 요인이 되었습니다. 이 비용의 일부는 슈퍼마켓에서라기보다는 세금이라는 형태로 치러져 눈에 보이지 않게 소비자의 주머니를 털었지만요.

우리는 또한 교통체계에 대해서도 연구하고 있습니다. 지금까지 연구한 바로는 정부방침상 전체적으로 기차나 시내 전차, 자전거 같은 에너지 소비가 낮은 교통수단을 궁지에 몰아넣으면서 트럭이나 자동차, 비행기 같은 에너지 소비가 높은 교통수단을 장려함으로써 현 체계가 떠안게 된 불이익의 양을 매우 정확하게 잴 수 있다는 것입니다. 이 지역에서 현재 전체적으로 비효율적인 정부 정책의 불경기 유발 효과는 군사 비용 지출만큼이나 심각한 수준으로 보입니다. 분석한 바에 따르면 완벽하게 중립적인 정책만 이루어져도 현재 체제에서 요구되는 자금 지출을 상쇄하고(새로 길을 놓고 필요한 장비를 짓는 데 요구되는 지출) 동시에 국가적으로 생산성을 제고하기 위한 투자에 실질적으로 공헌할 만한 구제책이 될 것으로 예상됩니다. 이것은 중동지역에 대한 군사적 개입이 앞으로 더욱 불필요해질 것이라는 점과 원유 가격 균형에 대해 막대한 영향력을 발휘하여 고도의 수익을 창출하기가 더 이상 불가능할 것이라는 점을 제외한 분석입니다.

이러한 예들이 보여주듯이 우리가 세상을 깜짝 놀라게 만들 멋진 정책 전환 자료를 언제든지 만들어낼 수 있다고 믿습니다. 그 자료는 한결같이 바이오경제적인 생존에 이바지할 합리적인 조치가 무엇인지 보여줄 것입니다.

이상 자료에 대해 도움 말씀 부탁드립니다.

레이의 논문 마지막 페이지 하단에 베라는 커다란 글씨로 이렇게 적었다.
"아주 좋아요. 당장 그렇게 하세요!"

62.

그리즐리 프로젝트

디미는 동물학자가 되려고 공부를 마친 후 자연사 박물관에서 관리자로 일
했다. 그는 스위프트 가족을 만날 때마다 많은 동물종에 대한 이야기를 들려
주었지만 그가 특별히 사랑하는 동물은 그리즐리였다. 어쩌면 그가 몸집이
크고 무뚝뚝한 곰 같은 사람이었기 때문인지도 모른다. 그리즐리는 그가 자
신의 상징처럼 숭배하는 동물이었다. 그는 그들의 습성과 일생, 인류와의 불
행한 만남에 관해 연구했다. 해부학적 구조와 짝짓기 습관, 예전 서식지를
알고 있었다. 디미는 아이다호, 와이오밍, 몬태나 주에 현재까지 남아 있는
서식지를 찾아다니며 긴 여름을 보냈다. 누구든지 관심을 기울이기만 하면
그리즐리에 대한 이야기를 시작했다. 그들이 무시무시한 야수이고 만물의
영장이며 꽤 많은 먹이사슬의 꼭대기에서 누구도 넘보지 못할 지위를 누리
고 있다고. 그들은 물고기, 가금류, 동물, 식물, 심지어 벌레를 먹었는데, 계
절과 환경에 따라 다양하게 찾아 먹었다. 멀리서 보면 그들은 멋진 존재이며
다른 이들에게 경외감을 자아내는 몇 안 되는 종이었다. 그러나 그들의 서식
지 가까이 접근해서 보면(디미는 한두 번 실수로 그곳에 들어간 적이 있었다) 그
리즐리는 누가 더 강자인지 보여주는 데 망설이지 않았다. 인간에게 그리즐
리의 영역을 침범할 능력을 부여한 것은 오로지 총이라는 발명품뿐이었다.

　이것은 디미의 관점에서 볼 때 비극적인 불균형이었다. 어느 날 저녁 그와
로저가 장작 난로 앞에 발을 얹고 앉아 있을 때였다. 테오가 디미의 한쪽 무
릎 위로 기어 올라와서는 다른 쪽 무릎으로 옮겨가고 있었다. 그것을 지켜보
던 디미가 갑자기 목소리가 커지며 열변을 토하기 시작했다.

　"이제 인디언들은 늙은 그리즐리를 어떻게 혼자 두어야 하는지를 알았죠.
몸무게는 200파운드나 나가고 방울뱀만큼이나 빠르고 걷는 것조차 무지하
게 빠른 동물과 맞설 수는 없으니까요. 우리는 늙은 그리즐리 앞에서 존경을
드러내야 해요. 눈을 마주쳐서도 안 돼요. 다른 길로 움직이고, 그것도 아주

천천히 움직여야 해요. 고개를 조금이라도 든다면 그때는…… 당신이 꼬리가 있다면 두 다리 사이에 감추어야 했을걸요."

로저는 디미가 그 위대한 야수에 대한 열정을 드러낼 때마다 그를 놀리지 않을 수 없었다.

"그러면 차라리 이렇게 말하는 건 어떨까? '실례합니다, 그리즈 양반, 그냥 지나가게 해주시면 안 될까요?' 라고. 그러고는 고개를 숙여 공손하게 인사를 하는 것도 괜찮겠지?"

"그리 나쁜 생각은 아니죠."

디미가 무심하게 말했다.

"당신이 그리즐리를 방해하고 싶은 게 아니라면요! 그리즐리의 성질을 건드리면 안 돼요. 쉽게 분개하는 성질이거든요. 그가 허락하지 않는 영역으로 조금이라도 발을 들여놓는다면, 혹은 그가 중시하는 어떤 것 근처로 다가간다면……. 본능적으로 백인들이 다가올 때 견딜 수 없어 해요. 무리가 함께 있을 때 자부심은 더욱 커지죠. 그리고 절대 도망치거나 숨는 법을 모르는 동물이 있죠. 그리즐리는 소도 죽이고 말도 죽여요. 그리즐리를 궁지로 몰아가면 벌떡 일어나 싸워요. 어쩌면 마지막에는 사람 하나를 잡아서 마구 할퀴고 물어뜯어서 죽여버릴 겁니다."

"끔찍하군."

로저가 디미를 부추겼다.

"끔찍하다고 했나요? 사람들이 그 재앙을 자초한 거죠. 원래 그리즐리의 영역이었으니까요. 저 멍청한 탄광업자들이 모든 풍경을 망치고 다니기 시작했죠. 움직이는 것이면 무엇이든지 다 총으로 쏴죽였죠. 사슴, 사자, 곰 그리고 인디언까지도. 그때까지 자연과 더불어 완벽하게 잘살아온 쪽이 누군데요!"

"맞아, 그런 상황이 그리즐리에게는 참 힘들었겠군. 그리고 그들은 씨가 말랐겠군. 언제였더라?"

"1924년요. 하지만 그게 그 이야기의 마지막은 아닐 겁니다."

디미가 의뭉스러운 어조로 덧붙였다.

"그게 무슨 뜻인데?"

"제가 지금 계획을 세우기 시작한 게 있어요. 아주 거창한 계획이죠. 비밀로 하겠다고 맹세하시겠어요?"

테오가 난로에 나무를 보태며 주변을 어지르고 있었지만 디미는 테오가 듣고 있다는 사실에 대해 전혀 걱정하지 않는 게 분명했다.

"당연하지."

로저가 말했다. 그도 디미가 심각한 생각을 하고 있다고 믿기 시작했다.

"제가 사람들에게 정원과 공원에서 토착식물을 기르도록 하는 운동에 참여하고 있는 것 기억하시죠? 유럽 사람이 소위 장식물이라며 모든 풀을 닥치는 대로 들여오기 전에 이 지역에 거주했던 원래의 종을 복원하기 위해서요. 많은 사람들이 연어가 다시 강물로 돌아오도록 강물 정화 운동을 벌이고 있지요. 심지어 알래스카 주의 델타 강까지도. 불쌍한 연어 녀석들은 오염된 강물 속을 뚫고 힘겹게 헤엄을 치느라 원래 고향이 어디인지도 알 수 없게 되었죠."

"그건 그래. 나는 자네가 그런 일을 많이 하는 걸 알아. 그 점에서는 정말 존경하네, 디미."

"모든 일의 요점은 사람들이 자연스러운 생태계라는 게 어떤 것인지 인식하고 기억하도록 만드는 것이죠. 특히 그들이 어릴 때 테오처럼 그걸 인식할 수 있다면 더 좋겠죠. 난 테오가 자라서 자연이란 오로지 TV 속에서나 볼 수 있는 것이라고 생각하는 걸 원치 않아요! 우리가 아이들에게 자연의 아름다움과 복잡다단함과 안정성을 심어줄 수만 있다면 왜 인간들이 자연을 모두 뜯어 발기지 않고 놀라운 자연의 생태계에 맞춰가야 하는지를 알게 될 겁니다. 그 자연이 무책임하고 돈벌이에 눈이 먼 장사꾼에 의해 조각조각 팔려나갔을 때 그들을 다시 기워 붙이는 것이 우리같이 선량하고 책임감 있는 사람들에게 달려 있는지에 대해서도 말이죠."

"난 지금까지 자네와 같은 의견이야. 우리는 자연의 질서에 대한 존경심을 가지고 살도록 가르쳐야 할 의무가 있어. 그렇지 않으면 이 모든 노력은 소용이 없지. 하지만 그 모든 게 왜 그리즐리와 연관이 있어야 하는지는 모르겠는걸."

디미의 얼굴에 다소 교활해 보이는 미소가 떠올랐다.

"모든 생태계는 수많은 먹이사슬을 지탱하죠, 그렇죠? 이 지역에 살던 그리즐리를 멸종시켜 이러한 먹이사슬의 최고 꼭짓점에 놓인 존재를 효과적으로 제거했어요. 이것은 근본적으로 불안정하고 부자연스러운 조건이고 우리가 이곳을 이렇게 망쳐놓기 전에 자연이 만들어놓은 것이 무엇인지를 이해하는 사람 모두에게 불쾌한 상태이지요."

"그래서?"

"지난해 여름 옐로스톤 국립공원 근처에 머물렀던 거 기억나요? 저는 밖으로 나가서 그리즐리의 영역 근처에서 어슬렁거렸죠. 그곳에서 그들의 짝짓기 습관을 알게 되었어요. 그들 중 서너 마리는 계절마다 이동하고 싶어 할지도 모른다는 생각이 떠올랐어요. 위쪽에는 관광객들로 붐비는 편이었으니까요."

"하지만 그리즐리들은 철새처럼 이동하지 않아. 겨울잠을 자지."

"누군가가 그들을 돕지 않는다면 이동하지 않겠지요. 그게 바로 제 계획인데요. 그들을 이곳에 데려와서 시에라 산맥에 풀어놓는 겁니다. 꽤 빨리 새로운 환경에 적응할 겁니다. 그리즐리가 얼마나 영리한 동물인지 설명하지 않았던가요?"

"그랬지, 그것도 여러 번씩. 그 점에서 돼지와 거의 맞먹는다며. 가축 중에서는 돼지가 가장 영리한 동물이라고."

"맞아요, 그래요. 그러니까 그들은 반드시 살아남을 거예요."

"사람들이 그들을 내버려두기만 한다면 그렇겠지."

"맞아요, 그게 문제지요. 당연히 얼마 동안은 발견되지 않겠죠. 조만간 누군가가 그들을 알아볼 정도로 가까이 접근하는 날이 오겠지만요."

"그렇게 되면 사람들은 신나게 곰 사냥을 벌일 것이고 불쌍한 그리즐리들은 다시 한 번 캘리포니아에서 멸종되겠군."

"로저, 그 부분은 당신이 틀렸어요. 우선 능률적인 홍보팀을 소개하죠. TV 방송국에 인터뷰와 아름다운 영화를 찍어서 보내야죠. 자연의 방식이 어떤 것인지 설명하는 내용으로요. 왜 하느님이 그리즐리를 그곳에 두셨는지를, 인간이 그들을 멸종시키는 것은 죄라는 것을 설명해야 해요. 캠핑족에게 그들이 그리즐리와 마주쳤을 경우 어떻게 행동해야 하는지에 관해 간단히 지식을 제공해야 합니다. 그리즐리들이 자동차보다 훨씬 덜 해로운 존재라는 걸 지적해야 해요."

"그래봤자 누군가의 벽 앞에 박제로 서 있게 될 거야."

"아니죠, 전 그렇지 않다고 생각해요. 당신은 그리즐리가 멸종 위기에 처한 종이라는 것을 잊었군요. 머리털 하나라도 해치는 건 위법이고, 인디언이나 곰족의 일원이 아닌 사람이 곰의 발톱이나 이빨을 몸에 지니는 건 불법이에요. 잘 들어요, 그리즐리를 스타 돌고래 '플리퍼' 만큼이나 유명한 동물로 만들 수 있어요. 하지만 당신이 예상하는 식으로 갈수록 악순환이 거듭된다면 현실을 인정하고 얼마간 그리즐리를 잊고 지내야겠지요."

"그들을 시에라로 옮겨 오는 게 범죄일까?"

"아마도요. 그걸 적당하게 표현할 말을 못 찾겠어요. 야생동물을 주 경계를 넘어 운송한다는 게 쉬운 일도 아니고요. 게다가 옐로스톤 국립공원에서 정부의 재산을 훔치는 거니까요. 틀림없이 민폐도 끼치겠죠."

디미가 킬킬거리며 웃었다.

"그 말이 정말 맘에 드네요. 그리즐리를 민폐로 규정하는 거요!"

"그래서 자네는 그 일을 하러 떠나겠다는 건가?"

"그럼요, 전 하고 말 거예요. 바로 지금이 적기예요. 우린 해낼 수 있을 거예요."

"자네 방금 '우리'라고 했나?"

"당연하죠, 당신도 그 일을 함께했으면 해요."

"오, 그건 불가능해! 잘 들어. 난 독일산 셰퍼드만 봐도 등에 식은땀이 나. 난 크고 날카로운 이빨은 질색이야."

"이빨에 대해서는 걱정할 필요가 없을걸요."

"알겠어. 그럼 자네는 그리즐리가 있는 곳으로 걸어 올라가서 기차표를 끊어줄 건가?"

"아니요, 신경안정제 총을 쏠 거예요. 산림경비대가 그렇게 하듯이. 제가 작년 여름에 산림경비대와 아주 친한 사이가 되었거든요. 가끔씩 그들은 무기를 저보고 실어오라고 할 때도 있어요."

"그래서 자네는 그 장비를 훔쳐 달아나겠다는 거군."

"바로 그거죠. 그리고 여섯 사람이 운반할 수 있는 투석기를 만들었어요. 겉에는 캠프용 차량처럼 보이게 덮어두고, 그 속에는 강철봉을 용접해서 만든 울타리가 설치된 운반 트럭도 마련해두었어요. 두세 번 왔다 갔다 하면 우린 그 일을 해낼걸요."

로저는 디미를 다시 보게 되었다.

"자네 진심이지, 그렇지? 그 계획을 언제 실행에 옮길 계획인가?"

"다음 주요."

로저는 약간 신경질적으로 웃기 시작했다.

"좋아, 좋아, 이 갱단에 우리 말고 누구를 더 끌어들여야 할지 생각해보자고."

그러고 나서 그가 덧붙였다.

"난 미국 어류 및 야생동물 관리국이 이 소식을 들을 때까지 기다릴 수가 없네!"

그러고는 다시 웃기 시작했다.

63.

베라 올웬은 여러 해 동안 다마토 가족과 알고 지냈다. 안젤로는 학교에 다닐 때 그녀의 수업을 들은 적이 있었고, 그와 로라는 오랫동안 베라와 한 동네에서 살았다. 안젤로가 죽은 후 베라는 로라를 자주 보지 못했고 아들 벤과 딸 메리사와도 소식이 끊겼다. 메리사는 자신감이 강하고 열정적인 소녀였다. 벤은 언제나 무뚝뚝하고 공격적으로 보였다. 베라는 그를 어떻게 다뤄야 할지 알 수 없었다. 그는 항상 어두운 음모를 계획하는 것처럼 보였기 때문이다. 그래서 벤이 갑자기 사무실에 들이닥치자 그녀는 언제나처럼 어리둥절했다.

"이리 와서 좀 앉으렴. 다음 '설교'를 준비하고 있긴 하지만 잠시 틈을 낼 순 있어."

벤은 친교를 위해 방문한 것 같지 않았다. 그는 자기와 한 떼의 친구들이 생존자당의 프로그램 논리가 조만간 연방 탈퇴의 필요성으로 나아갈 것이라는 사실을 확신하게 되었다고 했다. 그러면서 그는 악의적인 냉소를 띠며 말했다.

"그리고 그건 이전에 이미 다른 데서 시도한 거였죠. 남북전쟁에서 남부의 주가 그랬듯이."

"그때처럼 되지는 않을 거야. 모든 사람이 남북전쟁을 기억하고 있지."

"그 결과가 남북전쟁과 조금이라도 비슷하다면 남부의 입장과 같아진 사실을 깨닫게 될걸요. 약한 군사력 때문에 이길 수가 없었던 거죠. 헌법적인 논쟁이야 어떻든지 간에."

베라는 미소를 지었다.

"벤, 정말로 헌법 논쟁에 대해서는 생각하고 있지 않아. 그 점은 너도 마찬가지일 거라고 생각해."

그녀는 날카롭게 그를 노려보았다.

"네가 여기 온 진짜 이유는 뭐지?"

벤이 초조하게 주위를 둘러보았다.

"여기가 도청 장치가 없는 안전한 장소라고 생각하세요?"

베라는 어깨를 으쓱거렸다.

"나도 그건 잘 모르겠는데. 한번 이곳을 점검했어. 이틀 전이 가장 최근이었던 것 같아. 매기는 그런 점에 꽤 예민하거든. 내가 지금 하는 말을 누가 듣든 전혀 꺼리지 않아."

"저는 지금 하려는 말을 누구도 듣는 걸 원하지 않아요."

"내 생각엔 여긴 안전해. 얘기해봐."

"안 돼요, 너무 위험해요. 나가서 걷는 게 어때요? 저기 운하까지만요."

베라는 음모라면 뭐든 싫어했다. 한편 이 다혈질의 청년이 무엇을 말하려는 건지 궁금했다. 운동도 될 것이다.

"좋아. 그 대신 아주 빨리 걸어야 해."

일단 거리로 들어서자 벤이 낮고 빠른 어조로 말하기 시작했다.

"제 친구와 저는 당신이 연방정부의 권력에 맞서게 될 거라고 믿어요. 우리는 당신이 살아남을 수 있는 유일한 방법을 알고 있어요. 그 수단을 제공할 수 있는 중요한 것을 위해 일하고 있어요."

"제발 벤, 어서 속 시원히 털어놔봐."

"우리는 우리가 핵지뢰를 만들어서 뉴욕과 워싱턴 주에 심을 수 있다고 생각해요."

"핵지뢰라고?"

"원자폭탄 말이에요. 작은 폭탄이죠. 히로시마에 투하했던 원자폭탄 크기니까 충분히 숨겨둘 수 있는 크기예요."

"너무 잔혹한 아이디어잖아, 벤."

"그게 어떻게 가능할 것인지 말씀드려요? 우선 무기 수준의 우라늄을 얻을 곳은……."

"안 돼, 더 이상 듣지 않겠어. 그건 불가능해. 우리의 가장 근본적인 공약에 위배돼."

베라가 단호하게 거절했다. 그러자 벤의 눈이 광포해지며 분노로 이글거렸다.

"당신은 전혀 현실감각이 없군요! 결국 모든 걸 다 잃게 될 거라고요."

베라는 벤의 극단적인 행동에 놀라서 어떻게든 그를 이해해보려고 애썼다. 잘하면 그를 진정시킬 수도 있을 것이다. 그러나 그녀는 포기하고 이렇게만 말했다.

"그 점에 관해서라면 준비가 되어 있어. 얼마만큼의 손실도 감수해야 하니까. 내가 잃어버리거나 질 것이 분명해 보이더라도 그것을 통해 가치 있는 일을 이룰 수 있다면."

"그래서 당신은 그 일을 허가하지 않겠다는 건가요? 우리가 자금을 대라고 요구하는 것도 아닌데……. 자금줄은 따로 있어요."

베라는 얼굴을 찌푸렸다.

"나는 그런 부정한 돈에 연루된 사람은 생각조차 하기 싫어."

"아니요, 당신이 틀렸어요. 그건 깨끗한 돈이라고요."

"그건 몹시 믿기 어려운 일이야. 어떤 경우라도 그 대답은 똑같아. 절대로 안 돼."

벤의 얼굴이 참혹하게 일그러졌다.

"너무 안됐네요. 베라, 나중에 후회하게 될걸요. 그게 내가 말할 수 있는 전부예요."

그들은 옛날 배가 다니던 운하에 이를 때까지 말없이 걷기만 했다.

"여기 정말 지저분하지? 언젠가 이곳은 강변 공원이 될 거야. 우리는 낡은 폐선과 창고에서 내다버린 잡동사니를 제거할 거야. 사람들은 카약이나 카누를 타고서 깨끗한 물에서 노닐 것이고 물에서 헤엄도 칠 거야. 나무들이 자라난 푸른 강둑으로 소풍을 올 수도 있고 늪지에서 왜가리와 해오라기가 물고기를 잡아먹겠지. 너는 수상택시를 타고 부두나 방파제, 강변의 레스토랑에 갈 수 있을 거야."

"그 모든 걸 해보려고 시도는 해볼 수 있겠지요. 그리고 당신 혼자서 그런 말을 함부로 내뱉을 수는 있겠지요!"

벤은 뚱하게 쏘아붙였다. 베라는 그가 소중한 작은 물길에 눈길도 주지 않는 것을 알아차렸다. 그녀가 보기에는 그것이야말로 미래를 기약해주는 것처럼 보이는데 말이다.

"벤, 수단이 반드시 목적에 부합해야 한다는 거 모르겠니? 그렇지 않으면 네가 이용하는 그 수단이 네가 의도하는 목적을 왜곡시키고 변형시킨다는 것도?"

"내가 아는 건 오로지 당신이 진짜 적과 직면하게 될 테고 그들은 당신과 해오라기니 공원 운운하는 예쁜 꿈까지 모두 파괴하리라는 거죠. 당신이 그들에게 실력으로 맞서 싸우지 않는 한."

베라가 부드럽게 말했다.

"원자폭탄 말고 다른 방법이 있을 거야. 그리고 우리는 그들을 잘 알아야 해. 간다가 그랬던 것처럼."

벤이 더 이상 아무 말도 하지 않자 잠시 후 베라가 주제를 바꾸었다.

"메리사는 어떻게 지내? 그리고 엄마는?"

"메리사는 잘 지내요. 숲에서 인생을 허비하면서 거기서 일도 해요. 그건 뭐랄까 굉장히……. 그 애가 대학을 졸업한 이후로는 별로 많이 보지 못해요."

"로라는? 6개월 동안 로라를 보지 못했어. 회원 명부에서 로라의 이름을 보고서 그녀가 우리를 지지한다는 걸 알았지만 한 번도 나타난 적이 없었어. 난 그러길 바랐는데. 네가 말 좀 전해주겠니?"

"물론이죠. 엄마는 플래닛피플이라는 환경단체에서 일하느라 바빠요. 주로 농약 반대 활동에 관련된 일이죠. 지나치게 바쁜 건 같긴 하지만, 우리 엄마가 어떤 사람인지 잘 아시잖아요."

"그럼, 알고말고! 그러니까 엄마에게 사랑한다고 전해주고 한번 들르라고 말해주렴. 우리는 오래된 친구가 필요해."

생존자당의 사무실에 다시 도착했고 사무실 안으로 들어가면서 베라가 말했다.

"이제 잘 들어. 네가 가진 미친 아이디어 따윈 잊어버려. 매기에게 내가 말했다고 하고 일거리를 달라고 해. 저쪽 끝에 자리에 앉을 틈도 없이 바삐 일하는 붉은 머리 여성분이 매기란다."

그러나 벤은 매기에게 가지 않았다. 그는 소중한 시간을 할애할 만큼 새로운 일거리가 필요하지 않았기 때문이다.

벤은 다시 거리로 나갔고 베라는 텔레비전 방송을 위해 책상으로 돌아갔다. 그것을 그녀는 '설교'라고 불렀다. 베라가 영감을 얻기 위해 최근 성경의 우화를 다시 읽고 있었기 때문이다.

옛날 옛적에 부자와 가난한 사람이 있었습니다. 부자는 반드시 땅을 보살펴야 한다는 말을 들었습니다. 그 땅에서 모든 축복이 넘쳐흘렀으니까요. 그래서 그는 자기가 돌볼 수 있는 땅을 찾기 위해 여기저기 둘러보았습니다. 그는 교외의 주택단지로 전환될 위험에 처한 시골 땅 한 조각을 발견했습니다. 그는 이 사랑스러운 땅을 사서 원래 상태 그대로 보존했습니다. 그는 자신이 한 일을 매우 자랑스러워했습니다.

그는 땅 위를 걸어 다녔고 졸졸 흐르는 시냇물 소리를 감상하고 나무들 사이를 지나가는 바람 소리를 듣고 햇빛이 잘 드는 초원에서 햇볕바라기를 했고, 이렇게 진실로 멋지게 지낼 수 있는 곳이 모두 그의 소유라는 사실을 기뻐했습니다.

부자가 그 땅을 사기 위해 치른 돈은 은행에서 조용히 잠자고 있지 않았습니다. 그 돈은 석유회사로 흘러갔고 석유회사는 석탄과 우라늄을 노천 채굴하는 데 그 돈을 사용했고 그 회사는 대기오염과 풍경 파괴에 기여했습니다. 그 돈은 전력회사에도 갔고 그 회사는 국가의 건강과 안전을 위협하는 원자로 건설에 사용했습니다. 그 돈은 또한 항공우주산업 회사로도 흘러갔고 그 회사는 더욱 위험한 미사일을 만들고 있었습니다. 그 돈의 일부는 화학회사로도 갔습니다.

그리고 나머지 일부는 상품거래소로도 흘러갔습니다. 그곳에서 사람들은 수만 마일 떨어진 나라에 살고 있는 수백만 명의 배고픔을 예상하고 투기 매매를 합니다. 은행을 통해 부자의 돈이 흘러갈 때마다 그것은 파괴와 혼란을 초래했습니다.

반면 가난한 사람은 돈도 재산도 없었습니다. 그는 작은 뜰이 있는 작은 집을 빌려서 아주 단순하게 살았습니다. 차를 살 돈도 없었습니다. 그 대신 버스와 전차를 탔고, 그것은 에너지 절약 효과가 큰 교통수단이었습니다. 비료 살 돈을 절약하기 위해 그는 조심스럽게 음식물쓰레기로 퇴비를 만들었고 그의 정원은 비옥하고 생산적이었습니다.

그의 집은 너무나 작아서 난방을 하는 데 가스도 별로 들지 않았고, 난로를 때기 위해 동네 여기저기에서 발견한 나뭇가지를 모으는 버릇이 있었습니다. 그는 경첩, 철물, 못까지 낡은 물건을 재활용했습니다. 중고품 가게에서 옷을 사 입었습니다. 그는 매우 융통성이 있었고 자원을 결코 다 써버리는 적이 없었습니다.

부자는 황무지를 너무나 사랑한 나머지 그 땅 한쪽 구석에 집을 짓기로 결심했습니다. 그래서 그곳에서 자신의 땅을 계속 감시할 수 있었습니다. 이 집은 가난한 사람의 집보다 네 배나 컸습니다. 차고는 차 세 대가 들어갈 정도로 컸습니다. 그 집은 가난한 사람이 1년 내내 사용하는 것보다 더 많은 에너지를 일주일 만에 소모했습니다. 그 집은 가난한 집보다 열 배나 많은 나무로 만들어졌고 여섯 배나 많은 시멘트가 들어갔으며 네 배나 많은 유리와 다섯 배나 많은 지붕 재료가 필요했습니다.

부자는 돈 버느라 너무 바빠서 정원을 관리할 수 없었고, 음식물쓰레기와 잔디 깎은 쓰레기를 모두 쓰레기통에 버렸습니다. 그는 물건을 재활용할 시간이 없었고 뭔가 필요하다고 느낄 때마다 새것을 사들였습니다. 식탁은 값비싼 고기와 해외에서 수입한 이국적인 음식들로 가득했습니다. 운송해 오느라 엄청난 에너지를 잡아먹으면서 수입한 음식을 말이죠. 시골집에서부터 도시까지 가려면 가솔린을 많이 소모해야 했고, 당연히 많은 고속도로를 건설할 필요가 있었지요.

이 이야기의 논점은 그 부자가 땅에 좋은 일을 하려고 노력했는데도 실제로는 엄청난 양의 피해를 입혔다는 것이죠. 가난한 사람은 살아남느라 바빠서 환경에 많은 관심을 쏟지는 못했지만 상대적으로 훨씬 적은 피해를 끼쳤지요. 오래된 속담 속에서 새로운 진실을 발견할 수 있습니다. '가난한 자는 복이 있나니'라는. 그들이야말로 환경에 최소한의 피해를 입혔으니까요. 특히 축복받을 사람은 근검절약하고 자원을 재활용할 줄 아는 이들입니다. 부자들이 가게에서 어디에 필요한 물건인지도 모르고 사들일 때 검소한 사람들은 생존을 유지하기 위해 필요한 최소한의 것만 소유하기 때문이죠.

축복받을 사람은 자기가 필요로 하는 물건을 직접 생산하는 이들이죠. 정원과 차고와 부엌에서 말입니다. 그들은 돈은 없을지 모르지만 훨씬 더 부유한 기쁨을 누립니다. 말씀드리건대 낙타가 바늘귀를 통과하는 것이 부자가 생태적으로 건강한 세계에 들어가는 일보다 쉽습니다.

지금까지 베라 올웬이었습니다. 좋은 밤 되세요.

64.

레스토랑 '까마귀 둥지'는 코발리스의 북쪽에 있는 윌라멧 강을 내려다보고 있었다. 원래는 고속도로변의 여관이었던 이곳은 그 앞을 지나가던 주간 고속도로가 다른 곳으로 우회하게 되면서 힘든 시절을 겪게 되었다. 그러다 새로운 사람에게 팔려 다시 생기를 띠게 되었다. 그들은 강을 내려다보는 테라스를 만들고 화초와 키 작은 나무를 심었으며 칙칙한 페인트를 긁어내 원래의 나무색을 드러낸 다음 소박한 음식을 팔기 시작했다. 그들은 그 지역에서 만드는 맥주가 그들이 제공하는 다양한 종류의 차와 잘 어울린다는 사실을 깨달았다. 점차적으로 그 장소는 새로운 아이디어를 좋아하는 인근 지역 사람들에게 명소가 되었다. 까마귀 둥지에서 밤늦게까지 격렬한 토론이 이어지는 일도 많았다. 많은 단골에게 그곳은 레스토랑이라기보다 집처럼 느껴졌다. 아이들을 데려오기도 했는데, 그럴 때면 레스토랑 뒤편의 테라스에서 놀도록 내버려두었다. 점심식사를 하거나 하루를 마치고 맥주 한잔씩 하는 동안 유리창 밖으로 아이들을 지켜볼 수 있었다. 종업원들은 그러고 싶을 때면 주문을 받는 동안 손님 옆 식탁에 앉아 있기도 했고, 그 손님이 빨리 나오는 음식을 원하는지 아니면 음식이 천천히 나와도 되는지 물어보았다. 그곳에 들른 어떤 사람들은 이렇게 친근한 방식을 낯설어하기도 했다. 그들은 다시 식당을 찾지 않았다. 그러나 그런 방식을 좋아하는 사람들은 그곳을 자주 찾았고, 가격이 저렴한데도 번창했다. 가게에 이름을 빌려 준 까마귀들은 반대편 둑 위에 있는 키 큰 나뭇가지 위에 둥지를 짓고 살고 있었다. 그 강은 여전히 변함없이 흐르고 있었다. 남쪽의 산맥에서 발원한 그 강은 오리건 주의 모든 주요 도시를 지나갔다. 그 주의 비옥하고 평평하고 촉촉한 농지를 지나다가 마지막으로 포틀랜드에서 컬럼비아 강과 합류했다. 구불구불한 흐름 속에서 불가해하게도 그 강물은 가끔씩 유실된 통나무나 봄철의 홍수가 남긴 파편, 고지 마을에 생긴 개펄의 여파인 갈색 퇴적물, 가끔씩 작은 보트를 탄 어부를 공평하게 실어 왔다. 그러면서 매일 밤마다 강둑을 따라 갈대와 잡목을 간질여대며 희미하게 노래를 불렀다. 그 소리는 강물의 존재를 강력하게 알려주었고 강은 변함없이 어딘가 다른 곳으로 흘러가며 영향을 끼쳤다.

65.

자동차 중독

"그들과 우리 사이의 가장 큰 차이는……."

그것은 베라 올웬이 자주 쓰는 표현이었다.

"우리는 자동차가 적이라는 것을 알지만 그들은 모른다는 점입니다."

에코토피아 학회의 활동이 진보하면서 미국 경제의 미래가 '미국 경제가 과연 자동차에 대한 중독증을 기꺼이, 그리고 정말로 중단할 수 있는가?' 라는 괴로운 문제에 달려 있다는 점이 명확해졌다. 레이 연구원이 자동차에 관한 고발장을 쌓아올리기 시작했을 때 베라는 그 심각성에 놀라고 말았다. 그들의 보고에 의하면 1980년대 전반에 OPEC 국가에 석유값으로 치른 최종적인 달러 유출량은 뉴욕 증시에 오른 전체 증권과 채권의 절반에 달했다. 실제 세상의 언어로 번역하자면, 이것은 자동차 이용 습관을 유지하기 위해 지난 200여 년간 미국의 기업에 의해 축적된 모든 생산적인 기계와 실험실과, 땅, 건물, 교통 편의시설, 식료품 생산 자금의 절반을 단 5년 만에 그들에게 바쳤다는 것을 의미했다.

레이는 당혹감을 드러냈다.

"이 숫자를 보기 전까지는 '중독자' 라는 말이 무엇을 의미하는지를 정말로 생각해본 적이 없었어요!"

"우리나라가 바로 자동차 중독이죠. 자동차가 인플레이션의 주요한 원인도 제공했나요?"

베라가 물었다.

"그럼요, 물론 그 한 가지 이유만 작용한 건 아니지만요. 이러한 자금 결제를 통해 그토록 많은 권력을 해외에 양도했다는 점이 더 나쁜 부분일 거예요. 자본시장은 점차 외국 자본에 지배당하고 있어요. '돈에는 국경이 없다'라는 말 기억나세요? 미국을 파산하게 만들어서 확실하게 영구적으로 그 수익률을 높일 수 있다면 그들은 당연히 그러려고 하겠죠."

"그러면 그때는……."

베라가 깊은 생각에 잠기며 말했다.

"자동차는 확실히 눈에 보이는 공공의 적이 될 수 있겠지요. 자동차는 외국의 앞잡이들이라는 사실이! 다른 요소는 당장 정면으로 공격할 수 없을 겁니다. 주위의 모든 것에 대해 다 내핍하라고 제안할 수는 없어요. 진지한 자동차 반대 운동에 대해 말한다면 사람들에게 무슨 '보상'을 제안할 수 있을까요? 가스에 대해 엄청난 세금을 부과해서 자동차를 쓰지 않는 사람들에게 되돌려준다든가 하는 식으로?"

"그것이 이자율을 감소시키고 달러를 강세로 만들겠지요. 국내의 자본을 자유롭게 풀어줄 것이고 그렇게 되면 생산성을 개선시키고 일자리를 늘릴 수 있게 되겠지요. 공공교통수단들과 도시를 교통 의존적이지 않은 방식으로 재건하는 일을 포함해서 말이죠. 1~2년만 추진해도 정말로 가시적인 결과가 나오겠지요."

"그 밖에 다른 건요?"

"사우디아라비아와 핵전쟁을 벌일 가능성도 0퍼센트로 낮아지겠지요. 차로 먹고사는 자들은 차로 망하게 내버려두라지요."

베라가 웃음을 터뜨렸다.

"정말 그래요. 좀 더 구체적인 계획을 세워봅시다. 매해 원유 수입 감소라는 목표를 달성하도록 가스 세금을 잘 조율해서 원유 수입량이 제로가 될 때 비싼 세금도 사라지는 것을 사람들이 볼 수 있도록 하는 거죠. 그렇게 해서 남아도는 자본을 새로운 주택 건설이나 일자리에 투자할 방법을 찾는 거죠."

"낡아빠진 고속도로도 없애버리고요?"

레이가 미소 지으며 물었다.

"아직은 아니죠. 우선 숲부터 복원해야죠. 그것만 해도 매우 많은 노동력이 필요한 일이죠. 강과 호수 연안, 강둑, 중심 도시를 깨끗하게 해야죠. 주간 고속도로는 고속 시내버스 전용차선으로 바꾸고, 그게 이루어질 경우 새로운 기차를 들여올 준비를 하는 거죠. 에너지 설비 시설도 지어야죠. 재생 가능한 에너지자원이라면 뭐든지 상관없어요."

"하지만 베라, 그중 일부는 경제적으로는 합리적인 방안이 아닐 수도 있어요."

"당장은 아닌 것처럼 보일 수도 있겠죠. 하지만 장기적인 관점에서 말해야 해요, 레이. 지금 그것을 지어놓는다면 몇 년 후 석유가격이 우리 시설의 경제성을 입증할 정도로 충분히 높아졌을 때 그 효과를 누릴 거예요. 우리는 경험을 통해 그 할인율을 추측할 수 있어야 해요. 그 능력을 지금 당장 계발하지 않는다면 원유 공급 국가에 대해 믿을 만한 장기적인 경제적 잣대를 가질 수 없어요."

"그럴 경우 오로지 군사적 잣대만 남게 되겠지요. 군사력으로 전쟁을 벌여서 해결해보려는."

"바로 그거예요. 당황스러운 상황이 닥치면 워싱턴에 있는 사람에게는 그 방법이 매력적으로 보일지도 모르죠."

잠시 침묵이 이어졌다. 레이가 말을 꺼냈다.

"왜 당신은 우리 지역에 있는 사람들이 자동차에 반대하는 프로그램에 동참할 거라고 생각하죠? 워싱턴에 있는 사람은 아무도 그런 위험을 감수하려 하지 않는데?"

베라는 헨리가 방으로 들어오는 것을 흘끗 보았다.

"레이, 나도 그들이 우리에게 동참할 거라고 확신하는 건 아니에요. 단지 그것 말고는 다른 대안이 없기 때문이죠. 그렇잖아요? 우리는 그들에게 경제적으로 생존하길 원하는지 물어볼 거예요. 그 선택안을 분명하고 불가피한 용어로 설명할 거고요. 모든 세입을 주택 공급과 일자리 창출에 쓸 것을 제안하겠지요. 그런 다음 사람들이 그 문제를 깊이 생각해보고 나서도 차라리 자동차와 함께 침몰하는 편을 선택한다면……. 글쎄요, 그것도 그들의 권리겠지요, 그렇죠? 아무도 한 나라가 영원히 살아남아야 한다고 말하지는 않지요. 국가가 오래되고 병들고 경쟁력이 없어지면 그들의 정신도 길을 잃고 방랑하게 돼요. 사람들이 캐딜락을 타고서 낭떠러지 아래로 추락하길 원한다면, 그 길을 따라 하이킹하고 경치를 즐기는 대신에 말이죠, 그렇게 자멸하는 것이 그들에게 정말로 최선책이라고 생각되기 때문이겠지요. 결국 누가 그 사람 대신 결정해주겠어요? 우리는 그 선택을 분명하게 해주기 위해 여기 있어요. 그게 바로 우리가 존재하는 이유죠. 그리고 그들의 선택이 우리의 길과 같다면 그렇게 행동하도록 대비하는 거고요."

"각 지역별로 엄중한 가스 세금을 제안하면 되나요, 어쩌면 100퍼센트까지?"

"그래요. 이렇게 말할 거예요. 지금이 바로 자신을 위기에서 구출할 때라고요. 연방정부는 그것을 해내기에 너무 몸이 굳어 있기 때문이죠. 그리고 나머지 지역이 그렇게 행동할 수 없다거나 원하질 않는다면 그들은 그 결과를 감수해야 하겠지요."

그제야 헨리가 입을 열었다.

"브라보! 하지만 한 가지 중요한 사실을 간과하고 있어요. 많은 남자들이 심리적으로 자가용과 자기 자신을 동일시한다는 점이죠. 차는 남성의 성적 능력을 상징해요. 자동차 소리를 약한 성적 자존심에 대한 상징으로 필요로 하는 남자들은 포기하려 하지 않을 겁니다. 얼마나 많은 세금을 지출하든지 간에요. 당신이 자신들을 거세시키려 한다고 생각하고 대들지도 모릅니다."

"그렇다면 어떻게 해야 하죠?"

"그들이 자신의 몸에 대해 좀 더 만족하도록 도울 수 있겠죠. 스스로의 성적 매력에 좀 더 자신감을 갖도록 말이죠. 그래서 감정적인 거부감 없이 차 중독증을 털어버릴 수 있도록요. 그들의 삶이 성적으로 만족스럽다면 차라는 대체물을 그렇게까지 필요로 하지 않을 거예요."

레이는 화가 난 것 같았다.

"헨리, 지금 도대체 무슨 소릴 하시는 거죠? 홍등가라도 만들 건가요?"

"아뇨. 자가용 포기 클리닉이랄까, 그런 곳에서 남자들이 자신의 몸에 대해 알고 사랑하는 방법을 배우게 하는 거죠. 그리고 자신의 성적 능력을 깨달을 수 있게 하는 거예요. 스스로의 능력에 기대는 법을 배울 때 위안거리로 자동차의 강한 엔진을 필요로 하지 않게 되겠죠. 그들이 다른 즐거움과 확신의 원천에 관해 배우도록 돕는 거죠. 석유를 심하게 소비할 필요가 없는 사람들이 되는 거죠."

"섹스 같은 걸 말하는 건가요?"

"섹스, 춤, 반신욕……. 뭐든지요. 몸을 깨어나게 만드는 것이라면 무엇이든 자동차 의존증을 줄일 거예요."

베라는 오랫동안 생각에 잠겨 있었다.

"당신 말은 레이가 제안한 세금은 단지 채찍이고 당근도 있다는 것을 확신시켜주어야 한다는 건가요?"

헨리가 온화한 미소를 지으며 말했다.

"저는 언제나 당근을 좋아하거든요."

66.

엄마의 드레스

어느 이른 가을날 루와 잰은 게를 잡으러 갔다. 빵과 치즈, 맥주를 챙겨서 반쯤 무너진 방파제로 가서 낡은 게잡이용 트랩을 물속에 담근 채 빈둥거리며 시간을 보냈다. 그들은 한동안 잡담을 나누다가 트랩을 당겼고, 그럴 때마다 그 속에 게 한 마리가 들어가 있곤 했다. 그런 식으로 게잡이를 하면 많은 대화를 나눌 수 있어서 루는 최근 머릿속에 떠오른 아이디어를 잰에게 털어놓았다. 주로 다가오는 18세 생일을 어떻게 준비할 것인가에 관한 것이었다. 생일은 고등학교 졸업식보다 훨씬 더 중요해 보였다. 고등학교 졸업식이야 판에 박힌 일이니까. 처음에 그녀는 그것을 '커밍아웃 파티'라고 부를까 생각했다. 부유한 젊은 여성과 게이만 그 말을 독점해서는 안 된다는 이론을 펼치면서 말이다. 그러나 '성인식 파티'라고 부르는 게 더 적당하지 않을까? 마침내 그녀는 '나의 파티'라고 부르기로 결정했다. 잰은 그 아이디어를 매우 마음에 들어 했다. 대단한 이벤트가 될 것이다. 루의 친구들과 캐롤과 로저의 친구들, 물론 잰의 친구들까지 합치면 100명은 족히 모일 것이다!

"축하 의식도 있을 거야, 엄마. 춤을 추는 순서도 있고. 그 의식의 한 순서로 내가 열린 공간을 가로질러 춤추면서 한 무리의 젊은 남자가 서서 지켜보고 있는 곳으로 가는 거야……."

"그건 원시 사회에서 네가 결혼할 준비가 되었다는 것을 표명하는 의식이랑 비슷한 거니?"

루는 망설이다가 대답했다.

"그렇다기보다는 내가 성인이 되었다는 것을 발표하려는 거야. 그래서 나도 뭔가 중대한 일을 할 수 있는 사람이 되었다는 것을 표현하고 싶어."

잰은 인상을 쓰더니 게잡이 트랩을 당겨 올리기 시작했다.

"난 네가 너무 빨리 결혼할 생각은 하지 않았으면 좋겠는데……."

"당연하지, 엄마. 물론 당장 결혼을 생각하고 있는 게 아니야. 아기를 갖는다든가 그런 것은 내 관심사가 아니야! 하지만 요즘 들어 누군가와 함께 살고 싶어질 때가 있어."

"그건 합리적인 다음 단계처럼 들려. 소녀가 어른이 될 때 아버지나 어머니의 집을 떠나는 거지."

"하지만 내 이름 말인데, 엄마. 어떤 문화에서는 한 사람이 성인기에 접어들 때 새로운 이름을 선택할 기회가 있다는 거 알아?"

"괴상하게 들리는데. 하지만 그렇게 하고 싶다면 그렇게 해."

"문제점은 내 이름 '루'를 정말로 좋아한다는 점이야. 그것보다 더 마음에 드는 다른 이름은 생각해낼 수 없어. 내가 좋아하지 않는 것은 말할 수 있지만!"

"그게 뭔데?"

"엄마가 더 이상 룰루라고 부르지 않았으면 좋겠어, 절대로! 열여덟 살이 되고부터는 그냥 루라고 불리고 싶어, 알겠어?"

그러더니 잰의 얼굴에 상처받은 기색이 역력한 것을 알아차리고 바싹 다가가 그녀를 껴안았다.

"엄마에게 반감이 있어서가 아니야. 단지 어린 룰루가 큰 룰루로 거듭나고 있다는 뜻인 거지! 아니면 미스 루이자라고 하든가, 엄마가 고집하듯이."

그녀가 덧붙이며 킬킬거렸다. 양동이가 마침내 게로 가득 차자 집으로 터벅터벅 걸어갔다.

"여기 사냥꾼과 채집자가 오셨다!"

창고 집으로 들어가면서 잰이 큰 소리로 외쳤다. 그녀의 하우스메이트인 제닌과 게리가 그곳에 있었고, 제닌의 아들 케빈과 미리암, 다시 그곳에 살게 된 마샤도 있었다. 그곳에 제프리가 있는 것을 보고 루는 기뻐 어쩔 줄 몰랐다. 그녀는 그를 몇 달 동안이나 보지 못했다. 그들은 모두 함께 둘러서서 게들이 서로 집게발을 휘두르는 것을 보며 놀라워했다. 그러고 나서 게살을 찍어먹을 소스와 샐러드, 빵을 준비하는 일을 도왔다. 큰 냄비의 물이 끓기 시작할 때 루와 잰은 번갈아 게를 물속에 빠뜨렸다. 게를 던져 넣기 전에 한

마리씩 손에 들고서 이상하게 툭 튀어나온 눈알을 들여다보면서 이렇게 말
했다.

"게 자매여, 우리는 너를 먹으려 해……. 너의 생명을 우리의 생명 안에
받아들이기 위해. 우리는 충분히 알고 있어. 우리 역시 다음번에 너희들의
먹이가 될 것이라는 사실을. 고마워."

처음 잰이 자신이 먹을 살아 있는 생물에게 작은 연설을 하기로 결심했을
때는 스스로도 바보 같다고 생각했다. 그러나 그 집에 사는 사람은 이제 모
두 엄숙하지만 축제 의식 같기도 한 이 의식을 적극적으로 함께 나누었다.
그들은 게들이 솥 안에서 삶아지는 것을 보았다. 게 껍질이 빨갛게 익자 한
데 모여 열심히 먹기 시작했다. 모두가 즐겁고 야만적인 표정으로 게의 집게
발을 부수었고, 빈 껍질이 여기저기 쌓였다. 멋진 연회였다. 루는 성년식에
대한 아이디어를 설명했고 마샤와 제닌은 아주 마음에 들어 했다. 그들은 어
떤 복장을 준비할 것인지를 구상했고 축하식을 위한 아이디어들을 내놓았
다. 또한 음식과 와인을 가져오겠노라고 제안했다. 마샤가 말했다.

"나도 열여덟 살이 되었을 때 나 스스로 계획했더라면 얼마나 좋았을까.
지금 내가 할 수 있는 거라곤 친구의 딸에게 제안하는 것뿐이라니!"

제프리는 자신도 그 계획 속에 포함되어 있는지 물었다.

"당연하죠! 그 젊은 남자 그룹에 내가 사랑한 모든 사람들이 다 포함되기
를 원해요. 특히 당신은 꼭 포함되어야죠. 당신은 좀 더 우아한 복장을 입어
야 해요."

"넌 뭘 입을 건데?"

잰이 물었다.

"아직은 잘 몰라."

"내 실크드레스를 입었으면 좋겠는데, 그 상황에 어울릴 거라고 생각한
다면."

"아, 맞아. 정말 아름다워, 엄마! 그거라면 완벽할 거야. 그 드레스는 폭넓게 주름이 잡혀 있어서 엄마가 춤을 출 때면 치맛자락이 너풀거리며 너무나 우아하게 움직였어……. 오, 엄마, 정말 고마워요!"

그러나 루의 표정이 갑자기 바뀌었다.

"그건 내가 엄마처럼 된다는 뜻일까?"

"그 드레스가? 아니야, 그 드레스가 이제 네 것이라는 걸 의미할 뿐이지. 내가 그 드레스를 한동안 입었으니 네가 얼마간 그 옷을 입을 수 있겠지. 네가 원한다면. 넌 언제나 너야, 사랑하는 루."

"그 점에 관해 좀 더 진지하게 생각해봐야 할 것 같아, 그렇죠? 좀 더 열심히 생각해봐야 할 것이 많네. 그 점을 내가 은거해서 생각해야 할 항목에 첨가해야지."

"은거라고?"

"응, 그 의식을 치르기 전에 며칠 동안 시골구석에 틀어박힐 필요가 있다고 생각해. 머릿속을 맑게 비우고 정말로 준비가 되도록 하는 거지. 무슨 말인지 아시겠죠?"

"그건 알겠어. 하지만 왜 꼭 혼자여야 하지?"

제프리가 끼어들었다.

"그 부분이 이번 의식에서 핵심이라고 생각해요. 하루 동안 짐을 싸서 하루 정도 머물다가 나오는 거죠. 그 영역에는 재미있는 건 아무것도 없어야 해요. 해안 북부로 가는 거죠."

잰이 말했다.

"그러다 다리라도 부러질까 봐 걱정이야."

"그냥 평평한 지역에 있을게. 약속할게, 엄마. 그리고 앉아서 생각만 하지, 산이나 이상한 데서 곡예를 부리지는 않을 거야. 돌아올 때 그 드레스에 관해서도 마음을 정할 거야."

사람들처럼 사회도 가끔은 무의식적인 자살 충동에 사로잡히는 법이다. 이는 아웃사이더들이 보기에는 불가해한 현상으로 보인다. 개인의 경우라면 무모하게 차를 몬다든가 과도한 음주나 흡연에 빠져들겠지만 사회라면 충돌이나 궁극적인 사회적 붕괴를 초래할 기술, 당장은 신기해 보이지만 불안정하기 짝이 없는 기술에 중독될 것이다. 그런 자살 충동에서 벗어나려면 사회는 개인처럼 파괴적인 행동 방식을 대체할 건설적인 대안을 찾아야만 한다. 그렇지 않으면 죽을 테니까.

아주 가까운 곳에 좋은 예가 있다. 1950년대와 1960년대에 미국은 교통 체계에 관해 지속적으로 자기파괴적인 행동에 몰두했다. 광범위하고 효율적이며 빠르기도 한 열차 산업의 뒤를 이어, 트럭에 기초한 화물운송산업과 비행기와 자동차에 기초한 여객운송산업으로 대체하는 작업에 착수했다. 이러한 산업은 모두 국가로부터 엄청난 장려금을 지원받을 수 있었다.

상식 있는 사람들이라면 기차가 톤당, 마일당 요구하는 연료량이 트럭 연료량의 4분의 1가량밖에 되지 않는다는 점을 지적했을지도 모른다. 그러나 그 당시 에너지값은 너무나 저렴해서 그 상황에서 결정적인 요소가 되지 못했고, 정치적 압력이 복잡하게 결합하여 고속도로와 항공로 로비 단체가 정부의 이익을 위해 기차 로비 단체를 패배시켰다. 제2차 세계대전 후 몇 십 년간 기차 회사는 자체 비용만으로 트랙과 역을 유지 보수해야만 했던 반면, 연방정부와 주 정부와 지방 기금으로 모은 5,250억 달러는 고속도로와 차로를 짓는 데 쓰였고, 230억 달러는 바지선을 위해 물밑바닥을 파고 수문을 짓는 데 쓰였으며, 500억 달러는 항공시설을 짓는 데 쓰였다.

철도회사는 망했지만 당시 그것은 상대적으로 고통스럽게 느껴지지 않았다. 새로운 산업이 천천히 부흥하면서 다른 산업이 쇠퇴하는 것은 보통 대중에게 대단한 분노를 초래하지 않으니까. 이 경우 작지만 잔소리 많은 단체가 여객 수송 열차 서비스 중단에 항의하긴 했어도 말이다. 그러나 일반 대중은 본인도 깨닫지 못하는 사이에, 이 특별한 변화를 위해 엄청난 세금을 치르고 있었다. 고속도로 시스템을 이용할 경우 수많은 물품의 진짜 총운송비는 철로를 이용할 경우에 비해 서너 배 이상 비쌌다. 정부의 지원금에 의해 충당된 이러한 비용의 일부는 높은 운송료가 아니라 간접적이고 비가시적인 일반 세금을 통해 치러지는 경우가 많았다.

1970년대 후반까지 상승하는 에너지비용은 석유 의존적인 트럭 운송 시스템이 국가의 에너지 문제의 주요 원인이라는 점을 명백히 보여주기 시작했고 그에 비해 철도회사는 많은 지역에서 퇴화했는데, 그 수준이 참혹할 정도였다. 어떤 곳에서는 노반이 너무 나빠져서 기차가 걷는 속도로 지나가야 했다. 철도 시스템을 재건하려는 확고한 노력이 있었더라도 복구하려면 여러 해가 걸렸을 것이다. 그러는 동안에도 외국의 석유에 대한 수요로 국가 경제는 막대한 자금을 유출하고 있었다.

더 나쁜 것은 복선 철도가 괜찮게 유지되었다면 20차선 고속도로로 실어 보낼 수 있을 정도의 교통량을 감당할 수 있었을 텐데, 한때 기고만장했던 주간 고속도로는 트럭의 바퀴가 주는 압력을 버티기에는 약하다는 사실이 밝혀져서 그 도로가 모양을 유지하려면 더 대규모 자금 지원이 필요하다는 점이었다. 정작 고속도로 보수에 필요한 자금에 트럭이 보태는 세금이라고는 전혀 없었다. (트럭 한 대가 고속도로에서 초래하는 마멸은 승용차 한 대가 초래하는 것의 1만 배 정도 되었다.)

에너지가 넘쳐나던 이전 시대에 단기적인 경제 안목과 정치적인 계산에 근거해서 내려진 결정은 나중에 그 결정을 한 사람의 자녀인 우리 세대를 위협하게 된 것이다. 그것은 자연적으로 미국 경제에서 움직이는 모든 상품의 비용과 비행기 비용까지 상승시켰다.

이 문제를 해결하기 위해 우리는 무엇을 해야 한단 말인가?

즉시 교통체제의 근간으로 철도 교통의 재정적 효율성과 에너지 효율성을 복원하기 위해 노력해야 한다. 철로의 화물운송 용량이 광범위한 곳에서 가능하도록 복구되어야 한다. 피기백 트레일러 서비스를 통해, 철도회사가 포기한 철로 협력 서비스 지역을 통해, 비용을 초래하는 상품과 활동에 진짜 비용을 부과하는 요금 정책을 통해 말이다.

서부에서는 여객 운송 기차가 즐겨 이용되었는데도 대부분 지역에서처럼 철로 시스템의 승객 운송 용량이 제로 수준까지 줄어들었다. 그러므로 현존하는 서부의 철도망이 전적으로 화물만 운송하는 것을 중단시키고 새로운 시스템을 건설하자고 제안하는 바이다. 자기부상 장치와 직선형 전동기를 탑재한 넓고 편안한 초고속 승객용 열차를 만들자는 것이다. 이러한 새로운 열차는 일본식 디자인에 기초하지만 미국 공장에서 제조될 것이다. 모든 주요 도시를 연결할 것이고 위성도시도 중심 노선과 간선으로 연결할 것이다. 그 시설을 짓는 기술은 이미 시애틀 보잉 컴퍼니의 항공 시설을 통해 우리 지역에도 도입되어 있다. 새로운 시스템을 위해 필요한 기준 도로의 일부는 주간 고속도로의 차선 사이에 지어질 수도 있다. 그럴 경우 이미 곧고 편평한 길을 제공하도록 경사 완화 공사가 된 고속도로의 장점을 이용할 수 있기 때문이다. 대량 건설 작업은 수만 개의 일자리를 창출하고 터널과 다리와 땅파기와 메우기 공사가 필요할 것이다.

일단 완성되기만 하면 교통 시스템은 사람과 짐과 중심 도시에서 중심 도시로 보내지는 편지같이 가벼운 화물을 운반할 것이다. 현재의 항공 여행과 똑같은 시간 안에 더 잦은 서비스 편을 통해 말이다. 막대한 에너지가 소비되는 항공 운송은 오직 서부 해안으로부터 아주 먼 곳으로 떠나야 할 때에만 필요하게 될 것이다. 주요 공항은 더 이상 비싼 비용을 들여 확장 공사를 할 필요가 없고 작은 공항은 문을 닫을 수도 있다. 도시간 자동차와 트럭의 교통량은 석유 연료에 부과된 적당한 요금과 함께 엄청난 수준으로 줄어들 것이고, 그 결과 놀라운 정도로 석유를 자급자족할 수 있을 것이다.

　이러한 정책에 의해 낡고 쇠퇴한 옛날 방식을 버리고 합리적인 새로운 교통체제를 건설할 것이다. 시간이 흐르면 나머지 지역은 우리의 예를 따르지 않을 수 없게 될 것이다. 하지만 우리는 그들이 시간표를 따를 때까지 기다릴 수 없다. 생존자당은 우리에게 필요한 새로운 시스템에 대해 세부적인 기술연구를 시작했다. 우리 지역에서 기차가 다시 작동하도록 만들어야 한다!

68.

생존자당이 제안한 에너지와 교통체제 문제에 관한 새로운 방향의 정책은 메이너드 대통령과 행정부 입장에서는 그다지 달갑지 않았다. 이데올로기적으로 그들은 자동차와 원자력에너지에 지속적으로 의존하는 사람을 위해 헌신하고 있었기 때문에 생존자당이 내놓은 끔찍한 경제 분석을 오만하고 공상적이라며 폐기처분하는 것 외에 달리 방법이 없었다. 그들은 어렴풋이 그러한 분석이 정치계에 있는 사람뿐 아니라 재계의 사람에게도 영향력을 끼칠 것이라는 점을 알았다. 사실상 면밀하게 이루어진 새로운 사고에 기초하고 있었기 때문이다. 그러나 이러한 아이디어가 심각하게 고려해봐야 할 사안으로 받아들여지지는 않았다. 행정부의 기본적인 가정에 의문을 제기했기 때문이다.

　근본적으로 그것은 성장의 문제로 귀결됐다. 언제나 내일이 되면 좋아질 거라는 약속으로 국내의 불만을 평정시키는 것이 가능했다. 그러나 생존자당원은 적어도 서부 해안 지역에서 많은 사람들에게 내일이 되어도 좋아지는 일은 없을 거라는 소식을 전했다. 내일은 더 나빠질지도 모른다며 사람들은 현실을 직시하기 시작했다. 인플레이션 속에서는 임금을 인상시켜봤자 실질적인 삶의 수준이 하락하고 있다는 사실을 감추지 못했다. 그래서 안정된 상태의 경제—자신이 가진 자원만으로도 안정적이고 자립적으로 살아갈 수 있는, 중동의 석유상이나 무기 장사나 끊임없는 밀의 수입에 의존하지 않는 경제—를 달성하려는 생존자당의 목표는 이 세상에서 최소한의 안전장치라도 찾으려는 사람에게 극적인 호소력이 있었다.

이제 반격할 때가 온 것이다. 정부의 고위 공무원은 언론과 인터뷰를 통해 생존자당의 아이디어가 체제 전복적인 성격을 띠고 있다고 선언했다. 생존자당의 입장에 공감한 것으로 알려진 입법자도 국회의원 지위에서 쫓겨났고, 재선 운동을 앞둔 사람은 더 이상 생존자당을 지지하지 않았다. 생존자당의 입장에 대한 여야 정당의 공동 규탄서가 발표되었다. (양대 주요 정당이 이전 몇 십 년간 그 권리를 향해 움직여왔으므로 그리 어려운 일은 아니었다.) 메이너드 대통령은 기울어가는 인기를 손상시킬 위험까지 무릅쓰고 직접 나서서 말했다. 한번은 중앙아메리카와 남아메리카의 군사 지역에서 미국의 통제력을 유지하는 일이 얼마나 중요한가를 연설하다가 이렇게 돌발적인 발언을 했다.

"그들은 미국 국민과 현 정부의 목적을 공유하지 않는 사람들입니다. 우리가 생산성을 확충하고 자유세계에서 산업적 리더십을 되찾는 일을 원하지 않는 것이죠. 현대세계는 거칠고 경쟁적인 곳입니다. 안정성만을 추구하는 것은 위험한 착각입니다. 우리는 성장해야만 합니다. 그렇지 못하면 망합니다. 성장은 얼마간 희생을 감수해야 한다는 의미일지도 모릅니다. 그러나 성장만이 현 정부의 합리적이고 검증된 자유시장 원칙을 실현할 것입니다. 몽상가들이 내놓는 엉터리 특효약을 통해서가 아니라요."

행정부는 생존자당의 몽상가들을 심각하게 견제했고, FBI에게 생존자당의 운동을 방해할 수 있도록 잠입하여 도발하는 팀을 만들라고 지시했다. 흑인 민권 운동 때나 월남전 반대 운동 때는 그 방법이 먹혀들었다. 이번에도 그 방법이 효과가 있을 것이다. 사람들의 아이디어를 무찌를 수 없다면 조직을 분열시키기 위해 노력해야 한다.

69.

유럽의 식민지 개척자들이 처음으로 북미의 해변에 발을 디뎠을 때 그들은 대서양 연안에서부터 대평원 지역까지 끝없이 펼쳐진 광대하고 험한 숲의 바다에 직면했다. 정착민들은 격분하여 나무를 마구 잘랐다. 농작물을 심을 공간을 내려고 나무를 마구 베어 넘어뜨렸다. 그 나무를 톱질하여 만든 목재로 집을 짓거나 방파제, 평평한 길을 만들었다. 그 장작으로 불을 지피기도 했다. 또한 나무가 지겨운 미개지를 구성한다는 이유만으로 그 땅의 나무를 제거했고, 그것이 신이 부여한 사명으로 알고 복종해야 한다고 믿었다. 오직 동부의 목재 시장에서 고립되어 있던 북서부에서만 어마어마한 처녀림이 원시의 형태 그대로 살아남았다. 그러나 제2차 세계대전 후 그곳의 숲 역시 목재 회사의 전동 사슬톱에 쓰러져갔다.

원시림의 바닥은 풍부한 영양의 보고였다. 수백 년간 잎과 떨어진 가지와 썩은 줄기가 퇴적되었기 때문이다. 숲의 바닥에서 벌레와 애벌레가 구멍을 파고 살았고 나무뿌리가 흙을 관통하며 뻗어나갔으며 그 속에 사는 미생물은 바쁘게 물질을 분해하여 그 물질이 빨리 다음 성장의 사이클로 녹아 들어가도록 만들었다. 두꺼운 나무와 덤불로 뒤덮인 숲은 가장 혹독한 태풍의 충격도 완화시켰고 빗물이 흘러가 버리는 대신 땅속으로 충분히 스며들어 시냇물이 연중 깨끗하게 흐를 수 있었다.

일단 나무가 다 잘려나가자 토양에 쌓아둔 막대한 다산성도 착취당하게 되었다. 곡물을 키우기에 충분할 만큼 비가 내리는 지역 전역에 농장이 생겼고, 작은 면적의 숲만 그곳에 원래 무엇이 있었는지 상기시켜주었다. 매해 보스턴에서 콜로라도까지 광대하게 퍼진 농장에서 농부들은 나무(훨씬 서쪽으로는 초원)가 이루어놓은 비옥한 토양을 모두 고갈시켰다. 도시에서 온 투기꾼들이 주장하는 시장 원리에 이끌려 곡물을 바꿔가며 재배하거나 섞어서 재배하는 고대 농부의 지혜를 포기했다. 옥수수나 밀 중 한 종류만 짓는 농사꾼이 되었고, 국제 시장의 파동에 의존하게 되었다. 토양에 질소를 재공급하기 위해 콩과식물을 짓는 일을 더 이상 하지 않았고 대신 화학 비료에 의존하게 되었다. 농사가 가능한 땅의 70퍼센트가 고기를 얻는 동물을 위한 사료 생산에 이용되었다. 농업 전문가는 '대규모 공장식 농장'의 장점을 말했다.

토양에서 나무의 퇴적물이 다 벗겨지자 침식이 시작되었다. 남부 지역에서처럼 심한 폭우가 쏟아진 곳에는 가난으로 고생하는 소작인 농부들이 절망적인 지역으로 내몰려 살게 되었고, 땅을 뚫어버리는 침식이 일어나 농장 부지의 절반을 삼켜버리기도 했다. 건조한 대평원 지역에서는 특히 건조한 해에는 밀농사를 위해 갈아둔 초원이 바람에 날아가버렸고, 남은 것이라곤 '황진 지대Dust Bowl'뿐이었다.

점차적으로 대부분의 농부가 땅의 등고선에 따라 경작하는 방법을 알게 되었고 방풍림을 심고 토양을 기름지게 만드는 작물을 파종하게 되었다. 그런데도 가장 기후 조건이 좋은 해에 최고의 농경 기술을 사용해도 바람과 물의 침식에 의한 표토의 손실은 너무 막대해서 유기농법을 이용한 토양 재생으로도 해결할 수 없었다. 국가의 분기점을 구성하는 수천 군데의 농경지에서 각 밭의 각 열로부터 빗물이 만든 개울이 흙 알갱이를 실어 도랑과 시내와 강으로 보냈고, 그 물은 그 속에 담긴 흙으로 인해 갈색을 띠었다. 땅은 숲이 무성하던 시절에 지녔던 흡수력을 잃고 흡수되지 않고 흘러내리는 속도가 빨라져 거대한 홍수가 빈번하게 발생했다. 건조한 계절에는 바람이 농경지를 휩쓸면서 푸석한 흙을 도랑으로 몰아갔다. 1970년대 무렵 아이오와에서는 옥수수 한 말을 생산하는 동안 여섯 말 분량의 흙이 깎여나갔다. 동부의 워싱턴에서는 밀 1파운드를 생산하기 위해 20파운드 분량의 표토가 유실되었다. 위스콘신같이 잘 손질된 농장 지역에서도 매년 에이커당 8톤씩의 표토가 유실되었고 겨우 4톤가량만 재생이 되었다. 전국적인 평균 순손실이 에이커당 9톤에 달했다. 농사짓기에 적합한 땅이 매년 300만 에이커씩 고속도로와 공장을 짓고 택지용으로 토지를 분할하여 팔아넘기느라 사라져갔지만, 또 다른 300만 에이커의 땅은 바람에 불리고 비에 씻겨 사라져갔다.

이러한 과정으로 수확량이 감소되는 것은 당연한 일이었으나 끊임없이 증가하는 비용을 들여 막대한 양의 화학 비료를 뿌려 간신히 수확량을 유지할 수 있었다. 전혀 불가능한 건 아니더라도 토양을 재생시키려면 수십 년간 헌신적인 노력이 필요할 것이다. 그리고 그런 노력은 현존하는 농업기술이 우위를 차지하는 한 영영 시작되지 않을 것이다.

미국의 거대한 농장 지대에서 광대한 농경지가 막대한 양의 석유연료를 소비하는 기계를 이용하여 경작이 이루어졌다. 음식물을 생산하고 포장하고 각 시장으로 분배하는 과정에서 비싼 에너지비용의 지출이 갈수록 늘어났다. 1칼로리의 음식이 생산되고 운송되는 데 1칼로리 이상의 화석연료에너지가 소비되었다. 따라서 미국 농업계의 총에너지 예산액은 순손실을 보이기 시작했다. 역설적으로 인간이나 가축이 석유를 직접적으로 먹을 수 있었다면 그 상황은 개선되었을지도 모른다. 사실 석유값이 매우 저렴했던 1960년대에 연구자들은 석유를 먹여서 죽이나 소여물로 제조할 수 있는 박테리아를 개발하려고 애썼다.

대부분의 사람들은 미국 토양의 자연적인 비옥함이 영원할 거라고 믿고 싶어 했다. 결국 회사가 만든 광고는 미국 농업계의 독창성이 자연을 통제하고 땅에서 상상치 못한 생산성을 뽑아낼 것이라고 말했다. 그 시스템을 떠받치는 에너지 소비는 눈에 띄지 않았지만 식료품의 가격은 꾸준히 오르고 있었다. 그들의 식량 공급이 결정적으로 지구 반 바퀴 너머의 소수 특권층이 지배하는 나라의 유정(油井)에 의존하고 있다는 걸 좋아한 미국인은 없었다. 에너지 소비를 아무리 늘리더라도 눈앞에 다가온 토양의 생산성 감소를 만회할 수 없었을 것이다. 그러나 식량 부족 전망은 그것보다는 10년가량 앞설 것으로 예상되던 가스량의 부족만큼이나 먼 훗날의 일처럼 보였다.

70.

 그린하우스

워싱턴에서 공공연한 비난과 공격을 당해야 했지만 생존자당은 급격히 성장하고 있었다. 도시에서는 상가 건물 정면의 사무실을 세내어 당사무실로 썼고 사무실 간의 네트워크가 긴밀해졌다. 더 작은 장소에서는 회원의 차고와 뒷방이 작전 본부로 활용되었다. 정계에 전통적으로 전해오는 속담에 따르면 '세 번째 정당은 미국에서 설 자리가 없다'는 말이 있었다. 제3당의 아이디어는 언제나 위협적인 세력으로 자라나기 전에 첫 번째나 두 번째 주요 정당에 포섭되기 마련이었다. 이번 상황에는 기존의 정당이 평소처럼 재계에만 완강하게 헌신하고 있었다. 그들은 진정한 변화를 상상할 수 없었으므로 고작 작은 절충안만 생각할 수 있었고, 생존자당원들이 새로운 아이디어를 독점하도록 내버려두었다.

생존자당원의 주장에 헌신하는 사람의 수가 늘어날수록 생존자당은 현존하는 정부 기구의 조치에 더욱 세부적인 관심을 기울일 여력이 생겼다. 10월 초 그들은 매기 글레넌의 제안에 따라 오래된 영국식 관습인 '그림자정부'(프리메이슨Freemason을 가리킨다. 프리메이슨이란 1717년에 영국 런던에서 설립된 단체로 오늘날의 노동조합과 비슷한 중세 석공의 조직인 길드를 모체로 생겨났다. 설립 당시에는 석공의 친목 도모와 교육이 목적이었으나 17세기 영국에서 인간과 사회의 개선을 추구하는 엘리트의 남성 전용 사교클럽으로 발전했다. 점차 직업에 관련된 현실적인 문제뿐 아니라 윤리나 도덕 같은 철학적인 문제까지 토론하면서 지식인들이 주도하는 비밀결사로 발전했다. 18세기 중엽부터 본격적으로 영국에서 유럽 각국과 미국에까지 퍼졌고 세계 시민주의와 세계 단일정부를 지향하고 종교적인 자유와 관용을 중시해 가톨릭교회의 탄압을 받게 되었다. 또 프랑스혁명, 제2차 세계대전, 1990년대 말 아시아 금융위기 등 세계의 모든 중요한 정치적 사건의 배후에 프리메이슨이 있다고 끊임없이 제기되고 있으며 사회 지도층에 넓게 포진해 있는 인맥을 이용하여 각종 이권에 개입하는 이익단체로 전락했다는 비난에 직면해 있다. 프리메이슨의 하부 조직은 지역이나 모임의 성격 등에 따라 다르게 구성돼 있고 회원은 정치·경제·언론·군대 및 사법부 등 각계각층의 중견 인사들이 참여하고 있다. 2001년 6월 현재 회원수는 전 세계에 약 570만 명 정도이며, 이 중 영국과 미국에만 500만 명 정도가 있는 것으로 알려져 있다—옮긴이)를 도입했다. 그것에 의하여 생존자당원의 정부 대응 담당자들은 매일 주와 시 정부의 주요 공무원을 따라다니며 그들의 행동을 비판하고 대안을 제안했다. 서부 해안 지역에서는 모든 관공서에 다양한 지위에서 생존자당에 공감하는 사람들이 일하고 있었으므로 각 조직의 내부 정보가 생존자당의 그림자정부 간부에게 전해졌다.

이 무렵 생존자당원 중에서 샌프란시스코의 금융 지역이나 관청이나 연방정부의 건물 근처에 남의 이목을 끌 만한 지역에 사무실을 빌려 본부 시설을 만들어 증가하는 힘과 고결한 태도를 과시하려는 사람들이 생겨났다. 베라 올웬은 이를 별로 좋아하지 않았다. 그녀는 이렇게 말하곤 했다.

"그런 건 우리가 '그들' 속으로 편입되어간다는 증거일지도 몰라요. 그들은 그 사무실을 접고 우리들이 활동하는 고유한 지역으로 오는 게 더 나아요!"

헨리 엥겔스도르프는 '전통적인 사무실 빌딩에서 당 활동을 펼친다는 건

권위주의적인 기업 운영을 위해 고안된 물리적 장치에 당원이 맞추어가는 것'을 의미한다고 주장했다. 그것은 격의 없는 시설에서 자라난 방향성과 독창성, 자발성을 상당 부분 포기하는 것을 의미할지도 모른다. 당은 항상 언행이 일치해야 한다는 게 그의 일관된 주장이다.

매기와 닉은 현재 임대한 길가 상가의 사무실을 대체할 창고를 찾기 시작했다. 적합한 장소를 찾게 되자 그곳에서 모임을 개최해서 합리적인 사용방안과 기본적인 필수 시설을 지을 방안에 대해 의견을 모았다. 베라와 설립자들은 이 모임에 참석했지만 발언은 거의 하지 않았다. 그 아이디어는 그들을 기쁘게 하려는 것이어서는 안 되고 모든 사람을 위해 사용될 시설이어야 하기 때문이다. 생산적인 혼동을 겪으며 생존자당원들은 새로운 본부로 점진적으로 옮겨 갔다. 처음에 건물 전체에 단열재를 설치하고 남쪽 벽을 따라 태양열 난방 온실을 지었다. 느리고 조용하게 돌아가는 팬 한 쌍이 온실에서 만들어진 따뜻해진 공기를 건물의 북쪽으로 보내도록 설계했다. 온실에는 콘크리트 화단이 있어서 열을 저장하고 재방사했다. 그 화단에다 사람들은 토마토·콩·호박·오이 등을 심었다. 많은 생존자당원들은 채식주의자거나 중국식으로 음식을 만들어 먹는 경향이 있었다. 그들은 고기나 생선을 최소화하여 요리했다. 곧 주방도 지어졌는데, 오물 처리 장치에서 만들어진 메탄가스를 요리용 가스로 활용할 수 있게 설계했다. 태양열 온수 장치가 지붕에 설치되었고 내부 난방을 제공하기 위해 태양열 온수 탱크도 설치했다.

민주적인 기구에 관한 생존자당의 아이디어를 반영하기 위해 창고형 집의 남쪽 중앙부에는 모두가 공유하는 '광장'을 만들었다. 그곳에서 친교를 나누고 함께 먹고 거대한 집회를 열고 넓은 공간을 필요로 하는 프로젝트를 실행할 것이다. 개폐식 채광창이 천정에 설치되었고 식물 화분을 매달아 아래쪽으로 가지를 늘어뜨리도록 했다. 이 중앙 광장 둘레에 원형으로 다양한 크기의 사무실을 배치해서 모두 쉽게 접근할 수 있게 만들었다. 그곳에는 복도나 중역실 같은 게 없었다. 가구는 집에서 만든 것이거나 손때가 묻은 것이었다. 몇 개의 난로는 쓰레기통에서 찾아낸 나뭇조각이나 쓰고 버린 스크랩 파일을 이용해서 불을 피웠고, 난로 사이에 카펫과 러그를 충분히 깔아두었다. 그곳에는 형광등이 없었고 냉난방조절장치도 없었고 개인용 목욕탕도 없었다. 얼마간 논의한 후 고정된 응접원을 두지 않기로 결정했다. 사람들은 돌아가면서 방문객을 맞이하거나 전화를 받는 일을 책임질 것이다. 헨리의 친구 중 한 명이 제작한, 거대하고 우아하게 손 세공된 나무 간판이 현관문 위에 걸렸다. 거기에는 이렇게 적혀 있었다.

    '그린하우스THE GREEN HOUSE'

71.
인간적인 정치 집회

버트는 그동안 부지런히 일했다. 가을까지 그는 충분히 많은 사람들을 동원해서 태양전지를 설치하도록 만들었고, 루가 글리슨 교수에게 한 거짓말이 절반 이상 정당화되었다. 그 전지는 소형 라디오, 전축, 다른 전열기 등에 실제로 사용되었다. 버트는 루가 이 전지를 어떻게 함께 설치할 것인가에 관해 기술적인 세부사항까지 설명하는 논문 작성도 도왔다. 버트가 관여하는 샌프란시스코의 한 잡지사는 어서 발표하자고 계속 졸라댔다.

로저와 버트가 걱정하고 화낼 거라는 걸 알면서도 루는 망설이고 있었다.

"아직도 알아내지 못한 게 너무 많아요! 기본적인 메커니즘도 모르지만, 그것보다도 그 출력량이 어떻게 규정 시간을 넘어서까지 작동하는지 몰라요. 물질의 적정 크기도 알지 못해요. 지금 발표하기에는 연구 결과가 아직 너무 미약하단 말이에요. 저한테 조금만 더 시간을 달라니깐요!"

매일 루의 학교 수업이 끝나는 대로 버트는 루를 볼리나스로 실어 갔고, 그녀는 그와 함께 새로운 전지를 만들고 도핑하고 실험 장비를 준비하는 일을 했다. 버트는 조직적인 사람이었고, 다양한 종류의 전지들이 기준 시간

이상 전기를 방출하도록 만들 장치를 개발하자고 했다. 그는 그 장치를 통해 다양한 전지의 크기와 배열을 비교해가며 실패율을 기록했다. 그는 회로 접합부의 문제를 연구했고, 소규모 시설을 이용하여 제조 과정 몇 가지를 개선했다. 그 결과 얻어낸 정보를 루의 논문 초안에 첨가했다.

그런데 아직도 루는 그것을 발표하는 것을 고집스럽게 거부하고 있었다.

"내 전지란 말이에요! 그러니까 책임도 내가 져요."

"네가 이 도박에서 지면 고생하게 될 사람들이 수천만 명이나 된다는 거 잊지 마."

버트가 대답했다. 그의 목소리는 화가 나서 바르르 떨렸다.

"그들은 너의 자존심 때문에 희생을 치러야 해! 넌 지금 이기적이고 무책임하고 유치해지고 있다고. 그리고 탐욕스러워졌어, 명성에 눈이 멀어서. 네가 뭘 하고 있다고 생각하는 거니? 노벨상을 수상하겠다는 거니, 아니면 인류를 돕겠다는 거니?"

루는 발을 구르며 그를 노려봤다.

"당신은 나를 아주 끔찍한 사람 취급을 하고 있어요! 하지만 난 둘 다 원해요……. 그걸 전부 다 갖고 싶다고요! 내가 이걸 해결할 수만 있다면요. 오, 버트, 왜 내가 원하는 걸 가질 수 없다는 거죠?"

"잘 들어, 루. 시간상의 한계를 정해두는 건 어떨까? 그게 훨씬 편할 것 같아. 그리고 너의 가족도 안심할 수 있을 거고. 진짜 공개 발표를 앞두고 다른 계획도 세울 수 있겠지. 너도 알다시피 텔레비전에도 출연할 수 있어! 너를 위해 우리만의 에코토피아 메달을 만들어낼 수 있을 거야."

버트의 말에 루는 코웃음을 쳤다.

"난 당신의 메달 같은 건 원하지 않아요."

그러더니 뭔가 결심한 듯이 말했다.

"내가 원하는 건 시간뿐이에요."

버트는 그녀를 노려보았다. 마침내 그녀가 말했다.

"좋아요. 날짜를 정하자고요. 6주만 더 주세요. 괜찮죠?"

"한 달."

"안 돼요, 6주로 해요."

"좋아. 그럼 6주로 해. 하지만 잠시 쉬자고. 오늘 밤에 생존자당 집회가 있어. 베라 올웬이 온다고 들었어. 그녀에게 마감 시한을 말할 거야. 그러면 너도 어길 수 없겠지!"

그녀는 처음에는 전지 연구를 해야 한다며 제안을 거부했지만 버트의 설득에 못 이겨 마침내 집회에 가기로 했다. 그녀는 그 모임이 무미건조한 정치 집회거나 볼리나스 읍의회 모임처럼 시끌벅적한 행사일 거라고 예상했다. 그러나 그녀는 베라 올웬이 겨우 열다섯 명이나 스무 명이 모이는 모임에 참가할 거라는 말에 끌렸다. 버트가 설명해주었다.

"생존자당의 단체가 하는 일은 모두 인간적이야. 그들은 정치그룹이라기보다는 작은 부족에 가까운 것 같아. 그래서 그들은 소규모로 만나는 걸 좋아해."

그들이 조금 늦게 모임 장소에 도착했을 때 루와 버트는 모인 사람들이 신발을 벗고 요가 체조처럼 보이는 행동에 몰두하고 있는 것을 발견했다. 그들도 동참했다. 버트가 베라를 지적하지 않아도 루는 베라가 누군지 알아볼 수 있었다. 그녀는 서른다섯 살쯤 되어 보이는 남자 한 명과 함께 체조를 지도하고 있었기 때문이다. 친근감이 가는 외모에, 어디 있어도 즉시 눈에 띌 만한 사람이었다. 체조하느라 말도 많이 하지 않았지만 말이다. 그곳에 모인 사람들은 단순해 보이는 스트레칭 동작을 하고 있었다. 별로 많은 일을 하는 것처럼 보이지 않았지만, 특정한 방향으로 다리를 뻗자 루는 그 연결 부위가 어디인지, 어떻게 몸의 다른 부분이 반응하는지 깨닫게 되었다.

"계속 호흡하는 거 잊지 마세요!"

베라가 말했다. 긴장 때문에 동작에만 집중하다 보면 호흡하지 않는 경향이 있었기 때문이다.

"앞다리를 굳게 디뎌요! 너무 멀리 내뻗지 마세요. 다리를 굽힐 수 있을 정도로만 내미세요. 바닥에 닿은 발을 단단하게 고정하는 것 잊지 마세요……."

사람들이 정말 진지하게 체조를 따라 하고 있다는 것을 루는 알 수 있었다. 그들은 그 운동에 모든 에너지를 쏟고 있었다. 그러더니 리더들이 마무리운동으로 이끌었고, 발과 발목과 골반, 등, 어깨, 목에서 그 감각을 스스로 점검하게 했다. 대부분의 사람들은 카펫에 누워 운동했다. 루는 그들이 몸을 편안하게 느끼고 있다는 것을 알 수 있었다. 그들의 눈빛은 하나같이 고요하고 부드러웠다. 그들은 고르고 깊게 호흡하고 있었고 긴장이 풀려 느슨해 보이면서도 동시에 에너지로 충만해 보였다.

고요함이 방 안에 내려앉으면서 사람들은 신발을 신고 스웨터나 옷을 챙겨 입고는 의자나 바닥에 자리를 잡고 앉았다.

"대부분의 정치 단체는……."

베라가 일대일로 대화를 나누듯 친근하게 말을 꺼냈다.

"당신의 머리에다 대고 말합니다. 또한 당신의 위장에, 좁고 개인적인 이기심에 호소하려 하지요. 하지만 생존자당원들은 근본적으로 다른 것을 하려 노력하고 있습니다. 우리도 당연히 머리가 중요하다고 생각합니다만 단지 몸의 일부에 지나지 않습니다. 몸의 모든 부분은 당신의 건강과 생명에 필수적입니다. 그러므로 정치적 집회에 함께 참여할 때 온몸의 지각을 새롭게 하고, 특히 호흡을 새로이 하고 모임을 시작하는 것이 필수적이라고 생각합니다. 호흡은 매우 감정적인 것입니다. 그것을 관찰함으로써 깊게, 완전하게, 가슴을 열고 호흡하는 법을 배울 수 있습니다."

여기서 베라는 설명한 바와 같이 흉곽을 최대한 열기 위해 가슴을 뒤로 젖혔고, 루는 그 방에 있던 다른 모든 사람들처럼 자신도 그 동작을 흉내 내고 있는 것을 깨달았다.

"그 방법으로 심장이나 소화기관을 발달시킬 수는 없지만 호흡은 발달시킬 수 있어요. 그리고 운동을 통해 호흡을 자각하고 있을 때, 그 상태의 당신을 정치적으로 대하는 일을 시도하고 있을 때, 생존자당이 정말로 하고 싶어 하는 것이 무엇인지 이해할 수 있어요."

베라는 말을 멈추고 침착하게 방 안을 돌아보면서 모든 참석자와 눈을 맞추었다.

"특별히 당신들이 각성하거나 당장 도시로 행군하러 가기를 원하는 게 아닙니다. 사람들이 근육의 강도를 자각하게 되었을 때를 좋아하긴 합니다만! 우리는 편지를 쓰거나 문을 두드리거나 대변인에게 전화를 걸라고 설득하지도 않습니다. 당신 자신의 삶을 바꾸는 것이 가능하다는 것을 깨닫기를 바랄 뿐입니다. 그것이 생존자당원의 집회가 열리는 유일한 이유입니다. 그들은 우리 삶의 일부가 될 것입니다. 우리의 목적지와 별개이며 집에 돌아가면 잊어버리고 마는 어떤 것이 아니라 말이죠. 바로 지금, 여기 존재하는 것이야말로 당신의 삶입니다.

여기서 서로에 대해 많은 것을 배울 기회를 얻습니다. 우리는 정말로 관심 있는 것을 하기 위해 힘을 모을 수 있습니다. 몰입할 수 있고 즐거움도 느낄 수 있습니다. 아무런 재미도 느끼지 못한다면 우리는 이곳에 있을 필요가 없겠지요!"

그녀는 말을 멈추고 그룹을 돌아보았는데, 그녀의 반짝이는 눈에는 사람들의 마음을 사로잡는 힘이 있었다.

"당신의 관심사는 무엇이죠?"

루는 정치 집회란 항상 정당의 입장과 위원회의 규칙과 투표를 위한 수많은 책략만을 언급하는 장소일 거라고 상상했다. 오로지 공격적이고 말 잘하는 사람들만이 능숙하게 해낼 수 있는 일종의 게임이라고 생각했던 것이다.

그러나 이 집회는 매우 인간적이고 직접적이었다. 용의주도하게 느껴지지 않았다. 사람들은 어떻게 살고 있는지에 관해 느낌을 몇 가지 자발적으로 말하기 시작했다. 안정감을 주는 베라의 존재로 인해 매우 사적인 감정까지 털어놓아도 괜찮다고 느끼는 게 분명했다. 그들은 두려움에 대해 말했다. 직장을 잃는 것, 환경오염, 암, 오염된 음식이나 불량식품 등에 대해 말했다. 그들은 비인간적이고 그릇된 방향으로 가고 있으며 터무니없이 비싼 의료 서비스에 관한 이야기를 털어놓았다. 그들은 외로움에 대해 말했다. 전통적인 가정의 몰락, 함께 살 새로운 그룹의 사람을 모으는 일의 어려움, 새로운 성역할에 대한 혼란. 루는 자신도 모르게 그곳에 참석한 다른 사람들과 함께 비인간적으로 통제되는 사회에서 살아가는 것에 관해 고통스러운 걱정을 표현하게 되었다. 정부, 기업, 얼굴 없는 경제 권력에 조종당하면서 정작 사적인 공간을 지킬 수 있는 방어수단이 아무것도 없다고 느꼈다. 그들은 자녀를 위한 희망에 대해 이야기했다. 그리고 이 대목에서 몇몇 사람은 자신이 처한 힘든 상황에 절망하여 울음을 터뜨렸다.

루는 어림짐작으로 베라 올웬이 모든 것을 고쳐주겠노라고 말하면서 투표를 요구하고는 집으로 돌아갈 거라고 생각했다. 그러나 베라와 지도자들은 사람들이 제기한 문제를 끈덕지게 물고 늘어졌다. 모든 감정을 이루는 성향과 문화적 성향, 정치적 성향을 모두 점검하면서 말이다. 그들은 그곳에 모인 사람의 관심을 특정한 문제에 집중시켰다. 자신의 주택 문제에 관해 무엇을 할 수 있을지, 저 사람을 도울 음식이 무엇인지, 또 다른 사람이 그의 직장에서 덜 착취당하기 위해 무엇을 해야 할지에 관해서 말이다. 너무 고통스러운 이야기를 하느라 분위기가 침체될 때면 정신과 몸을 재충전하기 위해 얼마간 체조를 하도록 이끌거나 사람들이 가져온 차와 과일을 함께 나누어 먹었다. 실질적인 정치적 행동에 관한 문제 제기도 나중으로 미루지 않았고, 그 부분을 논의하는 동안 그들은 자연스럽게 앞에 있었던 감정적인 분위기로부터 벗어나게 되었다. 알고 보니 그 그룹의 꽤 많은 멤버들이 도심 전역에 자전거 도로를 주요 도로와 평행하게 개발하는 일에 카운티의 예산을 돌리도록 힘쓰고 있었다. 선거가 곧 열릴 예정이었고 다양한 계획이 실행에 옮겨지고 있었다. 생존자당 후보 또한 후보자 명부에 이름이 올라 있었고 그들을 위한 선거운동이 진행되고 있었다. 동네에 식료품을 공동 구매하는 클럽을 설립하는 계획도 진행 중이었다. 또 어떤 이는 다가오는 주말에 농장에 온실을 세우는 것을 도와줄 자원봉사자를 필요로 했다.

모임이 끝났을 때, 버트는 베라에게 몇 분 동안 함께 이야기할 수 있겠냐고 물어보았다. 생존자당에서 버트가 처음으로 루의 전지에 관해 운을 뗀 지 몇 달이 지난 후였지만, 베라는 열렬한 호기심으로 반응하면서 루를 따뜻하게 환영했다. 그녀는 루를 호기심에 가득 찬 눈으로 바라보았다.

"그 이야기를 발표할 준비가 끝난 건가요?"

루는 깜짝 놀랐다. 베라가 어떻게 그걸 짐작하고 있단 말인가?

"글쎄요, 한 6주 후에요. 아직도 그 메커니즘을 풀고 싶어요."

루의 말에 베라가 고개를 끄덕였다.

"그래요, 잘 알겠어요. 그것까지 완성해서 한번에 발표하면 좋겠지요."

그녀는 잠시 망설이는 기색을 보이다 말을 꺼냈다.

"하지만 버트는 뭔가 위험한 일도 관련되어 있다고 하던데요."

베라가 예리한 시선으로 루를 응시하자, 루는 얼굴이 달아오르는 느낌이었다. 그러자 베라가 미소를 지으며 덧붙였다.

"제가 추측하기로는 당신이 먼저 자신감을 갖지 못한다면 그 원리를 당장 발견하기 어려울 것 같아요."

루는 조용히 눈을 내리깔고 있었다. 한동안 그녀는 아무 말도 생각해낼 수 없었다.

"당신이 원한다면 당신을 보호할 사람을 지원할 수 있어요. 하지만 버트는 당신이 합리적인 예방 조치를 취하고 있다고도 말했어요. 난 이미 스스로 잘하고 있는 일에 대해서는 무엇을 더 해줘야 된다고 생각하진 않는데요."

"그렇게 말씀해주시니 정말 고마워요. 우린 괜찮은 것 같아요. 아직까지 는 이상한 일이라곤 전혀 일어나지 않았어요."

"루, 당신이 성공하길 바라요. 우리는 큰일을 해내고 싶어요. 버트가 당신 에게 분명히 말했겠지만. 그 기술을 대중화한다는 건 정말 놀랍도록 아름답 고 관대한 계획이에요. 여하튼 당신이 준비를 마치는 그때 우리도 준비를 마 칠 거예요."

대화가 끝나자 베라는 샌프란시스코로 되돌아갔다. 버트와 함께 집회 장 소를 빠져나올 때 루는 다음 집회를 고대하고 있다는 것을 깨달았다.

"이런 종류의 생존자당 모임이 자주 있나요?"

그녀가 묻자 버트가 웃음을 터뜨렸다.

"그럼, 얼마든지 있지. 지금까지 있었던 모임을 다 합하면 수천 번은 될 걸. 이 지역의 동네마다 열리니까."

"2주에 한 번씩 만나요?"

"어떤 곳에서는 매주 만나기도 하지."

"그러면 그 모임에 가서 이런 일을 해요? 정말로 서로를 도와주는 거예요?"

"그럼, 정말 돕지."

"예를 들면 서로 광전지를 설치하는 것을 도와줄 수도 있겠네요?"

버트가 다시 웃었다.

"이제야 네가 이해하는구나! 내가 어떻게 전지를 설치할 사람을 발견해서 실행에 옮길 수 있었는지를! 그게 내가 너를 여기 데려오고 싶어 한 이유야. 아니면 그 이유 중 적어도 한 가지는 되지."

그는 애정 어린 손길로 그녀를 툭 치고는 오토바이 뒤에 싣고 온 침낭을 손가락으로 가리키며 말했다.

"보름달이야. 산에 올라가기에 좋은 밤이지."

"산에 가서 늑대처럼 길게 울부짖으려고요?"

"그리고 짖는 거지."

"그리고 서로 물고 늘어지자고?"

"그리고 노닥거리는 거지."

"좋아요."

72.

가소홀

캘리포니아에서조차 독립형 가족 농장을 기업형 농장들이 따라잡지 못했다. 1970년대에 결의에 찬 몇 명의 농부가 여러 가지 새로운 방식으로 농장 운영에 관해 실험을 수행하기 시작했다. 높은 대부금과 금융 비용으로 경제적으로 힘들었던 그들은 잡초를 억제하는 경작 같은 노동집약형 업무가 훨씬 비싼 제초제와 비교했을 때 효율성이 높다는 것을 깨달았다. 전문가를 자처하는 대학교수나 정부 관계자, 화학비료회사의 영업자의 한결같은 조언에 맞서서 밭에 농약을 뿌리는 일을 그만두었다. 모든 농약을 일괄적으로 뿌리는 대신 그들은 해충에 감염된 신호가 보일 때까지 기다렸다가 실제로 감염된 지역에만 최소량의 농약을 뿌렸다. 그들의 이웃은 이 농부들의 밭에 무시무시한 해충 피해가 발생할 것이라고 예측했다. 그러나 실험적인 농부들은 아주 근소한 양의 피해만 입었을 뿐이다. 엄청난 양의 돈을 절약하고 보니 농약을 사느라 들인 비용을 빼도 돈이 남아돌았다. 이웃은 못마땅해하면서도 그 실험을 시작했다.

다른 농부는 가파르게 치솟는 농약가격에 경악했다. 비료의 질소는 높은 에너지비용을 들여 생산된 것이니 당연히 석유값 상승에 영향을 받았다. 그들은 동물의 거름을 다시 밭에 재활용하는 시도를 했다. 수년간 농업비용을 산출하는 회계사들이 비경제적이라고 간주했던 것이었다. 그 믿을 수 없는 시도가 수익성이 있다는 것이 밝혀졌고, 옥수수나 밀의 단일농사를 짓는 일이 섞어짓기나 시기별로 돌려가며 심거나 주변에 소나 말, 노새 등을 두고 농사를 짓는 것에 비교해서 훨씬 덜 매력적으로 보이기 시작했다. 그러나 공식적인 학설이나 정책은 변화가 느렸다. 대부분의 조언은 농부들의 혁신 의지를 꺾어버렸고, 그들을 더 거대하고 값비싸고 파괴적인 경향이 있는 기술에 의존하도록 몰아붙였다. 그런데도 그들 중 소수는 자신만의 성공적인 실험을 통해 갈수록 대담해지고 그들의 경우는 예외라고 말하는 '전문가'들에게 겁먹지 않았다. 그들은 자급자족적인 농장을 일구기 시작했다. 모든 쓰레기를 재활용해서 다시 땅에 퇴비로 주고, 질소를 고정시키는 콩과식물을 활용하여 상업 비료를 대체하도록 했다.

랄프 번즈 역시 그런 농부 중 한 명이었는데, 강인한 체격에 사려 깊은 성격을 지닌 50대 남자였다. 그는 오리건 주 윌라멧 계곡에 있는 640에이커의 비옥한 땅을 상속받았다. 어느 향기롭고 나른한 저녁, 랄프는 농장의 거래 내역 장부를 검토하면서 석유회사와 가스공급조합에서 날아온 청구서의 금액을 준비하고 있었다. 이처럼 우울한 경우에는 늘 그러듯, 수표 다발을 꺼내기 전에 위스키부터 따랐다. 그는 술 한잔을 마시고 한숨을 내쉰 후 청구서를 다시 바라보았다. 그는 이번에 청구된 청구서를 훑어보다가 믿을 수 없을 정도로 청구 금액이 증가한 것을 보았다.

랄프는 머리를 독자적인 방식으로 사용하려고 애쓰는 융통성 있는 사람이었다. 그는 연료비 청구서를 낼 마음이 들지 않았다. 그는 자기 손에 들린 유리잔을 쳐다보았다. 다시 한잔 마신 후에 술이 위장을 따라 미끄러질 때의 따뜻한 느낌을 즐겼다.

그 순간 머릿속에서 반짝 하는 느낌이 들었다. 따뜻한 성질을 지닌 위스키가 어쩌면 자동차 연료로 이용될 수도 있을 거라는 생각이 떠오른 것이다. 어떤 잡지에서 브라질 사람들이 사탕수수를 알코올로 만들어서 가솔린에

10퍼센트까지 섞어 쓴다는 내용을 읽은 적이 있었다. 그것은 낮은 옥탄가 때문에 발생하는 엔진의 불완전 연소를 제거해줄 것이고 납을 첨가한 휘발유에 대한 대체물일 될 수 있을 것이다. 브라질 사람이 그렇게 한다면 분명 그럴 만한 좋은 점이 있을 것이다. 사탕수수를 발효시킬 수 있다면 옥수수를 발효시켜도 비슷한 효과를 얻을 수 있을 것이다. 아니면 썩은 과일이나 곡물로도 가능할 테고. 발효가 진행되기만 한다면 창고에서 꺼낸 물이 새는 낡은 물탱크를 용접으로 떼워 발효통으로 활용할 수 있을 것이다.

며칠 후 아침 랄프는 읍내로 나갔다가 우체국에서 행크 래텀과 마주쳤다. 래텀은 20년 전에 남부 지방에서 오리건으로 이주해서 기계 설비 가게를 시작했다. 그는 질 좋은 상품을 들여와서 파는 전략으로 성공했다. 그리고 그는 친구들이 내놓는 문제에 대해 언제든 즉석에서 해결책을 제안할 수 있는 독창적인 친구였다.

"이봐 행크, 안 그래도 자네한테 물어보러 가려던 참이었어. 시간 좀 낼 수 있나?"

"당연하지. 뭘 하려는 건데?"

"자네 가소홀^{gasohol}에 대해 아는 거 있나?"

"약간. 10퍼센트 알코올을 말하잖아. 그걸 쓸 경우 따로 엔진 점검을 할 필요가 없지."

"바로 그거야. 대학교를 찾아가서 그것에 대해 어떤 연구를 하고 있는지 살펴볼까 싶어. 발효에 관한 부분이 아주 흥미로워 보여서 말이야. 하지만 연방정부 친구들이 별로 안 좋아한다는 것 외에는 증류에 관해 아는 게 없어서."

"글쎄, 실제로 요즘엔 그렇게 큰 문제 없이 증류 자격증을 취득할 수 있다고 들었어. 옛날 테네시에서처럼 밀주를 만들고 단속하는 시대가 아니야! 물론 그 밀주 단속 세무관에게 많은 빚을 진 것은 인정해. 그들이 아니었다면 기계설비 사업 같은 건 절대 시작하지 않았을 테니까. 그 구리관을 사용하다가 경찰에 적발될 수 있다는 것을 알았어. 하지만 난 그냥 그들에게 그 관만 파는 사람일 뿐이었으니까!"

랄프는 자신이 적임자를 찾았다고 생각하기 시작했다.

"그러니까 자네 말은, 자네가……."

"맞아, 이 친구야. 나 역시 술을 제조했지만 나는 무사했지. 이제 자네가 알고 싶은 게 정확히 뭔지 말해보게나."

"그걸 하려면 뭐가 필요해? 그걸 내 농장에서 만들 수 있나? 얼마나 많은 노동력을 필요로 하나? 그게 합법적인가?"

행크는 다시 껄껄 웃었다.

"세상에, 정말 진지한 것 같네."

"그래. 며칠 전에 가스 요금 청구서를 훑어보다가, 행크 자네도 이해하겠지만, 그걸 진지하게 생각하게 됐어. 당연히 그럴 수밖에."

"그렇다면 자네가 지금 뭘 하려고 하는 건지 잘 알고 있겠군. 당연히 할 수 있어. 어떤 멍청이 밀조업자도 그걸 할 수 있는데 자네라고 못하겠나. 그리 힘들지도 않아. 얼마나 만드느냐에 달렸지."

"난 1,000갤런 정도 만들 생각이야."

"벌써 눈앞에 보이는 것 같군. 헤드라인은 '지역 농부 연방보안관에 체포되다'가 되겠군. 그는 결코 한 방울도 맛본 적이 없다고 주장하다. 그의 농장에 왜 1,000갤런이나 되는 고품질의 알코올을 가지고 있냐는 질문에 그는 자신이 무고하다고만 주장했다!"

"음, 엿 먹으라지. 난 무고할 거라고. 자네가 그걸 마신다면 기꺼이 그 속에 토하게 만들 물질을 첨가하겠네. 단지 내 트랙터와 트럭에 집어넣을 물질을 원할 뿐이라고."

행크가 농담을 접고 진지한 표정을 지으며 물었다.

"그래서 뭘 도와주길 바라나? 구리관을 제공하는 것 외에?"

"그걸 어떻게 설치하고 가동하는지 가르쳐줄 수 있나?"

행크는 잠시 생각에 잠겼다.

"한 가지 말해주지, 랄프. 그걸 하고 싶어 하는 사람을 대여섯 명 모은다면, 그리고 자네가 그걸 법적으로 괜찮게 만든다면, 당연히 자네를 위해 작은 밀조 대학원을 차리겠네. 내가 첫 번째 증류기를 설치하는 걸 도와줄게. 아주 재미있는 작업이 될 거야."

랄프는 손을 불쑥 내밀었다.

"행크, 딴소리 하면 안 돼."

73.

굴착회사

까마귀 둥지의 공동 소유자들은 전선과 전화선을 지하에 묻고 싶어 했고, 지배인이자 회계인 비키가 그 일을 처리하는 임무를 맡았다. 그녀는 요구사항을 말하기 위해 전력회사와 전화회사에 전화를 걸어 필요한 사항을 점검하고 카운티에서 승인받은 후 코발리스에 있는 굴착회사에 전화를 걸었다. 그녀의 계산으로는 도랑을 60피트 정도 깊이로 파면 될 것 같았다. 조지라는 남자가 비용을 계산하여 다시 전화를 걸었는데, 비키에게는 터무니없이 비싸게 느껴졌다. 그녀가 친구들에게 그 내용을 전하자 그중 한 명이 말했다.

"망할, 저 땅은 찰흙으로 되어 있어. 손으로 팔 사람이나 고용하는 게 어때?"

비키는 용역업체에 전화를 걸어 두어 사람의 전화번호를 받았다. 며칠 후 두 명의 덩치 큰 남자들이 아침 일찍 그 일을 살펴보러 왔다. 그들은 작업 방법을 의논한 다음 차로 돌아가서 맥주를 마시며 다시 생각해보더니, 굴착회사가 제시했던 것보다 훨씬 저렴한 견적서를 주었다. 그녀는 다음 날 조지에게 전화를 걸어 그를 들볶았다. 그녀는 그 일을 훨씬 저렴한 비용에 해줄 사람들을 찾았노라고 말했고, 조지에게 왜 그 회사의 비용은 그토록 비싼지를 따졌다.

"자기, 난 사실……."

비키가 그의 말을 잘랐다.

"제 이름은 '자기'가 아니거든요. 비키라고요. 아무튼 이런 일을 당신들이 어떻게 그런 식으로 처리할 수 있는지 최대한 이해하려고 애쓰고 있어요. 다음에 다른 용건이 생기면 전화하도록 하죠."

"좋아요! 난 괜찮아요. 하지만 우리 회사의 경우, 그곳에서 굴착기를 몰아야 한다는 점을 잊지 마세요. 비싼 가스를 엄청 먹어대거든요……. 그래서 우선 굴착기를 위해 마일당 요금을 요구해야 해요. 왕복 거리에 대해서요. 그 점을 고려하셔야죠."

"그렇군요, 이제 알겠어요, 조지. 전 그 미친 짓을 이젠 더 이상 하고 싶지 않네요."

"어, 맞아요. 거기다 그 일 자체에도 가스가 소모되지요. 거기다 인건비도 붙지요……. 이 사람들은 숙련된 기술자니까 좀 비싸요. 물론 최소 반나절 작업 분량은 되죠. 그리고 우리는 기계 자체에도 추가 비용을 받아요……. 당신도 알겠지만, 그 기계에 대한 할부금을 평생 갚아야 하거든요. 가게와 사무실을 유지하는 데도 약간의 비용을 청구하지요. 그래서 그게 다 합산되어 비용이 올라간 겁니다. 당신에게 돈을 갈취하려는 게 아니라고요……. 그래, 그 청년에게는 얼마나 지불할 겁니까?"

"조지, 그들은 당신이 청구한 값의 20퍼센트도 안 되는 값을 부르더군요."

"아, 당신도 알겠지만, 저도 비용을 좀 깎아줄 수 있을 거라고 말할 참이었어요. 하지만 그렇게까지 낮게는 안 돼요. 뭘 할 건데요? 숟가락으로 긁어 내겠답니까?"

"아니요, 구식 곡괭이랑 삽으로 팔 거예요. 가스 대신 샌드위치랑 맥주를 연료로 삼아서요. 제 생각엔 그게 훨씬 나을 것 같아요. 그리고 더 좁게 도랑을 팔 수도 있을 거예요."

"미친놈들. 그런 식으로 땅을 팔 수 있다는 이야기는 처음 들어요. 한번 더 생각해보셔야 합니다. 결과가 어떻게 되는지 저한테도 좀 알려주세요, 아시겠죠?"

"당연하지, 자기."

"제 이름은 자기가 아니라 조지입니다. 잘 들어요, 그 남자들이 도랑을 똑바로 파기나 할지 의문이네요. 제가 가서 작업을 감독해주면 저한테 맥주를 사주시겠습니까?"

74.

레이 듀트라는 과학자인 만큼 실제 세상과 사람들이 말하고 글로 쓰고 생각하는 것 사이의 예리한 차이에 익숙했다. 그녀와 동료들이 국세 정책의 미로를 힘들여 연구할수록 현실과 정신적 개념 사이의 괴리에 점점 더 경악하게 되었다. 게다가 그러한 괴리가 불행하게도 현실세계에 막심한 피해를 끼쳤다. 그러나 다른 경제학자들과는 달리, 레이는 돈이 생명을 지니고 있다는 식의 자기위안적인 믿음에 굴복하지 않았다.

"세상에나, 이것 좀 들어봐요!"

그녀가 어느 날 갑자기 베라에게 뛰어 들어와 말했다.

"여기에 당신을 위한 자본 이익 규정이 있어요! 양돈업자는 돼지고기를 파는 것뿐만 아니라 번식용 돼지를 판매해서 얻은 수입도 자본 이익으로 취급할 수 있어요. 그렇게 할 때 원래 내야 하는 세금의 40퍼센트만 내면 되고요. 무슨 말인지 이해가 가요?"

베라는 고개를 저었다.

"당신이 돼지를 기르고 있다면 가장 고수익을 낼 수 있는 일은 새끼를 딱

270

한 번 낳은 성숙한 암퇘지를 파는 것이라는 뜻이에요. 절세액을 최대화하기 위해서요."

"그래서요? 누군가는 그 암퇘지를 먹겠지요."

"하지만 그 암퇘지를 팔지 않았을 경우, 그 돼지가 두 번째 이후에 낳게 될 새끼들은 첫 번째 새끼에 비해 수도 많아지고 크기도 더 큰 게 보통이지요. 당연히 새끼 한 마리를 생산하기 위해 필요한 암퇘지 먹이도 덜 드는 셈이고요. 다른 말로 하자면 그 규정이 돼지 한 마리당 생산하는 총고기량을 (그들에게 공급한 먹이의 파운드당, 비용으로 들인 달러당으로 계산할 때) 점차 감소하는 방향으로 이끌고 있다는 거죠. 그럴 경우 세금을 덜 내게 될 테니 세금으로 내는 달러도 없애버린다는 거죠."

"어떻게 양돈업이 그런 지경에 도달하게 된 거죠?"

"저는 충분히 그럴 수 있다고 봐요. 하지만 비단 양돈업에만 해당하는 이야기가 아니에요. 절대적으로 일반적인 방식이라고요. 세금 시스템 자체가 자본의 효율성을 높이는 대신 생산성을 떨어뜨리는 효과를 창출하도록 되어 있어요. 경제적 합리주의라는 것이 생물학적인 관점에서 볼 때는 미친 짓이 되는 거죠."

"당신 말은 세금 반대론자인 기업가의 말과 똑같이 들려요!"

"그건 절대 아니죠. 당신이 그러한 사람에게 압력을 가하면 그들은 돌변하여 다른 사람을 돕는 세금 규정에 반대하게 될 거예요. 특히 가난한 사람을 위한 세금에 대해서요. 하지만 그들에게 도움이 되는 지금의 시스템은 좋아해요. 어떻게든 세금 시스템을 단순화시켜서 돼지는 그냥 돼지고 수입은 수입으로 머물게 된다면 그들은 비명을 지를 거예요. 우리에 갇힌 돼지처럼요."

"레이, 다른 계획으로는 어떤 걸 구상 중인가요?"

"우리는 세금 정책이 어떻게 신상품 이용만 촉진하는가에 관한 보고서를 거의 마쳤어요. 그러한 주변 정책을 전환시켜 종이, 금속, 유리 등의 재활용을 장려하는 방안에 관한 해답을 얻었어요. 재활용된 물질 사용을 선호할 수 있도록 정부의 구매와 인증제도, 건축 법규 제정의 혁신을 제안할 거예요. 정원사들을 위한 규정도 만들었어요."

베라는 특히 마지막 아이템에 흥미를 드러냈고, 레이는 하던 말을 계속했다.

"그래요, 사실상 가정 물품의 재활용이 일반적이죠. 지역 경제나 가정 경제의 중요한 영향에 관한 통계를 기억하세요? 어떤 측면은 산업 활동을 위축시켜요. 그래서 그곳에서 작은 목표라도 달성할 수 있다면 거대한 효과를 낳을 거예요. 그 출발점으로, 신문·캔·병을 취급하는 재활용 센터를 통해 세금공제증서를 발행하고 싶어요. 퇴비 시설을 사용하고 쓰레기용량을 줄이는 가정은 매년 세금 감면 혜택을 요구할 수 있도록 하는 거죠."

"반대당은 세금 사기꾼에 관해 외치겠군요. 가짜 쓰레기통에 대해서요."

"물론이죠. 하지만 각 가정으로부터 나오는 쓰레기량은 소량이기 때문에 몇몇 사람들이 속임수를 쓴다 해도 손해액은 전국적인 재활용 수입의 증가량에 의해 쉽게 상쇄될 거예요. 실제로 너무나 많은 돈을 벌게 돼서 도시들이 쓰레기수거 시스템을 독점판매권으로 만들지도 모르죠."

베라는 한숨을 쉬었다.

"당신은 생태적 선이라는 목표를 성취하기 위해 갈수록 인간의 탐욕에 마구를 채우는 일에만 머리가 발달하고 있는 것 같아요, 그렇죠? 그렇더라도 레이, 이상주의를 위한 기회는 우리에게 남겨주세요. 어쩌면 희생이 따르더라도요. 사람들도 가장 중요한 것은 결국 돈의 잣대로 잴 수 없다는 점을 알고 있으니까요."

75.

밥 글렌

밥 글렌은 로센 화학회사의 부사장이었다. 그는 몸집이 컸고 사회적으로 성공한 만큼이나 몸무게도 불었다. 목은 황소처럼 굵어진 나머지 귀는 뺨 뒤쪽에 늘어진 살에 묻혀버렸다. 현재의 지위에 오르기까지 사람들에게 친절하게 구는 법이 없었고, 부하들은 그가 자신에게 관심을 집중하는 순간 위장이 졸아드는 것처럼 느꼈다.

어느 날 아침 그는 젊은 기술 간부인 테리와 논의를 하고 있었다. 테리는 중앙 계곡에 있는 로센의 산업쓰레기 처리장에서 화학물질이 새어나오고 있다는 내용의 보고서를 준비했다. 회사에서는 농약과 제초제를 제조할 때 생기는 화학쓰레기를(이에 대해 신문사는 발암성 합성 물질로 만들어진 '마녀들의 술'이라고 부르기 좋아했는데) 드럼통에 저장한 다음 땅을 얕게 파서 묻어버렸다. 이런 과정은 이 지역에서 1953년부터 1976년까지 계속되었고, 몇 년 먼저 묻혔던 오래된 드럼통은 온통 녹이 슬어, 그 속에 있던 화학물질을 땅속으로 흘려보내기 시작했다. 누출액이 처음으로 감지된 것은 우기에 이상한 색깔의 액체가 근처 시냇물 가까이에 솟아났을 때였다. 그러자 회사는 소규모 감시 프로그램을 가동하기 시작했다. 다행히 인근 지역에는 사람이 거의 살지 않았고 땅도 거의 농장지대였다. 그러나 한 농부가 식수로 쓰던 샘이 쓰레기처리장으로부터 반마일가량이나 떨어져 있는데도 최근에 오염이 되는 현상이 벌어졌다. 그곳을 방문한 주 보건 담당자는 그 샘을 검사한 후 폐쇄했다. 더 점검해본 결과, 화학물질이 쓰레기처리장에서 지하수를 타고 이동하여 몇 방향으로 나뉘어 주변의 관개용 샘에 흘러 들어간 것이었다. 그 지역 자연보호 단체에 의해 소규모의 대중 시위가 일어났고 농부의 아내가 몇 달 후 기형아를 출산하자 몇몇 텔레비전 방송국이 그것을 보도했다. 그러나 로센의 뛰어난 홍보 전문가 모튼 젠슨은 기형아는 언제 어느 곳에서나 태어날 수 있다고 말했고, 그 사건에 대해 합법적인 인과관계를 성립시킬 수 없었다.

"이 시점에서 잠깐 모트도 불러서 문제를 함께 논의하도록 하지. 모트한테도 보고서 보냈나?"

밥 글렌이 말했다.

"예, 모트도 읽었습니다."

"좋아, 그럼 됐어."

글렌이 권위적으로 버튼을 누르고는 비서에게 홍보 담당자를 불러오라고 지시했다.

그렇게 세 명이 다 모이자 밥이 말했다.

"젠장, 이 문제에 관해 도대체 뭘 해야 된단 말인가?"

그는 테리의 보고서를 읽고 나서 눈살을 찌푸렸다.

"난 이 부분의 말투가 영 맘에 안 들어. '우리가 진정시켜야 하는 위기는 시한폭탄과 같다'는 부분."

"글쎄요, 밥."

테리가 우물거리며 말했다.

"나도 그 말을 좋아하진 않아요. 그래도 진지하게 이것을 억제하기 위한 노력을 하지 않는다면 사태는 더욱 악화될 것입니다."

그는 동의를 구하며 젠슨을 쳐다보았지만, 젠슨은 냉정하게 쳐다보기만 했다.

"그 물질은 점점 더 거대한 양이 지하수를 간직한 다공질 삼투성 지층 속으로 스며들고 있어요. 그중 일부는 동네의 샘으로 스며 나오고 있고요. 현재의 비율로는 2년 정도면 다 나올걸요. 그것보다 더 빨라질 수도 있습니다."

글렌이 젠슨을 쳐다보며 물었다.

"모트, 이 문제를 처리할 수 있었지 않나?"

"부사장님 말씀은 주 정부가 모든 동네의 물을 다 폐쇄하면 된다는 건가요? 그건 말도 안 돼요! 자그마치 1만여 명의 사람들이 암과 기형아에 대해 비명을 지르고 로셴이 물에 독극물을 풀고 있다고 외치고 있어요. 도처에서 유산하고 돌아버린 여자를 보게 될 겁니다. 10여 가지의 법률 소송도 해결해야 할 테고요. 저 망할 생존자당원은 그 문제를 물고 늘어져서 언론에 대고 우리를 씹어댈 게 뻔해요."

테리가 흥분해서 말했다.

"자네 말이 맞아, 우리는 현실적인 선에서 최종 결론을 예상해야만 해. 저기서 벌어지는 혼란에 대해 억제책을 실행한다는 게 쉬운 일은 아닐 거야. 50만 달러 정도를 예상하고 있는데 어쩌면 더 들지도 몰라."

모트가 의견을 내놓았다. 그러자 테리가 끼어들었다.

"현 시점에서 그 드럼통은 모두 다른 곳으로 옮겨야 해요. 새로 단단하게 바닥을 막은 장소에다 넣는 거죠. 아래로 액체가 새는 참호를 파서는 안 돼요."

글렌은 두꺼운 목을 어깨 쪽으로 더 끌어당겼다.

"일부 시골뜨기 백인 마누라들이 유산한 원인을 제공했을 거라는 가능성만으로 50만 달러나 되는 돈을 쓰라고 이야기하고 있는 건가? 이게 포커 게임 같은 건 줄 아나?"

짧고 불길한 침묵이 찾아오자 모트가 물었다.

"이것 봐, 테리. 우리처럼 일반적인 종류의 쓰레기를 배출한 사람들이 우리 말고 또 없을까?"

"사실 있긴 있어요. 아주 작은 플라스틱 공장이 하나 있긴 하지만……."

"그렇군, 그럼 그 물질이 그 쓰레기더미에서 온 거라고 말하면 되지 않을까?"

모트의 말에 테리는 믿을 수 없다는 표정을 지었다.

"설마……?"

그러자 두 명의 늙은 남자들이 더 난감해했다. 모트는 양손가락을 서로 맞대면서 말했다.

"테리, 사태는 우리가 상상하는 것보다 복잡할 수도 있어. 오염물질이 지하 여기저기에서 스며 나오고 있어. 그게 어디서 시작된 건지 누가 알겠나? 마을의 샘을 향해 흘러들어간 그 물질이 우리 폐기물처리장에서 나왔다는 사실이 입증될 수 있는 것인지 아닌지 자네에게 묻고 있는 거야."

"증명될 수 있죠. 20피트 깊이로 구멍만 뚫어보면 다 알 수 있을 겁니다."

"너무 나쁘군. 정말 심각한데."

글렌은 몇 분간 아무 말이 없었다. 그러다 마침내 결심한 듯이 말했다.

"좋아, 그 부지를 팔면 돼. 조금씩……. 어쩌면 그 땅을 동네에 공원 부지로 제공할 수도 있겠군. 그들이 그 땅을 사용하게 될지는 아무도 모르지! 그렇게만 된다면 그게 우리에게 합법적인 바람막이가 되어줄 거야."

"하지만 부사장님, 그 부지를 판다고 해서 오염물질이 흘러나오는 게 멈추지는 않을 거예요. 누군가는 깨끗이 치워야 한다고요!"

글렌은 우월한 현실감을 지닌 사람만이 보여줄 수 있는 동정의 눈빛으로 그 기술자를 쳐다보았다.

"자네 말이 맞아. 내 생각엔 그 땅을 산 사람들이 그렇게 할 거야. 난 그게 꼭 우리여야 한다고는 생각지 않아."

그는 두 명의 부하 직원에게 자리로 돌아가라는 뜻으로 고개를 끄덕였고, 잘 훈련된 관료적 본능을 지닌 모트는 먼저 잽싸게 문을 빠져나갔다. 테리가 모트를 따라 해방구를 향해 접근하고 있을 때 글렌이 그를 멈춰 세웠다.

"테리, 한 가지 더 말하겠네. 다음번에는 보고서 제출할 때 폭탄 만드는 법도 적어 와. 그걸 만들어서 자네 엉덩이에 달아줄 테니."

76.

수수께끼의 해답

루가 그 전지의 공정이 2단계로 일어난다는 것을 발견한 후에 개념상의 문제는 훨씬 더 단순해진 것 같았다. 이제 그 전지의 작동 원리를 '역으로' 되짚어가면서 거기서 나타나는 10여 가지 이상의 합성물을 간신히 구별할 수 있게 되었다. 그다음엔 바닷물 속에 있는 가장 평범한 요소를 서로 연계시키는 물질부터 하나씩 전지에 첨가했고 전기 반응이 일어나는지 검토했다. 그녀는 나트륨 합성물, 마그네슘, 유황, 염소, 포타슘, 브롬까지 시험해봤다. 비소와 인은 이미 표준 도핑 합성물에 포함되어 있었고 그녀가 원하는 결과를 생산하지 않았다. 심지어 포르피린도 생각해봤다. 그것은 전기적 속성을 지니고 있는 유기물질로 바닷물 속에 존재할 가능성도 있었다. 바닷물은 또한 망간, 아연, 루비듐, 인듐, 바륨도 포함하고 있었다. 이들은 모두 충분히 농축되어 있어서 원자 비율상 실리콘과 만나 반응을 일으킨다는 건 말이 안 되었다. 그 합성물 중 일부는 거의 알려져 있지 않은 특성을 가진 재미있는 물질이었다. 그러므로 당연히 실리콘과 상호작용할 가능성도 있었다.

루비듐은 꽤 가능성이 있어 보였는데, 초기의 광전지에도 사용되었고 바닷물에도 100만 분의 0.12꼴로 들어 있었다. 그러므로 비소나 인과 접촉할 경우 무엇인가가 일어날지도 모른다. 그러나 곧 이 실험은 헛수고라는 게 밝혀졌다. 루는 다른 아이디어로 돌아섰다. 그 공정은 진짜 특이한 반응을 일으키기 위해 분자의 전체 수에 민감한 것처럼 보였다. 루가 전지 표면에 더 많은 해수를 끼얹는 전지 장치를 만들어 실험했을 때 전력량이 약간 늘어난 것 같았다. 그러나 그게 모든 실리콘 원자가 다른 무엇으로 변한다는 사실을 의미하지는 않았다. 여전히 외부에서 들어온 상대적으로 희귀한 요소가 수수께끼의 해답일 가능성이 남아 있었다. 세슘일까? 그녀는 요오드와 바륨에 집중했고, 둘 다 바닷물에 다량 농축되어 있으면서 몇 가지 매력적인 합성물을 형성할 수도 있었다.

눈앞에서 전지가 작동하는 것을 보고도 이유를 알 수 없으니 미칠 노릇이었다. 얼마 동안 디미가 연구 보고서를 작성하느라 루 옆에 머물렀다. 그는 최선을 다해 루를 도왔다. 버트는 준비해야 하는 새로운 전지의 수를 줄이는 실험을 하기 위해 전지를 종속적으로 연결시키는 방식을 개발했다. 그것은 느리고도 따분한 작업이었다. 루가 약속한 6주는 겨우 3주로 줄어들었다.

77.

새크라멘토의 아침 교통 혼잡 시간이었다. 1960년대와 1970년대에 그 도시는 교외 주변 지역의 알려지지 않은 최고급 농장 지대 수천 에이커를 개발했지만, 여전히 가로수가 늘어선 거리를 마주 보는 낡은 저택과 작은 크기의 아파트 건물로 이루어진 인구 밀도 높은 중앙집중식 거주 형태를 띠고 있었다. 아침부터 거리는 버스와 승용차, 증가 추세를 보이는 자전거를 타고 수도권 지역으로 향하는 관료, 국회의원, 보좌관과 사무원으로 넘쳐났다. 새크라멘토는 범람원 지형으로 평평해서 자전거를 타기에 이상적이었다. 자전거가 너무나 많아진 나머지(주로 사무함이나 시장바구니를 운반하기 위한 간단한 바구니가 달린, 안전한 3단 변속 자전거였다) 자동차를 능가했다. 자전거 세대가 나란히 도로를 차지할 때도 있고, 그럴 때는 차선 한 칸을 차지하고는 자동차보다 약간 느리긴 해도 거의 비슷한 속도로 움직였다.

다섯 명의 자전거족으로 이루어진 그룹 하나가 교차로에 접근했을 때 덩치 큰 차 한 대가 그들 가까이서 가속해서는 브레이크를 밟지도 않고 그들 앞으로 우회전했다. 제일 선두에 있던 자전거가 그 차와 측면 충돌을 피하기 위해 급하게 정지하느라 날카로운 브레이크 소리를 냈다. 그러자 화가 난 다섯 명의 자전거족이 동시에 자전거로 그 차를 추격했다. 그들은 한 블록 떨어진 곳에서 붉은 신호에 걸려 서 있는 그 차를 붙잡았다.

그중 한 명이 자전거를 그 차의 라디에이터 앞에 기대 세웠다. 다른 자전거족이 그 차를 빙 둘러싸는 동안 또 다른 한 명이 운전자의 창문을 세게 두드렸다.

"누굴 죽일 작정이야?"

"절대 아닙니다. 난 단지, 난, 어……."

그 운전자는 분개한 자전거족을 둘러보았다.

"당신은 우리가 뭘 해야 하는지 알고 있지, 그렇지? 당신이 다섯 명의 목숨을 위협했어. 위험한 속도로 잘못된 차선에서 무모하고 불법적으로 회전했어. 천하에 쓸모없는 면허증을 빼앗겨도 마땅해! 당신이 덩치 큰 고급 차에 앉아 있다고 해서 도로도 당신 거라고 생각하나? 우리가 당신과 똑같이 세금을 내지 않는다고 생각해?"

운전자는 이미 두 번이나 교통위반을 한 전과가 있었다. 이번에도 신고당하면 그는 운전할 수 있는 소중한 권리를 잃게 될 것이다. 그들이 경찰을 부른다면 수많은 목격자들이 있으니 절대적으로 그에게 불리했다. 그는 걱정이 가득한 얼굴로 말했다.

"미안합니다, 그러지 말았어야 한다는 거 알아요. 저는……."

"우리가 당신의 저 비싼 차에다 뭘 하고 싶은지 알고 있나? 미등 몇 개를 걸어차서 깨버리고 비싼 앞유리에다 금을 내줄 수도 있어. 타이어 두어 개에다 칼집을 내줄 수도 있지. 저 반짝이는 멋진 페인트도 좀 긁어내고 말이야. 그러면 당신은 절대로 안 까먹겠지?"

"한 번만 봐주세요. 좀 더 조심하겠다고 약속할게요. 정말로 그럴 뜻은 아니었는데……."

"맞아, 늘 하는 말이지. 차바퀴 밑에 사람이 깔려 있을 때도 똑같이 말하더군. 당신을 위해 가스를 아껴주려고 애쓰는 가련하고 가난한 자전거족이 당신 같은 사람 때문에 죽어 나가. 이 망할 자가용족 같으니!"

이때 우연히 지나가던 순찰차가 교차로가 막힌 것을 보고 그 사건에 대해 알게 되었다. 곧 새크라멘토에는 자전거족이 또 하나 늘었고, 또 한 대의 큰 차가 팔려 나가는 신세가 되었다.

78.

랄프 번즈

랄프 번즈는 가소홀에 대해 더 많은 것을 찾아내기 위해 코발리스로 갔다. 그는 준비되지 않은 채로 대학교 사무실에 찾아가느라 긴장되었고, 도서관에서 몇 시간을 보냈다. 그는 정기간행물 목차를 여기저기 들쑤시다가 잡지에 실린 논문 두어 편을 찾아냈지만, 대부분은 도서관이 소장하고 있지 않은 모호한 출판물 속에 실린 논문이었다. 아무튼 그 출판사의 주소를 적어서 편지를 써 보낼 수 있었다.

랄프는 읍내에 나갈 때 입는 정장 차림이어서 다른 사람과 비슷해 보였지만 어울리지 않는 곳에 있는 것같이 느꼈다. 캠퍼스는 신선하고 반짝이고 순진해 보이는 젊은 사람들로 가득했다. 그는 서류철을 가지고 와서 기뻤다. 그것 때문에 그가 이곳에 속한 사람처럼 보였기 때문이다. 또한 화도 났다. 왜 대학이 자기 같은 사람은 이방인처럼 여기게 만드는, 즐겁고 깨끗하고 건강하고 뭐든 잘하는 아이들만의 영토여야 한단 말인가? 그의 아이들은 여기에 왔고, 그는 그것을 유지하기 위해 바친 세금을 아까워하지 않았다. 그러나 그는 본능적으로 그것이 주는 고립감을 싫어했다. 오늘날 그가 알기로는 사무실로부터 연구실이나 도서관으로 갔을 때 자신의 권리를 주장해야 하는 게 마땅했다. 조용히 그러나 단호하게, 대학이 연구 기부금을 제공하는 기업이나 연구의 우선권을 주는 연방정부뿐만 아니라 자기 같은 사람에게도 봉사하도록 요구할 권리 말이다. 그는 농업 기술 건물부터 시작하기로 마음먹었다. 그들이 가소홀에 대해서 아무것도 모른다면 생물학과를 찾아갈 것이다. 어떤 비좁은 방이나 다른 곳에서 적어도 그가 궁금해하는 것을 어떻게 찾아낼 수 있는지를 말해줄 수 있는 누군가를 찾아낼 것이다.

랄프가 소규모 발효와 증류에 관해 나와 있는 모든 자료를 모은 후에 그와 친구들은 행크 래텀을 불러들였다. 랄프의 창고에서 대부분 여기저기서 주워 모은 파이프와 펌프, 부속품을 사용하여 발효 장치를 만들어냈다. 새로운 장치는 즉흥적으로 만들어진 게 분명해 보였지만 액체를 채우고 비워내기 편하게 설계되었다. 작은 불이나 알코올 불꽃이나 프로판 가스로도 가열할 수 있었다. 그런 다음 허가장을 벽에 붙여놓고 증류기를 가동하기 시작했다. 또한 다양한 열 자원을 사용할 수 있었고, 연중 어느 때나 작동할 수 있게 고안되었으며, 가끔은 액화 주기에 따라 냉방장치를 사용하기도 하고 물을 사용할 수도 있었다. 그것은 랄프의 창고에 잘못 설치된 작은 석유 정제소의 시설이나 어색한 파이프와 탱크와 코일로 이루어진 미로처럼 보였다.

증류기를 처음으로 가동하려면 농부들이 주워 모은 곰팡이 핀 곡물과 반쯤 썩은 사과가 발효되기를 기다려야 했다. 낮 기온이 여전히 높았으므로 이 과정은 발효 혼합물에 별다른 열을 가하지 않고도 일주일밖에 걸리지 않았다. 랄프는 밖으로 나가서 가끔씩 혼합물을 저어주었고 가스 방울이 여전히 만족스럽게 부글거리고 있는지 혼합물의 표면을 점검했다. 마침내 그는 래텀에게 전화를 걸어 혼합물을 여과해서 증류할 때가 왔다고 말했다.

그 일에 관여한 농부들이 그날 저녁 흥분하여 한데 모였다. 하나같이, 독립 농가들이 경제 권력과 정부 정책과 거대한 농업 기업의 경쟁으로 인한 살인적인 압력을 견디지 못하고 굴복하던 시절에 자신의 의지와 능력으로 살아남은 실용적인 정신의 소유자들이었다. 그들은 많은 형제들이 땅을 팔고 다른 곳으로 떠나는 것을 목격했다. 그들은 다른 사람들이 만든 규칙에 조종당해야 하는 것에 염증을 느꼈으므로 가소홀이 잃어버린 독자성을 회복할 수 있는 수단이라고 보았다. 그들은 증류기 둘레에 모여 래텀이 점화를 하기 전에 마지막으로 몇 가지 조정하는 것을 도와주었다.

증류기를 온도 측정기에 연결하는 데 시간이 꽤 걸렸고, 래텀의 수고비에 대해 꽤 많은 농담이 오갔다. 그는 침착하게 계속 일했고 작은 유리잔을 씻고 다시 씻느라 바빴으며 그 속에 면솜 뭉치를 집어넣었다. 마침내 몇 방울씩 액체가 떨어지더니 그 다음엔 깨끗한 액체가 응축기를 통과하여 가늘게 한 줄기로 흘러내리기 시작했다. 래텀이 그 액체를 유리잔에 받았다. 그는 잔을 코 아래 갖다 대고 냄새를 맡은 후 모인 사람들에게 돌렸다. 아무도 그 것을 맛볼 용기는 내지 않았다.

"꼭 알코올 같은데. 냄새도 똑같고. 맛도 틀림없이 알코올과 똑같을 거야." 래텀이 말했다.

"하지만 우리가 알고 싶은 건 정말 알코올처럼 불이 붙을 것인가 하는 거지." 이 말을 하면서 그는 성냥에 불을 붙여 유리잔 속에 든 젖은 솜에 던져 넣었다.

작고 푸른 불꽃이 일어났다. 사람들은 탄성을 질렀고, 랄프 번즈는 액화된 알코올 줄기가 계속해서 저장 탱크에 흘러내리는 것을 만족스럽게 쳐다보았다. 그는 집 안으로 들어가 위스키 병을 들고 나왔다. 사람들은 술병을 돌리면서 증류기가 소중한 결과물을 매혹적으로 떨어뜨리고 있는 장면을 쳐다보았다. 마침내 그들은 해산할 준비를 했다. 랄프는 창고 벽에 몸을 기대고 말했다.

"모두 잘 들어. 엑슨 연료 회사에는 절대 말하지 말자고, 알겠지?" 오리건의 밤에 마지막으로 웃음이 터져 나왔다.

그 실험이 있은 후 몇 달 동안 랄프와 친구들이 하고 있는 일에 관한 소문이 사료 가게와 연료조합 등에서 농담처럼 퍼져갔다. 랄프는 꼼꼼하게 계산하는 사람이었고, 자신이 시장 가격보다 훨씬 더 싼 연료를 생산하고 있다는 것을 증명할 수 있었다. 그는 자신이 발효시킨 물질에 들인 비용을 제하고도 그 가격이 나올 수 있다는 사실을 알았다. 물론 그가 지적했듯이, 그의 시스템은 잉여 품목으로 만든 것이었다. 그가 그 장비를 돈을 주고 사거나 기계를 사기 위해 돈을 빌렸더라면 비용은 그리 저렴하지 않았을 것이다. 어쨌든 자원이 풍부한 소수의 농부들은 증류 시설을 만드는 데 별로 비용이 들지 않았다. 개별적으로든 그룹으로든, 그들은 고유한 시스템을 만들기 시작했다.

그 과정은 세련되거나 불확실한 첨단기술이나 기술의 모태가 된 값비싼 기술자의 재능이나 관리하기에 공이 많이 드는 기술 부서를 필요로 하지 않았다. 발효는 수천 년 동안 교육 받지 못한 인간들이 이용한 자연적인 과정이다. 게다가 증류는 고등학교 학생도 할 수 있을 정도로 쉬운 기술이었다. 필요한 장비는 어디서나 값싸게 주워 만들 수 있었다. 거대한 규모의 가소홀 공장을 건설하지 않으면 안 될 정도로 큰 규모가 필요한 것도 아니었고 단지 농부들의 강한 동기가 필요할 뿐이었다. 농부들은 가스 공급이 주기적으로 중단되는 위험에 처하는 시기에 독자적인 연료 자원을 만들어 스스로 상황을 조절할 수 있길 원했다.

시간이 흐르자 랄프는 까다로운 경제학자들이 그 과정을 연구한 적이 있다는 사실을 알게 되었다. 그러나 거대 기업이 농산물 시장에서 발효 물질을 사서 보드카나 실험실용으로 고순도의 에탄올을 생산하는 과정을 통해 발표한 비용에 근거해서 가소홀이 비경제적이라고 결론지었던 것이다. 각주에서만 발효나 연료용으로 사용 가능한 '쓸데없는' 폐기물을 풍부하게 소유한 농부에게는 그 상황이 다소 달라질 수 있다는 사실을 인정했다. 쓰레기 혹은 생산 비용보다 싸게 팔지 않으면 요동치는 시장에서 팔릴 수 없는 농산품은 그들의 방정식에 포함되지 않았다.

그러나 랄프 번즈는 위스키를 마시면서 계산하다가 연료에 드는 지출을 5퍼센트가량이나 줄였다는 것을 알았다. 발효에서 생겨난 부산물로 효모도 충분히 생산하여 소를 먹일 사료비 지출을 2퍼센트나 절감했다. 여전히 연료용으로 각 갤런당 90퍼센트를 채우기 위해 갈수록 값이 치솟는 비싼 가솔린을 구입하고 있었다. 그러나 그는 몇 가지 농장용 차량이나 기계를 개조하여 경주용 차처럼 순수 알코올만을 연료로 사용할 수 있도록 준비하고 있었다. 그는 제2차 세계대전에 독일인들이 탱크용 연료로 알코올을 사용했다는 사실을 기억해냈다. 슬프게도 지금 상황 역시 전쟁이나 다름없었다.

79.

낙숫물이 바위를 뚫듯

전통적인 미국 정치가 상명하달식으로 작동하는 경향이 있다는 사실을 자각한 생존자당은 새로운 운동에 대중이 더 많이 참여하도록 엄청난 노력을 기울였다. 그들은 사람들의 아이디어와 필요와 관점을 수용하는 연방 네트워크 조직을 만들어서 생존자당의 중앙 위원회까지 연결되도록 했다. 너무나 가벼워서 바람을 타고 수마일을 떠다닐 수 있는 버섯의 홀씨처럼 생존자당의 아이디어는 북서부의 모든 동네와 도시와 인근에 퍼져나갔다. 생존자당의 조직원들은 그 아이디어가 뿌리를 내리고 자라도록 도왔다. 어떤 지역에서는 정당의 지부가 작은 읍 전체를 총괄하도록 설립되었다. 더 큰 공동체에서는 꽤 많은 수의 동네 지부가 조직되었다. 때때로 다른 목적을 위해 함께 일하기 시작한 사람들도 점차 정치적 정체성을 개발하게 되었고 그들 스스로를 생존자당원이라고 부르기 시작했다. 다른 경우 새로운 그룹은 함께 모여 평소에 사용하는 기술을 동원하여 소책자와 포스터, 전단지 등을 만들기도 했다. 그러나 베라 올웬이 방송에서 말했듯이, 그들이 항상 강조하는 것은 직접적이고 인간적인 방식의 만남이었다.

"여러분들은 정치에 관해 좌절감과 무력감을 느낄지도 모릅니다. 많은 미국인들이 그렇듯이 말이죠. 새로운 정당이라는 개념은 호기심이나 열망을 채워주지 못할지도 모릅니다. 여러분이 생각하는 것이 좀 더 많은 연설과 타협책, 집회라면요. 여러분은 정치에 관해 말하거나 생각하는 것조차 사실은 즐거워하지 않을지도 모릅니다.

글쎄요, 생존자당을 만든 우리 역시 똑같은 것을 느꼈고, 그것이 우리가 다른 종류의 정당을 만든 이유입니다. 우리는 여러분에게 선거를 통해 우리를 '지지하고' 그러고 나서 4년 동안 우리에 대해 잊어버리라고 요구하지 않습니다. '동참' 해달라고 요구합니다. 그것은 어떤 형식에 서명하는 것을 의미하지 않습니다. 민주당이나 공화당이 하듯이요. 그건 사람들끼리 힘을 모아서 이해할 수 있는 어떤 것을 실제로 함께 하자는 뜻입니다. 그것이 동네 탁아 서비스를 만드는 것이든, 아니면 화학물질 오염으로부터 음식과 식수를 보호하기 위한 법안을 통과시키는 것이든지 말입니다. 여러분에게 정말 중요한 것을 솔직하게 털어놓고 이야기하자는 것이고, 해결책이 무엇일 수 있는지 함께 논의하자는 것입니다. 결국 이 사회를 지배하는 실질적인 힘이 우리 손에서 나오고 우리가 원하면 그걸 실행에 옮길 수 있다는 것을 깨닫기를 원합니다. 그것보다 더 많은 일이라도 당장 내일 아침부터 시작할 수 있습니다.

그것은 분명히 원대한 선언이고, 제가 이런 말을 할 수 있는 것도 여러분 덕입니다. 이제 정치에 대해 생존자당원들이 품고 있는 생각을 말씀드리겠습니다. 모든 중요한 결정과 조치는 높은 지위에 있는 사람들이 내리는 거라고 생각해버리면 편할 겁니다. 그렇게 결정이 내려진 후 그들은 신문에 실리고 텔레비전에서 보도됩니다. 거대한 계획, 강력한 선언, 갈등과 논쟁······. 그 모든 것까지 포함해서 말입니다.

이 모든 시끄러운 드라마 속에서 모든 것은 결코 변하지 않고 이전과 똑같이 유지되는 경향이 있다는 것도 알고 계십니까? 말씀드리건대 거기에는 분명히 이유가 있습니다. 국가라는 건 끝없이 돌아가는 거대하고 무거운 바퀴와 같아요. 그리고 바퀴는 우리 모두의 습관과 기대로 이루어져 있죠. 어떤 정치인도, 아무리 강력한 기업도, 어떤 은행도 그 바퀴가 굴러가는 방향을 바꿀 정도로 강력한 힘을 갖고 있진 않아요. 그것의 저항이 극복될 수 있는 건 오로지 절대 다수 국민들이 일상화된 습관을 바꿀 때뿐입니다.

그런 일이 정말 일어난다면 모든 기관과 산업이 우리의 의지에 따라 흥하고 망하는 것을 보게 될 것입니다. 더 작고 연료 효율이 높은 자동차를 사기로 결심했는데 우리의 자동차 산업으로는 그런 자동차를 생산할 수 없거나 생산하지 않을 거라면 그 산업은 결정적으로 몰락할 것입니다. 거대한 기업이 파산할 겁니다. 식품 산업이 첨가제와 방부제와 인공향료와 염료와 믿을 수 없는 재료는 들어가 있지 않은 식품을 생산할 수 없거나 생산하지 않을 거라면, 그땐 새로운 자연 식품 산업이 생겨나 그것을 대체할 것입니다. 순수한 공기와 물과 거의 사라져가는 황무지 지역을 보존하고 도시를 회복하려는 의지가 절대적으로 강해졌는데도 정치인들이 이러한 조건을 채워주지 않는다면 우리는 그들을 추방해버리고 그렇게 해줄 수 있는 새로운 정치인을 찾을 것입니다.

이제 원대하고 느린 변화를 이루기 위해 무엇보다 중요한 것은 그것에 대해 생각하고 있건 아니건 간에 모두가 매일 그 변화에 참여하는 것입니다. 기본적으로 생존자당이 여러분에게 요청하는 것은 이러한 과정을 자각하고 체계적인 방법으로 친구들과 함께 그 일에 참여하자는 것입니다. 여러분의 행동은 그 자체로 수백만 명의 사람들과 합쳐질 것이고, 그렇게 될 때 여러분 각자의 일에 그리 큰 방해도 되지 않을 것입니다. "낙숫물이 바위를 뚫는다"는 속담이 틀리지 않습니다. 세계의 모든 문제를 여러분 혼자의 힘으로 구하지 않는다고 죄책감을 느낄 필요도 없습니다. 그냥 주어진 작은 나눔을 실천하면 되고, 그것이 다른 사람들의 실천에 보태어져 결국 세상을 바꿀 것입니다. 모든 사람이 똑같은 일을 할 필요도 없습니다. 정말 중요한 것은 모든 사람이 어떤 일이든 실천하는 것입니다.

일상생활에서 실천할 수 있는 몇 가지 본보기를 말씀드리겠습니다. 범죄가 두려울 것입니다. 그럴 경우 여러분이 할 수 있는 단 한 가지 효과적인 일은, 또한 여러분의 자기계발 활동이 될 수도 있겠지만, 이웃과 연합을 조직해서 거리에 있는 사람들이 서로 알고 지내도록 하는 것입니다. 그러면 서로를 신뢰하고 돕는 방법을 배울 수 있고, 이방인이나 의심스러운 인물을 감시할 수 있습니다. 여러분이 이웃끼리 만든 연합은 생존자당의 지부가 될 수도 있을 겁니다. 우리가 여러분에게 몇 가지 조언과 도움만 드린다면 충분히 가능하겠죠. 또한 여러분들의 힘으로 할 수도 있어요.

아니면 이런 것도 생각해봅시다. 음식에 대해 걱정한다고 쳐요. 지역 전체가 건강에 나쁜 고기와 유지 수입으로부터 벗어날 필요가 있고(이런 일에는 특히 많은 에너지가 소모되지요) 도시 근교에 채소를 재배하는 지역을 다시 개발할 필요가 있다고 느낀다면, 이 두 가지는 둘 다 환경을 한층 개선시키는 결과를 가져올 것이고 석유 부족 시대에도 그다지 취약하지 않게 되겠지요. 그러나 개인적인 생활에서라면 교통이 혼잡한 도심 지역에 살고 있더라도 호박과 토마토와 콩을 키울 장소를 발견하여 자신만의 역할을 해낼 수 있을 겁니다. 여러분은 이웃이나 친구들과 함께 공동체 정원을 형성할 수도 있겠지요. 여러분은 화학제품을 쓰지 않고도 비료를 주고 벌레를 억제하는 방법을 연구할 수 있겠지요. 그뿐만 아니라 여러분은 더 나은 방법으로 일하는 법을 배울 때 많은 재미도 느낄 수 있을 겁니다. 또한 저렴하고 신선하고 맛있고 순수한 음식을 생산할 수 있을 겁니다. 여러분은 그 일을 하는 동안 다른 사람도 사귈 수 있을 것이고, 상업적인 식품 산업에 대한 의존도 줄일 것입니다. 상업적인 식품은 여러분들의 건강보다는 회사의 수익을 높이기 위해 만들어졌으니까요.

우리가 생각하는 것보다 더 중요한 가치를 지닌 수많은 작은 선택이 매일 우리를 기다립니다. 일하러 가는 데 차를 몰고 갈 수 있지만 버스를 탈 수도 있고 걸을 수도 있습니다. 설탕과 지방이 덜 들어간 음식을 먹을 수도 있습니다. 돈도 아끼고 우리의 건강도 개선할 방법이지요. 여러분이 나무를 사랑한다면 동네에서 나무를 심는 사람을 도울 수 있습니다. 나무는 놀랍도록 저렴한 비용으로 여러분의 공동체에 지속적으로 공헌합니다. 그늘도 만들어주고 열매도 제공하고 보기에도 아름답지요. 사무실이나 공장이나 창고에서 일한다면 그곳의 작업 방식을 그대로 받아들이지 마세요. 사람들과 힘을 합쳐서 뭐가 잘못되고 있는지 분석하세요. 그런 다음 어떻게 해결할 것인가 연구하세요, 우리는 우리 힘으로 창조한 더 나은 세상에서 살 권리가 있어요. 어떤 사람도 우리를 위해 대신 해주지 않을 테니까요. 오로지 당신만이 그것을 개선할 수 있어요.

우리가 어디에 살든지 어떻게 살든지 무관하게, 그곳에는 언제나 우리가 할 수 있는 좋은 일들이 있기 마련이지요. 그러니 여러분이 할 수 있는 일을 하세요. 여러분이 처한 상황에 적합하다고 느끼는 일요. 가장 깊은 만족을 느낄 수 있는 일을 하세요. 우리 일에 동참하시든가 아니면 우리 편에서 일하세요. 우리는 모두 서로를 필요로 합니다. 조금씩 우리의 삶을 책임질 수 있어요. 우리는 바로 이 국가입니다. 우리는 국가를 사랑하고 그것이 우리의 건강과 안전과 행복과 자유에 도움을 끼치도록 운영해야 해요. 우리는 여기에 살고 있어요. 제대로 살기 시작합시다."

80.

자유주의자가 사는 법

어느 날 오후 루는 자기도 알 수 없는 기분에 휩싸여 엄마의 작업실로 갔다.

"나 왔어, 엄마. 나의 성인식을 기획하는 중인데, 아무리 생각해도 그게 끝난 다음에 어떻게 살아야 할지 모르겠어."

"좀 혼란스러워 보이는구나, 우리 귀여운 딸."

"있잖아, 오늘 갑자기 그런 생각이 떠올랐어. 내 생각엔 그냥 아빠 집에서 계속 살 거라고 믿어온 것 같아. 하지만 거기에서는 계속 어린애 역할만 하게 될 것 같아. 그래서 어쩌면 이사를 가야 할지도 모르겠어. 하지만 어디로 가야 할지 몰라!"

잰은 평소에는 자신감 넘치고 자족적인 루 역시 자신감을 잃어버릴 때가 있다는 것을 알았다. 예전에 자기가 그랬듯이. 그녀는 어쩌면 이런 순간을 기다려왔던 건지도 모른다. 그녀는 루에게 자기와 같이 살자고 말하고 싶은 충동을 억지로 참았다. 루가 그걸 바란다면 먼저 말할 것이고, 그렇다면 더 좋은 결과가 나올 것이라고 생각했기 때문이다.

"게다가 난 엄마가 어떻게 지금처럼 살기 시작했는지가 정말 기억나지 않는다는 걸 알았어. 그때 난 겨우 여덟 살이었던가, 그렇죠?"

"응, 막 여덟 살이 된 후였지. 그 이야기를 다 듣고 싶니?"

"제발 그래줘요, 엄마. 궁금해 죽겠어!"

"우선 차부터 끓이고 편하게 이야기하는 게 좋겠구나. 그걸 간단하게 줄여서 이야기하고 싶진 않거든."

그들은 머그컵과 박하차를 가지고 낡고 편안한 의자에 앉았다. 잰은 체구가 크고 튼튼한 편이었지만 루와 마찬가지로 곱슬머리였다. 그녀는 책상다리를 하고 앉았는데, 어딘가 고양이와 같은 유연성과 민첩성이 느껴졌다.

"그 사건의 발단부터 이야기해야겠구나. 왜 내가 더 이상 볼리나스에 살기 싫어졌는지 그 이유에 대해 말이야. 지금의 너라면 충분히 이해해줄 것 같아. 내가 어떻게 일부일처제식 결혼에 질려서 에너지를 좀 더 창조적인 일에 전념하려고 애쓰게 되었는지를. 로저와 나는 자유연애에 관한 협정을 맺고 싶지는 않았어. 여전히 함께 살면서 그런 방식을 시도할 경우 아무도 그걸 참아낼 수 있을 거라고 생각하지 않았으니까. 그래서……."

잰이 잠시 말을 끊고 한숨을 쉬더니 이야기를 계속했다.

"그래서 우리는 따로 살기로 결심한 거야. 대단한 충격이었지. 네가 지금 주거지를 바꾼다고 해도 그때만큼 충격적이진 않을 거야! 우린 둘 다 당연히 그게 너에게 끼칠 영향에 대해 걱정했어. 그래서 우리 둘 다 충분하고 견실하게 너를 떠받쳐줄 환경을 확실히 마련해주기를 원했어. 로저에게는 그게 큰 문제가 되지 않았지. 그는 내가 떠나자마자 캐롤에게 눈독을 들이기 시작했으니까."

"그게 엄마에겐 좀 힘든 일이었겠어."

"그렇진 않아. 사실 훨씬 안심이 되었지. 그가 그녀를 만나기 전까지는 항상 이전처럼 다시 같이 살자고 졸라댔으니까. 가끔씩 만나서 함께 잤지만, 난 다른 사람과도 같이 잤거든. 당연히 그는 그걸 못 견뎌했어. 그리고 못 견뎌한다는 사실 자체를 못 참았지. 그게 나의 권리라는 것을 알고 있었으니까. 그는 최선을 다해 자신의 소유욕과 싸워야 했어."

잰이 어깨를 으쓱해 보였다.

"그때까지는 많은 남자들이 여자보다 더 소유욕이 강하던 때였거든. 원시 시대에 비하면 역할이 뒤바뀐 거지. 여하튼 그 순간부터 나는 알고 있는 두 가지를 실행에 옮기기로 결심했어. 난 혼자 살기를 원하지 않았지만 그렇다고 다른 남자의 집으로 들어가 사는 것도 싫었어. 새로운 대안을 고안해야만 했지.

내 인생을 계속 그렇게 몰고 간 건 바로 일이었어. 주거와 일을 동시에 할 수 있는 공간을 갖고 싶었어. 그러자면 넓은 공간이 필요했고, 전통적인 집과는 다른 구조물이어야 했어. 나는 돈벌이를 위해 파트타임으로만 일하고 싶었기 때문에 큰 집을 살 여력이 없었어. 그래서 그 무렵 이 창고를 세놓는다는 소식을 들었을 때 이거다 싶었지. 베이 근처에 있는 다른 장소에서 예술가들이 폐교나 사용되지 않는 상가 건물을 빌려 생활하고 일한다는 이야기를 들은 적이 있었거든. 일단 내가 그 공간을 차지하긴 했지만 월세를 감당할 능력이 없다는 걸 깨달았어. 나는 로저와 나누어 가진 돈을 이 건물에 침실과 화장실 벽을 만들어 넣고 화로와 통풍시스템 같은 걸 설치하는 데 쏟아 부었고, 그걸 하고 나니 돈이 바닥났더라고.

그래서 사방팔방으로 나를 도와줄 사람들을 찾아다녔지. 그 무렵 마샤가 첫 남편과 헤어지고 살 곳을 찾고 있던 중이었지."

"처음부터 마샤에게 의지했다고?"

"마샤에게는 네가 전혀 모르는 면이 있어. 넌 그녀를 칵테일파티나 여는 전원주택 마나님 정도로 알고 있지. 그녀가 그렇게 된 건 마티와 결혼하면서부터야. 옛날에 그녀는 엄청난 독서광이었고 인생의 문제를 자신의 방식으로 해결하려 애썼지. 그녀의 인생은 아주 극적이었고, 우리의 대화는 흥미롭기 그지없었지. 아무튼 그녀는 정말로 도움이 필요했어. 그래서 그녀가 이사 왔지. 내게 큰 도움이 되었어. 55세의 나이에 지저분한 화가의 스튜디오에서 살 결심을 한다는 게 그리 쉬운 일은 아니었겠지만 그래도 그녀는 이곳을 선택했어. 그녀는 거실에 깔 카펫과 초대형 난로를 살 돈이 있었고, 당연히 자기만의 침실과 욕실을 만들 돈도 있었지. 그렇게 해서 그녀는 이 공간의 북동쪽 칸 전체를 차지했어. 그리고 주위에 새로운 남자를 떼거지로 몰고 왔지. 그중 일부는 유부남이었고 60대가 넘었어. 일부는 나보다 어렸지. 엄청난 불륜이 행해졌고……. 그건 마샤가 언제나 읽던 소설에나 나오는 삶과 비슷했어. 나는 그녀가 차버린 남자들을 위로해야 할 때가 많았어. 그녀가 끔찍한 판단을 내릴 때면……. 그녀는 언제나 머리도 좋고 괜찮은, 정말로 전도유망한 사람을 차버렸어. 그중에서 가장 재미있는 남자 몇몇은 내 친구가 되었지. 마샤에게 정말 감사해."

"정말 전혀 새로운 이야기야, 엄마! 그러고 나서 그녀가 이사 나간 거야?"

"아니야, 2년 정도는 같이 살았어. 그동안 우리는 다른 사람을 끌어들였지. 그 다음에 제닌이 들어왔어. 제닌과 케빈. 제닌은 결혼에는 관심이 없었지. 그녀는 독립적인 화가였을 뿐이야. 저기 있는 저 커다란 태피스트리를 만들어서 돈도 잘 벌었지. 은행에다 로비를 장식할 태피스트리를 팔기도 했지! 그녀는 35세에 결혼 경력도 없었지만 혼자서 케빈을 낳기로 결심했어. 그가 태어난 후 그녀는 그를 데리고 혼자 살려고 애썼어. 하지만 그건 그녀를 미치게 만들었지. 일하면서 아이를 돌보자니 문제가 한두 가지가 아니었고 밤에도 아이를 봐야 했으니 그녀는 보통의 엄마들과 같은 처지가 되어버린 거지. 넌 케빈을 아주 좋아했고, 그에게 정말로 잘해줬어. 제닌이 여기로 온 데는 너의 행동이 아주 중요하게 작용했어. 네가 주말에 계속 여기 있는 동안 케빈에게는 함께 놀 친구가 생겼어. 난 제닌의 문제를 잘 이해할 수 있었어. 난 나 혼자 해야 했으니까. 우리는 아주 좋은 팀이 되어 돌아가며 아이를 봐주었어. 나는 함께 사는 삶의 규약에 관해 중요한 교훈을 얻었어. 우리는 다른 사람의 육아 방식을 인정해주어야 한다는 걸. 그렇지 않으면 수많은 심각한 문제에 부딪치게 될 거라는 것을.

제닌은 남동쪽을 선택해서 자기 방을 만들고 그 위에 케빈이 뛰어놀 수 있는 다락방을 만들었어. 그래서 네 번째 코너는 아무것도 짓지 않은 채로 남겨두었지. 그 당시 채광창을 만들었고 지붕에 물탱크를 얹었어. 그러고 보니 마침 물탱크 덮개를 닫을 시간이네, 그렇지 않니?"

루는 일어나서 도르래 조정기로 다가가 단열 셔터를 닫았다. 낮 동안 태양이 거대한 물탱크를 가열해두었다. 그것은 검은 플라스틱 커버로 싸여 지붕 속에 설치되어 있었다. 늦은 오후인 만큼 태양은 힘을 잃었지만 물탱크는 너무 뜨거워서 손을 댈 수 없을 정도였다. 지금 그 덮개를 덮으면 물의 열기는 밤 동안 공기 중으로 날아가버리지 않았고, 천천히 빌딩 아래로 확산되면서 건물을 보온해주었다. 잰은 이 장치를 매우 자랑스러워했다. 그녀만의 독창적인 아이디어는 아니었지만 창고 지붕을 무거운 들보가 떠받쳐주고 있었으므로 설치하기가 쉬웠다. 그것은 생활공간에 은은한 온기를 제공했다. 난로는 우기 때나 가끔 기온이 내려간 아침에만 필요했다.

잰이 다시 하던 이야기로 돌아왔다.

"그 무렵 우리는 다양한 삶의 방식이 지닌 장점에 눈뜨게 되었어. 그건 정말 우연이 준 선물이었지. 우리는 관습적인 방식으로 사는 사람들이 소비하는 가스와 전기와 음식의 절반밖에는 소비하지 않고 있었어. 스테레오나 자동차 같은 비싼 물건을 서로 공유했어. 가끔씩 옷을 함께 입기도 했어. 결과적으로 우리는 더 잘살게 되었지. 우리 모두가 분리되고 고립된 삶을 유지하기 위해 애쓰던 생활을 그만둔 이후로 사회적 삶이 엄청나게 개선된 것을 느꼈어. 물론 싸우기도 많이 했고, 가끔씩은 굉장히 고통받았어. 그건 '보통의' 가족이 그런 거나 마찬가지였지. 우리는 활기찬 친구들과 생명력 넘치는 사회적 관계와 더 많은 외부세계와의 접촉과 시간을 합리적으로 운용할 수 있는 더 많은 자유와 혈기왕성하고 생산적인 삶을 살게 되었다고 느꼈어. 게다가 흥미로운 성생활까지……. 우리가 아는 전통적인 결혼생활을 유지하는 여자들보다 훨씬 더. 우리는 꽤 지속적인 가족으로 보이기 시작했어. 마샤와 제닌과 케빈과 가끔씩 오는 너와 나. 마샤는 뜨거운 불륜에 뛰어들고는 떠나겠다고 말하곤 했지만 여전히 우리와 함께 머물렀어. 그래서 또 다른 사람을 물색하기 시작했어. 처음에는 그게 여자가 될 거라고 기대했지. 그때 게리가 그 소문을 듣고는 우리를 찾아와서 함께 살아도 되겠냐고 물었어."

"정말 중대한 사건이었겠어요."

"정말 그랬지. 어떻게 해야 할지를 몰랐어. 게리를 정말로 좋아하기도 했으니까. 그게 사태를 악화시켰어. 우리 중 한 명이 그와 사랑에 빠지게 되면 어떤 일이 일어날지 알 수 없었어. 열 명이나 열두어 명이 살 수 있는 집 안에서 두어 커플 정도는 같이 살아도 괜찮았어. 그 당시 우리는 빈틈없이 각자의 독립성을 지키고 있었거든. 사실 나는 세 명의 연인을 동시에 사귀곤 했어. 그래서 그중 누구도 혼자서 나를 독차지할 수 있다고 생각하지 못하도록. 네가 그 점을 알아차렸는지는 모르겠다만."

"엄마 주위에 많은 남자들이 있는 걸 본 것만 기억나!"

"넌 거기에 일종의 체계가 있다는 건 알아차리지 못했을 거야."

"그건 몰랐어. 한 번은 엄마가 폴과 싸울 때 계속해서 이렇게 말했던 게 기억나. '하지만 폴, 오늘은 당신의 날이 아니거든'이라고!"

"그런 방식으로 살고 있었을 때 일종의 스케줄이 필요하다고 느꼈어. 폴은 아무 때나 들를 수 있기를 원했으니까. 그는 사랑에 빠지자 광적으로 집착하기 시작했어. 내가 자기와 똑같은 방식으로 자기를 사랑하지 않는다는 사실을 받아들일 수 없어 했지. 나는 그를 특별한 방식으로 사랑했지만 그에게는 충분치 않았던 거야. 그는 마샤와 내가 지나치게 가까운 사이인 것도 견디지 못했어. 우리 집에 왔을 때 마샤와 내가 이야기를 나누고 있으면 그는 기어이 대화를 방해하고 끼어드는 거야. 우리가 서로 껴안는 것만 보아도 우리를 레즈비언이라며 비난했어. 사실 그 방법으로 그를 떼어냈지만……. 난 그에게 양성애자의 단계로 접어들고 있다고 말해줬지."

"그런 얘기는 나한테 한 적 없잖아."

"그러게 말이야. 그 무렵 나는 어떤 여자와 심각한 불륜에 빠져 있었어. 그녀는 샌프란시스코에 살았고, 넌 잘 모르는 사람이야. 아주 아름답고 우아한 사람이었지. 우리는 멋진 시간을 나누었어. 난 양성애적인 인물로 계속 살아갈 수 있을지 자신이 없었어. 모두 양성애적인 행동을 할 수는 있더라도 대부분의 사람들은 그 생각을 감당할 수 없어 하지. 너도 섹스가 관련된 양성애적인 외도나 우정을 유지할 수는 있지만, 대부분 스트레이트나 게이 둘 중 하나를 선택해야만 하는 입장에 처하게 돼. 아직까진 중간적인 사교계란 어디에도 없으니까."

"그건 단지 성적인 취향일 뿐이라는 거야? 엄마가 사랑을 나누고 싶은 사람이 누구인가는?"

"당연히 아주 중요한 문제이지만 그보다는 누구와 교제하고 싶은가가 더 중요해. 네가 누구와 동질감을 나누고 싶은가……. 그리고 그것이 네가 만나는 사람과 네가 함께 자는 사람들에게 영향을 미치기 시작하지."

"그래서 엄마는 스트레이트의 세계에 살기로 결정한 거구나."

"그래. 여자에 대한 나의 성적인 욕구는 그림 속에 불어넣게 된 것 같아. 그리고 난 남자를 포기하기엔 남자들을 너무 좋아해. 남자들이 일으키는 많은 문제 때문에 남자랑 살 가치가 없다고 생각하는 여자친구들을 잘 이해하면서도 말이야! 결국 다시 게리의 이야기로 돌아가는데. 그 무렵, 우리가 하고 있던 일이 우리 힘으로 대안가족을 이루는 일이라는 점을 인식했어. 마샤는 어쩌면 떠날 것이었지만, 어떤 종류의 가정에서도 사람들은 떠나게 마련인걸. 그렇다 하더라도 여전히 친구였으니까. 나머지는 긴 여정을 함께할 수 있도록 자리를 잡아가고 있었거든. 우리는 실수하고 싶진 않았어. 그래서 게리에 대해 의논했고 게리와도 이야기를 나눴어. 무려 한 달 동안이나. 그는 작가였고 화가는 아니었어. 우리는 그 점을 좋아했지. 다양성을 위해 말야. 알고 보니 게리는 성생활은 집 바깥에서만 유지하기 원했고, 우리 중 누구와도 섹스할 생각이 없다고 했어. 사실 그는 우리보다 훨씬 더 확고했어. 제닌은 그에게 작은 게임을 함께하자고 제안했지만 들어주지 않았어. 마침내 우리는 모두 안정되었고 그가 들어오는 것이 자연스러워 보였어. 그래서 네 번째 코너가 임자를 만나 우리를 꽉 채워줬지."

"하지만 마샤는 떠났잖아요. 그게 언제였죠?"

"게리가 들어온 지 1년도 되지 않아서였지. 그녀는 마티를 만나면서 도시에서 많은 시간을 보내기 시작했지. 그러다가 마티가 사업차 여행을 떠나면 집으로 돌아왔어. 아니면 그들이 싸웠을 때면 마샤는 항상 가시 돋친 말을 퍼부었어. 그녀는 절대 그와 함께 살지 않을 거라고 말하곤 했고, 여기에 사는 것은 그녀의 독립성을 지키는 데 중요한 역할을 한다고 말했어. 그건 맞는 말이었지. 마티는 그녀가 자기만 기다려주는 안주인이 되기를 원했어."

"왜 그녀는 다시 안주인이 되기로 결심했나요?"

"나도 아직까진 잘 모르겠어. 그녀는 딱 한 가지 이유로 마티를 사랑해. 그는 엉터리 같은 행동에도 꽤 매력적인 남자였거든. 마샤는 모든 것을 그녀 방식대로 소유하는 걸 좋아했어. 그래서 그가 그녀에게 집을 사주겠다고 제안했을 때 그녀가 마음대로 그 집을 가꾸도록 해주었어. 그게 틀림없이 그녀를 혹하게 만들었을 거야. 게다가 그녀는 아주 훌륭한 안주인이거든. 그녀가 파티를 열 때면 모든 사람들이 술을 마시는지 확인하는 정도가 아니야……. 파티마다 모두가 즐길 수 있는 재밋거리를 제공해주지.

결국 그녀는 떠나겠다고 선언했어. 정말 힘든 일이었어. 누군가가 떠난 경우는 그때가 처음이었거든. 꼭 이혼하는 느낌이었어. 모두 엄청나게 울었고 그녀를 말리려고 애썼어. 하지만 소용없었지. 너와 케빈도 이별을 싫어하긴 마찬가지였어. 그녀는 최대한 가까운 곳에서 살겠다고 약속했고, 일주일에 한 번씩 점심을 먹으러 오겠다고 약속했어. 너도 알듯이 그녀는 지금도 그렇게 하고 있어. 하지만 이전과 똑같을 수는 없어. 난 그녀가 그리워."

잰은 슬퍼 보였고, 루도 마음이 짠했다.

"그녀의 자리를 대신할 사람을 찾는 일이 쉽지 않았겠어요."

"아주 힘들었지. 우리는 연령대가 다양한 것을 좋아했어. 나는 31세, 제닌이 36세나 37세, 게리가 아마 25세쯤 되었나. 모두 좀 더 나이 든 사람을 원했어. 마샤와 같은 나이라면 좋을 거라고 생각했어. 아니면 20대 정도 되는 사람……. 그래서 미리암이 나타났을 때 우리는 정말로 기뻤어. 아마 60세쯤 되었을 거야. 분명히 매우 현명하고 따뜻한 사람이었으니까. 그녀는 연습실을 짓고 싶어 했고, 그게 약간의 문제를 일으켰어. 우리는 그 방을 창고의 한쪽 구석에 지었고 작은 대기실과 그 바깥에 테라스도 지어야 했거든. 그리고 약간의 방음장치도 해야 했어. 그녀가 조용한 환경에서 최고의 작업을 할 수 있도록."

"그 방을 짓는 걸 돕던 일이 기억나요. 그녀는 나중에 우리 모두에게 마사지를 해주곤 했죠. 난 특히 그녀의 손이 기억나요. 얼마나 시원하고 힘이 있던지. 그녀가 엄마를 마사지해줄 때 눈을 감던 모습도요. 난 그녀가 손으로 몸속을 들여다보고 있는 거라고 상상하기도 했어요."

"그랬구나, 나도 그렇게 생각했는데! 그녀는 우리 집에서 할머니와 같은 존재가 되었어. 그렇게 해서 우리는 지난 4~5년 동안 친근하게 느끼는 방식으로 정착하여 안정을 얻게 되었어."

"그게 지금처럼 계속 유지될까요?"

잰은 웃음을 터뜨렸다.

"별다른 변화가 없다면! 네 말은 내가 아직도 다른 누군가를 원하느냐는 거지? 아니, 난 원하지 않아. 이 상태가 내가 생각해낼 수 있는 어떤 것보다 좋아. 다시는 결혼하고 싶지 않아. 그 점에 있어서 나만의 방식에 너무 젖어 들었나 봐. 혼자 살기도 싫어. 그건 외롭고 무섭고 안전하지도 않으니까. 난 내가 돌봐줄 수 있는 다른 사람을 원해. 그들도 또한 내가 필요할 때 나를 돌 봐줄 거야. 난 일할 수 있으면 좋겠고, 이 시스템이 내게 그런 생활을 보장해 줘. 가족을 갖게 된 거지. 우리는 영원히 함께 살 계획이야. 만약 영원히 지 속되지 않는다면⋯⋯. 지금 상황으로는 어떻게 해야 할지 잘 모르겠네. 우 리의 공동체 생활은 이미 일반적인 결혼생활보다 더 오래 지속되어온걸!"

루는 놀라워하며 엄마를 바라보았다.

"엄마는 정말 낙천적인 사람이야! 그냥 앞만 바라보고 하던 일을 하면 돼, 그렇죠?"

잰이 눈썹을 들어올렸다.

"그것 말고는 다른 대안을 생각해낼 수 없을 것 같아. 차라리 앞만 보고 나아가면서 원래 하던 일을 계속하는 게 낫고, 다른 건 나중에 생각해볼 거 야. 더 이상 아무것도 할 수 없게 될 순간에 대해 가만히 앉아서 걱정하기보 다는 말이지. 물론 그땐 나도 상당히 어려움에 처하게 되겠지."

"내 생각엔 나도 그 점에선 엄마랑 비슷한 거 같아, 그렇지? 난 엄마가 우 리 엄마라서 정말 기뻐! 엄마보다 더 좋은 엄마는 상상도 할 수 없어."

루가 잰의 손을 잡았고, 그들은 그렇게 한동안 함께 앉아 있었다. 더 이상 아무런 말도 필요 없이.

81.
닉 벨러드

닉 벨러드는 새크라멘토에서 의회 의원과 노동운동가에게 미국인의 문제

중 가장 고질적인 문제인 주택 문제에 대해 생존자당이 성공적으로 접근할 수 있는 방안에 관해 이야기하고 있었다. 그는 주 정부의 카페테리아에서 빌 킹과 마주쳤는데 지역 개발연합의 회장이었다. 최근에 닉이 들은 바에 의하면 빌은 근처의 작은 언덕까지 불규칙하게 산개한 주택 단지를 운영하고 있으며, 일찍이 수천 에이커에 달하는 골짜기 지역의 최고급 농장 지대를 아스팔트로 포장했다고 들었다. 두 남자는 이전에 우연히 만난 적이 있어서 얼굴을 알고 있었다. 빌은 닉이 노련한 정치꾼이라는 것을 알고 있었다. 수많은 경솔하고 무모한 아이디어들을 내놓긴 했어도 영리하고 빈틈없고 실용적인 인물이라고 생각했다. 닉은 빌의 엉터리 서부 스타일 패션에 감명 받지 않을 수 없었다. 넓은 어깨에 햇볕에 잘 그을린 피부, 카우보이모자와 부츠 차림이었다. 그가 올라탄 것이 말이 아니라 자가용 황금색 토로나도와 사무용 계산기이긴 했어도 말이다. 닉이 잘 알다시피 빌은 카운티에 있는 사무실에서 일했고 시내 술집에서만 사람을 만나는 도시형 사업가로, 거친 카우보이와는 아무런 상관도 없는 작자였다.

"안녕하세요, 이 늙은 말 도둑 같으니. 더 마른 것 같군요. 당신을 보니 우리가 뭔가 일을 제대로 하고 있는 게 틀림없군요."

"니키, 말 좀 해봐요. 도대체 사람들에게 뭐라고 말했기에 그들이 우리 사업에 반기를 들고 나서는 거요?"

"왜요? 우린 별로 한 게 없는데요. 당신이 캘리포니아 풍경의 절반을 치장벽토 박스로 덮어버린 것 외에는요. 지금까지 모든 여건을 고려할 때 자동차 없이는 어디로도 갈 수 없지요. 500억 달러어치의 쓰레기를 그 경치 좋은 곳에 뿌려놓다니. 그것도 언젠가 치워야 할 것을 말이죠. 그게 답니다."

"글쎄요, 죄를 인정하긴 하겠소만. 우리는 그걸 '진보'라고 불렀소."

"나도 알아요. 하지만 그런 시대는 이제 끝났어요. 뭔가 새로운 기술을 배워야 해요. 직장 가까운 곳에 집을 지으세요. 좀 더 밀도를 높여서요."

"흥, 그건 말도 안 돼요. 니키, 우리가 그걸 할 수 없다고 생각하는 이유가 뭐요? 사람들은 넓게 떨어져 사는 걸 좋아했소. 그래서 띄엄띄엄 집을 지어 주었소. 그런데 이제는 조밀한 걸 좋아한다니, 조밀한 집을 지어주면 될 것 아니오. 그들이 원하는 게 뭐든 상관하지 않소. 원하는 건 단지 돈을 좀 벌자는 것뿐이란 말이오! 그들의 욕구가 바뀐다면 그건 좋은 일이라 생각하오. 우리에게 새 일거리를 제공하니까 말이오. 그건 더 돈이 남는 일이겠지요. 하지만 참을 수 없는 단 한 가지는 '아무것도 원하지 않는 것' 이오."

"맞아요, 나도 알아요. 아직 얼마 동안은 그런 위기에 직면하지 않겠지요."

"잘 들어요. 우리는 당신들의 아이디어로 먹고살 수 있어요. 그러니 우리에게 기회를 주기만 해보시오. 공동담 건설이라고 했소? 젠장, 좋아요. 더 높은 이윤율을 제공하시오! 거리와 주차장을 위해 덜 뜨거운 아스팔트를 깔라고? 물론이지. 단위당 땅값을 더 싸게 해주면 그렇게 하죠. 태양열 난방? 그건 당신들이 제정신이 아니라는 뜻이지. 나무도 심을 것이오. 더 이상 '호두나무 마을' 이라고는 부르지 마시오. 동네 이름은 이제부터 '호두나무 빌라' 가 될 테니까!"

"빌, 당신은 너그러운 사람이요. 하지만 그거 알아요? 조만간 우리가 당신을 따라잡게 될 거라는 걸. 종업원지주회사라고 들어본 적 있나요?"

"당연하죠. 원숭이에게 동물원을 책임지게 하는 거죠."

"일하는 사람에게 권력을 주세요. 오래 지나지 않아 아침에 일어나서 당신이 한 장의 투표권을 지닌 일개 고용자이고, 회사에서 일하는 목수와 다를 바 없는 처지가 된 걸 발견하게 될걸요."

"일단 오하이오로 이사부터 갈 것이오. 자유로운 사업이 보상을 받는 곳으로."

"그건 괜찮아요. 이 지역에 계속 있을 거라면 다른 사람들처럼 당신도 먹고살기 위해 일을 해야 할 겁니다."

"미국인들은 절대 그런 삶을 원하지 않을 거요."

"두고 봐야죠. 당신은 아침에 일어나 회사에 가서 이사회에 출마하세요. 그런다고 직원들이 당신을 특별히 대우하며 공짜로 차에 태워주지는 않을 걸요."

82.

볼리나스에 있는 대부분의 집은 경비용으로 개를 키웠다. 어느 안개 낀 밤 자정을 몇 시간 넘긴 무렵 로저는 계속해서 개들이 짖는 소리에 잠을 깼다. 정신을 차리려 애쓰면서 그게 동쪽에 있는 집에서 들리는 소리라고 판단했다.

"개들이 너구리를 쫓는 중인가 보지."

그는 혼자 중얼거리면서 정말 그렇기를 바랐다. 그러나 개 짖는 소리는 잦아들지 않았다. 로저는 침대에서 빠져나왔다. 그는 불을 켤 것인가 말 것인가 고민했다. 침입자들이 있다면 불을 켤 경우 놀라서 숨어버릴지도 모른다. 그렇다 하더라도 언젠가 다른 날 다시 돌아올 것이다. 어쩌면 지금 잡는 것이 오히려 최선의 방법일 것이다. 그는 캐롤을 깨웠다. 그런 다음 루의 방으로 들어가 그녀를 흔들어 깨웠다.

"우리에게 밤손님이 온 것 같아 걱정이다."

"조용히 말해요, 아빠."

루가 비틀거리며 대답했다.

"좋아요. 옷 다 입었어요."

"모든 게 안전할까? 실험실이나 지붕 위나 침대 아래에는 논문 자료 남긴 거 없지?"

로저가 묻자, 루가 한 번 더 확인하기 위해서 침대 아래를 살펴보았다.

"없어요."

그녀가 말했다. 그들은 모두 옷을 입고 신발을 신은 다음 여러 개의 창문을 통해 바깥을 관찰했다. 루는 사람 그림자 하나가 미끄러지듯이 차고 앞을 지나가는 것을 보았다. 적어도 그들은 헬리콥터를 타고 오거나 큰 스피커로 바그너를 연주하지는 않았다. 은밀한 습격이었다! 사실상 로저가 편집증에 빠져 상상했던 종류의 침입 방법이었다. 캐롤은 사이프러스 나무 뒤에 반쯤 숨은 어두운 그림자를 발견했다.

"우리가 PA 시스템을 시도해야 할까요?"

그녀가 로저에게 속삭였다.

"그거 있잖아요. '당신들은 발견되었고, 경찰이 당신을 불법침입죄로 체포하러 오고 있다'라고 말하는 식의 뭐 그런 거."

"안 돼. 게다가 그들은 전화선도 잘랐어. 전화가 죽었다고."

로저의 말을 듣는 순간 루는 등골이 서늘했다. 전문가들인 것 같았다. 그 상황은 심각한 것일 수도 있었다. 그녀와 로저는 누군가 온다면 침입 팀이 무장하고 올까 아닐까에 관해 의견이 일치했던 적이 없었다. 그들이 강도죄로 잡힌다면 무장하고 있을 경우 반드시 투옥될 것이다. 하지만 이 일은 그만큼의 가치가 없어 보일지도 모른다. 그렇다면 이런 임무를 위해 고용된 유형의 사람이라고 생각해보자. 그런 경우라면 감옥행을 그다지 두려워하지 않을지도 모른다. 별다른 무기가 없는 밤도둑 형태의 접근일 확률이 가장 높은데, 스위프트 가족은 그 경우에 대해 준비를 해두었다. 그들은 계속해서 그들을 감시하고 소리를 들었다. 차고에는 문이 하나밖에 없었고, 근처의 집 창문에서 분명히 보이는 곳에 있었다. 그 문 위와 자물쇠 옆에 경보 장치가 달려 있었다. 로저는 한 사람이 문으로 접근해 오는 것을 보았다. 작은 전등 빛으로 그 경보 장치를 비추어보고는 망설이는 기색이었다. 곧 또 다른 사람이 그에게 합류했고, 그들은 속삭이며 의논하는 것 같았다. '이건 괜찮아'라고 로저는 생각했다. 그들은 지붕 쪽으로 먼저 올라가려 할지도 모른다. 이들 말고 다른 사람이 또 있을까? 어쩌면 멀리서 감시하고 있을지도 모른다.

집 근처에 있는 사람들은 이 두 사람밖에 없는 것 같았다. 여하튼 이제 행동을 개시할 때였다. 어떤 일이 있어도 그들이 지붕 위에 있는 것을 조금이라도 망가뜨리게 두어서는 안 된다! 침입자들은 이제 사다리 옆에서 올라갈 태세를 취했다. 옆문에서 계속 들려오는 간헐적인 개 짖는 소리가 상당히 불편한 모양이었다.

로저는 루의 침실로 가서 지붕 바로 아래에 있는 조종석으로 기어 올라갔다. 그는 임시로 지어둔 선반에서 총알이 장전된 엽총을 꺼내들었다. 조심스럽게 중심을 잡으면서, 그는 루를 내려다보고 손을 흔들었다. 루는 바닥을 통해 연결된 철사에 부착된 버튼을 세 번 눌렀다. 이것은 공동체 알람 신호로, 지하에 연결된 선을 통해 근처의 집에 연결되어 있었다. 그러자 이웃 사람들은 옥상 위의 나무판자에 설치된 울림쇠가 삐걱거리는 소리를 듣게 되었고, 마이크의 옥상 경보기가 작동하면서 붉은 등이 켜졌다. 루는 벽의 스위치를 눌렀다. 즉시 강력한 투광 조명이 켜지면서 지붕과 집을 둘러싼 전 지역을 환하게 밝혔다. 그와 동시에 로저는 머리 위에 있는 들창을 열고 총으로 그 두 남자를 겨냥했다. 환한 빛 때문에 앞을 볼 수 없게 된 침입자들은 그 자리에서 얼어붙었다. 그들 중 한 명이 사다리를 향해 도망쳤다. 그가 지붕 끝 쪽으로 사라졌을 때 로저는 그 남자의 머리 위에 있는 통을 쏘았다. 그러고 나서 다른 남자에게 총을 겨눴다.

"움직이면 쏜다!"

로저가 소리를 질렀다. 첫 번째 남자는 루의 사다리로 급하게 내려가다가 갑자기 가로대가 떨어져나간 부분에 이르러(루가 거기에 부착된 작은 철사를 당겨버렸기 때문에) 균형을 잃고 땅바닥으로 떨어졌다. 그러나 떨어지면서 그의 다리가 남아 있던 사다리 가로대 아래에 숨겨진 올가미 줄에 걸렸고, 루는 젖 먹던 힘을 다해 그 케이블을 잡아당겼다. 그는 지붕 끝에 발목이 걸린 채로 거꾸로 매달려 있었고, 격렬하게 몸을 뒤틀면서 욕을 해댔다.

그때 사방에서 다른 그림자들이 집 주위로 다가왔다. 이웃이 잔뜩 흥분한 개를 데리고 왔고 소화기로 만든 희한한 병기를 들고 있었다. 동네에서 다른 침입자는 발견되지 않았다. 로저와 루가 체포한 두 명의 침입자들은 카운티의 감옥으로 이송될 것이다. 이웃은 경찰이 오기 전에 그들을 미리 철저히 수색했다. 그들은 아무런 신분증도 없었고, 서류나 총이나 무기도 소지하고 있지 않았다. 그들이 가져온 것은 작은 주택침입용 도구함뿐이었다. 그러나 읍내에 정체불명의 차 한 대가 주차되어 있는 것이 발견되었고, 독창적인 볼리네시안들은 즉시 그 차로 침투했다. 의자 아래에 스위프트네 집의 스케치가 그려진 수첩이 있었고, 루의 실험실 구조도에다 옥상 위의 전지 선반이 있는 곳이 그려져 있었다. 그 수첩에는 또한 몇 개의 전화번호가 적혀 있었다. 그중 하나는 옴니오일 사의 바버의 사무실 번호였고 또 하나는 FBI 사무실 번호였다.

이러한 사실은 그 지역 검사에게만 알려진 것이 아니라 언론에도 보도되었고, 언론은 그 이야기를 듣고 매우 흥미로워했다. 기사의 제목은 '석유회사가 과학 신동 고등학생의 실험실에 침입한 이유는?' 'FBI가 볼리나스 강도 사건에 연루되다' 같은 식이었다. 옴니오일과 FBI는 사건과의 연관성을 강력하게 부인했다. 강도와 그들을 고용한 사람들 사이에 관련이 있는지 밝혀지기까지는 시간이 좀 걸릴 것 같았다. 루와 로저는 얼마간은 더 이상 침입당하지 않을 거라고 생각했다. 하지만 집 근처에는 연구 자료를 전혀 두지 않았다.

83.

포틀랜드

화이티 화이트헤드는 재밌거리를 찾아 포틀랜드로 차를 몰았다. 그는 도심의 공원에 있는 큰 분수에 대해 들은 적이 있었다. 수많은 소녀들이 호수 주변에 머물면서 누군가 차를 태워주기만을 기다리고 있다고 했다. 그래서 그는 그의 낡은 대형 닷지를 몰고 시내로 향했다.

교외 지역에 접어들자 주간 고속도로로 빠져나가 강변도로를 타고 달렸다. 그곳에는 수많은 건물이 건설되고 있었는데, 주로 콘도미니엄과 쇼핑몰과 사무실용 건물이었다. 그리고 한때 창고와 낡은 공장 건물이 있던 곳에 새로운 강변공원이 들어서고 있었다. 그 주위에는 수많은 자전거가 돌아다니고 있었고 아이뿐만 아니라 늙은 사람까지도 자전거를 타고 다녔다. 그들은 고속도로의 차선 중 작고 둥근 흰색의 표지들이 한 줄로 늘어선 차선 안에서만 페달을 밟았다. 자전거 전용차선이 분명했다. 쥐새끼 같은 자전거족이 도로의 좋은 자리를 차지하다니!

그는 계속해서 시내로 차를 몰았다. 그가 처음으로 거대한 빌딩 단지 근처에 접근했을 때 바리케이드로 막힌 교차로가 나타났다. 뭐라고 경고가 적힌 신호판이 있었지만 화이티는 귀찮게 그걸 읽는 수고를 하기 싫었다. 그는 힘들게 좌회전하여 부르릉거리며 언덕으로 차를 몰았고 다음 코너에서 우회전하면 될 거라고 생각했다. 그러나 그곳 역시 막혀 있긴 마찬가지였다. 버스와 택시 전용차선으로 표시된 차선 하나만 제외하고는 모두 막힌 것이다. '제기랄!' 화이티는 짜증이 났다. '쇼핑몰끼리 담합해서 만들어낸 함정이 틀림없어.' 그는 다른 블록으로 갔지만 거기서도 마찬가지로 정지해야 했다. 그 도로 역시 막혀 있었기 때문이다. 한 보행자가 닷지 차 옆으로 길을 건너가고 있는 것을 보자, 화이티는 창밖으로 고개를 내밀었다.

"이봐요, 도대체 무슨 일이죠? 시내로 들어가고 싶은데 모든 길이 막혀 있군요!"

보행자는 젊고 호리호리한 체구였다. 그는 한가로이 거닐면서 보일 듯 말 듯 미소를 지었다. 화이티는 그의 얼굴에 드러난 우쭐대는 기색에 기분이 상했다.

"당신은 자동차 없는 지역의 경계선에 서 있어요. 자가용은 더 이상 시내로 들어올 수 없게 되어 있어요. 무료 버스만 제외하고요."

"말도 안 돼!"

화이티는 좁은 버스 차선을 쳐다봤다.

"그냥 운전해서 들어가면 경찰이 딱지를 끊기라도 하나요?"

"분명히 그럴 겁니다. 50달러짜리로요. 저기 위쪽 코너에 있는 주차장에 차를 대고 버스를 타는 게 가장 좋은 방법일걸요. 버스는 2분에 한 번씩 옵니다. 아니면 그냥 걸어가시죠? 여섯 블록이나 여덟 블록밖에 안 되니까요."

"걸어가라고? 도대체 차는 어디다 쓰라고 있는 거야?"

화이티가 되묻자, 청년이 어깨를 으쓱해 보였다.

"포틀랜드 시내에서는 별로 쓸모가 없어요. 그건 확실해요."

그는 다른 데로 걸어가버렸다.

"이봐요. 혹시 분수가 어디에 있는지 아나요?"

그 청년이 뒤돌아봤다. 그는 한결 더 다정해 보였다.

"왜요, 알죠. 거의 다 왔어요! 두 블록 더 내려가면 오른편에 있어요."

화이티가 망설이는 것을 보고 그가 덧붙였다.

"거기까지 걸어가면 정말 후회하지 않을걸요."

화이트는 더 이상 할 말이 없었다. 그는 액셀러레이터를 세게 밟았다. 주차장이 있다는 언덕으로 차를 몰아 올라가서 주차장 입구에 멈춰 섰다. 그러고는 바깥에 세워져 있는 요금표를 읽어보았다.

"뭐 이런 게 다 있어!"

그는 화가 나서 어쩔 줄 몰라 하며 차를 돌려서는 주간 고속도로 쪽으로 향했다. 그는 그 길가에서 술집 한 곳을 발견했다. 그곳에서 그는 돈 한 푼 내지 않고도 주차할 수 있었다. 그곳에서 술이나 한잔하면서 그다음에 뭘 할 건지 결정하면 된다.

"차 없는 거리라고? 웃기고 자빠졌네."

그가 혼잣말로 투덜거렸다.

84.

1980년대 초반, 연방정부의 장려금에 고무된 항공기와 전자 장비 업체는 전력 생산을 위한 대규모 풍력발전기를 개발하기 시작했다. 그러나 그 시설은 상대적으로 세속적인 목적을 위해 우주 시대의 기술을 전개하려 했던 다른 과학기술 프로젝트와 같이 여러 가지 낯선 문제로 인해 난관에 봉착했다. 그 거대한 규모의 기계는 복잡하고 비용이 많이 들었지만 그 결과는 여전히 바람과 폭풍의 극심하고 변덕스러운 도전을 따라가지 못하는 수준이었다. 거대한 날개는 금속피로(금속 재료에 반복 응력이 생길 때 반복 횟수가 증가하면서 금속 재료의 강도가 저하되는 현상으로 이와 같은 현상은 특히 고속으로 회전하는 재료에 많이 일어난다. 그 이유는 사용할 때 응력 조건이 복잡하다는 점과 재료에 당초부터 있었던 미세한 결함이 반복 응력에 의해 확대되기 때문이다―옮긴이)를 일으켰고, 높은 속도에서 바람에 부서진 조각이 대기에 흩뿌려졌다. 날개를 지탱하는 탑은 진동의 패턴을 일으켜 아래부터 흔들렸다. 높은 속도에서 돌아가는 거대한 날개는 광역 텔레비전 신호에 영향을 끼쳐 근처 동네 사람에게 큰 괴로움을 끼쳤고, 가끔씩은 기분 나쁜 저음의 소음을 내기도 했다. 고장이 일어났다 하면 심하게 망가져서 수리하는 데 오래 걸리기도 하고 엄청난 비용을 깨먹었다.

이러한 단점을 보고서도 회사의 엔지니어들은 발명품의 규모를 재고하지 않았다. 그들은 유일하게 현실적인 전력시장은 공익사업체에 달려 있으며, 그런 회사는 큰 기계에 관심이 있다는 점만 생각했다. 연방정부의 연구 부서에 있던 관료도 그들과 관심사가 같았고, 어떻게든 그 설비의 편의를 봐주려고 했다. 대부분의 회사 사람들은 거대한 설비 장치를 운영하기를 선호했고, 다른 회사 사람이나 대학의 협력 연구팀과 협상하기 위해서도 그 편이 유리했다. 이러한 사람들이 풍력이나 태양에너지 개발을 구상할 때는 보통 사람이나 공동체가 손쉽게 사용할 수 있는 광범위한 자원에 대해서는 생각하지 않고, 그 대신 중앙 지역에 건설되고 기업의 통제를 받으며 거대한 이윤을 뽑아낼 수 있는 장치에 대해서만 궁리했다. 이윤이 확실치 않는 한 그들은 새로운 기술 개발을 '시기상조'라고만 여겼다.

따라서 중소기업가와 발명가는 주목의 대상이 되지 못했고, 장려금도 받지 못했다. 특히 정부가 태양에너지와 풍력을 이용한 대체에너지 문제를 잠시 건드려보다가 포기한 후부터 이런 현상은 더 심해졌다. 중소기업가와 발명가는 거대한 기계들이 실패한 원인을 자세히 연구했다. '미니 윈드Mini Wind'라 이름 지은 캘리포니아의 작은 회사는 세 명의 과학기술자들이 창업한 회사로 모두 대기업의 기술 부서에서 일하다가 염증을 느껴 회사를 나온 사람들이었다. 대기업에 있을 때 그들의 발명품은 항상 영업자나 자금운영자들에 의해 하향조정 당했기 때문이다. 그들은 전적으로 색다른 접근법을 취해야만 좀 더 만족스럽고 믿을 만한 결과를 얻을 수 있을 것이라고 판단했다. 그리하여 우아하긴 하지만 안정성이 떨어지는 거대한 풍력발전기를 건설하는 대신, 풍력발전기 '농장' 시스템을 만들 것을 고안했다. 그것은 단순하고 튼튼하며 원가를 절감시켜주는 경제적인 부품들로 구성될 것이다. 건설 비용을 최소화하기 위해 미리 만들어져 나온 부품을 활용했다. 무겁고 강력한 발전기는 트럭회사에서 들여왔고, 변속 장치와 접속 장치와 전선과 베어링 역시 기성품으로 주로 자동차회사에서 들여왔다. 날개와 건물만 특별히 제작해야 했다.

조립과 수리를 쉽게 하기 위해 가장 작은 크기의 날개를 만들었다. 미니 윈드 풍력발전기는 겨우 20피트가량의 지름을 가진 날개를 달 것이지만, 그 대신 발전기를 많이 만들어 언덕 전체에 분산하여 세울 것이다. 한 조각의 표준 유정용 파이프 위에 풍력기를 달고 전선이 든 밧줄로 고정시켜두면 풍력기를 작동시키거나 고칠 때 작동 부분이 밧줄을 타고 지상층까지 미끄러져 내려와 작업이 쉬워질 것이다. 그럴 경우 풍력기 아래의 바닥도 거대한 기단을 만들기 위해 깊이 파헤칠 필요가 없다. 미니 윈드 사가 건설한 실험적인 장치는 놀라울 정도로 안정성이 입증되었다.

토건업자에게 태양열 설비와 냉방 장치를 달 필요가 없는 차양 달린 창을 도입하여 건물을 짓도록 한 법령이 서부의 중소 지역에서 실시되어 성과를 거두었다. 또한 건물을 지을 때 다른 에너지 절약 장치를 도입하도록 하여 단위면적당 에너지 소모를 줄임으로써 전력회사의 금고로 들어가는 자본 유출을 막도록 유도했다. 천연가스 소비를 40퍼센트나 줄이고 전기 사용량을 25퍼센트까지 줄인 것에 고무되어 이제 그들만의 자가 발전 시스템을 얻을 가능성을 연구하기 시작했다. (서부의 상당수 지역이 몇 년 전에 시도하였고, 그 결과 사람들은 수년간 많은 양의 에너지비용을 절감시킬 수 있었다.) 이러한 동네 중 한 군데가 새크라멘토 강둑 위에 있는 '리오비스타' 라는 동네였는데, 그 동네는 미니 윈드 사의 풍력 발전 설비를 도입하기로 결정했다. 그 동네의 언덕은 여름에 바람이 꾸준하고 강하고 불어왔으므로 수천 개의 풍력기를 설치하기에 적합한 장소로 보였다. (사실상 바람은 여름 오후에 가장 강하게 불었는데, 그 시간은 정확히 냉방 장치에 요구되는 전력 수요가 최고점에 달하는 시간이었다.)

전력회사는 지방자치단체의 발전 시설 도입을 반대했지만, 시민들은 완강하게 고집했다. 그곳에 원자력발전소가 건설되는 데는 5년 내지 10년이 걸렸다. 그런데 풍력 발전 농장은 1년도 걸리지 않아 완성되었다. 수리하는 데 드는 시간도 짧았고 비용도 저렴했다. 게다가 개별 풍력기가 고장 난 동안에도 다른 풍력기가 여전히 작동하고 있었으므로 몇 대가 일시적으로 작동하지 않는 것이 전체 시스템의 발전량에 큰 영향을 끼치지 않았다. 따라서 산출 전력의 총용량은 언제나 비슷하게 유지되었다. 반면 거대한 풍력발전기가 고장났을 때에는 원자력발전소에 연료를 재충전할 때처럼 발전 시설에 장기간 심각한 두절 상태를 가져왔다.

이 장치는 또한 노동쟁의가 일어났을 경우에도 방패막이가 된다는 것이 밝혀졌다. 잠시 후에 발전 농장이 다시 문을 열게 되자, 몇 군데 발전기가 밤새 파손되고 변압기가 있는 지역에 누군가가 고의적으로 누전을 일으킨 것이 발견되었다. 리오비스타 사람들은 그 파손의 배후에 전력회사가 연루되었을 거라고 의심했지만 어쨌든 수리하는 데는 며칠밖에 걸리지 않았다.

더 고무적인 점은 리오비스타 풍차 농장의 수명이 무제한이라는 것이었다. 생물학적인 유기체처럼 약점이 발견될 때마다 조금씩 고치면 지속적으로 유지될 수 있다. 이 농장은 가동한 지 20~30년 지난 원자력발전소처럼 엄청난 비용을 들여 폐기처분한다든가, 조업을 중단한다든가, 산이나 콘크리트 속에 묻어버리든가 하는 식으로는 결코 끝나지 않을 것이다. 리오비스타 주민들은 풍차 농장 근처의 푸른 언덕으로 소풍을 갔고 강물에서 물고기를 잡았다. 언덕 비탈에는 소가 풀을 뜯었다. 보수 관리 직원이 이용하는 자갈이 깔린 작은 길은 통제소와 정비실에서 뻗어 나와 여기저기 불규칙하게 산재한 풍력기 사이로 꼬불꼬불하게 연결되어 있었다. 영광스러운 기술적 성취라고 하면 어딘가 대단히 혼란스러운 곳에서 이루어질 것 같지만, 이 보잘것없는 기계들은 묵묵히 날개를 햇빛에 반짝이면서 가끔씩 여유만만하게 돌다가 가끔은 돌풍 속에서 자동차 경주를 하는 듯한 속도로 돌아가거나 할 뿐이었다. 그러면서 유황이 섞인 연기나 미립자를 분출하지도 않고, 강을 오염시키지도 않고, 방사능을 생성하지도 않고, 지구와 대기의 열 균형을 방해하지도 않으면서 꾸준히 전력을 생산했다.

85.

비밀 계획

메리사의 오빠 벤은 언제나 그녀를 지배하려 들었다. 어쩌면 그 덕분에 자신이 강한 독립심을 얻게 되었는지도 모른다고 그녀는 가끔 생각했다. 그 점

때문에 어릴 때부터 벤과 수없이 싸웠다. 그녀는 아직까지도 벤이 친구 관계나 남자 관계를 점검하려고 할 때면 화가 났다. 그녀가 지적했듯이, 벤은 아버지가 죽은 후 스스로 아버지 노릇을 하기로 결심한 것 같았다. 그는 노스비치의 이탈리아 식당에 가서 아버지 안젤로의 형제들과 함께 저녁을 먹기까지 했는데, 이전에는 그 식당에 간 적도 없었다. 그러나 그는 옛날 집에 그대로 살고 있는 로라와 메리사를 보러 왔다.

어느 날 메리사가 어머니 로라와 함께 일주일을 보내기 위해 도시로 돌아왔을 때 벤이 잠깐 방문했다. 어딘가 허둥지둥하는 기색이었다. 벤은 정신이 나가 보였고 스티브라는 친구를 데리고 왔다. 메리사는 첫눈에 스티브가 마음에 들지 않았다. 그는 매우 총명하긴 했지만 자기중심적인 인간이었다. 그가 하는 얘기는 항상 그가 모든 면에서 다른 사람보다 얼마나 더 많이 알고 있는가에 관한 것이었다. 그와 벤은 경쟁적인 분위기에 빠져들어 행글라이딩과 '큰 위험'이 주는 재미에 대해 이야기하고 있었다. 이런 대화를 듣고 있다가 로라는 낮잠을 자러 갔다. 메리사는 양해를 구하고는 잠시 배추를 뽑으러 정원으로 나갔다. 그녀가 돌아왔을 때, 두 남자는 원심분리기에 관해 논하고 있었다. 그러나 그녀가 나타나자 그들은 갑자기 대화를 중단했다. 스티브가 잠깐 자리를 비운 사이에 메리사가 벤을 다그쳤다.

"요즘 이상하게 비밀이 많은 것 같네. 도대체 무슨 일을 하고 있는 거야? 자칭 천재 스티브라는 사람은 도대체 누구야? 그리고 원심분리기는 또 뭔데?"

벤이 그녀에게 호통치듯 말했다.

"원심분리기에 대해서 어디까지 들었어?"

"응축 과정에 대해 들은 것 같은데. 몇 개의 원심분리기를 사용하면 뭔가의 속도를 빠르게 할 수 있을 거라고. 그런데 뭘 응축하려는 거야?"

"메리사, 이건 아주 심각한 사업이야. 맹세해줬으면 좋겠는데, 네가 들은 것에 대해서 그 누구한테도 말해선 안 돼!"

메리사는 오빠의 무리한 요구에 화가 나서 싸우고 싶었지만, 한편으로는 자신이 엿들은 건 사실이므로 그 부분에 대해 비밀로 해두는 게 좋을 거라는 생각도 들었다. 하지만 벤의 비밀이 궁금해서 죽을 지경이었다. 그러면서도 벤의 반응이 너무 지나쳐서 깜짝 놀랐다.

"그게 도대체 뭣 때문에 그렇게 중요한지도 모르면서 입만 다물라는 거야?"

"바로 그거야. 그게 얼마나 중요한지에 대해서만 설명할 수 있어. 혹은 네가 그걸 만의 하나 발설할 경우 모두에게 그게 얼마나 위험한 일이 될지에 관해서도!"

"오빠, 범죄 같은 걸 계획하는 거야?"

"아니야, 범죄는 아니라는 건 확실히 말해둘 수 있어. 마약도 아니야. 하지만 뭔가 아주 거대한 일이야. 이제 맹세하겠니?"

벤은 덩치가 크고 난폭한 데가 있는 남자였다. 어렸을 때 그는 가끔씩 우월한 힘을 이용하여 그녀에게 폭력을 가한 적이 있었다. 그녀는 이제 그가 무섭지 않지만, 그가 폭력을 휘두르려고 할 때가 언제인지 알았다. 놀랍게도 지금이 바로 그런 순간이었다. 위험을 피하기 위해 그녀는 모르는 척 넘어가주기로 했다.

"좋아, 맹세하지. 언젠가는 그게 무슨 일인지 설명해줘야 할 거야."

벤이 미소를 지었지만 음흉함이 서려 있었다.

"너도 당연히 알게 될 거야."

86.

하수오물처리장의 히아신스

전통적인 정치인이라면 하수오물처리장 같은 곳을 방문하려 들지 않겠지만 베라 올웬은 이러한 시설이 생물학적으로 안정된 식량 생산 시스템의 중요한 구성요소가 될 거라는 사실을 이해했으므로 새로운 하수오물처리장을 둘러보고 싶어 했다. 따라서 샌프란시스코 교외 지역에서 새롭고 혁신적인 오물처리장이 2주년 기념행사를 주최할 거라고 발표했을 때, 베라는 즉석에서 참석하기로 계획했던 것이다. 이번 원정여행에서 에코토피아 학회의 연구원 두 명과 연락이 닿는 대로 기자를 대동했다. 이 무렵 그녀의 공식 방문은 뉴스거리였으므로 파티에 TV 방송사의 직원도 나타났다.

사람들은 시설의 이곳저곳을 돌아보다가, 하수천에서 오염원을 빨아들여 풍성하게 꽃을 피워낸 히아신스를 보고 놀랐다. 그리고 태양열을 흡수하는 지붕 아래의 고온다습하면서도 냄새가 나지는 않는 공기를 즐겼다. 그들은 방문객에게 나누어준 시스템을 설명하는 안내문들을 읽었다. 하수오물처리장에서 유일하게 아름다운 장소가 한때 메탄가스의 거대한 불길이 타오르던 곳이라고 했다. 그러나 거대하게 펄럭이던 노란 불꽃은 꺼져버렸고, 이제 메탄가스는 따로 저장되어 사무실 난방장치와 하수오물 침전물을 부수어 갈색 비료 퇴비 가루로 만드는 거대한 건조기를 가동하는 데 사용된다. 하수오물처리장 지역에서 일하는 것이 아주 근사한 직업이라고 할 수는 없었지만 어떤 사람에게는 극히 흥미로운 일이라는 것을 알게 되었고, 베라는 그 시설을 돌아보면서 간부들과 이야기를 나누는 것이 무척 즐거웠다. 요즘 거기서 일하는 인물은 대부분 기술자라기보다는 생태 경영학 학위를 지닌 사람들이었다. 그들은 하수오물이 골칫거리 '쓰레기' 라기보다는 재생될 수 있는 자원이라는 사실을 알았다. 그들은 하수의 유입과 유출의 화학을 연구하여 컴퓨터로 정리했고, 공장이 하수구에 쏟아버리기 좋아하는 화학물질과 독성 금속폐기물의 위험성에 민감했다. 그들은 물이 부족한 시기에 성년이 된 세대였고, 강을 씻어내는 것만으로는 문제를 해결할 수 없다는 사실을 본능적으로 알고 있었다. 베라가 그곳에 모인 사람들 앞에서 연설해줄 것을 요청받았을 때 그녀는 이 새로운 세대가 "더 이상 물을 타서 희석시키는 것이 오염에 대한 해결책이 못 된다"는 점을 알고 있다고 칭찬했다. 베라가 지적했듯이, 옛날에는 아무도 하수오물에 대해서 심각하게 생각한 적이 없었다. 그러나 "당신들만이 그것을 중요하게 다루었고 그것을 정수하여 아래로 흘러가게 했다"라고 추켜세웠다. 사실 소중한 유기물질이 버려지고 있다고 말한 사람은 순진한 미치광이라 놀림받았다. 갈수록 건강 문제와 하수찌꺼기 처리 문제가 심각해지자 상상력이 풍부한 기술자들은 현존하는 시스템으로 더 이상 문제를 감당할 수 없다는 사실을 자각하기 시작했다. 그러나 그들이 제안한 해결책은 너무 공이 많이 들고 지엽적이고 거대한 비용을 필요로 하는 데다 가끔씩은 전혀 효과가 없을 때도 있었다. 점차 몇 년간의 시도를 통해 새로운 아이디어가 지지자를 얻었다. 화학적으로 생산된 비료의 가격은 더욱 가파르게 상승하고 있었기 때문이다. 하수찌꺼기를 말리는 방법과 그것을 혁신적으로 처리하는 방법이 실험되었다. 하수도에 독성 쓰레기를 무단으로 버리는 것을 금지하는 방안이 실용적인 기반에서 연구되었다. 이에 관해 법률 소송과 맞소송과 법규 제정이 뒤따랐다. 마침내 새롭고 더 나은 방법에 흥미를 가진 사람들이 더 많아졌고, 나중에는 왜 누군가가 그것을 다르게 처리하기를 바랐는지조차 기억할 수 없게 되었다. 이것이 우리 사회에서 일어날 수 있는 정상적인 방법의 변화라고 베라는 말했다.

"우리가 반드시 기억해야 할 중요한 사항은 여러분이 현재 놀림감이 되는 상황이더라도 여러분의 주장이 정당하다면 결국엔 반드시 승리할 것이라는 점입니다."

베라는 그 마을에 인접한 골프장이 공장 짓는 일을 매우 환영했다는 사실도 알게 되었다. 하수처리 공장에서 걸러낸 물은 관개용수의 주요한 원천으로 인식되고 있었기 때문이다. 음식물찌꺼기와 하수를 처리할 외딴 쓰레기장을 필사적으로 찾아 나서는 대신에 그 마을은 경쟁적으로 관개용수 공급 계약과 파이프라인 루트를 얻어낼 수 있었다. 마침내 그 공장은 전쟁 때 군수품 공장으로 사용된 적이 있는 버려진 땅에 지어지게 되었다. 군수품 공장의 우중충한 시설을 불도저로 밀어버리고 나자 원래의 자연스러운 윤곽을 되찾았다. 게다가 관개수로 물을 공급하자 생산적인 목장으로 변모하기까지 했다. 놀랍게도 그 목장은 마을 사람들을 우유 수출업자로 만들어주었다.

베라가 기념 연설을 하는 동안 공장의 운영자가 한마디 거들었다. 한때 '실험적인' 것으로만 생각되었던 히아신스 연못 체제가 서부 해안을 따라 10여 군데까지 확장되었다는 것이다. 그녀는 소를 먹이기 위해 히아신스 줄기를 썰어서 만든 꼴이 수십 톤에 달한다는 사실도 언급했다. 운영자가 뽐내듯 말했다.

"우리의 퇴비는 전체 네 개 카운티 중에 가장 독성이 적습니다."

그것은 잔디와 과실수뿐만 아니라 채소 정원에 사용하도록 인증받은 지 오래되었다. 그 지역 하수오물량의 40퍼센트가량이 재활용되어 퇴비로 땅에 뿌려졌다. 더 많은 식량을 생산하고 더 많은 쓰레기가 생산되고 더 많은 찌꺼기가 생산되는 일이 무한히 반복되는 것으로, 이를 에코토피아 학회의 생물학자들은 '안정된 시스템'이라 명명했고, 선량하고 아름다운 사람들이 만족하는 시스템이었다.

베라가 TV 관계자들과 가진 인터뷰에서 지적했듯이, 이것이 그 지역 전체의 농업과 하수처리 시스템을 감당할 정도로 확장될 수 있다면 에코토피아식 식량 생산이 수천 년 동안 풍부한 토대 위에서 지속될 수 있도록 보장할 것이다. 유럽과 중국에서도 마찬가지일 것이다. 베라는 더욱 강조하여 말했다.

"궁극적으로 모든 사회는 농업 사회입니다. 아무리 첨단 과학기술로 개발된다 하더라도 말입니다. 우리 지역의 생물학적 건강이라는 근본적인 측면에 신경 쓰지 않는다면 우리는 여기에서 오랫동안 살아남지 못 할 것입니다. 그것이 이처럼 간과된 중요성을 생존자당이 그토록 많이 강조하는 이유입니다. 사람과 마찬가지로 한 사회는 그 사회 사람들이 무엇을 먹는가에 달려 있습니다. 우리가 재활용을 잘한다면 우리는 더 잘 먹게 될 것입니다!"

87.

닐 앤더슨

닐 앤더슨은 미네소타에서 농장을 운영하는 건실한 가정에서 자랐다. 그는
중서부 지역의 비옥한 땅을 사랑했다. 그는 자신이 화학을 할 만큼 머리가
좋다는 사실을 일찍이 깨달았다. 대학을 졸업한 후 그는 팜켐^{Farmchem}이라는
거대한 비료, 농약, 제초제 제조회사에 입사하게 되었다. 회사가 그에게 서
부로 이사 가라고 했을 때 별 불만이 없었다. 그는 결혼하고 아이를 가졌지
만 아내와의 관계는 힘들었다. 그는 가족을 떠날 것을 생각하기도 했다. 그
때마다 사업상의 여행을 위해 잠시 집을 떠나게 되었고, 돌아오면 아내가 다
시 괜찮아 보였다. 시간이 지나자 그가 여행을 즐기기도 하고 시골 지역에
다시 가까이 갈 수 있었기 때문이라는 사실을 깨달았다. 그래서 그는 시골의
사업장으로 옮겨서 그 지역의 농촌 지도자들과 함께 일했다. 이런 사람들은
병충해와 싸우고 생산성을 증가시키기 위해 열려 있는 가능성이 무엇인지
에 관해 교육을 받은 농부였다. 그것을 실현하는 과정에서 그들은 화학회사
를 위해 상품을 팔았다. 그러나 그 기간에는 미국 농장에(그리고 농장 근로자
나 이웃에게도 마찬가지로) 적용되는 거대한 양의 화학약품에 대해 아무도 의
문을 제기하지 않았고, 닐은 자신이 나라를 먹여 살린다는 점에서 좋은 일을
하고 있다고만 생각했다.

나중에 화학비료를 쓴 농업의 결과가 위험하다고 경고가 있을 때조차 닐
은 현재 진행되고 있는 일이 필수불가결하다는 점을 전혀 의심하지 않았다.
그게 이상적이지는 않더라도 말이다. 그는 자신이 살아온 인생에 만족했고,
55세가 되자 오랫동안 팜켐에서 일했으므로 좋은 조건으로 조기 퇴직을 할
자격이 있다는 것을 깨닫고 그 기회를 잡았다. 그는 가르치는 일도 하고 정
원도 늘릴 참이었다. 어쩌면 직장생활을 하는 동안 해볼 기회가 없었던 실험

도 어느 정도 할 수 있을지 모른다.

그러나 퇴직하자마자 그와 아내와의 관계는 극도로 악화되었다. 더 이상 사업상의 여행이라는 탈출구가 없어졌기 때문이다. 그녀에 대해 쌓이고 쌓인 분노가 마침내 관계를 망가뜨렸고, 더 이상 열정적인 재결합을 기대하지 않게 되었다. 1년도 안 되어 결혼은 파경을 맞았다. 혼자가 된 닐은 가진 돈이 별로 없다는 사실을 깨달았다.

더 이상 교외 생활을 계속할 형편이 안 된다는 사실을 깨닫고 모든 것을 팔고 북쪽의 멘도치노 카운티로 이사했다. 그는 언덕에 있는 작고 허름한 오두막집을 발견했고, 그것을 수리한다는 조건으로 월세도 내지 않고 그 집에 살 수 있었다. 그는 그곳에 정착해서 정원을 가꾸었으며, 닭 몇 마리를 기르기 시작했다. 시간이 갈수록 그는 자신이 즐겨 대화를 나누는 그 지역 사람들이 자기처럼 도시에서 도피한 사람이라는 사실을 알게 되었다. 그들 중 다수는 매우 젊었다. 그들은 데님옷을 입고 목걸이와 헤어밴드를 두른 히피 남자와 브래지어나 화장을 하지 않는 여자였다. 그들과 삶의 방식 차이를 극복하는 데 1~2년이 걸렸다.

가장 힘든 건 마리화나를 인정하는 것이었다. 닐은 마리화나가 심하게 위험한 마약이라고 여겼다. 그는 알코올이 팜켐에서 알고 지내던 영업자의 삶을 망쳐놓는 것을 보았고, 10대들의 파괴적인 의존성에 관해 무시무시한 이야기를 들은 적이 있었다. 마침내 한 친구가 몇 모금만 피워보라고 그를 설득했다. 닐은 '그 영향으로' 자신이 어지럼증을 느끼거나 폭력적으로 될까봐 두려워했다. 그러나 직접 시도해본 후 예상과 달리 마리화나가 자신을 부드럽고 평온하게 해주며 긴장을 풀어준다는 사실을 깨달았다. 자신이 그동안 얼마나 무지한 편견에 사로잡혀 있었는지도 알게 되었다. 그러자 그의 세계관이 흔들렸다. 갑자기 자신이 그동안 가졌던 생각이 모조리 틀린 것일 수도 있겠다는 생각이 들었다. 그는 사람들에게 드러내놓고 섹스와 마약을 이

316

야기하게 되었다. 그는 턱수염을 길렀고, 그것이 여성에게 신비로운 매력을 느끼게 한다는 사실을 깨달았다. 그는 사람들이 숲속에 숨겨진 작은 마리화나 밭에 대해 이야기할 때 이전보다 귀 기울여 들었다.

그는 열대성 식물인 마리화나가 멘도치노에서 번성할 수 있으리라는 것을 알지 못했다. 해안에서 몇 마일 더 들어가면 여름 날씨가 타듯이 뜨거운 데다 작물을 기를 수 있는 기간도 충분히 긴 지역이 있었다. 닐의 기준으로 그곳 토양은 그다지 비옥한 편이 아니었다. 나무를 약간 베어내고 작은 밭을 만든다면(정찰 비행기도 알아보지 못할 정도의 크기로), 마리화나를 환금성 작물로 재배할 수 있을 것이고, 적은 노동만으로 꽤 수준 있는 생활을 유지할 수 있을 것이다.

물론 심각한 위험도 있었다. 적은 양의 마리화나를 소유하는 것은 사소한 경범죄로 다루어지지만 그것을 직접 기르고 파는 일은 중죄에 해당했다. 닐이 대화를 나눈 재배자들은 그 위험에 익숙했다. 주 정부에서 매년 행하는 준군사적인 습격에 대해서도 대비가 되어 있었다. 주 정부는 마약과 알코올과 니코틴에 의해 초래되는 중산층의 피해에 대해서는 무관심했다. 카운티를 관리하는 데 현실적인 감시책이 전혀 없었다. 마리화나 재배자들은 밭이 발각되어 몰수당하더라도 다른 비밀 장소에 한두 개 새로운 밭을 가지고 있어서 굶어 죽을 염려는 없는 모양이었다. 마피아 마약 거래상들은 멘도치노 근처에는 침입한 적이 없었다. 그곳은 밭이 너무 산만하게 분산되어 있었기 때문이다. 소수의 남아 있는 벌목꾼이나 목재산업 종사자 사이에도 마리화나 농부에 대해 공감대가 형성되어 있었다. 결국 목재사업이 쇠퇴하게 되었을 때에도 마리화나 농부가 새로이 그 카운티에 많은 돈을 벌어다 주었기 때문이다. 마리화나는 그 카운티의 두 번째로 큰 산업이라는 소문이 공공연하게 퍼져 있었다. 오래된 목재가 마지막으로 모조리 잘려나가 벌채 작업을 위한 일자리가 줄어드는데도 카운티의 경제가 전체적으로 안정적인 상태로 유지되거나 조금 더 나아진 이유를 설명해주는 것도 마리화나 농사였다. 그래서 벌목꾼들은 우연히 목재회사의 땅 어딘가에 마리화나가 자라나고 있다는 것을 알게 되더라도 비밀을 유지했다.

이런 상황에서 닐은 직접 마리화나를 길러볼 생각을 하기 시작했다. 그는 시험용으로 집 안에서 마리화나를 키워보았다. 그는 마리화나 재배에 관해 놀라울 정도로 복잡한 전문서들을 몇 권 읽었다. 마리화나 재배자 몇몇과 유전학에 대해서도 상의했다. 그가 알기로 마리화나는 과학적으로 매우 흥미로운 종이었다. 집에서 키운 식물은 잘 자랐지만, 그는 방법론적으로 접근할 경우 산출량과 효능 모두를 증가시킬 수 있으리라 생각하고 그 방법을 찾기 시작했다.

1987년 가을에 스물세 살이 된 닐의 아들 존이 아버지를 찾아왔다. 존은 그저 그런 대학을 다니다 중도에 그만두고 일도 좀 하다가 여기저기 떠돌아다녔다. 그러다 집으로 돌아가 한동안 엄마와 함께 살았지만 그 생활은 별로 마음에 들지 않았다. 자신이 정말로 원하는 일이라곤 아무것도 찾을 수 없었다. 존이 도착했을 때 그는 엄격한 아버지에게서 혹독하게 비난받을 것을 예상했다. 스스로의 힘으로 아무것도 하지 않고 학위를 받기 위해 공부를 계속하지도 않은 것에 대해 꾸지람을 들을 게 틀림없었다. 그러나 아버지는 소박한 삶을 사는 것과 인간의 존재에 행복을 주는 것이 무엇인지에 대해 이야기하는 편안한 사람이 되어 있었다. 심지어 인간에게 행복을 주기 위해 더 나은 마약을 기르는 일에 도전해야 한다는 말도 했다! 존은 아버지의 변화를 믿을 수 없었다. 그는 사흘 동안 닐과 환상적인 시간을 보냈다.

어느 날 아침 닐은 아들 존에게 커피를 끓여주고는 상의하고 싶은 중대한 일이 있다고 말했다.

"요즘 새로운 사업을 시작하려고 생각해왔는데 믿을 만한 조력자가 필요해. 어젯밤 네가 좋은 조력자가 될지도 모르겠다는 생각이 들었어. 틀림없이 몇 년 동안 해볼 만한 괜찮은 일거리가 될 거야."

"무슨 일을 하실 건데요?"

존이 물었다. 유리창을 뚫고 들어온 햇살이 그의 발을 비추어 몸을 따스하게 덥혀주었다. 그는 커피 한 모금을 더 마셨다.

"마약 재배."

닐은 대답하고 나서 존의 얼굴에 나타난 표정을 보고 미소 지었다.

"글쎄다, 아주 많이 놀라는 것 같지는 않네. 결국 난 농부니까."

"그래요, 그건 단지 그냥……."

존이 할 말을 찾지 못했다.

"설마 네 아버지를 범죄자로 생각하는 건 아니겠지?"

"오, 제발, 아빠. 그건 큰 변화일 뿐이에요. 제 말은 아빠가 농약이 암의 원인이라고 판단하는 것처럼 들린다는 거죠."

"그게 어때서? 그건 사실이잖아. 그걸 인정해야만 했어."

"하지만 지금까지 아무도 그걸 증명한 사람이 없다면서 갖가지 주장을 펼치셨잖아요."

"그렇긴 하지만 여기 와서 좀 더 생각해볼 시간을 갖게 되었고, 더 많은 자료도 읽었지. 그랬더니 결국 내가 틀렸다는 걸 알겠더구나. 우리는 모두 틀렸어. 내가 속했던 산업이랑 회사도."

존은 아버지를 이전에 만난 적이 없는 사람을 대하듯 꼼꼼히 관찰했다.

"그걸 시인하는 게 절대 쉬운 일은 아니었을 텐데요."

"쉽지 않았지. 아주 힘들었단다."

존은 몇 분간 조용히 생각에 잠겨 앉아 있었다. 정말 이상한 일이었다. 어떤 운명의 장난으로 아버지의 삶이 바뀌었는지 모르지만, 지금처럼 아버지가 마약 재배자가 될 줄은 정말 몰랐다!

"내가 생각하고 있는 건 거대한 온실이다. 하루 종일 햇빛이 비치는 언덕을 마주 보고 짓는 거지."

닐이 진지하게 말했다.

"그걸 짓고 운영하는 일에 도움이 필요할 것 같아. 전체적인 실험은 다 마쳐두었거든. 우리는 길과 다른 접근로에다 경보 시스템을 설치할 필요가 있을 거야. 그게 꽤 일이 많을 거야."

존의 눈이 빛났다.

"그럴까요? 아빠도 알다시피 제가 전기 기술자 교육을 좀 받아두었잖아요. 그렇게 어렵진 않을 것 같네요."

"그렇구나, 그럼 너도 재미있을 거야. 그것 말고도 막노동에 해당하는 힘든 일이 널려 있어. 언덕으로 통하는 동굴도 파야 할 것이고, 모든 것이 밀고 끌 수 있는 대 위에서 자라게 될 거야. 경찰이 나타나면 그걸 언덕 아래 동굴로 밀어 넣고 토마토와 완두콩을 기르는 것처럼 가장해야 하니까."

"그거 정말 영리한 생각인데요, 하지만 그 모든 시설을 만드는 게 그만한 가치가 있을까요?"

"머릿속에 꽤 유용한 식물 실험실을 구상해두었다. 숲속에 밭을 만들어서 재배하는 방식으로는 내가 원하는 대로 실험하는 게 불가능하니까."

"세계 최고의 마약이 나오겠지요, 그죠?"

"가장 안전한 마약이겠지. 사람들의 폐 속에 마약의 연기를 주입하는 것은 누구에게도 좋은 일이 아니야. 그래서 타르를 최소한으로 낮추는 대신 다른 성분을 지닌 마리화나 품종을 개발하고 싶어. 게다가 그걸 물에 타면 차처럼 마실 수 있도록."

"아빠가 회사에 다니면서 지은 죄를 만회하고 싶은 건가요?"

"그런 면도 있지. 여기에 딱 적당한 말이 있어. '정의로운' 마약. 그건 정의로운 일이 될 거야."

88.

이 무렵 생존자당이 에코토피아 지역에 제안한 아이디어의 영향력이 너무나 커져서, 가솔린에 과중한 세금을 부과하자는 레이 듀트라의 제안이 주 의회에서 법령으로 제정되었다. 연방정부의 조치가 부재한 상태에서 주는 마지못해 석유 소비량이 일으키는 자금 출혈에 맞서고 약화된 경제를 지킬 것을 결심했다. 그 결과 가스를 살 때마다 높은 요금을 불평하는 사람도 꽤 많았지만 그것 때문에 집단적으로 항의하는 경우는 없었고, 가스 소비가 실질적으로 떨어지는 것이 가시화되었다. 이 조치가 성공한 후 몇 달이 지나자, 경제는 벌써부터 개선의 조짐을 보이기 시작했다. 생존자당은 더욱 대담하게 자동차에도 세금을 부과하는 새로운 수단을 도입했고, 그 결과 늘어난 세입을 버스와 시내 전차, 택시, 기차 서비스를 개선하는 일에 할당했다.

그렇게 되자 자동차업계는 공격당하고 있다는 것을 깨달았다. 자동차업계는 해안 지역 전역에서 '자동차'의 신성한 권리를 유지하는 것을 목표로 비싼 돈을 들여 대대적인 대중 캠페인을 펼쳤다. 중요한 것은 메드라라는 자동차 상인이 연방법원에 소송을 제기한 것인데, 그는 새로운 법이 주간 상거래법에 대한 위헌적 간섭이라고 주장했다. 디트로이트에서 만들어진 자동차가 북서부 지역에서 불이익을 당한다는 것이다. 북서부 사람들이 주장하듯이 자동차로 인해 겪고 있는 손해를 줄이고 싶다면 유일한 해결책은 연방의회에 호소하는 것뿐이라고 메드라의 변호사가 주장했다. 서부의 주는 특정 상품을 차별할 수 있는 편파적인 지역 규제를 적용하는 것이 금지되어 있었다. 연방정부가 주간 상거래의 제정을 독점하고 있었기 때문이다.

메드라 소송은 남북전쟁이 일어나기 직전 노예제도에 대한 첨예한 갈등 속에서 일어난 드레드 스코트의 소송처럼 잠정적으로 폭발적인 사건으로 번질 것이 분명했다. 드레드 스코트 소송은 남부인들이 지배적인 연방 대법원이 확고하게 노예제도를 찬성하고 있다는 사실을 명백하게 보여주었다.

그 결과 노예제 반대운동을 위한 수단으로 광범위한 지역에 걸쳐 공화당이 창당되었다. 이제는 생존자당이 자동차에 대한 반대 조치로 헌법적인 문제를 위협하는 자세를 취하고 있었다.

보통 변호사들이 논쟁을 벌이면 이러한 문제들이 불가해한 선례와 헌법적인 해석의 문제로 가득 찬 매우 추상적인 것으로 보였다. 그러나 노예제도의 경우에는 그 문제가 일반인에게도 극히 개인적이고 친근한 것이었다. 지금의 자동차 문제도 그와 비슷한 데가 있었다. 어떤 이는 자동차 반대 조치가 개인적인 자유를 침해한다고 주장했고, 어디든지 언제든지 그들이 원하는 곳으로 차를 타고 떠날 권리를 속박당하는 것처럼 여겼다. 한편, 자동차가 사회를 지배할 때 경제의 빈곤화와 발암성 물질로 대기를 오염시키는 것과 교통사고로 인한 사망으로 건강과 복지를 향한 인간의 기본적인 권리를 속박한다는 주장도 펼쳐졌다. 자동차를 소유하고 이용하는 것은 주요한 도덕적, 정치적 이슈가 되었다. 그것 때문에 가족들 간에도 의견이 갈라졌고 계급 갈등이 악화되었으며 더 나아가 자라나는 생존자당의 권력과 기존 양당의 약화된 세력 간의 정치 기구의 양극화가 극대화되었다. 이렇게 날로 소란이 심해지는 가운데 메드라 소송은 연방 대법원까지 올라갔다.

89.
거대기업의 한계

리오비스타 설비의 성공으로, 미니 윈드는 그들이 감당할 수 있는 것보다 더 많은 주문을 받기 시작했다. 회사 직원이 50여 명까지 늘어났으니 처음 차고에서 사업을 시작하던 때와 비교하면 굉장한 성장이었다. 회사를 설립한 동업자들은 나머지 간부들과 함께 앞으로의 일을 논의했다. 더 큰 공장을 설비하기 위해 은행에서 확장 자금을 빌려야 할까? 어떻게 회사를 운영해야 직원 모두에게 더 나은 삶을 제공할 수 있을까?

이러한 의문은 항만 지구에 있는 지역 기반의 중소기업에서 일하는 사람

사이에서는 매우 자연스러운 것으로 보이기 시작했다. 이 회사 중에는 종업원지주회사가 있었고, 아니면 전통적인 회사보다는 민주적이고 개방된 수단을 통해 운영되었다. 이러한 경향은 초기에는 출판 같은 문화산업이나 식품가게나 식당 같은 서비스 산업 분야에서부터 시작되어 점차 특화된 과학 기반의 연구 분야와 제조회사까지 퍼져 나갔다. 이러한 새로운 종류의 회사는 컴퓨터 프로그램을 개발하고 유전공학도 개발했다. 그들은 캠핑 장비와 장작난로, 가구, 정원 손질 장비와 온실용 장비를 제조했다. 이국적인 차와 허브로 만든 치료제, 비누, 로션 등을 생산했다. 진하고 맛있는 맥주와 와인도 만들었고 그 두 가지를 직접 만드는 방법도 가르쳤다. 그들은 지역에서 자라난 유기농 음식을 생산하고 분배하는 일에도 뛰어들었다. 그들은 작은 사업체를 도와야 할 의무가 있으나 실제 그 의무에는 소홀한 정부 당국으로부터 무시당했다. 이런 사업체의 운영자들은 원칙적으로는 혁신 산업을 육성하기 위해 조성된 정부의 자금이 혁신이라고는 하지 않고 갈수록 나빠지기만 하는 거대 기업에만 지원된다는 사실을 알게 되었다. 그래서 일반적으로 소규모에 효율성이 높은 형태의 회사를 유지했다. 시장을 상세히 파악했고 다국적 재벌 기업이 흥미를 가질 수 없는, 지역적인 한계가 명확한 틈새 시장을 개발하는 법을 알게 되었다.

미니 윈드의 간부들은 그들이 알고 있는 회사의 경험에 기반하여 장시간 논의를 거친 후 종업원주주 및 운영 체제로 전환했다. 종업원조합이 설립자의 주식을 사들여 모든 종업원이 주식 소유자가 되었다. 그들은 기초적인 정책 결정을 내리고, 이 정책을 실현할 경영 간부들을 고용하기 위해 운영위원회를 선출했다. 그 지역에 있는 수많은 중소기업처럼 미니 윈드는 장부를 공개하여, 종업원과 고객과 그 회사에 관심 있는 사람이면 누구든 장부를 보고 회사가 돈을 얼마나 벌고 그 돈으로 무엇을 하고 있는지 알 수 있도록 했다. (초기에 내려진 기초적인 결정은 짧고 융통성 있는 근무 조건을 만드는 대신 다소 낮아진 개인당 수입을 수용한다는 것이었다.)

　일단 미니 윈드를 구성한 사람들이 근무 조건을 스스로 통제할 수 있다는 사실을 인식하게 되자, 엄청난 양의 창조적인 아이디어가 속출하기 시작했다. 그 회사는 맛도 있고 영양도 풍부한 점심식사를 만들어줄 요리사를 고용했고, 이것이 결속력을 높여주고 회사 전체의 문제에 날마다 더 많은 관심을 기울이도록 만드는 데 도움을 준다는 것을 깨달았다. 그들은 자전거를 타고 출근하는 사람이나 점심 후 휴식 시간에 달리기를 하고 싶어 하는 사람을 위해 샤워실을 만들었다. 바로 옆에 탁아 시설을 지어서 부모와 아이들이 낮 동안 서로 만날 수 있도록 했다. 그렇게 하자 아이들 또한 부모가 돈을 벌기 위해 무슨 일을 하는지 알게 되었고, 조직 전체가 한 가족과 같은 의식을 기르게 되었다. 다른 종업원 운영방식의 회사들처럼 미니 윈드도 건강에 미칠 영향을 고려하여 작업 상황의 모든 측면을 평가했다. 직장에서 독성물질 보호를 담당한 정부 당국이 1980년대 초반에 사라진 후로 노동자들은 자신의 건강은 스스로 지켜야 한다는 사실을 알았다.

　미니 윈드는 작업 규약에 있어서도 많은 실험을 했다. 직무 순환 프로그램을 통해, 그들은 다양한 경험과 자질에 깊이를 지닌 간부를 양성했다. 이를 통해 지루함이나 정체나 나태 등에 빠지지 않을 수 있었다. 두어 사람이 살고 있는 작은 아파트가 사무실의 한쪽 구석에 만들어져서 야간과 주말에 보안 업무를 했다. 이러한 방법이나 다른 방법을 통해 미니 윈드와 협력 회사들은 일과 개인생활 사이의 전통적인 단절을 깨부수었다. 그들은 직장에서 스스로에게 제공하는 삶의 질이 그 회사에서 만드는 풍력기만큼이나 중요한 그 회사의 '생산품'이라는 사실을 깨달았다.

　그들의 풍력기는 그 업계에서 최고였다. 높은 성과를 내면서도 단순하고 안정적이고 수리하기 쉬웠다. 그런데도 그 회사는 인지도가 낮았다. 덕분에 언론의 주목도 받지 않았고, 대기업의 합병 제안도 없었다. 융통성 있고 재빨리 고객의 요구에 응하고 종업원지주의 최고의 에너지를 동원할 수 있는 능력이 있었으므로, 그 회사는 완고하고 관료화된 대기업을 붕괴시킬 만한 사회적인 위기에서도 살아남을 것이다.

여전히 관료화된 거대 기업이 미국 경제를 지배하고 있었다. 그들은 자금력을 이용하여 더 작은 회사를 간편하게 사고 팔고 조종했다. 내부에서 바라볼 때 그들의 운영방식은 경제적 합리성이라는 인상적인 면모를 지니고 있었다. 고수익을 낳았고 변덕스러운 투자가들을 계속 잡아두었다. 그러나 바깥에서 바라볼 때 그들은 사회에 매우 높은 비용을 부담시켰고 환경오염과 실직, 사망, 복지 비용, 발전소를 폐기하면서 일어난 도시의 쇠퇴 등의 측면에서 거대한 손실을 입혔다. 대중들은 매우 수동적인 자세로 이러한 비용이 오랫동안 자신들이 만들어낸 '정상적인' 부담이라고 믿었다. 그러나 많은 사람들이 이렇게 합의된 정의를 의심하기 시작했다.

게다가 어떤 사람은 거대 기업이 지지자들이 외치는 것만큼 효율적이지는 않다는 사실을 깨닫기 시작했다. 그들은 다른 사람들이 세워둔 회사를 사고파는 일에는 뛰어났지만, 자체의 생산성은 전혀 증가하지 않았다. 그들은 그들을 착취하는 정부처럼 관료적으로 변했다. 회사에서 만드는 세제 상자의 디자인을 바꾸는 데 6개월이 걸렸고, 자동차의 사소한 부품을 다시 설계하는 데 2년이 걸렸다. 독일이나 일본 회사와 정면으로 경쟁하는 분야에서 후진적이고 사업성이 없다는 것이 밝혀졌다. 속성으로 이윤을 남기는 일만 추구하던 그들의 사업은 거의 한계에 도달했다.

90.

'은둔' 여행

마침내 루가 혼자만의 '은둔' 여행을 떠날 때가 되었다. 이전에도 여러 번 해본 적이 있으므로 조직적으로 짐을 쌌다. 사흘 동안 인적 없는 황무지에서 자신을 보호하기 위한 필수품을 모두 챙겨 넣었다. 재킷을 수선했고 수통을 씻어서 물을 가득 채웠다. 작은 코펠에 불을 붙여 제대로 작동하는지 확인했고, 침낭과 속에 깔 패드를 단단하게 말아서 가방 안에 넣었다. 그런 다음 언제나처럼 호기심에 찬 얼굴로 짐의 무게를 재기 위해 목욕탕 저울 위에 올라갔다.

"13킬로그램이 조금 넘네."

그녀는 만족스러워하며 로저에게 말했다.

"꽤 가볍게 살죠, 그렇죠?"

"좋아, 우리 딸. 바닥에 깔 천은 챙겼어? 성냥은?"

"아빠! 날 도대체 뭘로 보는 거예요?"

"오, 그렇구나. 미안해! 네가 다 챙긴 건 알아. 이 모든 일이 사실은 당황스러워서. 솔직히 네가 영원히 열두 살에 머물러 있기를 원하는 것 같구나. 네가 이제 다 컸다는 사실이 자랑스러운데도 말이다."

루는 로저가 자신에게 이런 사실을 솔직하게 고백하는 것이 기뻤다.

"그렇구나. 나도 많이 혼란스러운데요, 뭐! 사실 그게 의식을 생각해낸 이유일지도 몰라요. 그 모든 것을 한꺼번에 통과해서 안정을 찾기 위해서요. 한마디로 통과의례인 거죠."

"나도 그게 모두가 새로운 사실에 직면하도록 만든다는 거 알아. 우리는 네가 속한 새로운 세대를 인정해야만 해. 넌 어른이 될 거고 자식도 낳게 되겠지. 넌 독립적인 사람이 될 뿐만 아니라 생산자도 되겠지. 정말 이상한 말이구나!"

"그러게요. 생각해봐야 할 화두들이 너무 많네요."

루가 재킷을 걸쳤다.

"내려가서 버스를 타는 게 좋을 것 같아요. 해안을 타고 북쪽으로 올라간 다음 내륙으로 들어갈 거예요. 일요일 오후에 봐요. 해가 질 무렵 당당하게 입장하고 싶어요."

루는 누군가가 미행할지도 모른다는 생각을 어렴풋이 했다. 강도 미수 사건이 있은 후에도 가끔씩 낯선 사람들이 동네에 나타났다. 그녀는 버스 뒤창으로 바깥을 감시했다. 그러나 그 버스에 관심을 두는 차는 없는 것 같았다. 그녀가 외딴 교차로의 버스 정류장에 내렸을 때 버스에서 내린 또 다른 사람은 노인으로 고속도로 반대편을 따라 걸어가기 시작했다. 그런 다음 차 한 대가 지나갔는데 서행하는 듯싶긴 했지만 차 안의 사람들은 아무도 그녀에게 관심을 보이지 않는 것 같았다. 루는 긴장을 풀고 명랑한 발걸음으로 언덕을 올라가기 시작했다. 햇볕이 내리쬐는 가을날이었고, 길가의 소나무들은 가끔씩 불어오는 미풍에 흔들거렸다. 젊고 튼튼한 육체로 홀로 거닌다는 것은 얼마나 멋진 일인가! 사흘 동안 그녀가 어디에 있는지 정확히 아는 사람은 아무도 없을 것이다. 그 점이 그녀의 계획에서 가장 핵심적인 부분이었다. 그녀는 혼자만의 힘으로 사흘을 보낼 것이다. 뭔가 유쾌하고도 겁이 나는 구석이 있었다. 그러나 그녀는 충분히 스스로를 책임질 자신이 있었다.

지도를 보니 길에서 반마일 정도 떨어진 곳에 시내가 흐른다고 되어 있었다. 매년마다 이 시기는 우기가 시작되기 전이어서 시냇물에는 물이 많지 않을 것이다. 카운티가 벌채를 당한 이후로 시냇물은 여름마다 심하게 줄어들었다. 루는 시냇가에서 흘러내리는 물소리를 들으면서 자는 것을 좋아했고 바라보기에도 좋았다. 그녀가 시내 위로 가로놓인 낡은 다리를 지나갈 때 여전히 물이 조금은 흘러가고 있었다. 길 하나가 시냇물을 따라 뻗어 있었고, 길을 가로막은 강철 케이블에는 글씨가 다 지워진 '침입 금지'라는 표지가 달려 있었다. 루는 케이블을 폴짝 뛰어넘어서 시냇물을 거슬러 올라가기 시작했다.

야외에서 시간을 보낼 때면 항상 일어나는 일이듯이, 루는 읍내에 있을 때나 볼리나스에 있을 때보다 감각이 재미있는 정보를 더 많이 포착하고 있는 것을 깨달았다. 그녀는 감수성이 풍부해지는 느낌이 좋았다. 이렇게 외부와 차단된 곳에서라면 풀과 나무와 시냇물과 작은 새가 그녀에게 전하는 이야기를 알아들을 수 있을 거라고 상상했다. 그녀는 그들의 세상으로 들어가서, 지구의 한 생명체로서 그 세계의 일원이 될 것이다. 사람들 사이에 살 때는 결코 경험할 수 없었던 이런 생각이 그녀를 행복하게 만들었다. 속세의 사람들은 이곳에서와는 대조적으로 항상 무엇인가를 지배하는 것에만 관심이 있었다.

도로에서 꽤 멀어져서 간간히 나타나는 초원과 숲을 통과하며 언덕을 오르고 있었다. 지도에는 인접한 산맥 근처 어딘가에 옛날 인디언의 정착지가 있다고 표시되어 있었다. 어쩌면 다음 날 하이킹하면서 누군가가 거기에 아직도 살고 있는지 볼 수 있을 것이다. 마침내 시냇물을 따라 어부들이 만들어둔 모호한 길을 따라가다 다소 평평하고 높은 지대를 발견했다. 시내는 푹신한 풀밭 근처에서 작은 폭포를 이루고 있었고, 그 풀밭에서 야영을 할 수 있을 것 같았다. 풀이 푹신해서 쿠션용 패드가 필요 없을지도 몰랐다. 옻나무가 없는지 주위를 살펴보다가 수평으로 가지를 뻗은 나무를 발견했다. 거기다 음식물을 걸어놓을 수 있었다. 그게 야영지를 찾아오는 너구리나 다른 좀도둑을 좌절시키는 일이긴 하겠지만 말이다. 루는 이곳이 야영하기에 적합한 장소라고 판단하고 배낭을 내려놓았다. 그런 다음 침낭을 펼 자리와 요리할 곳을 정하고는 화장실로 이용할 작은 구멍을 팠다. 노트를 꺼내서 커다란 나무에 기대어 앉은 다음 머릿속에 떠오르는 대로 생각을 적어가기 시작했다. 다른 생명체가 그녀를 관찰하다가 그녀가 움직이지 않고 가만히 있는 것에 익숙해졌다. 바위 위에서 보초를 서던 땅다람쥐 한 마리가 잠시 긴장하여 그녀를 감시하다가, 그녀가 아무 위험이 없다고 판단했다. 원래 호기심이 많은 블루제이 한 마리가 근처를 뛰어다닐 정도로 대담해져서는 가방을 조사했다. 루는 반마일 떨어진 언덕에서 희미한 빛이 반짝이는 것을 쌍안경으로 찾아내지는 못했지만, 가장 위험한 종, 바로 그녀와 같은 인간에게 관찰당하고 있었다.

어쨌든 그녀는 무사히 저녁밥을 지었다. 어둠이 내리자 그녀는 아늑한 침낭 속에 누워 하늘의 별을 바라보았다. 별은 복잡한 별자리를 그리며 가슴 시리도록 아름답게 빛났다. 캠핑 여행이 아니고서야 저렇게 많은 별이 하늘에 있다는 것을 어떻게 알 수 있겠는가! 그리고 눈에 보이는 별이 우주에 있는 별 중 작은 부분에 불과하지 않는다는 것을 알았다. 그녀가 가지고 있던 오랜 환상이 다시 떠올랐다. 우리의 태양계가 이 거대한 은하계에 비하면 하나의 원자에 불과하다는 것, 그리고 수조, 수십억 개 별로 이루어진 원자들이 합해져서 거대한 생명체의 혈류를 구성하고 있을지도 모른다는 생각이었다. 그녀는 늘 혼자 킥킥거리며 그것이 커다란 곰이랑 닮았을 거라고 상상했다. 우리 눈에는 단단한 물질로 보이는 바위가 실제로는 점점이 작은 물질로 이루어진 공간인 것과 같이 생명체에게는 혈류가 끊임없이 흐르는 액체처럼 보일 것이다. 우리의 끝없는 자기중심성 속에서 지구는 정말로 우주의 거대한 중심인 것처럼 보였다. 심지어 우주에 테두리가 없고 과거도 없을 거라는 개념까지 만들어냈다. 루가 생각하기에 곰에게는 매우 우습게 보일 것이 틀림없었다. 그 곰은 자신의 피부의 한계가 어디에 있는지 정확히 알고 모든 것이 반드시 어딘가에 근원을 지니고 있다는 것을 자각하는, 다른 곰과 다를 바 없이 태어난 곰이 틀림없었다.

루가 잠에서 깨어났을 때 공기는 매우 차갑고 축축했다. 침낭 바깥으로 고개를 내밀고는 밖으로 기어나갈 것인지, 좀 더 누워서 기다릴 것인지 고민했다. 그녀는 다시 침낭 속에서 뒹굴기로 결심했다. 결국 이곳에 생각하러 온 것이지, 뭔가를 하기 위해 온 것은 아니었다. 그녀는 태양이 충분이 높이 떠올라 얼굴을 데울 때까지 선잠을 잤다. 그러고 나서 옷을 입고 침낭에서 엉금엉금 기어 나왔다. 그녀는 작은 코펠에 불을 붙여 아침밥을 지었다.

그날의 나머지 시간 동안 그녀는 생각하거나 글을 쓰면서 보냈다. 그녀는 성인식에서 연설을 할 생각이었다. 그것이 간단하면서도 노래처럼 강력하기를 바랐다. 가끔씩은 산책도 하면서 하루 종일 그 일에 전념했다. 한 번은 그녀가 시냇물을 거슬러 올라가면서 산책하던 중 우연히 오래된 야영지를 발견했다. 인디언 거주지에서 온 사람들이 만든 것일까? 이렇게 인적이 없는 깊은 숲 한가운데에서 인간의 흔적을 마주치다니, 놀라운 일이었다. 루는 언제나처럼 호기심이 넘쳐서 이곳저곳을 샅샅이 살펴보았다. 선반용으로 나무에 못을 박아 만든 판자도 찾고, 무엇인가를 걸어두기 위해 나무에 박아둔 대못이나 커다란 돌로 만들어진 화덕도 살펴보았다. 그곳에는 불 위에 솥을 걸어놓았던 자국이 남은 가지도 있었다. 옛날 정착민 아니면 인디언의 기술인 것 같았다. 아무튼 이곳에서 야영한 사람이 누구든지 간에 이곳을 좋아해서 꽤 오랫동안 머물렀던 것이 틀림없다. 그런 상상을 하는 일은 매우 즐거웠다.

이제 돌아갈 시간이었다. 야영지 근처로 돌아왔을 때 그녀는 처음으로 후각 환상을 체험했다. 누군가 국을 끓이는 냄새를 맡은 것 같았다. 북서쪽으로부터 미풍이 불어와 그쪽으로 고개를 돌렸고, 코는 개의 코처럼 민감해졌다. 그 냄새는 멀리 언덕으로부터 불어온 것 같았다.

"분명히 국 냄새야!"

그녀는 혼잣말을 했다.

"누군가가 틀림없이 저쪽에서 야영하고 있어."

그 냄새는 허기를 자극해서 그녀도 저녁밥을 짓기 위해 급히 배낭을 뒤지기 시작했다.

그러다 갑자기 찾아온 충격에 손에서부터 팔로, 다리와 등으로 소름이 돋아났다. 노트가 사라졌다!

그녀는 야영지 주위를 돌아보면서 어떤 동물이 배낭 속으로 들어왔다가 노트에 붙은 풀을 핥으려고 집으로 끌고 갔을지도 모르겠다고 생각했다. 그러나 배낭은 단단하게 여며 있었고, 동물이 훑고 간 흔적이라곤 없었다. 그녀는 그 배낭을 어떻게 두고 갔던가를 정확히 기억해내려고 애썼고, 가방의 위치가 바뀌었는지도 생각해보았다. 그러나 모든 것이 이전과 같았다. 분명히 다른 사람이 와서 그녀의 노트를 훔친 것이 분명했다.

갑자기 야영지를 둘러싼 숲이 모두 불길해 보이기 시작했다. 도대체 누가 그녀의 노트를, 아무 죄 없는 노트를 원한단 말인가? 그게 연구 기록이 담긴 노트라고 생각하지 않는 이상? 그것 말고 다른 이유가 있을 수 있단 말인가?

심장이 마구 뛰기 시작했다. 온몸에서 아드레날린이 분비되고 있었다. 그녀의 생물학적 메커니즘이 전투를 준비하고 있었다. 그녀는 코펠과 옷을 배낭 속에 챙겨 넣고 침낭을 대충 말아서 묶을 때까지 공포를 억눌렀다. 그런 다음 가능한 한 소리를 내지 않으려 애쓰면서 숲속으로 숨어들었다. 일단 숨고 나자, 지도를 펼쳐 경로를 연구했다. 국 냄새가 나는 곳으로부터 멀리 피할 수 있는 길을 선택한 다음, 최대한 밝은 기분을 유지하려 애쓰면서 언덕을 내려가기 시작했다. 도로에 도착한 후에는 차가 다가오는 소리를 주의 깊게 들으면서 한 대씩 지나갈 때마다 덤불 속에 숨었다.

마침내 해안도로에 도착한 루는 작은 교차로에 있는 식품가게로 다가갔다. 집으로 전화를 걸었다. 아무리 침착하려 애써도 목소리가 떨렸다. 거의 밤이 되었고 가게 주인도 문을 닫고 있었다. 로저는 그곳에 혼자 머물지 말라고 당부했고, 루는 가게 주인에게 가까운 동네까지라도 태워달라고 부탁했다. 가게 주인은 바로 옆 동네에 살고 있었으므로 그 동네까지 가서 내렸다. 그곳에 커피 가게가 있어서 로저가 데리러 올 때까지 기다릴 수 있었다.

"학생, 혼자서 고속도로에 나오다니 어쩌면 그렇게 아무 생각이 없을 수가 있어?"

가게 주인이 루를 찬찬히 살펴보며 말했다.

"내가 듣기로는 소녀 히치하이커들을 태워준 남자의 절반이 목적지에 태위주지 않는대. 넌 그래도 실으러 와줄 아버지가 있으니 다행이야. 하지만 네 아버지도 네 머릿속에다 상식을 심어주려면 꽤 고생하겠어!"

"그건 그렇지만 저는 히치하이킹을 하는 게 아니에요. 여기 버스 타고 왔거든요. 그리고 강간범은 무섭지 않지만 도둑은 무서워요."

그녀가 한숨을 지었다.

"그걸 다 설명하자니 너무 복잡하네요. 하지만 아저씨가 같이 있어주셔서 다행이네요."

마침내 로저가 도착했을 때 루는 커피 가게에서 찾아낸 종잇조각에다 자신이 하려던 연설의 절정부를 거의 완성했다.

"노트에는 뭐가 적혀 있었니?"

로저가 궁금해했다.

"시요. 그 의식에 어울릴 만한 대사들."

"연구 기록은 전혀 없고?"

"네, 그런 건 한 마디도 없었어요."

로저는 웃음을 터뜨렸다.

"생각해봐라……. 어떤 불쌍한 놈이 온갖 고초를 겪으면서 숲속까지 잠입해서는 겨우 기회를 틈타 노트를 잡아채서는 집에 가져갔는데, 거기 적힌 거라고는 온통 의식에 관한 구절뿐이라니!"

그렇게 말하면서 로저는 루가 다시 안전해졌다는 걸 알면서도 눈물을 글썽이고 있다는 것을 깨달았다.

"우리 가여운 딸, 집에 가서 잠이나 좀 자자."

로저는 바깥에 세워둔 차로 딸을 데려갔다. 성숙한 여인이 다 된 것 같지만 아직은 어리고 나약한 루를 차에 태우고 다시 볼리나스로 향했다.

91.

하워드 펜더튼

로센 화학회사의 사장 하워드 펜더튼은 캘리포니아 재계의 핵심 인물일 뿐만 아니라 샌프란시스코 문화계의 기둥이기도 했다. 그는 오페라와 드라마회사의 대표이사를 맡고 있기도 했다. 그와 그의 아내는 교육재단에도 막대한 돈을 기부했고 공식 문화위원회에서도 일했다. 일요일 오후 그들은 페닌술라에 있는 저택에서 파티를 열고 있었다. 산뜻하게 울타리가 쳐진 작은 목장과 넓은 잔디밭에 둘러싸인 펜더튼 저택에 도착하려면 가로수가 두 줄로 늘어선 기다란 차도를 따라 한참 차를 타고 들어가야 했다. 오늘 오후에는 그 길을 따라 수십 대의 거대한 자가용과 리무진이 주차되어 있었다. 관개가 잘된 초록빛 들판을 따라 검게 반짝이는 딱정벌레가 한 줄로 늘어선 것 같았다. 그 저택은 34개의 객실을 자랑하는 튜더 왕조 양식의 건물이었고 옆에 하인의 숙소까지 따로 있었다. 건물 사이마다 다양한 크기의 안뜰이 있었고 뜰마다 아름다운 식물로 조경이 되어 있었다. 펜더튼가의 손님은 웨이터들이 잔에 샴페인을 넉넉하게 채우는 동안 부지런히 걸어다니면서 인사를 나누고, 비가 올 경우에 대비해 차양이 쳐진 식탁에서 카나페를 맛보았다. 여자들은 가볍고 하늘거리는 드레스 차림에 값비싼 보석으로 한껏 멋을 부렸다. 그들이 움직일 때마다 보석이 햇빛을 받아 반짝였다. 예의 바른 청소년과 어린이―펜더튼의 자녀와 사촌과 그들의 친구―도 손님 속에 섞여 있거나 수영장을 들락거리며 놀았다. 이 평화로운 이벤트는 오후 내내 지속될 계획이었다. 훌륭한 현악기 4중주 연주단이 등나무로 휘감긴 격자 울타리 아래에서 차분하게 연주했고 음악소리는 부드럽게 웅웅거리는 대화 소리와 조화롭게 섞여들었다.

펜더튼 여사는 평생 이런 모임을 수없이 다뤄본 전문가답게 하인들에게 신중히 지시하고 모든 손님들이 대화할 상대를 잘 만날 수 있도록 자리를 배치했다. 오늘은 그게 별로 어렵지 않은 것이 대부분이 오래된 친구거나 로센

회사와 사업적으로 연관이 있는 사람의 모임이었기 때문이다. 펜더튼 사장은 손님 사이로 옮겨 다니면서 가족에 대해 상냥하게 물어보고 사업적 시도에 대해 잡담을 나누었다. 펜더튼 사장이 워싱턴의 행정부에 훌륭한 인맥을 거느리고 있다는 것을 알고 어떤 손님은 정부당국이나 다른 기관으로부터 우선적인 대우를 받을 수 있는 방안에 대해 자문을 구했다. 다른 사람은 생존자당의 새로운 위협에 관해 의견을 물어보면서 세력이 다한 워싱턴의 거물급 관료들이 새로운 인물로 교체될 가능성에 대해 두려워했다. 그렇게 되면 훨씬 치명적인 위협이 전해질 것이다. 생존자당 출신의 민중 정치가들은 위험한 화학 합성물 제조 공장을 통제하는 것뿐만 아니라 아예 실질적으로 금지할 것을 제안했다! 이러한 경고를 말하는 사람에게 펜더튼은 화학산업이 이전에 한 번도 정부 규제로 인해 난관에 부딪친 적은 없으며, 오히려 이익을 내는 방향으로 역이용할 수 있었다고 대답했다. 지금까지 워싱턴에서 그런 규제가 그렇게까지 영향력 있었던 적은 한 번도 없었다고 말하며 그들을 위로했다. 그는 전혀 걱정할 이유가 없다고 말하면서 샴페인이나 좀 더 마시라고 권했다.

이 우아하고 편안한 풍경을 두두두두 하고 들려오는 헬리콥터 소리가 방해했다. 조그마한 농업용 농약 살포 헬리콥터가 아늑한 펜더튼 저택의 사유지로 급강하하자 사람들은 이유를 모르겠다는 눈으로 하늘을 올려보았다. 거대한 잠자리처럼 헬리콥터는 멀리 한 줄로 늘어선 유칼립투스 나무를 따라 우아하게 저공비행했고, 이유는 알 수 없지만 농약 살포 작업을 준비하는 것 같았다. 그러더니 방향을 급선회하여 저택을 향해 날아오고 있었다. 그것이 100야드 정도 앞에 접근했을 때 기체에 매달린 농약 스프레이통이 하얀 수증기로 이루어진 구름 줄기를 뿜어내기 시작했다. 손님들이 사태를 파악하기도 전에 헬리콥터는 천둥 같은 소리를 내며 정원과 저택 위로 날아왔다가 돌아갔지만, 수증기 구름은 부드럽게 떨어져 내리며 얼굴과 눈을 따끔거리게 만들었다.

그 물질이 무엇인지 확인되지 않은 상황에서 손님들은 경악했다. 어떤 이들은 허둥지둥 집 안으로 달려 들어가서 미친 듯이 창문을 닫기 시작했다. 어떤 이는 일행을 찾기 위해 이곳저곳을 살피며 달리고 있었다. 다른 사람은 저택 앞 차도에 세워진 리무진을 향해 달려갔다. 그 스프레이가 뭐였는지 궁금해진 펜더튼 여사는 정원을 가로질러 뛰어가며 사람들에게 외쳤다.

"진정들 하세요!"

헬리콥터는 다시 정원으로 다가왔고 그들의 공포는 배가 되었다. 어떤 사람은 정장 차림으로 수영장으로 뛰어들었다가 근처에 있던 10대들에게 구조를 받아야 했다. 모든 사람들이 서로에게 이런저런 제안을 했지만, 아무도 서로 관심을 기울이지 않았다. 몇 명의 손님이 차에 도착하긴 했지만 운전사들도 어디론가 도망치고 없었다. 그들을 '구출하러' 간 모양인데, 그들은 단 하나밖에 없는 차 열쇠도 가지고 가버렸다. 다른 운전사들은 그 혼란 속에서 열쇠를 어디에 두었는지 찾을 수 없었다. 재빨리 도망치는 데 성공한 다른 사람들은 가속 페달을 너무 급하게 밟은 나머지 다른 차와 충돌했다. 이도 저도 아닌 다른 사람들은 되는대로 들판을 내달리면서 울타리를 타넘다가 옷을 찢어먹었다.

저택 내부에는 결의에 찬 사람들이 작은 방을 차지하고 유리창 문을 꼭꼭 닫고 외부 사람이 들어오지 못하게 방문도 걸어 잠갔다. 문 틈새도 수건이나 이불로 틀어막았다. 바깥에서 누군가가 문을 두드리는 소리가 있어도 응답하지 않았다. 이 무렵 펜더튼 여사는 경찰에 전화를 걸어 최고의 도움을 줄 수 있는 소방부서 팀의 구조를 요청했다. 정원은 엎어진 테이블과 의자, 흘러넘친 음식, 히스테리에 빠진 손님들로 가득했다. 이러한 혼란 속에서 그녀는 헬리콥터 소리가 다시 들리면서 방향을 돌려 한 번 더 습격하러 오는 것을 알았다. 그녀는 이 소란을 혼자 진정시키기엔 역부족이라는 것을 깨닫고,

정원에 있는 남편을 찾으러 갔다. 이번에는 헬리콥터가 스프레이를 살포하지 않고 작은 전단지들을 뿌렸는데, 그것들이 천천히 땅으로 내려앉고 있었다. 두려움이나 놀라움 속에서 남아 있던 손님들은 전단이 수영장 위에도, 반쯤 비어버린 샴페인 잔에도, 젖은 천 위에도 떨어지는 것을 보았다. 수천 장은 넘는 것 같았다.

혼란 속에서 펜더튼 사장은 남몰래 수영장으로 갔지만 수영복 바지를 찾을 수 없었다. 누군가 다른 사람이 그걸 입어버린 것이다. 이제는 그 스프레이의 정체가 명확해졌으므로 그는 남의 눈을 의식하여 팬티 바람으로 수영장에 뛰어들었다. 몸에 묻은 가루부터 씻어내는 게 우선이었기 때문이다. 그는 흠뻑 젖은 몸으로 잔디밭을 가로질러 터덜터덜 걸어가 전단지 하나를 집어 들었다.

"이것 좀 봐!"

그가 그것을 들고 아내에게 말했다. 그녀가 거기 적힌 글을 소리 내서 읽었다.

이 스프레이는 2, 4, 5-T를 함유하고 있다.
고엽제로 널리 쓰였던 화학 성분으로 로센이 제조한 것이다.

2, 4, 5-T는 전적으로 안전합니다.—로센
뿌린 대로 거두리라.—하느님

펜더튼 사장은 경영자답게 주먹을 흔들어 보일 대상을 찾아 거칠게 주위를 둘러보았지만 헬리콥터는 사라지고 없었다. 여기저기에서 그의 친구들이 전단지를 주워서 글을 읽고는 재빨리 던져버렸다. 그 종이에 오염물질이라도 묻어 있는 듯이. 사실 그렇기도 했다.

루의 성인식은 가족들이 좋아하는 소풍 장소에서 열렸다. 그곳은 타말파이스 산 근처의 비탈 위에 높이 자리 잡은 우묵한 땅으로, 평평한 바닥에는 늙은 참나무 숲을 배경으로 원형으로 설치된 캠프파이어용 바위가 풍경의 핵심을 이루고 있었다. 그날은 10월답게 밝고 따뜻했다. 로저는 정오까지 예정된 음식과 와인을 차려놓았고, 손님들이 하나둘씩 도착하여 자리 잡고는 이야기를 나누며 술을 마시거나 뒹굴거리면서 음식을 먹기 시작했다. 로저는 카리브 해 출신의 친구에게 양고기 구이를 도와달라고 부탁했고, 낮은 곳에서 뜨겁게 올라오는 불 위에서 불꼬챙이 틀에 꿰어진 양의 몸통이 서서히 빙글빙글 돌아가며 익고 있었다. 한 방울씩 떨어지는 기름의 냄새는 환상적이었다.

이웃과 친구로 이루어진 볼리나스 대표단이 한 무리를 이루었고, 잰과 그녀의 친구들이 또 하나의 거대한 무리를 이루었다. 그 의식은 일당을 모두 뭉치게 하는 계기가 되었다. 이는 이전에도 서로 자주 도왔고, 또다시 그렇게 할 준비가 된 오랜 친구들 사이의 결속력의 표현이었다. 엘런은 루를 위해 음악을 준비하기로 약속했으므로 밴드 멤버들은 악기에 전원을 공급해줄 작은 발전 장치를 빌려서 참나무 숲 뒤편의 좁은 골짜기에 숨겨두었다. 그곳에서는 기계를 옮기는 소리가 하객에게 들리지 않기 때문이었다. 테오와 수십 명의 어린아이들도 뛰어다니면서 양고기 구이를 구경하다가 차례로 핸들을 돌려보았다. 아니면 천혜의 움푹한 지형을 이룬 풀이 우거진 언덕을 올라갔다가 통나무처럼 옆으로 굴러 내려오기를 반복했다. 사람들은 저마다 최고의 파티복을 입고 화려한 수공예품 장신구를 둘렀다. 망토, 장식된 조끼들, 화려하고 멋진 셔츠와 재킷, 셔츠 등. 드라마에서나 볼 법한 모자나 우아한 부츠도 등장했다. 어떤 사람들은 남녀 가리지 않고 몸에 딱 붙거나 노출이 심한 옷을 입었다. 다른 사람들은 헐렁하고 하늘거리거나 광대 같은 옷을 입었다. 그곳에는 마술과 같은 신비스러운 분위기가 형성되어 있었고, 사람들은 최대한 즐기길 원했다. 태양이 바다 위로 떨어지기 시작할 무렵, 잔뜩 기대감에 부풀어 식이 진행되는 것을 호기심 어린 눈으로 쳐다보았다. 어디에도 루의 모습은 보이지 않았다. 그러자 잰이 이렇게 설명했다.

"루는 웅장한 입장식을 준비하고 있어요."

화로의 한쪽 편에 악기를 배치한 밴드가 부드럽고 느린 음악을 두어 곡 연주하고 있었다. 바람을 타고 활공하는 갈매기처럼 편안하게 날다가 급강하하는 듯한 멜로디의 곡이었다. 그러다 그들이 연주를 멈추었고, 침묵 속에서 사람들은 둥근 석양의 아랫단이 수평선에 닿는 것을 보았다. 그 순간 밴드가 천천히 우르르거리며 점점 큰 소리로 연주하더니 가파르게 음을 높이며 거칠게 절정을 향해 달려갔다. 그러다 갑자기 드럼을 쾅 하고 내려치는 소리와 귀를 쪼개는 듯한 기타음을 끝으로 연주를 멈췄다. 그들과 반대편, 언덕과 태양이 만나는 지점에서 루가 나타났다. 어두워가는 파란 하늘을 배경으로 잰의 비단 드레스를 입은 그녀의 검은 실루엣이 미풍을 받으며 가볍게 움직였다. 그녀는 잠시 멈추고는 지상에 있는 자신의 백성과 어울리려는 젊은 여신처럼 그곳에 모인 관중을 내려다보았다. 그러자 모든 사람들이 박수로 환호했다. 그때 태양이 수평선 아래로 가라앉자 그녀는 비탈을 깡충깡충 뛰며 불가로 내려왔다.

그러고는 무대 위에서 내려온 주인공이라도 되는 듯 꼼짝 않고 멈춰 서서는 활짝 미소를 지었다.

"안녕하세요!"

그녀는 떨리면서도 쉰 듯한 목소리로 말했다.

"여러분들이 이 자리에 와주셔서 기뻐요!"

그녀는 수줍은 듯이 고개를 살짝 숙였지만 자기 자신의 모습을 즐기고 있는 것이 분명했다.

"저는 여러분들이 저와 함께 지나온 인생을 함께 회상했으면 해요. 지금까지 있었던 모든 일들을요. 물론 몇몇 분은 제가 기억할 수 없는 것도 기억하고 있죠. 엄마와 아빠는 제가 태어났을 때의 상황에 대해 말씀해주셨어요. 그날 의사선생님도 늦게 오셨고, 저도 한참 안 나오고 버티다 늦은 시간에 태어났다고 해요. 양자리의 별이 지배하던 날 새벽 3시에. 저는 저를 이 멋진 행성에 존재하게 해주신 부모님께 감사드리고 싶어요.

제가 충동적인 아이여서 다루기가 쉽지 않았다는 것도 잘 알고 있어요. 그리고 지금도 저를 다루는 게 쉽지만은 않다는 것도! 하지만 그분들은 항상 저에게 용기를 주셨어요. 새엄마 캐롤도 마찬가지였죠. 캐롤은 제가 가장 필요로 하던 일을 하도록 밀어주셨어요. 제가 혼자 연구하거나 실험하도록 가만히 내버려두는 것이었죠. 저는 아빠가 저를 해변으로 데리고 가서 몇 가지 문제를 혼자 풀도록 내버려두었던 것도 기억할 수 있어요. 한 번은 조수가 밀려오고 있을 때 암벽 위로 기어 올라갔는데 그냥 내버려두셨죠. 그러다가는 파도에 휘말려 쓰러질 수도 있다는 것을 스스로 터득하게 하셨어요. 아빠는 흠뻑 젖은 나를 구출해서 큰 코트로 감싸주고는 아무 말도 하지 않았어요. 아빠는 교사인 만큼 제가 다시는 그런 일을 하지 않으리라는 것을 알고 계셨으리라고 확신해요.

저는 엄마가 솔선수범을 통해 저를 가르친 것을 기억할 수 있어요. 또 엄청나게 소리도 많이 지르셔야 했죠. 자신이 정말 소중하게 여기는 일을 하고 있을 때, 예를 들자면 그림을 그릴 때요, 잠시 동안 방해하지 말고 다른 곳에 가서 노는 게 더 낫다는 것을 말이죠. 엄마는 제가 좋아하는 일을 갖는 것이 정말로 중요하다는 사실을, 특히 여자에게는 더욱 그렇다는 것을 보여주셨어요. 새엄마는 마이크를 키우는 모습을 보여주시면서 엄마가 되는 것에 관해 많은 것을 가르쳐주셨어요. 이제 저 역시 어른이 되었다고 선언하는 마당에 저 역시 엄마가 되는 일에 대해 생각해보고 있어요.

꽤 오랫동안은 아이를 갖지 않을 거라고 생각해요. 그전에 해보고 싶은 모험이 너무 많기 때문에요! 하지만 언젠가는 제 몸을 보고서 생존의 임무를 다하는 일에 얼마나 멋지게 적응해왔는가를 생각하겠지요. 제 몸이 정말로 작았을 때에도 엄마의 자궁에 들러붙는 방법을 알았지요. 어떻게 산도를 타고 바깥으로 나오는지를 알았고, 어떻게 숨을 쉴지, 어떻게 우유를 달라고 울고 관심을 끄는지를 알았던 거죠. 그다음엔 기고, 걷고, 말하는 방법을 알게 되었죠. 손가락들은 너무나 영리해서 끈을 당기고 묶고 방정식을 풀고 실험적인 장비를 만들 수 있었죠. 근육은 튼튼하고 유연해져서 달리고 수영하는 방법도 알게 되었죠. 그리고 어떻게 오르가슴을 느낄 수 있는지도 깨달았어요. 얼마나 기분 좋은 충격이었던지! 나의 가슴이 자라나서 때가 되면 우유를 만들 준비도 하고 있어요. 그래서 그 모든 것이 단지 하나의 국면에서 다음 국면으로 천천히 움직여가는 인생의 편안한 주기처럼 느껴져요.”

루는 그녀 주위에 둥글게 모여 앉은 관중들에게 미소를 지어 보였다. 많은 사람들이 손을 잡고 있거나 팔을 두르고 있었다. 그들은 그녀에게 답례로 부드럽고 당당하게 웃어 보였다. 그녀는 그들의 일원이었다.

“하지만 열여덟 살이 되니까 그 주기를 건너뛰는 것 같은 느낌이 들어요. 그건 무섭기도 하지만 저는 받아들일 준비가 되어 있어요. 학교를 마칠 것이고, 이 전지 연구를 마치자마자—그건 지금까지 아주 잘 진행되어왔어요. 여러분들도 알듯이—처음으로 저만의 삶을 시도하게 될 거예요. 어쩌면 이 근처 어딘가에 친구들과 함께 살지도 모르죠. 저는 여러분 모두가 저의 집을 방문하길 바랄 거예요. 여러분 모두를 사랑해요. 제 인생의 일부가 되어주신 것에 감사드려요!”

그녀는 사람들을 향해 키스를 보냈고, 그러자 밴드가 다시 음악을 연주하기 시작했다. 그들은 이 순서를 위해 몇 가지 낯선 곡을 새로 만들었다. 자유 형식의 음악으로, 관습을 벗어난 음조 변화에 산만하지 않은 박자의 간주곡으로 댄스 리듬과 같은 느낌을 주었다. 스스로를 표현하면서도 어느 정도는 억제할 방법을 모색한 곡이었다. 이러한 음악을 배경으로 루는 로저, 캐롤, 잰과 마이크가 의자 모양으로 맞잡은 손에 태워져 불가로 실려 갔다. 그러고 는 생물학적인 가족이 루를 감싼 다음 디미와 다른 친구들이 원을 이루어 그 녀를 둘러싸기 시작했고, 뱀처럼 꾸불거리는 선으로 루 주변을 돌면서 밴드 의 가사 없는 곡에 맞춰 노래하기도 하고 허밍하기도 했다.

둥글게 춤추며 돌아가는 무리 속에서 로저와 잰은 서로 떨어져 루를 가운 데 두고 섰다. 그들은 불을 등지고 서서 어두워가는 언덕을 배경으로 원을 이룬 사람을 바라보았다. 맞은편에는 젊은 청년들로 구성된 원이 그들을 바 라보고 있었다. 잠시 밴드에서 빠져나온 데이빗과 제프리, 버트, 그리고 루 가 볼리나스나 학교에서 알고 지내던 네다섯 명의 다른 청년이었다. 그런 다 음 로저와 잰이 차례로 루를 껴안고는 그녀를 빙글빙글 돌리다가 마지막으 로 그녀를 풀어주고는 팔을 옆으로 벌리고서 그녀 뒤에 섰다. 그 음악이 성 격을 바꾸어 강하고 맹렬한 춤곡을 연주하기 시작했다. 루가 달려가서 버트 의 손을 잡자 이것이 신호인 것처럼 그들 주위를 둥글게 둘러싼 군중들이 갑 자기 뛰어오르거나 껑충거리기 시작하면서 밴드의 자극에 따라 몸을 흔들 어댔다. 버트는 어설픈 막춤의 대가였지만 얼빠진 춤마저도 지금은 아름답 게 보였다. 그러고 나서 루는 다른 청년과 차례로 춤을 추었다. 그녀의 발에 이상하게 비추어지는 빛을 느끼면서 그녀는 정말로 여신이 되기라도 한 것 처럼 근사한 느낌에 사로잡혔다.

음악과 춤은 한 시간가량이나 지속되었고, 마침내 양고기 구이가 다 익었 다는 소리가 들렸다. 지친 춤꾼들은 음식을 먹으러 내려갔다. 양고기를 잘라 서 큰 덩어리를 손으로 찢어먹느라 기름이 미끈거렸다. 그들은 집에서 만들 어 온 가정식 빵과 영양이 풍부한 수프와 치즈, 새우, 아보카도와 과일이 잔 뜩 든 샐러드를 엄청나게 먹어치웠다. 술통도 끝없이 비웠다. 루는 그들 사이로 옮겨 다녔는데 그들이 기억하는 그녀의 모습보다 훨씬 우아해졌을 뿐만 아니라 키도 한 뼘은 커버린 것 같았다. 그녀는 너무나 미묘해서 알아채기 어렵긴 해도 잰과 캐롤이 자신을 이전과 다르게 대우하고 있는 것을 느낄수 있었다. 그녀가 이제 그 부족을 이루는 성인의 하나가 된 것처럼.

93.

'앤더슨&존'이라는 글씨가 새겨진 목재 현판이 닐 앤더슨 집의 현관문 위에 달려 있었다. 그와 존은 마리화나 재배와 연구로 매우 잘살게 되었지만 여전히 작은 오두막집에서 검소한 삶을 지속했다. 닐은 자기 자신을 위해 멋진 차 한 대를 사는 사치를 허락했다. 겸손한 회색 올즈모빌Oldsmobile이었다. 덕분에 그는 샌프란시스코 근처에 사는 친구들을 더 자주 방문할 수 있게 되었다. 그는 또한 플래닛피플이 주최하는 농약 반대 운동에 매우 왕성하게 참여하고 있었다. 플래닛피플은 샌프란시스코에 기반을 둔 환경단체로, 몇 군데 도시에 지부를 두고 있었고 농장근로자연맹과 화학물질의 위험에 노출되어 있는 회원들로 이루어진 다른 연맹과 결연을 맺고 있었다. 플래닛피플에 더욱 깊이 빠져들수록 닐은 자신의 옛 직장 시절 친구들을 방문하기가 힘들어졌다. 그는 그들과 논쟁을 벌이고 싶지 않았다. 또 한편으로는 자신의 새로운 신념에 대해 마냥 입 다물고 있기도 싫었던 것이다.

어느 날 그가 아직 만나보지 못한 플래닛피플 멤버 한 명이 그에게 전화를 걸었다. 로라 다마토라는 여자였다. 그녀는 그가 다가오는 새크라멘토 의회 공청회에서 사람들 앞에서 증언해줄 수 있는지 물어보았다. 그는 샌프란시스코에 있는 그녀의 집으로 가서 그에 관해 의논하기로 동의했다.

쾌적하고 환기가 잘되는 로라의 집에 앉아 와인 한 잔을 마셨다. 알고 보니 플래닛피플은 농장 가족이 거주지 근처에 살포되는 농약에 노출되어 있다는 사실에 관해 전문가의 검증을 필요로 했고, 이것은 닐이 잘 알고 있는 주제였다.

"하지만 로라……."

그는 로라의 말을 막아섰다.

"제가 거기 나간다면 당신도 누가 그 반대편에 서서 증언할지 알 겁니다, 그렇죠? 바로 저의 옛 직장 동료들입니다."

로라는 그를 조용히 쳐다보다가 말했다.

"저도 그 점을 생각해보지 않고 그런 부탁을 한 건 아니에요. 또한 조만간 당신이 양자택일을 해야 할 거라는 걸 알아요."

"당신은 제가 어느 쪽을 선택하게 될지 알고 있군요."

"그럼요! 정말로 부탁하고 싶은 건 나중보다는 지금 선택하라는 거예요. 지금이 더 좋은 기회일 수 있어요. 그게 다예요. 당신이 우리를 위해 증언한다면 정말 굉장한 효과를 낳을 거예요."

닐은 대중 논쟁과 정치가의 훈련된 목소리와 신문사와 방송사의 왜곡 보도를 혐오했다. 그는 아직도 팜켐에서 함께 일했던 사람들에게 의리와 충성심을 가지고 있었다. 그들 나름대로 선량한 시민이었고 사회에 유용한 일을 하려고 노력했다. 나중에는 분명해질 일을 그들은 모르고 있을 뿐이었다. 그러나 그 회사는 이제는 알면서도 그들이 하던 일을 여전히 계속하고 있다. 로라처럼 결의에 찬 사람들이 대중의 의견을 선동하여 의회의 지지를 쟁취하고 결과적으로 화학제품 생산을 중단시킬 때까지는 그치지 않을 것이다. 닐은 반대편에서 일을 해본 적이 있었으므로 이들이 맞서 싸우는 일의 문제점을 잘 알고 있었다. 그는 업계의 비자금과 정치적으로 유리한 위치 선점, 언론사와의 결탁을 알고 있었다. 거기에는 검은 정장 차림의 간부끼리 매끈하고 미소 띤 자신만만한 태도로 온갖 정치적 인맥을 활용하며 바쁘게 쫓아다니는 세계가 있었다. 반면 그 반대편에는 로라와 친구들처럼 밝은 얼굴에 순진하지만 의지가 강하고 정치적 상상력과 에너지를 실행할 수 있는 사람들이 있었다. 이들은 팜켐 같은 회사와 그들이 고용한 광고회사와는 어울리기 힘든 부류였다.

"당신도 알겠지만, 그 일을 할 경우 저는 많은 친구들을 잃게 될 겁니다."

"당신은 그 일을 통해 새로운 친구도 얻게 될걸요."

로라는 그의 팔을 잡아당겨서는 집 뒤에 숨겨진 정원으로 데리고 나갔다. 그곳에는 작은 무리의 사람들이 햇빛을 받으며 식탁 둘레에 앉아 있었다.

"여기는 닐 앤더슨이에요. 난 앤더슨이 베라 올웬을 만났으면 해요. 제 생각엔 닐도 생존자당에서 베라의 역할을 알고 있을 것 같은데요? 이쪽은 제 딸 메리사고요. 삼림을 관리하는 일을 하죠. 그리고 이쪽은 데니스 튜, 주 의회에서 정규적인 농약 감시자 역할을 하고 있답니다."

"어때요, 닐? 로라가 벌써 당신을 넘어뜨린 건가요?"

베라가 묻자 사람들이 한바탕 웃음을 터뜨렸다. 그들은 베라의 설득력에 자주 놀라워했고, 자신들이 필요로 할 경우 그녀가 언제든 도우러 오리라는 걸 알았다.

"그래요, 그녀한테 이미 넘어갔어요."

닐이 말하자 도처에서 웃음이 터져 나왔다. 로라 옆에 어색하게 서 있는 그를 주위에 있던 사람들이 차례로 걸어 나와 열정적으로 껴안아주었다. 그는 팜켐의 영업회의에서 기계적으로 나누던 악수보다 훨씬 기분이 좋다는 점을 인정해야 했다. 옛날 친구들과 둘러앉아 술을 마시는 것보다도 즐거웠다. 그 사람들 사이에 함께 앉고 나서도 그의 심장은 계속해서 뛰고 있었고 "옛것을 버리고 새것을 입으라"는 말이 머리를 스쳐갔다. 왜 인생은 이렇게 끝없는 선택의 연속인 걸까?

 ## 94.
로저, 생존자당 후보되다

로저는 즐거운 기분으로 산책하듯이 우체국에 갔다가 잔뜩 화가 난 채 집으로 돌아왔다.

"광대들, 멍청이들, 가망 없는 불쾌한 자식들 같으니!"

그는 집으로 들어오자마자 욕설을 내뱉으며 문을 소리 나게 쾅 닫았고, 그 바람에 집 전체가 흔들렸다.

"아니, 저런! 그 멍청이들이 또 무슨 일을 저질렀는데 그러세요?"

난롯가에 서 있던 디미가 물었다.

시내에서 들은 소문의 내용은 볼리나스의 훌륭한 시민이 전력회사에 전화를 걸어 집에 연결된 전선을 끊어달라고 요구한 사실을 카운티 정부가 알게 되었다는 것이었다. 그들은 태양열로 난방하고 장작 난로를 쓰고 프로판가스로 요리하며 태양열 난방 온수기를 쓰고 전축이나 소형 냉장고는 루의 전지나 풍력기에서 전기를 얻었으며 등유 램프를 사용했다. 이러한 자급자족적인 실천이 카운티 정부의 규정에 위배되는 것으로 드러났다. 카운티 규정에는 사람이 사는 집은 반드시 전기를 써야 하고 각 방마다 특정한 수의 콘센트를 설치해야 한다고 되어 있었다. 카운티에서는 그 가구에 전선을 다시 연결하라는 명령장을 발행할 것이고, 그러지 않으면 집을 몰수할 예정이라는 것이다.

물론 그 가구는 과장으로 가득 찬 그 명령장을 찢어버렸고 우체국 주위에 있던 볼리네시아 주민들로부터 박수갈채를 받았다. 이제 그 사건은 읍 의회로 넘어갈 것이었다.

"이 문제에 그렇게 관심이 많다면 당신이 직접 읍의회 의원 선거에 나가는 게 어때요? 생존자당에 가입했으니까 더 적극적으로 활동할 필요가 있어요. 내가 듣기로는 제리가 의원 자리에서 물러날 거라고 하던데요."

캐롤이 로저에게 말했다.

"정말로? 제리는 왜 그만둔대?"

"자기 집에 방을 하나 더 짓느라 바쁜가 봐요."

"그렇다면야 내가 그 자리에 출마해야 할지도 모르겠군. 이런 바보 같은 짓은 당장 중단되어야 해!"

로저가 기분 좋게 외쳤다.

그래서 로저 스위프트는 생존자당의 후보자로 나섰고, 곧 읍내 지도자의 모임에 가입하고는 거대한 정부 조직과 작은 조직 사이의 불편한 관계를 이해하기 시작했다.

 # 95.

암환자 특공대

닐이 로라의 설득으로 생존자당의 대의에 동참한 후부터 전혀 새로운 인생이 시작되었다. 새로운 활동을 펼치느라 눈이 핑핑 돌 것처럼 바빠졌다. 그는 대부분의 시간을 항만 지대에서 보냈고, 주로 로라의 집에서 일했다. 그곳은 생존자당의 활동이 이루어지는 비공식적인 중심지였고, 계획을 짜고 캠페인을 조직하고 신나고 맹렬하게 움직이는 헌신적인 사람들로 가득했다. 그들의 열정은 전염성이 있었고, 닐은 원래 계획했던 것보다 더 많이 활동에 관여하게 되었다. 다행히 아들은 그의 도움이 없이 혼자서도 농장을 꾸려갈 수 있었다.

닐과 로라 사이의 관계가 깊어져서 섹스를 나누는 연인 사이로 발전했다. 메리사는 그 사실을 매우 기뻐했다. 엄마는 6년 전 남편이 죽은 후 한 번도 제대로 된 연애를 한 적이 없었기 때문이다. 닐은 스칸디나비아인다운 거친 매너에도 충분히 로맨틱한 연애에 빠져들 수 있다는 것을 증명했다. 로라는 늘 독신 생활이 편하다고 주장했지만 그는 결혼도 불가능한 일은 아닐 거라고 생각하기 시작했다.

샌프란시스코 특유의 어느 아름답고 상쾌하고 사랑스러운 날, 병원에 다녀온 로라는 의사가 폐암 진단을 내렸다고 선언했다. 수술이 불가능한 경우로, 죽게 될 확률이 90퍼센트라고 했다. 그녀는 1년 정도밖에 살지 못할 것이다. 몇 달 동안은 그녀의 삶에 큰 변화는 없겠지만 나중으로 갈수록 더 약해질 것이라고 했다. 그녀가 치료를 받는다면 살아날 확률은 10퍼센트보다는 높아질 것이라고 했다. 그 모든 것이 불공평해 보였다. 그녀는 흡연조차 해본 적이 없었다.

서서히 걷잡을 수 없는 분노가 로라의 가슴속에 자라나기 시작했다. 그녀가 읽은 끔찍한 통계자료가 개인적인 위기 속에서 한꺼번에 떠오르며 그녀를 절망으로 몰아넣었다. 그녀는 무의미하고 헛되게 죽을 것이다. 하필이면 그녀의 삶이 가장 희망적이고 생산적으로 보이는 시점에서 말이다. 그녀는 발을 동동 구르며 분노에 차 비명을 질러댔다. 결코 역경을 조용히 받아들이는 사람이 아니었기 때문이다. 닐이 그녀의 분노를 가라앉히기 위해 조언해주었을 때도 더 크게 화를 낼 뿐이었다. 그러다가 비밀스러운 과정을 통과하더니—그녀도 그게 어떻게 일어났는지 나중에 정확히 기억할 수 없었다—분노가 도전으로 바뀌었다. 그녀는 자기를 그렇게 만든 사회에 맞서 싸울 것이다!

그녀는 주먹을 단단히 움켜쥔 채 닐을 보고 킬킬거리며 웃었다. 그 모습은 등골을 서늘하게 만들었다.

"안 돼요. 어떤 일이 있어도 이대로 조용히 죽을 수는 없어요. 이 살인자들은 내 말을 듣지 않으면 안 될 거예요!"

그녀는 온몸에 가득 찬 에너지가 출구를 찾고 있기라도 한 양 방 안을 왔다 갔다 했다. 그러다가 갑자기 멈춰서더니 닐을 쳐다보았다.

"난 어차피 죽을 사람이니까 내가 떠날 때 화학 공장도 같이 데려가겠어요! 그런 짓을 저질러도 자유예요. 그들이 나를 어떻게 할 수 있겠어요? 감옥에라도 처넣겠어요?"

그녀는 웃었지만 결의에 찬 분위기가 감싸고 있었다. 닐은 차분하게 물었다.

"그래서 어떻게 하겠다는 건데요?"

"나 같은 사람들로 구성된 조직을 만들 거예요. '암환자 특공대'! 행동할 여력이 있는 시한부 암환자들로 구성된 거죠."

그녀는 닐에게로 다가가 이전에 한 번도 본 적이 없는 열정으로 그를 쳐다보았다.

"이상하게 들리긴 하겠지만 인생에서 지금보다 더 큰 자유를 느낀 적이 없어요. 당신도 알듯이 난 기본적으로 평화주의자예요. 솔직히 지금 심정으로는 어떤 사람이 있다면 그를 죽일 수도 있을 것 같아요. 그게 틀림없이 세상을 위해 중요한 결과를 가져올 수 있는 거라면 아무런 양심의 거리낌 없이 그렇게 할 것 같아요. 무시무시하죠, 그렇죠?"

닐은 충격을 받았다. 절망적인 수단을 받아들일 각오가 된 로라가 왠지 모르게 더 아름다워 보였다. 지금 로라가 하려고 하는 일은 모든 사람이 용기를 내서 해야만 하는 일인 걸까?

"내가 도와줄 일은 없어요?"

"당신은 화학 공장들이 어떻게 지어지는지 알아요. 어떤 곳에 폭탄을 떨어뜨려야 그 공장에만 지속적인 피해를 미치면서도 주변 환경에는 독을 확산시키지 않을 수 있는지 가르쳐줄 수 있을 거예요. 아주 신중하게 결행해야죠. 중성자탄과는 정확히 반대되는 것으로요. 그 시설만 파괴하자는 거지, 사람들을 다치게 하려는 건 아니니까요!"

"정말 진심인 거죠, 그렇죠?"

로라가 냉정한 눈초리로 그를 쏘아보았다.

"평생 어떤 일에도 지금보다 진지했던 적은 없어요. 난 그들을 잡고 말 거예요, 닐! 어떤 수를 써서라도."

그들은 폭발물을 만들기 위해 무엇이 필요한지, 그녀의 활동에 참여하고자 하는 다른 암환자를 어떻게 발견할 것인지, 기자와 언론인을 잘 다뤄서 폭탄의 정치적 영향력을 극대화하는 계획 등에 관해 이야기를 나누었다. 결국 그 조직의 목표는 복수가 아니라 발암성 화학물질 제조를 멈추는 데 도움이 될 수 있는 상징적인 행동을 하는 것이었다. 이것이야말로 생사가 달린 중요한 일이라고 간절히 호소하는 것이다.

그녀가 매달려야 할 새로운 과제가 생겼으므로 암 증세에 관한 우울증은 다소 가벼워졌다. 그녀는 병에 대해 말하지 않았다. 메리사나 벤이 물어볼 때도 별다른 대답을 하지 않았다. 그들이 자신의 계획에 연루되거나 다른 피해를 입길 원하지 않았으므로, 그들에게는 플래닛피플을 통해 남은 나날 동안 좋은 일을 하면서 살 거라고만 말했다. 그들은 그녀가 진짜 감정을 숨기고 있는 건지, 아니면 억제하고 있는 건지 통 가늠할 수가 없었다. 그러나 그들은 그녀가 여느 때보다 바빠졌다는 것을 알아차렸고, 오랜 경험으로 보건대 육체적인 것이든 심리적인 것이든 고통을 다루는 방식이라는 것을 알고 있었다. 그녀는 이전에도 의사를 많이 찾지 않았다. 그녀는 자기만의 방식으로 역경을 돌파할 것이다.

로라의 병은 닐을 각성시켰고, 자신의 인생을 다시 돌아보게 만들었다. 그러고 보니 그는 단 한 가지 문제로 인해 수많은 세월 동안 마음이 불편했다. 마침내 한 달 후에 그것에 대해 결단을 내리게 되었다. 게다가 우연의 일치로 닐도 암 진단을 받게 되었다. 결장암이었다. 수술하면 회복될 가능성은 있다고 했지만, 아마도 그다지 성공적이지는 않을 거라고 했다. 여러 번 수술을 시도할 수는 있겠지만 그 역시 성공률이 그리 높지는 않을 것이다. 그도 1년 정도 더 살 수 있을 거라는 선고를 받았다.

그가 집으로 와서 로라에게 그 이야기를 하자 로라는 울면서 그를 꼭 껴안아줬다. 그가 그녀를 위로하려고 했던 때와 똑같이. 그녀는 그의 부드럽고 친절한 눈동자 뒤에 감춰진 두려움을 알았다. 그들은 이제 공포와 분노까지 함께 나눌 것이다. 그녀는 그를 바라보며 쇠약해져가는 자신의 능력으로 줄 수 있는 유일한 선물을 그에게 주었다.

"환영해요, 내가 가장 사랑하는 소중한 사람 널을 암환자 특공대로 초대합니다! 우리는 멋진 복수단이 될 거예요, 당신과 나."

그들은 둘 다 오랫동안 조직 생활을 통해 경험을 다진, 혈기왕성하고 효율성이 뛰어난 사람들이었다. 그들은 곧 동지를 발견했고 그들만의 계획을 세우기 시작했다.

96.
원자력발전소, FBI로부터 재가동 명령받다

워싱턴, 11월 12일[WPI]. 미국 에너지국 관리들이 오늘 캘리포니아 유레카에 소재한 훔볼트 만 원자력발전소가 재가동할 것이라고 전했다. 이 발전소는 근처에서 발견된 지진단층과 발전소가 지각 변동으로 인해 손상을 입을 경우 일어날 수 있는 원전 사고에 대한 공포로 1976년에 가동을 중단해야 했다. 에너지관리국은 작은 위험이 잔존하긴 해도 국가적 에너지 비상사태로 인해 발전소의 재가동이 요구된다고 선언했다. "산다는 건 어차피 모든 것이 위험이 따르기 마련이다"라고 에너지국 대변인 미셸 댄튼이 말했다. "심지어 강도 높은 지진에도 발전소가 안전하게 유지되도록 추가적인 안전조치가 취해질 것이다."

기자들의 질문에 답하기를 댄튼은 발전소의 지진 저항력은 리히터 스케일 진도 7.5까지 늘어날 것이라고 말했다. 1980년 마지막으로 그 지역에서 일어난 주요 지진이 진도 7.1을 기록했다고 지적하고서, 그 지진이 가동이 중단된 발전소에 '극소의' 피해만 끼쳤을 뿐이라고 했다. 그러나 더 큰 강도의 지진이 캘리포니아 해안 지역에서는 상대적으로 자주 일어났다.

훔볼트 발전소에 극심한 피해를 입히는 지진 사건이 일어날 경우 그 영향권에 있는 사람들에 대한 대피 계획은 어떤 것인지 질문하자, 댄튼은 에너지국이 아직까지 그런 프로그램은 개발하지 않았다고 털어놓았다. "우리는 캘리포니아 주 관리당국에서 그러한 세부사항에 관한 방안을 세울 것으로 기대하고 있습니다"라고 그녀가 말했다.

97.

펜더튼 사유지의 스프레이 살포 사건이 있은 후 로센 홍보실은 기자회견을 열었다. 로센 측은 '테러리스트의 습격'을 비난하고, 그 헬리콥터 조종사를 체포하고 유죄 판결을 내리기 위해 정보를 제공하는 사람에게 보상금을 주겠다고 제안했다. 그 성명서는 계속해서 말하기를 극단주의자들이 소수적인 관점을 선전하기 위해 펜더튼 사장 같은 유명한 인물의 공개적인 지위를 이용하는 일은 사회를 위해서도 유감스러운 일이라고 했다. 물론 그 회견은 로센의 실험실이 2, 4, 5-T가 인간에게 무해하다는 것을 결정적으로 확증했다는 점도 지적했다. 그런데도 스프레이 사건은 그 자체로 많은 무고한 사람들에게 정신적인 고통을 끼쳤다고 했다.

베티 카스틸로는 야심 있는 텔레비전 기자로, 우연히 로센의 회견을 보게 되었다. 베티는 멕시코 농업 근로자 가족 출신이었고, 개인적인 경험을 통해 농약과 제초제가 사람에게 해롭다는 사실을 알고 있었다. 그녀의 삼촌 중 한 명은 농약 사고가 있은 후 거의 식물인간이 되었다. 베티가 일하고 있던 작은 방송국 UHF는 필사적으로 시청률을 높이기 위해 애쓰고 있었다. 그녀는 이에 관해 대박 기사를 쓰면 그 목표를 달성할 수 있을 거라는 것을 직감했다. 그래서 베티는 여기저기 취재하며 기삿거리를 발굴하기 시작했고, 곧 하워드 펜더튼이 그의 손님 모두가 즉시 병원 치료를 받도록 지시했다는 사실을 밝혀냈다. 베티는 로센이 확인했다는 2, 4, 5-T의 안전성에 관한 로센의 진짜 관점이 의심스러워졌고, 회사로부터 진지한 방식으로 그 이야기를 취재해도 좋다는 허가를 받았다. 그녀는 펜더튼 저택으로 카메라 기자를 데리고 가서 한때 아름다웠던 정원의 잔해를 촬영했다. 그곳의 식물은 농약 살포로 인해 거의 전멸한 후였다. 이러한 황폐한 장면 속을 매력적인 여기자가

방독용 하얀 우주복을 입고 걸어다니는 장면은 TV 시청자의 눈길을 사로잡았다. 그 취재 말미에서 베티는 다음 프로그램에서 헬리콥터 조종사와 독점적인 인터뷰를 보여줄 것이라고 발표했다.

농업 지역에 사는 가족과 접촉을 통해 베티는 경찰이 실패한 지점에서 조종사에 관한 정보를 얻는 데 성공했고, 조종사는 가스마스크로 가린 상태라면 촬영에 임하겠다고 동의했다. 애타게 만드는 예고 광고와 신문 광고가 그 이야기를 더 흥미롭게 만들었고, 그 작은 방송국의 시청률은 껑충 뛰어올랐다.

주요 인터뷰가 시작되었고, 그 조종사는 신분을 묻는 베티의 질문에 자신은 '개인책임 법인을 위한 에코토피아인이라는 모임의 일원'이라고 대답했다.

"그게 뭡니까? 제가 알기로는 법인 corporation, 즉 회사라는 건 공동 책임을 표방함으로써 정확히 개인적인 책임을 회피하기 위한 장치인데요. 예를 들자면, 2, 4, 5-T는 관대한 품성에 음악을 사랑하는 개인인 펜더튼이 제조한 게 아니라 로센 법인이 제조한 것이죠."

"바로 그게 우리의 관점입니다. 법인을 감옥에 넣을 수는 없습니다. 사실 법인을 이루고 있는 간부 중 한 명을 개별적으로 감옥에 넣는 것도 거의 불가능합니다. 그들이 저지른 범죄에 대해 무엇을 밝혀내든지 간에 말입니다. 우리는 직접적인 행동만이 유일한 해답이라고 판단했지요. 타의에 의해서라도 사람들은 자신들이 하는 일에 책임을 질 수 있어야 합니다. 우리는 펜더튼 사장을 위해 그가 저지른 행동에 대한 실질적인 결과를 극적으로 보여주었던 거죠. 이제 그는 농약 제조를 멈추는 일에 대한 자신의 책임을 알고 있습니다."

"당신의 책략이 효과를 거두리라고 생각한 이유는 뭡니까?"

"글쎄요, 우선 수백만 명의 사람들에게 실제 벌어지고 있는 위기를 기억하도록 만들겠지요. 펜더튼 같은 사람들이 우리에게 독을 뿌리고 있다는 걸요! 그리고 두 번째로는, 그것은 꽤 괜찮은 거래를 할 기회를 제공합니다."

"무슨 거래요?"

"당신도 알듯이 2, 4, 5-T는 전국 도처에 없는 곳이 없습니다. 농장과 숲, 공원, 그리고 식수원과 사람들의 몸속에까지. 하지만 그것이 다른 모든 사람과 똑같이 펜더튼 사장과 그의 모든 부자 친구에게도 반드시 전해지도록 할 방법을 가지고 있습니다."

"그래서 무슨 거래를 할 건가요?"

"간단하죠. 그가 우리에게 농약 살포를 중단한다면 우리도 그에게 농약 뿌리는 것을 중단할 것입니다."

98. 원자력발전소 재가동, 대규모 시위의 도화선이 되다

캘리포니아, 유레카, 11월 15일. 홈볼트 만 원자력발전소 재가동안이 오늘 대규모 시민 항의에 직면했다. 그 발전소는 좁은 갑^ᵎ 지대에 자리잡고 있고, 약 1만여 명의 시위대가 몇 시간 동안 그 지역으로의 접근을 막고 있다.

사람들은 조직화가 잘되어 있고 폭력 사태는 일절 일어나지 않았다. 경찰들은 시위가 홈볼트 카운티에서 유례가 없는 대규모 시위라고 말했다.

항의의 분위기가 비폭력적이긴 하나 사람들의 분노는 매우 깊은 것으로 드러났다. 한 참여자가 기자에게 말하길 "연방정부가 강압적으로 시민들을 원전 사고의 위험 속으로 밀어 넣는다면 우리에게 연방정부가 왜 있어야 하는지 의심스럽다!" 시위대는 수많은 플래카드를 들고 나왔지만 가장 흔하게 볼 수 있는 문구는 생존자당이 워싱턴, 오리건, 캘리포니아 주 북부 전역에 퍼뜨린 '핵 없는 북서부를 지금 당장!'이었다. 그 시위는 부분적으로는 생존자당의 지역 지부에 의해 부분적으로는 그 지역의 반핵운동 그룹의 동맹에 의해 조직화되었다.

몇 군데의 카운티 의원도 그 시위에 참여하여 연방정부가 사람들의 목소리에 귀 기울이지 않는다며 분노 섞인 발언을 했다. 투표를 통해 주민의 3분의 2라는 다수가 발전소를 폐쇄하자는 입장을 지지했는데도 정부가 그 의견을 깡그리 무시했다는 것이다.

전력회사의 임원은 그 상황에 대한 공식 발언을 거부했다. 그러나 개인적으로는 그 회사가 이곳에도 '스리마일 섬'(미국 펜실베이니아 주의 주도인 해리스버그로부터 남동쪽으로 약 16킬로미터 떨어진 곳에 위치한 섬. 1979년 3월 28일 스리마일 아일랜드 핵발전소 2호기는 미국의 핵 발전 역사상 최악의 사고를 겪었다. 2호로가 가동되던 중 증기 발생기에 물을 대는 급수펌프가 고장나고 운전원이 잘못 판단하는 바람에 핵연료를 식히는 냉각수가 없어져 그 결과 핵연료가 녹으면서 격납용기 안에 많은 양의 방사성 물질이 쏟아져 나왔다. 이 사고로 인하여 20억 달러나 들여 설립한 핵발전소가 단 30초 사이에 못쓰게 되었다. 뿐만 아니라 오염된 방사능을 거두어들이는 데만 10억 불 이상이 들었고, 지역 주민 중에서 기형아와 암의 발생률이 급격히 증가하였다—옮긴이)과 같은 원전 사고가 벌어질 경우, 피해와 안전성 문제가 걱정스럽다는 말이 들려왔다. 연방정부의 원전 사고 대비책과 개인 보험은 원전 사고로 일어난 피해의 일부만 보상해줄 수 있을 뿐이다. 발전소를 안전규정에 맞게 만들기 위한 비용은 생산될 전력의 값을 한층 높여놓을 것이다. 이미 전력발전소의 유지 비용이 전력 소비량을 상당히 초과하는 상황인 만큼 사업적인 면에서도 이 모든 위험을 무릅쓸 만한 가치가 없어 보였다. 어떤 관련자는 그 회사의 주요 관심사가 발전소 시설의 가동을 중단하는 데 드는 고가의 비용에 대해 연방정부가 긴급 융자를 해줄 것인가 아닌가에만 집중되어 있다고 논평했다. 이 발전소가 가동을 영구적으로 중단한다면 원자력발전소 역사상 원자로를 최종 폐쇄하는 것은 이번이 최초가 될 것이다.

99.

이 무렵 자동차에 대한 생존자당의 캠페인은 괄목할 만한 성과를 낳았다. 기업들은 종업원들에게 무료 주차 공간을 주든가, 아니면 그 땅에 내는 '주차료' 만큼 임금 인상을 시켜주든가 둘 중 한 가지를 선택해야 하는 상황에 빠졌다. 그 땅은 종업원들이 자전거를 타거나 카풀을 이용하는 쪽으로 전환할 경우 다른 용도로는 돈을 벌 수 없는 땅이었다. 그 결과 자가용을 타고 혼자서 출퇴근하는 비율이 25퍼센트까지 떨어졌다. 버스와 시내 전차 서비스가 눈에 띄게 개선되었고 새로운 택시가 거리에 등장했다. 택시들은 작고 각지고 세련된 모양이었지만 에너지 효율성이 매우 높았고 승객들이 쉽게 타고 내리도록 고안되었으며 주차할 때도 최소한의 공간만 필요로 했고 가방도 빨리 실을 수 있게 설계되었다. 그들은 이미 거대한 수의 개인 승용차를 대체하고 있었고, 극소수의 통근자만 시내로 직접 차를 몰고 들어가는 모험을 감행했다. 몇 십 년 전에 네덜란드 암스테르담에서 선구적으로 시도된 무료 자전거 서비스가 시내 몇 군데 지역에서 실험적으로 시행되고 있었다. 이는 교통 혼잡 지역에서 모든 장소로 접근을 쉽게 만들 목적으로 시 소유의 흰색 자전거를 시민들에게 열쇠 없이 제공하는 것이었다. 시내의 주차 공간에는 부분적으로 빈 공간이 생겨났고, 그 공간은 작은 공원들로 전환되거나 새로운 건물들을 짓는 데 사용되었다. 그중 일부는 상가나 사무실 건물이고 일부는 아파트용 건물이었다. 사실상 많은 시민이 자가용을 소유하는 것을 사회적 오점과 같은 것으로 인식하게 되어 흡연과 똑같은 취급을 당했다. 사람들은 새로운 차를 사게 되면 사람들에게 사과해야 할 것처럼 느꼈다. 1980년대 초반부터 계속 떨어지기만 한 자동차 판매량은 이전보다 절반 이하로 떨어졌다. 도로에는 낡고 녹이 슨 자동차 범퍼에다 "웃지 말 것—이 차는 나의 마지막 차가 될 것임!"이라는 문구가 적힌 스티커를 붙이고 다니는 차가 늘었다.

베라 올웬과 참모들이 예상했듯이, 메드라 소송에 대해 연방 대법원이 주 정부와 반대 판결을 내린 것은 이런 정황에서였다. 주 정부가 자동차에 매기는 특별세가 투표를 통해 7 대 2로 위헌 판결을 받았던 것이다. 동부의 신문과 디트로이트에 있는 자동차 공장은 기뻐했다. 국가의 주요 산업에 가해진 만만찮은 위협이 결정적으로 패배한 것이다.

그러나 베라가 예견했듯이 에코토피아 지역에서의 반응은 광범위한 분노로 나타났다. 그들은 국민들의 의지가 잔인한 국가 권력에 의해 좌절되었다고 생각했던 것이다. (정식으로 하자면 그들이 민주적으로 선출한 주 정부를 통해 그 의지를 표출하는 게 맞겠지만.) 갑자기 대규모 집회가 일어났고, 그곳의 플래카드는 "자살적인 강제 집행, 메드라를 쳐부수자!"라고 외쳤다. 그리고 공공시설물 파괴 행위가 거리를 휩쓸었다. 칼로 자동차 타이어를 긋는가 하면 자동차들 표면에 '살인 자동차' 같은 다양한 낙서를 스프레이 페인트로 적었고 주요 교차로에는 임시로 만든 바리케이드가 세워져 도시 전체에 교통 혼잡을 야기했다. 베라 올웬은 대중에게 파괴적인 행동을 중지할 것을 호소했다.

"이러한 부당한 연방 대법원의 결정에 대항할 수 있는 것은 오로지 정치적 수단을 통해서입니다. 여러분의 분노는 잘 알고 있습니다. 저도 마찬가지로 화가 납니다. 하지만 그것을 건설적인 방법으로 전환해야 합니다. 역사는 부당한 통치를 뒤엎은 사람들의 사례로 가득 차 있습니다. 이러한 법적인 오류를 무효로 할 방법을 찾을 것입니다.

우리는 이미 우리 지역에서 자동차 의존도를 낮추는 프로그램을 통해 위대한 진보를 달성했습니다. 이미 줄어든 석유비용의 혜택을 더 튼튼한 경제라는 형태로 즐기기 시작했습니다. 더 깨끗해진 공기, 더 안전해진 거리를 즐기고 있습니다. 연방 대법원이 이러한 성취의 결정적인 중요성을 인식하는 데 실패했다면 그들은 큰 실수를 한 것이고 그 실수의 대가는 엄중할 것입니다. 우리는 끝까지 우리의 입장을 고수할 것입니다. 나라의 나머지 부분이 메드라의 판결을 기뻐한다면 그들은 매연 속에서 질식해서 죽도록 내버려둡시다! 우리는 새로운 방법을 찾아야 합니다. 그리고 우리는 그렇게 할 겁니다."

베라가 대안으로 무엇을 생각하고 있는지 확실히 아는 사람은 아무도 없었다. 그러나 메드라 판결은 평소 스스로 급진적이라고 생각하지 않았던 수백만 명의 사람에게 워싱턴은 제대로 판단해줄 것이라는 마지막 희망마저 꺾어놓았다. 베라는 생존자당 내부에서도 많은 사람들이 그 판결이 내려진 후 노골적으로 연방 탈퇴 의사를 드러내기 시작한 것을 깨달았다.

100.   훔볼트 발전소 결정에 대한 주 정부의 의문들

새크라멘토, 11월 13일. 캘리포니아 주지사 티모시 클라크는 오늘 아침 주 에너지관리위원회의 핵심 멤버와 함께 긴급회의를 주재했다. 그 그룹은 어제 내려진 훔볼트 원자력발전소 재가동이라는 연방 에너지국의 놀라운 명령에 대해 논의한 것으로 전해진다.

주지사는 나중에 연방정부의 명령이 주의 안전 요건과 충돌한다는 내용의 간결하고 조심스러운 어조의 성명서를 발표했다. 그러나 주 정부가 취하게 될 조치에 대해서는 전혀 언급하지 않았다.

전문가들은 연방정부의 명령이 또한 10년 전 훔볼트 카운티의 주민 투표 결과를 업신여기는 처사라고 말했다. 투표를 통해 주민들은 발전소의 재가동을 강력히 반대했다. 최근 몇 달간 생존자당이 '핵 없는 북서부'라는 슬로건으로 그 지역 전역을 의식화시킨 만큼 지역 관료들은 클라크에게 연방정부의 명령이 실행될 경우 곤란을 겪게 될 것이라고 경고했다고 전해진다.

연방정부와 클라크와의 관계가 올해 들어 점차 흔들리고 있으며, 어떤 정치 분석가들은 워싱턴이 일부러 정치적으로 '뜨거운 감자'를 던져주는 것일 수도 있다고 추측했다. 어쨌든 워싱턴은 지역 정치의 압력을 전혀 이해하지 못할지도 모르고, 그런 압력 때문에 주지사는 연방정부에 대항하거나 적어도 연방정부의 계획을 지체시키는 정책을 펼지도 모른다고 그 분석가는 덧붙였다.

101.

오류의 '축소 불가능성'

산업혁명이 시작된 후부터 경제적 가치를 창출하려면 항상 규모를 늘려야 한다는 식의 믿음이 팽배했다. 공장의 크기를 두 배로 늘리면 물품을 두 배 이상 생산하게 되므로 이윤도 두 배 이상으로 올라갈 거라고 예상하는 것이다. 이러한 믿음으로 인해 모든 사업마다 규모를 늘리는 것을 지향했고, 비슷한 현상이 삶의 모든 국면마다 일어났다. 발전소 역시 클수록 좋을 거라는 믿음도 그중 하나였다. 그런 신념을 가진 이들에게는 증기선도 클수록 좋고 도시도 클수록 좋았다.

　이러한 경향은 또 하나의 원칙과 근본적으로 반대 입장에 서게 되었다. 이른바 오류의 '축소 불가능성'이라는 원칙이었다. 일례로 제어판과 같이 인간과 기계가 마주치는 '접점interface'을 신중하게 디자인하면 인간의 오류를 줄이는 데 도움은 되었다. 특히 기계를 조작하는 인간이 훈련을 잘 받고 자주 테스트를 받는 경우라면 말이다. 이론적으로는 그렇더라도 오류란 결코 완전히 제거될 수 없는 것이었다. 모든 고장을 하나도 빠짐없이 예견한다는 것도 불가능했다. 게다가 인간의 정신은 컴퓨터보다 훨씬 복잡하고 변화무쌍했다. 인류가 겪은 진화는 인간의 정신이 빠르게 변화하는 상황을 다룰 수 있도록 적응시켰다. 그 상황은 원초적인 판단과 불확실한 위험에 대한 균형 감각을 요구했기 때문이다. 이처럼 인간에게 위험을 헤치고 살아남을 수 있는 잠재능력을 선사한 광범위한 적응성이라는 자질 또한 문제가 있었으니, 인간의 정신을 단순한 조직이 아닌 산만한 조직으로 만들었다는 점이다. 어떤 기계도 영원히 안정적일 수는 없었다. 가장 강한 금속조차 언젠가는 마모되었고 절연체도 고장이 났으며 컴퓨터도 낡으면 고장을 일으키거나 복잡한 프로그램 속에 알 수 없는 버그를 일으켰다.

핵무기나 원자력발전소나 다이옥신처럼 엄청나게 독성이 강한 화학물질의 생산 같은 위험한 거대 과학기술의 성취는 그만큼이나 거대한 재앙의 가능성을 안겨주었다. 게다가 거기에는 오류의 불가피성이라는 재앙이 동반했다. 영리한 병기 디자이너는 명령과 통제 시스템 속에 비상 안전장치를 도입했고 폭탄의 폭발 장치를 수겹의 보호 장치로 둘러쌌다. 산업 협력자는 인간 조종사와 계기판 사이에 컴퓨터 연결 장치를 삽입했고 더욱 복잡한 프로그램을 만들었으며 많은 경고 벨을 설치했고 인간이 수동 제어 장치를 조작할 가능성을 최소화했다.

그런데도 인간과 기계 양쪽 다 오류를 범할 가능성은 남아 있었다. 20년 경력의 유능한 조종사도 화창한 날 지상 관제탑과 충분히 정보를 주고받으면서 착륙하다가도 실수로 샌프란시스코 만 한가운데에 여객기를 내려놓은 적이 있었다. 원자력발전소의 운영자도 어떤 밸브가 열려 있다는 사실을 깜먹을 수가 있다. 그 결과 원자로 장치가 일부 녹아내리는 사고가 일어나 수십만 명의 사람들이 대피해야 했다. 폭탄병이 자신도 알지 못하는 이유로 수소폭탄을 떨어뜨리는 일도 일어났다. 그 폭탄의 안전장치 여섯 개 중 다섯 개가 고장이 났지만 여섯 번째 장치가 작동하여 캘리포니아 북부의 파괴를 예방할 수 있긴 했지만 말이다.

이러한 환경에서 위험 평가 기술이란 극도로 난해해질 수밖에 없다. 전문적인 보험 통계학자들조차 그 위험이 정상적인 보험 통계 분석을 따르지 않는다는 것을 알고 이러한 게임에서 손을 뗀다. 뛰어난 과학자들은 힘을 합쳐 복잡한 계산을 통해 수치를 뽑아냈고 그런 다음 그 계산을 끝없이 수정했다. 그들은 돌이킬 수 없는 재앙이 일어날 가능성을 산정해냈다. 이러한 재앙이란 미국의 주요 도시가 사람들이 살 수 없는 곳이 되는 사고나 러시아 미사일의 공격이 진행되고 있다고 잘못 알고서는 대응한답시고 전체 북반구를 파괴시킬 만한 폭탄을 투하하는 일 같은 것이다.

이러한 계산을 통해 볼 때 위험이 일어날 가능성은 항상 매우 낮고 하찮은 수치에 불과하다는 것이 밝혀졌다. 그때까지 그 위험률은 일반 시민이 시내에서 차에 칠 확률보다도 훨씬 더 낮았다. 그러나 보통의 시민들은 0.00001퍼센트로 표현되는 위험을 평가하기 위한 통계적 수단이 없었다. 보통의 정치적 과정은 이러한 위험을 감수할 수 없다. 정치적 과정은 일반 시민의 판단에 따라 달라지는데, 이 시민들은 뉴스 매체와 소수의 양심적인 과학자로부터 단속적으로 정보를 받아들일 뿐이기 때문이다.

정치적 과정이 과학기술에 대한 통제력을 다시 발휘할 때라고는 오로지 이탈리아 세베소의 마을에 다이옥신을 흩뿌린 폭발 사고나 펜실베이니아의 스리마일 섬의 원전 사고 같은 대형 사고가 일어날 때뿐이다. 그때가 되어야 어쩌면 거대한 규모를 추구하는 유행은 재고되거나 뒤바뀔 것이다. 그럴 경우 사람들은 작은 위험이 빈발할 경우에 대비한 비용을 희생해서라도 거대한 재앙을 초래하는 위험에 대한 안전보장을 요구할 수도 있을 것이다.

세계 다른 모든 곳과 마찬가지로 미국에서도 핵시설이 사고를 일으킬 확률이 공식적으로 밝혀진 것보다 훨씬 더 '근소'하다는 점을 깨닫기 시작했다. 많은 전문가들이 예견하기를 아무리 현재의 원자력발전소가 노쇠하더라도 스리마일 섬 사고와 같은 재앙이 10년 안에 일어날 확률은 극히 낮다고 했다. 나쁜 사고가 일어날 가능성이라는 것도 발전소 주변의 수마일에 걸친 지역을 심각하게 오염시키고 거대하지만 어느 정도 수용할 만한 재산 피해를 동반하면서 방사능 노출로 일부 생명만 손실시키는 정도라면, 여전히 어떤 사람에게는 감당할 수 있는 것으로 보였다. 혹시라도 원자로 붕괴 사고와 같은 대형사고가 일어난다면 몇 개 카운티가 방사능에 노출되어 여러 세대 동안 사람이 살 수 없는 지역이 될 것이고, 직접적으로나 간접적으로 수만 명이 사망하게 될 것이다. 이런 사고가 일어날 가능성은 통계적으로는 아주 미미해 보일지 모르지만 정치적으로나 도덕적으로는 지지할 수 없는 것이 될지도 몰랐다.

결국 상식이 불가해한 통계를 이겼다. 사람들은 0.00001퍼센트의 원전 붕괴 사고의 가능성을 방치하느니 차라리 태양열 보일러가 터져서 세 명이 죽는 1퍼센트의 사고가 일어날 가능성을 감수하는 게 낫다고 판단했다. 그러나 나라 전체적으로는 원자력발전소에 심각하게 의존하고 있었으므로 거기서 초래된 정치적 압력이 입법 체제 속에 반영되었다. 그 결과 이론상으로는 엄중한 안전 요건을 강화하는 것이 당연한데도 실질적으로는 원자로를 작동하는 데 잠재적으로 치명적인 결함 몇 가지를 무시하게 되었다. 오직 서부에서만 생존자당이 핵시설을 모조리 제거하자고 제안하고 있어서 대중들의 염려가 직접적인 정치적 표현 수단을 찾게 된 것이다.

102.

농약 살포 '사건'이 일어난 후 몇 달이 지났을 때 (산림청은 계속해서 그 사실을 부인했지만) 메리 맥브라이드의 증세는 사라졌고, 그녀와 제이미는 아이를 가져도 안전하겠다고 판단했다. 그러나 그녀가 임신한 지 2개월이 되었을 때 그녀에게는 새롭고 놀라운 증세가 나타났는데, 알고 보니 백혈병이었다. 이 무렵 성인에게 백혈병이 나타나는 것은 더 이상 드문 일이 아니었고 아직 확실한 연관성이 밝혀진 것은 아니었지만 연구원들 사이에는 그것이 방사능과 화학 약품 노출 때문일 것이라는 믿음이 만연했다. 메리와 제이미는 그녀가 제초제에 노출된 것 때문에 병에 걸렸을 가능성에 대해 몇 가지 심증을 갖고 있었다.

"우리는 그 나쁜 자식들을 고발해야 해. 난 농약 살포 반대 운동을 하는 사람들에게 그들의 변호사 이름을 알려달라고 할 거야."

제이미가 씩씩거리며 말했다.

"오 제이미, 그게 그만한 가치가 있을지 모르겠어요. 우린 틀림없이 질 거예요. 돈도 다 잃겠죠! 그걸 적당한 곳에 써야죠. 아기를 위해 만약……."

메리의 힘없는 절규에 제이미는 절망적인 눈으로 메리를 쳐다보았다. 메리의 섬세하고 아름답던 혈색은 날마다 창백한 회색빛으로 변해가고 있었다. 그녀는 언제나 조용한 사람이었지만 모든 활력을 다 잃어버린 것만 같았다.

"메리, 그들이 그 짓을 계속하도록 내버려둘 수 없어. 그게 다야! 누군가는 이 문제에 대해 그들과 싸워야 해. 당신을 위하고 아기를 위하는 일이야. 모든 아기를 위한 일이지!"

메리는 법정에서 싸운다는 것 자체를 두려워했다. 그녀는 그들의 의료보험으로는 이번 달에 날아올 의료비 청구서의 일부밖에는 감당할 수 없을 거라는 걸 알았다. 제이미의 주장도 그들이 소송에서 질 거라는 그녀의 예감을 흔들어놓을 수는 없었다. 그런데도 메리는 제이미의 말에 따랐고 농약 살포 반대 운동을 펼치는 헌신적인 단체와의 만남을 즐거워하게 되었다. 그 단체는 그 지역에서 자발적으로 형성되었다.

그들의 도움으로 맥브라이드 부부는 산림청과 그 지역에 농약 살포 헬리콥터를 운영한 퍼에이드 컴퍼니, 그들의 땅에 농약을 살포한 헬리콥터의 조종사로 정체가 불분명한 존 도를 상대로 소송을 제기했다. 메리는 계속해서 몸무게가 줄어들고 있었고 적혈구 수치는 꾸준히 떨어졌다. 임신 5개월째 들어섰을 때 그녀는 유산하고 말았다.

법적인 절차가 처리되는 데는 시간이 꽤 걸렸고 메리의 컨디션은 갈수록 나빠졌다. 그녀는 고통스러운 골수 검사를 받기 위해 자주 병원에 방문해야 했다. 피고 측이 메리 맥브라이드가 농약 살포 후 병을 얻게 되었다는 것을 증명할 의료 자료를 요구했기 때문이다. 전문가의 의학적 증언은 그들에게 불리했고 혼란스러운 것이었다. 조종사는 본명이 윌리엄 화이트헤드라는 사실이 밝혀졌다. 그는 자신이 정해진 비행 계획서에 충실히 따랐으며, 맥브라이드 부부의 땅에서는 동쪽으로 꽤 멀리 떨어진 곳을 비행했다고 증언했다. 벌채업계 사람들로 구성된 배심원들은 임업의 건강에 필수적이라고 들어온 표준적인 삼림 업무가 법정에서 비난받을 수 있다는 사실을 받아들이지 않으려 했다. 맥브라이드 부부는 소송에서 패했고 메리의 의료 비용뿐만 아니라 법적인 비용을 물기 위해서 소중한 땅과 집을 팔고 시내의 작은 아파트로 이사해야 했다.

재판이 끝나고 한 달 후 메리는 죽었다. 제이미는 새로 그의 땅을 사들인 제인과 맥 부부에게 그 땅 근처에 천막집을 짓고 살 수 있게 해달라고 부탁했다. 그 대신 그는 그들을 위해 일을 해주었고, 동시에 옛날 직업인 트럭 정비 일도 하러 다녔다. 맥은 총이 없었으므로, 제이미가 자신의 라이플총을 그 집의 현관문 위 못에 걸어두자고 제안했다.

103.

생존자당 논문 12호—달팽이시어^{Snail Darter}의 복수

이 세상에서 한 자리를 차지하고 생존하는 일에 관해 진지하게 생각해본 적이 있는 건강하고 환경 지향적인 사람이라면 새로운 방식으로 전통적인 정치 관행을 평가하는 방식을 반드시 배워야 한다. 예를 들자면 1930년대와 1940년대에 미국 전역에 홍수 조절과 수력발전을 위해 댐이 건설되었다. 그 당시 댐의 대부분은 경제적으로 합리적인 방안이었고 상대적으로 건설 비용이 저렴하고 위험을 일으킬 소지가 적었다.

1960년대와 1970년대가 지나면서 새로운 댐을 지을 만한 장소는 점점 드물어졌다. 예상 비용도 높아졌고, 아무리 넉넉하게 계산한다 하더라도 예상되는 이윤은 감소했다. 그런데도 댐 건설은 오랫동안 그것이 진보에 다소 공헌하는 게 틀림없다고 믿는 투표자들에게 인기 있는 공략이었다. 정부의 공병단과 상호지지 관계에서 일했던 영향력 있는 건설업계 기업에는 수지맞는 사업이었다. 따라서 많은 댐이 계속해서 계획되고 승인받고 자금을 지원받아 건설되었다.

이전에 댐 건설 회피 지역이던 테네시의 작은 강 텔리코 강에서 이루어진 댐 건설 프로젝트는 처음에는 야심차게 시작되었으나 결국 많은 교훈을 남긴 사례였다. 이 댐이 건설되던 중에 생태학자가 '달팽이시어' 라는 아주 작은 물고기가 그 강에만 살고 있다는 것을 발견했다. 그 계곡이 호수로 변경될 경우 달팽이시어는 유일한 서식지를 잃고 멸종될 것이 분명했다.

국회는 멸종위기종 법안을 얼마 전에 통과시켰고, 동물과 식물종이 인류에게 아무런 유용한 기능을 하지 않더라도 소중하고 대체 불가능한 지구 생태계의 일부를 이룬다는 사실과 생태계를 존중하는 것이 우리의 의무라는 것을 명시한 법안이었다. 이러한 법안이 시행되는 동안 텔리코 댐 건설을 중지시키려는 환경보호단체에 의해 수없이 많은 소송이 진행되었다. 한동안 이러한 소송들은 놀라우리만치 성공적이었다. 그로 인해 댐 건설이 중단되

었고, 정치인과 사업가 측은 대경실색했다. 그들은 인간을 위한 필요가 물고기를 위한 필요보다 중요하다고 믿었기 때문이다. 그들이 멸종 위기에 처했건 말건 중요하지 않았다. 게다가 달팽이시어는 특별히 아름답거나 인상적인 물고기도 아니었던 것이다. 인간이 먹을 수도 없는 종류였다. 그것이 몇가지 먹이사슬에서 적당한 역할을 차지하고 있었는데도 말이다. 그래서 이 보잘것없는 물고기가 얼마나 많은 비용을 잡아먹는지에 관해 엄청나게 많은 농담이 만들어졌다.

  그 작은 물고기가 초래한 공사 지체는 댐 프로젝트를 진행하기 위해 필요한 총비용과 수익에 대해 다시 한 번 신중하게 연구하고 검토할 시간을 제공했다. 그 연구는 다른 댐에서도 밝혀진 경우와 똑같이 댐 건설이 원래 예측했던 것보다 훨씬 더 많은 비용을 요구하게 될 것이라는 점을 지적했다. 그 댐이 수력발전과 홍수 조절, 오락 시설 제공 등에 의해 그 투자비를 풍부하게 갚아줄 거라는 사실을 입증해주던 수치들이 지나치게 과장되어 있었던 것으로 드러났다. 사실상 그 댐은 비옥한 계곡의 저지대를 물로 덮어버리고 목재용 나무 재배에 유용한 땅들도 삼켜버릴 것이었다. 그것이 생산하는 전력은 새로 지은 화력발전소에서 얻게 된 전력보다 훨씬 비쌌고 에너지 절약적인 투자에 의해 '생산된' 전력보다 비싼 것은 말할 것도 없었다. 여기서 에너지 절약적인 투자란 기존의 에너지 사용의 효율성을 증가시키는 것으로 그 당시까지 에너지 공급 상황을 개선하는 가장 저렴한 방법으로 널리 알려져 있었다. 그 댐은 이미 레저용 호수가 충분히 많은 그 지역에서 모터보트와 수상스키어들이 이용할 수 있는 새로운 수상 유원지를 제공할지 몰라도 놀이 시설을 짓기 위해서는 더 많은 공공 장려금을 지원받아야 할 것이다. 결과적으로 그 저수지에서 잡히는 물고기들은 그 시설에 들인 모든 비용을 공개적으로 인정받더라도 최고의 캐비아보다 더 비싼 값을 요구할 것이다.

어떤 경우에든 그 지역이 정말로 필요로 하는 것은 나라 전체가 필요로 하는 것과 같이 더 많은 전력이 아니라 석유를 대체할 연료였다. 가소홀 같은 것 말이다. 가소홀을 만들 수 있는 곡물을 재배할 땅이 댐을 건설할 경우 물 속에 잠길 것이다. 요약하자면 텔리코 댐은 동료 종을 위험에 빠뜨리는 회복 불가능한 생태 범죄의 일례일 뿐만 아니라 경제적 관점에서도 분명한 재앙으로 밝혀졌다. 또한 이제까지 형성된 귀한 농업 자원을 무책임하게 낭비하는 결과를 초래했다.

　댐은 여전히 그곳에 있었고 거의 완성 단계였다. 그렇더라도 연구 결과를 종합해볼 때 가장 합리적인 정책이라면 지금이라도 댐 건설을 포기하고 그 계곡의 생산성을 보존하고 남은 자금을 에너지 생산을 위한 대안에 투자하는 것이 옳았다. 그러나 국가와 지도자들은 그것을 중단할 정도로 현명하거나 용기가 없었다. 가솔린이 부족한 상황에 분개하고 겁을 먹은 국민들은 어떤 새로운 에너지자원이라도 틀림없이 괜찮을 거라고 생각했다. 그 당시에 전력 발전소의 용량은 공급 과잉 상태였는데도 말이다. 국회는 그 댐이 규제를 통과할 수 없다면 멸종위기종 법안 자체를 파괴할 수도 있다는 방향으로 움직였다. 결국 대통령은 굴복하고 그해의 에너지 세출 예산안에 서명했다. 그 예산안 속에는 댐의 완성을 위한 비용도 포함되어 있었다. 열두 시간 후 불도저가 댐에서 다시 업무를 재개했다.

　'진보 정책'의 지지자들은 자신들의 정치적 영향력이 현실화된 것을 보고 기뻐했으며, 그 소송을 성공적으로 끝낼 수 있을 것이라 생각했다. 아무튼 달팽이시어는 마지막 웃음거리가 되고 말았다. 새로운 약품을 위한 기초 재료를 제공하는 많은 식물이 그렇듯이 이 작은 물고기가 언젠가 인류에게 직접적인 도움을 줄 것인지 아닌지 예측하는 것은 불가능하다. 그러나 그것이 멸종될 때 지구의 고유한 다양성과 아름다움의 일부가 더 파괴되리라는 것은 분명하다. 직접적으로 텔리코 댐은 사람들로부터 과중하고 무자비한 비용을 뽑아내는 일을 계속했다. 그것은 과잉 비축된 전력을 제공했다. 그것의 홍수 조절 기능은 무시할 수 있는 수준에 불과했고 생산성 높은 비옥한 땅을 영원히 수몰시킬 만큼의 가치까지는 전혀 실현하지 못했다. 그 댐에 들어간 자금과 운영 비용의 근본적인 결과는 테네시 벨리 지역과 국가 전체에 장기간의 자금 손실을 입혔다. 겉보기에 당당해 보였던 그 댐의 성취는 우둔함과 피폐와 쇠퇴의 상징이었다.

댐이 완성되었을 때 어떤 신문사의 논객도 그 불쾌한 사실을 알리려 하지 않았다. 과거의 교훈뿐만 아니라 미래에 대해서도 눈이 멀어버린 채로 그들은 이 슬픈 이야기로부터 현명한 결론을 이끌어내는 것을 우리의 몫으로 남겨두었다. 달팽이시어의 복수가 테네시 지역의 불행한 사람들을 지속적으로 괴롭히고 있는 마당에 생존자당은 우리가 살고 있는 곳에서 또 그 같은 복수를 당하는 것은 바라지 않는다. 그러므로 우리가 남아 있는 야생의 강에 댐을 건설하거나 강을 다른 것으로 전환하기 위한 프로젝트를 깊이 고찰하고 평가할 때 거짓 상징에 속아 정신을 잃지 말아야 한다. 그 사실을 알고 교훈을 얻어야 한다. 달팽이시어를 통해 자연은 바보를 용서하지도 않으며 어리석은 행동에 대한 벌을 아끼지도 않는다는 점을 명심하자.

104.

새로운 광전지

성인식을 치른 후 루는 곧바로 연구 작업에 몰입했다. 그녀는 정식으로 성인이 되면서 아버지의 집에 오든지 가든지 자유였다. 새로운 자유는 몹시 상쾌했다. 그러나 약속된 6주가 되기까지는 아무도 언제 이사 갈 것인지 묻지 않았다. 그녀는 버트를 불러서 볼리나스의 집 앞에서 야영했고 거의 24시간 내내 쉬지 않고 작업하는 일이 비일비재했다.

스위프트 효과를 일으킨 주범은 애매한 셀레늄 합성물인 것으로 밝혀졌다. 버트가 그것을 빙빙 돌려서 이렇게 말했다.

"아무래도 알아낸 것 같아. 행운아 '버트의 법칙'이 이렇게 예언했거든. 네가 무얼 시도하든 맨 마지막에 시도한 해결책이 바로 그 해답일 것이다!"

그가 무슨 말을 하는지 깨닫자마자, 루는 로저에게 말하기 위해 집 안으로 뛰어 들어갔다. 로저는 편지 몇 통을 쓰는 중이었다. 그는 루의 표정을 보고 환성을 질렀다.

"루, 무슨 일이야? 꼭 숨겨둔 쿠키 단지를 찾아낸 아이처럼 보이는구나!"

"찾아냈어요. 드디어 그 비밀을 밝혀낸 것 같아요!"

루가 로저의 턱 밑에 종이 한 장을 갖다 대더니 설명하기 시작했다. 헐떡거리면서 낮은 목소리로 빠르게 중얼거리며 작은 도표와 화학식까지 그려 보였다. 그러더니 당당하게 결론을 내렸다.

"그리고 그걸 증명하는 방법도 알아냈어요!"

그녀가 가정한 메커니즘이 정말로 실험용 전지 속에서 작동하는지 검증해줄 결정적인 실험에 대해서도 설명했다. 그녀는 그것이 가장 중대한 발견이라고 생각했다. 마침내 해낸 것이다!

그녀와 버트는 둘 다 잠도 포기했다. 캐롤과 로저는 24시간 내내 특별 감시 보안대를 조직했다. 루와 버트는 전지가 어떻게 작동하는지 명확하게 밝히도록 고안된 새로운 테스트 장비를 한 벌 만들었다. 다른 실험실에 가서도 쉽게 재현해 보일 수 있도록 하기 위해서였다. 그들은 루의 논문 초안의 몇 부분을 다시 썼다. 새로운 그림도 준비했다. 그 결과물을 로저에게 보여주었고, 로저는 제안을 했다. 그런 다음 버트는 그 원고를 들고 샌프란시스코의 잡지사로 가져갔다. 그것은 일주일 안에 발표될 것이다. 이것보다 더 완전한 '대중 공개'는 없을 것이다!

루는 침대에 쓰러져서 열네 시간을 내리 잤다. 잠에서 깨어난 후 그녀와 버트는 《사이언스Science》지에 싣기 위해 대충 쓴 논문을 좀 더 매끄럽고 적확한 문장으로 다듬었다. 그녀의 논문이 《사이언스》지에 실린다면 그것은 공식적인 과학 기록의 일부가 된다. 누가 알겠는가? 그 논문으로 루가 노벨상이라도 타게 될지! 열렬한 기쁨을 숨기지 않으면서 그들은 그 논문을 최소한의 단어로 요약했다.

"그들에게 에코토피아식 간결함을 보여주자고!"

루가 마지막으로 글자를 세어보고는 매우 흡족해하며 말했다.

"딱 402단어네."

"그렇다면 어딘가에서 두 단어를 더 줄일 수 있겠다. 딱 400단어로 줄이자고."

버트가 제안했다.

그리하여 그 논문은 그들의 손을 떠났다. 보안을 위해 복사본을 두 장씩 넣어 다양한 기관과 매체에 발송했다. 《사이언스》의 편집자들은 '아마추어 과학자'를 경계했으므로 다른 실험실에서 루의 결정적인 실험을 그대로 반복할 수 있는지 확인할 때까지 발표를 미루었다. 그러나 확인 절차가 끝난 후에는 루의 논문을 잡지의 맨 앞부분에 실어주었다. 제목은 '광전지를 위한 새로운 메커니즘'으로 했다.

《샌프란시스코》지가 루의 기사를 내보냈을 때 기자들이 다시 전화를 걸기 시작했고, 루는 이제 그들을 만날 때가 되었다고 판단했다. 그들은 대중 공개를 통해 그 발명이 대중의 영역에 놓이게 되었다는 사실과 그녀가 생존자 당과 함께 각자의 집 지붕에 얹을 전지를 설치하는 것을 도와주는 프로그램을 계획하고 있다는 사실을 설명할 것이다. 그녀가 염려했던 것처럼 그 결과는 정말 충격적이라는 반응("소녀 과학자 수백만 달러를 포기하다")에서부터 냉소적인 반응("어린 발명가, 가정집마다 전선을 끊고 싶어 해")까지 다양했다. 그녀는 뉴스를 실험실 한쪽 구석에 차곡차곡 쌓았다. 그녀는 글리슨 교수에게도 《사이언스》 논문의 복사본을 보냈다.

105.

로저가 예상한 대로 전지가 발표되자 전력회사는 공황 상태에 빠졌다. 그 업계의 수장들로 간부만이 모인 자리에서 분노에 찬 토론이 벌어졌다. 그들은 루의 전지가 업계에 초래할 영향에 대항하거나 연기시킬 수 있는 방안을 모색해야 했다. 어떤 사람은 기존의 전신주에 연결되어 있는 가정의 콘센트에 새로운 전지 장치를 꽂을 때 기술적인 문제가 발생하기를 희망했다. 다른 사람들은 기존의 전신주 시설에서 전선을 완전히 제거하는 것을 방지하는 건물 규약을 발동시켜야 한다고 주장했다. 그렇더라도 사람들에게 억지로 전기를 소비하도록 강요할 수는 없으므로, 그럴 경우 잃어버린 세입을 보상하기 위해 기본적인 연결 요금을 고안해야 할 것이다. 하지만 가장 만만한 주의 공공 전력위원회조차 함부로 동의하기를 주저할 만한 방안이었다. 스위프트의 전지가 널리 이용될 경우, 전신주 시설에 대한 수요는 실질적으로 줄어들 것이라는 점에 대해서는 아무도 의심하지 않았다. 남아 있는 주요 전력 소비자는 제조업체와 가공업체일 텐데, 그들은 원래부터 일반 전력보다 저렴하게 전기를 공급받기 위해 심하게 싸워온 만큼 의심할 여지 없이 자력으로 열병합발전을 통해 전력을 얻으려는 노력을 두 배로 증대시킬 것이다. 건물에만 쓸 전기를 생산하기 위해 폐열을 이용하는 발전 말이다.

전력회사의 간부들은 도대체 무엇을 잘못했는지 묻지 않을 수 없었다. 정부가 고의로 그들을 속여 원자력발전을 하도록 몰아넣고 원자력이 더 훌륭한 것처럼 보이게 만든 것인가? 디트로이트가 기름을 많이 먹는 대형차 제조에 열중했던 것처럼 원자력이 너무 확실한 전력 수단처럼 보였으므로 무슨 일이 다가오는지 몰랐던 걸까? 그들 이전의 수많은 기업처럼 정부의 긴급지원금을 받을 수 있을까? 그들의 시설을 새로운 현실에 맞게 고칠 때까지? 정부 지원을 받지 못한다면 재생 가능성 자원을 이용한 에너지 시스템을 지향하는 생존자당의 프로그램에 의해 그레이트 노스웨스턴처럼 이미 파산 직전에 다다른 상태에서 자신들의 운명이 끝났다는 것을 받아들여야 한단 말인가?

전력회사에게 남은 유일한 희망은 스위프트 효과가 대중에게 공개된 후에도 아무도 진지하게 전지를 만들려고 시도하지 않는 것이었다. 그 대표적인 예가 페니실린이었다. 페니실린이 발명되고 20년 동안이나 그 약품회사는 그 약으로 얻을 수 있는 수익이 거대할 거라고 생각하지 않았고, 제2차 세계대전이 발발하여 어쩔 수 없이 그 약을 대중화할 때까지는 그 약품을 보급하기 위해 아무 노력도 하지 않았다. 태평양 연안 지역에 사는 생존자당의 과격분자들은 '자기 손으로 만드는 전지' 확대 계획을 한정된 지역에서만 실행하고 효과를 얻을지도 모른다. 그러나 국가의 나머지 지역에 대해서는 일본이 전지 시장에 뛰어들어 분개한 미국 정부가 그들을 막기로 결심하지 않는 한 전력회사들은 몇 년은 더 연명할 수 있을 것이다.

106.

추락한 헬리콥터

때때로 제이미 맥브라이드는 너무나 침울해져서 친구들이 그를 걱정했다. 메리가 죽은 후 그는 대부분의 시간을 가게에서 일만 하면서 보냈다. 빚을 갚기 위해서이기도 했지만, 바쁘게 지내며 슬픔을 잊기 위해서였다. 그는 쾌활하고 매력적인 면도 있어서, 그가 메리와 살 때 그를 탐내던 여자들이 기회를 포착하고는 천막집을 방문했다. 그는 누구하고도 진지하게 사귀기를 거부했다. 그들이 다양한 방식으로 그의 사랑을 얻으려고 애쓸 때마다 그는 이렇게 말하곤 했다.

"그게 말이야, 메리가 자꾸 생각나서……. 난 책임감을 떠올리게 만드는 관계라면 그 무엇도 받아들일 수가 없어."

그래서 대부분 그를 사랑하다가도 결국엔 견디지 못하고 떠나버렸다. 그러나 한 명의 특별한 여성은 끈기 있게 버텼고, 얼마 후 제이미는 그녀를 천막집에서 하룻밤 이상 머물도록 허락했다. 루시였다. 메리가 작고 나긋나긋한 유형이었다면 루시는 관능적이고 풍만한 유형이었다. 제이미는 최대한 메리와 반대되는 유형을 찾으려 노력했던 것이다. 아직도 그들은 침대에서 굉장한 시간을 보냈고, 특히 마약을 한 후에는 제이미는 과거를 잠시 잊고 현재에만 집중할 수 있었다.

11월 20일 이른 아침 무렵, 그들은 천막집 안의 매트리스에서 낄낄거리며 뒹굴고 있었고 특별히 아늑한 밤을 보낸 후여서 아직 졸음이 덜 깬 상태였다. 제이미는 일어나서 커피를 만들어주겠다고 했다. 루시는 잠시 후에 자기가 커피를 만들 거라고 말했다. 그러다가 누가 커피를 만들 것인지를 놓고 티격태격 몸싸움을 하게 되었고, 다시 성욕을 느꼈다. 한참 후, 그들이 한 번 더 사랑을 나눈 후 깜빡 선잠에 빠져 있을 때 헬리콥터 소리가 들렸다. '타타타타' 하는 헬리콥터 소리가 천막집 속으로 뚫고 들어오자 제이미는 잠에서 깼다. 갑자기 일어나 앉은 그의 눈이 이상하게 빛났다.

"여보, 난 그들이 당신을 빼앗아가게 놔둘 수 없어!"

"제이미, 도대체 무슨 소리를 하는 거예요?"

루시가 일어나 앉으며 말했다.

"그게 돌아오고 있어!"

제이미가 소리를 지르면서 벌거벗은 몸으로 천막집 바깥으로 달려 나갔다. 루시는 천막집 문 쪽으로 기어갔다. 헬리콥터는 느리게 지나가면서 독성 구름을 꼬리처럼 드리우고 있었다. 제이미는 그것을 쳐다본 다음, 제인과 맥의 집 안으로 달려 들어갔다. 곧 그가 다시 나타났고, 제인과 맥이 뒤를 따르고 있었다. 제이미는 손에 라이플총을 든 채 탄약 상자를 더듬고 있었다.

"잠깐만, 제이미!"

루시가 외쳤다. 그는 루시의 말을 듣는 둥 마는 둥 숲의 가장자리 쪽으로 달려갔다. 헬리콥터가 더 가까이 다가온 것을 그녀는 알 수 있었다. 그것은 그들을 덮치려는 듯 정면으로 돌진하고 있었다. 그때 날카로운 총성이 들렸고, 그와 함께 헬리콥터의 소음도 사라졌다.

제이미가 땀으로 뒤덮인 창백한 얼굴을 하고 천막집 안으로 뛰어 들어왔다. 그러고는 자신의 옷을 챙겨 입었다.

"어서 여기를 빠져나가야 해, 빨리! 저 나쁜 새끼들이 또 우리 땅에 농약을 뿌려대잖아!"

아무렇게나 옷을 걸쳐 입고는 네 명 모두 스프레이 구름을 피해 길을 달려 내려갔다. 그들이 달려가고 있을 때 북동쪽에서 희미한 폭발음이 들렸다.

"세상에, 제이미, 당신이 그를 맞춘 게 틀림없어!"

맥이 말했다. 그러자 제이미는 그 자리에 딱 멈춰서며 말했다.

"저 총을 없애야 해요."

그는 자욱한 제초제 안개를 뚫고 천막집으로 달려갔다. 잠시 후 그는 총을 가져왔고 그들은 낡은 트럭까지 달려갔다. 급히 트럭에 탄 다음 시내로 향했다. 그들은 강변에 멈췄고 라이플총의 일련번호를 떼어버린 후 총을 강바닥에 있는 무거운 바위 아래에 묻었다. 그러고 나서 루시의 집으로 가서 몸을 철저히 씻은 다음 함께 알리바이를 만들어냈다. 제이미는 일하던 가게로 가서 그가 전날 하다 만 엔진 수리 일을 다시 시작했다. 다른 직원들이 그가 늦게 온 것을 두고 그를 놀려댔다.

"자네들도 알다시피 어젯밤 루시랑 같이 보냈거든."

그가 말했다. 그들은 이해한다는 듯이 웃었다.

그 다음 날 광범위한 규모의 수색 작업이 진행된 후 구조대가 추락한 헬리콥터를 발견했다. 조종사 윌리엄 화이트헤드는 사망한 상태였다. 보안관 사무실은 라이플총의 탄환이 불탄 비행기의 계기반에서 발견되었다고 증언했고, 누군가가 고의적으로 쏜 것 같다고 지적했다. 그 총알이 엔진 고장을 일으켜서 추락했다는 것이다.

그 지역에 있는 사람들은 비밀스럽게 혹은 공공연하게, 그 조종사가 어떤 면에서는 죽어도 싸다고 생각했다. 배심원들이 뭐라고 말했든지 간에 화이트헤드는 이전에도 맥브라이드의 집에 농약을 뿌렸던 것이다. 30~40가구가 그 산맥 근처에 살고 있었는데, 헬리콥터 조종사가 땅 근처에 농약을 살포한다면 누구라도 살인 욕구를 느꼈을 것이다. 그 카운티에는 수많은 사람들이 살고 있었고 그중 누구라도 농약 살포가 예정된 날, 그 헬리콥터를 명중하겠다는 바람으로 숲속으로 들어가 살인을 저지를 수 있었다. 그 점은 보안관도 잘 알고 있었다. 그는 당연히 제이미 맥브라이드의 이야기를 알고 있었으므로, 그를 조사하기 위해 사람을 보냈다. 제이미는 그들의 질문에 아무렇지도 않은 듯이 대답했다.

"아니오, 헬리콥터 소리 같은 건 전혀 못 들었어요. 아침에 일어나서 옷을 차려입고 꽤 일찍 시내로 갔습니다. 제인과 맥은 쇼핑할 게 있었고, 저는 일하러 갔죠. 사실 그날 아침은 정말로 조용했어요. 그 동네가 늘 그렇게만 조용했으면 좋겠어요."

보안부장이 조용히 말했다.

"그렇군요. 당신이 어떤 감정일지 짐작이 가요, 제이미."

107.

브라질 북동부에서 게릴라전 발발

브라질리아, 11월 21일^{WPI}. 정부 소식통은 오늘 여기서 브라질 무장병력이 또 다른 병력 7만 5,000명을 FLB 반군과의 전투에 투입한 것으로 드러났다. 새로운 병력 중 공수부대의 비중이 꽤 높은 것으로 알려졌다. 정부 관료들은 말하길 이 부대가 특별히 베트남 전쟁에서 수색 섬멸 작전을 위해 개발된 헬리콥터 습격 전략에 관해 미국의 고문에게 훈련 받았다고 한다.

현재 진행 중인 반게릴라 전투를 위한 새로운 주요 본부들은 가난한 '서타오' 지역에 있는 '캄포 포마사^{Campo Formasa}' 근처에 세워지고 있다. 정부 군대는 북쪽에 있는 아마존 정글 주변 지역에서도 소련의 무기로 무장한 것으로 전해지는 반군과 교전 중이다.

쿠바의 소식통은 브라질에 있는 반군 병력이 쿠바의 원조를 받고 있다는 설을 부인해왔다. 그러나 일부 정치 평론가들은 브라질 증원 부대의 규모를 볼 때 정부가 쿠바 병력이 그 지역에 출현할 가능성을 고려하고 있음 직하다고 추측한다.

브라질의 산업 개발 원조 지역 중 페트롤리나 마을 근처의 거대한 정유 시설이 어제 게릴라 파괴활동가에 의해 폭파되었다. 관계당국의 주장으로는 이 시설에서 일어난 석유 손실이 전국 석유 공급 상황 면에서는 별로 크지 않다고 했다. 게릴라 리더들은 앞으로도 더 많은 공격들이 이루어질 것이라고 선언했고 그 지역에 있는 시설은 그들의 공격에서 결코 안전하지 못할 것이라고 위협했다.

브라질 정부는 미국에 HS-14기로 불리는 자폭 장치가 달린 전투용 헬리콥터 200기를 새로 공급해줄 것을 요청했다. 특히 게릴라전에 적합하게 설계된 야간용 적외선 장치를 탑재하고 있고 베트남전에서 가장 널리 쓰였던 유형의 소형 무기와 로켓탄에 대항할 수 있는 무기들을 갖추고 있다. 미국 국방부는 브라질 사태의 '증가하는 심각성' 때문에 최고 우선권은 브라질의 명령에 주어질 것이라고 발표했다.

108.

병원 미스터리

로라는 평생 동안 병원을 혐오했고, 관료적인 분위기와 화학 약품 냄새와 절망적인 분위기와 갈수록 늘어나는 위협적인 규모를 혐오했다. 그녀는 벤과 메리사도 집에서 힘들게 낳았다. 집까지 와서 출산을 도와줄 산부인과 의사를 발견하기가 쉽지는 않았지만 말이다. 그래서 메리사를 낳을 때는 산파의 도움을 받았다. 그녀가 젊었을 때 의사들과의 관계는 위태로웠지만, 20대

후반이 되어서 마침내 신뢰할 만한 의사를 찾게 되었다. 그녀는 그를 피트라고 불렀는데 그는 옛날식 지붕이 덮인 집을 개조한 사무실에서 일반 진료를 했고, 그 건물을 산부인과의사, 소아과의사, 내과의사가 함께 썼다. 그 당시 아직 그런 생각이 보편적이지는 않았지만, 로라는 자신의 육체적, 정신적 건강에 관한 최종 책임은 자기 자신에게 있다고 주장했다. 그녀는 영양학과 응급조치를 독학으로 터득했고 가족의 질병에 도움이 되는 치료용 약초를 잔뜩 쌓아두었으며 생물에너지학과 비전통적인 치료법을 시도했다. 조금씩 의학지식이 늘어나면서 전통적인 의술의 영역에서도 피트는 그녀를 존중하게 되었고, 그녀가 받을 치료법에 대해 스스로 결정을 내릴 능력이 있는 사람으로 대우했다. 그녀는 피트에게 병의 원인을 설명해달라고 요구했고, 필요할 경우 그 사항을 혼자서 찾아 읽어보고 연구할 수 있는 기회를 달라고 했다. 그래서 무슨 치료를 받을 것이고, 무슨 치료는 받지 않을 것인지 스스로 판단하게 해달라고 부탁했다. 그녀는 피트의 조언을 받아들였지만, 어떤 때는 피트의 의견에 반대했다. 그녀는 자신의 결정에 대해 책임을 졌다. 인생의 다른 국면에서도 그러하듯이.

피트의 사무실은 그녀의 동네에 있어서 거기까지 걸어갈 수 있었다. 지금은 검사를 받기 위해 중앙 병원으로 가야만 했고, 그곳에서는 그녀에게 희소식을 들려주는 법이 없었다. 그 소식이 꼭 심각하게 나쁜 것만은 아니었지만 말이다. 그녀는 암 치료를 받을 것인가 말 것인가 고민해야 했다. 신체가 지닌 자체 저항력을 강화하여 암을 물리치도록 하는 데 집중할 것인가, 아니면 방사선 치료와 화학요법을 실험해볼 것인가? 방사선 치료와 화학요법은 어느 것도 폐암에는 효과가 없는 것으로 알려져 있었고, 현기증, 탈모, 식욕과 성욕 상실 같은 부작용을 일으킬 가능성이 높았다. 결국 가망 없는 화학 치료에 기대느니, 자신의 힘을 보존하고 몸이 원래 지닌 놀라운 에너지를 가동시키는 쪽으로 마음을 돌렸다.

"나는 모든 관심이 내 몸으로만 집중되는 것엔 반대예요."

그녀가 피트에게 말했다.

"난 그 모든 분노를 바깥으로 향하게 하겠어요. 그게 훨씬 건강에 좋을걸요!"

"음…… 어떻게 하실 작정이죠?"

피트가 물었다.

"저에게 맡겨보세요. 제가 몇 가지 방법을 생각하고 있어요."

"글쎄요, 당신은 항상 무리하게 치료를 강요하지 않는다는 점에서 다루기 쉬운 환자였어요. 반면 아스피린을 복용시키는 일도 쉽지 않았죠! 하지만 당신이 이러한 방법을 시도하고 싶다면 충분히 자격이 있어요. 모든 의료 수단의 절반은 환자의 인생이 180일가량 남았을 때 최종적으로 사용하기 위한 것이죠. 그리고 당신에게는 아직 12개월의 시간이 남아 있으니 적어도 6개월은 다른 시도를 해볼 여유가 있어요."

내과 병원이라는 것의 원리를 따져보니 모순투성이였다. 그녀는 항상 그들이 공중위생과 영양, 생활을 건강하게 만들 수 있는 의학적 예방조치에 게으른 것을 심하게 비난해왔다. 국가 의료비 지출의 15퍼센트만이 건강을 유지하는 일에 투자되었고, 그다음으로 사람들이 스스로 어떻게 대처할 것인지 알아야만 하는 사소한 감기와 작디작은 불평거리를 돌보는 데 투자되었으며 절반은 마지막으로 죽어가는 사람들의 '위험한 고비를 위한 치료'에 쓰였다. 문어발처럼 새로 생겨나는 병원은 행정 업무와 병원 건축비, 서류 작업 비용, 의료 소송 비용, 첨단기계 장비 도입 등에 드는 돈까지 계산하여 비싼 의료비를 요구했다. 정말로 필요한 것은 대기업형 병원처럼 사람들을 넘쳐나는 익명의 '환자 고객'으로만 다루는 게 아니라 예방적인 의술을 베풀면서 인간적으로 대하는 동네의 작은 병원이나 치료 센터끼리 협력 시스템을 구축하는 것이었다.

그나마 위안이 되는 것은 의사들이 파업해서 의료업계가 서비스를 거부했을 때 환자들의 사망률이 줄어들었다는 사실을 알고 나서였다. 아무도 그 이유를 알지 못했다. 그 기간 동안 병원 입장에서 수익성은 있지만 환자를 위해 필수적이지는 않은 외과수술로 죽는 사람들이 별로 없었기 때문인 것 같았다. 어쩌면 의사들의 도움 없이 고유한 방식으로 병을 돌볼 수밖에 없는 처지에서 스스로 자기 몸을 더 잘 돌보려고 노력했기 때문인지도 모른다. 어쩌면 외부 병원에서 치료를 받아 전염성 질병에 덜 감염되었기 때문인지도 모른다. 로라는 세상에 이런 종류의 미스터리들이 일어난다는 것을 알게 될 때마다 즐거움을 느꼈다. 그녀는 그런 일들이 자신을 각성시킨다고 말했다.

 # 109.

콩코^{ConCo}

루의 숙모 사라가 일요일을 함께 보내자며 로저와 캐롤 가족을 오린다에 초대했다. 상쾌한 겨울 날씨여서 언덕까지 걸어 올라갔다. 북쪽 호숫가의 아름다운 경치를 내려다보기 위해서였다. 언덕에서 내려온 후 그들은 점심식사를 위해 식탁에 모여 앉았다. 앤디가 와인 잔을 높이 들어 올리며 말했다.

"에헴! 제가 가족들 앞에서 중대 발표를 하려고 합니다. 주목하세요!"

모두 조용해질 때까지 그는 주위를 둘러보았다.

"여러분에게 제일 먼저 알리고 싶었어요. 이 앤드류 삼촌이 곧 새로운 직장으로 옮기게 됩니다. 아주 좋은 새 직장으로요."

로저가 잔을 부딪치면서 말했다.

"축하해! 굉장해. 그런데 뭐 하는 회사야?"

"저는 콩코^{ConCo}에 입사할 예정입니다. 그들은 거대한……."

"콩코라고 했어?"

로저가 되물었다. 루가 보기에도 그의 얼굴은 매우 창백해졌다.

"정말 콩코야?"

로저의 손이 떨렸다. 너무 손이 떨려서 잔을 내려놓아야만 했다.

"응, 공학회사지. 그들의 계약 부서는……."

로저가 동생을 빤히 쳐다보며 물었다.

"앤드류, 도대체 무슨 짓을 하는 거니? 그들에게 가서 무슨 일을 하겠다는 거야?"

앤디가 방어적으로 어깨를 으쓱해 보였다.

"오, 제발, 형. 그들은 아주 재미난 프로젝트를 하고 있어. 아주 크고 중요한 일이야. 그리고 오래갈 일이지. 좋은 사람인지 나쁜 사람인지 가리는 형이나 생존자당 사람들의 흑백논리는 받아들일 수 없어. 그 틀에 짜 맞추기에는 세상이 너무 복잡해."

"그들이 절대 거절 못할 제안을 했나 보구나. 틀림없이 멍청한 벤틀리가 그랬겠지. 네가 인종차별 소송에서 그를 완패시켰을 때 너를 그들 편에 끌어들이는 편이 좋을 거라고 생각했겠지!"

"당연하지, 벤틀리가 날 원했어. 그래서 어쨌다고? 형, 제발 그만 해. 단지 쓸데없는 일에 머리 굴리는 건 피곤해서 싫을 뿐이야. 그게 다야."

"이게 다 쓸데없는 일이라고 생각해?"

로저가 집과 수영장과 정원을 가리키며 말했다. 다른 사람들은 식사를 중단했다.

"콩코는 지금 전성기야. 그 회사는 진정한 기회와 신나게 일할 수 있는 현실적 근거지를 제공할 거라고."

"그래, 현실적 근거지라고 치자. 공병부대 관료와 아랍 교주와 전력회사 임원과 국방부 놈이라면 사족을 못 쓰고 찾아가 그놈들의 똥구멍에 코를 처박는 놈들이지!"

"이건 그냥 일일 뿐이야, 형. 그게 다야. 우리는 현실을 직시해야만 해. 이 사회에서 살아가려면 그럴 수밖에 없다고."

"살아가려면 원자력발전소 같은 데 찬성해도 된다는 거냐? 앤드류, 넌 네 손에 피를 묻히게 될 거야!"

이 말에 앤드류 역시 얼굴에서 핏기가 사라진 것을 루는 알 수 있었다. 반대로 로저는 얼굴색을 되찾아 다시 불그스레해졌다. 그의 목소리는 보통 낮고 조용했지만 이번에는 거칠고 냉소적이었다. 루는 로저가 화를 잘 내는 성격이고, 그럴 때면 고함을 지르거나 호통을 치긴 해도 분노가 오래 지속되는 법은 없다는 것을 알았다. 그는 결코 사나운 사람이 아니었다. 그러나 이번은 달랐다. 로저는 남동생을 사랑했고 한 번도 그를 비난한 적이 없었다. 적어도 다른 사람이 옆에 있을 때는. 그러므로 이번 다툼은 두 배로 심각했다.

"형은 점점 비현실적인 인간이 되어가고 있어. 원자력은 석탄보다 안전하다고, 젠장. 그건 진정한 대체에너지야. 즉각적인 죽음을 일으킬 확률도 낮지. 환경오염도 덜 시키고, 사실 방사능도 덜 나와. 중요한 사실은 우리한테 그게 필요하다는 점이야. 누군가가 발전소를 지으려고 한다면 가능한 한 잘 지어야만 해. 그게 콩코가 아주 잘하는 일이고."

"충분히 잘하지는 못하지. 아무도 위험성을 완전히 제거할 수 있을 정도로 완벽하지는 않으니까! 조만간 원자로 붕괴 사고를 맞게 될 거야. 원자로 노심의 안전 격납기가 폭파되고 도시 전체가 날아가겠지. 그건 알아두라고!"

로저가 동생에게 손가락질했다.

"앤디, 그들은 원수야, 기억해? 그들은 모든 사람과 모든 것을 짓밟을 거야. 그들은 너무나 거대해서 피해를 끼치지 않을 수가 없어. 아무리 그들이 선한 일을 하려고 노력한대도 말야. 그러니까 일을 잘하는 게 아니지! 그들은 중앙집권주의자들이고 권위주의자들이고 장사꾼들이고 부당 이득자들이고 착취자들이라고. 다른 사람들이 무슨 대가를 치르든 상관없이 그 시설을 지을 것이고, 사람이나 환경이나 미래에 끼칠 악영향 같은 것에 대해서는 양심의 가책도 없다고."

"과연 그럴까?"

앤디는 루가 이전에 본 적 없는 잘난 체하는 표정을 지으며 말했다.

"그런 것에 관한 결정은 정치적인 영역에서 이루어지는 거지. 난 여러 번이나 그 영역에서 경험을 쌓았다고. 이제 그런 문제에 관해서는 다른 사람들이 대신 싸우게 내버려둘 거야. 그들이 일단 결정을 내리면 그때 내가 들어가서 계약서를 작성하고 그에 관한 규정을 처리하고 그 일을 성사시키면 되는 거야."

"진정한 매국노 기술 관료같이 말하는구나. 그저 자기 일을 하는 것에만 몸이 달아서 그 결과는 개의치 않는!"

앤디는 형을 노려보면서 천천히 또박또박 말했다.

"나에게 상처를 주려는 거라면 형은 성공했어. 그런다고 생각을 바꾸진 않을 거야. 다음 주에 콩코로 자리를 옮길 거야. 형이 배신감을 느끼더라도 어쩔 수 없어. 형의 존경을 잃더라도."

로저가 바짝 다가앉았다.

"그래도 여전히 널 사랑할 거야, 앤디. 네 말이 맞아. 난 너를 더 이상 존경할 수 없어. 그리고 신뢰할 수도 없어. 넌 그릇된 방향으로 가고 있어, 앤디. 반드시 후회하게 될 거야, 하지만 그때는 너무 늦었을걸. 내가 걱정하는 한 네가 후회하지 않는다면 그 결과는 더 나쁠 거야. 네가 수백만 달러를 벌고 뚱뚱해지고 자만심에 가득 차서는 벤틀리 같은 인간과 어울리기 시작하면서 네가 정말로 하고 있는 일이 무엇인지 잊어버리는 걸 본다면 그것보다 끔찍한 일은 없을 거야."

"내가 하려는 일이 무엇인지 잘 알아."

"그럴까? 그렇다면 넌 악마에게 영혼을 파는 거야. 아주 비싼 살인청부업자가 되는 거지. 어쩌면 업계 최고의 살인청부업자가 될지도 모르지. 좋아, 즐기라고. 하지만 정의가 네 편일 거라는 생각은 절대 하지 마. 역사는 결코 콩코의 죄를 용서하지 않을 거야. 너에 대해서도."

아무도 말하지 않은 채로 식사를 계속했다. 아무도 많이 먹지는 않았다. 로저는 와인을 너무 빨리 들이켰고 술이 취한 것을 핑계 삼아 집에 가야겠다고 말했다. 보통 떠날 때 앤디의 어깨에 다정하게 팔을 두르곤 했다. 그러나 이번에는 그들은 서로를 건드리지 않았고 말로만 작별 인사를 나눴다. 차 안에 들어간 후 로저는 땅이 꺼져라 한숨을 쉬었다. 그러더니 연이어 한숨을 쉬었다.

"개똥 같군!"

캐롤이 시동을 걸자 그는 참았던 말을 내뱉었다.

"뭐 이런 지랄 같은 일이 다 있어!"

110.

퀘벡정부 사절의 방문

생존자당의 모든 회원들이 워싱턴 정부마저 제정신이 아니라는 것을 알고 실망하면서 베라 올웬은 자신이 미국에 살고 있다기보다는 에코토피아라는 가상의 나라에 살게 된 것처럼 느꼈다. 그녀의 동료는 미국을 '낡은 나라'라고 부르기 시작했다. 그런데도 그린하우스를 방문한 사람이 퀘벡 정부의 하원의원이라며 공식적인 외교 관계를 체결하고 싶다고 말하자 베라는 충격을 받았다.

"우리는 나라가 아니에요. 나라가 아닌 곳과는 외교 관계를 유지할 수 없잖아요, 그렇죠?"

"우리는 공식적인 이름 따위에는 신경쓰지 않습니다. 우리의 바람은 긴밀한 관계를 맺고 싶다는 것뿐입니다. 결국 당신들과 동질감을 느끼고 있으니까요. 당신들이 나라의 나머지 지역에 맞서 독자성을 지키려 애쓰고 있기 때문이죠. 우리가 우리나라에서 그래왔던 것과 똑같이."

"이해할 수 있어요. 어쩌면 아이디어들을 공유할 수도 있겠지요."

"우리는 서로를 도울 수도 있을 것입니다."

"하지만 그건 불가능해 보이는걸요……. 당신들은 3,000마일이나 떨어져 있잖아요."

퀘벡 사절이 미소를 지었다.

"하지만 뉴욕 주에서는 몇 백 마일밖에 되지 않는걸요. 또 다른 오일 위기가 온다면 뉴욕 주는 냉방 장치를 작동시키기 위해 우리의 수력 전기를 필요로 하게 될걸요."

며칠 후 그린하우스의 길 건너편에 있던 작은 건물 하나가 페인트칠을 벗고 원래의 벽돌 건물로 돌아갔다. 한때 물류창고 노동자를 위한 모퉁이 카페였는데, 칠리 핫도그와 맥주를 팔고 주크박스 음악을 들려주던 곳이었다. 이제 네 개의 하얀 붓꽃 문양이 그려진 깔끔한 퀘벡 주의 깃발이 그 건물의 현관문 위에서 펄럭였다.

그 일은 베라와 동료들 사이에 몇 가지 새로운 아이디어를 떠올리게 했다. 곧 에코토피아 학회 연구팀은 에코토피아를 위한 초기 '국제 관계'를 연구하기 시작했다. 석유뿐만 아니라 중대한 광물질에 대해서도 미국은 세계에서 가장 반동적인 정부 두 군데에 심각하게 의존하고 있었다. 바로 남아프리카와 사우디아라비아였다. 조만간 그 정부는 내란의 불꽃 속에서 무너질 것이다. 에코토피아는 되도록 빨리 위험한 의존으로부터 경제를 구해내야 할 것이다. 에코토피아 학회 연구팀은 대용품, 재활용이나 다른 자원 같은 실용적인 대안을 찾아내라는 지시를 받았다. 에코토피아는 비교적 덜 사악한 새로운 친구가 필요했다.

111.

유니트 12의 폭탄

"오늘 우리가 어디로 현장학습을 가는지 알지요?"

밋지 머레이가 말을 꺼냈다.

"옴니오일 사요!"

그녀의 8학년생 제자들이 한 목소리로 대답했다.

"그러면 우리가 무엇을 보러 가는 걸까요?"

"기술적인 과정이요!"

나탄이 말했다. 그 반 최고의 과학 영재였다.

"명령 계통이요!"

칼로타가 말했다. 언제나 사람들이 다른 사람과 어떤 식으로 관계를 맺는가에 관심이 많은 아이였다.

"그러면 우리가 지난주에 방문했던 협동조합과 어떤 점을 비교해볼 건가요?"

"홍보 방법이요! 그들이 옴니 사의 우수성을 알리는 방식에 대해 알고 싶어요."

나탈리가 대답했다.

"분업 기술이요."

나탄이 말했다. 기술이 그 자체로 논의의 대상이 될 수 있다는 점을 다른 아이들은 아무도 생각지 못하리라는 것을 알고서 한 말이었다.

"또 다른 건 없나요?"

밋지가 물었다.

"글쎄요, 음, 생산품? 그러니까 그들이 거기다 무엇을 만들어놓는지 봐야죠."

케니가 말했다.

"그리고 그 재료가 되는 물질도."

수가 덧붙였다.

"그리고 에너지도요!"

나탈리가 말했다.

"에너지에 관해서 무엇을?"

밋지가 되물었다.

"그들이 어떤 과정으로 에너지를 얻는지, 그들이 자원을 얼마나 많이 사용하는지, 생산성은 얼마나 되는지."

"훌륭해요. 풍부한 질문거리를 갖춘 것 같아요. 우리가 버스에 타기 전에 그 공장에서 일하는 사람들이 여러분보다 더 나을 것도 못할 것도 없는 사람들이라는 점을 기억하세요. 처음에는 꽤 이상한 곳으로 보일지 모르겠지만 언젠가 그곳과 비슷한 곳에서 일하게 될지도 몰라요. 거기에서 무슨 일이 진행되고 있는지를 알아냅시다. 그런 다음 이곳으로 돌아와서 분석도 하고 토론도 할 거예요. 우리를 도와주실 보조교사 두 분을 소개할게요. 로라와 닐이 우리와 함께 갈 겁니다. 닐은 이전에 화학회사에서 일했기 때문에 화학 공장에 대해 많은 것을 알고 계세요. 그래서 우리가 모든 것을 잘 이해할 수 있도록 도와주실 겁니다. 질문 있나요?"

24명의 학생들로 구성된 그 반은 여느 때처럼 활기차고 시끌벅적하게 버스에 탔고, 반시간 후 옴니오일회사의 37호 공장에 도착했다. 그날 아침 로라는 창백하고 뭔가에 정신이 나가 있는 것처럼 보였고 무거운 핸드백은 더욱 힘을 빼놓는 것 같았다. 가끔씩 닐은 그녀 대신 가방을 들어주었다. 반 아이들은 회사의 세련된 홍보 담당자를 만났고, 밋지 머레이가 착한 양치기 개처럼 몰아 산만한 양 떼처럼 모두 공장 안으로 들어갔다. 그 시설은 수많은 건물과 파이프와 이상한 소리를 내는 탑과 탱크, 펌프, 주행로로 이루어졌다. 소수의 종업원만 눈에 띄었다. 제련소처럼 그 공장은 고도로 자동화되어 있었다. 공장의 가동을 감시하고 조정하는 업무는 고층의 사무실에 있는 창문 없는 조정실에서 외부의 눈에 띄지 않게 수행되었다. 그곳에는 냉방 장치가 되어 있었고, 공장에서 화학 약품 냄새가 절대 통과할 수 없는 유일한 장소였다. 기계를 정비하고 썻어내는 일을 하는 직원들이 가끔씩 지나다녔고 나중에 지나간 사람은 우주복 같은 방호복 차림이었다. 무장한 경비대가 주기적으로 그 지역을 순찰했다.

마침내 현장학습 가이드가 그 반을 출구로 이끌었고, 공장 사무실 빌딩을 통과하여 바깥으로 나갔다.

"다 왔습니다, 소년 소녀 여러분. 옴니 회사가 만드는 화학제품이 어떻게 여러분들이 먹는 음식과 위대한 캘리포니아 주의 경제 발전에 공헌하는지 이제 잘 알겠지요. 즐거운 여행이 되셨길 바랍니다!"

그가 말을 마치자 학생들은 줄 지어 문을 빠져나갔지만 로라는 가이드에게로 다가갔다.

"유니트 12에 폭탄이 있어요."

그녀가 침착하게 말했다. 가이드의 눈에 로라는 전혀 위험하지 않은, 병약한 늙은 여인으로만 보였다.

"그렇게 말씀해주시다니 정말 친절하시군요."

그가 겸손한 척하며 말했다.

"어떤 장치가 폭탄처럼 보이던가요?"

"아뇨, 제 말은 그게 폭탄이 맞다니까요. 그걸 제가 설치했거든요. 즉시 공장 사람들을 대피시켜야 해요. 그리고 그 폭탄을 건드리지 말라고 말씀해주세요……. 건드리면 바로 터지거든요. 커다란 갈색 천가방 속에 들어 있어요."

로라의 말에 가이드는 당황하여 말했다.

"사모님, 농담하시는 거죠? 폭탄이 있다는 협박은 웃으면서 하실 얘기가 아닌데요."

"농담이 아니라니까요. 그건 진짜 폭탄이고, 지금으로부터 6분 후에 터질 겁니다."

그렇게 말해서는 아무 효과가 없다는 것을 알고는 그녀는 마침내 목소리를 높였다.

"지금 당장 사람들을 대피시키란 말이야!"

그러고 나서 그녀는 미소를 지으며 덧붙였다.

"여기서 당신이 나를 체포할 경찰을 부를 때까지 기다리고 있을게요. 우리는 공식 성명서도 가지고 있거든요."

그렇게 말하면서 닐을 가리켰다. 닐이 그녀 곁에 와서 섰다.

"세상에, 당신들 장난이 아니군요!"

놀란 가이드가 미친 듯이 전화기로 달려갔다. 그러는 동안 아이들은 버스에 올라탔다. 그때 밋지는 로라와 닐이 그곳에 없는 것을 깨달았다. 로라가 얼마나 창백해 보였던가를 기억하고, 로라가 발을 헛디뎠거나 졸도한 게 아닌가 걱정되어 다시 그녀를 찾으러 달려갔다. 그녀가 사무실 문에 도착했을 때 요란한 사이렌 소리가 들려왔다. 잠시 후 사람들이 건물 밖으로 쏟아져 나오기 시작했고, 그녀는 사무실 부근까지 가기 위해 물결을 뚫고 들어가야 했다. 거기에 닐과 함께 로라가 서 있었다. 그녀는 손을 코트 주머니에 넣은 채로 그 소란을 이상하게 침착한 태도로 바라보고 있었다.

"로라, 어서 오세요! 소방 훈련 같은 게 있나 봐요. 어서 여기서 나가요!"

밋지가 다급하게 외쳤다.

"아뇨, 우리는 여기 더 있다 갈게요, 밋지. 당신은 아이들을 데리고 먼저 가세요. 나중에 봐요. 저는 괜찮아요. 내가 신나는 일을 좋아하는 거 알잖아요!"

밋지가 의심스러워하는 것을 보고 그녀는 선의의 거짓말을 덧붙였다.

"닐과 나는 시세년 씨와 논쟁을 한판 벌일까 해요. 같이 점심식사 하러 가서요. 우리는 나중에 다시 버스를 타고 갈게요. 오후에 봐요."

옴니 회사의 사무실과 조종실과 정비실에 남아 있던 종업원까지 모두 건물을 빠져나가 대피소로 갔을 때 자동화된 기계 시설은 운행을 계속했다. 대부분은 인간의 관리가 전혀 필요 없었다. 그녀가 폭탄에 뇌관을 달아 제어판 뒤에 놓아둔 지 10분 후 마침내 폭탄이 터졌다. 그녀와 닐이 완성된 제초제가 전혀 없는 지역을 힘들게 찾아 폭탄을 설치했으므로 근처 거주 지역까지 날아갈 독성 구름 같은 건 전혀 없었다. 그러나 그 폭탄은 유니트 12의 조종 시스템을 완전히 파괴했고 근처에 있던 엄청난 양의 값비싼 장비도 함께 파괴되었다. 유니트 12는 적어도 1년간은 다이옥신이 함유된 제초제를 생산하지 못할 것이다.

로라와 닐은 미리 몇 명의 암환자 특공대원에게 공장 바깥에서 밴을 세워 두고 기다리라고 지시했다. 그중 한 명은 공중전화 근처에 서 있다가 공장의 대피 사이렌이 울리자마자 언론에 전화를 걸었다. 경찰이 도착한 지 몇 분 만에 TV 방송사 직원도 그곳에 도착했다. 밴 안에서 기다리던 마르고 초췌한 사람들로 이루어진 무리는 준비된 성명서를 방송사 직원들에게 전달했고, 뉴스 팀은 그들이 정말로 충격적인 이야깃거리를 가지고 있다는 걸 깨달았다. 그들은 가까스로 로라와 닐이 경찰에 잡혀 가는 짧은 순간을 촬영할 수 있었다. 놀랍게도 밴에서 내린 몇 명의 사람들이 그 폭발 사건의 공범이라고 밝혔다.

방송사 직원은 방송 규정상 특정 과격 단체에 '이용' 당하는 것이 금지되어 있었다. 하지만 여기서라면 경우가 달랐다. 거대한 화학 공장이 붕괴되어 연기를 내뿜고 있었다. 상냥해 보이는 늙은 여인이 경찰에 끌려가면서 그녀와 수척한 남자 친구가 저지른 일이라고 말했다. 역시나 아파 보이는 다른 사람들도 공범이라고 말하고 있었고 모두 말기 암 선고를 받았으며 그들이 죽기 전에 독성물질 제조 공장을 함께 데려가고 싶었다고 말하고 있었다. 아무도 이런 이야기를 막을 수는 없다! 그래서 카메라 기술자들은 카메라를 다시 꺼내 질문과 응답을 한참 동안 촬영했다. 그런 다음 암환자 특공대원들은 경찰에 전화를 걸어 어서 돌아오라고 했고, 카메라가 돌아가는 소리가 나자 경찰은 고개를 저어 촬영을 금지하며 그들을 데려갔다.

112.

암환자 특공대원, 옴니 공장을 공격하다

샌프란시스코, 11월 23일^{WPI}. 리치먼드 동쪽 옴니 화학회사에 150만 달러 규모로 추정되는 피해액이 발생했다. 자칭 '암환자 특공대' 단체가 공장에 설치한 폭탄이 폭발한 것이다. 이 단체의 사람들은 화학제품으로 인해 암을 선고받아 죽어가는 사람들이라고 주장했다. 폭발이 일어난 후 즉시 경찰에 자수하여 체포된 이 단체 지도자들은 로라 아마토(54, 샌프란시스코)와 닐 앤더슨(59, 멘도치노 카운티)이었다. 그 단체의 세 명의 공범 또한 공장 밖에서 체포되었는데, 폭발 직후 그들은 주위 사람에게 전단지를 나눠주고 있었다.

그 공장 지역을 관할한 콘트라코스타 보안관 사무실은 말기 암환자라고 주장하는 그 단체를 비웃었다. "정말 암환자들이 맞는지부터 확인하기 위해 체포된 모든 사람에게 즉시 철저한 의학 테스트가 이루어질 것이다"라고 대변인이 밝혔다. 체포된 사람들이 재판을 받는 동안 특별한 의료단이 필요하지 않겠느냐는 질문에 대변인은 아무 말도 하지 않았다. "여하튼 이 사람들의 건강 상태는 우리가 이 소송을 다루는 방식에 아무런 영향도 끼치지 않을 것입니다"라고 그가 말했다.

"공장 재산을 파괴하는 심각한 범죄가 저질러졌습니다. 철저하게 조사될 것입니다. 아무도 죽지 않은 것은 큰 다행입니다."

암환자 특공대 단체는 폭탄에 대한 책임을 주장하는 공식 성명서를 발행했고, 그들이 폭탄을 설치한 이유를 밝히고 있다.

암환자 특공대 공식 성명서
우리는 당신들을 위해 옴니 공장을 폭파했다!

친애하는 시민 여러분, 여러분이 독극물에 중독되고 있다는 것은 스스로도 알고 있습니다. 이미 걷잡을 수 없이 높아진 미국의 암발병률이 다시 상승하고 있다는 것도 압니다. 그리고 암 발생의 주요한 원인 중 하나가 주위 환경과 식품과 물에 무책임하게 확산되는 제초제와 농약 같은 화학제품이라는 것도 압니다. 작년 한 해 동안 우리나라에는 30억 파운드 이상의 농약이 생산되었습니다. 1940년에 생산된 농약이 10만 파운드였으니 증가량을 비교해보시기 바랍니다. 그런데도 곡물이 해충 피해로 파괴되는 비율은 그때와 비슷합니다.

이 모든 독극물질의 확산은 화학회사의 악마 같은 상인이 주장하듯이 '우리의 식량 공급을 구하기 위한 것'이 아니라는 것입니다. 단지 돈을 벌기 위해서인 거죠.

우리는 그것이 중단되어야 한다고 주장합니다. 우리의 주장은 암과 돌연변이를 초래하는 화학제품을 우리 환경에 살포하는 것은 거리로 나가 사람을 총으로 쏘아 죽이는 것만큼이나 심각한 범죄라는 것입니다. 미국인 네 명 중 한 명이 암을 선고받고 미래에 그 비율이 더 높아지는 것을 원치 않습니다. 우리의 정부가 우리를 보호해주기를 거부하므로 우리 스스로 우리를 보호해야 합니다!

대부분의 사람들은 그들이 할 수 있는 일이 얼마나 많은지 알지 못합니다. 우리는 암으로 시한부 판정을 받은 사람들의 단체입니다. 우리는 곧 죽을 테고 죽기 전에 인류를 위해 무엇인가를 하고 싶었습니다. 우리는 결과에 대한 두려움 없이 '행동'할 수 있습니다. 그래서 저 위험한 옴니 화학공장을 본보기로 만들기로 결심했습니다. 그들은 거대한 양의 치명적인 화학 독극물을 생산하니까요. 우리는 옴니 사에 똑똑히 보여주었습니다. 그들과 다른 화학제품 장사꾼들이 이러한 범죄 행위를 더 이상 아무런 벌도 받지 않고 계속할 수는 없을 거라는 것을. 이 세대를 위해, 그리고 아직 태어나지 않은 모든 세대를 위해 암환자 특공대는 외칩니다.

"그만! 이제 충분해!"

부디 동참해주십시오. 더 이상은 참을 수 없다는 것을 정부에 알립시다! 식품과 물과 공기에서 발암성 화학물질을 추방합시다! 정부가 행동하지 않는다면 여러분 가운데에서 그 범죄자를 직접적으로 응징하는 사람들을 도와주세요. 강한 사람만이 자유로워질 수 있습니다. 용감하게 투쟁하고 용감하게 이기고 용감하게 살아남읍시다!

암환자 특공대

옴니 사의 간부들은 이 폭발에 대해 분노를 표명했다. "이것은 복수심에 찬 범죄성 행동이다." 옴니 사의 사장인 토머스 리트렐이 말했다. "아무리 이 단체가 인근 지역에 해로운 물질이 확산되는 것을 피할 정도로 공장에 대해 충분히 알고 있었던 게 분명하더라도 폭탄 투척 행위는 여전히 무모하고 공중보건을 위협하는 행동이었다. 그 폭탄은 미국 화학업계가 지역법과 주법과 연방법에 따라 제조공장을 운영할 자유를 위협한다. 이 사람들이 정말로 암환자라면 그 점에는 유감을 표한다. 그러나 우리 공장이 그 병에 책임이 있다는 식의 주장을 법정에서 입증할 수 있는 방법은 없다. 우리는 그들이 엄중한 처벌을 받을 수 있도록 이 지역 변호사를 동원하여 총력전을 펼 것이다."

113.

냉동 섹스

가끔씩 루는 버트와 함께 전지에 관한 정보를 퍼뜨리기 위해 준비작업을 하는 일에서 벗어날 필요가 있었다. 샤프&내추럴이 토말리스 만에 있는 포인트 라이스 스테이션이라 불리는 작은 마을에서 콘서트를 연다는 소식을 들었을 때 그녀는 콘서트를 즐기러 갈 채비를 했다. 그들의 연주는 굉장했고, 그녀는 그들이 무척 자랑스러웠다. 콘서트가 끝난 후 데이빗은 그녀를 근처 계곡에 있는 작은 농가로 데리고 갔다. 그는 그곳에 주기적으로 며칠씩 머무르고 있었다. 그의 음악 취향이 변해서 하와이 스타일의 음반을 전축에 넣었고, 그들은 마리화나를 약간 피운 다음 사랑을 나누었다. 음악은 부드럽게 물결처럼 흐르는 느낌이었고 밝고 명랑했다. 그 음악을 들으면서 루는 자신이 부드럽게 부풀어 오르는 따스한 바다 위에 누워 즐겁게 둥둥 떠다니는 것만 같았고, 길고 환상적인 오르가슴을 체험했다. 그녀와 데이빗과 우주 사이의 경계가 녹아내리는 것 같은 느낌이었다. 그것은 순수한 움직임이자 에너지였고, 그녀의 몸이 세상만사를 모두 잊고 오로지 그 행위에만 전념하게 해주었다.

"알겠어! 알겠다고!"

그녀가 천사같이 환한 미소를 지으며 외쳤다.

"뭘 알겠다는 거야?"

데이빗이 고개를 들어 그녀의 얼굴을 살펴보았다. 그러면서도 그들의 몸은 계속 움직였다. 너무나 부드럽게, 하나의 테마를 계속 변주하는 대위법처럼.

"전지에 관한 거야?"

루는 도저히 못 참겠다는 듯이 킥킥거리기 시작했다.

"아니, 아니! 그것보다 훨씬 좋은 거. 그게 뭘까…… 어……."

그녀는 정확한 표현을 찾느라 잠시 더듬거렸다. 데이빗이 그녀의 귀에 키스했다.

"그건…… 있잖아, 난 방금 음악이 냉동 섹스라는 걸 깨달았어."

행복한 웃음이 그녀의 얼굴에 퍼졌다.

"냉동이라고? 도대체 무슨 말을 하고 싶은 거야?"

"그러니까 이런 거지. 음악이 왜 너에게 그렇게 영향을 주는지를 알 것 같아. 그게 모든 성행위의 에너지와 같은 패턴을 가지고 있기 때문이지. 오르가슴은 보통 일어나자마자 완전히 사라져버리잖아. 그런데 음악은 그걸 간직하고 있거든. 그래서 음악을 연주할 때마다 그걸 다시 경험할 수 있는 거야. 그걸 녹음할 수 있고 악보에 적을 수도 있고 아니면 다시 연주할 수도 있지. 그걸 시간의 흐름으로부터 건져낸 거야."

루는 커다란 잿빛 눈동자를 크고 심각하게 뜨고서 그를 쳐다보았다.

"그래서 왜 내가 항상 네가 음악가인 것에 그토록 매혹되었는지도 알겠어. 무슨 말인지 알아?"

"아니, 좀 더 말해봐."

"네가 연주하는 걸 보고 있을 때 너랑 사랑을 나눌 때랑 느낌이 똑같아. 음악은 들을 수 있는 섹스 같은 느낌이거든. 그들은 더 이상 너의 내부에만 있지 않아. 너와 너의 밴드는 이 멋진 선물을 대중의 눈 속으로 퍼부어주는 거지. 귀가 더 맞겠군."

그제야 데이빗도 웃었다.

"알겠어. 어쨌든 그런 음악이 있긴 하지. 나도 너에게 말할 게 있어. 섹스도 역시 냉동 음악이라는 거."

114.

생존자당과 에코토피아 운동의 추종자들이 당국의 하층부 세력으로 침투한 사례가 시애틀 지역에서 적발되었다. 정부 기구와 기업과 무장병력 속으로의 침투가 의심되며, 적어도 1년 동안 진행 중에 있었을 것으로 추측된다. 특히 정보국은 이러한 활동의 목표물이 된 것이 틀림없다.

모든 경찰서는 앞으로 열흘 이내에 핵심 직원의 보안을 재검토할 것을 명한다. 이것은 국가 명령이다. 실제로 나라의 모든 부분에 생존자당에 공감하는 그룹이 존재한다. 민감한 사안을 다룬 자료들에 대한 접근 예방이 강화되어야 하고, 특히 최근 3년 안에 새로 입사한 직원들을 잘 감시하기 바란다. 생존자당의 많은 지도자가 여성이므로 보안 검사는 여자들이라고 해서 소홀히 해서는 안 된다. 인간성이나 전문적인 역할로 인해 아무리 무고해 보이더라도 말이다.

 115.

메드라 판정에 의해 초래된 대중의 항의 사건이 있은 후 베라 올웬의 텔레비전 연설 내용은 더 긴박해졌다.

"친구 여러분, 우리는 연방정부가 근본적인 에너지 문제에 관해 비이성적인 결정을 내리게 될 가능성을 고려해야 합니다. 국가 경제를 밑 빠진 독으로 만드는 자동차 오일 비용을 줄이기 위해 진지한 조치를 취해야 한다는 제안을 거부하는 정부에 더 이상 무엇을 기대할 수 있겠습니까? 이미 합리적으로 사용할 만큼 충분한 전력 생산력을 갖추고 있는데도 그들의 연구와 개발 비용을 원자력에만 쏟아 붓는 정부를 어떻게 믿습니까? 진앙이 계속되고 있고 위험한 지진 피해가 우려되는 지역에 있는 원자력발전소를 억지로 재가동시키려 애쓰는 정부를요? 석유 수입을 중단하는 대신 추운 지역에 사는 사람들이 집을 단열하도록 돕자는 것도 거부하는 정부를요? 이러한 끔찍한 정책으로부터 우리를 구하려는 시도를 대법원을 이용하여 때려눕히려는 정부를요?

정말 미친 사람이 누구입니까? 자신을 돌보기 위해 시도하는 우리입니까? 아니면 경제적·사회적 자살 행위에만 전념하는 것처럼 보이는 국가 정부입니까?

추측컨대, 그 해답은 다음 사실에 달려 있습니다. 과거 10년 동안 북태평양 연안 지역에 살던 우리가 이전과 전혀 다른 새로운 사람들로 거듭났다는 점입니다. 우리는 다르게 생각하는 법을 배우게 되었습니다. 워싱턴에 있는 사람보다 현실적으로, 장기적인 안목에서 말입니다. 그들은 기껏해야 4년 앞만 생각할 수 있습니다.

우리는 지금 같은 현실을 추구한 게 아닙니다. 지난 역사는 우리에게 직접 역사를 만들어나갈 권리를 주었습니다. 수백만 명의 인생에서 얻은 수백만 가지 다양한 경험을 통해 우리는 나머지 지역에 사는 사람과는 전혀 다른 가치를 거머쥐게 되었습니다. 우리는 자연을 보존해왔고 유지해왔지만 그들은 낭비하고 소모시켰습니다. 우리는 천연자원을 보물처럼 대우했지만 그들은 마구 망쳐놓았습니다.

이 대륙에서 우리가 사는 지역은 상대적으로 덜 오염되어 있습니다. 숲과 해변과 산은 캠핑이나 하이킹을 갈 때마다 우리의 정신을 끝없이 고양시킵니다. 그러므로 우리는 어디에 살든지 우리의 동료가 되는 다른 종의 생명을 존중해야 한다는 사실을 빨리 깨닫게 되었습니다. 우리와 가장 유사한 종인 포유류와 통나무를 제공하여 집을 지어주는 나무, 아주 작은 물고기, 언덕을 부드럽게 덮어주는 푸른 풀 모두를 말입니다. 그리하여 지구에 함께 머물다 가는 동료 여행자로서 이 지역에 많은 환경 보호 정책을 수립했습니다. 우리는 공원을 확장했고 해안의 공공장소를 유지하기 위해 투쟁했습니다. 교외 지역에서 난개발에 시달리던 비옥한 농지를 회복했습니다. 우리는 비교적 순수한 우리의 공기와 물을 지키기 위해 노력하고 있습니다.

여기 태평양 연안에 사는 우리는 또한 더 건강한 사람들이기도 합니다. 우리는 야외 생활을 즐기고 두 발로 걸어 다니는 일에 익숙합니다. 우리는 인적 없는 숲길에서나 보행자들이 안전하게 다닐 수 있도록 복원되고 있는 활기찬 거리에서나 밤이든 낮이든 즐겁게 걷는 방법도 배웠습니다. 자동차라는 것의 황제적 권력을 억제해야 한다는 것을 다른 곳에 사는 어떤 사람들보다 먼저, 분명하게 깨달았습니다. 자동차는 우리의 경제를 파괴하는 위협이 될 뿐만 아니라 우리의 동네를 망치고 공기를 오염시키고 석유를 둘러싼 핵 전쟁의 위험을 초래합니다. 우리는 석유 생산 국가에 의해 자동차가 담보물로 잡히는 것을 거부합니다. 그 대신 미니버스와 시내 전차와 기차와 새로운 종류의 효율성 높은 택시를 개발했습니다. 이들은 자동차 없이도 잘사는 것을 용이하게 만든 대안입니다. 그리고 사람들이 일상생활에서 많은 곳을 돌아다닐 필요가 없도록 도시를 다시 설계하는 작업을 하고 있습니다.

바로 여기, 운 좋게 태평양을 따라 길게 이어진 작은 초록색 땅에 살면서 이 모든 합리적인 일을 실천하고 있습니다. 국가 정부가 백일몽에 젖어 전 세계 사람들을 위험에 몰아넣는 군사적 근육을 움직이고 있는 동안에도 우리는 훼방을 모두 물리치고 이 지역에서 특수하게 우리의 사업을 펼쳐왔습니다. 저는 저의 친구인 여러분에게 묻습니다. 이런 종류의 광기에 직면할 때 우리가 무엇을 할 수 있겠습니까? 그 광기는 우리가 세금으로 내는 돈을 빨아들여서 한도 끝도 없이 군사력 정비에 쏟아 붓습니다. 우리가 선택하지 않은 충돌을 위해 우리의 목숨을 대가로 요구합니다. 국가 정부의 행동을 보면 가난하고 늙고 나약한 사람을 억압하고 이미 부유하고 권력 있는 사람들에게만 호의를 보여줍니다. 우리가 아는 정부의 행동 중에 더 이상 참여하고 싶은 요소가 남아 있습니까? 언제 우리가 충성심을 느낄 수 있는 사회를 누리게 될까요?

자유로운 국민은 반드시 그들의 이상을 실현하는 정부를 두어야 합니다. 우리는 지구상에 있는 다른 생명체와 조화를 이루는 평화로운 세상에서 편안함을 느끼고 싶습니다. 연방정부가 이러한 가치에 적대적인 입장을 취한다면 우리의 생존을 위해 함께 방법을 찾아야 합니다. 우리의 손과 마음을 모아 위대한 생명의 순환 고리 속에서 우리에게 적합한 장소를 차지해야 합니다. 자멸적인 국가 정부, 국민을 살찌우지 않고 삼키는 일에 전념하는 정부는 충성심을 잃게 마련입니다. 우리는 이러한 상황을 스스로 선택한 적이 없습니다. 우리는 현실을 인정해야만 합니다. 친구 여러분, 사랑하는 친구 여러분……. 우리의 삶은 우리의 손에 달려 있습니다."

116.

실용적인 이동속도

프랭크 워든은 제이미 맥브라이드의 친구로 계곡의 반대편에 10에이커(약 1만 2,000평가량)의 땅을 소유하고 있었다. 그는 머틀그로브에 있는 하드웨어 가게에서 일했고, 그와 제이미는 가끔씩 나이트클럽에 음악을 들으러 갔다. 프랭크는 1960년형 포드 세단을 가지고 있었는데, 언제 멎을지 모르는 자동차를 순수하게 맹목적인 결심만으로 몰고 있었고 그러느라 가끔 제이미의 도움을 받았다. 이 무렵 그들은 그것을 하나의 도전으로 간주했다. 위태롭긴 해도 이 망할 고물 자동차가 이렇게 오랫동안 달릴 수 있는데, 굳이 폐차 처분할 필요는 없는 것이다! 아직도 대부분의 부속품은 쓸 만했다. 한두 번 제이미가 일부 부품을 특별히 손을 보긴 했지만 말이다. 물론 가스를 너무 많이 먹긴 했지만 옛날 차가 그런 건 당연했다.

마침내 가스 비용과 잦은 수리 비용이 프랭크에게 큰 부담으로 느껴지기 시작했다. 그는 그 고물에다 돈을 쏟아 붓고 있었지만 도대체 무엇 때문에 그래야 한단 말인가? 그건 무모한 도전일 뿐이었다. 새로운 중고차라 하더라도 그가 새 차를 살 여유가 있겠는가? 그는 어느 날 밤 맥주를 몇 잔 마시면서 제이미에게 사정을 털어놓았다.

"그렇다면야 옛날처럼 말이나 타는 수밖에!"

제이미가 한마디 던지고는 맥주를 벌컥벌컥 들이켜자 프랭크가 웃었다. 바로 그때 제이미가 정색하고 그를 다시 쳐다보았다.

"프랭크, 자네는 집 밖에 정말 풀이 충분하지."

"제이미, 오늘 밤엔 끝까지 맥주만 마시고 싶은데."

"아니야, 내가 말하는 풀은 마리화나가 아니라 말이 먹는 푸른 풀을 말해.

자네는 3에이커짜리 넓은 목초지가 있잖아."

"아직도 자네가 무슨 말을 하는 건지 모르겠어."

"말은 풀을 먹지. 자네는 풀이 많이 있고. 그러니까 자네는 말을 기를 수 있어."

"하지만 말에 대해선 전혀 모른단 말이야! 아주 어렸을 때 사과를 먹였던 기억밖에는."

"그렇게 어려운 일이 아닐 거야. 이 땅엔 예전에 사람보다 더 많은 수의 말이 살았으니까."

"말은 교외에 사는 부자들만 타는 건 줄 알았어. 아니면 내기용 경주마나."

"그렇긴 하지만 이전에는 움직이는 모든 것은 말이 끌었지. 아니면 당나 귀나. 쟁기, 시내용 마차, 짐수레, 역마차는 다 말이 끌었잖아. 그건 자네도 알고 있지."

"맞아, 그런 건 영화 속에서 봤어."

"염병할, 틀림없이 말 키우는 게 염소 키우는 것보다 힘들지는 않을 거야. 그리고 자네는 염소도 키워봤잖아."

"그건 사실이야."

그 아이디어가 프랭크를 일깨우기 시작했다.

"풀만 있으면 되지, 안 그래? 마구간을 만들기 위해 저 작은 창고를 고칠 수 있을 거야. 하지만 비 오는 날 비 맞으면서 냄새나는 젖은 안장에 앉아 말을 몰고 싶진 않은데."

"자네는 유모차 같은 걸 하나 찾아 달면 돼. 아니면 만들든가. 자전거나 오토바이 바퀴를 달면 되지. 작은 조종실을 위에 얹은 이륜마차를 생각해봐. 위에 덮개를 접었다 폈다가 할 수 있는 걸로 만들면 좋겠다."

"이봐, 그거 정말 괜찮은 생각이야! 하지만 밤중에는 어떻게 다니지? 다른 자동차 운전사가 내 마차를 엎어버리고 내 말로 국을 끓여 먹는 건 원치 않아."

"배터리를 달면 되지. 펜실베이니아에 사는 늙은 아만파 마을 농부처럼 전조등과 미등을 앞뒤로 다는 거야. 마구간에 충전기를 두고 평소에 충전을 해두는 거지."

"좋아, 속도는 어떨까? 10마일이나 떨어진 곳에 산다는 거 잊지 마."

"오, 그것도 걱정할 거 없어. 훌륭한 말이라면 시속 20마일로는 움직일 거야. 게다가 정말로 값싼 교통수단을 갖게 된다는 거 명심해. 태양력을 이용한 거지. 말이 먹는 풀은 햇빛만 있으면 자라니까. 자네가 저 고물 자동차를 유지하기 위해 돈 버느라 소모한 모든 시간을 계산해봐. 자네가 그 시간까지 이동 시간에 포함시킨다면 어쨌든 시속 5마일로 달린 거나 다를 바 없으니까."

"뭐라고?"

"그러니까 자네가 순수하게 차를 타고 있는 시간만으로 전체 속도를 계산해서는 안 된다는 거야. 자네는 그 차를 타기 위해 비용으로 쓴 시간도 계산에 넣어야 한다는 거지. 감가상각비와 차 유지비와 가스와 석유 비용, 보험, 자격증과 그 모든 값을 치르기 위해 일하면서 보낸 시간까지."

"하지만 내 차는 아직도 순풍을 받는 상태에서 70마일 속도는 낸다고."

"당연히 그렇지. 하지만 그건 전체 퍼즐의 한 조각에 불과하다고. 자네가 그 차를 유지하기 위해 일하는 동안의 시간 가치 역시 차를 움직이는 비용에 포함된다는 말이야. 그걸 제외할 수는 없지."

프랭크는 드디어 이해했는지 함박웃음을 지었다.

"제이미, 이제 감 잡았어! 단순히 여기에서 저기까지 이동하는 문제만이 아니라 이동할 수단을 얻기 위해 걸리는 시간이 얼마냐의 문제이기도 하다는 거지!"

"맞아. 그러니까 마차를 모는 비용이 저 차를 움직이는 비용의 4분의 1이라면 자네는 엄청나게 많은 자유시간이나 더 많은 여윳돈 중 하나를 갖게 될 테고, 그렇게 되면 어쨌든 실용적인 속도로 읍내까지 가게 되는 거지. 그간

길 모양이 어떻게 바뀌는지만 염두에 둔다면."

제이미는 주머니에서 연필을 꺼냈고, 두 남자는 냅킨에 그림을 그리기 시작했다. 두 개의 바퀴 위에 최대한 가벼운 소재로 만들어진 운전실을 올린 마차를 스케치했다. 아담한 승객용 칸막이 객실도 있고 그 의자 아래에는 짐칸도 있는 마차였다.

117.

퓨젯 1호기의 폭발

퓨젯 1호기의 미로처럼 엉킨 파이프 시설에 엑스레이에 나타난 적이 있었던 머리카락 굵기의 금이 점점 더 길어졌다. 그것이 실어 나르는 냉각수의 끊임없는 압력하에서 그 파이프는 마침내 파열되고 말았다. 원자로를 수용하고 있던 거대한 구형 격납용기에 물이 넘쳐흐르기 시작하면서 주요 냉각 회로에 가해지던 압력이 가파르게 감소했다. 이론상으로는 자동 제어 장치가 이러한 사건을 감지하고 거대한 밸브를 폐쇄하도록 작동하여 더 이상의 냉각수 손실을 방지하고 동시에 다른 밸브를 열어 비상용 냉각수를 원자로에 공급할 것으로 예상되었다. 또한 중성자 흡수 제어봉이 핵분열하고 있는 노심의 우라늄으로 삽입되어 열과 전력의 생산 또한 늦춰질 것이었다.

그러나 운전 중인 원자로를 멈추고 정비 작업과 검사 작업을 시행하는 것은 매우 어렵고 비용이 많이 들었으므로, 값비싼 발전소의 발전 중단을 최소화하기 위해 그레이트 노스웨스턴 사는 발전소가 가동되는 동안 검사 작업을 시도했다. 이는 원자로를 소유한 회사들 사이에서는 흔한 관습이었다. 그후에도 안전 점검은 자주 빼먹었다. 이번 사건의 경우 보조 냉각수 시스템을 정비할 때 비상시 노심 냉각을 위해 물을 제공하는 거대한 밸브를 일시적으로 잠글 필요가 있었지만, 기술자들은 그 일을 마친 후 밸브를 다시 열어두는 것을 잊어버렸다. 그러므로 그 사고가 발생했을 때 비상 냉각수 시스템은 작동하지 않았다. 그 밸브에 대한 상태 표시등이 작동하지 않았으므로(이는 정비 작업이 이루어지는 동안 손상되었던 것 같다) 꽤 시간이 흐를 때까지 제어실에 있던 운영자는 이 사실을 파악하지 못했다. 이 무렵 원자로 중심부의 갑작스러운 온도 상승이 이미 연료 장치의 변형을 초래한 상태였다. 이런 이유로 인해―나중에 행해진 조사 역시 특정 교체 장비에서 전기적 결함이 있었을 가능성을 지적하긴 했지만―그 제어봉은 노심으로 부드럽게 떨어지지 않았던 것 같다. 따라서 원자로 내부의 온도는 훨씬 더 급격하게 불규칙적으로 상승했다. 마침내 부가적인 비상 냉각 체제가 가동되었지만 이 지점에서 다량의 연료봉이 원자로 용기의 바닥으로 무너졌고 그 속에서 물이 원자로를 효과적으로 냉각시킬 수 없었다. 이 무시무시한 상황이 멜트다운이라 알려진 사건으로, 한마디로 원자로의 노심이 녹아내리는 것을 말한다. 심하게 뜨겁고 방사능을 함유한 다량의 우라늄이 원자로의 바닥과 아래의 철근 콘크리트 바닥을 뚫고 흐르기 시작했다. 게다가 높은 압력 아래서 맹렬하게 방사능을 내뿜는 가스들이 둥근 격납 용기를 채우면서 물과 제어봉의 화학 반응에 의해 생산된 수소와 뒤섞였다.

발전소의 모든 정교한 안전장치는 그러한 상황을 막기 위해 고안된 것이었으므로 운영자들은 그 일이 실제로 일어나고 있다는 사실을 쉽사리 믿으려 하지 않았다. 비상 상황이 주는 혼란 속에서 그들은 제어판의 표시등을 100퍼센트 신뢰하지 않았고, 결정적인 몇 분 동안 프로그램을 바꾸고 조종 장치를 껐다 켜는 일만 계속했다. '긴급 정지' 혹은 조업 정지 버튼을 껐다가 다시 켜면 정상이 될 거라고 믿고 싶었던 것이다. 어떤 장치는 그렇지 않다는 것을 가리켰지만 말이다. 그러는 동안 우라늄이 녹은 덩어리는 계속해서 아래로 흘러내리고 있었다.

그 연료가 콘크리트 기초를 뚫고 흐르면서 그 길에 있는 것을 다 태워버렸을 때 펌프 모터에서 일어난 불꽃이 그 위에 있던 원자로 용기에 생겨난 수소 거품에 불을 붙였다. 그로 인한 폭발은 용기를 파괴하고 격납 용기 전체에 고도의 방사능 물질을 퍼뜨렸을 뿐만 아니라 녹은 연료 덩어리를 아래쪽으로 떨어뜨려서 남아 있던 콘크리트 바닥에 마지막으로 압력을 가해 모조리 파괴시키도록 했다.

뜨거운 연료가 그 아래의 물이 흐르는 땅과 맞닿았을 때 갑자기 굉장한 양의 증기가 발생했다. 천둥 치는 듯한 소리로 바뀐 소름 끼치는 파열음과 함께 폭발적으로 원자로 아래의 흙과 바위 지반 아래에 있던 물길을 타고 흐르기 시작했다. 격납 용기의 방사성 물질은 방사능 찌꺼기와 흙과 증기와 함께 폭발하면서 터널을 통과하여 그것을 둘러싼 대기로까지 확산되었다. 폭발음은 수마일 떨어진 곳에서도 들렸고 방사능 증기와 작은 입자로 이루어진 구름이 수천 피트 상공까지 솟아올랐다.

증기가 달아나면서 만든 틈이 근처에 있는 발전소 건물 아래로까지 이어져 유로가 붕괴될 때 형성된 깊은 열극에 합류했다. 수백만 달러짜리 발전기와 무력하게 돌아가는 스테인리스스틸로 된 발전기의 반짝이는 날개가 건물과 거대한 변압기와 제어실의 컴퓨터 잔해가 널린 땅 위로 쓰러지고 말았다. 녹아내린 연료 덩어리는 강물처럼 흐르다가 스스로 만들어낸 동굴 속에 고였고 다행히도 바위 지층의 형태로 분산되어 더 이상 아래로 흘러가며 다른 물질을 태우지는 않게 되었다. 그러나 간혹 물이 그 구멍 속으로 스며들면 활화산처럼 거대한 증기를 뿜어내며 하늘 높이 솟구쳤다.

그 폭발에서 살아남은 사무실 건물에 있던 발전소 간부들은 주지사 사무실에 전화를 걸었다. 그 즉시 비상사태가 선포되었고 그 발전소에서 바람이 불어가는 방향에 사는 모든 사람들을 대피시키는 조치가 취해졌다. 그동안 급히 배치된 모니터는 방사성 낙진의 주요 흐름을 추적하려 애썼다. 그러나 그 주는 진지한 대피 계획을 세워두지 않았으므로 총체적인 혼란이 뒤따랐다. 연락망은 엉망진창으로 뒤얽혔다. 지역 당국은 주 정부나 연방정부에서 일관성 있는 충고를 받을 수 없다는 것을 깨달았다. 어떤 장소에서는 대피 사이렌이 울렸지만 시민들은 그게 무엇을 의미하는지도 모르고 무시해버렸다. 소문은 진짜와 가짜 정보를 함께 퍼뜨렸다. 사람들은 황급히 자동차를 올라타거나 버스에 기어오르거나 말 그대로 내달렸다. 경악과 혼동 속에서 차들은 교차로와 다리에 차례로 멈춰섰다. 필사적인 운전자들은 어떻게든 차를 앞으로 밀어붙이느라 상대 차를 도로 밖으로 밀어내려고 했다. 그래봤자 연쇄 충돌만 보탤 뿐이었다. 한두 시간 후에 민방위 방송망으로 보도된 비상사태 교육방송은 창문을 닫고 지시를 기다리면서 실내에 가만히 있으라고 충고했다. 그러나 이런 메시지는 그곳 인구의 일부에게만 전해졌고, 전해졌다 하더라도 이 중 많은 사람은 정부의 의도나 정확성을 신뢰하지 않았다. 그들은 우선 길을 떠났다.

세인트 헬렌 산의 화산 폭발로 인한 낙진이 북동쪽으로 불어가는 경향이 있었으므로 대부분의 대피자들은 서쪽으로 향해 가려고 했던 건지도 모른다. 그러나 그 고속도로는 곧 절망적으로 막혀버렸다. 결국 사람들은 갓길에 자동차를 버리고 두 발로 걸어가야 했다. 걸어서, 아니면 자전거를 타고서, 전쟁 피난민처럼 퓨젯 1호기의 피해자들은 태평양에서부터 깨끗한 공기가 불어오는 퓨젯사운드의 남쪽 해안까지 가기 위해 사력을 다했다.

그다음 날 워싱턴에서 파견된 연방 원자력공사 담당자들이 그 장소에 도착했지만 그들의 견해는 또 완전히 달랐고 확실하지도 않았다. 20만 명의 인구가 살고 있던 지역이 당분간 아무도 살 수 없는 지역이 될 정도로 낙진의 피해를 입었다. 주는 올림피아 서쪽에 비상 대피소를 준비했고(올림피아도 부분적으로는 사람들이 살 수 없는 곳이 되었다), 드넓은 지역에 텐트 도시가 급히 건설되었다. 그레이트 노스웨스턴의 간부와 주 관료 사이에 비난이 오갔다. 장기적인 피해 추정액은 500억 달러까지 올라갔고, 노스웨스턴의 변호사는 파산 절차를 진행하는 동안 비밀리에 최대한 많은 재산을 횡령하기 위한 준비작업을 시작했다.

그 주의 생존자당은 원자력발전소를 찬성했던 주지사를 탄핵할 계획을 발표했다. 단 사흘 만에 특별 재선거를 위해 필요한 서명자 수가 채워졌다.

118.

어느 날 아침, 프랭크 워든이 잘생긴 갈색 암말이 끄는 새로운 마차를 타고 달가닥거리며 나타났을 때 머틀 그로브의 하드웨어 가게 주인 제이크는 보도를 청소하던 중이었다. 프랭크는 운전이 익숙하진 않았지만, 간신히 주차장으로 말을 몰아서 말고삐를 주차장 미터기에 묶더니 엄숙하게 동전을 집어넣었다. 영화에서 마구간에 묶인 후에 그러듯이 그 말도 히히힝 하며 콧소리를 냈다. 제이크는 실없이 웃었다.

"세상에, 프랭크. 자네가 저 마차를 만드는 데 재미를 붙인 건 알았지만 정말 그걸 타고 여기까지 올 줄은 몰랐어!"

"왜요? 한 가지 가르쳐드릴까요? 이 작은 말은 이제까지 알고 있던 어떤 내연기관보다 훨씬 재미있다는 걸 알게 됐어요. 그렇지, 거티?"

그가 말의 콧잔등을 쓰다듬자 말이 커다란 눈으로 그를 쳐다보았다. 그러더니 섬세하게 자신의 꼬리를 들어 올리고는 포장도로 위에다 5파운드가량의 말똥을 떨어뜨렸다.

"프랭크, 괜히 쓸데없는 주차비만 낭비했어. 지금 저 괴상한 동물을 데리고 저쪽 구석에 있는 나무 아래에 묶어놔. 올 때 삽 가지고 오는 것도 잊지 마. 자네는 방금 쓰레기통 하나도 사게 되었네, 급도매가로."

"그러죠, 제이크. 저도 당신에게 말똥 퇴비를 도매가로 팔도록 하죠."

당시 에코토피아 지역에서 점차적으로 증가하는 교통수단이 모터자전거와 자전거였는데, 머틀그로브의 시민들은 그 후 대여섯 대의 마차가 등장하는 것을 보았다. 그러나 몇 달 후에는 관광객만이 그들을 신기한 눈으로 바라보았다.

올림피아, 12월 15일^{WPI}. 어제 열린 워싱턴 주의 특별 소환 투표 결과 민주당 주지사 탤콧 데니슨이 68퍼센트 대 32퍼센트로 해임되었다. 이는 주 정치 사상 전례가 없는 사건이었다. 데니슨은 원자력과 군사 시설 유치를 적극적으로 찬성했다. 데니슨에 대한 직위 해임 운동은 시애틀 근처의 퓨젯1호 원자력발전소에서 사고와 대피 사건이 일어난 직후 생존자당에 의해 추진되었다.

데니슨(57세)은 소환 투표에서 생존자당에 대항하는 수많은 공화당원의 억지 지지를 받았고, 그의 패배는 양대 주요 정당 모두에게 충격적인 좌절감을 준 것으로 보인다. 주지사 권한은 생존자당의 초기 지도자 중 한 명인 마가렛 엥스트롬(32)이 행사하게 되었다. 그녀와 거의 알려진 것이 없는 그녀의 새로운 당은 '핵 없는 북서부, 지금 당장' 운동을 위한 프로그램을 운영해왔다.

지난밤 데니슨이 패배를 인정한 후 엥스트롬은 소환 투쟁이 벌어지는 동안 생존자당이 주 전체를 포괄하는 규모의 강한 조직을 만들게 되었다고 발표하고, 다음 선거에서는 모든 의석을 얻기 위해 경쟁할 것이라고 선언했다. 그녀는 또한 오늘 워싱턴 주 애버딘과 핸포드에 소재한 가동 중인 원자력발전소에도 조사관을 보내 주의 안전규정을 잘 지키고 있는지 확인할 것이라고 했다. "또 다른 퓨젯 참사가 일어날 위험이 조금이라도 발견된다면 그 시설을 당장 폐쇄할 테니 안심하고 쉬시면 됩니다"라고 그녀는 선언했다. 이 성명은 엥스트롬이 원자력발전소 가동 중단 조치를 실시하는 데 국민투표에 의해 제정된 마감 기한까지 기다리지 않을 것이라는 점을 시사한다.

핸포드에 있는 연방 핵 시설과 그곳에 축적된 거대한 규모의 핵폐기물 문제에 관해 그녀의 입장을 묻자, 엥스트롬은 "생존자당의 과학자들이 그 문제에 관해 제안할 준비가 되어 있다"고 대답했다. 핸포드 문제는 1980년 국민발안에 의해 주에 핵폐기물 축적을 금지할 것을 결정한 이후부터 주 정부와 연방 관계 당국 사이에 첨예한 갈등 요소로 자리잡았다. 새 주지사는 다음과 같이 우려를 드러냈다.

"우리 주의 영역인 핸포드가 증식로 건설 작업에 이용되고 있다는 점은 대단한 걱정거리가 아닐 수 없습니다. 증식로는 막대한 양의 플루토늄을 생산하고 절대적으로 건강을 위협할 뿐만 아니라 세계의 정치적 불안에 기여할 것입니다."

어떤 논객들은 핸포드 사안을 두고 엥스트롬과 연방정부 관료 사이에 싸움이 벌어질 거라고 예상한다. 퓨젯사운드 지역에 근거를 둔 거대한 트라이던트 핵 잠수함의 존재 또한 엥스트롬이라는 투사에게 민감한 지점이겠지만 그녀는 우선적으로 다루기 쉬운 핸포드 문제를 먼저 처리하고 싶어 할 것으로 짐작된다.

생존자당의 한 분파는 그곳에 핵무기 연구와 핵물질 저장이 중단될 수 없다면 핸포드를 둘러싼 주의 동쪽 지역을 차라리 연방정부에게 양도하자고 주장하고 있다고 정치평론가들이 지적했다. 그러나 다른 생존자당원들은 핸포드 핵 저장 시설의 저장 탱크가 녹이 슬어가면서 방사능물질의 유출 가능성이 더욱 높아지고 있다고 지적한다. (그 지역에 사는 코요테와 산토끼는 이미 방사능물질이 검출되었다.) 그들은 강에 오염물질을 유기하는 행위를 금지하는 규제를 통해 주가 방사능 유출에 관한 통제력을 유지하는 것만이 콜롬비아 강에 방사능물질이 유입되는 것을 방지할 수 있는 유일한 수단일 것이라고 주장한다.

퓨젯 1호기 사고의 여파가 중대한 정치적 반향을 가져올 수밖에 없다는 것을 인정하면서도 연방 원자력규제위원회의 관리들은 선거 결과에 실망했다. 강력한 반핵 법안이 일리노이 의회에 계류되어 있고 전면적인 반핵 국민발안이 오리건 주와 캘리포니아 주에서 제출되고 있다. (이 세 개 주에는 모두 합해 아홉 개의 원자로가 가동되고 있고, 현재 몇 개 원자로가 더 건설되고 있다.) 반핵 관련 법안이나 국민발안은 지금까지 원자로가 전혀 지어지지 않은 몇 개 주에서도 제안되어왔다. 일리노이 주의 법안은 특히 더 괴로운 갈등을 양산할 것으로 예상된다. 그 주가 원자력발전소에 심각하게 의존해왔고 그중 다수가 시카고 주위에 위치하고 있기 때문이다. 일반적으로 정치평론가들은 태평양 연안에 있는 세 개 주가 1년 안에 핵 없는 지역이 될 것이라고 내다보았다.

120.

양극화

워싱턴 주에서 이루어낸 생존자당의 승리는 고위 당국자를 놀라게 했다. 메이너드 대통령은 날카로운 비난이 담긴 성명을 발표했다. 주민에게 막대한 피해와 절망을 야기한 불행한 원자로 사고를 개탄하면서도 무모하게 생존자당의 품으로 돌진한 것에 대해 투표자를 비난했다. 그의 말에 의하면 그 당은 원칙도 없는 낙천주의자의 조직이었다. 게다가 최근 몇 달 동안 그 당은 메드라에 관한 연방 대법원의 판정을 끝없이 비난하면서 경솔하게 반국가적인 시도를 일삼았다는 것이다. 원자력발전소의 필수적인 위험 부담을 수용하는 것에 관여하든, 국민의 삶에 자동차가 만들어내는 필수적인 공헌에 관여하든지 간에, 연방정부는 훌륭한 결정이 적절하게 이루어지는 영역이므로 각 주는 연방정부가 하는 일에 참견해서는 안 된다고 그는 선언했다. "최근 얼마간은 국가에 힘든 시절이었습니다. 그러므로 생존자당이 다른 미국인을 희생시키면서까지 북서부의 편의만 보장하려 애쓰는 것은 무책임한 행동입니다. 그들의 애국심은 도대체 어디에 있습니까? 이쪽 바다에서 저쪽 바다까지 대륙을 통합한 위대한 미국인의 꿈에 그들은 헌신하고 있는 걸까요?"라고 그가 반문했다. ("역겨워!" 신문을 읽던 루 스위프트는 이 구절에서 대통령의 발언에 심한 혐오감을 드러냈다.)

메이너드 대통령은 이러한 도덕적 비난에만 국한하지 않았다. 그는 또한 은근한 정치적 위협도 내보이면서 다음과 같이 엄숙하게 주장했다.

"이 나라는 이미 위대한 남북전쟁을 통해 '각 주가 시민의 권리를 보호하기 위한 방안을 추진하는 데 연방정부의 권력을 무력화할 수 있는가'라는 질문에 답한 바 있습니다. 연방의 주권은 이 땅에서 연방 통치권이라는 원칙을 얻기 위해 목숨을 걸고 싸운 인물에 의해 굳건하게 수립되었습니다. 주는 정부 시스템 내부에서 수행해야 할 중요하고 훌륭한 역할이 있습니다. 그러나 그것이 어디까지나 종속적인 역할이라는 사실을 항상 명심하고 그 역할에 전념해야 합니다. 또한 이것도 명심해야 합니다. 어떤 주라도 그들이 지켜야 할 한계를 넘어선다면 국가는 그들에게 맞설 것이고 연방의 주권을 위해 그들이 서 있어야 할 자리가 어디인지 똑똑히 가르쳐줄 것이라는 점을 말입니다.

우리의 문제는 지금보다 더 악화될 수도 있고, 그럴 경우 엄중한 치료법이 필요할 것입니다. 그러나 행정부가 미국 정부의 정상적인 절차 범위 내에서 그 대안을 모색해온 만큼 반드시 해결책을 찾아낼 것입니다. 환경 문제와 경제 문제와 의료 문제를 자기들만의 새롭고 검증된 바 없는 묘책으로 해결할 수 있다고 오만하게 주장하는 엉터리 새 정당 따위는 필요치 않습니다. 정말 어려운 때입니다. 우리는 안정된 정부를 만들어준 지혜로운 양당 체제 속에서 일치단결해야만 합니다."

대통령의 발언은 국가의 나머지 지역 국민에게 서부 해안에서 뭔가 잘못되어가고 있다는 믿음을 강화시켜주었다. 그러나 퓨젯 1호기 사고로 참사를 겪은 워싱턴 주에서는 대통령의 성명이 불신과 조롱을 불러 일으켰다. 마가렛 엥스트롬은 메이너드 대통령의 발언에 대해 연방정부가 얼마나 둔하고 무책임한지 보여주는 최악의 사례라고 지적했다. 에코토피아 지역 어디에서나 대통령의 발언은 생존자당원에게 조롱당했고 반생존자당원에 의해 강렬한 지지를 받았다. 이는 생존자당의 활동을 약화시킨 게 아니라 시민들을 더욱 양극화시키는 결과를 가져왔다.

121.

루는 전지를 작동시킨 메커니즘을 연구하는 동안 전지를 이룬 구성요소들의 기본 구조도 향상시킬 수 있었다. 이러한 정련 작업은 전지의 제작 과정을 단순화시키고 달성할 수 있는 전력 산출량도 최대화할 수 있었다. 남향 지붕에 150평방피트 크기로 전지를 만들어 달 경우 생산할 수 있는 최대 전력을(맑은 날) 계산해보니 2,000와트가 넘었다. 교외에 있는 냉방 장치가 널리 보급된 지역의 집은 여전히 전선을 통해 그보다 10배나 강력한 전력을 받아 소비하고 있었지만 루는 2,000와트 전지 하나가 기초적인 전력은 충당할 수 있다는 것을 알았다. 여기서 기초적인 전력 소비란 냉장고, 조명, 전축, 텔레비전과 가끔씩 사용하는 다리미나 토스터같이 전력 소모가 높은 전자제품을 위한 소비를 합한 것이다. 또한 저녁에 사용할 전력을 제공하는 축전지를 충전할 수 있을 것이다. 전력 생산이 낮은 흐린 날이더라도 필수 전력은 충당할 수 있었다.

로저는 그녀가 150평방피트를 기초로 계산하는 것이 너무 소극적이라는 점을 지적하면서 의견을 제시했다.

"여기에도 1,500평방피트짜리 지붕을 가지고 있잖아. 전지가 만들기 쉬워진다면 전지를 몇 개 더 달거나 하겠지? 그러면 헤어드라이어나 냉방 장치도 쓸 수 있잖아."

"어떤 사람들은 그러겠죠. 하지만 최소한의 합리적인 모델을 설정해보자고요, 아시겠죠?"

처음에 루는 전지를 다용도로 사용하자는 버트 럭맨의 아이디어가 전혀 효과가 없을까 봐 걱정했다. 차츰 그녀는 그의 아이디어가 뛰어나다는 사실을 인정하게 되었다. 그는 시중에서 구매할 수 있는 사계절용 플러그 커넥터를 이용하여 각 전지 장치들을 필요한 만큼 제거하거나 재설치하거나 수리하는 방법을 알았다. 마이크로프로세서 제어 회로를 각 풍력기에 적합하게 만든 미니 윈드 사의 디자이너들과 일하는 동안 그는 충전 시스템의 효율성을 극대화하기 위해 저렴하고 안정된 상태의 구성요소를 사용하는 방법을 배웠기 때문이다.

그것보다 중요한 건 사람들이 루의 발명품을 어떻게 사용할 수 있을 것인가에 관해 일관된 비전을 버트가 가지고 있다는 점이었다. 그는 누군가의 창고를 동네 사람들이 함께 이용할 수 있는 전지 제작 센터로 바꾸어 지붕용 전지를 설치하고 그 전선을 집의 회로 속에 연결시키는 작업을 함께 하는 아이디어를 구상했다.

"틀림없이 옛날의 헛간 준공식이랑 비슷할 거야!"

그가 열정적으로 말했다.

"사람들이 힘을 모으면 일도 더 빨리 하고, 하는 동안 즐겁게 할 수도 있고, 작업이 다 끝나면 모든 사람들이 제대로 됐는지 확인하고, 그 과정에서 어떻게 손봐야 하는지도 알 수 있겠지. 그건 전지 설치에 탄력성을 줄 거야! 유연성도! 백짓장도 맞들면 낫다!"

"좋아, 좋아요. 당신 말을 믿어요. 그런데 사람들을 어떻게 가르쳐야 할까요? 감전당하지 않고서 집의 전선을 스스로 활용하려면요?"

루가 물었다. 이젠 그녀보다 버트가 더 열심이었다. 그는 지치는 법이 없었다.

그녀는 전지의 기초적인 메커니즘을 파악했으므로 작업에 약간 싫증이 났다. 그녀는 시내로 가서 보트를 빌려 산호초로 노를 저어 백로가 고기를 잡는 것을 감상하거나 해변을 따라 오랫동안 걷고 싶었다. 그러나 버트는 도표를 그리고 사용설명서를 적어서 친구에게 보여주고 나서 다시 수정하는 작업을 했다. 그는 사람들이 당면하게 될 어려움이 무엇인지 알아내기 위해 실험용 전지 장비를 설치하고 미리 개선할 방법을 찾아내고 교육 절차를 수정했다. 그는 신문과 잡지에 실을 배경 논문의 초안을 작성했다. 그러고 나서 친구들의 도움을 받아 그와 루는 본격적으로 텔레비전 방송에 출연할 준비를 했다. 그 방송을 통해 생존자당은 에코토피아 지역에 있는 모든 동네에 보급하기 위한 프로그램을 정식으로 발족할 것이다. 그들은 그 방송을 수많은 사람들이 시청할 것이라는 점을 잘 알고 있었다. 전기요금과 가스요금이 다시 하늘 높이 치솟고 있는 이때에 말이다. 전력회사의 전선을 스스로 끊는 방법보다 더 나은 방법을 찾아내기 힘든 지경이었다.

122. 볼리나스 독립선언서

볼리나스 읍의회와 카운티 사이의 협상이 몇 주 동안 질질 끌었다. 위기 시에 종종 일어나듯이 절차상의 문제가 곧 전기 단절에 대한 원래의 논쟁을 넘어섰다. 카운티는 읍의회에 압력을 가할 방법을 찾았고, 읍은 카운티의 권력을 회피하거나 무력화시킬 방법을 찾았다. 오랫동안의 공방 끝에 그 상황은 마침내 더 이상의 논의가 필요 없는 방향으로 종결되었다. 카운티가 10일 후까지 명령을 따르지 않은 집은 무조건 불도저로 밀어버리기로 결정한 것이다.

그 논쟁은 볼리나스 사람이 하나의 공동체로 단결하도록 만들었고, 그 속에서 개인적인 반목이나 반대 같은 건 잊혀졌다. 만장일치의 분노로 읍의회는 카운티로부터 탈퇴 선언을 준비할 기초위원회를 설립했다. 그들이 독립하는 것은 하늘의 뜻이었다! 샌프란시스코가 도시이자 카운티일 수 있다면 왜 볼리나스는 안 된다는 말인가? 로저는 기초위원회의 멤버로 선발되었고 뒤뜰의 오두막에 머물면서 열 시간 동안 쉬지 않고 일했다. 그날 저녁 그들은 완곡어법이라곤 전혀 없는 제목의 자료를 들고 의회 모임에 나타났다.

볼리나스 독립선언서

"우리는 미국인이다. 그러나 미국인이기 이전에 인간이고 미국 시민이 아니더라도 여전히 인간일 것이다. 정부는 국민들을 섬기기 위해 만들어진 것이지, 그 반대를 위한 것이 아니다. 제도가 관료화되고 유연성을 잃을 때, 법과 법의 적용이 더 이상 국민을 보호하는 게 아니라 도리어 짐이 되고 위험을 끼칠 때, 그때는 사람들이 건강과 복지와 행복에 대한 경영권을 자신의 손으로 되찾을 권리와 진정한 의무를 가지고 있다.

지금 시기는 오래된 제도가 공허해지고 무의미해진 상태이다. 사람들은 더 이상 그에 관심을 기울이지 않는다. 세금도 내지 않고, 공무원과 그들이 만드는 규제에 순종하지도 않으며 경찰의 권력도 무시한다. 공권력이라는 것은 국민들의 동의에서 출발해야 하고, 그렇지 않다면 무장한 독재 권력일 뿐이다.

최근 몇 달 동안 우리는 에코토피아로 알려진 지역 중 많은 곳에서 참을 수 없는 상황이 전개되는 것을 보아왔다. 시민들은 정부 기구의 비효율성에 절망하고 있다. 화학제품과 원자력발전의 남용과 위험에 맞서서 시민을 보호해야 할 기구를 불신하면서, 시민들은 어쩔 수 없이 자기방어를 위해 직접적인 조치를 취하게 되었다. 시민들은 건강한 삶의 조건을 요구할 뿐이다. 오염되지 않은 음식과 위험한 단계의 오염물질을 함유하고 있지 않은 식수와 숨 쉴 공기, 원자력발전소 사고의 위협으로부터의 자유, 그리고 생태계에 발암물질 유입을 감소시키는 조치 같은 것 말이다. 그러나 이러한 요구는 무시되거나 조롱당했다. 정부 문서를 보면 수익성이라는 제단을 위해 인간의 목숨을 희생할 것을 요구하고 있다. 자동차가 주는 경제적 위험과 건강의 위협에 항의하는 시민을 보호하려던 주 정부의 시도는 연방정부의 명령에 의해 타도되었다. 오만한 카운티 관료와 기업이 고용한 범죄자들은 독립적이고 재생 가능한 에너지 시스템을 설립하려는 시민의 시도를 방해했다. 우리의 생존을 위해 더 많은 실험과 새로운 고안품이 절실하게 요구되는 때에 시민들은 시대에 뒤떨어진 기준이라는 틀에 박힌 방법만 강요당하고 있다.

이러한 불만을 제거해달라는 우리의 청원은 침묵이나 단호한 거절에 봉착했다. 그러므로 이제 볼리나스의 공식 임원으로 선출된 우리는 비상사태가 닥쳤음을 선포한다. 사람들은 자신의 운명을 주도할 권리를 되찾고, 자신의 복지를 수호할 새로운 기관을 만들어야만 한다.

이로써 오늘부터 볼리나스 타운은 독립된 영토임을 선포한다. 정식으로 제정된 볼리나스 타운 의회의 법령에 반대되는 행동을 취할 때마다 미합중국 캘리포니아 주 마린 카운티의 법은 더 이상 법적인 효력을 갖지 못한다. 오로지 타운 의회의 명령만 따르는 볼리나스 타운 민병대가 즉시 구성되어, 필요할 경우 법령의 유지와 타운 방어를 위해 임무를 수행할 것이다. 즉시 시민들로부터 선출된 법관과 함께 볼리나스 법원이 설립될 것이다. 타운에 의해 조정되는 새로운 세금안이 실시될 것이며, 시민들은 주에 판매세를, 카운티에 재산세를, 주와 연방정부에 소득세를 치르는 것을 중단해야 한다.

우리는 엄숙한 마음으로 이 조치를 단행한다. 우리의 모든 이해관계가 타운의 지속성에 달려 있으며 이 조직에 자연스럽고 건강한 기대를 걸고 있기 때문이다. 우리가 지향해야 할 최고의 가치는 바로 우리 자신, 우리의 생존, 그리고 우리 아이들과 아이들이 낳을 세대의 생존에 대한 것이어야 한다. 언젠가 우리는 주 정부에 이렇게 말해야 할 것이다. '여기까지 했으면 충분하니 이제 제발 그만 하라!' 고. 우리는 타운의 경계 지역에 선을 그었다. 그리고 세상에 외치노니, 우리는 자신과 미래를 우리의 힘과 결의와 명예를 걸고 지킬 것이다."

123.

태양의 축제

이 성명서에 동의하면서 볼리네시아 사람들은 독립선언을 위한 축하식을 기획해야 한다고 느꼈다. 디미를 포함한 일부는 지나치게 상업화된 축일을 다른 것으로 대체하거나 더 중대하고 재미있는 것으로 변형해야 한다고 오랫동안 주장했다. 동지, 하지, 춘분, 추분 같은 고대의 태양 관련 축제(연중 낮이 가장 긴 날과 짧은 날, 밤과 낮의 길이가 똑같은 날)가 타락하여 크리스마스라고 알려진 날과 7월 4일이 각각 동지와 하지를 대신하고, 부활절과 추수감사절이 춘분과 추분을 대신하게 되었다는 것이다. 그러나 그날은 원래의 축제일이 인간의 생로병사와 관련하여 지녔던 신성성을 상실했고, 지구가 자전하면서 태양 둘레의 궤도를 천천히 돌아갈 때 생겨나는 계절의 표지로서의 기능을 잃었다. 지상에서의 우아한 삶에 헌신하고 태양이 우리에게 주는 생명이라는 선물을 영광스러워하는 사람들이라면 반드시 그 모든 것을 다시 한 번 진지하게 생각해봐야 한다는 게 디미의 주장이었다. 그래서 그는 막 동지를 지난 그때가 새로운 축제를 제정하여 발족하기에 더할 나위 없이 좋은 시기라고 주장했다. 그는 거리에서 연회를 열고 음악을 연주하고 밤새 춤을 추는 형식의 축제를 제안했다. 이틀 동안은 일부일처제를 일시적으로 정지시켜서 성적인 다양성을 갈망했던 사람들이 장기적인 결혼서약을 위협하지는 않는 선에서 욕구를 충족시킬 수 있게 하자고 제안했다. 딱 며칠 동안만 죄책감 없이 희열을 즐기도록 하자는 것이다! 그것은 삶을 즐기는 시간, 희망을 나누는 시간, 평소 일상의 지루함을 벗어버리고 자유롭고 공개적으로 사람들을 만나는 시간이 될 것이다. 경이를 체험하는 시간, 속도를 변화시키는 시간, 지구와 그 속에 사는 모든 거주자와 인간과 비인간이 태양의 둘레를 회전하는 동안 무엇을 향해 살고 있는지를 돌아보는 반성의 시간이 될 것이다.

124.

암환자 특공대원의 죽음

변호사들이 여전히 변호 자료를 준비하느라 바쁘게 일하던 몇 주 동안 감옥

생활을 하는 것만으로도 헤스켈은 매우 쇠약해졌다. 그는 로라의 암환자 특공대 동료로, 폭파 사건 때 언론에 알리기 위해 전화를 걸었던 사람이었다. 그는 곧 감옥에서 나와 병원으로 옮겨졌지만 그곳에서 사흘 후에 죽었다. 언론이 그 소식을 보도하자 대중들은 살아남은 나머지 암환자 특공대에게 깊은 연민을 느끼게 되었다. 감옥에 남은 사람에게 엄청난 양의 편지와 소포가 도착했고, 편지의 내용은 이전보다 훨씬 우호적이었다. 그 속에는 사탕과 꽃, 머플러와 슬리퍼, 아이들이 손으로 쓴 편지와 시 같은 선물이 포함되어 있었다. 특히 로라에게는 이것이 감당하기 힘든 일이었다. 그녀는 그 편지를 받고 통곡했고 너무 울어서 몸이 아팠다. 얼마 후 편지 읽기를 중단하고 재판을 위해 에너지를 축적했다.

몇 주 더 지나자, 전단지를 나눠주던 스테이시도 죽었다. 그녀의 가족은 샌프란시스코에서 잘 알려진 오래된 명문가였다. 가족 중에선 골칫덩어리 멤버였지만 스테이시는 가족의 수많은 친구들에게 사랑을 받았다. 검소한 장례식이 대성당에서 열릴 계획이었고, 신문에는 조그맣게 실렸다. 그러나 장례식 당일, 5,000명도 넘는 사람들이 조문하러 장례식에 오는 바람에 급히 확성기를 설치하여 광장에 가득 찬 조문객들이 성당 바깥에서도 장례식을 들을 수 있게 했다.

매우 조심스러운 성격이었던 신부는 그녀의 죽음에 대해 아이가 없었던 스테이시가 다른 사람의 자녀를 살리려는 희망 속에서 죽어갔다고 시적으로 표현했다. 조문객의 눈물 어린 반응을 보면서, 그는 노트에 없는 내용까지 덧붙여 말했다. 그는 신앙심 깊은 사람일수록 환경을 염려하여 기독교인으로서 헌신해야 할 필요성이 있다는 점을 강조했다. 우리의 환경은 불멸하는 영혼의 용기인 우리의 육신이 지상에 머무는 동안 살아가야 할 곳이기 때문이다. 그는 교회도 하느님의 본보기를 따라 선한 목자가 되어야 한다고 용감하게 말했다. 교회는 그의 양 떼가 오염된 풀밭에서 목초를 먹도록 이끌어선 안 되며, 화학약품으로 가득 찬 죽음의 골짜기를 걷도록 만들어서도 안 된다는 것이다. 그다음 날 신부는 주교에게 엄하게 질책을 당했다. 그는 낙담한 얼굴로 인산인해를 이루었던 장례식 광경을 떠올리자, 전혀 뉘우치는 마음이 들지 않았다. 교회 역시 새로운 교훈을 얻어야 할 것이라고, 그는 혼잣말로 중얼거렸다. 그는 생존자당원에게 관심이 생겨서 그들이 무엇을 말하는지 살펴볼 생각이었다.

125. 1급 기밀(수신인: 대통령/ 모든 경찰서장에게는 사본을 보낼 것)

생존자당이 공공연하게 전개하고 있는 '에코토피아' 운동과 연루된 것으로 짐작되는 한 지하단체가 몇 개 원자력 설비를 짓기에 충분한 무기 수준의 우라늄을 획득한 것으로 보인다. 정보원은 그 단체의 목적이 에코토피아 지역의 연방 탈퇴를 촉진하기 위해 연방정부에 정치적으로 공갈협박을 하는 것이라고 믿는다. 여기서 에코토피아 지역이란 워싱턴 주, 오리건 주, 캘리포니아 주로 남쪽으로는 테하차피까지 이르는 지역을 말한다. 이에 관해서는 이전의 기록 A3564호와 A3992를 참고하기 바란다.

현재 가동 중인 원자력발전소에서 지속적으로 핵물질이 감소하는 현상을 고려할 때 몇 백 파운드의 핵분열 물질을 훔쳐 빼돌렸을 가능성도 남아 있다. 원자력발전소의 원자로 연료 장치에서 손실된 핵물질의 양도 워낙 방대한 것으로 보아, 원심분리기 장비에 접근한 단체는 강력한 핵폭탄을 두세 개 제작할 정도로 거대한 양이 될 때까지 이 물질을 모으고 있을지도 모른다. (주의: 3564호 기록에서 시애틀 지역으로 운송된 것으로 언급된 물질은 남한에 있는 원자력발전소 프로젝트에 보내질 예정이었던 것으로 밝혀졌다.)

물리학자의 조언에 따르면 지하단체 조직이 동부 도시에 핵시설을 묻을 장비를 건설할 경우 현행의 초특급 방사능 탐지기로 탐색하는 것이 가능할 수도 있다고 한다. 그러나 서부 지역에는 여전히 거대한 황무지 지역이 복잡한 탐색 노력도 무색할 정도로 미개척지로 남아 있다. 특히 이 지역의 버려진 지하 탄광지를 활용할 가능성도 있는데, 이런 곳은 저층 방사능 탐사기도 듣지 않아 탐색이 불가능할 전망이다. 그들이 주로 추천하는 방식은 동부와 서부의 고속도로에 있는 모든 트럭 검문소에서 영구적으로 대형 컨테이너를 설치한 트럭을 집중적으로 단속하는 것이다. 이러한 검문소가 부족한 고속도로에서는 수사관들이 적당한 검사 장비를 신속히 설치할 수 있는 고가도로 위에 올라가서 조사해야 한다.

에코토피아 지역에 있는 모든 경찰서는 어떤 종류의 특이한 방사능 관련 사건이든 정보원을 파견할 것을 당부한다. 또한 최근에 금속 공급회사의 거래 기록을 추적하여 상당량의 납을 구매한 사람의 위치를 파악할 것이다. 납은 비밀리에 폭탄을 작동시키기 위해 필요한 보호 장치를 만드는 데 이용된다.

이 시기에 비상사태 단계까지 선포하는 것은 불가능하다. 핵폭발 장치 건설 기술은 지나치게 위험한 것이긴 하지만, 어디까지나 복잡한 기계 공장의 내부에서만 활용될 것이다. 기계 기사에게 미치는 건강상의 위험이 심각하지만, 지하 투사들은 이러한 장비의 제작에 스스로를 희생할 동기가 충분할 것으로 추정된다.

126.

"당신 설마 '한정책임능력(피고가 사고를 저지를 당시 정신 장애로 판단력 감퇴 상태였다는 것을 증명할 경우 감형의 대상이 된다—옮긴이)' 변호를 하려는 건 아니겠죠!"

로라가 자신의 변호사인 룻 레만에게 말했다.

"당신도 알다시피 그것만은 견딜 수 없어요. 이번 사건에서 누구라도 머리가 모자라는 사람들이 있다면 화학회사라고 확신하니까요."

"하지만 로라, 당신을 석방시킬 수 있는 좋은 기회가 될 거예요!"

룻이 화가 나서 외쳤다.

"판례를 한번 보세요. 댄 화이트는 샌프란시스코 시청으로 걸어 들어가 시장을 쏘고 수석 행정집행관을 쏘았지만 나중에 무죄 석방되었어요. 그가 정크푸드를 먹고 나서 정신이 이상해졌다는 이유로요! 당신과 닐은 감옥에서 죽어갈 위험에 처해 있어요. 자연스럽게 당신은 정신이 혼란스러워질 거예요. 이건 훨씬 중대한 소송이라고요. 게다가 당신은 아무도 죽이지 않았고요."

로라는 한숨을 쉬었다.

"존경하는 룻, 나도 당신이 변호사인 만큼 법률적인 한계 내에서 생각해야 한다는 거 잘 알아요. 하지만 이것만은 명심해주세요. 석방되는 건 정말로 원치 않는다는 거. 어차피 시한부 인생이에요. 우리는 합법적으로 유죄 판정을 받는 것에 만족해요. 역사적으로도 사람들이 그 사회나 사회의 법이 정의로운 일을 했다는 이유로 그들을 비난할 때 그것을 기꺼이 수용해야만 하던 때가 있었죠. 닐과 나 역시……. 솔직히 우리가 아프지 않았더라도 이런 현실을 기꺼이 받아들였을지는 잘 모르겠지만……."

"하지만 로라, 당신이 곧 죽을 거라는 사실을 숙명론자처럼 받아들이도록 내버려둘 수 없어요. 병은 치유될 수가 있어요. 암도 치료될 수가 있다고요, 심지어 폐암도요. 생각해보세요. 그들이 당신에게 유죄를 선언했는데 당신의 병이 회복된다면 당신은 소중한 10년을 감옥에서 지낼 건가요? 내 양심을 걸고 절대로 그렇게 내버려둘 수 없어요!"

로라는 젊은 친구를 물끄러미 바라보았다.

"당신은 양심을 더 강하게 만들든가, 아니면 새로운 변호사를 찾아주는 게 좋겠군요."

로라는 애써 단호하게 말했다.

"우리는 공개된 법정에서 우리가 말하고 싶은 모든 것을 다 말할 수 있도록 해줄 변호사를 원해요. 그게 우리가 당신을 필요로 한 이유죠. 우리는 그 재판이 가장 강력한 방법으로 정부 기록에 남기를 원해요. 그것만이 우리가 견딜 수 있는 유일한 종류의 책략이에요. 그런 식으로 일해주면 안 되나요? 우리를 구출하겠다는 식의 전략은 잊어버릴 수 있겠어요?"

"로라, 그게 그렇게 간단한 게 아니에요. 당신이 유죄를 인정한다면 당신에게 형을 선고할 것이고, 그게 끝이에요. 딱 20분밖에 안 걸려요. 이 서류 23페이지를 읽어보세요."

"글쎄요. 그렇다면 우리는 무죄라고 주장하죠, 뭐."

"무슨 이유로 죄가 없다고 주장하실 건가요? 당신들은 일시적으로 정신이 나갔다고 말하기도 싫어하고, 판단 장애 상태였다거나 외부의 압력으로 그랬다고 말할 것도 아니잖아요. 판사는 타당성을 요구할 텐데요."

"틀림없이 다른 대안이 있을 거예요. 우리는 무죄예요. 우리는 아이들을 보호하는 일을 하고 있었으니까요."

"명확하게 현행의 위험을 증명해야 할걸요. 현실에서 일어나는 일이더라도 그게 아직은 분명하게 눈에 보이진 않죠. 적어도 법정의 사람에게는요. 당신은 누군가에게 곧 닥칠 것이 분명한 피해를 증명해야 해요."

"우리는 어때요? 우리야말로 사실상 피해를 입지 않았나요? 그건 정당방위 아닌가요?"

룻의 표정이 밝아졌다.

"정당방위라고요? 세상에, 어쩌면 그게 가장 적절한 방법이겠네요! 당신들은 아직 죽지 않았고……."

그녀가 갑자기 당황하여 얼굴을 붉히며 말을 멈추었다.

"괜찮아요, 계속해봐요. 당신이 무슨 말을 하는 건지 알 것 같아요."

로라가 온화하게 말했다.

"그러니까 당신들은 아직 죽지 않았지만 분명히 죽을 정도의 위험에 처했고, 그 공장의 작동은 그 위험을 더 증가시키겠죠. 아무튼 그 모든 것에 대해 간접적인 대응 전략을 세울 수 있을 거예요. 그게 당신뿐만 아니라 그 대기 분수계 속에 사는 모든 사람을 압박하는 위험이라는 점을 이용할 수 있겠네요. 공동 피해자의 집단 소송과 같은 측면이 있는 거죠. 당신은 도덕적인 의무감에서 그런 행동을 한 것이고 사회적, 개인적 책임감을 무시할 수 없었던 거죠. 당신들은 주둔지 바깥에서 보초를 서다 누구보다 먼저 위험을 발견한 사람들인 거죠! 물론 당신들은 당신 자신들도 보호해야 하고 그렇지 않으면 모든 군대가 죽음을 당할 테니까……."

"아, 루시, 훨씬 더 행복해진 것 같네요."

"그거 아세요? 정의로운 배심원들을 만난다면 우리가 이길 수 있는 작은 가능성도 있다는 거?"

이제 룻의 눈에 불꽃이 이글거리고 있었다. 그녀는 지는 것을 무엇보다 싫어했다. 이길 수 없는 적에게 대항해 비장하게 패배한다 하더라도 말이다. 이 접근법이 그녀에게 싸울 수 있는 기회를 주었다. 그녀는 자신이 배심원들 앞에서 달변을 토할 수 있다는 것을 알았다. 이미 그녀의 머릿속에는 자신이 변론을 펼치는 장면이 그려지고 있었다. 로라는 그녀를 바라보며 조용히 앉아 있었다. 그녀는 인내심 강한 눈으로 열정적인 젊은 변호사를 관찰하며, 이것이 자신의 인생에서 마지막으로 찬란하게 빛나는 순간이 될 것이라고 생각했다. 그녀는 지쳐 있었지만 끝까지 지켜볼 수 없을 정도는 아니었다. 그녀는 쇠약해져가는 힘을 끌어 모으듯 손을 깍지 꼈다. 그러자 마음을 위로해주는 고대의 명언 한 구절이 떠올랐다.

지금 죽어야 한다면 나중에는 죽지 않을 것이다
나중에 죽어선 안 된다면 지금 죽을 것이다

지금은 죽을 때가 아니라 하더라도 언젠가는 죽을 것이다.

언제든지 준비해두는 것이 최선이다.

127.

스위프트 전지에 관한 보도기사를 보고, 미국에너지국도 마침내 루에게 메달을 수여하기로 결정했다. 루는 상을 받으러 워싱턴에 가는 것을 망설였고, 버트도 그것이 시간 낭비일 것이라고 생각했다. 그러나 한 번도 시에라 산맥 너머 동쪽으로 여행한 적이 없었으므로 볼티모어에 있는 한 회사가 하루 동안 자문해주면 대가를 치르겠노라고 제안하자 받아들이기로 결심했다. 그렇게 하면 그 회사로 가는 길에 워싱턴에 메달도 받으러 갈 수 있었기 때문이다.

"저의 발명에 대한 기초적인 기술이 대중에게 공개되어 있다는 건 알고 계신 거죠?"

볼티모어 회사의 직원이 전화를 걸었을 때 그렇게 물어보았다. 그래도 그들은 여전히 흥미를 드러냈다. 서부 해안 지역에서는 그 전지를 자력으로 만드는 사람들이 많아서 상업적인 시장이 형성되기 어렵겠지만, 다른 곳에서는 공장에서 제작하더라도 그 전지를 시장에 충분히 싸게 내놓을 수 있다면 대량생산하여 이윤을 남기는 회사도 있을 것이다. 루는 어디서 제작하느냐는 개의치 않았고 값이 싸기만 하다면 얼마든지 만족할 수 있었다. 그녀는 수많은 나라에서 수많은 회사 간에 건강한 경쟁이 벌어지는 모습을 상상했다. 그 경쟁을 통해 광전지의 가격이 가소로운 수준으로까지 낮아지고, 덕분에 가난한 사람조차 그 설비를 살 수 있게 되는 장면을 말이다.

루는 비행기를 타고 볼티모어로 날아갔다. 공항에서 내려 차를 탄 그녀는 나란히 늘어선 작고 비좁고 망가진 집과 버려진 차와 쓰레기가 어디에나 널려 있는 것을 보고 충격을 받았다. 그 도시는 200년 동안 축적된 오래된 껌과 침으로 덮여 있는 것처럼 보였다. 지금까지 오클랜드의 슬럼보다 더 지저분한 곳은 없을 거라고 생각했다. 그러나 이곳은 그곳보다 심했다. 호텔에 도착했을 때 가장 먼저 눈에 들어온 것은 로비에서 보초를 서고 있던 세 명의 무장한 경찰관이었다. 방 안에는 문에 설치된 이중 잠금장치에 관한 자세한 지침서가 준비되어 있었다. 그녀는 데스크로 내려가 특이한 메릴랜드식 게살 케이크를 전문으로 하는 식당이 어딘지 물어보았다. 그러자 안내원은 그 식당이 겨우 네 블록 떨어진 곳인데도 택시를 타고 가라고 충고했다. 루는 안내원의 말을 무시하고 바깥으로 나와 근처의 재개발된 지역을 잠깐 산책했다. 그러다 중산층 사업가 같은데 허리에 권총을 차고 있는 사람을 몇 명이나 보았다. 도시는 포위 공격을 당한 것처럼 보였다. 그녀가 짐작하기로 어둠이 내리면 모든 사람들이 집으로 돌아가 아침까지 텔레비전 세트에 몸을 숨길 것 같았다. 그곳은 샌프란시스코와는 달랐다. 샌프란시스코의 거리에는 항상 많은 사람들이 돌아다녔으므로 노스비치나 노밸리를 어슬렁거리며 돌아다니는 일에 익숙했다. 23층에 있는 호텔 방으로 돌아와 유리창 밖을 내다보다가 루는 갑자기 여행이 공허하다는 느낌을 받았다. 그녀는 전지가 세계를 온통 환하게 밝힐 것이라는 환상에 젖어 있었다. 그러나 이런 장소는 전혀 밝혀주지 못하고 있었다. 밝히더라도 오랫동안 밝혀주지는 못하리라.

다음 날 아침 그녀는 회사 공장으로 갔다. 그 회사는 원래 변압기를 만드는 사업을 했고, 그 후 일부 전자제품을 포함해서 전자 장비를 제조하는 쪽으로 사업을 확장했다. 그 회사는 직접적으로 고객을 만날 수 있는 분야를 찾고 있었다. 루는 그곳 실험실을 둘러보았다. 그녀는 연구부서의 직원에게 도움말을 주었고, 생존자당의 방송을 위해 준비하고 있던 내용을 필수적으로 들려주었다. 그들은 루가 뭔가 중요한 비밀을 감추고 있을 것이라고 예상했는지 끝까지 캐내려고 질문했다.

"그러니까 지금 말한 내용이 전부라는 겁니까?"

한 연구원이 마침내 그렇게 물었다.

"그럼요. 당신들이 우위를 차지할 수 있는 유일한 방법은 지속적인 압출 성형 과정을 개발하는 것이겠지요. 하지만 중요한 점은 그 제품의 가격을 너무 높게 매겨서는 안 된다는 거예요. 그렇지 않으면 사람들은 자기들 힘으로 만드는 편을 선호할 테고, 당신들의 사업은 '도로아미타불'이 되겠죠."

루는 그렇게 말하며 미소를 지었다. 그러나 그 회사의 간부들은 전혀 웃을 기분이 아니었다. 그들은 이윤 마진과 일본 회사와의 경쟁에 대해 중얼거리기 시작했다. 오후 3~4시쯤 되자 그들은 깍듯하게 루를 기차역까지 바래다주었다. 그녀는 워싱턴으로 가는 고속 철도인 메트로라이너를 탈 예정이었다.

"저희가 그 사업에 대해 좀 더 진지하게 생각하게 되면 다시 연락드리겠습니다."

그 회사 사람들이 말했다.

메트로라이너는 한 시간이나 연착되었다. 루는 역 주변을 정처 없이 돌아다녔다. 그러다 벤치에 앉아 있던 35세쯤 되어 보이는 남자와 대화를 시작했다. 고급스러운 옷차림을 한 그 남자의 이름은 노먼 보든이었다. 그는 내무부에서 석탄과 광물질 개발 지역을 임대차하는 것과 관련된 일을 하고 있다고 했다. 루는 자신이 상을 타러 왔다는 사실을 그에게 말했다.

"그랬군요. 당신이 누군지 알겠어요! 당연히 발명에 관한 이야기도 들어보았지요. 정말 영리한 발명이죠. 유일한 문제는 아무도 충분한 돈을 벌 수 있는 방법을 찾아낼 수 없다는 점이죠."

노먼이 살짝 웃으며 말했다.

"그건 한마디로 고객이 없는 발명이죠."

"고객이라고요?"

"이런 시골구석에서는 그것으로 무엇을 할지를 알 수 없다는 거죠."

"글쎄요, 제가 사는 서부 해안 지역에서는 그것으로 무엇을 할지를 분명히 알고 있는데요. 사실 그게 제가 볼티모어에서 받은 인상이긴 해요. 그들은 그 일을 일본 사람들이 하도록 내버려두겠네요."

"당신은 그래도 괜찮다고 생각해요?"

"상관 안 해요. 제 생각은 그 전지가 싸게 만들어져야 한다는 거고, 그게 전부예요. 그 전지가 충분히 저렴하지 않다면 사람들은 언제든지 만들 수 있어요. 제 생각엔 그건 괜찮을 것 같아요."

"당신은 정말 젊은 분치고 강인하군요, 그렇죠?"

노먼이 그녀를 칭찬했다.

"솔직히 말하자면 저는 당신의 정신이 마음에 들어요. 우리 집에 가서 제 아내랑 같이 저녁식사하지 않으시겠어요? 제 아내 폴렛의 사무실에 전화하려고 하는데. 나중에 당신을 호텔에 태워다 드릴 수 있어요."

루는 즐겁게 그 제안을 받아들였다. 폴렛 역시 정부에서 일한다고 했다. 그녀는 금발 머리에 키가 큰 멋쟁이였다. 그들 세 명은 작고 친밀한 둥근 식탁에 둘러앉았고, 저녁식사는 매우 맛이 있었다. 식탁은 놀랍게도 가정부가 차려주었다. 루는 저녁식사 중에 와인을 조금 마셨다. 그녀는 그것에 익숙하지가 않아서 곧 약간 머리가 어지러워졌다. 노먼과 폴렛은 워싱턴의 생활에 대해 이야기했다. 음모들과 파티들, 소문들, 비밀스러운 스캔들에 관해. 루는 킬킬거리며 웃었다. 그녀의 뺨은 유례 없이 장밋빛으로 달아올랐다.

그때 그녀는 자신의 허벅지에 누군가의 손길이 닿는 것을 느꼈다. 폴렛의 손이었다. 그 손은 시원하고 부드러웠는데, 천천히 부드럽게 움직이면서 비밀스럽게 그녀의 허벅지를 애무했다. 루가 이전에 한 번도 경험한 적이 없는 상황이었다. 노먼은 식탁 건너편에서 그들을 바라보며 미소 짓고 있었다. 그 우아한 식탁 아래에서 무슨 일이 벌어지고 있는지를 그는 알고 있단 말인가?

그 대답은 분명히 '그렇다'였다. 곧 그의 손이 루의 다른 허벅지를 짚었기 때문이다. 폴렛은 루의 눈을 뚫어져라 쳐다보면서 말했다.

"자기, 정말 믿을 수 없을 만큼 아름다워!"

루는 모순된 감정에 휩싸였다. 이것은 성인식 연설에서 생각해봤던 적이 있는 종류의 모험이 분명했다. 그녀는 처음 볼티모어 기차역에서 노먼과 대화를 시작할 때부터 모호한 성적인 감정을 느꼈다. 그래서인지 이 상황이 그리 싫지만은 않았다. 그녀는 자기가 생각해도 너무 기가 막혀 킬킬거리고 웃었다.

"그 웃음은 못 견디게 유혹적인데!"

폴렛이 말했다.

"이리 와요, 어서!"

그녀가 루를 일으켜 세웠고 노먼이 그녀를 도와서 부축했다. 그러고는 걸음이 불안정한 루를 데리고 거실을 지나 침실로 짐작되는 방으로 이끌었다.

루는 갑자기 걸음을 멈추고는 발에 강하게 힘을 주었다. 폴렛의 눈에 성적인 갈망이 어려 있는 것을 알 수 있었다. 노먼은 그들을 상냥하게 바라보고 있었지만 그의 얼굴에 떠오른 표정은 별로 마음에 들지 않았다

"정말 이것까지는 내키지가 않아요. 셋이서 하는 섹스는 뭐랄까……."

루가 말했다. 그러자 노먼이 정색하며 대답했다.

"꼭 셋이서 하자는 건 아니에요. 폴렛은 당신을 아주 좋아해요. 당신들만 즐기는 동안 난 텔레비전을 볼 수도 있어요! 물론 나중에는 어떻게 될지 모르지만!"

루는 엄마가 여자와 연애했던 일을 떠올렸다. 그녀는 다른 여자와 사랑을 나누는 여자들을 많이 알고 있었고 그중 일부는 동성애자의 삶을 선택했다. 언젠가는 동성애 체험을 하게 될 거라고 생각해본 적은 있었다. 하지만 거의 아는 게 없는 이 사람들과는 어딘가 믿을 수 없는 구석이 있었다. 이건 아니다. 아무래도 바른 행동이라는 느낌이 들지 않았다.

"호텔로 가고 싶어요."

그녀가 말했다. 절망적인 슬픔 같은 것이 폴렛의 얼굴에 떠올랐다. 루는 그녀에게로 다가가 껴안아주었고, 폴렛은 열정적인 키스로 응답했다. 그러나 루는 곧 그녀를 떼어냈다.

"국가가 내일 아침 일찍 저를 필요로 해요."

그녀는 긴장을 덜어내려 애쓰며 농담했다.

노먼이 루를 시내까지 태워다 주었다. 그는 미안한 기색이 역력했고, 그녀를 호텔에 내려주면서 이렇게 말했다.

"미안해요. 우리가 당신에게 너무 지나쳤어요."

그는 차창 밖으로 고개를 내밀고 그녀를 쳐다보았다.

"우리 둘 다 당신의 아름다움에 지나치게 매혹되었나 봐요."

루는 그의 마음을 이해했다.

"당신들은 아름다움이라는 것만 원했을 뿐 나라는 인간을 원한 건 아니었어요."

그녀가 어깨를 으쓱했다.

"그게 정신을 들게 했을 뿐이에요. 그게 다예요."

다음 날 아침 에너지국으로 가는 길에 루는 택시 기사에게 토머스 제퍼슨의 기념비 앞에 잠시만 세워달라고 부탁했다. 미국의 대통령 중에 가장 민주적인 정신을 지녔던 인물이었다. 그녀는 그 동상을 물끄러미 쳐다보면서 남달랐던 그 남자의 정신이 정말로 어떠했을지가 궁금해졌다. 다른 독립선언문의 기초자처럼 그 역시 노예 소유자였다. 그러나 그는 인간의 제도가 자유를 억압하기 위해서가 아니라 자유를 돕도록 형성되어야 한다는 멋진 믿음의 소유자였다. 그는 땅과 그 땅에 대한 인간 존재의 관계가 모든 것의 궁극적인 기초를 이룬다는 것을 이해했다. 새로운 나라의 설립자가 된다는 것은 분명 굉장히 신나는 일이었으리라! 루가 생각하기에 제퍼슨의 표정은 자신 만만해 보였지만 여전히 우수에 젖어 있었다. 그녀는 대리석 동상의 모서리 가 마모된 것을 알았다. 그것은 산성비에 녹아가고 있었다.

그녀는 다시 택시에 올라탔고, 잠시 후 에너지국 건물 앞에 내렸다. 그녀 는 미로 같은 복도를 통과하여 장관의 사무실에 도착했다. 장관은 와이오밍 에서 열리는 합성연료 발전소 개소식에 참가하러 가고 없었다. 루가 알기로 그 발전소는 강 유역 전체의 지하수 공급을 영원히 고갈시키고 푸른 초원을 모두 사막화시킬 것이었다. 작은 강연실 같은 곳에서 간소한 축하식이 계획 되어 있었고 차관이 행사를 주관했다. 몇 군데 신문사의 사진 기자와 기자가 도착해 있었는데 꽤 지겨워하는 기색이었다. 장관과 대통령과 전체 국가에 보이기 위한 것인 듯 '스위프트 효과' 가 국가 에너지의 미래에 얼마나 중요 하며 루 스위프트가 미국 청소년들의 창의성을 어떻게 상징화하는지에 관 한 지겨운 연설이 계속되었다. 에너지국은 이러한 새로운 자원을 발굴하기 위해 미국 기업의 지도자와 함께 일할 것이라고도 했다.

그 연설에는 평범한 사람들도 스위프트 전지를 제작할 수 있다는 사실은 전혀 언급되지 않았고, 그 전지가 전력산업에 끼친 절망에 대해서도 말하지 않았다. 루는 연설을 들으면서 점점 분노가 치밀었다. 그 연설문을 누가 썼 든지, 그 사람은 전지와 관련한 일을 전혀 모르거나 은폐하려고 하거나 둘 중 하나였다.

그녀는 점점 화가 났다. 그녀가 상패를 받는(그건 실제로 아주 작았고 초라한 모양의 액자였다) 순서가 되었을 때 그녀는 자기 생각을 밝히기로 결심했다.

"상을 주셔서 감사합니다."

그녀가 이야기를 시작했다.

"하지만 저는 이 상을 고마워할 수가 없고 말해지지 않은 어떤 것을 말해 야 한다고 생각합니다."

그러자 기자단 사이에서 갑자기 활기찬 동요가 일어났다. 뭔가 정말로 재미있는 일이 일어나려는 걸까?

"첫째로 이 전지는 조만간 지상에 있는 모든 사람에게 혜택을 줄 발명품이다 보니 전력회사와 석유회사에 끔찍한 위험요소로 다루어졌습니다. 그들은 생태적인 과정을 이윤에 대한 위험으로 봅니다. 여러분들도 알고 계시는지 모르겠지만 제 실험실을 침입했던 강도 혐의에 대해 (그들이 FBI 직원을 이용했던 것 같아요) 옴니오일 사의 책임 여부를 결정하기 위한 재판이 곧 열릴 예정입니다. 둘째로 '스위프트 효과' 전지는 각 가정에서 사람들이 자기 손으로 만들 수 있는 것이고 한 회사에 독점될 수 있는 사업이 아니기 때문에 그것을 앞 다투어 생산하겠다는 곳을 전혀 찾아보지 못하고 있습니다. 왜 그런지 저도 궁금합니다. 결국 페니실린 이야기의 반복일까요? 셋째, 요즘 사람들이 에코토피아라고 부르기 좋아하는 서부 해안 지역에서 그 전지를 DIY 방식으로 생산하기 위한 작업을 준비하고 있습니다. 전 지역에 퍼져 있는 생존자당원이 동네주민을 대상으로 실시할 연수 프로그램이 곧 발표될 것입니다. 그리고 1년 이내에 우리는 대부분의 가구들이 스위프트 전지를 갖추게 될 것이라고 예상합니다. 그때가 되면 우리는 영구적인 전기 과잉 상태를 누리게 될 것입니다. 국가의 나머지 지역에서도……."

루는 하던 말을 멈추고 어깨를 으쓱해 보였다.

"글쎄요, 여러분 역시 여러분만의 프로그램을 진행하거나 아니면 에너지 부족에 시달리면서 사는 수밖에요. 행운을 빌어요."

그녀는 싸늘하게 굳은 관료들의 시선을 받으며 연단에서 내려왔다. 기자들은 질문을 하기 위해 주위에 몰려들었다. 괜찮은 기삿거리를 건진 셈이다. "성마른 천재 소녀 시상식을 비난하며 산업계의 부정과 게으름을 질타하고 서부 해안 지역의 에너지 독립을 예견하다"라는 식으로. 어떤 기자가 그녀에게 물었다.

"스위프트 양, 이렇게 훌륭한 발명을 성취하고 국가적인 상을 받았는데도 왜 그렇게 무자비하게 혹평하는 거죠?"

루는 크게 당황했다.

"저는 무자비한 태도를 취하려는 게 아닙니다. 다만 진실이 밝혀지지 않는 것을 보고 참을성을 잃은 거죠. 그건 여러분에게 달렸습니다."

루는 자신이 동쪽으로 올 때보다 서쪽으로 돌아갈 때 비행이 훨씬 오래 걸린다는 사실을 깨달았다. 그녀는 졸다 깨다 하면서 바깥을 내다보았다. 비행기는 오하이오와 인디애나 주의 산업 지대와 거대하고 평평한 중서부 지역과 높은 언덕이 많은 평원 위를 날아갔다. '저 아래에서 무슨 일이 벌어지고 있는 걸까, 이 이상하게 모순된 나라에서?' 루는 궁금해졌다. '저곳에 사는 사람들에게 희망이 있는 걸까? 적당한 때가 되면 에코토피아 사람처럼 깨닫게 될까? 그들 역시 스스로를 지켜야 한다는 것을?' 마침내 비행기가 록키 산맥에 이르러 유타와 네바다의 황폐한 사막 위를 날아갔다. 에코토피아 사람인 루의 눈에는 이 지역이 달세계처럼 나무라곤 없는 절망적인 불모의 땅처럼 보였다. 얼마 후 마침내 그녀는 시에라 산맥의 날카롭게 치솟은 산등성이를 보았다. 햇볕에 타버린 달표면 같던 풍경이 눈 덮인 울퉁불퉁한 봉우리로 바뀌더니 시에라 산맥의 진초록빛 숲이 나타났다. 그 앞에는 참나무 숲과 초원들이 펼쳐진 언덕, 초록빛 중앙 계곡, 레드우드 숲에 감싸인 시원한 해변의 풍경이 나타났다.

비행기가 하강할 때, 루는 아래를 자세히 내려다보았다. 태양이 서쪽 하늘로 넘어가면서 겨울비 속에 투명한 초록빛으로 빛나는 디아블로 산맥의 무성한 사면 전체에 아름다운 그늘을 드리우고 있었다. 여기저기 지붕에서 반짝이는 태양열 집광판, 연못, 풍력기 탑이 있는 농가와 근처 언덕에서 풀을 뜯는 소를 보았다. 루는 집으로 돌아오는 것이 얼마나 편안한 일인지 깨달았다.

128.

로라와 닐의 공판은 그들이 바랐던 대로 많은 사람들의 관심을 끌었다. 룻은 일찍이 그들을 증인석에 세웠고, 검찰 측 반론에 대해 판사는 폭파 사건이 일어난 당시 그들의 정신 상태를 나타내는 증거가 적절하다고 판단했다. 그동안 배심원들은 그들의 동기를 평가하도록 되어 있었다. 로라는 휠체어에 앉은 채 증언하기로 했다. 메리사가 증인석 근처에 앉아 있다가 로라를 위해 휠체어를 밀어 올려주었다. 두 군데 방송사가 로라의 증언을 취재하고 있었다.

"우리는 범죄를 저질렀습니다. 그리고 그 점에 대해 부정한 적이 없습니다. 여러분은 암환자 특공대가 어떻게 폭탄을 제조해서 화학 공장까지 싣고 갔는지, 그리고 어떻게 폭파시켰는지에 관해 자세히 들어 알고 계실 것입니다. 우리는 그 폭발 사고로 아무도 피해를 입지 않도록 신중하게 예방조치를 취했지요. 우리가 이 범죄를 저지른 것은 그 회사에 의해 훨씬 더 나쁜 범죄가 계속 저질러지는 것을 방지하기 위해서였습니다. 닐과 제가 그 회사의 범죄에 대해 어떤 생각을 가졌는지 말씀드리고 싶습니다."

"이의 있습니다!"

검사장이 외쳤다.

"이의를 기각합니다."

판사는 그렇게 말하면서 로라에게 계속하라는 뜻으로 고개를 끄덕였다. 로라는 다시 입을 열었다.

"암으로 시한부 선고를 받고 나면 머릿속의 생각이 훨씬 더 명확하게 정리됩니다. 더 이상 잃을 것이 없기 때문에 믿을 수 없을 정도로 자유롭게 행동할 수 있게 됩니다. 그렇게 되면 정의의 측면에서 생각할 수 있습니다. 법적인 정의뿐만 아니라 인간 행동의 주변부만 건드리는 법의 판정과 법적 의무가 적용되는 작은 경계선상에 서 있는 정의에 대해서도 말입니다. 여러분이 우리처럼 시한부 선고를 받게 된다면 여러분도 도덕적인 정의라는 측면에서 생각할 수 있게 될 겁니다. 법의 뒷면에 법을 초월하여 놓여 있는 정의 말입니다. 그래도 법이라는 수단에 의해 도덕적 정의에도 접근하려고 노력하지요.

닐과 저는 우리가 직면한 운명, 즉 암으로 인한 죽음이라는 게 수백만 명의 동료 미국인에게도 찾아오고 있다는 것을 알았습니다. 올해에도 수백만명 중에 약 80만 명이 그 병에 걸려 신음하다가 죽을 거라는 사실도 알았습니다. 암으로 죽은 사람 중에 상당히 높은 비율이 환경적인 요소에 기인한다는 것도 알았습니다. 우리의 음식과 물과 공기의 오염에 의해 말입니다. 그리고 기형아 출산, 유산, 신장 이상, 각종 만성질환 같은 많은 피해 또한 화학제품에 오염된 환경문제에서 기인한다는 것을 알았습니다. 심지어 미래의 생물학적 건강과 인간 종의 생존이 달려 있는 유전형질까지도 위협받고 있습니다.

특정한 제초제는 우리의 환경 건강에 최악의 공격자가 되고 있습니다. 그래서 가장 직접적이고 효과적인 방법으로 항의하기 위해 암환자 특공대는 2, 4, 5-T를 제조하는 화학 공장을 선택했습니다. 공장 하나가 22년 동안이나 존재하면서 주변에 끼친 피해의 양을 정확히 계산한다는 것은 어려운 일이지만 최소한으로 추정하더라도(그 점에 대해서는 나중에 전문가가 증언하는 것을 듣게 될 것입니다) 수백 명의 죽음과 수백 명의 기형아나 비정상적인 아기 그리고 수만 명에게 다양하고 심각한 영향을 미치는 막대한 의학적 문제를 초래했거나 초래하게 될 것입니다.

우리의 정치적, 법적 메커니즘은 이런 학살과 죽음과 파괴를 중단시키지 못했습니다. 그래서 희생자인 우리가 대항해서 싸워야만 한다고 결심하게 되었습니다. 그 공장이 더 많은 사람을 죽이기 전에 가동을 중단시켰습니다. 다른 곳에 있는 다른 사람들도 화학회사의 독성물질 생산이 근절되어 자유롭고 건강하고 행복하게 살 때까지 투쟁을 계속할 것입니다.

우리에게 그런 기회가 다시 주어진다면 지난번과 같은 공격을 얼마든지 다시 시도할 것이라는 사실을 여러분도 이해하셔야 합니다. 우리 동료 중 몇몇은 이미 죽었습니다. 우리는 육체적으로 약해져 있고 곧 죽을 겁니다. 하지만 죽음을 앞두고 뭔가 멋진 일을 성취했다고 생각할 것입니다. 그리고 실험실과 화학 공장에서 자신의 운명이 준비되고 있는 저 수백만 명의 사람에게 이렇게 말하고 싶습니다. 무력하게 죽음을 받아들이지 마라! 이것은 정당방위의 문제다. 우리가 죽든가, 아니면 그들이 죽는다. 그리고 우리는 다수이고, 그들은 소수이다!"

격려의 말과 박수갈채가 터져 나왔다. 판사는 의사봉을 두드리면서 배심원석에 있는 사람들의 눈이 모두 눈물로 젖어 있는 것을 알아차렸다. 검사장마저 기운이 빠져 있는 것 같았고, 이 기회를 반대심문을 위한 기회로 돌리는 것이 최선이라고 생각했다. 카메라는 메리사가 로라의 휠체어를 룻의 옆자리로 밀고 가는 장면을 따라갔다.

"나 어땠어요?"

로라가 작은 소리로 물었다. 그리고 룻의 눈에도 눈물이 가득 고여 있는 것을 알았다.

129.

펜타곤, 미국 군대의 브라질 전투 참여 부인

워싱턴, 1월 9일^{WPI}. 국방부는 오늘 미국 지상군이 브라질 북동부까지 게릴라 기지를 확장한 반란군 부대와의 전투에 참가하고 있다는 사실을 공식적으로 부인했다. 최근 몇 주 동안 거대한 C-7 비행기가 날아다니는 등 미국 쪽 기지로부터 비밀스러운 군대의 움직임이 이루어지고 있다는 소문이 워싱턴에 돌아다녔고, 유럽 신문은 그 비행기들이 브라질에 착륙하고 배치되는 것을 목격했다고 증언하는 사람의 정보에 근거한 기사를 보도했다.

국방부 대변인들은 최근 몇 주간 브라질 군대에 대한 미국의 원조가 증가한 사실은 인정한다고 밝혔다. 그러나 비행기는 브라질 군대에 필수적이라고 보이는 장비와 군수품의 이송에만 관련되었을 뿐이라고 했다. 국방부는 성명서를 통해 거짓 선동 기사가 지구의 평화를 유지하려는 우리의 노력을 위협하고 있다고 강조했다.

그 성명은 미국 훈련관이 몇 달간 브라질에 가서 새로운 전투용 헬리콥터를 사용하는 방법에 관해 브라질 조종사와 승무원을 훈련시킨 사실은 인정했다. 비행기는 중무장이 되어 있고 구조도 복잡하며 복잡한 전자 장비를 이용하는 것이다. 그러므로 전문적으로 훈련받은 조종사가 필요하다고 설명했다. 또한 일부 미군이 비행기를 위해 지상 근무와 정비 요원으로 활동하는 것은 불가피했다고 밝혔다.

국방부 장교는 현재 브라질 전투에서 봉사하고 있는 미국인의 전체 수가 얼마나 되는지에 대해서는 발언을 거부했다.

130.

사회적 지진

베라는 텔레비전 담화를 할 때면 모든 분야에서 심화되고 있는 위기에 대해 숙고하면서 시청자와 지지자들에게 비밀 이야기를 건네듯이 은밀한 말투로 말했다.

친구 여러분, 우리는 혁명적인 변화의 시기에 다가가고 있습니다. 우리는 모두 그것을 감지하고 있습니다. 중대한 사건이 우리에게 닥치려고 하고 있지만 아직까지는 그게 무엇인지 모릅니다. 신나는 것일 수도 있고 겁나는 것일 수도 있고 아니면 둘 다일 수도 있습니다. 그것에 어떻게 대비할 수 있을까요?

기초적인 변화는 언제나 느리게 진행되기 마련이라는 것을 기억한다면 도움이 될 것입니다. 한 사회가 변화하려면 그 사회의 수백만 명의 사람이 변화해야 하는

데, 그것은 몇 십 년 혹은 몇 세대가 지나도록 천천히 일어나서 그것을 직접적으로 지각할 수 없는 것입니다. 그러므로 그 현상을 전략과 기록으로 재어보아야만 합니다. 사람들이 만들어낸 모든 정치적 제도라는 것은 본래 보수적인 것입니다. 그것들은 매우 천천히 변화하는 경제적, 사회적, 인간적 관심사를 위해 봉사하려 존재하는 것입니다.

또한 어떤 일이 매우 재빠르게 변화하는 것처럼 보이는 때에 위기가 발생한다는 것을 알고 있고 그 위기에 대처하기 위해 적당하게 행동하도록 준비되어 있어야 합니다.

제 견해로는 사회에서 대규모의 변화가 벌어졌는데도 정치적 단계에서는 준비가 되지 않았을 때 위기가 닥치는 것 같습니다. 이런 때 사람들은 새로운 믿음을 지닙니다. 오래된 정치제도 아래에서는 나타난 적 없는 믿음이죠. 사람들은 새로운 갈망을 지닙니다. 그건 오래된 제도가 금지하던 것이지요. 사람들은 새로운 두려움을 지닙니다. 오래된 제도로는 진정시킬 수 없는 것입니다. 때가 되면 거대한 압력이 낡은 제도에 대항하여 증가하게 됩니다.

사회적 위기는 지진과 똑같은 방식으로 형성됩니다. 지구 표면의 두 거대한 대륙이 점차적으로 움직여 수년 동안 거대한 압력이 축적됩니다. 그들은 측면을 따라 미끄러져 가려고 힘을 가하지만 점점 서로를 밀어붙이기만 하고 한동안 아무 일도 일어나지 않습니다. 마침내 파열이 일어남으로써 그 긴장이 풀리는 거죠. 그 속에서 급격한 대변동이 일어나 모든 것이 재조정되죠.

우리는 사회적 지진에 근접하고 있어요. 우리의 정치 체제는 국민의 인생에서 일어난 근본적인 변화에 대응하는 것에 실패했습니다. 대부분 외관상의 위기는 보기보다 훨씬 덜 중대한 것으로 받아들여지면서 정치적 삶의 속도는 평온한 상태로 유지되는 것처럼 보이지만, 지금이야말로 진정 혁명적인 사건의 시기로 걸어 들어가고 있는 때라고 생각합니다. 모든 것은 엄청난 속도로 변화할 것이고, 중대한 정치적 재조정이 이루어질 것입니다.

이러한 시기에 우리는 정치적 행동이 변화를 '촉발하고' 있다고 생각하고 싶은 유혹을 느낄지도 모릅니다. 물론 정치적인 행동은 새로운 개발을 용이하게 하고 억제하기도 합니다. 그러므로 그런 행동은 정말 중대한 역할을 합니다. 특히 전면적으로 새로운 법이 통과되거나 한 정부가 다른 정부로 대체될 때라면 말입니다. 그러나 이러한 변화는 언제나 한 사회의 일상생활로부터 흘러나온 상호연결적인 압력이 복잡하게 작용한 결과입니다.

미국인은 정치인 같은 영웅적인 개인이 그런 성취를 이루어낸다고 상상하기 좋아합니다. 사실 우리 정치에 관련된 인물들은 오로지 우리 시대의 힘을 표현할 뿐입니다. 정치인들이 가장 용감하게 발언할 때에도 그 한 사람의 발언이 아닙니다. 지금 이 자리에서 우리를 오염된 물과 공기와 식품으로부터 보호하고, 그 분야에서 수십 년간 일한 경험이 있는 수천 명의 사람이 꼭 필요한 일을 수행하여 우리를 안심시켜줄 수 있도록 새로운 정부 규제가 이루어져야 한다고 요구하는 것은 쉬운 일입니다. 석유회사와 자동차회사의 막대한 권력에 대항하여 연설하는 것도 쉬운 일입니다. 제가 여러분보다 많이 알고 있기 때문이 아니라 자동차회사가 우리의 경제와 도시와 일상에 요구한 희생에 대해 우리 모두 지난 몇 년간 많은 것을 알게 되었기 때문입니다. 저는 에코토피아식 새로운 생활 방식에 대한 비전을 말할 수도 있습니다. 제가 특별히 영리해서 그 모든 것을 만들어냈기 때문이 아니라 수백만 명의 국민이 노력을 바치고 서로 의견을 나누어 만든 비전이기 때문입니다.

사태가 몹시 혼란스러워 보일 때조차 이것이 지진과 같은 시기라는 것을 확신할 수 있습니다. 우리 사회는 장기간에 걸쳐 무리한 사업에 참여하고 있습니다. 거기에는 수많은 흔들림이 있을 것이고 그때마다 흰개미에게 먹힌 일부 집은 무너질 것입니다. 그러나 재조정이 달성되고 그 동요가 멈출 때 다시 평온하고 정상적인 삶이 찾아올 것이고, 그때는 우리가 지난날 어떻게 그토록 낡고 낭비적이고 파괴적인 방식으로 살 수 있었는지 이상하게 여길 것입니다.

친구들이여, 이 시기가 보여주는 역설은 새로운 에코토피아 세계가 이미 도래해 있다는 것입니다. 단지 공식적인 껍질 아래에 묻혀 있을 뿐입니다. 권력을 지니고 있는 사람들은 모든 것이 20년이나 30년 전과 똑같은 것처럼 가장하려고 애쓰고 있습니다. 그러나 그 압력은 너무나 커서 그들은 흔들리고 있고, 정치적인 지반이 흔들릴 때마다 우리는 새로운 현실이 드러나는 것을 더 많이 보게 됩니다. 그 새로운 현실이야말로 우리가 안전하게 즐거움을 나누면서 살 수 있는 세상입니다.

131.

작별

그 재판에서 남아 있는 모든 힘을 다 써버리기라도 한 듯 로라는 곧바로 의식을 잃고 쓰러졌고 감옥의 병원으로 옮겨졌다. 판결은 이미 내려졌다. 법의 관점에서 그녀와 닐은 유죄였다. 실질적인 구형은 아무래도 상관없었다. 그녀가 조심스레 설치한 폭탄이 그 시설에만 피해를 주고 사람들은 전혀 다치게 하지 않았더라도 부주의한 운전으로 사람을 치어 죽였을 경우보다 더 긴 형을 선고받으리라는 것을 알고 있었다. 운전 부주의는 과실치사이지만 그녀는 의도적으로 개인의 재산을 파괴했다. 정말로 중요한 것은 그 재판이 열린 후 다이옥신 함유 물질의 제조 금지를 위한 대규모 대중 집회가 열렸다는 사실이었다. 그녀는 그 소식을 듣고 기뻐했다. 암환자 특공대는 소소한 법정 싸움에서는 졌지만 실제 전쟁에서는 이긴 것인지도 모른다.

로라와 메리사는 이러한 아이러니에 대해 이야기를 나눴다. 농담을 섞으면 기분이 좋았다. 그것은 역사의 코미디가 주는 건강한 웃음이었다. 그러나 로라의 체력은 꾸준히 악화되고 있었다. 그 재판이 끝난 후 한동안 그녀는 신비한 회복 과정이 일어나 암이 떠나주기를 몰래 기도하기도 했다. 그러나 병세는 더 악화되었고 그녀는 쇠약해져가고 있었다. 마침내 그녀와 닐이 침대를 빠져나올 기력조차 사라졌을 때 메리사와 변호사들은 판사를 설득하여 그들이 마지막 생애를 집에서 보낼 수 있도록 허가를 받았다.

메리사는 사랑하는 엄마가 죽어가고 있는 것을 느낄 수 있었다. 가끔씩 이

전의 활기를 되찾을 때도 있었지만 그런 시간은 점점 드물어졌다.

닐은 며칠 동안 멘도치노에서 아들 존과 함께 보내기를 바랐다. 그의 죽음이 법적인 문제를 일으키지 않도록 하고 존이 그 농장을 잘 운영하고 있는지 확인하기 위해서였다. 어느 날 그는 최상품 마리화나를 남겨주고는 친구 하나를 설득해서 그와 함께 길을 떠났다. 로라는 작별 인사를 싫어했다. 대신 그녀는 있는 힘을 다해 닐에게 말했다. 그가 돌아올 때까지는 반드시 살아서 그를 맞이할 것이라고.

벤은 오전 늦게 그녀를 찾아왔다. 로라는 며칠 전에 비해 매우 쇠약해 보였다. 그래서 더 이상 비밀을 유지하지 못하고, 마침내 폭탄 프로젝트에 대해 털어놓았다. 로라는 겁에 질렸다. 아들의 범죄 계획에 감동을 받았다고 고백할 수밖에 없었지만 그녀의 범죄보다 더 심각한 게 분명했다. 로라는 벤과 그의 단체가 베라 올웬이 분명하게 이야기했는데도 그것을 거역하고 계획을 감행한 것은 잘못된 일이라고 생각했다. 벤은 엄마의 비판을 무뚝뚝한 얼굴로 아무 말 없이 듣고 있었다. 그와 친구들은 분노와 혼동 속에서 이러한 논쟁을 수도 없이 벌였지만 언제나 계획을 감행해야 한다는 쪽으로 결론이 났다. 마침내 벤이 말했다.

"하지만 엄마, 엄마는 화학 공장을 폭파시킨 장본인이잖아요?"

로라는 웃었다.

"그 엄마에 그 아들인가? 그럴지도 모르지. 하지만 우리는 사람들을 위험에 빠뜨리지 않도록 애썼어. 내 짐작으로는 네가 개발한 그 장치를 도시 한 가운데에 놓을 거지?"

"그 장소에 대해서는 말씀드릴 수 없어요."

로라는 아들을 찬찬히 쳐다보았다.

"정말로 그걸 폭파시킬 계획이니?"

"물론 그 폭탄이 절대로 사용되는 일이 없기를 바라죠. 기본적으로 국무부와 같은 입장을 취하고 있어요. 그 장치는 베라와 정치인에게 책략을 쓸 최대한의 여지를 주려는 것뿐이에요."

"하지만 벤, 히로시마와 나가사키에서 일어난 폭발에 관한 사진을 봤잖아. 그런 일을 할 수 있겠니?"

벤은 시선을 돌렸다.

"그 점에 대해서는 '상황에 따라 다르다'라거나 '오직 마지막 수단으로'만 생각할 거라고 말할 수 있어요. 그건 현실을 직시하지 않고 '예스'라고 말하는 방식일 뿐이죠. 우리는 현실을 직시했다고요! 베라 역시 현실을 직시해야 할 거예요. 아직은 준비가 되지 않은 거라고요. 하지만 곧 상황은 그녀를 몰아붙일 거예요. 그렇게 되면 그녀는 장비가 그곳에 있다는 걸 감사하게 될걸요."

로라는 역사를 잘 알았다. 혁명적인 상황은 언제나 소수의 개인을 극한 상황에 던져 넣었고, 대부분의 사람들이 아무리 대의에 헌신하더라도 감히 할 수 없거나 하려고 생각하지 않는 행동을 기꺼이 감행하려고 한다. 이러한 무리들은 왕을 죽였고 식민지 시대 매국노 무역상의 재산을 파괴했고 팔레스타인 행정부의 책상에 폭탄을 설치했다. 처음에 그들은 범죄자들로 간주되었으나 나중에는 새로운 국가의 영웅으로 정의되었다. 이러한 역할을 하필 자신의 아들이 맡아야 한다는 사실이 로라를 슬프게 했다.

"이 일을 해야 하는 사람이 네가 아니라면 얼마나 좋겠니. 언젠가 모든 사람들이 네가 선택한 길을 인정해줄 거라고 생각해. 나는 네가 그것을 어떻게 할 수 있을지 알 수가 없구나."

그녀는 진저리를 치면서 창밖으로 도시 풍경을 내다보았다. 폐허를 바라보듯이 그녀의 눈빛에는 상실감이 가득했다.

로라가 자신의 행동에 찬성하지 않을 거라는 것은 벤도 예상한 일이었다. 그는 자신의 크고 거친 손으로 그녀의 작고 여윈 손을 붙잡았다.

"엄마, 우리는 모두 각자의 방식으로 대의를 위해 일해요."

그러고는 애써 어색하고 불안한 미소를 지으며 한마디 덧붙였다.

"난 엄마가 그걸 이해해주리라고는 정말 예상치 못했어요."

그들은 작별 인사를 나눴다. 벤은 다음 날 다시 오겠다고 약속했다. 잠시 후 명랑한 얼굴로 돌아온 메리사가 길에서 우연히 마주친 친구에게서 들은 소식을 전했다. 거대한 집회가 버섯처럼 여기저기서 일어날 것 같다는 것이다. 사람들은 볼리나스에 관한 농담을 이야기하고 있었다. 볼리나스 사람들이 어떻게 해안 경비대를 결성했는지에 관한 농담이었는데, 그 경비대가 밀수업자를 돕기 위해 생겨났으며, 모나코와 리히텐스타인(스위스와 오스트리아 사이에 있는 세계에서 네 번째로 작은 나라. 국토 면적 160평방미터에 인구 3만 5,000명밖에 되지 않는다—옮긴이)과 바티칸시티와 함께 공동 방어 조약에 서명하는 방법을 가르쳐주려 한다는 것이다. 감히 헌법의 권위에 도전한 영웅적이고 전투적인 볼리나스 사람들의 자기 방어 행동에 대해 대중은 열렬한 찬사를 보냈다.

로라는 새로운 뉴스를 들으면서 기분이 한결 나아졌지만, 곧 통증 때문에 아무것에도 집중할 수 없었다. 주의력을 완전히 잃은 것 같았다. 최근 며칠 동안 식욕이 사라졌고, 메리사는 주스 몇 모금과 빵 몇 조각밖에는 먹일 수 없었다. 더 이상 혼자서 똑바로 앉지도 못했고, 숨 쉬는 일조차 힘들어 보였다. 그러나 메리사는 엄마가 변화를 원한다는 것을 알고, 서쪽으로 난 커다란 유리창을 향하도록 놓여진 크고 부드러운 소파에 옮겨주면 한결 좋을 거라고 판단했다. 그곳에서 그들은 편안하게 등을 기대고 누워 닐이 남기고 간 마리화나를 조금씩 피우며 인도 음악을 들었다.

좀 전까지 내리던 비가 어느새 그쳤고, 사방으로 흩어지는 구름은 폭풍우를 머금고 있을 때보다 훨씬 가볍게 부풀어 오른 것 같았다. 거칠어진 바람에 흔들리는 정원의 나무는 음악의 복잡한 리듬에 맞추듯 느리면서도 광적인 리듬으로 춤을 추는 것 같았다. 어느 한 순간 가장 어두운 구름을 뚫으며 태양이 진주같이 환한 햇살 한 줌을 선사했을 때 로라는 한숨을 쉬더니 메리사를 향해 미소 지었다. 그러고는 그녀의 손을 단단히 쥐면서 말했다.

"이 모든 것은 얼마나 아름답니!"

그녀는 눈을 감았고, 딸의 튼튼한 어깨에 머리를 기댔다. 잠시 후 그녀는 영원한 잠에 빠져들었다.

132.

분노한 대통령, 브라질 군대 파견 부인

워싱턴, 1월 13일^{WPI}. 석 달 만에 열린 첫 번째 기자회견에서 메이너드 대통령은 대규모 비밀 미국 군대가 브라질 전쟁에 관여하고 있다는 소식을 부인했다. 격렬한 전투에 미국 군대가 관련되었다는 유럽 언론의 보도에 대해 어떻게 생각하느냐는 질문이 끊임없이 쏟아지자 놀라고 혼란스러워하던 메이너드 대통령은 어느 순간 벌컥 화를 내고 말았다. "도처에 거짓말쟁이들이 널렸군요." 그는 그렇게 대답한 후 이런 말을 덧붙였다. "그러니까 유럽 언론에 거짓말쟁이가 하나도 없다면 그건 놀라운 일이겠지요. 당신은 기사 내용을 모두 믿습니까? 아니면 그 문제에 관해 당신이 쓴 모든 기사도?"

잠시 후 기자회견에서 그가 취하던 평온한 태도를 회복하고는 메이너드 대통령은 반복해서 말했다. 브라질 정부는 그 전쟁을 성공적으로 끝내기 위해 미국으로부터 기술적인 도움과 군수품 공급만을 요구했다는 것이다.

대통령은 미국 조종사가 반게릴라 전법을 위한 훈련관으로서 전투 현장 위를 헬리콥터를 타고 날아간 사실은 시인했다. 그러나 브라질 지상군에 대한 자문 역할에 대해서는 더 이상 발언하기를 거절했다.

그 전쟁에서 브라질 정부의 입장이 악화될 경우 브라질에 대규모 미국 지상군이 배치될 가능성이 있는지를 묻자, 메이너드 대통령은 '극히 중대한 미국의 이해관계가 위협받는 경우에만 그런 가능성을 생각할 수 있을' 거라고 대답했다. 브라질에서 게릴라가 지배하는 영역이 꾸준히 확장되는 양상이 일찍이 쿠바나 베트남의 상황과 비슷하다고 생각하는지 질문하자, 그는 미소를 지으며 답변했다. "전혀 그렇지 않습니다. 우리는 그때 이후 많은 것을 배웠으니까요."

대통령의 성명은 대부분의 정치평론가에게 위안으로 받아들여졌다. 아놀드 터커 상원의원(민주당, 뉴욕 주)은 이전에 브라질 정권에 대한 미국의 간섭의 수위가 지나치게 높다고 비난했으나, 이 성명을 들은 후 "대통령이 억제책을 펼칠 것을 보장해주니 정말 기쁘고 다행이다"라고 말했다. 그러나 자칭 '브라질평화위원회'라는 단체는 브라질에 미국 전투 부서가 출현한 것과 관련된 사진과 다른 증거를 드러내기 위해 따로 기자 회견을 열었다. 이 증거 중 일부는 메이너드 대통령이 거짓말이라고 규정한 유럽 신문에 발표된 기사로 구성되었다.

133.

불꽃놀이

볼리나스에 위기가 닥쳤다. 볼리나스 시민들이 독립 기념 축제에 전통적인 불꽃놀이도 끼워 넣어야 한다고 결정한 것이 사건의 발단이 되었다. 그들은 금요일 밤부터 계속해서 디미의 축제일 아이디어를 실험해왔고 파티 분위기를 조성했다. 루의 동생 마이크와 다른 두 사람이 샌프란시스코 차이나타운으로 원정을 가서 철 지난 유성 불꽃과 일요일 저녁에 밝힐 통형 꽃불을 찾아다녔다.

그날 오후는 계절에 맞지 않게 따뜻하고 바람이 거의 없는 날이었다. 실질적으로 그 읍의 모든 사람들이 그중 다수가 술에 취한 채로 해변에 모였다. 루는 몇 달 동안이나 전지 연구를 하느라 만나지 못했던 사람들과 즐겁게 이야기하면서 여기저기 돌아다녔고, 신발을 벗고는 맨발로 모래 위를 달리기도 했다.

5시쯤 되었을 때부터 꼬마 아이들은 언제 불꽃놀이가 시작되느냐고 묻기 시작했다. 사람들은 음식과 와인과 맥주를 가지고 오면서, 국가와의 신경질 나는 협정뿐만 아니라 눈덩이처럼 불어나는 지역적 위기에 대해 이야기하며 즐기고 있었다. 그들은 진입로에 세워둔 작은 초소가 불도저들이 몰려올 경우 과연 막아낼 수 있을지 고민했다. 그들의 분위기는 숙명론적인 것에서 도전적인 것까지 다양했다. 불도저 앞에 누워버려야 한다는 이야기도 하고, 운전사에게 총을 쏘자는 이야기도 했다. 그러나 이야기가 거기까지 미치자, 그다음에 무슨 일이 일어날지는 아무도 알지 못했다. 마침내 불꽃놀이를 하기에 충분할 정도로 하늘이 어두워졌다. 원통형 불꽃이 밤하늘에 색색의 불꽃을 토해냈다. 유성 불꽃은 한없이 높은 곳까지 급상승했다가 불발되어 다량의 화약 연기만 일으키기도 하고 밤하늘 속으로 거대하게 타오르는 빛줄기를 뿜어내기도 했다.

일부 불꽃이 볼리나스의 경계를 넘어가 스틴슨 해변에 있는 집 위에서 터져 집주인을 놀라게 한 까닭인지, 아니면 그 축하행사가 경찰의 관심을 끈 때문인지는 모르지만 불꽃놀이가 시작된 지 얼마 후 카운티 보안관의 차가 볼리나스 진입로의 검문소로 다가왔다.

그때 순서에 따라 보안 책임을 맡았던 디미가 어안이 벙벙해진 채로 다가오는 차를 향해 손을 들어 보였다.

"출입 허가증이 있나요?"

디미가 묻자, 보안관의 대리가 차에서 내렸다.

"당신 이름이 뭐요?"

보안관 대리가 물었다.

"당신 이름은 뭐요?"

디미가 다시 물었다. 그러나 소란을 일으켜서는 안 된다는 생각이 들어 한마디 덧붙였다.

"우리는 당신들이 이곳에 들어오기를 원하지 않는다는 거 알고 계시죠? 그런데 무슨 일이죠?"

경관은 디미가 38구경 권총을 허리에 차고 있는 것을 알아차렸다. 그는 국립공원의 산림경비대처럼 초록색 재킷을 입고 '볼리나스 민병대'라 적힌 초록색 헝겊 조각을 가슴에 붙이고 있었다. 경관이 말을 꺼냈다.

"불꽃놀이 말이요. 카운티에서 허가한 적이 없는데요."

디미는 아무 대답도 하지 않았다.

"카운티의 치안을 유지하는 경관으로서 불꽃놀이를 조사하는 게 내 임무입니다. 그러니까 제 임무를 방해하는 것은 형사 범죄에 해당해요."

"그렇겠지요. 저 선 너머에 있는 당신들 입장에서는요. 하지만 저 선 안쪽에 있는 우리 입장에서는 당신을 안으로 들이는 것은 나의 임무 태만이거든요."

그러고 나서 디미가 한마디 보탰다.

"이것 봐요, 괜히 시끄럽게 만들 것 없잖아요? 불꽃놀이는 곧 끝날 겁니다. 작은 파티일 뿐이라고요, 아시겠어요? 아무도 다치지 않는 일이지요. 아무 일 없다고 무전을 치는 게 어때요? 소동 같은 건 전혀 없으니까요."

경관은 잠시 고민하는 눈치였다. 그러더니 자신의 순찰차로 돌아가서는 몇 야드 뒤로 차를 뺐다. 그러고는 본부에 연락하는 소리가 들렸다. 디미는 그가 뭐라고 말하는지는 들을 수 없었지만 그 경관이 말하면서 이쪽을 살피는 눈치를 보고 무언가 작전을 세우고 있다는 것을 추측할 수 있었다. 그러더니 그 경관이 다시 차 밖으로 나왔다.

"잘 들어라. 우리는 당신에게 한 번 더 기회를 주겠다. 저 망할 차단기를 걸어 올리지 않으면 후회할 것이다."

디미는 권총 손잡이에 손을 얹고서 말했다.

"그럴 수 없다. 우리는 카운티에서 독립했다. 그냥 놔두기 바란다."

"우리는 카운티 탈퇴가 무효라고 본다."

그렇게 말하고 나서 경관은 급하게 차를 몰고 떠났다.

디미는 보안대 부스에 들어가 워키토키를 집어 들고 말했다.

"보안관 사무실에서 잠시 우리를 방문했다. 딱 한 명이었다. 그러나 본부와 연락을 취했고, 내 느낌상 그들이 다시 돌아올 것 같다."

45분 정도 지났을 때 무거운 사륜구동 픽업트럭과 두 대의 카운티 순찰차가 고속도로에서 합류하여 볼리나스 진입로로 접어들었다. 검문소로부터 50피트 뒤에 차를 멈추고는 작은 검문소를 헤드라이트로 비추며 디미에게 확성기로 소리를 질렀다.

"나는 부보안관 도슨이다. 우리는 카운티 업무차 불만 사항을 조사하러 이곳에 왔다. 길을 막고 있는 차단기를 올리기 바란다."

디미는 밖으로 걸어 나와서 말했다.

"미안하지만 우리는 아무런 불만 사항이 없다. 그리고 이곳은 더 이상 카운티에 속한 지역이 아니다."

"손을 들어라! 당신을 체포하겠다!"

확성기가 말했다.

디미는 검문소 뒤로 얼른 숨어 근처의 덤불 속으로 뛰어들었다. 잠시 후 앞쪽에 무거운 공격봉이 달린 픽업트럭이 속도를 높이며 나무로 만든 차단 막대를 치고 들어왔다. 그 뒤를 두 대의 순찰차가 따라 들어왔다. 나무 아래에서 디미는 각각의 차에 헬멧을 쓴 사람들이 세 명씩 타고 산탄총을 들고 있는 것을 볼 수 있었다.

그들은 100야드가량 굉음을 내며 달렸지만, 거기서 제일 앞의 운전수가 갑자기 급정거했다. 무거운 통나무가 길을 가로질러 놓여 있었기 때문이다. 그가 막 멈추었을 때 라이플 총소리가 들렸고 곧 한 발 더 쏘는 소리가 났다. 픽업트럭의 앞바퀴 두 개가 땅바닥에 내려앉았다. 경관들이 바깥으로 나와 주위를 살피며 서로 속삭였다. 나무 속에서 희미한 바람소리가 들린 것 말고

444

는 사방이 죽은 듯이 고요했고 하늘에는 달도 없었다. 오른편에는 두꺼운 덤불과 나무와 울타리가 있었고 왼편에는 모래톱이 있었다. 유리한 상황이 아니었다. 사실상 망할 복병이 있었다! 덤불 속 어디선가 찰칵 하는 소리가 들렸고 총의 안전핀을 푸는 소리 같았다. 경관들은 그 방향으로 빙빙 돌면서 총을 겨눴지만 칠흑 같은 어둠 속에서 아무것도 볼 수가 없었다.

도슨은 고민에 빠졌다. 저 덤불 속에는 두 명 아니면 10여 명의 저격병이 숨어 있을지도 모른다. 볼리나스 주민들은 대부분 전혀 위험하지 않은 히피였지만, 그중에는 베트남전에 참가했던 군인들도 있었고 또 일부는 시골 지역에서 살아서 사냥도 할 줄 알고 총에 대해서도 알고 있었다. 위험의 가능성을 최대한 줄이는 게 좋았다. 내일 낮에 다시 와서 이곳을 조사할 것이다. 정말 힘을 과시하려면 헬리콥터를 이용하는 것도 좋은 방법일 것이다.

도슨은 낮은 목소리로 명령을 내렸다. 그들은 픽업트럭을 버리고 두 대의 차에 나눠 탔다. 그리고는 천천히 후진해서 검문소를 지나간 다음, 급히 방향을 돌려 그곳을 빠져나갔다.

134.

캘리포니아의 딜레마

새해 벽두에 에코토피아의 그림자 정부와 에코토피아 지역에 있는 주 정부들 사이에는 매우 복잡하고도 예민한 기류가 형성되어 있었다. 퓨젯 1호기 원자로 사고와 주지사 소환 선거가 있은 후 워싱턴 주 정부는 생존자당 정부나 마찬가지였다. 그러나 마가렛 엥스트롬과 추종자들은 오랫동안 고립된 채로 있을 수 없으며 그 지역의 생존자당원과 연방정부 간의 드라마는 시작에 불과하다는 것을 알았다. 그들은 생존자당의 세력이 남쪽으로 확대되기를 기다리면서 사태를 관망했다. 오리건 주에서는 몇 년째 환경 문제를 위해 싸워온 국가적 지도자들이 주 정부를 구성하고 있었고 정부 부서의 모든 직위마다 수많은 생존자당원들이 포진하고 있었다. 주 정부나 전체 시민 중 한쪽의 상대적인 충성도를 시험할 만한 대립적인 문제는 아직까지 불거진 적이 없었다. 그러나 생존자당이 다음 선거에서 모든 직위를 두고 경쟁할 계획을 세우고 있다는 사실은 모든 사람에게 알려져 있었고, 그들에 대한 지지는 탄탄하고 광범위했다. 이를 두고 정치평론가들은 민주당과 공화당 양당으로부터 대규모 탈당 현상이 벌어질 것이라고 예측했다.

메드라 판정을 두고 갈등이 특별히 첨예해진 캘리포니아에서 그 상황은 가장 심각한 국면에 처했다. 주지사 클라크의 정치적 근거는 주로 남부 캘리포니아 지역에 놓여 있었다. 그는 생존자당을 자신의 연방주의자 성향과 대통령이 되고자 하는 야심에 대한 장애물로 여겼지만 그들의 아이디어가 캘리포니아 북부 지역 전체에 깊이 침투해 있다는 것을 깨달았다. 그러나 이것이 직접적으로 선거에 끼칠 위협에 대해서는 별로 걱정하지 않았다. 그는 자신의 튼튼한 기반인 남부 지역의 지지자들이 그를 재선에서 승리하도록 밀어줄 거라고 확신했기 때문이다. 그렇지만 물 문제를 비롯한 여러 가지 환경 문제를 두고 캘리포니아 남북 간의 분열 양상이 점차 험악하게 확대되어가고 있었고, 볼리나스 사건과 함께 시민의 무질서 현상이 증가하고 있었다. 카운티로부터의 이탈 시도는 진정될 수도 있고 웃어넘길 수도 있는 사건이다. 그래도 국가 연방으로부터 탈퇴한다는 아이디어는 더 이상 단순히 소수 과격파만의 의견이 아니었다. 주를 남북으로 분할한다는 아이디어 역시 북부 지역에서는 위험한 호소력을 증대시키고 있었다. 볼리나스가 카운티의 권위에 도전한다면 그는 힘을 과시하기 위해 연방방위군을 파견할 것이다. 그렇게 하면 그 상황을 안정시킬 수 있을지도 모른다. 그것 또한 위험한 부작용의 요소를 내포하고 있었다. 그럴 경우 볼리나스 사태는 무력 대치국면으로까지 치달을 수 있을 것이다. 이미 캘리포니아의 모든 주요 도시마다 분노한 사람들이 거리에 널려 있었다.

연방방위군이 국내의 치안에 대비하여 전투력을 갖춘다는 것은 논쟁거리가 될 만했다. 디트로이트에서 흑인 지도자 마틴 루터 킹이 암살된 후 폭동이 일어났을 때 지나치게 잘 훈련된 연방방위군이 투입되어 전투에 가까운 진압 작전을 벌이면서 많은 사상자를 냈다. 나중에서야 서로 정체를 모르는 두 개의 연방방위군 부대끼리 싸웠다는 사실이 밝혀졌다. 방위군 부대는 근처 동네에서 소집되었으므로 시민에게 피해를 입힐 만한 용기가 없었을 것이다. 어쩔 수 없이 연방의 무장병력을 과시해야 하는 상황이 온다면 생존자 당원들이 그토록 조심스럽게 일구어온 모든 '지방자치'의 정서를 자극하게 될 것이다.

그들은 심지어 연방방위군을 지방방위군으로 알려진 병력에 재편성한다는 독창적인 구상까지 들고 나왔다. 그것은 꽤 장기간 사병 병력을 유지해야 한다는 연방방위군의 만성적인 문제를 해결하는 데 꽤 현실성 있는 아이디어였다. 그것은 또한 중대한 문제점을 간과하고 있었다. 특정한 환경하에서 방위군이 어떻게 연방정부의 명령과 통제를 받을 수 있을 것인가 하는 점이었다. 그들이 지방 방위군이 되면 연방정부가 아니라 지방자치단체의 명령을 받는 지역 군대가 될 것이다.

생존자당의 계획은 세부 방안에서도 합리적이어서 기각시킬 수가 없었다. 그것의 중대한 특징을 논의하는 일은 사람들을 통치하는 데 연방 무장병력의 정치적 역할이 무엇인가에 대해 재고하는 것을 의미했다. 주지사 클라크는 어느 쪽도 문제를 일으킬 소지가 있다는 것을 깨달았다. 그는 최악의 시나리오를 떠올려보았다. 포트오드 근처의 사막에서 그곳에 정주한 정규 제6군의 사기가 꺾인 부대와 지방방위대를 포섭하여 끈질기게 싸우는 투쟁적인 게릴라군이 서로 전투의 조건과 범위를 약속한 상태에서 교전하는 것이다. 그렇게 되면 당연히 게릴라군이 이길 것이다. 모든 조건을 함께 고려해볼 때 주를 분할하는 것이 지상 최악의 아이디어는 아닐 거라고 생각했다. 그가 남부 캘리포니아의 주지사라면 그는 훨씬 행복하게 살았을 것이다.

그를 협박하기라도 하듯이 생존자당의 집요한 공격 세력은 클라크가 선거운동 당시 특정 남부 캘리포니아 사업가와 맺었던 비밀 협정을 폭로하겠노라고 선언했다. 캘리포니아 정치에서는 흔히 일어나는 일이듯이 그 거래는 물과 땅에 관련된 것이었다. 그 땅은 로스엔젤리스 해변의 남쪽 해안의 땅이었고, 대개 소수의 거대 기업의 소유였다. 문제가 된 물은 아직도 댐이 만들어지지 않은 북부의 강 몇 군데였다. 그 두 가지의 이권이 결합된다면 거대한 이익이 창출될 것이었다. 환경운동과 캘리포니아 북부 지역의 투표자의 5분의 4만 없다는 조건하에서 말이다. 생존자당이 발견한 바에 의하면 클라크가 그 이익의 일부를 나눠 가지기로 약속되어 있다는 것이다.

클라크의 전임자는 페리페럴 운하의 건설을 승인하는 중대 법안을 끝까지 관철시켰다. 그 운하는 새크라멘토 강의 모든 흐름을 포괄할 수 있는 거대한 콘트리트 수로였고, 그 정도라면 캘리포니아 북부 지역 전체의 물을 다 합해놓은 양이었다. 적어도 공식적으로는 그는 남아 있는 자유로운 강의 존엄성을 수호하는 척했다. 그 강에는 연어가 풍부했고 여전히 댐으로 방해받는 일 없이 태평양까지 흘러갔던 것이다. 그러나 클라크는 콜로라도 강에서 유입되는 물만으로는 캘리포니아 남부 지역이 곧 물 부족 현상을 겪게 될 것이라고 생각했다. 로스엔젤리스 수자원시스템의 고갈로 인해 죽어가는 모노 호수를 구해야 한다는 압력이 증가하고 있었고, 그 지역으로부터의 유입량 감소 현상은 효율적인 관개 공사와 같은 절약 방안으로는 해결이 되지 않을 것이었다. 성장과 성장의 이익에 대한 남부 캘리포니아의 욕구는 사라지지 않을 것이므로 그것을 위해 북부의 강이 희생되어야 할 것이다. 그의 전임자보다 남부 지역의 표에 더 많이 기대던 클라크는 그 위험이 감수할 만한 가치가 있는 것이라고 생각했다. 성공적인 정치가는 투표자가 원하는 것을 성취한 사람이 아니던가?

그러나 신문들이 제시한 헤드라인은 절망적이었다. 보수적인 입장을 고수하던 《샌프란시스코 크로니클》의 기사 제목이 "수자원 협잡에 주지사의 손길이 연루되다"였다. 그보다 더 보수적인 신문 《이그재미너Examiner》도 "북부 강을 약탈하려는 거래에 클라크가 연루되다"라고 썼다. 모든 기사 중 그를 가장 심란하게 만든 글은 때마침 생존자당이 발표한 의견서였는데, 주를 절반으로 분할하는 것만이 남부 지역의 약탈 행위로부터 북부의 수자원을 보존하는 유일하게 확실한 방법이라고 결론 내렸다. 신문사와 텔레비전 논객들도 이 아이디어를 대중에게 널리 알렸다. 장기적으로 내다볼 때 해안 지역의 각 하천 유역은 자급자족적인 독립체가 되어야 하고, 지속 가능한 토대 위에서 수자원 시스템이 공급하는 물의 한도 내에서 살아야 한다는 것이 생존자당원의 주장이었다. 그것이 저장하고 있는 지하수를 퍼내지도 말고 다른 지역에서 물을 들여오지도 말아야 한다는 것이다. 그렇게 한다면 그 물을 퍼 오는 것에 드는 비용이 지속적으로 증가할 것이기 때문이다. 생존자당은 또한 얼마 동안만 실천할 전환기 프로그램을 제안했는데, 새로 탄생할 '북캘리포니아' 주가 남캘리포니아 주에 일정한 양의 물을 진짜 가격으로 판다는 조건으로 10년짜리 '수자원 계약'을 맺자는 것이다. 명백히 합리적인 이 제안이 받아들여질 경우 남부 캘리포니아에서의 물 가격 정책 또한 대중의 정밀한 조사 대상이 될 것이다. 그럴 경우 그동안 그곳에 거주하면서 물값을 내던 주민과 전국에서 세금을 치르던 국민이 자기도 모르게 농업지대 땅주인의 이익을 위해 보조금을 치르고 있었다는 사실이 밝혀질 것이고 그러한 '과잉' 가격 체제는 위험에 처하게 될 것이다.

그 정치적 덫이 클라크의 발을 죄었다. 남부 지역 지지자들은 단호했고 이것이 목숨 걸고 싸워야 할 사안이며 북부의 강에 대한 거래는 반드시 막아야 한다고 주장했다. 그러나 북부 지역에서는 작은 읍과 큰 도시에서 생존자당에 의해 조직된 군중이 "우리의 물을 구하자! 주를 분할하자!"라고 적힌 표지를 들고서 시위를 펼쳤다. 샌프란시스코의 골든게이트 공원에서 생존자당이 소집한 집회가 하루 종일 계속되었고, 그곳에 모인 군중들의 규모는 놀랍게도 15만 명에 달했다. 델타 지역에서 남쪽까지 구불구불하게 이어진 수백 마일의 운하를 따라 테하차피로 물을 수송하느라 주요 도시보다 더 많은 에너지를 소비하는 거대한 펌프 둘레로 주 경찰 방위대가 파괴 행위의 가능성에 대비하여 보초를 서고 있었다. 북부와 남부의 서로 다른 이해관계에도 캘리포니아를 하나의 주로 유지해주던 불편한 협정은 끝내 부서지고 말았다.

135.

카운티 독립전쟁

볼리나스 검문소에서 총격 사건이 일어난 다음 날, 경관으로 가득 찬 순찰차 네 대를 보안관이 대동하고 나타났다. 검문소로 가는 길에는 부서진 차단 막대 대신 페인트가 칠해지지 않은 판자가 길을 가로막고 있었다. 바퀴에 펑크가 난 픽업트럭은 카운티의 영역으로 옮겨져 있었다. 로저가 보안 근무를 서고 있었고 그는 보안관의 차를 보자 손을 흔들었다. 다른 사람들은 순찰차에 앉아 있고 보안관만 밖으로 나와 신분을 밝혔다. 로저가 말할 차례가 되자 그는 자신이 볼리나스 타운 의회 의원이며 독립선언서에 서명한 사람 중 한 명이라고 했다. 두 남자는 서로의 눈을 바라보았다.

"지난밤에 일어난 일은 내 부하의 직무 이행에 대한 형사 방해였소."

보안관이 말을 시작했다. 그러나 로저도 지지 않았다.

"당신 부서의 임무는 그 선에서 끝났소. 볼리나스는 더 이상 당신들 카운티의 소속이 아니오."

"당신 말은 전혀 효력이 없소. 당신이 무엇에 서명했든 난 상관하지 않고, 어쨌든 여기서 법을 수행하고 있을 뿐이오. 그리고 그 안으로 들어갈 계획이오."

보안관이 단호하게 말했다.

로저의 머릿속에 옛날 코미디언 막스 형제의 재치 있는 반격이 떠올랐다. "이건 전쟁이다!" 그러고는 재치 있게 그 상황을 빠져나가려 애쓰는 것이다. 그러나 로저는 진지한 표정을 유지했다.

"볼리나스 주민의 이름을 걸고 그들의 민주적 결정에 따라 나는 당신에게 출입증을 주는 것을 거부한다."

"우리는 허가 없이도 들어갈 수 있다. 어서 저 차단기를 올려라."

보안관은 막무가내였다. 로저는 엄한 표정으로 보안관을 쳐다보았다.

"당신들은 심각한 사상자를 낼 것이다. 정말 그만한 가치가 있다고 보는가?"

보안관은 황당해하며 로저를 쳐다보았다.

"사상자라고? 그런 짓을 할 정도로 정신이 나간 건 아닐 텐데……."

"보안관, 우리가 무엇 때문에 민병대를 조직했다고 생각하나? 한번 보기 바란다. 저 큰 나무, 저 바위, 저 덤불을. 저 속에 민병대가 포진하고 있다. 당신들은 한 명도 살아서 시내로 돌아가지 못할 것이다."

보안관이 주위를 둘러보았다. 이 사람들이 정말로 무기를 사용할 정도로 필사적이거나 미친 것이라면 길에 저격병을 배치해두었을 가능성도 있었다. 볼리나스로 들어가는 길은 하나밖에 없었다. 그는 그들에게 굴복해야 했다. 그들은 입지상 유리한 고지를 점령하고 있었다. 게릴라전에서는 언제나 토착민이 유리했다.

"당신들은 이 짓을 언제까지나 계속할 수는 없다는 것을 알아야 한다. 우리를 막을 수 있을지는 모르지만 오늘 오후 연방방위군을 이곳에 투입할 수 있고 그렇게 되면 당신들은 끝장이다."

"과연 그럴까? 그들도 이곳에는 못 들어올 것이다. 그런 일이 일어난다면 우리는 맞서 싸울 것이다."

로저가 결연한 어조로 말했다.

136.

메드라 판정이 있은 후 워싱턴에 있는 행정부는 생존자당의 아이디어를 만족스럽게 쳐부수었다는 믿음에 마음을 놓았다(워싱턴 주에 대해서는 후회스러운 예외 상황이 벌어지긴 했어도). 대통령과 그의 보좌관들은 다시 한 번 대외 정책으로 관심을 돌렸다. 그들은 비밀스럽게 브라질에 10만 명 이상의 지상군 병력을 파견했고 필요하다면 더 보낼 계획이었다. 그들은 또한 고질적인 인플레이션을 한층 가속화시키는 군사 관련 지출에 헌신하고 있었다.

이전에 있었던 많은 정부처럼 메이너드 대통령과 그의 무리는 외국 문제에 간섭하는 편이 국내 문제보다 훨씬 흥미진진하다는 것을 깨달았다. 국내의 현안은 처음에 힘을 부여했던 이익집단에 의해 마비된 것처럼 보였다. 석유값을 치르기 위한 달러 손실액은 점차 늘어만 갔고 그 현상은 좀처럼 나아지지 않았다. 군수품 생산만 제외하면 경제의 제조 분야는 지속적으로 약화되면서 동부 도시에서 새로운 실업 현상을 야기하고 있었다. 그 도시는 몇 개의 주요 대기업이 몰락하면서 파산할 지경에 처해 있었다.

1980년대 초반 환경보호국이 해체되어 시작된 환경 약탈의 물결이 계속되면서 특히 근로 인구에게 질병과 죽음을 확산시켰다. 의료 비용이 손쓸 수 없을 정도로 상승하여 의료보험 기금은 거의 바닥이 나버렸다. 전국에 감옥을 확장시킨 프로그램 덕분에 세계 어떤 다른 나라보다 더 많은 사람을 감옥에 집어넣었다. 그런데도 거리의 폭력은 갈수록 늘어났다. 범죄와 파괴 행위만이 정부에 대한 불만을 표현할 수 있는 효과적인 수단이 된 것처럼 보였다. 정체된 경제를 나은 수준의 경제적 정의로 운영하겠다는 능력도 열망도 없는 정부에 대해 말이다. 정부에 대한 국민의 지지도에 관한 여론을 조사한 결과 메이너드 행정부는 역사상 어느 때보다도 가장 낮은 점수를 받았다. 서부 해안 지역의 평가 점수는 특히 더 열악했다.

대통령의 지위는 점차 언론 의존적으로 변했고 불안정해졌으며, 3년의 임기를 넘긴 지금 메이너드 대통령의 정치적 미래는 어두웠다. 게다가 백악관과 미국연방의회 주변에 떠도는 소문에 의하면 내각 멤버와 보좌관에 대한 직접적이고 괴상한 비난이 갈수록 증가하면서 브라질에 관한 기자회견에서 보였던 감정 폭발 증세는 점점 정도가 심해지고 있다고 전해진다. 1월 중순에 들려온 소문에 의하면 대통령이 심각한 우울증에 빠져 정신과 치료를 받고 있다고 했다. 행정부의 업무는 주로 대통령의 수석보좌관에 의해 이루어지고 있는 것으로 나타났는데 그는 어부지리로 장관이 된 인물이었다. 그러나 그조차도 광적인 행동의 조짐을 보여주고 있다는 소문이 널리 퍼졌다.

워싱턴 정치평론가들은 국가가 더 이상 오래된 규칙으로 다스려질 수 없는 상태에 처했다고 어둡게 전망했다. 어떤 이는 고대의 로마와 비슷한 일이 일어나는 게 아닐까 하고 우려했다. 군사적 명령으로 통치할 것을 약속한 시저가 결국 공화국의 헌법을 전복했듯이 말이다. 이러한 어두운 전망으로 인해, 생존자당 내부의 많은 사람들은 국가의 정치적·경제적 상황이 회생할 가능성이 있을 거라는 마지막 희망마저 포기해야 했다.

137.

최선이란, 패배자의 자리에 서서도 결국 승리하는 거

샌프란시스코 해안의 '어부들의 선창'에서는 매일 아침 동 트기 직전 한 떼의 배가 바다로 출발했다. 우아하고 작은 새우잡이 배, 볼품없는 철제 저인망 어선, 상부의 비중이 큰 요트가 기다랗게 뻗어 있는 금문교 아래를 통과하여 바다로 향해 갔다. 그 특별한 날 아침, 배의 선장끼리 수신기로 나누는 소식은 패럴런 섬 근처에 어류들이 몰릴 거라고 전망했고, 대부분의 배가 그 방향으로 배를 몰았다. 그러나 작은 배 한 척은 해안을 따라 계속 북쪽으로 움직였다. 외관상 연어잡이 배의 장비를 갖추고 있었지만, 아무도 낚싯줄을 드리우지 않았다. 그 대신 선장은 볼리나스로 배를 몰았다. 그 여행은 두어 시간 정도 걸릴 것이었다.

배에는 베라 올웬과 매기 글레넌이 타고 있었다. 그들은 배의 뒤 갑판에 앉아 보온병에 든 차를 부어 마시면서 천천히 일렁거리는 파도의 느낌을 즐기고 있었다. 가끔씩 잔뜩 덮인 구름을 뚫고 한 줄기 햇살이 비치기도 했다. 그들은 볼리나스 타운에서 의회 의원들을 만날 예정이었고, 육로로 접근하는 일이 '말썽의 소지'가 될 수 있을 거라고 해서 해로를 선택했다.

매기는 볼리나스의 독립선언에 대해 그것이 주의 분할을 위해 투쟁하는 북부 캘리포니아인을 위한 좋은 사례이자 영감의 원천 혹은 재집결점으로서 생존자당이 추천하고 수호해야 할 극적인 상징이었다고 생각했다. 그러나 베라는 주저했다.

"그게 정반대의 결과를 가져온다면 어떻게 할 건가요?"

그녀가 심각하게 물었다.

"국가는 반드시 그곳에 쳐들어가서 그들의 의지를 꺾어놓을 겁니다. 우리가 이곳을 공식적으로 지원했는데 볼리나스가 패배한다면 주 전체의 운동이 타격을 입게 될 텐데요. 그러고 나면 다른 한편으로 연방 탈퇴 역시 폭발적인 아이디어 중 하나인데……. 일단 그게 한번 실행에 옮겨지고 나면 그게 어디까지 갈지, 어떤 결과를 가져올지 전혀 예측할 수가 없어요. '그것' 역시 그런 경우에 해당하겠죠. 우리가 그걸 해낼 준비가 되어 있다고 생각해요?"

당의 전략 가운데 '그것'이란 북서부 주민의 다수가 연방 탈퇴를 자신들이 생존할 수 있는 유일한 길이라고 생각하도록 이끌 만한 결정적인 사건이나 명확하게 주민을 양극화시키는 사건을 뜻하는 암호였다. 어떤 이들은 이러한 결정적인 사건을 미리 계획할 수 있다고 생각했다. 베라를 포함해서 다른 사람들은 그런 사건들이 단순히 그 자체의 원리에 의해 예상치 못한 방식으로 일어날 것이라고 생각했다. 그 경우 당이 할 수 있는 일이라곤 오로지 그것을 인식하고 그에 맞춰 행동하는 것이었다. 볼리나스의 카운티 탈퇴는 그 자체로 '그것'이 될 가능성이 있었다. 하지만 이게 정말 '그것'에 해당하는 사건일까?

"지금까지 신문들과 방송들은 그들의 행동을 웃음거리로만 취급하고 있어요. 그게 우리에게 시간을 벌어준다고 봐요. 곧 그건 더 이상 웃을 일이 아닌 사건이 될 겁니다. 누군가가 다칠 거예요."

매기가 말했다.

"그 이상으로 확대될 수도 있겠죠."

베라는 한숨을 내쉬었다.

"맞아요. 학살이 일어날 수도 있어요. 그리고 그 문제들은 어쩌면……. 이 사람들은 단순히 자신들이 원하는 것을 얻게 된 거만한 히피일까요, 아니면 모두가 채택하게 될 새로운 에코토피아식 생활방식을 위한 순교자일까요? 글쎄요, 제 생각엔 그들은 우리와 뜻을 같이하는 사람들이고 도움을 받을 만한 가치가 있는 사람들인 것 같아요!"

"하지만 우리가 그 사건을 지역 언론에 보도할 수 있을까요?"

베라가 깊은 생각에 잠겨 말했다.

"그들 중 일부는 약간 기괴해 보이긴 해도 당연히 대부분의 볼리네시안들은 정말로 표준적인 시민들이 맞아요. 로저 스위프트는 제가 여러 번 만나봐서 잘 아는 교사인데 볼 때마다 아주 좋은 인상을 주었어요. 그리고 그에게는 총명하고 아름다운 과학자 딸이 있죠. 그들은 건축가·작가·기획자이고, 모두들 아주 똑똑해요. 하지만 사람들이 이들에 대한 이야기를 어떻게 해석할까요? 긍정적인 느낌을 받을 수 있을까요?

"그러니까 제 생각으로는 카운티는 작고 가여운 볼리나스 지역을 억압하고 있어요. 그곳에는 진짜 문제가 발생할 것이고, 통치자가 방위대를 불러올 거예요. 무엇을 위해서? 볼리네시안들이 전신주에 전선을 다시 연결하도록 만들기 위해서……. 우리가 루 스위프트를 통해서 수천만 명의 사람들에게 어떻게 전력회사의 전선을 끊을 수 있는지를 가르치려 하는 이 마당에 말이죠! 볼리네시안들이 원하는 것은 에너지를 절약하고 자유로운 삶을 살고 다른 사람을 괴롭히지 않는 것인데……. 정부가 관심을 끊고 그들이 그런 삶의 방식을 지속할 수 있도록 해달라는 것뿐이잖아요. 전선을 끊자는 건 국민들이 극도로 열광할 만한 프로그램이잖아요. 우리는 그 점을 과소평가해서는 안 돼요. 우리가 공원에서 사람들을 집결시킨 걸 생각해보세요. 우리는 임계량에 근접하고 있다고요!"

매기의 말에 베라는 즉각적으로 대답하지 않았다. 베라는 몇 분간 아무 말이 없이 작은 배의 양편으로 갈라지는 파도들만 쳐다보고 있었다. 그들은 볼리너스 모래톱을 지나 항구로 진입하기 위한 좁은 안전 수로에 들어서기 시작했다. 작은 부두 끝에는 손으로 만든 깃발이 펄럭이고 있었다. 깃발에는 밝은 바탕에 검은 참나무가 서 있는 그림이 새겨져 있었고, 그 나무의 뿌리들은 윗부분과 대칭을 이루어 어두운 배경을 바탕으로 밝은 빛을 발하고 있었다. 그 효과는 차라리 음양의 상징처럼 보였다.

"어떤 사람들은 승자의 편에 서는 걸 좋아하죠."

베라가 마침내 입을 열었다.

"또 어떤 사람들은 싸움에 진 개 같은 패배자들을 좋아해요. 하지만 최선은 패배자의 자리에 서서도 결국 승리하는 거예요! 자, 그들과 이야기를 나눠봅시다."

138.
공정 사단의 등장

그린하우스에서는 흥분과 위기감의 공존이 일상적인 감정이 되었고 거대한 희망과 공포와 낙담이 번갈아 찾아들었다. 빈번하게 일어나는 시위와 항의 집회들은 많은 사람들이 퇴보하는 국가 상황에 질려버렸고 자력으로 살기를 갈망하고 있다는 사실을 보여주었다. 모든 사태들이 절정을 향해 치닫고 있는 게 분명했다. 최근 메이너드 내각이 에코토피아 지역을 공개적으로 공격하는 일을 줄이긴 했지만, 워싱턴은 마침내 에코토피아 지역에 만연한 연방탈퇴주의자들의 정서에 반응을 보이기 시작했다. 네바다 지역에 관한 신문 기사들은 르노 근처의 존슨 항공 기지 둘레에 주요 군사 시설이 지어지고 있다고 보도했다. 강력한 공격용 헬리콥터 수백 대를 갖춘 공정사단이 그곳에 집결했고, 그곳을 둘러싼 사막에서 임무 수행을 위한 비행 연습으로 바쁘다는 것이다. 텍사스의 보병 사단 역시 몇 시간 내에 샌프란시스코에 도달할 수 있는 빠른 병사 수송차를 끌고 그곳에 합류했다. 아직 그린하우스에도 어떤 실질적인 목적으로 그 군대들이 집결했는지에 관해 알려진 바가 없었지만 그 군대의 목적 중 한 가지가 '에코토피아 영역의 주요 지점에 대한 통제권을 장악하고 분리주의자들의 활동을 파괴하기 위해서'라는 점에 대해서는 아무도 의심하지 않았다.

더 나은 정보는 연방방위대에 합류한 생존자당원을 통해 들을 수 있었다. 사령관들은 광범위한 지역에서 시민들의 시위가 일어날 가능성에 대해 준비하라는 명령을 받았다. 그들은 장교들에게 생존자당의 동조자로 의심되는 사병이면 누구든지 추방할 것을 충고했으나, 그 결과 별다른 일들이 일어난 것처럼 보이지는 않았다. 무기와 차량 보관 시설에 대한 보안이 더욱 강화되었다. 그러나 방위대 멤버들이 기본적으로 시민들인 데다 연방 정책에 대한 광범위한 대중적 우울과 절망감을 공유하고 있었고 가족 중 다수는 확고한 생존자당원인 경우가 많았다. 대부분 방위대원의 주요한 걱정거리는 사실상 국내의 위기에 대한 것이 전혀 아니라 브라질에서의 전투가 확장될 가능성이 더욱 증가하는 것이나 긴장감이 감도는 중동 지역의 상황이 전쟁으로 번질 가능성에 대한 것이었다. 그럴 경우 그들은 정규군으로 동원되어 밀림이나 사막에서 전투를 벌이다 죽게 될지도 모르기 때문이었다.

에코토피아 학회는 재빨리 군사 정보 분야를 개발해야만 했다. 그러나 그 분석 결과는 레이 듀트라를 매우 낙담시켰다. 연구원들이 국방부의 조치를 연구하여 분석한 결과에 따르면 국방부는 부대를 놀라울 정도로 빈약하게 만들고 있는 게 분명했다. 실질적인 전술을 수행하는 군대는 최근 몇 년간 줄어들었는데, 군수 자금이 점차적으로 첨단과학 장비와 고비용의 무기 시스템에 할당되고 있었기 때문이다. 전투 임무를 위해 훈련받은 군인의 대부분은—에코토피아처럼 잠재적으로 반정부 세력이 나타날 수 있는 지역에 대한 점령을 포함하여—이미 어딘가 다른 곳에 투입되고 있었다. 유럽에 대규모 미국 병력이 주둔하고 있었는데, 소련의 침공 위협이 남아 있는 것으로 보이는 지역을 방위하기 위해서였다. 아직까지 누구도 브라질에 투입된 병력이 얼마나 되는지를 알지 못했다. 드문드문 들려오는 소식은 계속해서 그들의 숫자가 매우 많다는 사실을 지적하고 있었지만 말이다. 그곳에서도 패배하여 철수하게 된다면 베트남전의 사례처럼 당황스러운 일이 될 것이 분명했다. 그때보다 훨씬 더 위험한 것이 서반구에 대한 미국의 지배를 심각하게 위협하게 될 것이기 때문이다. 네바다 사막에 파견되었던 공정사단은 북부 캘리포니아에 주둔했고, 대서양을 건너 동쪽으로 아니면 카리브 해를 지나서 남쪽으로 배치될 태세를 취했다. 공정부대라면 에코토피아 지역 정복 임무를 수행하는 데 정치적으로 충분히 믿을 만한 최후의 타격 부대가 될 수 있을까? 특히 생존자당원들이 태평양 연안의 국군 기지들 주변을 정치적으로 조직화하는 데 엄청난 양의 에너지를 쏟아 부은 것을 생각한다면 충분히 그럴 수도 있을 것 같았다.

네바다 지역에 공정사단이 등장한 이유에 관한 거대한 수수께끼는 중동 지역의 상황으로부터 비롯되었다. 워싱턴에 있는 생존자당원 연락책들은 몇 주 동안 끊임없이 전쟁에 대한 소문들을 보고하고 있었다. CIA는 분명히 사우디아라비아에 있는 시아파의 무슬림 반군들에 의한 공격을 예상했고, 사우디 정권은 너무나 불안정해서 즉각적인 미국의 개입만이 주요 유전에 대한 접근을 유지할 수 있을 것이었다. 서구의 석유 수입의 막대한 비율이 그곳에서 이루어지고 있었고, 일본은 더욱 말할 것도 없었다. 이러한 위기 상황에서 러시아 탱크들이 무너져가는 이란을 단 이틀 만에 통과하여 쳐들어오면 근처의 이집트와 소말리아에 주둔하고 있던 미국 군대는 그들을 막기에 역부족일 것이었다. 그렇다면 그 사단들이 네바다 사막에서 정말로 하고 있는 것은 과연 에코토피아와의 싸움을 준비하기 위해서일까, 아니면 소련을 핵무기 매복 지역으로 유인하기 위해서일까? 지터리, 레이와 그녀의 협력자들은 그 상황을 분석하면서, 베라와 매기가 볼리나스에서 돌아오기를 기다리고 있었다.

139.

위대한 에코토피아 강에 배 띄우기

이 시점에서 오리건 주 유진의 생존자당은 오리건 주민의 견해를 양극화시키고, 그 주를 확고히 연방탈당주의자들의 캠프로 만들기 위한 상징적인 이벤트를 펼치기로 결정했다. 그들이 지난여름 '위대한 에코토피아 강에 배 띄우기' 이벤트를 위해 만들어두었던 계획을 부활시키는 것이었는데, 보트로 이루어진 소함대를 윌라멧 강에서부터 포틀랜드까지 떠내려 보내는 것이었다. 그 행사를 통해 윌라멧 강을 오리건 주의 주요 도시 사이를 잇는 토착 연결고리로 극화하는 게 목적이었다. 그것은 길게 이어진 강 전체를 하나의 공원으로 만들어내는 계획에 관심을 집중시킬 것이었다. 그 소함대는 오리건 주 인구의 80퍼센트 이상이 살고 있는 지역을 통과하여 흐를 것이므로 성공적으로 진행된다면 생존자당의 동조자들을 태운 배는 포틀랜드에서 한번 모일 것이고, 강을 따라가는 와중에 근처에 있는 주의 수도인 세일럼에서도 집결할 것이다. 그 행사는 또한 즐거움을 주는 축제가 될 수 있을 것이다.

그 이벤트가 벌어졌을 때 데이빗 벤더미어는 이틀 밤째 코발리스의 까마귀 둥지에서 샤프&내추럴과 함께 공연하고 있었다. 그는 루에게 전화를 걸어 행사에 동참하고 싶은지 물었다. 그녀는 다음 날 버스를 타고 코발리스로 갔다. 그들은 보트를 타려고 바쁘게 뛰어가는 사람들의 대열에 합류했다. 가능하다면 고무보트를 가지고 오라고 했지만, 옛날식 노를 젓는 배나 카누들도 소함대에 합류했다. 트럭 바퀴 속의 튜브들을 모아 만든 거대한 공동 고무보트가 대나무 막대기들에 묶여 있었다. 그 위에는 비가 올 경우를 대비하여 즉흥적으로 만든 작은 텐트를 얹어두었고 아이스박스, 코펠, 물통도 있었다. 거대한 윌라멧 강은 이전보다 훨씬 깨끗해졌지만 아직 마실 수 있는 수준은 아니었다. 모든 것이 준비가 되자 오합지졸 원정대는 까마귀 둥지 층계 근처의 강둑을 따라 배를 정박시키고서 유진에서 출발한 배들이 도착하기를 기다리고 있었다. 지역 신문사도 재빠르게 움직였고, 유진에서 배들이 출발한 것을 공감할 만한 유머를 섞어 보도했다. 오리건 주의 혈관을 이루는 푸른 강줄기를 따라 전체 주민들이 같은 목적으로 단결할 것을 고취하는 격려사가 낭독되었다. 그들은 직접 보트를 타고 배 띄우기 행사에 참여하거나 강가를 따라 몰려서서 배들이 지나갈 때 응원했다.

루와 데이빗은 출발할 때까지 까마귀 둥지 앞 부두에 앉아 기다렸다. 그들은 박하차를 마시고 샌드위치를 먹었다. 그런 다음 잠시 낮잠을 잤다. 3시가 되자 강의 상류 쪽에서 에코토피아 원정대가 모습을 나타냈다.

"그들이 오고 있어!"

루가 소리쳤고, 사람들은 배를 띄워 그 원정대에 합류할 준비를 했다. 유진의 대표단은 버드나무가 늘어선 강둑으로 재빨리 다가와서는 코발리스에 있는 협력자들과 이야기를 나누기 위해 재빨리 둑 위로 기어 올라왔다. 사람들도 식량과 필수 준비물이 부족하다는 것을 발견하고는 배를 잠시 묶어두고 길을 건너 시장으로 달려갔다. 신문 기자들과 방송국 직원들도 대기하고 있었고, 그들에 관한 뉴스가 속보로 전달되었다. 속보의 내용은 주로 유진과 코발리스 사이에 있는 강둑의 상황에 관한 것이었고, 강변 공원이 소풍과 캠핑 장소를 포함한다는 것을 지적했다. 그 밖에 구불구불한 윌라멧 강을 따라

북새통을 이룬 사람들이 입법자들과 통치자에게 전하는 메시지도 상세히 설명했다.

그 무렵 모든 사람이 떠날 준비가 되었고, 보트가 하나씩 밧줄을 풀고 물길 속으로 들어갈 때마다 수백 야드에 걸쳐 강둑을 따라 선 관중들은 열렬히 환호했다. 루는 출발을 기념하여 사진 기자를 위해 멋지게 물속으로 뛰어들었다. 그러나 물이 아직도 얼음처럼 차갑다는 것을 깨달았고 얼른 보트 위로 기어 올라갔다. 사진 기자가 젖은 티셔츠 장면을 요청하자 루는 가운뎃손가락을 세워보였다. 일단 흐름을 타자 루와 데이빗이 탄 작은 고무보트는 천천히 빙글빙글 돌면서 떠내려가기 시작했다. 가만히 앉아 있으면 모든 방향을 다 볼 수가 있었다. 루는 마른 옷으로 갈아입었고, 곧 몸이 따뜻해졌다.

사람들은 처음에는 극도로 흥분했다. 성급한 사람들은 카누나 카약을 타고 남들보다 빨리 가려고 열심히 노를 저어댔다. 차차 흥분이 가라앉았고, 대부분의 사람들은 대충 급조한 배에 가만히 앉아 조용히 잡담을 나누었다. 윌라멧 강에는 급류가 전혀 없었고 포틀랜드 근처에 댐이 하나 있어서 거기서는 육지로 이동할 계획이었다. 그것은 게으른 여행이었다. 그래도 돌처럼 가만히 있는 것 외에도 할 수 있는 일이 많았다. 이를테면 강가에서 살짝 들어간 장소를 찾아 자갈이 깔린 강변에서 밤에 야영하는 것도 가능했다. 카메라를 든 사람들은 강변에서부터 강둑에 이르기까지 사진을 찍었고, 기사나 슬라이드 쇼에 사용할 사진을 찍었다. 도시 계획에 경험이 있는 사람들은 그 강둑과 본래의 땅의 형태에 대해 기록했다. 자연 제방은 공원을 만들 때 좋은 경계가 될 것이고, 물이 깊은 곳은 수영하거나 다이빙을 하는 데 최적의 장소가 될 것이다. 원정대가 다리 아래를 지나갈 때면 연락원들이 대기하고 있다가 하류의 사람들이 미리 맞을 준비를 할 수 있도록 전화기를 찾으러 달려갔다.

그 이벤트는 대중의 상상력을 사로잡았고, 도로와 강이 맞닿은 지점에서는 수천 명의 사람들이 모여들어 배가 지나가는 것을 지켜보았다. 지금까지 합류한 배들은 300~400척가량 되었다. 그중 단 한 척만 가라앉았고 거기 탔던 사람은 다른 고무보트에 옮겨 타고 여행을 계속했다. 강의 흐름이 예측할 수 없이 변화해서 소함대는 길고 무질서하게 흩뜨려졌고, 거대한 애국적 퍼레이드처럼 각 지점을 통과할 때마다 20분 정도의 시간이 걸렸다. 큰 배들이 손으로 만든 깃발을 휘날렸고, 한 커다란 고무보트의 마스트에는 '에코토피아를 지금 당장!'과 '살아남기 위해 연방 탈퇴를!'이라고 적힌 깃발이 달려 있었다. 이들이 다리 밑을 지나갈 때 강가에 나와 있던 사람들이 환호했고, 일부는 물가로 달려와 태워달라고 간청했다. 다른 사람들은 교차 지점과 부두에서 배를 대고 기다리다가 무리가 지나가자 그 흐름에 동참했다.

코발리스를 지나 알바니에 도착했고 그곳에서 윌라멧 강은 칼라푸야 강과 합류했다. 그다음 그들은 인디펜던스를 향해 항해했고 몇 마일만 더 가면 세일럼이 있었다. 세일럼에서 전체 함대는 몇 대의 카누와 카약만 남기고 강둑에 배를 묶었다. 카누와 카약은 좁디좁은 옛 운하를 편리하게 타고서 황금 돔이 있는 중앙청사 건물까지 흘러갈 수 있을 것이다. 세일럼 시 대표단이 원정대 무리를 마중 나왔다. 그들은 원정대의 일부를 구성한 생존자당 지도자의 배에 올라타고는 중앙청사의 계단까지 함께 노를 저어갔다. 1,000명가량의 원정대원과 지역 생존자당원은 운하를 따라 걸어갔다.

시장은 그날 시내에 없었지만 수석보좌관 중 한 명이 관중과 대화를 나누기 위해 계단에 나타났다. 처음에는 염려하는 기색이 보였다. 생존자당원에 동조하는 것으로 알려진 저명한 국회의원들도 나타났다. 그들은 생태적 신성성과 생존에 헌신하는 북서부 연맹을 만들기 위해 오리건 주가 이미 생존자당원이 통치하는 워싱턴 주와 새로운 북캘리포니아 설립을 추진하는 세력과 함께 정식으로 제휴할 것을 요구하는 청원서를 받았다. 그들은 그 청원서를 주의회가 열리기 전에 결의안으로 제출할 것을 약속했다. 그런 다음 원정대의 멤버들은 다시 배로 돌아와 포틀랜드로 내려갈 준비를 했다.

140. 주지사, 방위대에 볼리나스 반란 진압 명령

새크라멘토, 1월 30일. 캘리포니아 주지사 클라크가 샌프란시스코 북단에 위치한 작은 해안 마을 볼리나스에 대한 치안을 회복하기 위해 마린 카운티 경찰국을 도우라고 연방방위대에 명령했다. 카운티 관리들이 전하는 바에 의하면 지난밤 급조한 '검문소'에 있던 볼리나스 주민들이 불법 불꽃놀이를 조사하러 온 보안관들의 입장을 거부했다. 그로 인해 총격이 일어났고, 총알이 경찰국의 픽업트럭 바퀴를 관통했다고 전한다. 오늘 아침에도 그 이상의 폭력 위협이 있었다고 주지사의 사무실이 전했다.

최근에 주와 나라로부터 독립을 선포한 볼리나스 타운에 대해 주지사는 "다시는 이런 총소리가 들리지 않도록 할 것입니다"라고 입장을 밝혔다. 보좌관들은 주지사가 그 사건에 분개했고 몇몇 신문이 보도한 재치 있는 관점에는 전혀 동조하지 않았다고 전했다.

자급자족적이고 독립 동행하는 공동체로 알려진 볼리나스는 생존자당 추종자의 온상으로 간주되며 볼리나스의 '독립선언서'는 생존자당의 아이디어를 진지하게 반영하고 있다. 그러나 오늘 아침 볼리나스에서 일어난 사건에 대해 샌프란시스코의 생존자당 본부는 아무런 공식 표명도 하지 않았다. 당의 대변인 매기 글레넌은 전화 인터뷰에서 다음과 같이 밝혔다.

"우리는 볼리나스뿐만 아니라 전국에 있는 많은 사람들이 좀 더 살 만한 세상을 만들려고 노력하지 않는 정부에 점점 더 절망감을 드러내고 있다는 것을 압니다. 태양광전지 기술로 모든 사람들이 전력회사의 전선을 끊을 수 있을 것이고 그 상황에서는 연방방위대의 도움을 받건 받지 않건 국가라는 게 꽤 우스꽝스러워 보일 것입니다. 사람들이 어떤 결정을 내리든지 간에 그것을 쟁

취해야만 합니다. 그것이 미국인만의 훌륭하고 전통적인 방식인 거죠."

그녀는 생존자당이 볼리나스 사태에 대한 공식적인 성명을 준비 중이며 내일 발표할 것이라고 강조했다.

141.

주지사가 볼리나스에 방위대를 보낼 거라는 소식과 전국에서 광범위한 시위가 계속되고 있다는 소식이 세일럼에 있던 루의 귀에까지 들어갔다. 그녀는 볼리나스에 있는 집으로 전화를 걸어서 로저에게 무슨 일이 일어나고 있냐고 물었다.

"사실은 아무도 몰라. 우리의 독립 선포가 많은 사람들을 미치게 만들었나 봐. 그게 그렇게 위험하지만 않다면 정말 재미있는 일이었을 텐데 말이야. 사회 전체에 위험이 다가오고 있는 것 같아. 주 분할 의안에 대한 여론조사 결과가 50 대 50으로 나왔어. 새크라멘토에 있는 사람들은 며칠 후에 의결될 것이라고 예상하고 있어. 하지만 연방정부에는 마지막 지푸라기일 수도 있어서 최후의 시도로 군부대가 투입될지도 몰라. 많은 사람들이 지금이 미국이 독립을 선언하던 해인 1776년 같다고 말하고 있어. 어제 여기서 베라 올웬과 매기 글레넌과 함께 거대한 집회를 가졌는데, 생존자당이 우리를 위해 앞장서줄 것 같아. 참, 베라는 네가 정말 대단하고 기특하다고 말했어. 아무튼 너도 위기의 냄새를 맡은 게 분명하구나. 계속 포틀랜드로 갈 거니, 아니면 이리로 돌아오겠니?"

"아무래도 돌아가야 할 것 같아요. 볼리나스가 건재해야 에코토피아도 있는 거니까요."

"그건 맞는 말일 거다. 아무튼 세상에 새로운 인권운동의 기회를 제공했어. 스스로 분리를 선언할 자유를 말이야!"

루는 볼리나스행 버스를 탔지만 데이빗은 강을 타고 포틀랜드로 가기로

했다. 포틀랜드는 오리건 주 최고의 인구가 사는 곳일 뿐만 아니라 모든 언론이 몰려 있는 곳이기도 했다. 배 띄우기 행사에 참여한 사람들이 아무런 무기를 갖추지 않았는데도 일부 신문의 논객들은 그 이벤트가 주 정부를 위협하기 위한 시도라고 비판했다. 그 기사를 보고 자극받은 뉴버그 근처의 농부가 이들이 지나갈 때 보트에 총을 쏘았다. 다행히 아무도 다치지 않았지만 그 사고는 다시 언론에 보도되었다. 그에 대한 대응책으로 생존자당원 그룹은 더 많은 지원과 도움을 호소했고, 오리건시티와 오스웨고에서 거대한 군중이 이들을 격려하기 위해 몰려왔다.

원정대가 남쪽으로 흐르는 강을 따라 새로운 공원의 강변으로 내려오자 포틀랜드의 언론들은 흥미로운 일이 벌어지고 있다는 사실을 재빨리 감지했다. 그래서 사진기자와 비디오 촬영기사, 기자가 즉시 몰려와 첫 번째 보트가 강변에 도착하여 육지로 끌어당겨지는 장면을 취재했다. 그 후 30여 분 동안 어설픈 소함대가 승객을 육지에 부려놓았다. 그 이벤트에 대한 지역 신문의 보도는 즉각적인 호기심을 불러일으켜 수만 명의 환영객과 호기심 많은 시민들이 공원의 초원 지대에 몰려들었다. 마침내 큰 고무보트도 정박했고 생존자당의 유명 인사인 유진의 시장이 초록색 깃발을 들고서 보트에서 걸어 나왔다. 깃발에는 꽤 익숙하게 느껴지는 에코토피아의 상징인 나무 그림이 담겨 있었다. 그는 강둑으로 올라와 초원 지대로 행진한 후 깃발을 땅에 꽂았다.

그 순간 데이빗이 모집한 두 명의 트럼펫 연주자들이 팡파레를 연주했다.

"우리가 드디어 이곳에 도착했습니다!"

유진의 시장이 외쳤다.

"오리건의 생존자당 집행위원회가 힘을 불어넣어준 덕분에 이 지역에 그 이름을 새기게 되었습니다. 에코토피아!"

관중들은 웃으며 환호했고 트럼펫 연주가 다시 시작되었다. TV 카메라들이 그들을 집중적으로 취재했고, 기자들이 질문을 퍼붓기 시작했다.

"당신은 정말로 생존자당에서 허가를 받았습니까?"

"코르테스(1485~1547, 스페인의 신대륙 정복자—옮긴이)가 이사벨라 여왕에게 허가를 받은 만큼, 아니면 프랜시스 드레이크 경(1540~1596, 지구를 일주한 최초의 영국인이자 해적—옮긴이)이 엘리자베스 여왕에게서 허가받은 만큼이요."

"무기가 없다면 어떤 방법으로 포틀랜드를 지킬 건가요?"

"솔선수범의 힘으로요."

"왜 당신은 생존자당의 비전이 오리건 주의 정치를 지배할 가치가 있다고 생각하는 거죠?"

"그것 말고 다른 비전이 있던가요?"

마침내 기자가 물었다.

"당신은 오리건이 워싱턴 주와 북 캘리포니아 주와 제휴할 경우 연방 탈퇴와 시민 전쟁이 일어날 가능성에 대해 걱정 안 되세요?"

"예, 그럴 수 있겠죠. 하지만 위대한 목적을 달성하기 위해서라면 그런 위험도 감당해야겠죠. 무엇보다 국가적인 자살에 당면하여 생존한다는 것이야말로 진정 위대한 목적으로 보입니다."

이 지점에서 거대한 평상형 트럭이 샤프&내추럴의 악기를 싣고 나타났다. 데이빗과 엘런과 나머지 멤버들이 트럭 위로 올라갔고, 누군가가 근처의 노천강당 시설에 전선을 연결했다. 그들은 연주를 시작했다. 한 시간 동안 그들의 음악은 강 전체에 울려 퍼졌고 거대한 관중은 풀밭 위에서 춤을 추었으며 더 많은 무리의 사람들이 모여들어 다음 이틀 동안 펼칠 정치 활동에 대한 계획을 세웠다. 그 다음에 관중들이 모인 한쪽 끝에서 중얼거리는 소리들이 들려왔다. 차 한 대가 다가오더니 포틀랜드의 시장과 시의회의 의원 몇 명이 차에서 내렸다. 그들은 마이크를 이용하기 위해 트럭 위로 올라갔고 밴드는 연주를 멈추었다. 관중들은 모두 귀를 바짝 세우고 궁금해했다. 도대체 무슨 일이 일어날 것인가? 포틀랜드 시장이 마이크 앞으로 다가왔다. 그는 널리 존경받는 인물로 시정부에서 일하는 동안 견고하고 합리적이고 환경적으로 건강한 혁신을 수없이 펼친 바 있다. 아직 생존자당의 일원은 아니었지만 이미 여러 번 생존자당과 협력하여 순탄하게 업무를 진행했다. 그가 다음 주지사가 될 거라는 소문도 자주 들렸다. 그는 마이크를 잡은 채 기대에 가득 찬 관중을 내려다보았다. 데이빗은 그가 깊이 숨을 들이마시는 것을 보고 대단한 일이 일어날 것이라고 예상했다.

"에코토피아 동지 여러분!"

놀란 관중은 소리를 지르며 온몸으로 기쁨을 표현했다. 사람들이 행복해하며 트럭으로 몰려가는 바람에 트럭이 흔들렸다. 시장은 성명서를 낭독했는데, 그날 저녁 시의회에 성명서의 내용대로 의안을 제출할 예정이며 채택이 확실시되고 있다고 했다. 성명서는 오리건 주와 그 이웃 주에서 생존자당의 프로그램을 지원할 것을 선언하고 악화되어가는 위기에 당면하여 무엇을 해야 할지 일치된 의견을 형성하기 위해 세 주의 의회 지도자 사이에 즉각적인 긴급협의회를 요청한다는 내용이었다. 관중들은 이 성명서 낭독을 엄숙하게 들었지만, 연설이 끝나자마자 박수를 치지는 않았다. 그러나 유진 시장이 트럭으로 올라가 그의 옆에 서서 작은 초록색 깃발을 그에게 쥐어주며 형제처럼 껴안았을 때 관중들은 힘차게 환호하며 그들을 격려했다. 이제 오리건 주도 협력할 수 있는 지역이 된 것이다.

142.

연방방위대의 진군

볼리나스로 파견된 연방방위대는 홍수가 난 지역에서 사람들을 구출하는 역할을 훌륭히 수행한 적은 있었지만 효율적인 군사 조직은 아니었다. 대원들은 대부분 돈 때문에 그 조직에 지원했고 주말에도 가족들을 위해 특별 수

당을 노리고 근무했다. 소수는 경찰 병력에 투입되어 경관 업무를 보았는데, 시민 사이에 질서를 유지하기 위해 단속이 필요하다는 관점에 반대하진 않았지만 경찰 조직에 대해서는 냉소적이었다.

따라서 최우선 동원 명령이 내려졌는데도 방위대가 도착한 것은 보안관이 예상한 것보다 한참 시간이 흐른 후였다. 검문소에서 보안관이 로저와 담판을 나눈 다음 날 아침이 되어서야 한 떼의 짙은 황록색 트럭이 굉음을 내며 언덕을 올라오고 있었다. 풋내기 신병이 부대의 트럭을 낭떠러지로 몰아 바다로 떨어질 가능성을 최소화하기 위해 그들은 무어 숲을 경유하는 경로를 선택했다. 부대는 고속도로 근처의 목초지에서 야영했다. 수백 명으로 구성된 방위 부대가 라이플총에 총검을 장착한 다음 볼리나스 타운의 북쪽 경계선을 따라 바다를 향해 진군했다. 또 다른 부대는 검문소 쪽으로 접근했다. 양 부대는 곧 표지판이 서 있고 전단지가 뿌려진 장소에 도착했고, 장교와 병사 모두 이 전단지를 읽어보았다.

형제들이여!

당신들은 독립한 볼리나스 타운의 국경선에 접근하고 있다. 우리 볼리나스 시민들은 카운티와 주, 국가에서 탈퇴했다. 우리는 홀로 남겨지기를 원한다. 우리는 우리의 일을 잘 알아서 처리하고 있다. 우리는 우리만의 법정도 있고, 질서를 유지하기 위한 민병대도 있고, 민주적으로 선출한 정부도 있다.

마린 카운티의 보안관은 카운티에서 탈퇴한 시민들의 영역에 대해 카운티의 권위를 행사하려고 하고 있다. 방위대는 이 불법적이고 억압적인 조치에 협력하라는 요청을 받은 것이다.

우리는 당신들이 동료 시민들에 대항하는 전쟁에 참여하는 일을 바라지 않을 것이라 믿는다. 하지만 당신들이 우리의 국경선을 넘어선다면 우리는 폭력에 대항하기 위해 폭력 조치를 취할 것이다. 우리는 어떤 수를 써서라도 우리

자신을 지키기로 맹세했기 때문이다.

　당장 중지하라. 그리고 이 상황에 대해 당신의 동료 방위대원들과 의논하기 바란다. 너무 늦기 전에 말이다! 당신들은 국경 표지선 바깥에 남아 있는 한 안전하다.

　볼리나스 타운 협의회

　작은 무리의 방위대원이 수군거리며 경계 표지판 근처에 모여들었다. 장교들도 망설였다. 그들의 상관들은 그들이 폭동을 일으키는 히피들을 통제하러 가는 거라고 말했다. 그러나 여기 와서 보니 상황이 더 복잡했다. 부대 지휘관은 그들에게 사방으로 흩어져 마을의 중심부로 침투한 다음, 저항하는 사람들은 누구든지 체포하라고 지시했다. 모인 사람들을 흩어놓을 때 쓰기 위한 최루 가스도 준비되어 있었다. 적대적인 총격이 일어난다면 반격해도 좋다고 지휘관이 말했다. 그들 중 일부는 그 명령에 동의했다. 그러나 다른 사람들은 의심스러워했고 전단지를 보고 당황한 것처럼 보였다.

　그래도 여전히 명령은 명령이었다.

　"좋다, 진격이다!"

　한 중령이 외쳤다. 그러나 부하들은 어깨에 맨 라이플총을 덜렁거리면 계속해서 떼 지어 몰려다니기만 했다. 그들 중 소수는 그의 동료에게 접경 지역으로 들어갈 것을 촉구했다. 그들은 그 방향으로 몇 걸음 들어갔지만 다른 사람들은 그 명령을 따르지 않았으므로 그들은 더 논의하기 위해 모두 돌아왔다.

　중령은 사태의 심각성을 감지했다.

　"진격하라고 말했다! 그게 명령이다!"

　그는 볼리나스 타운 위원회의 경고장이 붙어 있는 말뚝 근처로 앞장서서

다가갔다. 하지만 그의 부하들은 그를 따라가지 않았다. 그는 권총 케이스에서 총을 꺼냈다.

"움직일 건가, 아닌가?"

그가 다그쳤다. 그러나 부하들은 손에 전단지를 들고는 무뚝뚝하게 서 있었다.

"저기 중령님, 질문 하나 해도 되겠습니까?"

그들 중 한 명이 말했다.

"뭔가?"

중령이 날카롭게 대답했다.

"그게 말입니다. 이 전단지를 보니 걱정됩니다. 아무래도 폭동 같지가 않거든요."

바로 그때 헬리콥터 소리가 들려왔다. 방위대원들과 심기가 불편한 장교들은 그 비행기가 고위 장교를 태운 비행기이길 바라며 하늘을 올려다보았다. 그런 높은 사람이라면 그들을 위해 이 상황을 분명하게 해줄 것이다. 그러나 그것은 작은 민간 헬리콥터였다. 옆을 보니 언론사의 취재용 헬리콥터라고 적혀 있었다. 잠시 동안 볼리나스의 접경 지역을 따라 우아하게 날더니, 다시 볼리나스 중심가로 돌아갔다.

"제기랄, 좋다. 내가 부대 지휘관에게 이야기해보겠다. 자리를 지키고 있기 바란다."

중령이 체념한 듯 말했다.

방위대가 접근하고 있다는 소문이 볼리나스에 전해졌을 때 대부분의 사람들은 실내에 머무르고 있었다. 총격이 일어나거나 최루 가스가 발포될 것이라는 소리도 있었다. 디미가 24시간 동안 보이지 않고 있어서 스위프트 가족이 테오를 돌보고 있었다. 로저는 알 수 없는 공식 업무를 수행하기 위해 집을 나서면서 다른 가족에게 모두 집 안에 있으라고 했다. 루는 집에만 있으면서 모든 흥미로운 사건들을 놓치기 싫었다. 그녀는 뒷문으로 몰래 빠져나왔고, 캐롤과 마이크는 그녀가 나가는 소리를 듣지 못했다. 루는 자전거를 타고는 중심가로 향했다. 그곳에는 사람들이 없었지만 그녀는 이웃인 제리를 찾아갔다. 제리는 방위대가 마을을 점령하려던 계획을 포기한 것 같다고 말했다. 그 대신 그들은 두 군데 야영지를 만들었는데, 하나는 태평양 횡단용 라디오 송신탑 근처의 언덕 위였고 다른 하나는 마을의 검문소 근처 길가였다. 둘 다 마을의 접경선에서 꽤 물러난 곳이었다.

"거기를 보러 가는 게 안전하다고 생각해요?"

"나도 전혀 모르겠어."

제리가 대답했다.

"이런 상황에서 누가 알 수 있겠어. 수많은 혼동이 있을 수 있고, 누군가는 너를 수상한 사람으로 오인하고 겁에 질려 총을 쏠 수도 있지. 지금은 한동안 잠잠한 상태이긴 하지만, 거기에 간다면 천천히 움직이고 평범한 모습을 유지해야 해. 무기처럼 보일 수 있는 것은 절대로 들고 가지 말고."

루는 볼리나스 타운 북쪽으로 자전거를 타고 갔다. 다른 이웃의 소유로 보이는 차 한 대가 접경 지대의 울타리 근처에 서 있었다. 그 안에 두어 명이 무전기를 들고 있었다. 루는 자전거를 그 차에 기대 세웠다. 그녀는 접경 울타리 쪽으로 천천히 걸어갔다. 울타리 밖에는 세 명의 방위대원이 커다란 카키색 텐트 근처에서 스티로폼 컵으로 커피를 마시며 빈둥거리고 있었다. 루는 울타리 말뚝에 몸을 기대고 그들에게 외쳤다.

"이봐요, 거기 있는 분들!"

방위대원들은 매력적인 젊은 여인이 그들에게 이야기하고 싶어 하자 기뻐하며 천천히 다가왔다.

"우리 마을을 난장판으로 만들지 않은 것에 대해 고맙다는 말씀을 드리고 싶어서요. 그리고 당신들을 위해 우리가 할 수 있는 일이 있다면 저에게 알려주세요. 밤에는 꽤 추울 테니까 땔감이나 다른 것이 필요할 거예요."

루의 다정한 말에 그 남자들은 당황했다. 루의 순진무구한 얼굴을 보자 그들은 갑자기 말문이 막혔다. 이 사람들은 여전히 '적'으로 간주되는 사람들이 아닌가. 방금 내려진 새로운 명령에 따르면 방위대원의 임무는 '시민 소요자들'이 마을 경계선 내에만 머무르도록 제한하고 마을 사람과 외부인 간의 대항을 방지하는 것이었다.

대원들 중 한 명이 말했다.

"이봐요. 지금 일어나고 있는 일에 대해 우리에게 설명해주세요! 그런데 이름이 뭐죠?"

"저는 루예요."

"저는 헨리입니다. 이쪽은 슬림, 저기는 프레드."

"만나서 반가워요. 아무 일도 없는데요. 제 말은 우리는 계속해서 살아가려 할 뿐이고, 그게 다예요. 이 모든 야단법석이 일어나기 전에 우리가 살았던 방식 그대로요. 카운티 정부가 우리에게 간섭하지 않기만을 바라는 것뿐이랍니다."

그 남자들은 대형 텐트 옆에서 그들을 주시하고 있는 중령을 보았다.

"당장 울타리를 떠나는 게 좋겠어."

제이크가 말했다.

"조심해요."

루가 말했다.

"참, 여기요. 이걸 받아요!"

그녀는 활짝 웃으면서 커다란 노란색 데이지꽃을 그들에게 전해주고는 자전거가 있는 곳으로 돌아왔다.

"세상에, 그 전단 내용이 진실이라는 걸 알겠어. 저 미끈한 다리를 좀 보라고."

헨리가 말했다.

143.

생태적인 건강성을 지닌 지역

생존자당이 개척했던 송수신 양용의 방송에 관한 소식은 전국 방송과 지역 방송 모두에 널리 알려져서, 매주 베라의 TV 방송은 그 지역에 사는 수백만 명의 사람들이 시청하는 정치적 이벤트가 되었다. 특유의 조용하고 확신을 주는 목소리 덕분에 베라는 증가하는 혼란 속에서 유일하게 제정신인 인물로 보였고, 많은 사람들이 케이블 시설을 통해 그녀와 대화할 수 있는 기회를 모색했다. 오늘 밤 그녀는 생존자당이 볼리나스 타운의 독립과 에너지 자급자족을 향한 운동을 지원하기로 결정했다는 이야기부터 시작했다.

"크고 복잡한 공동체가 배우는 데 오랜 시간이 걸리는 것을 작은 공동체가 상대적으로 더 빨리 파악할 수가 있습니다. 우리는 볼리나스가 우리에게 멋진 소식을 전해주고 있다고 믿습니다. 볼리나스 같은 지역 공동체는 움직이기 힘든 카운티나 주나 국가 정부의 조직과 달리 자주독립과 협동의 정신 속에서 에너지와 환경, 건강의 문제를 해결하기 위해 더 발 빠르게 움직일 수 있습니다. 볼리나스는 우리에게 많은 것을 제안합니다. 그곳 청년 중 한 명인 루 스위프트는 손쉽게 만들 수 있는 태양전지를 개발하였습니다. 그것에 대해서는 다음 주 방송에서 자세히 설명해드릴 것입니다. 그녀의 발명 덕분에 여러분도 원한다면 얼마든지 전력회사의 전선을 제거하는 것이 가능해졌습니다. 정부 당국은 이 점을 명심해야 합니다. 에코토피아 지역에 있는 사람들이 이와 같은 수많은 혁신을 향해 나아가고 있다는 사실을 말입니다. 그래서 생존자당은 카운티 정부와 주 정부 관계자들을 만나 중재했고, 볼리나스 타운 접경에 있는 방위부대들이 평화유지군으로만 머물러 있을 것이라는 약속을 받아냈습니다."

몇 사람들이 전화를 걸어 폭력이 일어날 가능성에 대한 해결책이 무엇인지에 관해 베라에게 질문했고, 그다음 순서로 그녀는 그날 저녁 또 하나의 충격적인 소식을 발표했다. 그것은 아직 확실한 건 아니지만 주지사 클리크가 물 스캔들 때문에 사임할 가능성이 있다는 것이었다. 그럴 경우 부지사가 그 자리를 대신할 것이고, 그는 클라크의 수자원 거래 계획이 실현되기 전에 주 분할 계획을 추진하기로 맹세한 북캘리포니아인이었다. 그는 당장 선수를 칠 것이다. 주지사 사무실의 권위가 축소된 틈을 타 주를 합법적이고 헌법적으로 분할하는 방법에 관한 법안을 제안하는 것이다. 그 법안은 통과될 것이 거의 확실했고, 베라는 그 지역 사람에게 가능한 한 모든 방법으로 그 법안을 지지하고 도울 것을 촉구했다.

그녀는 또한 '배 띄우기' 행사의 결과로 오리건 주의 의회가 생존자당이 이끄는 워싱턴 주, 북캘리포니아에 있는 생존자당 세력과 제휴를 결정했다는 사실을 발표했다. 베라는 북캘리포니아가 자신만의 행보를 취할 수 있게 된다면 에코토피아 주 간의 단단한 결합이 이루어져 연방정부의 광기에 공동으로 굳건하게 대항할 수 있을 것이라고 말했다.

"모든 힘을 다해 연방분리안을 지지합시다. 우리는 결코 혼자가 아닙니다. 그리고 이제 조금만 더 시간이 지나면 우리는 태양 아래 우리만의 땅을 갖게 될 것입니다."

베라와 동료들은 이 과정에서 그들이 신뢰할 수 없는 지역이 끼어들 가능성도 있다는 것을 잘 알고 있었다. 주의 법적인 분할은 국회의 동의를 필요로 할 것이다. 동부의 주는 북캘리포니아가 생기면서 두 명의 서부 해안 지역 상원의원이 출현하는 것을 반기지 않을 것이고, 지역적 문제를 지닌 다른 주들은 주 분할이라는 과정을 격려할 심정이 아닐 수도 있다.

생존자당이 새 주지사의 분할 법안을 통과시키기 위해 박차를 가하자, 그것을 경축하는 분위기와 함께 군사 개입에 대한 공포감도 자라나기 시작했다. 사람들은 '생태적인 건강성을 지닌 지역'이라는 공동의 꿈이 눈앞에 다가오고 있다는 것을 감지했다. 그들이 그 작은 땅 한 조각을 잘 다스릴 수만 있다면 그곳에 새로운 사회를 창조할 수 있다는 것을 알았다. 그 나라의 과학기술은 인간의 얼굴을 하고 있을 것이고, 사회적으로 경제적으로 생태적으로 믿을 만할 것이며, 그곳에서는 미래에 대한 죄책감을 느낄 필요가 없을 것이다. 언젠가 그들은 이렇게 말할 수 있을 것이다.

"우리는 그때 우리가 결정해야 한다는 것을 알았습니다. 그래서 우리는 그것을 당장 시작하기로 결정했습니다."

144.

미니 폭탄

차가운 겨울 아침 동이 트기 직전에 8피트짜리 날개를 가진 무선 조종 모형 비행기가 에코토피아 지역에 있는 모든 주요 군사 기지 근처에서 날아올랐다. 그들은 수백 피트 고도까지 솟아올랐다가 군사 기지로 향했다. 그들이 병영 지대에 도달했을 때, 미니 폭탄장치의 덮개가 열렸다. 그러더니 작은 전단지 다발이 매초마다 떨어져 내렸다. 그들이 지상으로 떨어져 내릴 때 바람이 그들을 흩어놓았다. 그 비행기는 넓게 회전하더니 그들이 이륙한 장소로 돌아가면서 또 많은 전단지들을 떨어뜨렸다.

보초 임무를 수행하던 소수의 병사를 포함해서 자고 있던 병사들은 휴대용 전동 사슬톱이 돌아가는 소리인 줄만 알았다. 그러나 이른 새벽 햇살 속에서 기지 근처를 돌아다니던 군인들은 바닥에 작은 종잇조각이 떨어져 있는 것을 발견했고, 거기에는 "이것을 호주머니에 넣고 나중에 읽어보시오"라는 제목이 적혀 있었다. 어떤 군인들은 무시하거나 쓰레기로만 취급했다. 그러나 다수는 단순한 호기심 때문이거나 마약 거래와 관련된 정보를 담고 있다고 생각하거나 흥미가 생겨 그 전단지를 집어 호주머니에 넣었다. 나중에 그들은 추리소설이나 만화책을 읽다가 아니면 화장실에서 용무를 보는 중에 그것을 꺼내 읽어보았다. 거기에는 서부 해안 지역에서 내전이 일어날 경우에 지지와 공감을 요청하는 생존자당의 호소문이 담겨 있었다.

145.

새로운 주지사는 볼리나스 타운에 주둔하던 방위군을 철수시켰고 그로 인해 안도감이 확산되었다. 캘리포니아 주의 정치 사건에 관한 초점은 주의 분할을 이루기 위한 수단이 무엇인가에 집중되었다. 예상대로 대중 논쟁과 법률 논쟁이 둘 다 심화되고 장기화되었다. 이 기간 동안 캐롤은 사라의 집을 방문하고 싶어서 오린다에 있는 사라에게 전화를 걸었다. 그동안의 모든 긴장과 위기감이 사라진 후여서 간만에 함께 모여서 가족끼리 게으른 휴일을 보내고 싶어졌던 것이다. 그러나 사라 대신 앤디가 전화를 받았다. 그리고 그의 태도는 매우 냉소적이었다.

"정치가 형님은 잘 계시겠죠?"

"잘 지내요. 그는 지금 집회 때문에 좀 정신이 없어요. 하지만 물론 그건 굉장히 신나는 일이기도 하죠. 너무나 많은 일이 일어나고 있거든요! 우리는 모두 거기에 완전히 빠져 있어요."

"조심하세요, 캐롤. 그 사람들은 반역 행위를 불장난처럼 알고 있잖아요. 정부는 그걸 영원히 참아주지는 않을 거예요."

캐롤은 앤디의 목소리에서 위협을 감지했다.

"그게 무슨 뜻이죠?"

"저는 그 사람들을 모조리 싹 쓸어서 감옥에 넣어버릴 거라는 말을 들은 적이 있어요. 그들이 제2차 세계대전 때 일본인을 위해 세웠던 유치장 캠프 기억하죠? 그들은 여전히 거기 있을걸요."

"하지만 그건 헌법에 위배되잖아요!"

캐롤도 지지 않았다.

"맞아요, 그렇겠죠? 그때도 위헌이긴 마찬가지였죠."

앤디는 느물거리기까지 했다. 캐롤은 자기 쪽에서 먼저 초대해달라고 요청하는 일은 없기를 바랐다. 그러나 앤디는 끝내 먼저 초대하겠다는 말을 꺼내지 않았다. 그래서 그녀는 자존심을 포기했다.

"이봐요, 앤디, 모두 함께 모인 지도 꽤 오래됐어요. 이번 주말에 거기 가도 될지 모르겠네요. 산책도 하고 주위도 둘러보게요."

앤디는 잠시 망설였다.

"꽤 오래되긴 했네요. 캐롤, 난 그 자리가 이전처럼 편안할지는 잘 모르겠어요. 난 로저가 이번에도 자기주장을 굽히지 않을 거라고 생각해요. 언제나 나만 심하게 당하는 꼴을 즐길 수가 없어요. 우리가 대화를 나눌 때마다 진짜 다툼이 된다고요."

"하지만 앤디, 정치적 의견이 다르다는 이유로 가정을 파괴할 수는 없어요!"

"그건 단순한 정치적 의견 대립만이 아니라고요."

앤디가 한숨을 쉬었다.

"로저와 나는 많은 점에서 의견이 달라요. 솔직히 말하자면 캐롤, 나도 그에게 똑같은 방식으로 말해주고 싶어요. 그와 생존자당 무리들은 파괴적이고 위험하고 무정부적으로 되어가고 있다고 말이에요. 난 자유주의자로서 꽤 신용을 얻어왔어요. 건설적인 재건과 모든 것을 갈갈이 찢어놓는 파괴와의 차이를 안다고요. 거리마다 설쳐대는 폭도들과 이 말도 안 되는 볼리나스의 분리 독립선언이라니……. 그들은 그렇게 해서 도대체 무엇을 성취하겠다는 건가요?"

"그래서 우리가 집에 오는 것을 원하지 않는다는 거죠?"

"기분 나쁘게 생각하진 마세요, 캐롤. 단지 그 자리가 그렇게 편하지는 않을 거라는 거죠. 지금처럼 예민한 상황에서는."

"그게 콩코에서 당신의 평판에 해를 끼칠까 봐 두려운 거죠? 에코토피아형을 즐겁게 해주는 일이?"

"오 제발, 그렇게 말하시면 너무 억울해요. 캐롤, 난 형을 사랑해요. 하지만 난 이 상황을 어떻게 다뤄야 할지 모르겠어요. 우리는 이제 전혀 다른 편에 서 있어요. 그게 가슴 아파요. 로저도 힘들긴 마찬가지일 거라고 생각해요."

"그러면 형제간의 우애는 어떻게 할 건가요?"

"그걸 해결하려고 애쓰고 있는 거예요. 로저가 자신의 관점을 견지할 권리가 있다는 걸 알지만 나까지 그와 같은 의견을 가질 수는 없어요. 그는 은근히 내가 위선자이고 돈 때문에 양심을 팔았으니 반드시 비밀스러운 죄책감을 느껴야만 한다고 주장해요. 글쎄요, 난 그렇지 않거든요! 그리고 그가 그걸 깨달을 때까지, 그리고 내가 나만의 관점을 가질 권리를 존중해줄 때까지는 그에게 어떻게 말해야 할지 모르겠어요. 미안해요, 난 아직은 방법을 못 찾겠어요."

"아버지가 아직도 살아 계셨으면 좋겠어요. 둘 사이를 화해시킬 수 있도록."

"저도 그래요. 아버지가 계셨더라도 지금 같은 상황에서 할 수 있는 일은 별로 없으셨겠지만 말이죠. 게다가 아버지는 한쪽을 편드는 일을 망설이지 않으셨어요."

캐롤은 루의 할아버지를 만나본 적이 없었다. 그에 관한 수많은 일화들이 아직도 가족 사이에 전해지고 있었지만.

"그랬나요?"

그녀가 물었다. 그러자 앤디가 한풀 꺾인 목소리로 대답했다.

"그래요. 그는 한쪽 편을 들었을 거예요."

"그럼 누구 편을 들었을까요, 앤디?"

"이런 말하고 싶진 않지만 당신들 편을 들었겠죠. 그는 항상 지고 있는 사람에게 약했어요."

보안국은 이제 한 지하 '에코토피아' 단체에 의해 제작된 핵장비가 워싱턴과 뉴욕시티에 감추어진 것으로 믿고 있으며, 긴급조치를 동원하여 그 장비의 위치를 추적하는 중이다. 전자 감시 장치, 의심스러운 위치에 대한 비밀 수사, 그 밖의 다양한 수단이 이용되고 있다.

그러나 CIA의 이동식 핵무기 경험에 근거한 기술적 조언에 의하면 집집마다 일일이 방문하여 조사하는 것 외에는 탐지가 불가능할 것이라고 한다. 개별 가구들을 조사하려면 군법의 포고나 특단의 조치가 필요할 것이다. 서부 해안 지역의 연방 탈퇴 운동에 관한 정치적 공감은 의심스러운 장비의 설치에 근거한 것으로 보인다. 우리는 긴급조치를 언제 단행하는 것이 좋을지 그 시간대를 추정할 수가 없다. 용의자 단체로부터는 아직까지 아무런 연락도 오지 않았기 때문이다. 현재로서는 갑작스러운 폭발이 일어날 가능성에 대비하여 B단계 예방조치가 실행되어야 한다. 또한 현재 보류 상태인 생존자당의 핵심 지도자에 대한 암살 계획을 재고할 것을 추천한다.

한 지하 단체가 그들의 능력이 허락하는 범위 내에서 비교적 복잡하지 않은 형태의 무기를 고안할 경우 상대적으로 작지만 극도로 '방사능이 많은' 폭탄이 될 것으로 예상된다. 최악의 경우 예상되는 사상자 추정치는 다음과 같다. 폭발과 방사성 낙진, 방사능으로 인해 대략 100만 명이 사망하거나 전신마비를 당하며, 폭탄 낙하 지점과 바람이 부는 방향 반경 2마일 이내 지역은 광범위한 지역에 걸쳐 오랫동안 생명이 살 수 없는 곳이 된다.

147.

당신만의 태양전지를 만드세요

여러분은 그 소문을 들어보았을 것입니다. 이제 여러분들도 그것을 할 수 있습니다.

당신만의 태양전지를 만드세요!

전력회사의 전선을 끊는 방법을 배우세요. 바로 여러분의 집 지붕 위에서 전력을 생산해줄 태양광전지를 여러분과 이웃의 힘으로 만들 수 있는 방법!

내일 밤 8시, 생존자당이 채널 33번에서 오랫동안 고대했던 DIY 광전지에 관한 특별 프로그램을 방송합니다. 대기업의 첨단실험실을 제압한 18세 발명가 루 스위프트에게서 그 방법을 배우세요.

생존자당의 지도자 베라 올웬은 최근 서부에서 있었던 놀라운 정치적 사태에 관해 중대 연설을 할 것이고, 그 위기를 다룰 수 있는 새로운 정책을 극적으로 공표할 것입니다. 친구들에게도 반드시 채널을 고정하라고 말씀해주세요!

148.

"형, 안녕, 나 앤디야."

"앤디, 어떻게 지내? 네가 전화해줘서 기쁘구나!"

"안 본 지 꽤 오래됐지, 형. 캐롤이 지난주에 전화했을 때 좀 어색하게 받았어. 우리 사이에 일어난 일을 해결할 방법을 알 수가 없었거든. 모든 것에서 우리가 반대편에 선다는 건 정말 끔찍한 일이야. 이런 전쟁에서든, 아니면 무엇에서든지."

"그건 그래."

로저는 앤디에게 언제나 고집불통이었다는 말을 덧붙이려다가 꾹 참았다. 앤디가 중요한 할 말이 있는 것처럼 느껴졌기 때문이다.

"형, 형한테 말할 게 좀 있어. 상황이 얼마나 심각한지 형이 알고 있는지 모르겠어. 네바다에 지금 대규모 병력이 주둔하고 있어."

"물론 우리도 알고 있어."

"형, 형도 남북전쟁 기억하지, 그렇지? 이것도 그런 유혈 사태로 확대될 거야!"

"그건 나도 잘 모르겠구나. 난 연방정부가 아직은 제정신이라고 생각하고 싶어. 이 시점에서는 우리가 그들을 원하지 않는 것만큼이나 그들도 우리가 필요 없을걸. 게다가 그들은 지금 브라질에서 전쟁을 벌이고 있는데, 무엇 때문에 또 다른 전쟁을 벌이려 하겠니? 그건 그렇고 앤디, 넌 지금 어떻게 지내니?"

"사라와 나는 집을 팔려고 해. 여기서는 살 만큼 살았으니까. 난 시카고에서 입사 제의를 받았어."

"시카고도 원자력을 사랑하지."

"또 말싸움하지는 말자고. 단지 내가 무슨 일을 하고 있는지 형한테 말하려고 전화했어."

"좋아. 언제 떠나는데?"

"집을 이미 부동산 시장에 내놓았어. 물론 망할 부동산 시장은 끔찍할 정도로 침체기야. 하지만 이곳을 떠나서 시카고에 꽤 우아한 집을 살 정도의 여력이 있다고 생각해. 열흘 안에 떠날 예정이고, 사라는 집이 팔리는 대로 나를 따라올 거야."

"그 집을 팔 수 없다면 어떻게 되는데? 너에게 겁주고 싶지는 않지만 대부분의 사람들이 머릿속으로 부동산보다는 다른 것을 생각하고 있어."

"그러니까 그걸 형에게 물어보고 싶었어. 상황이 악화된다면 형이 그 집에 살고 싶어?"

"거기 살고 싶으냐고? 물론 그렇지 않아. 이곳 볼리나스에 뿌리를 두고 있으니까."

"그래, 알겠어. 그럼 형이 우리를 위해 그 집을 돌봐줄 마음은 있어?"

"당연하지, 앤디. 내가 대신 세를 놓아줄게. 뭐가 그렇게 급해?"

앤디의 목소리가 어둡게 바뀌었다.

"모든 게 무너지고 있어, 형. 이제 마지막이야. 난파선에 붙잡혀 있고 싶지 않아. 콩코도 망해가고 있어. 여기에 무엇을 지으려는 사람이 아무도 없어. 그것도 아주 오랫동안."

로저는 동생과 싸워야 할지 판단이 서지 않았다. 그와 생존자당 동지들은 날마다 새로운 사회를 짓기 위한 야심차고 복잡한 계획을 세우느라 바쁘지만 행복했다. 새로운 과학기술, 사회제도, 인간관계, 철학 같은. 그런데 그의 부유한 동생이 생각할 수 있는 거라곤 오로지 고수익을 남기는 댐과 원자력발전소를 짓는 것뿐이었다. 동생과 같은 이들은 이곳을 떠나려 하겠지만 다른 사람들은 그 장소를 지킬 것이다. 지난 몇 주간 에코토피아의 꿈을 실현할 수 있도록 경험과 에너지, 지식과 희망을 빌려주기 위해 상당수의 사람이 동부에서 몰려왔다. 오래된 가족과 헤어졌지만 그 자리에 새로운 가족이 형성되었다. 어느 따뜻한 저녁, 그들이 모두 함께 앤디의 집 테라스에 앉아 별을 바라보며 아이들이 구운 마시멜로를 먹던 일이 떠오르자 로저는 가슴이 시렸다.

"글쎄다, 네가 어떻게 생각할지 이해할 수 있을 것 같아. 네가 틀렸다고 생각하긴 하지만……. 난 우리가 함께 나눴던 좋은 시절을 기억할 거야. 이 일이 모두 끝날 때 넌 다시 돌아와 즐겁게 우리를 방문할 수 있을 거야. 넌 여기가 거기였는지도 모르게 될걸."

"형이 거기 평생 살 거라면 나도 그럴 거야. 하지만 형이랑 그 미친 바보들은 지금 무엇에 대항하고 있는지도 몰라. 우리는, 아니 그들은 형의 동네를 한 방에 날려버릴 거야."

"그렇게 된다면 우리는 바리케이드 너머로 서로 바라보게 되겠지. 하지만 그런 일은 상상하기도 싫구나. 그건 그렇고 시카고에 가면 어느 회사에서 일할 건데?"

"타운 앤드 해튼."

타운 앤드 해튼은 텍사스 휴스턴에 근거지를 둔 거대한 군수품 생산회사로, 중서부로 거점을 옮기고 있었다. 비행장과 군사용 항만 시설 건설을 전문으로 해온 회사였고, 그 모든 시설은 사우디아라비아든 태평양 북서부이든 그 지역을 점령한 군대가 필요로 하는 것이었다. 로저는 고통스럽게 말했다.

"그 회사 놈들 눈에는 콩코 놈도 평화주의자처럼 보이겠구나! 그들이 우리를 위해 뭘 굽고 있을지 알 수 있어. 이것 봐, 앤디. 꼭 시카고에만 있도록 해. 그들이 너를 이리로 보낸다면 너의 안전을 보장할 수 없을 거야. 전쟁으로 변한다면 게릴라전이 될 거야. 파괴 활동가, 명사수, 땅굴, 네 손으로 폭파시킬 주요 시설 그리고 생존자당원 요원이 도처에 널려 있겠지. 듣고 있니? 그때는 아무도 사정을 봐주지 않을 거야. 형제간이라도 말이야. 그런 일이 일어나도록 돕는 일은 하지 마, 제발!"

"형, 잘못된 편에 선 사람은 바로 형이야. 형은 불법적이고 파괴적이고 반역적인 운동에 가담하고 있다고."

"이것만이 우리가 살아남을 수 있는 길이야. 우리가 해야만 하는 일이고."

"과연 그럴까? 그럼 안녕. 사랑해."

"나도 널 사랑한다. 안녕."

"잘 지내."

149.

존슨 공군 기지

2월 12일 저녁, 존슨 공근 기지 주변의 작은 사막 지역에 있던 생존자당 동조자들은 평소에 동네 술집이나 매음굴에 들리던 정비공이 그날 밤 한 명도 보이지 않는다는 것을 깨달았다. 그들은 기지 근처에 살고 있는 친구에게 전화를 걸었고, 헬리콥터 비행장의 이륙 지대 근처에서 평소와 달리 일사분란하게 적재 활동이 일어나고 있다는 것을 알았다. 그들은 미리 약속된 암호

신호를 통해 오랫동안 두려워했던 공격이 곧 시작될 것이라는 사실을 샌프란시스코에 알렸다. 그 기지 근처의 언덕에서 쌍안경으로 망을 보던 생존자당 정찰대원은 타격 부대가 출발하면 즉시 경고 신호를 보내기 위해 대기하고 있었다.

동이 트기 전, 졸음을 참던 사람들은 멀리서 들려오는 차량 수백 대의 엔진 소리에 정신이 번쩍 들었다. 붉게 물든 동쪽 하늘에서는 아무런 불빛도 보이지 않았지만 선명하게 보이는 사막을 통해 공중 수송기들이 이륙 지대 주변으로 급히 달려오는 것이 보였다. 즉시 메시지 하나가 샌프란시스코로 전달되었다.

"끝이 다가왔다. 어서 피신하라!"

그러나 언제나처럼 차분한 목소리로 베라 올웬이 답변했다.

"안 됩니다. 우리는 도망치지 않습니다. 그들이 와야 한다면 오게 내버려 둡시다. 우리에게 그 수를 알려주세요. 그럴 수 있죠?"

그런 다음, 헬리콥터 함대가 이륙장에서 육중하게 솟아오르기 시작했다. 멀리서 보면 그들의 무거운 몸체는 거대한 딱정벌레 같았지만 질서정연하게 군대식으로 정렬했다. 비행기들은 꼬리에 꼬리를 물고 남쪽으로 향했다. 1마일 정도 날아간 후 그들은 천천히 방향을 돌리더니 동쪽으로 향했다.

생존자당 정찰대원은 놀란 눈으로 서로를 쳐다보면서 무선송신 마이크를 손가락으로 가리켰다. 저 헬리콥터들은 어쩌면 에코 서미트Echo Summit를 향해 가는 것일까? 그건 아니었다. 대형이 분명해지자 동쪽으로 날아가는 것이 확실했다. 그것은 샌프란시스코와는 정반대의 방향으로, 북캘리포니아에 있는 기지 방향이었다. 더 많은 수송기가 땅에서 솟아올라 앞서가는 함대에 합류했다. 모두 동쪽을 향하고 있었다. 놀란 정찰대원은 최선을 다해 기술적으로 비행기의 수를 세었다. 모두 합해 400대가 넘었다. 그들은 믿을 수 없는 소식을 샌프란시스코와 주고받았고, 샌프란시스코는 그것을 회의적으로 받아들였다. 그들은 비행의 분명한 경로를 추적하며 그쪽 방향에 사는 친구에게 전화를 걸었고, 친구들은 그 함대가 향해 가는 방향을 확인해줄 수 있었다. 한 시간 후, 그 함대가 동쪽으로 향해 간 것이 명확해졌다. 지나가는 하늘마다 시커먼 매연으로 물들이며 마침내 일리^{Ely}를 지나갔기 때문이다.

그 소식이 전해졌을 때 생존자당원들은 마침내 안도의 한숨을 내쉬었다. 그들은 기쁜 얼굴로 워싱턴의 의도를 바꿀 만한 어떤 일이 일어났는지 곰곰이 추측해보았다. 베라도 안심이 되었다. 그 이유가 무엇으로 밝혀지든 간에 정말 구사일생이 아닐 수 없었다! 워싱턴에 있는 연락책과 전화를 걸어 그 원인을 추리하기 시작한 것은 정오가 다 되어서였다. 알고 보니 석유에 대한 미국인의 강박관념이 에코토피아를 위기에서 구한 것이었다.

150. 중동 지역 전쟁 발생 위험: 이란에 러시아 탱크가?

리야드, 2월 13일^{WPI}. 오늘 아침 일찍, 광신적인 시아파 무슬림 게릴라들이 일으킨 맹렬한 불길이 거대한 폭발로 이어지면서 사우디아라비아 해안을 따라 넓게 자리한 정유 공장 지역을 모조리 휩쓸었다. 사우디아라비아 경찰 측 사전 보도에 따르면 구세주적인 반미 무슬림 교파에 대한 충성을 주장하는 다수의 파괴활동가들을 그 사건의 용의자로 체포했다고 한다. 그 교파의 추종자들은 1978년 이란의 샤^{Shah} 왕가를 전복한 바 있다.

최근 몇 주 동안 상당한 규모로 문제 지역에 파견된 미군 고문들이 그 반란군과의 전투에서 사우디 군대를 돕고 있다.

시아파 광신자들에 의한 과격 시위들은 또한 사우디아라비아의 몇 군데 다른 지점에서도 벌어지고 있다고 전해진다. 메카에서 유혈 전투가 벌어진 사실이 보도되었고, 메카의 사원은 1979년에도 시아파 반군에 의해 간단히 강탈당했다. 현지의 미국 관측가들은 사우디아라비아의 왕가가 그 사건으로 인해 크게 타격을 입은 것으로 보이고, 리야드 공항으로부터 제트 비행기들이 자주 출발하는 것으로 보아 왕가의 가족 일부가 그 나라를 떠나고 있는 것으로 짐작된다고 말했다.

현지에서 공장을 가동하는 미국과 유럽의 석유회사 간부들은 석유 저장 창고에서 원유를 실어 급유기로 운반하는 것조차 방해받고 있다고 보고했다.

한편 테헤란에서 들려오는 소식에 의하면 북부 구역에서 내란을 일으킨 공산주의자 병력은 이제 이란의 전역에 확산되었는데, 정부군과의 전투에서 소련제 탱크를 사용하고 있다고 한다. 소련 정부는 러시아 군대가 그 싸움에 전혀 관련되지 않았다고 거듭 주장했지만, 이란에 투입한 탱크의 숫자나 탱크를 공급한 조건에 대해서는 명확히 밝히지 않았다. 미국은 이란의 혼란이 증가하는 틈을 타 소련 군대가 상당한 병력을 비밀리에 배치할 가능성에 대해 우려하고 있다. 그 경우 이란과 사우디아라비아 전장 모두에서 쉽게 공격할 수 있는 거리에 소련기갑부대 병력이 집결할 가능성이 있었다.

현지의 미국 대사관 소식통은 이집트와 소말리아에 있는 미국 육군과 해군 부대가 몇 주 동안 경계 태세로 훈련에 임하고 있다는 사실을 폭로했다. 이 부대의 정확한 규모는 알려져 있지 않지만 페르시아 만 주변의 석유 산지로 재빨리 출동할 수 있는 기갑부대를 포함하고 있는 것으로 보인다. 그들은 핵미사일도 구비하고 있는 것으로 알려지고 있다.

이라크 인접 지역에 군사가 동원되었다는 소식이 리야드에 전달되었다. 이라크 정부는 열렬한 확장주의자들이므로 그들은 충분히 새로운 군사 행동을 취할 가능성이 있다. 이라크 정부는 이란과의 결론이 나지 않는 전쟁의 굴욕에 대해 아직도 분개하고 있었고, 이스라엘이 이라크의 핵시설을 파괴한 것에 대해서도 여전히 분이 풀리지 않았다. 혹시라도 사우디의 영역에서 정치적 진공 상태가 벌어진다면 이라크인들은 기회를 놓치지 않을 것이다. 그들의 군대는 이란전 이후로 매우 개선되었고 러시아로부터 상당량의 새로운 장비를 공급받았다.

변화가 심한 중동의 상황을 악화시키는 또 하나의 군사 분규 원인은 파키스탄이 페르시아 만 지역에 대한 미국 병력의 점령을 더 이상 참을 수 없다고 선언한 사건이었다. 파키스탄은 적극적인 핵 개발 프로그램을 추진했고, 최근에 무슬림 출신의 군사 지도자들로 나라를 구성하려고 시도했다. 파키스탄은 핵무기를 소유하고 있을지도 모르지만, 그들의 공군 병력이 강력한 첨단과학기술로 무장한 미국 공군의 면전에 그 무기를 실어갈 정도의 능력이 있는지는 의심스럽다.

사우디아라비아의 수도에서 열린 관료들의 모임에서 그 상황은 극히 심각한 것으로 간주되고 있다. 사우디아라비아인들은 메이너드 대통령이 모든 병력을 동원하여 아라비아 반도에 있는 미군의 주둔지를 수호할 것이라고 거듭 단언한 것을 기억하고 있다. 옛 왕국의 소란은 핵 대결로 번질 가능성이 있다.

151.

아버지와 딸

루는 중대한 방송 출연을 위해 방송국으로 가기 전에 로저와 대화하기 위해 자리에 앉았다. 그들은 최근에 둘이서만 이야기할 시간이 거의 없었고 루는 그 시간을 그리워했다.

"있잖아요, 아빠. 그게 잘 이루어질까요?"

"방송 말이냐? 당연히 성공적일 거야."

"아뇨, 내 말은 주 분할 말이에요. 실질적인 연방 탈퇴에 관한 이 모든 대화도 그렇고."

"내 생각엔 우리가 아주 좋은 기회를 잡은 것 같아. 병력이 모두 네바다에서 떠났잖아. 뭘 더 바라겠니?"

루의 눈에 로저는 지금보다 더 행복해 보였던 적이 없었다. 지난 몇 주 동안의 흥분이 사람들에게 새로운 에너지와 가능성을 불어넣어주었다. 그들은 격식을 차린다거나 상황에 조심스럽게 다가가는 일 같은 건 하지 않았다. 그런 걸 하고 있을 시간이 없었기 때문이다. 상황에 몸을 던지고는 그 결과를 받아들이는 것이다. 정말 굉장한 느낌이었다. 진정한 삶을 살게 된 것 같다고나 할까. 사람들은 거대한 역사적 물결 속에서 같은 생각과 느낌으로 단결했고, 아무도 감기에 걸리거나 질병을 앓지 않았다. 범죄율도 급격히 감소했다.

"하지만 우리가 진다고 가정한다면 다른 군대들이 쳐들어올 수도 있으니까요. 아빠는 엄청난 위험에 처했더랬잖아요, 그렇죠?"

루가 물고 늘어졌다.

"목숨이 날아갈 뻔했지. 넌 개인적인 위험과 느낌을 생각하고 있는 거니? 그래, 나의 모든 것이 위기에 처했더랬지. 내가 평생 겪은 어떤 시련보다도 심각했어. 소중한 딸이 안전했다는 것만 빼고는. 넌 그때 코발리스에 가 있었으니까."

부녀는 서로를 애틋하게 바라보았다. 루가 어렸을 때 그녀는 로저가 자기를 지나치게 애지중지하는 것에 숨이 막혔다. 그게 마이크에게 편애하는 것처럼 느껴지지 않을까 걱정되었다. 그녀는 자기가 그런 사랑을 받을 만한 가치가 있는지 궁금했다. 그러나 이제 그것을 감정적인 사실로 받아들일 준비가 되었다. 그는 그녀의 아버지였고, 그녀를 사랑하고 자랑스러워했다. 그는 그녀를 있는 그대로 사랑했고 그녀도 그를 그렇게 사랑했다. 그리고 그녀는 정말로 칭찬과 존경을 받을 만한 가치가 있는 일을 했다. 로저뿐만 아니라 수많은 사람에게서. 왜 그런지는 알 수 없지만 그녀는 자신이 아버지와 동등한 존재가 된 것처럼 느끼기 시작했다. 그들은 최고의 친구이자 동지였다.

"루, 너도 알다시피 무슨 일이 일어나든지 사람들은 아주 오랫동안 이 시기에 대해 이야기할 거다."

"하지만 그걸 망쳐놓기도 할걸요. 역사가들은 옛날에 벌어진 일에 대해 기자들이 남긴 기록만 연구하면서 기자들이 그 일에 가장 정통했다고 생각할 테니까요."

"물론 그 이야기를 더 멋지게 만들기 위해 새로 이야기를 만들거나 변형시킬 수도 있겠지. 그걸 모두 신화화하는 거지. 누가 아니? 베라 올웬이 백마를 타고 하느님과 대화를 나누는 사람으로 바뀔지? 연방 탈퇴가 일어난 이유에 대해서도 남자들이 여자들의 말을 잘 따르지 않아서 여자들이 남자와 사랑을 나누기를 거부했기 때문이라고 할지도 몰라. 우리가 핵폭탄을 지녔다는 소문을 믿을지도 몰라. 음모적인 이야기는 언제나 진짜 정치보다 재미있으니까."

"인적 없는 낭떠러지 위에 있는 비밀스러운 실험실. 어둡고 폭풍우가 치는 밤에……."

"바로 그거야. 하지만 그 부분은 완벽하게 사실이지."

로저가 웃으며 말했다. 그러자 루도 웃으며 덧붙였다.

"그 점에 대해서는 우린 정말 할 말이 많아요. 정말로 음모적인 행동이었어요. 우리는 대기업을 골탕 먹이기 위해 음모를 꾸몄으니까요."

그들은 서로를 보며 씨익 웃고는 한 목소리로 말했다.

"그리고 정말 성공했지!"

152.

방송국은 어수선했고 급하게 대충 만든 공간에다 낡은 세트와 신기한 장비, 조명과 카메라를 들고 이리 왔다 저리 갔다 하는 사람들로 가득 차 있어서 루는 한결 마음이 놓였다. 그것은 그녀의 실험실을 연상시켰다. 그녀는 여전히 긴장되었고, 베라가 긴장을 풀어주려 애썼다.

"루, 너도 알듯이, 이건 평소 대화를 나누는 거랑 똑같아."

"알아요, 하지만 200만 명의 사람들이 지켜보고 있잖아요! 혀가 꼬여서 말이 안 나오면 어떻게 하죠?"

"그런 일은 없을 거야. 그리고 네가 거대한 무리를 이루고 있는 관중에게 말하는 게 아니라는 점을 명심해. 넌 거실에 편안하게 앉아 있는 네다섯 명의 사람에게 이야기를 건네는 거야. 그게 이 방송이 가진 친근한 매력이지. 아니면 나한테 이야기한다고 생각해도 돼."

"당신이 이렇게 대단한 일에 저를 끼워 넣지 않으셨으면 좋았을 텐데요."

"어쩌다 보니 그렇게 되었구나. 네가 학교를 마치고 다시 실험실에 일하러 가던 그때를 생각해봐. 너도 그때는 이런 일이 일어나리라고는 예상하지 못했잖아! 하지만 결국 우리가 자랑스럽게 여기는 멋진 본보기가 되었지. 잘 생각해봐, 루. 두어 명의 젊은이에게 말하는 거라고 가정해봐. 너처럼 대중을 위해 헌신할 능력이 있고 너만큼이나 총명한 젊은이 말이야. 그들이 다가올 몇 년간 무엇을 하게 될지 생각해봐! 바로 그들에게 말한다고 생각해."

"글쎄요, 버트는 저에게 DIY적인 측면과 조립하는 방법을 강조해야 한다고 했어요. 지금 우리 사회에는 너무나 많은 일이 일어나고 있고, 모든 열정적인 운동에 이 전지로 도움을 드리고 싶어요."

"당연하지. 그 점도 물론 건드려야지. 루, 너도 알다시피 나는 꽤 오랫동안 텔레비전으로 정치를 해왔어. 그런데 사람들이 정말로 반응을 보이는 게 무엇인지 아니? 그건 너의 눈동자 속에 있는 생기나 네가 과학에 대해 이야기할 때 보이는 그 행복한 웃음이야. 넌 장난스럽고 강하고 에너지로 충만해. 그게 전염성이 강하거든. 사람들이 받아들일 메시지도 너의 현재 있는 모습 그대로를 통해 전달되는 거야. 그들은 바로 너 때문에 그 전지를 기억할 거야. 넌 시각적으로도 아름답거든."

루가 숨을 크게 들이마시고는 주저하며 말했다.

"정말 그럴까요. 당신 말이 맞았으면 좋겠어요!"

그녀는 산만하게 왔다 갔다 하던 걸음을 멈추고는 세트의 한쪽 구석에 앉으며 말했다.

"그 프로그램의 나머지 부분에는 무엇을 전달할 것인지에 대해서도 물어 본 적이 없네요. 제가 듣기로는 중대한 발표가 있을 거라고 했던 것 같은데 요?"

베라가 미소를 지었다.

"오, 나의 이야기를 들려줄 거야. 그런 다음 미합중국으로부터의 연방 탈퇴 계획을 제안할 거야."

베라가 루의 전지 샘플에 대해 꼬치꼬치 캐물으면서 루와 친구들과 함께 잡담을 나누는 장면에서부터 방송이 시작되었다. 루의 친구들은 전지 실연을 도와주러 그곳에 왔다. 베라가 시청자를 향해 말을 걸기 시작했다.

친구 여러분, 오늘 여러분은 놀라운 역사적 사건에 참가하고 있습니다. 그것에 관해서는 몇 가지 특기할 사항이 있어요. 한 가지는 이 방송을 통해 에코토피아 전역에 있는 텔레비전을 위한 표준적인 송수신 양용 방송을 정식으로 발족시킬 것이라는 점입니다. 우리가 여러분에게 이야기할 수 있지만 여러분도 우리에게 말씀하실 수 있습니다. 여러분 중 이미 케이블에 연결되어 있는 분은 이렇게 할 능력이 있거나 필요한 장비를 갖추고 계십니다. 여러분 모두 원하신다면 얼마든지 그 장비를 설치할 수 있습니다. 우리는 이 시스템에 대해 큰 희망을 가지고 있고, 그것에 대해서는 좀 더 상세하게 설명드리겠습니다.

오늘 프로그램에서 두 번째 특기할 사항은 젊은 과학자 루 스위프트가 여러분에게 '내 손으로 직접 만드는' 태양전지를 보여줄 거라는 점입니다. 그녀는 고등학교 2학년 때부터 3학년 때까지 2년 동안 연구했습니다. 덕분에 여러분과 이웃들도 힘을 합쳐 여러분 집 지붕에다 태양전지를 세울 수 있게 될 것입니다. 그건 곧 전력회사의 전신주 시설로부터 독립하고, 저렴한 비용으로 전력을 만들어 쓸 수 있다는 것을 의미합니다. 그것은 원자력발전소에 대한 위험한 의존을 종식시킬 것이고, 석유를 태우는 발전소에 대한 필요성도 상당히 줄여줄 것입니다. 대기업에서 비싼 연구비를 받고 일하는 수많은 과학자도 할 수 없었던 일을 그녀가 혼자 이뤄냈다는 점에서 루의 성취는 특히 주목할 만합니다. 단지 운이 좋아서였을 수도 있겠지만, 한편으로는 루가 보통 사람들도 이용할 수 있는 방법을 개발하려고 했기 때문인지도 모릅니다. 대기업이 제조해서 판매할 만한 상품을 개발하는 대신 말이죠. 그녀는 혼자서 연구를 계속했고, 성공했습니다. 우리는 그녀가 참으로 자랑스럽습니다. 생존자당원이자 에코토피아인으로서!

루는 답례로 수줍게 베라를 껴안아준 다음, 전지가 전시된 곳으로 걸어 올라갔다.

"안녕하세요. 여기 있는 분들은 제 친구 버트와 카르멘이에요. 우선 우리는 태양전지라는 게 무엇을 하는 것인지 설명하고 싶어요."

루는 도표 몇 개를 보여주면서 전지가 태양광으로부터 에너지를 흡수하여 그것을 전류로 변형시키는 과정을 개략적으로 설명했다.

"여러분도 아시게 될 테지만 이것을 만드는 데 필요한 재료는 주위에서 구하기도 쉽고 결코 모자라는 일이 없는 것입니다. 오늘 여기에서 전지를 제작하는 과정을 모두 재현할 경우 시간이 너무 오래 걸릴 것 같아서 도자기를 굽는 가마와 똑같은 가마에서 실리콘을 녹이는 장면을 담은 짧은 필름을 보여드릴 겁니다. 여러분들은 우리가 실리콘을 '도핑' 하는 장면을 보시고 계십니다. 실리콘 도핑이란 실리콘에 아주 작은 양의 다른 물질을 더하는 것을 말합니다. 그 물질이 실리콘 분자 구조 속으로 들어가 전자를 방출하도록 만들기 위해서죠.

여기에 있는 생생한 도표는 바닷물을 더하면 물이 직접적인 전지를 통과하여 흐를 때 그 속에서 무슨 일이 일어나는지 보여줍니다. 전자의 이동이 엄청나게 촉진된 것을 보실 수 있는데, 이것이 이 전지가 이전에 고안된 전지보다 많은 전력을 만들어낼 수 있는 이유입니다.

태양이 그 위에 비칠 때 전지에서 전류를 포착하기 위해 일종의 시설망을 설치하여 그 전자를 집어 올려야 합니다. 그래서 우리는 또 한 번 도핑된 실리콘을 가마에서 잠깐 녹인 다음 이 전선망에 그것을 접합시킵니다. 그러면 전류가 여기로 흘러나옵니다. 각각의 전지는 다른 전지와 한 줄로 연결되고, 이 크기의 전지로 작은 집에서 필요로 하는 전력을 충분히 제공하려면 전지 100개가량을 연결시켜야 합니다.

여러분도 아시듯이 생존자당은 법규 제정을 도입했으므로, 여러분이 낮 동안 여분의 전력을 생산한다면 그것은 전력회사의 전선으로 들어가고, 나중에 필요할 때 전력회사로부터 그만큼의 전기를 끌어다 쓸 수 있게 됩니다. 하지만 전력회사의 전선을 끊어버릴 수도 있습니다. 그럴 경우에는 변환 장치와 저장 배터리와 전기 조절 장치도 필요할 것입니다. 여러분이 요청하시면 보내드릴 수 있게 카르멘이 무료 안내 책자를 만들어두었습니다. 거기에는 모든 과정이 잘 설명되어 있습니다. 전지를 만드는 방법, 연결시키는 방법, 지붕에 올리는 법, 얼마나 자주 청소해야 하는가에 대해서도요."

카르멘이 안내 책자를 높이 들어 보였다. 그다음엔 버트가 도표와 그래프를 들고 앞으로 걸어 나왔다. 그는 전지가 만들어낸 전기의 특성과 내구성, 다양한 종류의 배터리와 다른 구성을 가진 장비에 충분한 전력을 공급하기 위해 변환기에 연결시키는 방법을 설명했다. 그는 생존자당이 만들고 있는 동네 연수 프로그램에 대해서도 설명했다.

"1년 안에 원하는 사람들은 모두 자기 집에 전지를 설치할 수 있습니다."

그가 단언했다. 루가 다시 카메라 앞으로 걸어왔다.

"그건 정말로 쉬운 일이랍니다. 이미 수천 명의 사람들이 그 일을 시작했어요. 우리의 안내 책자는 여러분이 필요로 하는 모든 것을 단계별로 잘 설명하고 있어요. 여러분의 동네에 있는 생존자당 사무실에서 복사하셔도 됩니다. 버트가 말했듯이 팀을 이루어 일하면서 서로 돕는다면 더 빨리 만들 수도 있고 실수할 확률도 적겠죠. 우리는 매주 더 많은 프로그램을 만들 것이고 여러분은 우리에게 직접 전화를 걸어 여러분이 겪는 문제에 대해 질문할 수도 있습니다."

그녀는 행복하게 웃으며 말했다.

"그러면 여러분은 자기만의 전지를 갖게 되고 그 전력은 여러분의 것입니다."

루의 순서가 끝나자 베라가 다시 연설을 시작했다. 그녀는 편안한 안락의자에 앉아 있었고, 옆에는 루, 버트, 카르멘이 광전지 장비 앞에 앉아 있었다. 그 장면은 격식이 없고 평등해 보였으며 연설대도 깃발도 화려한 장식도 없었다. 그런데도 베라의 진지함이 그 상황을 긴박하게 보이도록 만들었다.

나의 친구 여러분, 우리는 오늘 밤 역사의 교차로에 서 있습니다. 길의 한쪽 끝은 루 스위프트와 친구들이 방금 우리에게 보여준 방향에 놓여 있습니다. 그것은 우리를 자립과 독립, 자유의 길로 이끌 것입니다. 분명히 우리가 나아가고 싶어 하는 길입니다. 그러나 이 길에는 또 하나의 갈림길이 놓여 있습니다. 우리의 국가 정부는 그 길을 따르기로 결심한 것 같습니다. 그것의 목적지가 오염과 파괴, 그리고 언제 닥칠지 모르는 핵전쟁의 위협을 내포하고 있더라도 말이죠.

우리가 그동안 어떻게 해서 이 운명의 교차점까지 도달했습니까? 일단 제가 먼저 우리가 걸어온 길을 요약해보겠습니다. 우리 서부 해안 지역 주민들은 반드시 이루어져야만 하는 과제들을 위해 국가 정부와 싸우기만 한 것이 아니라, 실제로 힘닿는 범위 안에서 최대한 그 일을 실현하기 위해 앞장섰습니다. 우리는 우리의 집과 물을 데우기 위한 에너지를 찾아 태양에 의지했고, 그 결과 이제 루 스위프트의 전지가 태양으로부터 전력을 끌어올 수 있게 할 것입니다.

여기 서부에 있는 우리들은 시애틀에서의 원자력발전소 사고로 끔찍한 교훈을 얻었고, 우리의 주 정부는 이제 우리가 이러한 위험에 노출되는 것을 금지합니다. 우리는 석유 수입이 경제에 끼치는 파괴적인 손실을 인식하고는 고통을 감수하면서까지 자가용 이용을 줄여 불합리한 경제적 부담을 줄일 정도로 현실적인 사람들이 되었습니다.

이런 일을 성취하기가 결코 쉽지는 않았던 만큼 그 일을 자랑스러워할 자격이 있습니다. 그 성취들은 새로운 비전에 진지하게 헌신할 것을 우리에게 요구합니다. 어떻게 해야 인류가 지상에서 천연자원들을 보존하고 그것이 우리의 삶을 지탱할 수 있도록 하면서, 그리고 다른 생명종과도 자원을 함께 나누고 다가올 모든 세대들에게도 남겨줄 수 있을 것인가에 관한 비전 말입니다.

하지만 우리가 보인 모범에 대해 연방정부는 어떤 반응을 보였습니까? 방해와 반대, 자멸에 이를 정도의 비현실적이고 파괴적인 조치들과 태만으로 대응했습니다.

연방정부는 우리가 화석에너지 자원을 재생 가능하고 무한한 에너지인 태양에너지로 전환하는 일을 방해했습니다. 연방정부는 더 많은 원자력 개발이라는 어리석음을 고수했고, 이제는 이 해안 지역에 쓸모없게 된 원자력발전소를 재가동하라고 강요할 정도로 뻔뻔하게 굴고 있습니다. 에너지 절약을 위해 노력한 결과 우리의 전력 소비는 이미 꾸준히 감소하고 있어서 그 발전소는 필요하지도 않습니다.

그중에서도 최악의 것은 연방정부가 자가용에 대한 국가적 중독을 막기 위한 현실적인 정책을 개발하기를 거부한 것입니다. 메드라 재판을 통해 우리의 교통체계가 효율적이고 석유에 덜 의존하는 토대를 갖추도록 전환할 수 있는 가장 전도유망한 수단을 파괴했습니다. 그리하여 국가는 여전히 국내 석유 소비의 절반가량을 외국에서 수입한 석유에 의존하고 있습니다. 여러분도 최근 며칠 동안의 뉴스를 통해 그 정책이 우리를 어디로 이끌어가고 있는지를 잘 알고 있을 겁니다.

석유 공급을 중단할 경우 경제적 혼란이나 전쟁이 초래되는 구조가 되어버린 것입니다. 친구 여러분, 이제 때가 되었습니다. 지금은 자가용이냐 우리의 삶이냐 를 두고 양자택일해야 할 시간입니다. 차 없이는 못 사는 사람들은 곧 그 차 때문 에 죽게 될 것입니다. 아라비아의 사막에서나 아니면 전 세계 핵 참사 현장에서.

이것은 제정신인지 의심스러울 정도로 한결같은 연방정부의 무능과 우둔의 결 과입니다. 그것은 틀림없이 반생존적인 행동입니다. 브라질에서 일어난 선전포고 없는 비밀 식민지 전쟁은 대단히 사악합니다. 베트남전처럼 때가 되면 그 전쟁은 그 나라를 갈기갈기 찢어놓을 것입니다. 석유 때문에 일어나는 억제할 수 없는 전 쟁의 위험들은 도저히 두고 볼 수가 없습니다.

여기 우리 서부인들은 이처럼 비극적인 연방정부의 정책에 대해 반대해왔습니 다. 우리는 합리적인 해결책을 신뢰하는 희망적인 사람들입니다. 우리는 삶을 옹 호하지, 죽음을 옹호하지 않습니다. 우리는 기쁨을 대변하지 걱정과 불안을 대변 하지 않습니다. 우리는 새로운 세상을 창조하기 위해 자발적으로 참여하기를 원 하지, 옛날 세상을 고수하기 위해 군사 독재를 찬성하지 않습니다.

하지만 국가 정부는 우리의 호소에 귀 기울이지 않았습니다. 우리는 텔레비전과 언론과 워싱턴에 있는 우리의 대표들을 통해 수없이 이야기하고 주장했습니다. 우 리는 이 지역에 있는 절대 다수의 사람들이 생존자당이 만들어낸 정책을 선호한다 는 점을 지적했습니다. 그리고 최근 캘리포니아 정치가들과의 제휴를 통해서 우리 는 이제 북서부 전체가 연방 정책들을 결정해온 완고하고 비현실적이고 호전적인 엘리트들을 거부한다고 말할 수 있습니다.

친구 여러분, 우리는 연방정부가 놓아준 길을 단순하게 따라갈 수 없습니다. 그 것은 재앙과 불행의 길입니다. 우리는 우리가 만든 새 길을 따라 걸어가야 합니 다. 연방정부로부터 우리 자신을 분리해야 합니다. 그렇지 않으면 우리는 연방정 부에 질질 끌려가게 될 것입니다.

우리가 실제로 할 수 있는 일은 무엇일까요? 저는 오늘 밤 여러분 앞에 서기까지 그 질문을 두고 수많은 시간 동안 고민해왔고, 우리 지역이 배출한 가장 현명한 사람들과 아주 오랫동안 상담도 해보았습니다. 그리하여 우리가 얻은 결론은 우리가 우리 선조들과 같은 행보를 내딛어야 한다는 것입니다.

영국 정부의 정책이 참을 수 없는 지경이 되자 그들은 영국 정부로부터 스스로를 분리하지 않으면 안 되었죠. 그처럼 우리도 우리만의 새로운 나라를 만들어야 합니다. 그리하여 연방정부가 거부하거나 아니면 우리에게 허락하지 않는 일들을 우리의 힘으로 할 수 있어야 합니다.

우리가 며칠 전에 이러한 결론에 도달한 이후로 생존자당 내에서 실행위원회를 만들기 시작했습니다. 그 위원회는 워싱턴 주, 오리건 주, 북캘리포니아 주 전역에 있는 사람들의 네트워크로 연방 탈퇴 계획을 조직화할 것입니다.

우리의 계획은 이미 특별한 분야에서 최종 단계에 도달하고 있습니다. 연방정부로부터 세입을 회수하여 지역적 목적으로 전환하는 것, 연방방위대를 국방시민군으로 재조직하여 주의 명령에 소속시키는 것, 연방정부 관리에 의한 보복적 포획으로부터 우리의 재정적·경제적 공동체를 보호하는 것, 지역 내 석유 회사의 국영화 프로그램을 시작하는 것 등이 그 예입니다.

내일 아침, 세 개 주 의회에 소속된 생존자당의 의원들은 우리의 새 국가를 위한 헌법총회를 열기 위해 세 개 의회가 한 자리에 모일 것을 제안할 것입니다. 이 총회는 샌프란시스코에서 열릴 것이고, 거기에서 우리 지역을 위한 새로운 연방 구조를 만들고 우리의 독립이 야기할 수많은 난제들을 평화롭고 건설적인 방향으로 안정화시킬 수 있도록 워싱턴 정부와 협상을 벌일 방안을 협의할 것입니다.

저는 여러분에게 즉각적인 내란의 위험은 없다는 소식을 전하게 되어 정말 기쁩니다. 네바다에 주둔하고 있었던, 우리 지역을 점령할 가능성이 있었던 연방 부대가 철수했습니다. 우리는 군사 안보에 관한 연방정부의 걱정을 이해하고 있고, 다가오는 전환기 동안 그에 관한 해결책을 찾을 수 있을 거라고 확신합니다.

지구상에서 새로운 국가가 탄생한다는 것, 그것은 정말 드물고도 놀라운 사건이 될 것입니다. 저는 여러분들이 온 맘을 다해 이 대사건에 동참하실 것을 권유합니다. 이것은 이 거대한 대륙의 서해안에서 이제까지 있었던 그 어떤 정치적 시도보다도 가장 도전적인 시도가 될 것입니다.

우리는 서로의 도움이 필요합니다. 내일, 주 의회의원의 사무실에서는 연방 탈퇴 계획에 관해, 그리고 그것이 우리 삶의 많은 측면들에 어떠한 영향을 끼칠 것인지에 관해 공동연구회가 열리기 시작할 것입니다. 우리는 여러분의 참여를 필요로 합니다. 그것은 여러분의 나라니까요. 우리가 함께할 때 우리가 열망하는 새 나라를 건설할 수 있습니다. 우리가 함께할 때 우리는 살아남을 수 있습니다. 함께 시작합시다!

153.

새로운 국가

그다음 3주 동안 샌프란시스코에서 헌법총회가 열렸다. 총회에 참석한 의원들은 아무 때라도 그 지역이 공정부대에 둘러싸이거나 집결한 군사 캠프에 포위당할 수 있다는 점을 여전히 두려워하고 있었다. 베라 올웬과 세 개의 주에서 온 다른 생존자당 지도자들은 메이너드 대통령에게 캐나다 퀘벡의 모델을 따른 평화로운 연방 탈퇴와 영구적인 협력 관계를 위한 외교적인 처리 방안을 제안하는 긴급 메시지를 반복적으로 보냈다. 이러한 호소들은 공식적으로는 인정되지 않았지만, 백악관은 그린하우스와 비밀리에 소통 채널을 만들어두었다. 이 채널을 통해 건의안과 반대 제안의 불편한 맞교환이 시작되었다.

그러는 동안 정보원들은 네바다에 남아 있던 나머지 군대도 모두 그곳을 떠났다는 소식을 전했다. 레이 듀트라의 직원들은 24시간 쉬지 않고 일하면서 새로운 나라가 '모*국가'에 제안하는 보장 내용들에 관한 끝없는 초안과 요약문을 만들어냈다. 보잉이나 록히드 사의 항공 시설과 실리콘 밸리의 전자산업단지에 접근할 때 방해하지 않을 것, 핵 관련 군사시설과 탐사장비 철수를 방해하지 않을 것, 트라이던트와 메어 아일랜드의 핵잠수함 기지들을 샌디에이고로 점차적으로 이전할 것, 유럽 국가들 간에 이루어진 협정들과 유사한 승객 운송 협정과 다른 경제적 협정들을 맺을 것 등이 그 내용이었다. 이러한 건의안들에 대한 워싱턴 측의 반응은 산만하기 짝이 없었고, 분노에서부터 마지못한 승낙까지 다양했다. 최고위 관료들은 현재 전개 중인 사우디아라비아와 브라질의 위기들을 다루는 일에 모든 정신이 팔린나머지, 에코토피아 문제에 대해서는 단속적으로만 관심을 가졌다.

마침내 그들은 잠정적인 일치에 도달했다. 새로운 국가는 미국 군대의 궤도 내부에 머물러 있을 것이나, 그 국가는 공격적인 군대를 보유하지 않을 것이다. 그 대신 스위스처럼, 에코토피아는 오직 자국 방어를 위한 군사력을 지닌 강력한 민병대를 유지할 것이다.

이 놀라운 협상을 국가 정부가 승인한 이유는 오늘날까지 충분히 알려지지 않았다. 추측컨대, 대통령의 무능에 의해 야기된 워싱턴의 혼란 때문에 명확하기 짝이 없는 군사 현안들이 최고의 해결책에 다다를 수 있었던 것이 아닐까 한다. 상대적인 군사적 위험과 이익에 대한 냉정한 군사적 평가를 통해, 미국의 무장 병력이 더 먼 지역들에 배치되는 게 옳다는 결론에 도달한 것일 수도 있다. 결국 에코토피아 지역들은 적대적인 군사 위협이 될 가능성이 거의 없어 보였던 것이다. 행정부는 또한 뉴욕과 워싱턴에 핵폭탄을 심어두었다고 주장하는 비밀단체들이 그들에게 보낸 메시지나 소문들—아직 초기 단계에 불과한 에코토피아 정부에 군사력을 적용할 경우 그 폭탄을 터뜨리겠다는—에 영향을 받았을지도 모른다. 미래의 역사가들은 틀림없이 이러한 수수께끼들을 풀어낼 것이다.

분명한 것은 200년 전의 선조들처럼, 헌법총회는 창의적인 아이디어를 발휘하여 지상에서 전례가 없는 정부 구조의 형식을 만들어냈다는 점이다.

이전에 정치적인 이유로 영역을 분할해두었던 행정구역들은 생태적 지역에 따라 재분할되었다. 대부분 강이나 호수 같은 물이 지역을 가르는 분기점이 되면서 옛날의 자연적인 지역을 회복시켰고, 그것은 웬만한 카운티보다는 상당히 크지만 주보다는 작은 규모였다. 각각의 지역은 자연스레 사람들이 모일 수 있는 중앙 지역을 가지고 있었다. 생존자당이 초기에 만들었던 '더 이상 하지 말라' 리스트는 이제 상당한 경험을 통해 더욱 세련되어졌는데, 이들은 권리장전(미국 헌법 제1차 수정헌법의 10개 조를 지칭하며, 정부의 권력으로부터 개인의 권리를 보호하기 위한 내용이 담겨 있다. 제임스 매디슨이 주도하여 1789년 연방의회를 통과하였고 1791년 각 주의 비준을 얻었다—옮긴이)에 있던 전통적인 개인의 권리를 보장하기 위한 사항들과 혼합되어 헌법에 수용되었다. 국민의 권력과 인접한 공동체의 권력도 조심스럽게 보장되었다. 새로운 제도들로 사회적 실험을 시도하기 위한 법규들이 제정되었다. 정부 기능을 확장해줄 송수신 양용 텔레비전의 대중화, 최저 임금 보장이나 '역소득세'(저소득자에게 정부가 지급하는 보조금—옮긴이), 종업원지주회사, 지역 의회 대표의 가구당 임의 선출, 전쟁놀이 의식 등이 그것이었다. 이러한 혁신 중 다수는 한동안 선택된 지역에서만 한정적으로 시도될 것이고, 실질적으로 겪어본 후 중단할지 확대시킬지를 결정할 것이다. 항상 강조되는 요소는 경제적으로 수익성이 있는가보다는 생물학적으로 지속 가능한 것인가라는 점, 작은 규모, 개인적인 책임 등이었다. 그 새 헌법이 세상에 발표되었을 때, 선조들이 그랬던 것처럼 그것은 몽상적이고 비실용적이며 비현실적이라는 소리를 들었다.

그러나 베라 올웬과 그녀의 생존자당 동료들이 새로운 국가의 설립이 내포하는 수많은 어려운 경제적 정치적 난제들에 대처하면서 경험을 쌓고 있을 때 새 헌법이 효력을 발휘했다. 수입과 수출 간의 균형(목재 수출의 중단과 자동차 수입의 임박한 중단으로 인한)을 위해 다소 과감한 재조정이 이루어진 후, 그 지역의 경제는 새로운 패턴으로 안정화되었다. 문제투성이 난파선과 같던 '낡은 나라'로부터의 이탈은 오랫동안 묶여 있던 공짜 에너지들을 해방시켰다. 에코토피아인들에게는 모든 것들이 다시 가능해 보였고, 곳곳에 평등과 상호 지지의 분위기가 무르익었다. 세금 정책들은 절세형 투자보다 생산성을 높이는 방향으로 훨씬 간소화되었고, 새로운 종업원지주회사들이 수많은 분야에서 번성했다. 한 해 한 해 지나갈수록 그 새로운 국가는 그들만의 특별한 특성들을 갖추게 되었다. 옛날에 사람들이 퇴비를 만들 수 있는 음식물쓰레기들을 그냥 내다버렸고, 주위에 서로 도와주거나 자극을 줄 사람도 없이 작은 아파트에 외롭게 살았으며, 거리를 걸어다니면서 친구들과 이웃들과 마주치기보다는 바퀴가 달린 개인형 상자들을 타고 돌아다녔다는 사실을 테오는 상상조차 할 수 없게 되었다. 그러나 점점 꾸준히, 에코토피아의 수천 개 미니 도시들과 동네들에서 사람들은 누구나 태양을 의존하며 살고 지구가 제공하는 자원들에 맞추어 사는 법을 배우게 되었다. 그것이야말로 쇠퇴와 멸망이 따르는 무모한 개발보다는 안정적인 생존을 모색하는 길이었다.

에코토피아 학회의 연구 분야를 담당하기 위해 새로운 인재들이 등용되었고, 레이 듀트라는 여행을 하기 위해 1년간 휴가를 냈다. 매기와 헨리는 베라의 수석 보좌관으로 계속 일했다. 그동안 너무 쉬지 못했다고 느낀 닉은 얼마 동안 정부 일을 벗어나 주택산업 분야에서 일하기로 결심했다. 그것은 신나게 새로운 미니 도시를 건설하는 붐에 동참하는 일이었다.

심각한 위기가 지속되던 순간에도 일상생활은 언제나처럼 계속되었다. 프랭크 워든과 함께 경마차 제작 사업에 뛰어들었던 제이미 맥브라이드는, 에코토피아의 길들과 도로 전역에서 자신들이 제작한 가볍고 멋진 경마차들이 돌아다니는 것을 보고 즐거움을 느꼈다. 시간이 지나자 제이미는 루시와 영원히 함께 살기로 약속하게 되었고, 그들은 아이 둘을 낳아 제인과 맥과 함께 원래 살던 시골 지역으로 돌아갔다. 그곳에서는 이제 공중에서 농약을 살포하는 일 따위는 영원히 금지되었다. 해가 갈수록 그들은 제이미의 옛정원을 조금씩 더 확장했다. 이제 꽤 유명해진 데이빗 벤더미어와 샤프&내추럴은 레코드 회사를 만들었지만 오직 그들의 콘서트에서만 음반을 팔기로 결정했다. 그래야 사람들이 그 음반들을 사서 집에 돌아갈 때 진정한 흥분을 함께 담아갈 수 있을 테니까.

에코토피아 혁명에 반대했던 사람들에게도 삶은 계속되었다. 옴니오일 회사는 스위프트의 집에 침입을 시도한 것에 대해 유죄 판결을 받았다. 이 사건은 새로운 나라가 에너지 회사들을 국유화하는 데 큰 역할을 했다. 그 수상한 바버 씨는 어디론가 알 수 없는 곳으로 도망친 것으로 전해졌다. 로센은 대부분의 공장들을 로스앤젤레스나 멕시코로 이전할 수밖에 없었지만, 하워드 펜더튼은 꽤 괜찮은 가격으로 저택과 사유지를 팔았다. 그곳은 농업연구 학회와 해충들에 대한 새로운 방식의 생물학적 통제를 위한 기술 훈련학교로 변형되었기 때문이다. 민주당과 공화당에 남아 있던 사람들은 새로운 진보 정당을 형성하기 위해 연합했고, 당원들이 구속 없이 자유로운 사업을 하기에 적합한 정책을 회복하는 일에 헌신했다. 2년이 지난 후, 앤디와 사라 스위프트는 시카고를 떠나 오린다에 있던 원래의 집으로 돌아갔다. 그곳에서 앤디는 새로 만들어진 교통부에서 에코토피아 기차 시스템의 건설을 위해 일하기 시작했다.

그러나 새로운 나라의 국경선 바깥에서는 환경적인 재앙들이 더 흔해지고 심각해졌다. 전체 도시들과 주들이 가끔씩 화학물질 사고로 중독이 되었다. 원자력발전소들이 낡아 더 자주 고장이 나면서 대피 훈련이 일상생활의 일부로 자리 잡았다. 브라질 전쟁은 오래 질질 끌었고 베트남전만큼이나 이길 수 없는 싸움처럼 보였다. 사우디아라비아 유전에 대한 미국의 점령은 핵

전쟁으로까지 번지지는 않았지만, 이라크와는 유혈 충돌을 치렀다. 그러나 두 나라 사이에는 긴장이 지속되었고, 영원히 증가하기만 하는 군사비 지출의 손실액은 사회 전체에 고통과 무질서를 초래했다. 미국 인구의 3분의 1 이상이 이제 공식적인 빈곤선(빈곤의 여부를 구분하는 최저 수입—옮긴이) 이하에서 살고 있었다. 여성들의 임금은 남자들의 겨우 절반 수준으로 떨어졌고, 최소한의 남녀평등은 노골적인 성차별로 전환되었다.

사우디아라비아의 석유 공급이 중단됨으로 인해 석유가격이 다시 치솟게 되자, 미국 경제의 인플레이션은 전례 없는 수준까지 상승했다. 정부는 플루토늄 증식로를 속성으로 건설하기 시작했고, 그들을 안전하게 지키기 위해 '핵 안전 프로그램'을 개발했다. 이 맹목적인 대응은 국가의 기본적인 연료 문제 해결에 아무런 도움이 되지 못했지만, 더욱 증가한 반정부적인 정치단체들의 감시와 개입에 구실을 제공했다. 이러한 단체들 중에서 일부는 활발한 활동이 허락된다면, 생존자당이 서부 지역에서 그랬듯이, 국가의 병폐를 처리할 일관성 있고 긍정적인 프로그램들을 개발해낼 가능성도 있었다. 그 대신 정부의 억압은 대중의 불만에 대해 합법적인 배출구조차 허락하지 않았다. 식량과 식수원은 갈수록 오염이 심해지는 게 분명했지만 언론은 생태적으로 나쁜 소식을 전하는 것을 금지하도록 협박당했고, 그래서 새로운 건강의 위협에 대한 소문만 널리 확산되었다. 정부의 세금과 소비 정책에 의해 갈수록 이득을 누리게 된 부자들은 풍부한 경제력으로 정수기들과 특별한 음식을 사서 스스로를 지킬 수 있었다. 반면 가난한 사람들은 분개하며 재벌들의 사업체들을 공격하고, 갖고 나올 수 있는 거라면 뭐든지 약탈했다. 시간이 흐르자 피난민들은 날로 번창하는 건강한 에코토피아로 들어갈 방법을 찾아 서부로 흘러들기 시작했다. 하지만 새로운 에코토피아 정권의 주요 원칙이 인구의 느린 감소를 실현하는 것이었으므로 국경은 폐쇄되어 있었고, 민병대원들이 밤마다 외로운 산길에서 보초를 섰다.

에코토피아 언론이 에코토피아 동부 국경에서 일어나는 사건들에 대해 떠들썩하게 보도할 때마다 메리사는 진저리치며 벤이 그녀에게 광기와 파괴가 자리 잡은 국경 너머 지역을 보여주던 때를 회상했다. 그녀는 그가 그 당시 과장하는 거라고 생각했다. 하지만 지금은? 에코토피아 독립 후 그녀는 성을 '밝은 구름'이라는 뜻의 브라이트클라우드Bright Cloud로 바꾸었다. 엄마 로라가 죽던 순간의 그 찬란하게 빛나던 구름을 기억하기 위해서였다. 그녀의 삼림관리 단체는 샌프란시스코 북쪽의 1만 7,000에이커가 넘는 지역에서 유기된 목재용 나무들을 사들였고, 그들이 건강을 되찾도록 돌보고 있었다. 메리사는 그 단체 집행위원회의 핵심인물이었다. 벤은 독립 후 다시 나타났지만, 그의 폭탄 프로젝트가 연방 탈퇴 위기에서 어떤 역할을 했는지 공개하는 것을 항상 거부했다. 그러나 이제 베라 올웬과는 상당히 친해진 것처럼 보였고, 메리사는 그가 온건한 인물이 되었다고 느꼈다.

젠의 작업실용 창고 집은 다시 식구를 늘렸고, 이번에는 제프리를 위해 방을 만들어주었다. 루는 언제나처럼 그곳이 며칠 지내기에 자극적인 장소라고 생각했지만 오래 머물지는 않았다. 그녀는 독립이 된 후 얼마간 여행을 다녔다. 아주 작은 나라들을 차례로 히치하이킹으로 돌아다니는 여행이었다. 에코토피아의 독립으로 인구가 1,500만 명도 되지 않는 작은 나라의 국민이 되자, 그녀는 네덜란드나 덴마크, 스웨덴, 아이슬랜드, 오스트리아같이 작은 나라에서 사람들이 어떻게 살아가는지를 살펴보는 것이 재미있을 거라고 생각했다. (그들은 극히 잘 운영되고 있다는 것을 알게 되었다.) 집으로 돌아온 후 그녀는 태양 전지를 개선하는 일에 몰두했고, 버클리 대학에 들어가 생물학을 공부하게 되었다. 그 후 그녀는 작은 독립 연구실을 설립했고, 그곳에서 그녀와 친구들 몇 명은 유전학 관련 연구를 진행했다. 그 연구는 특정한 조류algae를 이용하여 발효 과정을 거치지 않고도 곧바로 알코올을 생산하는 것을 목표로 했다.

루는 도시와 나라들을 오가면서 경험하는 것을 좋아해서, 가끔씩 그녀와 버트는 며칠 동안 볼리나스의 스위프트 하우스를 방문하곤 했다. 버트와는 여전히 자주 만나 함께 시간을 보냈다. 버트는 과학과 정치 문제에 관해 논쟁적인 글을 쓰는 작가가 되었고 샌프란시스코에 있는 저널리스트들의 공동 주택으로 이사했다. 그 집의 이름은 '프랭클린 골짜기'였다. 그 역시 기분 전환을 좋아했으므로 볼리나스에 간 그와 루는 테오와 함께 정원에서 일했고 태양전지 패널을 청소하고 로저, 캐롤, 디미와 오랫동안 대화를 나누기를 즐겼다. (디미의 그리즐리들은 시에라에서 안전하게 살고 있었고 사람들 눈에 띄는 법이 거의 없었다.) 언제나처럼 그들은 북쪽 멀리까지 해변을 따라 산책하거나 모래톱 쪽으로 걸어 나갔다. 그곳에서는 이제 더 이상 공중에 거미줄처럼 이어진 전선들을 볼 수 없었다.

한 번은 매우 더운 여름날이었는데 해변을 따라 모래톱의 후미진 곳으로 돌아왔다. 수영하기 좋은 때였고, 루는 파도가 이제 막 모래톱을 빠져나가기 시작한 것을 깨달았다. 텅 빈 모래톱에서 데워져 밀려나가는 물은 차가운 태평양의 물과 섞이기 전까지는 적당히 따뜻한 온도를 유지했다.

"보여줄 게 있어요!"

루가 소리 지르며 물로 뛰어들었다.

"이리 와봐요."

그녀가 버트를 돌아보며 소리 질렀다.

"이건 새로운 종류의 안정 상태stable-state 시스템이라고요! 당신이 썰물을 거슬러 헤엄을 치면 정확히 똑같은 장소에 머물 수 있어요."

버트는 그녀에게 합류했지만, 물의 흐름 속에서 루와 똑같은 경험을 할 수는 없었다. 그래서 그는 바다를 향해 계속해서 나아가거나 해변의 모래사장 쪽으로 헤엄쳐 들어왔다. 그러나 루는 바다 수달처럼 나긋나긋해진 느낌으로 해류와 놀이를 즐기고 있었다. 그녀는 평영으로 수영하면서 물의 인력 속으로 머리를 숙였다. 그녀는 배영으로 헤엄치면서 그 길고 튼튼한 팔로 리드미컬하게 물을 저어나갔다. 배영을 계속할 수 없게 되면 다시 몸을 뒤집어 크롤 수영법으로 원래의 흐름을 되찾았다. 그런 다음 그녀는 물 위에 등을 대고 둥둥 떠서 물결이 이끄는 대로 몸을 맡겼다. 잘 그을린 얼굴에 내리쬐는 햇볕을 느끼며 그녀는 눈을 감고서 한참을 가만히 있었다. 그러다 얼음 같은 바닷물이 몸에 와 닿는 것을 느끼기 시작하면 다시 방향을 바꾸어 흐름을 거슬러 헤엄을 쳤다.

154.

작고 가녀린 희망의 섬

먼 행성에서 내려다본 관찰자에게 지구는 수백만 년간 그랬던 것처럼 밤하늘에 반짝이지도 않고 조용히 떠 있는 별이었다. 그 표면에서 일어난 생명의 진화나 멸종은 인간만큼이나 두드러진 존재의 진화나 멸종이라 하더라도 우주의 규모에서는 극히 미미한 현상에 불과하다. 좀 더 시야를 좁혀 높은 궤도에 떠 있는 인공위성에서 내려다본다면 에코토피아의 비옥한 초승달 모양의 땅은 태평양 해안을 따라 울창하게 늘어선 숲이 자아내는 초록빛으로 두드러져 보일 것이다. 그 경계선 이내에서 인간 종은 그들 역시 자연의 일부이며 자연은 영원히 무시할 수 없는 존재라는 사실을 깨달았다.

그 아이디어가 충분히 멀리, 지구상의 다른 나라까지 재빨리 퍼진다면 과학기술 개발에 대한 부주의한 몰입 현상이 중단되어 지구는 생물학적 재앙을 피할 수 있을 것이다. 그러나 전체적으로 볼 때는 여전히 파괴적인 행동이 대세를 이루고 있다. 주위에 퍼져 있는 황량한 폐허 속에서 에코토피아는 작고 가녀린 희망의 섬처럼 보인다. 그곳의 거주자들이 다른 지구별 여행자를 집까지 안내해줄 봉홧불을 밝힌 것만은 확실하다.

현실에 근거를 둔 생태학적 상상력의 빛나는 성과, 『에코토피아』와 『에코토피아 비긴스』

1981년에 출간된 어니스트 칼렌바크의 『에코토피아 비긴스』(원서명: Ecotopia Emerging)는 작가가 그보다 6년 전에 출간한 생태주의 유토피아 소설 『에코토피아』(원서명: Ecotopia)의 속편이다. 그러나 내용상으로는 전편의 내용보다 앞선 시기를 다룬 프리퀄이다.

『에코토피아』는 미국 워싱턴 주, 캘리포니아 주 북부, 오리건 주가 미국연방에서 탈퇴하여 세운 독립국가 '에코토피아'에서 자신들만의 환경친화적인 법률과 제도를 만들고 이상적인 삶을 살아가는 사람들을 그린 가상소설이자 미래소설이다. 출간 당시 화제를 모았다가 시간의 흐름과 함께 잊혀졌던 이 책은 최근 미국사회에서 환경과 에너지 문제가 중요한 사안으로 떠오르면서 새로이 진가를 인정받게 되었다. 환경·사회학·도시계획에 관련된 대학 학과의 필독도서로 자리잡았을 뿐만 아니라, 이 책의 제안대로 실천하려는 움직임들이 점차 늘어나고 있다.

『에코토피아 비긴스』는 어떻게 해서 미국 북서부의 세 주가 미연방으로부터 탈퇴해서 '에코토피아'라는 나라를 건국하게 되는지, 그 동기와 과정을 구체적으로 그려내고 있다. 가히 혁명적이라 할 수 있는 이 과정은 미국이 영국으로부터 독립하여 건국을 이루기까지의 과정을 방불케 한다. 『에코토피아 비긴스』는 전작인 『에코토피아』에 비해 분량도 두 배 이상 늘어났을 뿐만 아니라 정치·역사·경제·환경·과학기술·제도 등 미국사회 전반에 관한 보다 전문적이고 심층적인 고찰을 담고 있다.

에코토피아 건국의 주역인 베라 올웬, 루 스위프트와 그녀의 가족들, 버트 럭맨, 메리사 브라이트클라우드 등의 이야기도 흥미롭지만, 그만큼의 비중으로 삽입된 현실 고발적인 보고서와 신문기사들은 더욱 충격적이다. 간혹 사회과학서인지 소설인지 분간이 되지 않는 부분도 있지만, 덕분에 이 소설을 끝까지 읽고 나면 한꺼번에 여러 권의 교양서를 독파한 듯한 뿌듯함을 느낄 수 있을 것이다. 특히 석유와 자동차 산업에 지나치게 의존하는 미국 경제의 불안한 미래와, 환경 파괴가 초래할 실질적인 위험에 관한 경고는 현재 미국의 상황을 상당부분 정확히 예견하고 있어 놀라움을 자아낸다.

『에코토피아』에 그려진 세상이 칼렌바크식 '멋진 신세계'라면, 『에코토피아 비긴스』는 그 '멋진 신세계'로 갈 수 있는 현실적인 다리를 형상화한다. 그 다리는 무지개 다리처럼 높거나 동떨어져 보이지 않는다. 특히 에코토피아 헌법의 기초가 되는 '생존자 당'의 'NO MORE

10계명'에는 지금의 현실에 적용해도 될 만한 실용적이고 지혜로운 아이디어들이 담겨 있다. 『에코토피아 비긴스』가 발표된 1980년대 초에 미국인들이 칼렌바크의 아이디어를 적극적으로 실천에 옮기기 시작했더라면, 2009년의 미국은 지금과 많이 달랐을 것이다.

『에코토피아 비긴스』는 지속가능한 환경과 인류의 행복한 미래를 꿈꾸는 이들에게 훌륭한 길잡이가 되어줄 것이다.

미국 인디애나주 블루밍턴에서

최재경

에코토피아 비긴스

초판 1쇄 찍음 2009년 8월 14일
초판 1쇄 펴냄 2009년 8월 24일

지은이 어니스트 칼렌바크
옮긴이 최재경

기획 강창래
편집진행 천명애 **편집** 한정아
디자인 이승욱
마케팅 양승우, 최동민 **관리** 최희은

인쇄제본 상지사
종이 화인페이퍼

펴낸곳 도솔출판사
펴낸이 최정환
등록번호 제1-867호 **등록일자** 1989년 1월 17일
주소 121-841 서울시 마포구 서교동 460-8번지
전화 335-5755 **팩스** 335-6069
홈페이지 www.dosolbooks.com
전자우편 dosol511@empal.com

값은 뒤표지에 있습니다.
ISBN 978-89-7220-232-5 03330